Ars Vendendi:
Werbung und kommerzielle Praktiken im Mittelalter

VORTRÄGE UND FORSCHUNGEN

Herausgegeben vom
Konstanzer Arbeitskreis für mittelalterliche Geschichte

Band XCVII

JAN THORBECKE VERLAG

ARS VENDENDI: WERBUNG UND KOMMERZIELLE PRAKTIKEN IM MITTELALTER

Herausgegeben von
Thomas Ertl

JAN THORBECKE VERLAG

Gedruckt mit Unterstützung
der Deutschen Forschungsgemeinschaft

MIX
Papier | Fördert gute Waldnutzung
FSC® C089473
FSC www.fsc.org

Die Verlagsgruppe Patmos ist sich ihrer Verantwortung gegenüber unserer Umwelt bewusst. Wir folgen dem Prinzip der Nachhaltigkeit und streben den Einklang von wirtschaftlicher Entwicklung, sozialer Sicherheit und Erhaltung unserer natürlichen Lebensgrundlagen an. Näheres zur Nachhaltigkeitsstrategie der Verlagsgruppe Patmos auf unserer Website www.verlagsgruppe-patmos.de/nachhaltig-gut-leben

Bibliografische Information der Deutschen Nationalbibliothek
Die Deutsche Nationalbibliothek verzeichnet diese Publikation in der Deutschen Nationalbibliografie; detaillierte bibliografische Daten sind im Internet über http://dnb.d-nb.de abrufbar.

Verlagsgruppe Patmos in der Schwabenverlag AG, Ostfildern
www.thorbecke.de

Druck: Beltz Grafische Betriebe GmbH, Bad Langensalza
Hergestellt in Deutschland
ISBN 978-3-7995-6899-9

Inhalt

Vorwort

Die Frühjahrstagung 2022 des Konstanzer Arbeitskreises für mittelalterliche Geschichte behandelte das Thema »Ars Vendendi: Rhetorik und Praktiken des Verkaufens im Mittelalter«. Die Lockdowns der Corona-Pandemie waren vorüber und wir konnten in Präsenz tagen. Nicht ganz sorglos, denn der Virus hatte mehrere Referentinnen und Referenten zur Absage gezwungen und die Ersatzpersonen übernahmen freundlicherweise ebenso spontan wie erfolgreich. Die Rückkehr zur persönlichen Begegnung nach den vielen digitalen Tagungen der vorangegangenen Monate war ein beglückendes Erlebnis für alle Teilnehmenden.

Die mittelalterliche »Ars Vendendi« erwies sich als vielschichtiges und inspirierendes Thema. Unsere Untersuchungen von mittelalterlichen Verkaufspraktiken und Werbemaßnahmen führten mitten hinein in die bunte und vielfältige Welt von kommerziellen Transaktionen, rhetorischen Überredungskünsten und Marketingstrategien. Trotz aller obrigkeitlichen Regularien war die mittelalterliche Wirtschaft auch eine dynamische Marktwirtschaft, auf der Akteurinnen und Akteure mit sehr unterschiedlichen Mitteln um Kundinnen und Kunden warben und um Marktanteile rangen. Entsprechend lebhaft und detailreich waren die Vorträge und Diskussionen. Vom empirischen Detail führten unsere Überlegungen häufig auf die Metaebene und zur konzeptionellen Diskussion von Werbung und Wirtschaft im Mittelalter.

Kleinere Hürden, die ein Herausgeber beim Erstellen eines Sammelbandes erlebt, blieben auch in diesem Fall nicht aus. Überwunden werden konnten sie dank der vielfältigen Unterstützung, die ich erfahren habe. Der Konstanzer Arbeitskreis ermöglichte die Tagung und verfolgte anschließend beharrlich motivierend die einzelnen Stufen der Genese des Sammelbandes. Meine Mitarbeiter Felix Schaefer und Katharina Stauch haben mit scharfem Blick die Texte kontrolliert und für die Umsetzung der Verlagsrichtlinien gesorgt. Der Teufel steckte dabei wie üblich im Detail. Glücklicherweise gab es keine Frage auf dem mitunter steinigen Weg zum Buch, die Jürgen Weis vom Thorbecke-Verlag nicht rasch, freundlich und kompetent zu beantworten wusste. Möge das gemeinsam Erreichte Werbung für die Mittelalterforschung sein!

Thomas Ertl
Berlin, im Winter 2023

Ars Vendendi: Werbung und kommerzielle Praktiken im Mittelalter

Thomas Ertl (Berlin)

I. Werbung als Thema

Der Handel mit Waren und Dienstleistungen bildet ein zentrales Thema der Wirtschafts- und Sozialgeschichte des Mittelalters. Die Quellenlage dazu ist äußerst umfangreich, denn mittelalterliche Kaufleute produzierten massenhaft Rechnungen, Schuldscheine, Rechnungsbücher und andere Geschäftsunterlagen sowie eine kleine Anzahl von Handbüchern für die Geschäftspraxis[1]. Die Praktiken des täglichen Kaufens und Verkaufens verdienten es in ihren Augen dagegen nicht, in ausführlicher Form schriftlich festgehalten zu werden. Nicht zuletzt aufgrund dieser Quellenlage galt die Aufmerksamkeit der historischen Forschung häufig den rechtlichen und finanziellen Aspekten von Transaktionen, den Handelswegen und Handelsgütern, mit einem Fokus auf dem Groß- und Fernhandel. Für die Niederungen des Einzelhandels sowie die konkrete Abwicklung von Kauf und Verkauf und die damit verbundenen Formen verkaufsfördernder Strategien und Maßnahmen interessierte sich die historische Mittelalterforschung hingegen weniger stark[2].

1) Zur Quellenvielfalt der mittelalterlichen Wirtschaftsgeschichte vgl. Thomas Ertl, Bauern und Banker. Wirtschaft im Mittelalter, Darmstadt 2021, S. 245–278. Mehrere Quellensammlungen bieten einen guten Einblick in das Material, beispielsweise Documents relatifs à l'histoire de l'industrie et du commerce en France, 2 Bde., hg. von Gustave Fagniez, Paris 1898/1900; Quellen zur Geschichte des Kölner Handels und Verkehrs im Mittelalter, Bd. 1–4, hg. von Bruno Kuske, Bonn 1914–1934; Medieval Trade in the Mediterranean World. Illustrative Documents, hg. von Roberto S. López/Irving W. Raymond, New York 1955 (ND 2001); A Source Book for Medieval Economic History, hg. von Roy C. Cave/Herbert H. Coulson (Hg.), New York 1965; Quellen zur Wirtschafts- und Sozialgeschichte mittel- und oberdeutscher Städte im Spätmittelalter, hg. von Gisela Möncke (Ausgewählte Quellen zur deutschen Geschichte des Mittelalters. Freiherr-vom-Stein-Gedächtnisausgabe 37), Darmstadt 1982.

2) Erich Köhler, Einzelhandel im Mittelalter. Ein Beitrag zur betriebs- und sozialwirtschaftlichen Struktur der mittelalterlichen Krämerei (VSWG Beiheft 36), Stuttgart 1938; Buyers and Sellers. Retail Circuits and Practices in Medieval and Early Modern Europe, hg. von Bruno Blondé/Peter Stabel/Marc Boone, Turnhout 2006; Luxusgegenstände und Kunstwerke vom Mittelalter. Produktion – Handel – Formen der Aneignung, hg. von Christof Jeggle/Markwart Herzog/Mark Häberlein/Andreas Tacke/Martom Przybilski (Irseer Schriften N.F. 8), Konstanz/München 2015. Auch in diesen Studien zum Einzelhandel liegt der Fokus nicht auf den Verkaufspraktiken. Vgl. dazu Bruno Blondé/Peter Stabel/Ilja van Damme, Retail Circuits and

Das hat auch mit dem traditionellen Bild des Mittelalters als einer Epoche eingeschränkten Konsums und geringer Marktverflechtung zu tun[3]. Nach diesem Verständnis entstand erst am Übergang zur Frühen Neuzeit, von Italien ausgehend, eine Welt des Konsums, des Wettbewerbes und des Shopping[4]. Die westeuropäische konsumhistorische Forschung verortete die Anfänge der »Konsumrevolution« sowie die Entstehung von Marketing und Werbung häufig in noch späterer Zeit[5]. Die Wirtschaftsgeschichte hat jedoch längst gezeigt, dass sich bereits im hohen Mittelalter in verschiedenen Regionen Europas eine »commercial revolution« ereignet hat[6]. Innerhalb dieser beschleunigten Kommerzialisierung spielten der Wettbewerb um Kunden sowie die Präsentation und Anpreisung von Waren und Dienstleistungen eine wichtige, bisher allerdings nur wenig beachtete Rolle.

Die »Kunst des Verkaufens« war im Mittelalter von fundamentaler Bedeutung, da Waren und Dienstleistungen nicht nur nachfragegesteuert hergestellt oder erbracht wurden, sondern Kaufleute und Einzelhändler bereits vor der Renaissance um Kunden und Wettbewerbsvorteile konkurrierten[7]. Schon im beginnenden 11. Jahrhundert war in manchen urbanen oder monastischen Zentren der Lärm der Pferde zu hören, umgeben vom »Geschrei der Käufer und Verkäufer« (*clamor hominum vendentium aut ementium*) – so berichtet Rudolf von St-Trond 1014/15 vom lauten Treiben vor den Toren seines Benediktinerklosters im südlichen Belgien[8].

Practices in Medieval and Early Modern Europe. An Introduction, in: Buyers and Sellers, S. 7–29, hier S. 18: »The issue of ›salesmanship‹ was almost left untouched«. Zur Literaturwissenschaft vgl. Adrian MEYER, Merkantiles Erzählen. Von Kauf und Verkauf in mittelhochdeutscher Literatur (Literatur – Theorie – Geschichte 25), Berlin/Boston 2022.

3) Nancy COX, The Complete Tradesman. A Study of Retailing, 1550–1820 (History of Retailing and Consumption), Aldershot 2000, S. 11. Zum Markt im Mittelalter und seiner Erforschung vgl. Ulla KYPTA, How to Study the Premodern Market. The Concept of Market Exchange, in: Markets and their Actors in the Late Middle Ages, hg. von Tanja SKAMBRAKS/Julia BRUCH/Ulla KYPTA, Berlin/Boston 2021, S. 7–26.

4) Evelyn WELCH, Shopping in the Renaissance. Consumer Cultures in Italy 1400–1600, New Haven 2005, S. 3 f. und passim; Susan Mosher STUARD, Why Visit the Shops? Taking up Shopping as a Pastime, in: The Routledge History of the Renaissance, hg. von William CAFERRO, London/New York 2017, S. 213–227. Zum frühneuzeitlichen Forschungsstand vgl. Jon STOBART, Advertising Provincial Shops in Eighteenth-Century England, in: Cultural and Social History 5 (2008), S. 309–326; Christina BRAUNER, Recommendation und Reklame. Niederrheinische Brandspritzenmacher und Praktiken der Werbung in der Frühen Neuzeit, in: ZHF 46 (2019), S. 1–45.

5) BLONDÉ/STABEL/DAMME, Retail Circuits (wie Anm. 2), S. 7–29, hier S. 9 f.; Ralf BANKEN/Christian KLEINSCHMIDT/Jan LOGEMANN, Absatz und Reklame. Die Anfänge von modernem Einzelhandel und die Werbung bis zum Ersten Weltkrieg, in: Konsum im 19. und 20. Jahrhundert, hg. von Christian KLEINSCHMIDT/Jan LOGEMANN (Handbücher zur Wirtschaftsgeschichte), Berlin/New York 2020, S. 191–207.

6) Roberto Sabatino LÓPEZ, The Commercial Revolution of the Middle Ages 950–1350, Cambridge 1971.

7) WELCH, Shopping (wie Anm. 4), S. 147.

8) Gesta abbatum Trudonensium, hg. von Rudolf KÖPKE (MGH SS 10), Hannover 1852, S. 213–448, hier VII, S. 268. Zur Vorstellung des Marktes als Ort des Müßiggangs, der Sünde und des Aufruhrs vgl. Franziska QUAAS,

Vielfältiger, umfangreicher und deutlicher sind die Zeugnisse verkaufsfördernder Aktivitäten aus dem späten Mittelalter. In der literarischen Gattung des Städtelobs rühmten verschiedene Autoren die wirtschaftliche Prosperität ihrer Heimatstädte mit großer Anschaulichkeit[9]. Bonvesin de la Riva († circa 1313) sammelte in seinem Werk ›De magnalibus urbis Mediolani‹ (›Über die Wunder von Mailand‹) nicht nur Daten über Gebäude, Kirchen und Menschen der Stadt, sondern beschrieb mit großer Anschaulichkeit den Wohlstand der Mailänder Bürgerschaft. Die verschiedenen Berufsgruppen werden ebenso beschrieben wie das reichhaltige Angebot an Waren auf den städtischen Märkten. Zu den Aktivitäten der Einzelhändler bemerkt der Autor: *Und darüber hinaus wird alles, was die Menschen für ihr Leben brauchen, nicht nur an bestimmten Orten, sondern täglich in ausreichender Menge auf den Plätzen der Stadt angeboten und die Waren werden durch Lärm und Geschrei bekannt gemacht und beworben* (*clamoribus declarantur venalia*)[10]. Diese kommerziellen Aktivitäten reichten in Mailand bis ins frühe Mittelalter zurück und beruhten auf antiken Traditionen. Als König Otto I. Mitte des 10. Jahrhunderts dem Kloster S. Ambrogio mehrere Grundstücke auf dem Marktplatz überließ, war mehrfach von den dortigen Verkaufsläden (*stationes*) die Rede sowie von einer Markthalle mit Verkaufsständen, die mit eigenen Verkaufsbänken ausgestattet waren (*cum stationibus inibi banculas ante se habentibus*)[11]. Im Gegensatz zur modernen historischen Forschung war es für die Zeitgenossen selbstverständlich, dass sich wirtschaftliches Leben im 10. Jahrhundert auch im Wettbewerb entfaltete und sich der Warenwerbung bediente.

Selbstverständlich war den Zeitgenossen auch die prominente Rolle, die Frauen im Einzelhandel spielten[12]. Frauen arbeiteten sowohl gemeinsam mit ihren Ehemännern als auch selbstständig in den verschiedensten Bereichen und Funktionen: Mobile Krämerinnen verkauften ihre Waren in Stadt und Land; hinter den Ladentheken standen ebenfalls häufig Frauen. Ihre Art der Geschäftsführung unterschied sich nicht von jener von Männern[13]. Der Zusammenhang von Werbung und Sexualität beschäftigte aller-

Towards a Different Type of Market Exchange in the Early Middle Ages. The *Sacrum Commercium* and its Agents, in: Markets and their Actors (wie Anm. 3), S. 27–70, hier S. 30–38.

9) Zur Quellengattung und zu inhaltlichen Schwerpunkten vgl. Klaus ARNOLD, Städtelob und Stadtbeschreibung im späteren Mittelalter und in der Frühen Neuzeit, in: Städtische Geschichtsschreibung im späten Mittelalter, hg. von Peter JOHANEK (Städteforschung A/47), Köln 2000, S. 249–270; Carla MEYER, »City branding« im Mittelalter? Städtische Medien der Imagepflege bis 1500, in: Stadt und Medien. Vom Mittelalter bis zur Gegenwart, hg. von Clemens ZIMMERMANN (Städteforschung A/85), Köln 2012, S. 19–48.

10) Zu ähnlichen Lobpreisungen des städtischen Marktes vgl. Evelyn WELCH, Fairs of Early Modern Italy, in: Buyers and Sellers (wie Anm. 2), S. 31–50.

11) MGH DD O I., Nr. 145 S. 225 f.

12) KÖHLER, Einzelhandel (wie Anm. 2), 115 und 133 f.; David HERLIHY, Opera Muliebria. Women and Work in Medieval Europe, Philadelphia 1990, 143–150.

13) Malcolm RICHARDSON, Women, Commerce, and Rhetoric in Medieval England, in: Listening to Their Voices. The Rhetorical Activities of Historical Women, hg. von Molly Meijer WERTHEIMER, Columbia, SC

dings die Poeten und Theologen immer wieder, da die Frau schon im Mittelalter als Kundin und der weibliche Körper als Werbemittel betrachtet wurden[14]. Im Folgenden geht es stärker um Techniken und Praktiken und weniger um die Akteure und Akteurinnen, daher wird mitunter das generische Maskulinum für alle Geschlechter benutzt.

II. Kölner Schlaglichter

Informationen zu dieser bunten Welt der Marktbeziehungen sind auch in rechtlichen und administrativen Quellen zu finden, wenngleich häufig auf indirekte Weise, wie ein kurzer Streifzug durch die Urkunden der Stadt Köln zu Handel und Verkehr belegen soll[15]. Unter den vielen kommerziellen Belangen, die die Stadt Köln schriftlich zu normieren und zu regeln versuchte, waren unter anderem die Qualität der Handelsprodukte, die Orte erlaubter Handelstätigkeit sowie die Preisbildung. Verbote und Strafen wegen falscher und minderwertiger Produkte beschäftigten die Kölner Behörden ebenso und betrafen unter anderem vergoldete Kupfer- und Messingringe (Nr. 389, 815 und 988), gefärbten Ingwer (Nr. 488), Baumwollsäcke mit Steinchen (Nr. 550), Wolfsfleisch, das als Wildbret ausgegeben wurde (Nr. 669), Augsburger Barchent, der als Ulmer Barchent etikettiert war (Nr. 1000), falsche Gewürze und falsches Geld (Nr. 1031), gefälschte Mengenangaben (Nr. 1127) und verdorbene Baumwolle (Nr. 1250). Die Warenpreise wurden zudem indirekt durch die Veränderung von Größe und Füllmenge von Fässern und anderen Behältern manipuliert (Nr. 658, 742, 1159, 1184). In allen diesen Fällen versuchten sich die Verkäufer durch Produktfälschung oder -verfälschung einen Wettbewerbsvorteil zu verschaffen. Maßnahmen gegen Betrug und Fälschung begegnen so häufig in unterschiedlichen Quellengattungen[16], dass Bruno Kuske den Schluss zog, dass »der Mensch alten Stiles viel mehr als der moderne Mensch im Kampfe gegen die autoritativen Willensäußerungen der Kirche und der weltlichen Gewalten Gesetzes-

1997, S. 133–149.

14) John Block Friedman, Chaucer's Pardoner, Rutebeuf's ›Dit de l'Herberie‹, the ›Dit du Mercier‹, and Cultural History, in: Viator 38 (2007), S. 289–319, hier S. 295.

15) Quellen zur Geschichte des Kölner Handels und Verkehrs, Bd. 1 (wie Anm. 1). Die im Folgenden genannten Dokumente stammen aus diesem Band. Zur Kölner Wirtschaftsgeschichte im Mittelalter vgl. Franz Irsigler, Die wirtschaftliche Stellung der Stadt Köln im 14. und 15. Jahrhundert. Strukturanalyse einer spätmittelalterlichen Exportgewerbe- und Fernhandelsstadt, Wiesbaden 1979.

16) Zum Betrug des Kaufmanns in der mittelhochdeutschen Literatur vgl. Meyer, Erzählen (wie Anm. 2), S. 166f. und 223–238. Zum Umgang mit Verstößen gegen kommerzielle Vorschriften im Rahmen einer *moral economy* vgl. James Davis, Medieval Market Morality. Life, Law and Ethics in the English Marketplace, 1200–1500, Cambridge 2012.

übertreter war« – trotz aller kirchlicher Vorschriften und einer angeblich starken individuellen Frömmigkeit[17].

Die Regelung der korrekten Verkaufsorte war ein weiteres Thema der Kölner Administration. Vielen Berufsgruppen wie Hutmachern, Schuhmachern, Schwertfegern und Schreinern wurde der ambulante Straßenhandel verboten (Nr. 183, 272–274). Eine Verkäuferin von Zinnwerk wurde ebenfalls verpflichtet, ihre Ware nicht außerhalb ihres Hauses feilzubieten (Nr. 722). Umgekehrt war es den Fleischern untersagt, Lammfleisch in ihren eigenen Häusern anzubieten (Nr. 1104). Auch die Kölner Kirchen durften ihren in Kannen ausgeschenkten Wein nicht in den eigenen Gebäuden, sondern nur auf den Straßen anbieten (Nr. 398). Dagegen erhielt ein Hutmacherehepaar die Erlaubnis, in einem gemieteten Häuschen (*Gadem*) zwar keine Hüte selbst zu produzieren, von Hutmachern gekaufte Hüte aber vor dem Haus zum Verkauf auszuhängen (Nr. 957). Den Kleinhandel unter der Marspforte übertrug die Stadt einem Gürtelmacherehepaar, das sich dafür verpflichten musste, die Pforte sauber zu halten und allabendlich eine Kerze anzuzünden (Nr. 979).

Ein weiteres Thema stellt die Preisbildung dar. Entsprechend den Gepflogenheiten an den meisten europäischen Handelsplätzen mussten Transaktionen auch in Köln durch die Vermittlung eines Unterhändlers, auch Unterkäufer, Vermittler oder *sensale* genannt, abgeschlossen werden[18]. Dieser Makler führte über die einzelnen Geschäfte Buch und empfing die Vertragsparteien gelegentlich in seinem eigenen Haus (Nr. 416). Sie wirtschafteten in Köln offenbar zuweilen in die eigene Tasche (Nr. 466) oder besiegelten die Vertragsdokumente nicht ordnungsgemäß (Nr. 1134). Erfolgte ein Vertragsabschluss nur mündlich durch *simpell worde*, so konnte dies den Unterkäufer vor Probleme stellen, wenn eine Vertragspartei die Einhaltung der vereinbarten Zusagen zu einem späteren Zeitpunkt ablehnte (Nr. 1171). Bei manchen Transaktionen führte die umstrittene Höhe des Preises zu einem Rechtsstreit, in den die Stadt Köln eingreifen musste (Nr. 298, 340, 411, 1117). Um Gebühren zu sparen, betrieben manche Kaufleute ihre Geschäfte heimlich ohne Hinzuziehung eines Maklers (Nr. 679, 872). Wie in vielen anderen Themenfeldern geht das überlieferte Quellenmaterial meist auf Rechtsverstöße und in diesem Zusammenhang erlassene schriftliche Normen und Urteile zurück[19].

Die Stadt Köln betrieb eine Wirtschaftspolitik, die Konkurrenz und Angebot gleichermaßen sicherstellen sollte: An der Wand des Kaufhauses verkündeten *notule ind ordinancie* die Regeln der korrekten Handelstätigkeit (Nr. 1137). Um eine zu starke Preissteigerung beim Fleisch zu verhindern, erhielten die Ochsenhändler aus Münster

17) Bruno KUSKE, Die Entstehung der Kreditwirtschaft und des Kapitalverkehrs, in: ders., Köln, der Rhein und das Reich. Beiträge aus fünf Jahrhunderten wirtschaftsgeschichtlicher Forschung, Köln 1956, S. 48–137, hier S. 50.

18) Wolfgang SELLERT, Makler, in: HRG 3 (1984), Sp. 1203–1209. Zu den Maklern vgl. den Beitrag von Sabine VON HEUSINGER in diesem Band.

19) DAVIS, Market Morality (wie Anm. 16), S. 289–297.

sicheres Geleit von der Stadt (Nr. 1178). Der Stadt Löwen schrieb der Kölner Rat, dass es schädlich sei, wenn die Kölner Ware an den Brabanter Zollstellen mit Herkunftsnachweisen versehen werde, weil auf diese Weise Freund und Feind über die Handelsaktivitäten der Stadt Kenntnis erlangen und Köln Schaden zufügen könnten (Nr. 1009).

Diese kleine Auswahl von Zeugnissen aus der Kölner Handelsgeschichte macht deutlich, dass auch Urkunden und Akten zahlreiche Hinweise auf Verkaufspraktiken liefern und über Themen wie Produktqualität, Verkaufsorte, Absprachen und Verhandlungen sowie Preisfindung berichten. Zugleich belegen diese Texte, dass das städtische Marktgeschehen von Wettbewerb und Regulierung gleichermaßen bestimmt war.

III. Marktschreiber und Wanderhändler in Dichtung und Wirklichkeit

Die lebhafte Handelstätigkeit in den mittelalterlichen Städten rief nicht nur die Obrigkeiten auf den Plan, sondern erregte auch die Aufmerksamkeit der Dichter und Poeten. Guillaume de la Villeneuve setzte den Pariser Verkäufern und ihrer Schreierei mit seinem Gedicht ›Les Crieries de Paris‹ Mitte des 13. Jahrhunderts ein literarisches Denkmal. In diesem gereimten Text wird nicht nur die Diversität der Pariser Warenwelt und Dienstleistungen sichtbar, sondern auch die lautstarken Verkaufstechniken der Pariser Handwerker und Händler. *Bis in die Nacht hinein erklingt das Geschrei derer, die ihre Waren anbieten und Profit machen wollen. Niemals ermüden die Marktschreier und niemals kommen sie zur Ruhe*[20]. Über 130 Warensorten und Dienstleistungen zählt Villeneuve in seinen Versen auf[21]. Zwischen Werbung und Information gab es dabei keine klare Grenze:

Harenc nostre vendre voudré.	Ich würde gerne meinen Hering verkaufen!
Menuise vive orrez crier,	Sie werden die Schreie der Verkäufer hören.
Et puis aletes de la mer.	Und auch die Meeressaletten,
Oisons, pijons, et char salee,	Gänseküken, Tauben und Pökelfleisch,
Char fresche moult bien conraee,	Frisches Fleisch gut serviert.
Et de l'aillie a grant plenté.	Und Knoblauchsauce in großen Mengen.
Or au miel, Diex vous doinst santé!	Hier ist Honig, möge Gott euch gesund erhalten!
Et puis aprés, pois chaus pilez,	Und dann noch die scharfen Erbsen in Soße.

20) Guillaume de la Villeneuve, Les Crieries de Paris au XIIIe siècle, in: Alfred Franklin, Les Rues et les cris de Paris au XIIIe siècle, Paris 1874 [ND 1984], S. 153–164, hier 153 f.: *Je vous dirai donc de quelle façon/Et de quelle manière se comportent/Ceux qui ont des denrées à vendre/Et qui pensent en tirer profit, /Si bien qu'ils ne cesseront de hurler/A travers Paris jusqu'à la nuit/Ne pensez pas que cela les fatigue/Car ils ne cesseront jamais*. Übers. von Madeleine Jeay: https://sites.uwm.edu/carlin/guillaume-de-la-villeneuve-les-crieries-de-paris/ [letzter Aufruf im November 2023].

21) Zum Warenangebot im mittelalterlichen Einzelhandel vgl. Köhler, Einzelhandel (wie Anm. 2), S. 4–28.

Et feves chaudes par delez	Und dazu die heißen Bohnen
Aus et oingnons a longue alaine.[22]	Mit Zwiebeln und mit einem starken Geruch.

Die Anziehungskraft der Pariser Warenwelt und ihre literarische Beschreibung faszinierten ausländische Besucher auch in späteren Jahrhunderten. Der Schweizer Kaufmann, Stadtschreiber und Dichter Zacharias Bletz schrieb 1526 ein Gedicht über Paris, das inhaltlich und formal den ›Les Crieries de Paris‹ nacheifert. Unter dem Titel ›Von der Gewohnheit, alle Tage in Paris auf den Gassen zu rufen und zu verkaufen, was der Mensch täglich braucht‹ beschrieb der Schweizer Gelehrte das bunte Marktleben in Paris. Er begann seine Verse mit den Bäuerinnen, die für die kleinen Kinder frische Kuhmilch in die Stadt brachten: *Wer Milch will, der komme her!*, schrien die Verkäuferinnen mit so lauter Stimme, dass manches Mädchen wütend wurde, weil es aus seinem Schlummer erwachte und gezwungen war, das warme Bett zu verlassen[23].

Nicht weniger anschaulich schilderte der unbekannte Verfasser von ›London Lickpenny‹ aus dem frühen 15. Jahrhundert die aufdringlichen und trickreichen Londoner Händler, wenn sie armen Reisenden aus der Provinz ihre Waren anboten: *One began to cry: ›hot pea pods, ripe strawberries and cherries on the bough!‹ Another called me to come near and buy some spice.* [...] *One offered me velvet, silk and linen, and another took me by the hand and said: ›Here is Parisian thread, the finest in the land.‹* [...] *The tavernkeeper took me by the sleeve and said, ›Sir, will you try our wine?‹*[24]. Mit diesen aktiven Überredungsmethoden wurde nicht nur in London gearbeitet. Im Amtsbrief der Kölner Gürtelmacher von 1397 wurde den Zunftmitgliedern zum einen die Länge ihres Aushangs auf der Straße vorgeschrieben, zum anderen wurde verboten, dass *Mann, Weib, Knecht oder Magd der Zunft vor ihrem Haus oder ihrer Tür mögliche Kunden und Kundinnen belästigen und nötigen* (und zum Kauf ihrer Waren drängen)[25]. Der Rat von Zürich verbat im Jahr 1400 den Schiffern und 1402 den Wirtsleuten, ihren Kunden auf den Straßen der Stadt hinterherzujagen und sie in die eigenen Schiffe und Gasthäuser zu locken[26]. Als Studenten bei der Ankunft in Basel aus den Rheinschiffen stiegen, um ihren Aufenthalt an der dortigen Universität zu beginnen, erwarteten sie schon die Vertreter der verschiedenen Bursen, die die Neulinge mit »marktschreierischen Anpreisun-

22) Guillaume de la Villeneuve, Les Crieries (wie Anm. 20), 154 f.

23) Wilhelm Crecelius, Zwei Sprüche von Paris, in: Alemannia 3 (1875), S. 47–53, hier S. 48, Zeilen 1–8.

24) Michael Schmidt, The Story of Poetry 1. English Poets and Poetry from Cædmon to Caxton, London 2001, S. 385–388, hier S. 387; London. A History in Verse, hg. von Mark Ford, Cambridge, MA 2015, S. 49–53, hier S. 51.

25) Kölner Zunfturkunden, bearb. von Heinrich von Loesch, Bd. 1, Bonn 1907, Nr. 32 § 18–19 S. 100.

26) Die Zürcher Stadtbücher des XIV. und XV. Jahrhunderts, Bd. 1, hg. von Heinrich Zeller-Werdmüller/ Hans Nabholz, Leipzig 1899, Nr. 163 und 164, S. 335 f. Zur Erneuerung des Verbots vgl. ebd. Bd. 2, Nr. 197, S. 373 f.

gen« in ihre Häuser locken wollten[27]. Das »Füchse Keilen« hielt sich bekanntlich an den Universitäten weit über das Mittelalter hinaus, war den städtischen Obrigkeiten aber schon im 15. Jahrhundert ein Dorn im Auge.

Die lautstarken Anpreisungen von Waren und Dienstleistungen ertönten in allen Städten Europas und nicht selten erregten die wandernden Straßenhändler den Argwohn der Kleriker und weltlichen Obrigkeiten, insbesondere wenn die potentiellen Kunden besonders schützenswert erschienen[28]. So verbat beispielsweise die Stadtregierung von Mailand 1418 den Verkäufern von Süßigkeiten und gekochten Äpfeln, ihre Waren Kindern unter zwanzig Jahren anzupreisen oder diese aufzufordern, an Gewinnspielen teilzunehmen[29]. In Florenz war schon 1325 verboten worden, dass jugendliche Straßenhändler mit lauten Rufen durch die Stadt und die Vorstädte liefen, um ihre Knöpfe und Ringe aus Gold oder Silber zu verkaufen, die in Wirklichkeit aus altem Eisen oder Ähnlichem bestanden, und dabei noch manche andere Untaten bis hin zu Diebstählen begingen[30].

In Europas Städten der Vormoderne waren auch öffentliche Ausrufer aktiv, die sowohl politisch-administrative als auch kommerzielle Funktionen erfüllten. Diese *crieurs* (oder *precones/nuntii*) waren keine ausschließlich mittelalterliche Erscheinung. Im Römischen Reich unterhielten und informierten *circulatores* die Menschenmengen über verschiedene Neuigkeiten. Einige fungierten als Schausteller, Gaukler und Quacksalber, die Medikamente verkauften, andere arbeiteten als Hausierer und Händler von Waren, zudem gab es offizielle Herolde (*praecones*), die Verlautbarungen und Edikte verkündeten[31]. Im Mittelalter lassen sich solche Ausrufer zuerst in Paris nachweisen. Im 13. Jahrhundert waren sechs *maîtres crieurs* tätig, die jeweils eine Anzahl von *crieurs* beschäftigten. Diese liefen durch die Straßen der Stadt und verkündeten amtliche Neuigkeiten, aber auch Warenpreise, zum Verkauf stehende Häuser, verlorene Gegenstände, Begräbnisse, Taufen und Heiraten[32]. Die Stadtrufer wirkten in vielen Städten Europas und übten ihre Tätigkeit bis weit in die Neuzeit hinein aus, ebenso die Krämer und Wander-

27) Rainer C. SCHWINGES, Der Student in der Universität, in: Die Geschichte der Universität in Europa, Bd. 1. Mittelalter, hg. von Walter RÜEGG, München 1993, S. 181–225, hier S. 205.

28) FRIEDMAN, Chaucer's Pardoner (wie Anm. 14), S. 299–303.

29) WELCH, Shopping (wie Anm. 4), S. 40 mit Anm. 53.

30) WELCH, Shopping (wie Anm. 4), S. 314 Anm. 59: *Quod nullus vadat per civitatem clamando aurum et argentum. Cum quidam iuvenes infideles vadant per civitatem clamando et petendo ad vendendum fregios et bottones et anullos aureos vel argenteos, est vel ferrum vetus aut similia, quorum occasione multa et multa furta commictuntur in emendo et vendendo predictas et etiam calices et turribulos, quondoque statutum et ordinatum est quod nulla persona audeat vel presummat ire per civitatem Florentie vel burgos aut suburgos gridando vel clamando talis venalia.*

31) Alan D. BOOTH, Allusion to the *circulator* by Persius and Horace?, in: Greece and Rome 27 (1980), S. 166–169; Fridolf KUDLIEN, Schaustellerei und Heilmittelvertrieb in der Antike, in: Gesnerus 40 (1983), S. 91–98; Cristina Rosillo LÓPEZ, Public Opinion and Politics in the Late Roman Republic, Cambridge 2017, S. 180 f.

32) Didier LETT/Nicolas OFFENSTADT, Les pratiques du cri au Moyen Âge, in: *Haro! Noël! Oyé! Pratiques du cri au Moyen Âge*, hg. von Didier LETT/Nicolas OFFENSTADT, Paris 2003, S. 5–41.

händler, die auch auf dem flachen Lande tätig waren[33]. Seit dem 16. Jahrhundert wurden die Ausrufer auch bildlich dargestellt[34]. Die Grenzen zwischen öffentlichem Stadtrufer und mobilem Händler waren stets fließend. In vielen Städten waren es die Weinausrufer, die im Auftrag der Stadt die aktuellen Preise bekanntgaben und gleichzeitig Werbung für bestimmte Weine oder Tavernen machten. In der Hand hielten sie häufig einen Blätterzweig, wie sie auch an den Türen der Tavernen befestigt wurden[35].

IV. Kommerzielle Architektur

Wanderhändler und Stadtschreier bildeten immer nur einen Teil der mittelalterlichen Kaufmannschaft. Seit der Antike benutzten Handwerker und Kaufleute Räume in ihren eigenen oder gemieteten Häusern als Werkstätten und Verkaufslokale. Die doppelte Funktion dieser Räume wird im italienischen Begriff *bottega* deutlich, während in vielen europäischen Sprachen zwischen Verkaufsladen (*shop*) und Werkstatt (*workshop*) differenziert wird. Vor allem in den urbanen Zentren des östlichen Mittelmeerraums wurden spätantike bauliche Strukturen für kommerzielle und handwerkliche Zwecke weiterverwendet[36]. In den letzten Jahrzehnten erschloss die archäologische Forschung deren bauliche Überreste in zahlreichen Einzelstudien[37]. Die Ergebnisse zeigen neben den bekannten Marktgebäuden in Basilikaform »a mixed landscape of retail, with rows of shops containing different trades, with occasional nodes of concentration«[38]. Die Umwälzungen des 5. bis 7. Jahrhunderts führten zwar zu einem Rückbau, jedoch zu keinem Ende dieser kommerziellen Strukturen im byzantinischen und islamischen Raum[39].

33) Laurence Fontaine, The History of Pedlars in Europe, Oxford 1998; Peter Stabel, From the Market to the Shop. Retail and Urban Space in Late Medieval Bruges, in: Buyers and Sellers (wie Anm. 2), S. 79–108, hier S. 101–103.

34) David Herrliberger, Zürcherische Ausrufbilder, hg. von Conrad Ulrich, Zürich 1968; Charles Hindley, A History of the Cries of London, London 1884, Neudruck 1969; Hubert Kaut, Kaufrufe aus Wien. Volkstypen und Straßenszenen in der Wiener Graphik von 1775 bis 1914, Wien/München 1970.

35) Das Wiener Handwerksordnungsbuch (1364–1555). Edition und Kommentar, hg. von Markus Gneiss, Wien 2017, S. 168.

36) Zur Architektur von Verkaufsräumen im römischen Reich vgl. Ardle MacMahon, The Taberna Structures of Roman Britain (British Archaeological Reports. British Series 356), Oxford 2003. Zur Transformation seit der Spätantike vgl. Luke Lavan, From Polis to Emporion? Retail and Regulation in the Late Antique City, in: Trade and Markets in Byzantium, hg. von Cécile Morrisson (Dumbarton Oaks Byzantine Symposia and Colloquia 4), Washington, DC 2012, S. 333–377.

37) J. Stephens Crawford, The Byzantine Shops at Sardis (Archaeological Exploration of Sardis Monographs 9), Cambridge 1990.

38) Lavan, Polis (wie Anm. 36), S. 351–352.

39) Hugh Kennedy, From Polis to Madina. Urban Change in Late Antique and Early Islamic Syria, in: Past & Present 106 (1985), S. 3–27; Anthea Harris, Shops, Retailing and the Local Economy in the Early Byzantine

Der um 1085 verstorbene byzantinische Geschichtsschreiber Michael Attaleiates berichtete beispielsweise von Veränderungen im Getreidehandel zu seinen Lebzeiten: *The way it used to be was that the person wishing to purchase grain could have a transaction with the retailer, and if he should be unhappy with one outlet he could move to another and then yet another, and the sales were conducted from the carts*[40]. Diese individuelle Marktforschung befand sich zu seinen Lebzeiten im Niedergang, weil der Kaiser ein Monopol errichtete und damit den freien Wettbewerb beendete, was die Preise angeblich in die Höhe trieb.

Bis ins 12. Jahrhundert bildeten viele Städte im byzantinischen Reich und vor allem im muslimischen Nahen Osten und in Nordafrika kommerzielle Zentren internationalen Ranges – den westeuropäischen Städten in dieser Hinsicht deutlich überlegen. So existierte im syrischen Aleppo beispielsweise bereits im 12. Jahrhundert eine Vielzahl von überdachten Marktplätzen, auf denen eine große Vielfalt von Waren angeboten wurde. In seinem Reisebericht schilderte Ibn Jubayr seinen Eindruck: *Wer sich in diesen Märkten aufhält, genießt reichlich Schatten und betrachtet ihre Schönheit, und selbst diejenigen, die es eilig haben, bleiben bewundernd stehen*[41]. Ähnliches werden europäische Autoren erst seit dem 13. Jahrhundert berichten.

In welchem Ausmaß die Nutzung kommerzieller Architektur aus römischer Zeit auch im westlichen Europa erfolgte, ist wenig untersucht. Dagegen steht fest, dass die architektonische Handelsinfrastruktur im Zuge der kommerziellen Revolution während des hohen Mittelalters expandierte[42]. In Paris, der größten Stadt des westlichen Europa, ließ König Philipp II. August im Jahr 1183 einen zweistöckigen Markt errichten. *Les Halles* entwickelten sich in den folgenden Jahrzehnten zum größten überdachten Marktplatz Europas mit mehr als hundert Läden, die in kleinere Einheiten unterteilt werden konnten. An der Mauer um das Marktgelände lagen weitere überdachte Verkaufsbuden. An drei Tagen in der Woche wurden die Pariser Kaufleute dazu verpflichtet, ihre Läden zu schließen und ihre Waren ausschließlich auf dem königlichen Markt anzubieten[43]. Das Angebot war offenbar so umwerfend, dass sogar der Philosoph und Aristoteliker Johann von Jandun ins Schwärmen geriet, als er um 1323 seinen Reiseführer für Paris (›Tractatus de laudibus Parisius‹) verfasste:

World: The Example of Sardis, in: Secular Buildings and the Archaeology of Everyday Life in the Byzantine Empire, ed. Ken R. DARK, Oxford 2004, S. 82–122.

40) Michael ATTALEIATES, The History, hg. von Anthony KALDELLIS, Cambridge 2012, S. 369.

41) LÓPEZ/RAYMOND, Trade (wie Anm. 1), Nr. 26, S. 76 f.

42) Zum Anteil des Einzelhandels an der städtischen Wirtschaft vgl. KÖHLER, Einzelhandel (wie Anm. 2), S. 118–147.

43) Anne LOMBARD-JOURDAN, Les Halles et leur quartier dans l'espace urbain de Paris (1137–1969), Paris 2009. Zum Marktzwang in italienischen, flandrischen und deutschen Städten vgl. WELCH, Shopping (wie Anm. 4), S. 116; dies., Fairs (wie Anm. 10), S. 38 f. und 43; STABEL, Market (wie Anm. 33), S. 101; KÖHLER, Einzelhandel (wie Anm. 2), S. 103–105.

> Dort kannst Du, wenn Du den Wunsch und die Mittel dazu hast, alle Arten von Zierrat kaufen, die sich die fähigste Werkstatt und der erfinderischste Geist ausdenken, um alle Wünsche zu erfüllen. [...] Damit die Pracht dieser glänzenden Gegenstände, deren Vielfalt und Zahl sich einer vollständigen Beschreibung widersetzen, wenigstens oberflächlich charakterisiert werden kann, lass mich folgendes sagen: In diesen Ausstellungsräumen lächeln den Blicken der Spaziergänger so viele Schmuckstücke für die Verwendung bei Hochzeiten und großen Festen entgegen, dass die Spaziergänger, nachdem sie eine Reihe halb durchlaufen haben, ein ungestümes Verlangen nach der anderen Reihe erfasst. Nachdem sie die ganze Länge durchlaufen haben, erfüllt sie ein unersättlicher Eifer, dieses Vergnügen nicht einmal oder zweimal, sondern immer wieder zu wiederholen[44].

Markthallen wurden im späten Mittelalter in vielen Städten errichtet[45]. Die meisten waren nicht so groß und prächtig wie jene von Paris. Allerdings boten die *selds* genannten, Basar-ähnlichen Marktbuden in den Seitenstraßen von Cheapside in London um 1300 unzähligen Einzelhändlern in teilweise winzigen Läden Platz[46]. Das hier zum Verkauf stehende Warenangebot war vermutlich nicht weniger vielfältig als das in Paris.

Gegen Ende des Mittelalters entstanden die ersten Idealpläne von Städten mit Bemerkungen auch zur Gewerbeverteilung innerhalb der Stadtmauern. Zudem ist aus dem Jahr 1471 die erste Beschreibung eines Idealmodells einer *bottega* überliefert. Sie stammt von Leon Battista Alberti und ist Teil seiner *De Re Aedificatoria*. Dort heißt es:

> Innerhalb der Stadt sollte das Geschäft, das im Erdgeschoss liegt und die Lebensgrundlage des Hausbesitzers bildet, besser ausgestattet sein als das Esszimmer, da es den Hoffnungen und Ambitionen noch mehr entspricht. An einer Kreuzung sollte das Haus die Eckposition einnehmen, in einem Marktplatz sollte es an einer Seite liegen, auf einer Militärstraße an einer auffälligen Kurve; fast das einzige Anliegen sollte sein, die Kunden durch die ausgestellten Waren zu locken. Für den Innenausbau wäre es nicht ungehörig, ungebrannten Ziegelstein, Korbgeflecht, Lehm, strohgebundenen Lehm oder Holz zu verwenden; außen muss man jedoch berücksichtigen, dass die Nachbarn nicht immer ehrlich und höflich sind; dementsprechend sollte die Wand gegen den Übergriff von Mensch und Wetter verstärkt werden.[47]

Die Präsentation der Ware sowie die Lage eines Geschäftes war für Leon Battista Alberti Voraussetzung für den kommerziellen Erfolg. Diese Vorstellung teilte auch die Stadtregierung von Siena, die 1452 verfügte, dass die vornehmen Geschäfte sich dort niederlassen sollten, wo die ausländischen Pilger auf ihrem Weg nach Rom vorbeikamen, »so dass

44) Le Roux de LINCY/Lazare M. TISSERAND, Paris et ses historiens aux XIVe et XVe siècles, Paris 1867, S. 3–79, hier S. 51. Zum Werk vgl. Jacques VERGER, Thèmes majeurs, lieux communs et oublis dans le ›Tractatus de laudibus Parisius‹ de Jean de Jandun (1323), in: Retour aux sources. Textes, études et documents d'histoire médiévale offerts à Michel Parisse, hg. von Sylvain GOUGUENHEIM, Paris 2004, S. 849–857.

45) Für Brügge und Flandern vgl. STABEL, Market (wie Anm. 33), S. 88–90.

46) Derek J. KEENE, Sites of Desire. Shops, Selds and Wardrobes in London and Other English Cities, 1100–1550, in: Buyers and Sellers (wie Anm. 2), S. 125–153, hier S. 133–137.

47) Leon Battista ALBERTI, L'Architettura/De Re Aedificatoria, Bd. 1, Mailand 1966, 434–437.

die Pilger, wenn sie die Waren sehen, zum Kauf angeregt werden, andernfalls, wenn sie sie nicht sehen, dächten sie nämlich nicht einmal daran«[48].

Die Innenarchitektur war dem Architekturtheoretiker dagegen weniger wichtig. Dies scheint auch der Realität entsprochen zu haben, da die Inneneinrichtung vieler Läden aus nicht viel mehr als hölzernen Tischen, Stühlen, Bänken, Schränken, Kisten, Regalen und Lagerungsbehältern aus unterschiedlichem Material bestand[49]. Gelegentlich ist eine Ausstattung dieser Art auch Teil schriftlicher Verträge und wird daher beschrieben, wie in einem Vertrag zweier Florentiner Kaufleute, die drei Ladengeschäfte in Avignon betrieben und für das Ende ihrer Zusammenarbeit festsetzten, dass ein Partner die Ladenausstattung, das heißt Kisten und Fässer sowie kleinere Behälter, Kleiderbügel und Gerätschaften erhalten sollte[50]. Allerdings gab es auch Beispiele von Läden mit exquisiter Ausstattung und kostspieliger Präsentation des Angebots, häufig handelte es sich dabei um Apotheken[51].

Bauliche Überreste mittelalterlicher Verkaufsräume sind selten erhalten. Es ist Archäologen und Bauforschern in den letzten Jahrzehnten jedoch gelungen, in vielen kleinen und großen Städten Fundamente, Keller, Wände und andere Bestandteile von Verkaufslokalen zu erschließen und zu dokumentieren[52]. Die größten dieser Gebäude bildeten die mittelalterlichen Kaufhäuser wie beispielsweise der berühmte Fondaco dei Tedeschi in Venedig, die häufig auch heute noch stehen und – wie der Fondaco – weiterhin oder wieder kommerziell genutzt werden[53]. Seit dem 14. Jahrhundert entstanden Kaufhäuser und Kaufhallen auch in vielen Städten nördlich der Alpen. Sie dienten sowohl der Lagerung von Handelswaren als auch der Handelstätigkeit selbst, insbesondere waren sie der Ort, an dem der Einzelhandel seine Einkäufe bei den mitunter fremden Großhändlern tätigte[54].

Zur Rekonstruktion mittelalterlicher Shops kann sich die historische Forschung auch auf Bildquellen stützen. In seiner Freskenreihe in der Sala della Pace im Palazzo Pubblico in Siena von 1338/1339 präsentierte Ambrogio Lorenzetti beispielsweise im Fresko *Effetti del Buon Governo in città* seine Heimatstadt Siena als wohlhabende Stadt, deren Bürger ihren unterschiedlichen handwerklichen oder kommerziellen Tätigkeiten

48) Fabrizio J. D. NEVOLA, »Più honorati et suntuosi ala Republica«. Botteghe and Luxury Retail along Siena's Strada Romana, in: Buyers and Sellers (wie Anm. 2), S. 65–78, hier S. 67.

49) WELCH, Shopping (wie Anm. 4), S. 151.

50) LÓPEZ/RAYMOND, Trade (wie Anm. 1), Nr. 101, S. 196–206.

51) WELCH, Shopping (wie Anm. 4), S. 156–158.

52) Für Italien vgl. WELCH, Shopping (wie Anm. 4), S. 123.

53) Il Fondaco dei tedeschi, Venezia, OMA. Il restauro e il riuso di un monumento veneziano, hg. von Francesco DAL CO/Elisabetta MOLTENI, Milano 2016.

54) KÖHLER, Einzelhandel (wie Anm. 2), S. 80.

nachgehen oder sich beim Würfelspiel, Tanz oder Spaziergang amüsieren[55]. Bauhandwerker decken ein Dach, Bauern bringen Waren in die Stadt, Schüler lauschen ihrem Lehrer. In verschiedenen Läden werden Schuhe, Textilien und Apothekerwaren produziert und verkauft[56]. Seit dem 13. Jahrhundert ist diese Tendenz zur Spezialisierung und Differenzierung in vielen Fällen feststellbar. So existierten am Ende des Mittelalters Shops, in denen beispielsweise ausschließlich Farbstoffe angeboten wurden. Andererseits handelten viele Ladenbesitzer auch in der Frühen Neuzeit mit einer bunten Vielfalt an Waren[57].

Was man noch Mitte des 18. Jahrhunderts in einer »italiänischen Handlung« in Deutschland finden konnte, wurde in Zedlers Universallexikon so beschrieben: Was *Italien von seinen eigenen, natürlichen und durch Kunst und Fleiß gemachten Waaren nur allein ausgibt, allerhand delikate Weine, Oel, frische und eingemachte Früchte, als Citronen und Pomerantzen, Oliven, Capern, rohe auch zubereitete und gefärbte Seide, guten Käse, worunter sonderlich der Parmensanische berühmt ist, wohlrüchende Essenzien, Sammt, einige Mineralien; an Manufacturen aber gezogenen und gesponnenen Golddraht, Sammet, Atlas, Brocard, Tafft, Tobin,* [...] *Tapeten, Trick- und Spiegel-Gläser, schön Gewehr* [...] *ferner allerhand parfumirte Handschuhe, seiden Strümpfe, gestickte seidene Camisols, Violinen-Saiten, Schnupftaback, Corallen, Sardellen, vielerhand Confecturen, geräucherte Würste und dergleichen*[58]. Ein solches überbordendes Warenangebot konnte wohl auch in vielen mittelalterlichen »Edelboutiquen« gefunden und bestaunt werden.

Die Vielfalt der Warenwelt wird auch in Tafelbildern und der Buchmalerei gelegentlich sichtbar. In einer Miniatur in einer spätmittelalterlichen Abschrift des ›Livre du Trésor‹ von Brunetto Latini (1220–1294) werden beispielsweise die wichtigsten Tugenden vor dem Hintergrund städtischer Architektur dargestellt (Abb. 1). Das Erdgeschoss der Wohnhäuser bildet eine Kette von Shops, die mit Ladenzeichen und ausgestellten Waren die Kunden anlocken. Verkauft werden Eisenwaren, Gewürze, Hüte, Schüsseln, Kleidung, Kerzen und anderes. Große Fenster und Fensterbänke werden als Verkaufstheken genutzt[59]. Dieser Schaufensterreklame wurden in den städtischen Ordnungen auch Grenzen gesetzt. In der Lübecker Krämerordnung von 1573 sind die Vorschriften besonders detailliert. Es wird verboten, dem »Nachbarn die Aussicht an Fenstern und

55) Zur Freskenreihe vgl. Ambrogio Lorenzetti, Bd. 1: Text, hg. von George ROWLEY, Princeton 1958, S. 99–125; Ambrogio Lorenzetti, Il Buon Governo, hg. von Enrico CASTELNUOVO, Milano 1995; Il bene di tutti: gli affreschi del Buon governo di Ambrogio Lorenzetti nel Palazzo pubblico di Siena, hg. von Mariella CARLOTTI, Firenze 2010. Zu Sienas Einkaufsstraßen vgl. NEVOLA, Honorati (wie Anm. 48).

56) LORENZETTI, Il Buon Governo (wie Anm. 55), S. 145–242.

57) KÖHLER, Einzelhandel (wie Anm. 2), S. 57–61; Paola PINELLI, Le attivita molteplici di un caciaiolo alla fine del Trecento, Prato 1996; DAVIS, Market Morality (wie Anm. 16), S. 281.

58) Johann H. ZEDLER, Italiänische Handlung, in: Großes vollständiges Universal-Lexikon 14 (1735), Sp. 1422–1425, hier Sp. 1423.

59) KÖHLER, Einzelhandel (wie Anm. 2), S. 109–111.

Türen durch vorgehängte Waren zu versperren, gewisse Wollen- und Leinwandwaren nur innerhalb der Fenster aufzustellen, nicht mehr als je drei mit Zierarten besetzte Hüte auszulegen und schließlich Waren, die durch Licht leiden, auch sich im Gewichte vermindern, wie Strümpfe, Pantoffeln, seidene Stoffe, Samt, Spitzen und allerlei Posamenten, überhaupt auszustellen«[60]. Im englischen Newmarket musste ein gewisser John Ballone Smyth 1476 eine Geldstrafe bezahlen, weil er ein Fenster in seinem Haus gebaut und davor eine Verkaufsbude errichtet hatte, die auf dem Boden des Gutsherrn lag[61]. Das Fenster war gleichsam das Tor zur (Handels-)Welt. Die Hauptachsen vieler Städte sind im späten Mittelalter zu bunten Einkaufsstraßen mit gemischtem Warenangebot geworden[62]. Manche von ihnen, wie Cheapside in London oder der Mercerie in Venedig, erlangten als Shoppingmeile für gehobene Ansprüche internationale Bekanntheit.

Abb. 1: Verkaufsläden in einer spätmittelalterlichen Stadt. Das Bild aus einer spätmittelalterlichen Enzyklopädie dient vorrangig der Darstellung der Kardinaltugenden in Form von Frauengestalten. Die städtische Architektur im Hintergrund bietet einen guten Einblick in die städtische Verkaufsarchitektur des späten Mittelalters. Händler werben mit ausgestellten Produkten oder Zeichen. Brunetto Latini, Livre du Trésor, Bibliothèque de Genève, Ms. fr. 160, fol. 82r (circa 1450–1480).

Auch urkundliche Texte schildern gelegentlich Bau und Ausstattung von Verkaufsläden. Im Herbst 1411 beauftragte der Wiener Bürger Wolfhard von Schemnitz einen Maurermeister mit dem Bau zweier Häuser beim Peilertor in der Wiener Innenstadt.

60) Köhler, Einzelhandel (wie Anm. 2), S. 110.

61) Davis, Market Morality (wie Anm. 16), S. 373.

62) Blondé/Stabel/Damme, Retail Circuits (wie Anm. 2), S. 17; Stabel, Market (wie Anm. 33), S. 96–98.

Auf der Straßenseite waren dreizehn Verkaufsläden vorgesehen, darüber im Obergeschoss drei getäfelte Stuben. Der Keller unter beiden Gebäuden sollte mit mehreren Pfeilern ausgestattet werden[63]. Wolfhard von Schemnitz plante eine Art Ladenreihe im Erdgeschoss seiner Häuser mit Zugang zum Kellergewölbe, das vermutlich als Lager dienen sollte. Einige Monate später beauftragte der Bauherr einen Tischler mit der Innenausstattung[64]. Die Errichtung und Vermietung von Verkaufsläden war ein beliebtes und weit verbreitetes Spekulationsgeschäft in vielen europäischen Städten des späten Mittelalters[65].

Die bauliche Einheit von Wohn- und Verkaufsräumen im Erdgeschoss mit Lagerräumen im Untergeschoss war ein typisches Merkmal europäischer Architektur. Gemäß dem Florentiner Catasto des Jahres 1427 lebten circa 26 Prozent der Haushaltsvorstände in Häusern mit *botteghe* im Erdgeschoss[66]. Zahlreiche Einzelhändler und -händlerinnen betrieben nicht nur eine Verkaufsbude, sondern mehrere, bisweilen sogar in anderen Städten[67]. Auch die Vermietung einzelner Verkaufsräume innerhalb der Wohnarchitektur war ein in vielen Städten verbreitetes Geschäft, dem insbesondere kirchliche und adelige Immobilienbesitzer nachgingen. Betrieben wurden diese Läden häufig von einheimischen Kaufleuten und Handwerkern, daneben aber auch von Fremden. So bat beispielsweise Philipp Groß aus Nürnberg die Stadtregierung von Venedig um Erlaubnis, seine Wolltücher in Venedig in einem eigenen Laden in der Nähe der Rialto-Brücke anbieten zu können, da der Fondaco dei Tedeschi dafür wenig geeignet sei, verfüge er doch über kein Fenster, um die Ware auszustellen[68].

Die mittelalterliche Verkaufsarchitektur umfasste nicht nur feste bauliche Strukturen, sondern bestand in großem Maße aus mobilen Vorrichtungen wie Karren und Wagen sowie temporären Verkaufsständen, die kurzfristig aufgebaut werden konnten. Diese mobilen Buden waren häufig nicht mehr als hölzerne Verkaufsbänke, begrenzt und geschützt durch Zelte aus Leinen. Die variierenden Mietbeträge, die die Betreiber dieser Verkaufsstände bezahlen mussten, deuten darauf hin, dass die Größe der Buden und die Rentabilität ihrer Geschäfte stark schwankte[69]. Begehrt waren zudem die besten Stellplätze vor Ort. In den Statuten der venezianischen Schuhmacher aus dem be-

63) Quellen zur Geschichte der Stadt Wien (QGSW), Abt. 2. Regesten aus dem Archiv der Stadt Wien, Bd. 1, bearb. von Karl UHLIRZ, Wien 1898, Nr. 1902 f.

64) QGSW, Abt. 2, Bd. 2, bearb. von UHLIRZ (wie Anm. 63), Wien 1900, Nr. 1910.

65) Harry KÜHNEL, Das Alltagsleben im Hause der spätmittelalterlichen Stadt, in: Haus und Familie in der spätmittelalterlichen Stadt, hg. Alfred HAVERKAMP (Städteforschung A/18), Köln/Wien 1984, S. 37–65, hier S. 41. Zu Budenzinsen vgl. KÖHLER, Einzelhandel (wie Anm. 2), S. 39–44; NEVOLA, Honorati (wie Anm. 48), S. 71–75; KEENE, Sites (wie Anm. 46), S. 132.

66) Maria L. BIANCHI/Maria L. GROSSI, Botteghe, economia e spazio urbano, in: Arti fiorentine. La grande storia dell'artigianato, Bd. 2, hg. von Franco FRANCESCHI/Gloria FOSSI, Florenz 1999, S. 26–63, hier S. 34.

67) KÖHLER, Einzelhandel (wie Anm. 2), S. 44–47; DAVIS, Market Morality (wie Anm. 16), S. 280.

68) LÓPEZ/RAYMOND, Trade (wie Anm. 1), Nr. 30, S. 85 f.

69) KÖHLER, Einzelhandel (wie Anm. 2), S. 29–42; DAVIS, Market Morality (wie Anm. 16), S. 280.

ginnenden 14. Jahrhundert wurde der Konflikt zwischen den Verkäufern von *zocolari* (Schuhe mit Holzsohle) und jenen von *ciabattine* (Hausschuhe?) gesetzlich geschlichtet, indem eine räumliche Trennung von 20 Tischen zwischen den beiden Zünften verfügt wurde. Zudem sollten ihre Vorsteher an jedem Monatsbeginn die Stellplätze der einzelnen Stände verlosen[70].

Abb. 2: Brot- und Pastetenbäcker am Konzil von Konstanz. Wegen der vielen Konzilsbesucher wurden stadtfremde Bäcker mit mobilen Backöfen in die Stadt gelassen. Die Darstellung belegt die Mobilität des mittelalterlichen Kleingewerbes, das mit geringen Investitionskosten auskam und sich rasch auf neue Absatzmöglichkeiten einstellen konnte. Ulrich Richental, Das Konzil von Konstanz. Faksimileausgabe, bearb. von Otto Feger, Starnberg/Konstanz 1964, fol. 23r.

Diese Art der Zuteilung von Marktbuden war auch bei anderen Gelegenheiten üblich. Als die Marburger Wollhändler 1421 für mehrere Jahre ein Haus in Frankfurt am Main mieteten, verpflichteten sie sich, die Stellplätze ihrer Verkaufsstände vor dem gemieteten Haus bei jeder Messe neu per Los untereinander zu verteilen. Die Frankfurter Messen, aber auch die großen Messen in der Champagne oder in Lyon und Genf waren logistische Herausforderungen, auf denen permanente Ladenräume und temporäre Verkaufs-

70) Welch, Shopping (wie Anm. 4), S. 116.

buden nebeneinander existierten[71]. Die Verkaufspraxis auf den Messen war sicherlich ebenso von Improvisation wie von sorgfältiger Planung geprägt.

Der Handel mit Waren und Dienstleistungen füllte einen beträchtlichen Teil des öffentlichen städtischen Raumes. Wanderhändler und -händlerinnen zogen mit ihren Waren durch die Straßen und ließen sich nieder, wo es ihnen günstig erschien (Abb. 2). An Markttagen füllten Buden die Plätze und Straßen der Städte. Tische und Bänke, auf denen Ladenbesitzer ihre Waren präsentierten, ragten ebenfalls in den öffentlichen Raum hinein. Zuletzt ermöglichte die Architektur von Laubengängen und Loggien die Verwandlung von öffentlichen Räumen in Verkaufszonen.

V. Werbetechniken und Warenzeichen

Um Kunden in ihre Läden zu locken, warben Gastwirte und Kaufleute mit Werbetafeln und Schildern oder präsentierten ihre Waren möglichst ansprechend. Es entstanden provisorische Marktbuden und permanente Verkaufsläden, deren jeweilige Bauweise sich durch große Vielfalt auszeichnete. Nicht nur Architektur und Warenpräsentation dienten der Werbung. Auch der Einsatz des menschlichen Körpers zu Werbezwecken war bereits im Mittelalter bekannt. So warb eine weibliche Verkäuferin von Ale in Canterbury mit ihrem verführerischen Aussehen *to lure male customers, with her callyng look and bare breasts*[72]. Vor allem Prediger wie Bernardino da Siena wiesen immer wieder auf die Verlockungen und sexuellen Gefahren hin, denen die Konsumenten auf den städtischen Märkten ausgesetzt waren[73]. Auch die städtischen Obrigkeiten setzten allzu aktiven Werbetechniken Grenzen. So verbat die Zunftordnung der Florentiner Lebensmittelhändler ihren Mitgliedern Mitte des 14. Jahrhunderts, Kunden anzusprechen, die sich in anderen Shops umsahen[74]. In Leipzig war es Mitte des 15. Jahrhunderts untersagt, kaufwillige Kunden von anderen Kaufleuten wegzulocken, ihnen Handzeichen zu machen oder einen vor einer anderen Bude stehenden Schuldner zu mahnen[75].

71) Olivier Deforge, La maison urbaine au temps des foires de Champagne. L'exemple de Provins, in: La Maison au Moyen Âge. Actes de la session d'Université d'été 2003 organisée par Via Patrimoine, hg. von Pierre Garrigou Grandchamp (Numéro spécial du bulletin de la Société Archéologique et Historique de la Charente), Angoulême 2006, S. 191–206; Welch, Fairs (wie Anm. 10), S. 40 f. Zur Verlosung von Ständen in den flandrischen Markthallen vgl. Stabel, Market (wie Anm. 33), S. 91 f.

72) Martha Carlin, The Senses in the Marketplace. Markets, Shops, and Shopping in Medieval Towns, in: A Cultural History of the Senses in the Middle Ages, hg. von Richard Gordan Newhauser/Constance Classen, London 2014, S. 67–87, hier S. 85.

73) Welch, Shopping (wie Anm. 4), S. 32 f.; Keene, Sites (wie Anm. 46), S. 139 f.

74) Welch, Shopping (wie Anm. 4), S. 123.

75) Köhler, Einzelhandel (wie Anm. 2), S. 111.

Der Einsatz von Texten, Worten und Musik zu Verkaufszwecken erscheint vielleicht zu selbstverständlich, um die Aufmerksamkeit von mittelalterlichen Autoren zu erregen[76]. Blieben schriftliche Dokumente, mit deren Hilfe für eine Ware oder eine Dienstleistung geworben wurde, jedoch erhalten, sind sie teilweise sehr aussagekräftig – wie etwa die Hinweise des Leipziger Professors Johannes Honorius auf Bücher zu seiner Vorlesung: *Leser, suchst du nach schön gedruckten Exemplaren: der Buchführer Martin (Landsberg aus Würzburg) verkauft sie dir*[77]. Bereits seit dem frühen 14. Jahrhundert sind die frühesten Schreibmeistertafeln erhalten geblieben[78], mit denen umherziehende Schreibmeister mit verlockenden Angeboten um Kunden warben[79]. Aus dem frühen 15. Jahrhundert stammt eine Tafel, mit der Johann von Hagen seine Schreibkünste anpries. Johann präsentiert auf seinem Reklameblatt Buch und Urkundenschriften samt Initialen und Überschriften. An Mustern für Urkundenschriften enthält das Blatt fünf Beispiele, an solchen für Buchschriften vier in großer und eines in kleiner Minuskel, sowie eines in Bastarda (Abb. 3)[80].

Im Kolophon sprach der Schreibmeister seine zukünftigen Schüler direkt an: *Wer meisterlich und künstlerisch in verschiedenen Arten von Schriften unterrichtet werden will, wie sie gegenwärtig an den Höfen der Fürsten geschrieben werden, nämlich in verschiedenen Formen von textus und notula und auch in Gold und Silber und gleichermaßen mit jedem anderen Metall direkt aus der Feder, der komme zu mir, Johann von Hagen, und wird in kurzer Zeit, je nach dem Fleiß der Schüler, zu einem fairen Preis unterrichtet etc.*[81].

76) Zur Erforschung von Klangräumen im Mittelalter vgl. Jean-Marie FRITZ, Littérature médiévale et ›sound studies‹, in: Le paysage sonore de l'Antiquité. Méthodologie, historiographie et perspectives, hg. von Sibylle EMERIT/Sylvain PERROT/Alexandre VINCENT (Recherches d'archéologie, de philologie et d'histoire 40, Châtillon 2015, S. 63–86; Klangräume des Mittelalters, hg. von Nikolas JASPERT/Harald MÜLLER (VuF 94), Sigmaringen 2023.

77) Enno BÜNZ/Alexander SEMBDNER, Studentischer Konsum in Universitätsstädten des späten Mittelalters. Das Beispiel Leipzig, in: Die Konsumentenstadt – Konsumenten in der Stadt des Mittelalters, hg. von Stephan SELZER (Städteforschung 98), Köln/Weimar/Wien 2018, S. 179–226, hier 218.

78) Stephanus J. P. van DIJK, An Advertisement Sheet of an Early Fourteenth-century Writing Master at Oxford, in: Scriptorium 10 (1956), S. 47–64.

79) Sigfried H. STEINBERG, Medieval Writing-Masters, in: The Library 4th Series 22/1 (1941), S. 1–30; Carl WEHMER, Die Schreibmeisterblätter des späten Mittelalters, in: Miscellanea Giovanni Mercati, Vol. 6. Paleografia – Bibliografia – Varia (Studi e testi 126), Città del Vaticano 1946, S. 147–161.

80) Berlin Staatsbibliothek Ms lat. fol. 384. Zum Schreibmeisterblatt vgl. Alfred HESSEL, Neue Forschungsprobleme der Paläographie, in: AUF 9 (1926), S. 161–167, hier S. 164–167; STEINBERG, Medieval Writing-masters (wie Anm. 79), S. 5–7 (mit englischer Übersetzung).

81) Berlin Staatsbibliothek Ms lat. fol. 384: *Volentes informari in diversis modis scribendi magistraliter et artificialiter prout nunc scribitur in curiis dominorum, scilicet in diversis textibus et nottulis necnon cum auro et argento similiter cum omni metallo extra pennam, venient ad me Johannem vame Haghen et informabuntur in brevi temporis spacio secundum diligenciam discipulorum pro precio competenti etcetera.* Zu weiteren Beispielen aus dem 15. Jh. vgl. STEINBERG, Medieval Writing-Masters (wie Anm. 79); WEHMER, Schreibmeisterblätter (wie Anm. 79).

Schreibmeistertafeln, die in späterer Zeit häufig zu Einbänden oder Schutzblättern umfunktioniert wurden, erreichten teilweise einen beachtlichen Umfang (47 x 32,5 cm im Falle von Johann von Hagen) und hingen vermutlich an öffentlich gut sichtbaren Stellen, um auf den Schreibmeister und seine Dienste aufmerksam zu machen[82].

Abb. 3: Reklameblatt des Schreibmeisters Johann von Hagen. Mit dem Blatt präsentierte der Schreibmeister seine Fähigkeit, unterschiedliche Buch- und Urkundenschriften zu meistern und mit Überschriften und bunten Initialen zu schmücken. Das Blatt wurden an mehreren Seiten beschnitten und war vermutlich in einen Holzdeckel eingeklebt gewesen. Berlin Staatsbibliothek Ms lat. fol. 384.

82) STEINBERG, Medieval Writing-Masters (wie Anm. 79), S. 5.

Ebenfalls aus dem beginnenden 16. Jahrhundert stammen zwei Holztafeln, mit denen ein Basler Schulmeister um Kunden warb. Auf einer der Tafeln sind der Schulmeister und seine Frau mit ihren Schülern abgebildet. Darüber verspricht eine Inschrift den einfachen und schnellen Erwerb der Schreibkunst, um die eigenen Schulden aufschreiben zu können. Wäre jemand allerdings so ungeschickt, dass er die Schreibkunst nicht erlernen könne, würde er das Honorar zurückerhalten[83]. Die Werbetafel des Basler Schulmeisters ist ein Indiz dafür, dass sesshafte Schulmeister die umherziehenden Schreibmeister des Mittelalters abgelöst hatten.

Selten erfolgte Werbung für ein Produkt oder eine Dienstleistung vor 1500 mit einer solchen Deutlichkeit. Dennoch enthalten archäologische, schriftliche und bildliche Quellen auch vor 1500 zahlreiche Hinweise auf absatzsteigernde Maßnahmen: Zur Schau gestellte Waren auf Markttischen, Handwerks- und Wirtshauszeichen, Marktschreier und Weinrufer sowie Markennamen, Warenmuster, Buchkataloge, Werbeankündigungen für universitäre Veranstaltungen außerhalb des Lehrplans (*Intimaciones*) und viele weitere Maßnahmen dienten sowohl der Information der Konsumenten als auch der Absatzsteigerung und Bewerbung eines bestimmten Produkts oder einer Dienstleistung. Die Bedeutung des Urheberrechts und Markenschutzes belegen sowohl die Entstehung des Patentwesens sowie erste Prozesse über den Schutz von Warenzeichen am Ende des Mittelalters[84].

Ein bereits im Mittelalter wichtiges Werbemittel für Produkte und Dienstleistungen bildete der Einsatz von Schildern und Tafeln[85]. In den Predigten, die Bernardino da Siena 1427 in seiner Heimatstadt hielt, um seinen Zeitgenossen das moralisch richtige Verhalten inmitten einer städtischen Konsumgesellschaft aufzuzeigen, sprach er auch über Läden und ihre Kennzeichnung:

> Woran erkennt man einen Laden, eh? An den Ladenschildern, an seinem Zeichen erkennt man den Laden eines Wollhändlers. An diesen Zeichen erkennen sich die Händler. [...] Woran erkannt man, wo man sich gegen Wucherzinsen Geld leihen kann? Am Zeichen mit dem kleinen Zelt (tenduccia). Wie erfährt man, wo Wein verkauft wird? Ebenfalls am Ladenschild. Und wenn Du zum Gastwirt gehst, um Wein zu kaufen, weil du das Schild siehst, sagst du: ›Gib mir Wein!‹ Ist das nicht so[86]?

83) Steinberg, Medieval Writing-Masters (wie Anm. 79), S. 23 f.; Robert T. Stoll, Die Holbein'sche Schulmeistertafel, in: Schweizer Schule 47/13 (1960), S. 431–434.

84) Karl O. Müller, Ein Warenzeichenschutzprozess um 1500, in: ZRG Germ. 55 (1935), S. 244–263; Luca Molà, Inventors, Patents and the Market for Innovations in Renaissance Italy, in: History of Technology 32 (2014), S. 7–34.

85) Stabel, Market (wie Anm. 33), S. 99; Keene, Sites (wie Anm. 46), S. 135.

86) Bernardino da Siena, Prediche volgari sul campo di Siena 1427, ed. Carlo Delcorno, Mailand 1989, Bd. 2, S. 1070 und 1091: *A che cognoscono le bottighe, eh? A le insegne ... così si cognosce la bottiga di quello lanaiuolo al suo segno. Così il mercatante si cognosce suo segno.* [...] *A che si cognosce dove si presta a usura? Al segno de la tenduccia. A che cognosci dove si vende il vino? Pure al segno. Simile, a che si cognosce uno albergo? Pure al segno suo. O se tu vai al taverniere per aver del vino perché tu vedi il segno tu li dici: ›Dami del vino‹! Non è così?*

Die Zeichen, mit denen Gastwirte und Ladenbesitzer öffentlich auf ihre Produkte aufmerksam machten, sind seit dem späten Mittelalter sowohl in bildlichen Quellen als auch in materiellen Überresten erhalten. Meist handelte es sich um allgemeine Zeichen wie Kronen, Sonnen und Monde, Engel oder Tiere[87]. Wie in allen Feldern kommerziellen Handelns galt auch hier ein Regelwerk, das die Authentizität der Werbungsmaßnahmen sichern sollte. Der Rat der Stadt Köln verbot 1460 beispielsweise den Barbieren den Einsatz unlauterer Werbemaßnahmen, als er festsetzte, *dass von nun an kein Meister oder Geselle (von den Barbieren) Bretter, die mit Bildern von Ärzten und Arzneien bemalt sind, oder Fahnen mit Abbildungen von Zähnen oder Aderlass aufhängen oder vor den Türen aufstellen dürfe*[88]. Erst nach ihrer Zulassung durch die städtischen Chirurgen waren die Barbiere dazu berechtigt. Die Bedeutung dieser bildlichen Werbetafeln zeigt sich auch daran, dass in der Frühen Neuzeit teilweise namhafte Künstler mit ihrer Anfertigung beauftragt wurden[89].

Waren und Transportbehälter wurden bereits in der Antike gekennzeichnet, um den Inhaber oder die Waren auszuweisen. Im römischen und byzantinischen Mittelmeerhandel pflegten Kaufleute die tönernen Amphoren – quasi die Container der Antike – mit eingedrückten oder geritzten Zeichen zu versehen, um den Besitzer, die Waren und die Empfänger zu vermerken. Aufgebracht wurden diese Stempel auf die Behälter selbst oder auf ihre Verschlüsse. Beim Öffnen der Ladung zerstörten die Empfänger die Stempel in der Regel, sodass deren Reste nur selten erhalten geblieben sind[90]. Insbesondere im liturgischen Bereich spielten die Brotstempel eine wichtige Rolle, da mit ihnen das geweihte Brot gekennzeichnet wurde. Auch diese Tradition wurde vor allem in Byzanz gepflegt[91], lässt sich jedoch ebenso im europäischen Westen nachweisen[92].

Die Kennzeichnung von Waren und Transportbehältern setzte sich im westeuropäischen Mittelalter fort und weitete sich mit der Zeit stark aus[93]. Ein prominentes und

87) Welch, Shopping (wie Anm. 4), S. 137 f.

88) Kölner Zunfturkunden, bearb. von Heinrich von Loesch, Bd. 2, Bonn 1907, Nr. 222 S. 40 f.

89) Richard Wrigley, Between the Street and the Salon. Parisian Shop Signs and the Spaces of Professionalism in the Eighteenth and Early Nineteenth Centuries, in: Oxford Art Journal 21 (1998), S. 43–67.

90) Michael Grünbart, Reduplizierte Autorität. Das kaiserliche Stempelwesen und der kontrollierte Warenaustausch in Byzanz, in: Gesiegelt – Versiegelt – Entsiegelt. Studien zum Siegel(n) als Kulturtechnik von der Antike bis zum frühen Mittelalter, hg. von Johannes Auenmüller/Nikola Moustakis (Kasion 7), Münster 2022, S. 259–272.

91) Béatrice Caseau, Les marqueurs de pain, objets rituels dans le christianisme antique et byzantine, in: Revue de l'Histoire des Religions 23 (2014), S. 599–617.

92) Martin Allemann/Sebastian Ristow, Brotstempel des ersten Jahrtausends außerhalb von Byzanz, in: Jahrbuch für Antike und Christentum 56 (2013/14), S. 161–175.

93) Franz Lerner, Geschichte der Qualitätssicherung in Deutschland, in: Scripta mercaturae. Zeitschrift für Wirtschafts- und Sozialgeschichte 27/1–2 (1993), S. 1–74; Rainer Stahlschmidt, Recht, Funktion und Gestaltung des Warenzeichens (1300–1900), in: Sozialgeschichte der Technik, hg. von Guenter Bayerl/Wolfhard Weber, Münster 1998, 55–66.

frühes Beispiel sind die fränkischen Schwerter, die mit dem Schriftzug *+VLFBERH+T* gekennzeichnet wurden. Zahlreiche dieser aus gehärtetem Stahl hergestellten Klingen wurden zwischen dem 8. und 11. Jahrhundert im Norden und Osten des Frankenreichs gefunden[94)]. Möglicherweise handelte es sich dabei ursprünglich um einen fränkischen Schmied. Nach seinem Tod scheint der Name zu einer Handelsmarke geworden zu sein, die von Schmieden an unterschiedlichen Orten übernommen wurde. Die Grenzen zwischen Nachahmung und Markenfälschung waren bereits im frühen Mittelalter fließend. Im späten Mittelalter, als Schwerter, Klingen und andere Schmiedeobjekte immer häufiger mit einem Herkunftszeichen versehen wurden[95)], wachten die Produzenten mit Sorgfalt darüber, dass ihre Warenzeichen nicht von anderen verwendet wurden. Auf das Drängen der Passauer Messerschmiede (Messerer) verbot beispielsweise Herzog Albrecht von Österreich im Jahr 1340, dass die Angehörigen dieser Berufsgruppe im Land Österreich das von der Passauer Zunft verwendete Warenzeichen eines Wolfes für ihre eigenen Erzeugnisse verwendeten[96)]. Etwa hundert Jahre später entschied König Friedrich III. 1449 einen Streit zwischen den Messerschmieden von Wien und von Steyr über den Gebrauch des Warenschildes »Neu-Österreich«: Die Steyrer Messerer sollen das Zeichen in seiner ursprünglichen Form verwenden, während die Wiener das Schild »mit rot ausgestrichen und den mittern strich weis aufslahen sollen«[97)]. Vier Jahre später gestattete König Ladislaus den Wiener Messerschmieden, den Schild sowie ihre persönlichen Zeichen auf den Klingen anzubringen[98)]. Diese Praxis entsprach einer merkantilen Theorie, die seit dem 14. Jahrhundert auch schriftlich niedergelegt wurde. Der italienische Jurist Bartolo de Sassoferrato (1314–57) behandelte in seinem »Tractatus de Insignis et Armis« (Traktat über Wappen und Zeichen) den verkaufsfördernden Wert von Warenzeichen und diskutierte das Thema anhand von Schmieden und den von ihnen gefertigten und mit einem Zeichen versehenen Schwertern[99)].

94) Anne Stalsberg, Ulfberht revisited. A Classification, in: The Viking Age. Ireland and the West. Papers from the Proceedings of the Fifteenth Viking Congress, Cork, 18–27 August 2005, hg. von John Sheehan/Donnchádh Ó Corráin, Dublin 2010, S. 450–464; Friedrich-Wilhelm Wulf, Das ULFBERHT-Schwert aus Großenwieden, Ldkr. Hameln-Pyrmont. Archäologische, restauratorische und archäometrische Beobachtungen zur Herstellung und Provenienz einer Hightech-Waffe des frühen Mittelalters, in: Nachrichten aus Niedersachsens Urgeschichte 84 (2015), S. 153–192.

95) Ralph Röber, Schlagmarkierungen auf mittelalterlichen Schmiedeobjekten. Ein Beitrag zum Aussagepotential gewerblicher Zeichen, in: Schmiedehandwerk in Mittelalter und Neuzeit. Beiträge des 6. Kolloquiums des Arbeitskreises zur archäologischen Erforschung des mittelalterlichen Handwerks, hg. von Walter Melzer (Soester Beiträge zur Archäologie 5), Soest 2004, S. 139–161.

96) Röber, Schlagmarkierungen (wie Anm. 95), S. 143. Im Jahr 1465 untersagte der Rat von Nürnberg den Schmieden aus Wendelstein, den Bindenschild der Stadt Steyr auf ihre Produkte zu schlagen. Vgl. ebd., S. 143.

97) QGSW (wie Anm. 63), Nr. 3284.

98) QGSW (wie Anm. 63), Nr. 3522.

99) A Grammar of Signs: Bartolo Da Sassoferrato's Tract on Insignia and Coats of Arms, hg. von Osvaldo Cavallar/Susanne Degenring/Julius Kirshner (Studies in comparative legal history), Berkeley 1994,

Nicht überall wurde das Urheberrecht in Theorie und Praxis so nachdrücklich gewahrt. Venezianische Handwerker kopierten beispielsweise die orientalische Technik der Metallgravur mit Einlegearbeiten (Damaszener Ware) so sorgfältig, dass die Zeitgenossen den Unterschied nicht bemerkten und glaubten, originale Produkte aus dem Orient zu kaufen[100].

Kaufleute kennzeichneten im späten Mittelalter ihre Waren mit großer Regelmäßigkeit, da sie diese häufig nicht mehr selbst auf dem Weg zu fernen Märkten begleiteten, sondern einem Kommissär oder Handelspartner anvertrauten[101]. Daneben benutzten Kaufleute beispielsweise im Hanseraum individuelle Kaufmannszeichen, mit denen sie sich und ihre Waren ausweisen konnten. In spätmittelalterlichen Geschäftsbüchern traten diese Zeichen an die Stelle der Namen der jeweiligen Handelspartner[102]. Eine Warengattung, die seit dem hohen Mittelalter für den Fernhandel regelmäßig mit einem Herkunftszeichen versehen wurde, waren Wolltuche und andere Textilien. Entsprechend blieben Hunderttausende der hierfür verwendeten Bleisiegel erhalten[103]. Warensiegel und -zeichen wurden allerdings für viele Warengattungen benutzt und dienten sowohl der Qualitätskontrolle als auch der Sichtbarmachung von Produktionsstandards[104]. Aus diesen Hersteller- und Provenienzbezeichnungen entstanden die Markennamen, die die unterschiedlichen Qualitäten und Preise widerspiegelten. Stolz verkündete der Nürnberger Messerschmied Michael Ketzmann Anfang des 16. Jahrhunderts, dass er sein Warenzeichen, eine gekrönte Schlange, mit Gottes Hilfe und viel Fleiß zu hohem Ansehen gebracht habe, woraus sich wohl ergab, dass er für seine Produkte auch einen hohen Preis verlangen konnte[105].

Im späten Mittelalter war die Kennzeichnung von Waren mit spezifischen Zeichen zur Normalität geworden[106]. Die Marke wurde selbst zur Handelsware. Im Jahr 1383

S. 67–72 und 147. Erwähnt werden in diesem Zusammenhang auch Notare mit ihren Notarszeichen und Papiermühlen mit ihren Wasserzeichen.

100) Elizabeth RODINI, Imitation as a Mercantile Strategy: The Case of Damascene Ware, in: Philippe CORDEZ/Ella BEAUCAMP (Hg.), Typical Venice? The Art of Commodities, 13th–16th Centuries (In the Shadow of the Lion of St. Mark 2), London/Turnhout 2020, S. 107–119.

101) Otto HELD, Marke und Zeichen im hansischen Verkehr bis zum Ende des 15. Jahrhunderts, in: Hansische Geschichtsblätter 38 (1911), S. 481–512.

102) Anna P. ORŁOWSKA, Johan Pyre. Ein Kaufmann und sein Handelsbuch im spätmittelalterlichen Danzig. Bd. 1. Darstellung (Quellen und Darstellungen zur Hansischen Geschichte 77), Köln 2022, S. 347–349 (Liste der verwendeten Handelsmarken).

103) Reinhold KAISER, Mittelalterliche Tuchplomben. Überreste, Sammelobjekte und technik-, textil- und wirtschaftsgeschichtliche Quellen, in: *Inquirens subtilia diversa.* Dietrich Lohrmann zum 65. Geburtstag, hg. von Horst KRANZ/Ludwig FALKENSTEIN, Aachen 2002, S. 375–390.

104) Herbert KNITTLER, Qualitätsvorschriften in Handwerksordnungen des Mittelalters und der Frühen Neuzeit (dargestellt an österreichischen Beispielen), in: Medium Aevum Quotidianum 45 (2002), S. 1–19.

105) RÖBER, Schlagmarkierungen (wie Anm. 95), S. 140.

106) Grammar of Signs (wie Anm. 99), S. 70–72.

verkaufte der Mailänder Barchenthändler Ser Pietro Preda, der sich möglicherweise aus Altersgründen aus dem Geschäft zurückzog, seine *signa*, mit denen er seine Stoffe auf der Oberkante und über den Falten markiert hatte. Die fünf Zeichen, die angeblich auch im Buch der Mailänder Barchentzunft enthalten waren, wurden im notariellen Verkaufsvertrag wie in einer urkundlichen Wappenverleihung in gezeichneten Abbildungen festgehalten. Der Käufer Ser Pietro Tanzio erwarb damit das Recht, die eingeführten Markenzeichen für seine eigenen Stoffe zu verwenden[107)]. Aus den Zunftbüchern und ähnlichen Verzeichnissen entwickelten sich im 16. Jahrhundert in vielen Städten eigene Geschäftsregister, in denen alle Ladenbesitzer und Produzenten ihre Laden- und Produktzeichen eintragen lassen mussten[108)].

Seit dem hohen Mittelalter begannen Baumeister, Bildhauer und Maler, ihre Werke zu signieren und damit ihre Autorenschaft sichtbar zu machen[109)]. Dies konnte auf unterschiedlichen Wegen geschehen. Baumeister und Bildhauer verewigten sich in Inschriften, wie jener Willigelmus, der in einem nach 1106 vollendeten Marmorrelief an der Fassade des Domes zu Modena verkünden ließ: *INTER SCVLTORES QVAN/TO SIS DIGNVS ONORE CLA/RET SCVLTVRA NV(N)C WILIGELME TVA (Wie viel der Ehre Dir unter den Bildhauern angemessen ist, möge jetzt, Wiligelmus, Deine Skulptur an den Tag legen)*[110)]. Daneben sorgten Baumeister und Bildhauer auch mit figürlichen Darstellungen dafür, dass sie von der Nachwelt nicht vergessen wurden, so etwa der Dombaumeister Anton Pilgram († 1515), der seine Büste im Wiener Stephansdom hinterließ[111)]. Beliebt waren auch kurze Formeln wie *Ego N. N. feci* oder *N. N. me fecit*, die sowohl von Bildhauern auf Inschriften als auch von Malern auf ihren Bildern verwendet wurden. Immer ging es dabei darum, die Qualität und Unverwechselbarkeit des eigenen Werks zu unterstreichen – und seinen Marktwerkt zu sichern[112)]. An der Wende zur Frühen Neuzeit signierte Albrecht Dürer seine Werke mit dem bekannten

107) Emilio MOTTA, Per la storia dell'arte dei fustagni nel secolo XIV, in: Archivio Storico Lombardo, Series 2, 7 (1890), S. 140–145; LÓPEZ/RAYMOND, Trade (wie Anm. 1), Nr. 51, S. 124–135. Zum Handel mit Warenzeichen vgl. auch RÖBER, Schlagmarkierungen (wie Anm. 95), S. 140 f.

108) Theodor GOERLITZ, Die rechtliche Behandlung der gewerblichen Bildzeichen in Deutschland seit dem 14. Jahrhundert, in: ZRG Germ. 55 (1935), S. 216–229; WELCH, Shopping (wie Anm. 4), S. 140 f.

109) Beatrice FRAENKEL, La Signature. Genèse d'un signe, Paris 1992; Horst BREDEKAMP, Die Ich-Werdung des Werkes im Mittelalter, in: Künstlersignaturen von der Antike bis zur Gegenwart, hg. von Nicole HEGENER, Petersberg 2013, S. 90–99. Vgl. dazu den Beitrag von Rebecca MÜLLER in diesem Band.

110) Wilfried E. KEIL, Von sichtbaren und verborgenen Signaturen an mittelalterlichen Kirchen, in: Writing Matters. Presenting and Perceiving Monumental Inscriptions in Antiquity and the Middle Ages, hg. von Irene BERTI/Katharina BOLLE/Fanny OPDENHOFF/Fabian STROTH, Berlin/Boston 2017, S. 309–351, hier S. 313–315.

111) Michael V. SCHWARZ, Altargucker und Predigtlauscher. Anton Pilgrams Selbstbildnisse in St. Stephan, Wien, in: ders., Visuelle Medien im christlichen Kult. Fallstudien aus dem 13. bis 16. Jahrhundert, Köln 2002, S. 217–249.

112) Berit WAGNER, Zwischen Ideal und Realität. Die Strategien der deutschen Maler und Bildschnitzer

AD-Monogramm und sorgte zudem dafür, dass keine anderen Künstler das Zeichen verwendeten[113]. Er konnte allerdings nicht verhindern, dass es im 16. und 17. Jahrhundert wiederholt kopiert wurde[114].

Die wachsende Vielfalt des Warenangebots erhöhte die Konsummöglichkeiten, machte jedoch auch die Übersicht über die Waren und ihre Qualität schwieriger. Eine Reaktion darauf war die Entstehung von Kaufmannsbüchern mit entsprechenden Ratschlägen wie das berühmte Handbuch des Francesco di Balduccio Pegolotti aus der ersten Hälfte des 14. Jahrhunderts[115]. In dem aus der Mitte des 15. Jahrhunderts stammenden Handbuch ›El Libro di Mercantantie et Usanze de' Paesi‹, das Giorgio di Lorenzo Chiarini zugeschrieben wird, beschrieb der Verfasser in alphabetischer Reihenfolge eine große Anzahl von Handelsgütern: *Datteln sollten frisch, groß und reif sein. Diamanten sollten richtig quadratisch sein und ihre Farbe sollte Rosenwasser gleichen, gemischt mit einem leichten Grünstich, während ihre Oberfläche blass sein sollte.* An das Ende seiner Liste fügte der Autor einen allgemeinen Ratschlag an: *Ein Käufer braucht Unterscheidungsvermögen und er sollte ein erfahrener Mann sein. Wenn eine Ware die genannten Eigenschaften in hohem Maße aufweist, kann man sie kaufen. Aber man muss immer die aktuellen Preise der Orte berücksichtigen, für die man sie kauft, und man muss die Menge berücksichtigen, die man kaufen kann. Denn von Pfeffer, Nelken, Muskatnüssen und ähnlichen Dingen, die leicht zu verkaufen sind, kann man jede Menge kaufen; aber von ungewöhnlichen Waren wie aromatischer Aloe, Drachenblut (Farbstoff aus dem Harz der Pflanze calamus draco) und ähnlichen Dingen sollte man in Betracht ziehen, nur die Menge zu kaufen, die man an den Orten, für die man sie kauft, verkaufen kann*[116]. Vor Investitionen in schwer verkäufliche Waren hatte der muslimische Gelehrte Abu al-Fadl aus Damaskus bereits im späten 9. Jahrhundert gewarnt. Dazu gehörten für ihn vor allem Edelsteine, die sich nur Reiche und Fürsten leisten konnten, sowie wissenschaftliche Bücher, für die sich nur wenige und meist arme Gelehrte interessierten[117].

auf dem freien Kunstmarkt im Spätmittelalter, in: Luxusgegenstände, hg. von JEGGLE/HERZOG/HÄBERLEIN/TACKE/PRZYBILSKI (wie Anm. 2), S. 225–240.

113) Thomas GERGEN, Seines Zeichens AD. Schutz gegen unerlaubte Nachahmung und Zeichenbenutzung zur Zeit von Albrecht Dürer (1471–1528), in: ›Homo heidelbergensis‹. Festschrift für Klaus-Peter Schroeder zum siebzigsten Geburtstag, hg. von Pirmin SPIESS/Christian HATTENHAUER/Michael HETTINGER (Stiftung zur Förderung der Pfälzischen Geschichtsforschung. Reihe B, Abhandlungen zur Geschichte der Pfalz 18), Neustadt 2017, S. 27–33.

114) Ksenija TSCHETSCHIK-HAMMERL, Das Dürer-Monogramm als Gegenstand der Nachahmung im 16. und frühen 17. Jahrhundert, in: kunst*texte*.de 3 (2018), S. 1–31.

115) Balducci Pegolotti, La pratica della mercatura, hg. von Allan EVANS (The Mediaeval Academy of America. Publication 24), Cambridge, MA 1936.

116) El libro di mercatantie et usanze de' paesi, hg. von Franco BORLANDI (Documenti e studi per la storia del commercio e del diritto commerciale italiano 7), Torino 1936, S. 165; LÓPEZ/RAYMOND, Trade (wie Anm. 1), Nr. 175, S. 348–353.

117) Hellmut RITTER, Ein arabisches Handbuch der Handelswissenschaft, Berlin 1916, S. 75–77.

VI. Merkantile Rhetorik

Die mittelalterliche Rhetorik des Verkaufens beruhte auf der Alltagssprache, sie wurde allerdings auch mit den allgemeinen Prinzipien der ›ars rhetorica‹ in Verbindung gebracht[118]. Grundlage dafür bildeten klassische Vorbilder wie Cicero, der in ›De inventione‹ die Beeinflussung und Überzeugung des Publikums zum Ziel der Rhetorik erklärte. Die mittelalterlichen Lehren der Rhetorik hielten an diesem Konzept fest. Theologen betonten zudem seit dem 12. Jahrhundert die Bedeutung der Redekunst für den kaufmännischen Erfolg. Besonders deutlich tat dies Hugo von St. Viktor in seinem ›Didascalicon‹: *Handelsschifffahrt* [...] *ist zweifellos eine besondere Art der Rhetorik, denn Beredsamkeit ist für diese Beschäftigung in ganz besonderem Maße vonnöten. Deshalb wird auch jemand, der über hervorragende Redegabe verfügt, ›Mercurius‹ genannt, gleichsam als kirrius, also ›Herr‹ der Kaufleute*[119]. Auch Evrart de Conty († 1405), Dichter und Leibarzt des französischen Königs, wusste, was ein Kaufmann können musste: *Nulle chose ne peut estre plus neccessere as marchans que bel parler et raisonablement*[120].

Die Bedeutung der Rhetorik für die erfolgreiche Vermarktung betraf religiöse und weltliche Waren gleichermaßen. Daher erstaunt es nicht, dass die religiöse Semantik seit dem hohen Mittelalter von der »merkantilen Terminologie des Geldes, der Waren und des Gewinns, des Kaufens, Erwerbens, Tauschens, Vermehrens und Verdienens« durchdrungen war[121]. Als Bernhard von Clairvaux 1146 für den Kreuzzug warb, pries er das Unternehmen als einmalige Gelegenheit zur Rettung des Seelenheils an. Wer wie ein »kluger Kaufmann« rechne, dürfe sich diese Chance nicht entgehen lassen[122]. Im späten Mittelalter wurde die christliche Botschaft immer stärker von der Sprache des Kom-

118) Andrew Cowell, Advertising, Rhetoric, and Literature. A Medieval Response, in: Poetics Today 22/4 (2001), S. 795–827. Zur merkantilen Semantik in der mittelhochdeutschen Literatur vgl. Meyer, Erzählen (wie Anm. 2), S. 93 f.

119) Hugo von St. Viktor, Didascalicon de studio Legendi/Studienbuch, übers. und eingel. von Thilo Offergeld (Fontes Christiani 27), Freiburg 1997, S. 196–199. Zum *mercatorum kyrios* bereits bei Remigius von Auxerre vgl. ebd. 198 Anm. 59.

120) Evrart de Conty, Le livre des Eschez amoureux moralisés. Édition critique par Françoise Guichard-Tesson/Bruno Roy (Bibliothèque du moyen français 2), Montréal 1993, S. 251: *Mercure est dieu de faconde et de belle parole. Et pour ce fu il oultre appellés aussi dieu des marchans, pour ce que nulle chose ne peut estre plus neccessere as marchans que bel parler et raisonablement, car on ne peut riens acheter ne vendre sanz parole moienne. Et a la verité, le bel langage fait moult souvent la chose plus tost vendre et le marchié parfaite.* Vgl. dazu Jean-Marie Fritz, Paysages sonores du Moyen Âge. Le versant epistemologique (Sciences, techniques et civilisations du Moyen Âge à l'aube des Lumières 5), Paris 2000, S. 14.

121) Berndt Hamm, Den Himmel kaufen. Heilskommerzielle Perspektiven des 14. bis 16. Jahrhunderts, in: Jahrbuch für Biblische Theologie 21 (2006), S. 239–275, hier S. 242; Meyer, Erzählen (wie Anm. 2), S. 167 und S. 187–198. Zu einer ähnlichen Semantik bereits im frühen Mittelalter vgl. Quaas, Type (wie Anm. 8), S. 38–55.

122) Meyer, Erzählen (wie Anm. 2), S. 166 f.

merzes geprägt[123]. Bernardino da Siena empfahl den Gläubigen beispielsweise, zu Ostern mit ihren Mitgläubigen um die besten Taten und den Gang zur Beichte zu wetteifern, wie dies jene Menschen gewöhnlich tun, die eine Warenmesse besuchen und mit den anderen Besuchern um die besten Einkäufe wetteifern[124]. Die Verflechtung von Kirche und Geldwirtschaft ging so weit, dass Gott selbst die Züge »eines berechnenden, zählenden und wägenden Kaufmanns, Buchhalters oder Bankdirektors« annahm[125]. Diese Verschmelzung von merkantiler und religiöser Semantik, die bereits in frühmittelalterlichen Texten auftaucht, beruhte auf einem »symmetrical parallelism of exchange relations in economy and religion«[126].

Bereits im ausgehenden 9. Jahrhundert machte Notker Balbulus deutlich, welche Wirkung die Rhetorik der Kaufleute haben konnte. Zur Zeit Karls, so der Biograph des Kaisers, seien zwei hochgelehrte irische Mönche zusammen mit bretonischen Händlern ins Frankenreich gekommen. *Ohne irgendwelche Waren zum Verkauf vorzuzeigen, pflegten sie der zum Kauf herbeiströmenden Masse zuzurufen: Wer Weisheit begehrt, komme zu uns und empfange sie; denn sie ist bei uns zu haben. Dass sie aber diese zu verkaufen hätten, sagten sie, um das Volk, weil sie sahen, dass es nur das kaufte, was für Geld, nicht aber, was umsonst zu haben war, dazu zu bringen, dass es die Weisheit wie die übrigen Dinge kaufe, oder aber* […] *durch solche Anpreisung zum Verwundern und Erstaunen zu veranlassen*[127]. Selbst Karl der Große ließ sich von den Mönchen beeindrucken und beauftragte sie damit, die Bildung in seinem Reich zu erneuern. Notker zufolge spielten die rhetorischen Fähigkeiten der irischen Mönche eine entscheidende Rolle für die *reformatio* des Reichs unter Karl dem Großen.

Sprachverständnis war der Schlüssel zum kommerziellen Erfolg. Das war den oberdeutschen Kaufleuten bewusst, die ihre Söhne nach Italien zum Spracherwerb schickten. Auch die Sprachlehrer des späten Mittelalters gestalteten ihren Unterricht entsprechend. Seit 1420 bot Georg von Nürnberg in der Nähe der Rialtobrücke seinen Unterricht an und verfasste zu diesem Zweck das älteste überlieferte italienisch-deutsche Sprachlehrbuch. Es enthält Wortlisten und Konjugationen von wichtigen Verben. Zudem werden den Schülern nützliche Sätze für den Umgang mit den Deutschen vorge-

123) Harry KÜHNEL, ›Werbung‹, Wunder und Wallfahrt, in: Wallfahrt und Alltag in Mittelalter und früher Neuzeit, hg. von Herwig WOLFRAM (Veröffentlichungen des Instituts für Realienkunde des Mittelalters und der Frühen Neuzeit 14. Sitzungsberichte. Akademie der Wissenschaften in Wien, Philosophisch-Historische Klasse 592), Wien 1992, S. 95–113; Thomas HAYE, Poetische Werbung für die Pilgerstadt Pavia, in: Filologia Mediolatina 17 (2010), S. 257–268.

124) WELCH, Shopping (wie Anm. 4), S. 167; dies., Fairs (wie Anm. 10), S. 32.

125) HAMM, Himmel (wie Anm. 121), S. 243.

126) QUAAS, Type (wie Anm. 8), S. 55.

127) Notker, Gesta KAROLI. Taten Karls, in: Quellen zur karolingischen Reichsgeschichte, Bd. 3, übers. von Reinhold RAU/Sören KASCHKE (Ausgewählte Quellen zur deutschen Geschichte des Mittelalters. Freiherr-vom-Stein-Gedächtnisausgabe 7), Darmstadt 2002, S. 321–427, hier S. 323.

führt: *Es ist nicht meine Gewohnheit, so früh zu trinken!* In fiktiven Dialogen konnten die Sprachschüler Smalltalk und das kaufmännische Vokabular üben: *Gefällt euch etwas? – Viele Dinge würden mir gefallen. – Ich mag euch wohl mit gutem Barchent, Baumwoll- und Leinenstoff dienen, gefärbt in vielen Farben oder in weiß, wie ihr wollt. – Zeigt mir euren besten Barchent! – Ich werde ihn euch zeigen und ihr könnt kaufen, was euch am besten gefällt. – Hast Du auch gute Stoffe aus Baumwolle und Leinen? – Habe ich euch nicht gesagt, dass ich die besten Stoffe habe, die es in der Stadt gibt. – Bringt her, lasst sehen!* So konnten die Sprachschüler von Anfang an praxisorientiert die Sprache des Kommerzes erlernen[128]. Ähnlich handelsorientiert war bereits Johannes de Garlandia (John of Garland) vorgegangen, als er um 1220 für seine Studenten an der Universität Paris einen lateinischen ›Dictionarius‹ verfassten, in dem er die Berufe und Handwerker der französischen Hauptstadt beschrieb[129]. Die ›Dialogues in French and English‹, die William Caxton um 1483 in Westminster druckte und die auf einer französisch-flämischen Vorlage aus dem 14. Jahrhundert beruhen, konzentrieren sich ebenfalls auf Themen aus dem täglichen Geschäftsleben[130]. Gleich zu Beginn des Textes verspricht der Autor dem Leser: *Wer dieses Buch eifrig studiert, wird erfolgreich Waren von einem Land in ein anderes führen und viele Produkte kennenlernen, die er günstig kaufen und teuer verkaufen kann, um wohlhabend zu werden. Studiere dieses Buch mit Sorgfalt und Du wirst großen Profit machen*[131]! Diesem Vorsatz entsprechend enthält das Lehrbuch die Beschreibung unterschiedlichster Berufe und Handwerkserzeugnisse sowie zahlreiche fiktive Verkaufsdialoge, die Bernardino da Sienas Predigttext übers Feilschen nicht unähnlich sind[132]. Wer im späten Mittelalter Sprache erlernen wollte, trainierte seine Fähigkeiten mit Material aus dem Geschäftsleben; bei einigen Lehrbüchern über das Verfassen von Briefen (›ars dictaminis‹) war das ähnlich[133].

128) Das älteste italienisch-deutsche Sprachbuch. Eine Überlieferung aus dem Jahre 1424 nach Georg Nürnberg. Text des Wiener Codex 12514 der Österreichischen Nationalbibliothek. Lesarten des Münchner Codex ital. 261 der Bayerischen Staatsbibliothek, hg. von Oskar PAUSCH (Denkschriften. Österreichische Akademie der Wissenschaften, Philosophisch-Historische Klasse 111. Veröffentlichungen der Historischen Kommission 1), Wien 1972. Zu Georg von Nürnberg und zur kaufmännischen Rhetorik vgl. auch Tanja SKAMBRAKS in diesem Band.

129) Frédérique LACHAUD, La première description des métiers de Paris. Le Dictionarius de Jean de Garlande (vers 1220–1230), in: Histoire urbaine 16 (2006), S. 91–114.

130) William Caxton, Dialogues in French and English, hg. von Henry BRADLEY, London 1900. Vgl. dazu Lisa H. COOPER, Urban Utterances. Merchants, Artisans, and the Alphabet in Caxton's Dialogues in French and English, in: New Medieval Literatures 7 (2005), S. 127–162.

131) Caxton, Dialogues (wie Anm. 130), S. 3f.

132) Siehe unten Anm. 148.

133) Martha CARLIN, Shops and Shopping in the Early Thirteenth Century. Three Texts, in: Money, Markets and Trade in Late Medieval Europe. Essays in Honour of John H. A. Munro, hg. von Lawrin D. ARMSTRONG, Leiden 2007, S. 491–537. Zu Garlandias ›Dictionarius‹ vgl. ebd. S. 494–498, 504–506 und 508–517 (engl. Übersetzung).

VII. Kirche und Kommerz

Die Kirche war selbst ein wichtiger Marktteilnehmer. Einerseits war sie Empfänger umfangreicher Schenkungen und entwickelte sich zur vermögendsten Körperschaft des Mittelalters – mit circa einem Drittel des Ackerlandes im 9. Jahrhundert in ihrem Besitz[134)]. Andererseits verwalteten Kleriker und Mönche nicht nur das weltliche Eigentum, sondern auch den Gnadenschatz der Kirche.

Es war dieser Gnadenschatz, der die Kirche ermächtigte, den Gläubigen einen Ablass zu gewähren, also eine Reduzierung der Sündenstrafen im Fegefeuer. Der Ablasshandel des späten Mittelalters bildete ein wichtiges Mittel zur Finanzierung von kirchlichen Gemeinschaftsaufgaben, aber auch eine folgenreiche Kommerzialisierung des Sakralen. Im deutschsprachigen Raum besondere Berühmtheit erlangte der Ablassprediger Johann Tetzel († 1519), der seine Ablassbriefe wie ein Marktschreier verkaufte und das Geld im sogenannten ›Tetzelkasten‹ sammelte. Teilweise zeigten diese Geldbehälter plastische Botschaften. Zu sehen war etwa ein Teufel, der die armen Seelen im Fegefeuer quälte. Begleitet wurde das Bild von einer legendären Botschaft: *Wenn das Geld im Kasten klingt, die Seele aus dem Feuer springt*[135)].

Die Auswüchse des Ablasshandels waren lange vor Martin Luther bekannt. Geoffrey Chaucer gab dem Problem Ende des 14. Jahrhunderts in seiner Erzählung vom Ablasshändler (*Pardoner*) in den Canterbury Tales eine literarische Gestalt[136)], inspiriert unter anderem von Rutebeuf und anderen französischen Autoren des 13. Jahrhunderts[137)]. Chaucers Ablasshändler rühmt sich, wie er seinem einfältigen Publikum falsche Reliquien aus Tierknochen und alten Lumpen zum Anfassen und zur Verehrung präsentiert. Die Wirkung der angeblichen Reliquien wird ausführlich beschrieben: Sie stärken die Gesundheit des Viehs, heilen Schlangenbisse und Hautkrankheiten der Schafe und befreien die Frauen von ihren sexuellen Gelüsten[138)]. Von der Heiligkeit des Gnadenschatzes bleibt in Texten wie diesen nicht viel übrig, dafür wird die Kommerzialisierung spiritueller Handlungen umso deutlicher – wie auch die Kritik daran.

Auch im Falle der seriösen Heilsvermittlung beruhte die Seelsorge auf einer überzeugenden Vermittlung der kirchlichen Botschaft. Wer die ihm anvertraute Herde dazu bringen wollte, einen frommen Lebenswandel zu führen, an einem Kreuzzug teilzunehmen oder den Kirchenzehnten zu bezahlen, der musste eine überzeugende Botschaft vermitteln. Überzeugung und ›Werbung‹ waren daher immer Teil der pastoralen Ar-

134) Ian Wood, The Christian Economy of the Early Medieval West. Towards a Temple Society, Brooklyn, NY 2022. Zur kirchlichen Werbung für Pilgerziele vgl. den Beitrag von Thomas Frank in diesem Band.

135) Johann Tetzel und der Ablass. Begleitband zur Ausstellung ›Tetzel – Ablass – Fegefeuer‹ in Mönchenkloster und Nikolaikirche Jüterbog, hg. von Hartmut Kühne/Enno Bünz/Peter Wiegand, Berlin 2017.

136) Geoffrey Chaucer, The Canterbury Tales, hg. von David Wright, Oxford 1986, S. 325–341.

137) Friedman, Chaucer's Pardoner (wie Anm. 14), S. 290.

138) Paul E. Beichner, Chaucer's Pardoner as Entertainer, in: Medieval Studies 25 (1963), S. 160–172.

beit. Diesem Ziel diente die Ausgestaltung der Kirchen mit bildlichen Botschaften, die Inszenierung kirchlicher Zeremonien sowie die pastorale Ausbildung der Kleriker.

Der fränkische Verwaltungsfachmann Ludwig von Eyb empfahl beispielsweise einige Jahrzehnte nach 1453 in einem Memorandum zur Vorbereitung eines Krieges gegen die Türken, dass man in den Pfarrkirchen Bilder zur Kreuzzugswerbung zeigen solle. Als Bildmotive schlug er vor: *tavellen, daran sol gemalt sein Christus der her, in dem luft swebent, und darunter die verfluchten Turcken, wie gefangen füren Cristen, gebunden frawen und mann, auch die kynder*[139]. Rituale sprachen als performative Akte alle Sinne der Gläubigen an. Prozessionen und Heiltumsweisungen, bei denen die Reliquien der Öffentlichkeit gezeigt wurden, bildeten glanzvolle Spektakel im Leben einer Pfarrgemeinde[140]. Neben Bildern und Ritualen waren es das gesprochene Wort und die sakramentalen Handlungen der Kleriker, die die Gläubigen belehren und führen sollten. Da die Beichte und die Predigt besonders wichtige Momente der Heilsverkündung und Belehrung der Laien darstellten, entstanden mit den Beichtsummen und den Predigtsammlungen eigene Quellengattungen zur Vorbereitung der Beichtiger und Prediger[141]. Die Autoren von Predigtsammlungen behandelten die unterschiedlichsten Themen in ihren Texten und verwendeten dabei ein großes Repertoire an rhetorischen und didaktischen Mitteln. Daneben existierte für die Kreuzzugspredigt eine spezifische Fachliteratur mit Musterpredigten und theoretischen Instruktionen[142]. Wie die Kreuzzugsprediger strebten die Ablassprediger nach der größtmöglichen Aufmerksamkeit der Gläubigen, unter anderem mithilfe der aufkommenden Druckkunst, die es ermöglichte, Ablassbriefe im 15. Jahrhundert als Einblattdrucke in großer Anzahl zu verkaufen[143].

Trotz aller Marketingstrategien bei der Vermittlung ihrer Botschaft blieb die Kirche stets auch mahnende Stimme gegen die Expansion einer zügellosen und unmoralischen

139) Matthias THUMSER, Türkenfrage und öffentliche Meinung. Zeitgenössische Zeugnisse nach dem Fall von Konstantinopel (1453), in: Europa und die osmanische Expansion im ausgehenden Mittelalter, hg. von Franz-Reiner ERKENS (ZFH Beiheft 20), Berlin 1997, S. 59–78, hier S. 67.

140) Christof L. DIEDRICHS, »[...] und es ist niemand da, dem nicht die Haare zu Berge stehen und Thränen in die Augen treten«: Die Inszenierung von Heiltumsweisungen im 15. und frühen 16. Jahrhundert, in: Liturgisches Jahrbuch 68 (2018), S. 197–215.

141) Leonard E. BOYLE, Summae confessorum, in: Les genres littéraires dans les sources théologiques et philosophiques médiévales, hg. von Robert BULTOT, Louvain-la-Neuve 1982, S. 227–237.

142) Christoph T. MAIER, Crusade Propaganda and Ideology. Model Sermons for the Preaching of the Cross, Cambridge 2000; Ludwig MOHLER, Bessarions Instruktionen für die Kreuzzugspredigt in Venedig (1463), in: Römische Quartalschrift für christliche Altertumskunde und Kirchengeschichte 35 (1927), S. 337–350; Kurt RUH, Kreuzzug-Musterpredigt, in: VL 5 (1985), Sp. 379 f.

143) Falk EISERMANN, Der Ablass als Medienereignis. Kommunikationswandel durch Einblattdrucke im 15. Jahrhundert, in: *Media Salutis*. Gnaden- und Heilsmedien in der abendländischen Religiosität des Mittelalters und der Frühen Neuzeit, hg. von Berndt HAMM/Volker LEPPIN/Gury SCHNEIDER-LUDORFF, Tübingen 2011, S. 121–144.

Marktwirtschaft[144]. Die Expansionsphase der europäischen Wirtschaft ab dem 11. Jahrhundert führte zu einer Öffnung der Kirche gegenüber den neuen Verhältnissen und zu einer langsamen »Verchristlichung des Kaufmanns«. Trotz einer grundsätzlich positiven Würdigung des Warenhandels als Austausch lebensnotwendiger Güter kritisierten Prediger und Theologen weiterhin die vermeintlichen Auswüchse und betrügerischen Gepflogenheiten der Kaufleute[145]. Die abschreckenden Exempla in Predigten und theologischen Traktaten enthalten – liest man sie gegen den Strich – allerdings auch Informationen über verbreitete Verkaufspraktiken. Bereits Johannes Chrysostomus, der große Prediger des 5. Jahrhunderts, ermahnte in einer seiner Predigten seine Zuhörer, dass in der Kirche Anstand herrschen und weder Gelächter noch laute Gespräche zu hören sein sollen, denn die Kirche sei kein Barbier- oder Gewürzladen und auch kein Laden auf dem Marktplatz. Das Geschwätz vom Kaufen und Verkaufen gehöre dorthin und nicht in die Kirche[146]. Der strenge Kirchenlehrer verrät in dieser Passage nicht nur die zeitlose Sorge des Klerus um das rechte Benehmen in einem Gotteshaus, sondern auch seine Überzeugung, dass Verkaufsläden Orte der Kommunikation und der sozialen Geselligkeit waren[147].

Bernardino da Siena konzentrierte sich beinahe 1000 Jahre später am Ende des Mittelalters in einer seiner Predigten auf exakt diese Verkaufssituation und setzte damit die Tradition der Kirchenkritik an Handelsgeschäften fort. In einem Musterdialog zwischen Verkäufer und Käufer wird nicht nur das kirchliche Misstrauen gegenüber dem weltlichen Treiben auf dem Markt deutlich, sondern auch die Bedeutung der Überredungskunst.

> Ich kann von einem erzählen, der ein Paar Hausschuhe kaufen will. Er geht zum Schuhmacher und sagt:
> - Was willst du für diese Schuhe?
> - Ich will 20 Schillinge dafür.
> - Bei den Evangelien, so viel gebe ich dir nicht.
> - Los, nimm die Schuhe, denn ich verspreche dir, dass sie wahrhaftig perfekt sind (und er lügt aus vollem Halse!).
> - Wieviel willst du als Mindestpreis?
> - Ich will keinen Cent weniger, bei den Evangelien, als 18 Schillinge für sie haben (du hast gerade etwas geschworen, was nicht wahr ist!).
> - Verkaufst du sie auch für 15 Schillinge?
> - Nein! Ich verspreche dir, dass du in dieser Stadt keine besseren Hausschuhe finden wirst als diese.
> - Ich werde dir für sie nicht mehr als 15 Schillinge geben (jetzt lügst auch du!).
> - Gut, gib mir rasch 18 Schillinge, denn so viel habe ich schon häufig für diese Schuhe bekommen.

144) Zur ambivalenten Wahrnehmung kommerzieller Tätigkeiten vgl. WELCH, Shopping (wie Anm. 4), S. 23.

145) WELCH, Shopping (wie Anm. 4), S. 71 f.

146) Johannes Chrysostomus, Hom. in 1 Cor. 36, 5. (Migne PG 61, Sp. 313); LAVAN, Polis (wie Anm. 36), S. 363.

147) Zum Shopping als soziale Praxis vgl. Claire WALSH, The Social Relations of Shopping in Early-Modern England, in: Buyers and Sellers (wie Anm. 2), S. 331–349.

> – Bei den Evangelien, ich gebe dir nicht mehr (als 15).
> – Bei den Evangelien, dann wirst du sie nicht bekommen.
> Und am Ende gibt der Verkäufer dem Käufer die Schuhe für 17 Schillinge, nachdem jeder von ihnen mehrere Male geschworen und gelogen hat[148].

Etwas abstrakter und pragmatischer hatte sich bereits Abu al-Fadl aus Damaskus im späten 9. Jahrhundert Gedanken über die Preisbildung in einem Markt ohne Festpreise gemacht. Seiner Meinung nach müsste der Verkäufer einen Preisnachlass stets einkalkulieren. Das Beharren auf dem Höchstpreis würde am Ende Zwietracht hervorrufen und dem Verkäufer und seiner Reputation dauerhaft Schaden zufügen[149].

VIII. Shopping als Erlebnis

Kaufhäuser, befestigte Marktplätze, Shops, Karren und Marktbuden waren im hohen und späten Mittelalter in vielen europäischen Städten vorhanden[150]. Sie wurden zu mobilen und festen Zentren des Kaufens und Verkaufens, in denen die Menschen nicht nur ihren Erwerbungen nachgingen, sondern flanierten, sich amüsierten und das Angebot bewunderten[151]. Shopping wurde zum sinnlichen Erlebnis und die Verkäufer präsentierten ihre Waren und Dienste möglichst verlockend[152]. Sogar der Kaiser erlag den Reizen der zur Schau gestellten Warenwelt – zumindest war dies der Fall bei Friedrich III., der 1469 durch die vornehmsten Straßen Venedigs spazierte, das Warenangebot bestaunte und sich wertvolle Seidenstoffe zeigen ließ, dabei häufig nach dem Preis einzelner Waren fragte, Süßigkeiten in die Hand nahm, davon kostete und sie seinem Gefolge weiterreichte[153]. Als Beatrice d'Este im Jahr 1493 Venedig besuchte und von der Rialto-Brücke zum Markusplatz spazierte, bestaunte sie ebenfalls die venezianischen Shops und schrieb darüber in einem Brief an ihren Ehemann:

> Wir gingen am Rialto an Land und gingen durch die Gassen, die Mercerie genannt werden. Dort fanden wir Verkaufsläden der Gewürzhändler und der Seidenhändler, die alle gut sortiert waren. Umfang und Qualität ihrer vielfältigen Waren sowie die Waren der anderen Zünfte boten einen schönen Anblick, sodass wir häufig verweilten und das Angebot betrachteten. [...] Anschließend gingen wir zum Markusplatz durch die

148) Bernardino da Siena, Prediche volgari (wie Anm. 86), S. 1112.
149) Ritter, Handbuch (wie Anm. 117), S. 64f.
150) Mittelalterliche Kaufhäuser im europäischen Vergleich, hg. von Franz J. Felten, Stuttgart 2015; Kaufhäuser an Mittel- und Oberrhein im Spätmittelalter, hg. von Heidrun Ochs/Gabriel Zeilinger, Ostfildern 2018.
151) Stuard, Shops (wie Anm. 4), S. 213–227; Carlin, Senses (wie Anm. 72), S. 78–80.
152) Welch, Shopping (wie Anm. 4), S. 32–55.
153) Welch, Shopping (wie Anm. 4), S. 215.

Marktstände der Messe. Dort sahen wir eine solche Menge an schönen Gläsern, dass man staunte und sich anstrengen musste, um nicht lange zu verweilen in Anbetracht der schon fortgeschrittenen Stunde[154].

Isabella d'Este begeisterte sich noch mehr als ihre Schwester Beatrice für den Erwerb schöner Dinge, war sie doch – wie sie selbst schrieb – von Natur aus voll von Appetit (*de natura appetitose*) und schätzte Dinge daher umso mehr, je schneller sie sie haben konnte, ohne sich dabei um die Kosten zu kümmern (*non curamo di spesa).* Als jugendliche Markgräfin von Mantua schickte die international bewunderte Mode-Ikone folgenden Brief an einen ihrer Höflinge, der für sie Einkäufe in Paris tätigen sollte:

Das sind die Dinge, die ich haben möchte: gravierte Amethysten, schwarze, bernsteinfarbene und goldene Rosenkränze, blaues Tuch für eine *camora [gamurra/einfaches Kleid]*, schwarzes Tuch für einen Mantel, wie es ohne einen Rivalen in der Welt sein soll, auch wenn es zehn Dukaten pro Meter kostet; solange es wirklich von hervorragender Qualität ist, ist es egal! Wenn es nur so gut ist wie das, was andere tragen, möchte ich es lieber gar nicht haben[155]!

Selten berichten mittelalterliche Autorinnen und Autoren so anschaulich über das Shoppen als sinnliches Erlebnis oder ihre Gier nach neuen und außergewöhnlichen Erwerbungen. Für das frühe Mittelalter existieren kaum schriftliche Quellen zur Praxis des Kaufens und Verkaufens. Da jedoch bereits Karl der Große seine Dienstleute ermahnt hatte, fleißig ihre Dienstpflichten zu erfüllen und sich nicht müßig auf den Märkten herumzutreiben, können wir annehmen, dass der Aufenthalt auf einem Markt bereits in dieser Zeit auch eine Form sozialer Geselligkeit darstellte[156].

Die Erfahrungen und Praktiken der Konsumenten sind aber selbst im späten Mittelalter nicht einfach zu erfassen[157]. Einige Informationen zu spezifischen Eigenheiten der mittelalterlichen Verhältnisse können dennoch anhand der verstreuten schriftlichen und bildlichen Quellen ermittelt werden. Die venezianischen Shoppingtouren von Kaiser und Fürstin machen deutlich, dass auch die Angehörigen der Eliten selbst Einkäufe tätigten, was allerdings auf den Erwerb von Luxusgütern beschränkt blieb[158]. Für den Kauf dieser außergewöhnlichen Waren, vor allem aber für den Erwerb von Alltagsgütern, beauftragten sowohl adelige und bürgerliche Käufer als auch die Mitglieder geistlicher Or-

154) Pompeo Molmenti, La storia de Venezia nella vita privata, Bd. 2, Bergamo 1906, S. 628; Welch, Shopping (wie Anm. 4), S. 183 und 336, Anm. 70; dies., Fairs (wie Anm. 10), S. 47. Zur Messe La Sensa auf dem Markusplatz vgl. ebd., S. 42–48.

155) Welch, Shopping (wie Anm. 4), S. 244–273, hier S. 250 mit Anm. 20; Alessandro Luzio/Rodolfo Renier, Il lusso di Isabella d'Este, Marchesa di Mantova, Il guardaroba di Isabella d'Este, in: Nuova antologia 147, ser. 4/63 (1896), S. 441–469; 148, ser. 4/64 (1897), S. 294–324.

156) Quaas, Type (wie Anm. 8), S. 36. Zu kritischen Darstellungen des Marktes im frühen Mittelalter vgl. ebd., S. 30–38.

157) Keene, Sites (wie Anm. 46), S. 141 f.

158) Blondé/Stabel/Damme, Retail Circuits (wie Anm. 2), S. 20.

den häufig ihre Dienstboten[159]. An fürstlichen Höfen wurden die Einkäufe des täglichen Bedarfs sowie außergewöhnliche Anschaffungen von fest angestellten Höflingen erledigt, deren Einkaufstouren auch zu Messen und städtischen Märkten im In- und Ausland führten. Angehörige der Mittel- und Unterschichten besuchten dagegen in der Regel den Markt persönlich. Wer es sich leisten konnte, nahm die Dienste von Trägern in Anspruch, die die Waren nach Hause trugen. Das Feilschen um den Preis war vermutlich ein regelmäßiger Bestandteil vieler Einkäufe. Größere Transaktionen wurden meist durch Vermittler begleitet und überwacht. Als Konsumenten traten beide Geschlechter auf. Der Ehemann hatte eine herausragende Stellung und traf die Entscheidung bei größeren Ausgaben, daneben waren jedoch Ehefrauen, Töchter und weibliches Dienstpersonal in unterschiedlichsten Funktionen und Rollen als Käuferinnen tätig[160].

Das mittelalterliche Marktgeschehen fand in beträchtlichem Maße in der Öffentlichkeit statt. Handwerker mussten ihre Waren an bestimmten Tagen auf dem Markt anbieten und unterlagen hier einer öffentlichen Kontrolle, was in ihren Werkstätten und Verkaufsräumen nicht der Fall war. Besonders gebräuchliche Maße wurden gut sichtbar an Fassaden von Kirchen oder Rathäusern angebracht – wie etwa die zwei Metallstäbe an der Fassade von St. Stephan in Wien, bei denen es sich um die Tuch- und die Leinenelle handelte, oder die genormten Einheiten für Fuß (29 cm), Elle (circa 83 cm) und Klafter (6 Fuß = circa 1,75 m) am Eingang des Regensburger Rathauses. Öffentlichkeit sollte Betrug verhindern.

Die Produktionskontrolle gewerblicher Produkte erfolgte durch eigens von den Zünften oder der Stadt Beauftragte im Rahmen öffentlicher Warenkontrollen in Rundgängen[161]. Bei Streitfällen wurde die Lösung ebenfalls häufig im Lichte der Öffentlichkeit gesucht. So geschah es 1336 in Montpellier, als die vereidigten Warenbegutachter der Stadt eine importierte Ladung Safran für manipuliert hielten. Zur öffentlichen Begutachtung unter Eid wurde eine Reihe von Zeugen, die alle Erfahrung mit verfälschtem Safran und anderen Waren hatten, weil sie Pfefferhändler waren, in das Rathaus gerufen. Dort erfolgten die Begutachtung und anschließende öffentliche Verkündigung eines Urteils[162].

Die Meinung der Öffentlichkeit spielte auch bei einem Prozess wegen Warenfälschung eine Rolle, der 1447 zur Ausstellung einer Königsurkunde führte. Friedrich III. forderte darin zwei Bürger der Stadt Aachen auf, dem königlichen Diener Caspar Gutentag auf der nächsten Frankfurter Fastenmesse Schadenersatz für einen betrügerischen Verkauf zu entrichten. Vor zwei Jahren hatten die nun Angeklagten dem Caspar auf der Frankfurter Messe 30 Tücher als *Ächisch tüher des alten slags* verkauft, was sich

159) Welch, Shopping (wie Anm. 4), S. 213–217.
160) Welch, Shopping (wie Anm. 4), S. 218–225.
161) Köhler, Einzelhandel (wie Anm. 2), S. 113.
162) López/Raymond, Trade (wie Anm. 1), Nr. 141, S. 270 f.

laut Zeugnis einiger anwesender Aachener als Betrug herausgestellt habe. Der Betrug sei aufgrund der vorgelegten und in Kopien beigefügten Zeugenaussagen offenkundig[163]. Qualitätskontrolle hatte in diesem Fall durch die anwesenden Experten stattgefunden.

IX. Konkurrenz und Werbung im Mittelalter

Der seit dem hohen Mittelalter breiter werdende Strom von Belegen zur Kaufmannskunst widerspricht der konventionellen Forschungsmeinung, dass »Werbung der vorindustriellen Zeit lediglich dazu diente, Informationen über Handwerker oder Ankündigungen zu Veranstaltungen oder Ereignissen mitzuteilen«[164] und sich daher grundlegend von modernen Formen der Werbung unterscheide. Freilich sind die Zeugnisse aus der Frühneuzeit häufig aussagekräftiger als ihre mittelalterlichen Vorläufer: Ein italienischer Sprachlehrer bot beispielsweise seine Dienste im Salzburger Intelligenzblatt 1784 mit folgenden Worten an: *Er gibt nicht nur gründlichen und geschwinden Unterricht in diser so sehr nüzlichen und schönen Sprache, sondern auch in der sogenannten wälschen Prattica. Wenn sich mehrere zugleich melden sollten, so erbietet er sich wöchentlich dreimal in jedem diser zwei Gegenstände auf Verlangen, um die sehr nidrige monatliche Erlage von 30 Kreuzern Unterricht zu geben*[165]. Der Text erfüllt mit seinen Argumenten moderne Vorstellungen von Werbung. Ähnliche Werbestrategien lassen sich jedoch bereits im Mittelalter feststellen. Nicht anders als der frühneuzeitliche Sprachlehrer agierte beispielsweise der Quacksalber in Rutebeufs Gedicht ›Dit de l'Herberie‹ (um 1270), der sich selbstbewusst von den »armseligen Maulhelden und armen Kräutersammlern« abgrenzte, um seine eigenen medizinischen Wundermittel anzupreisen[166].

> Meine Herren, Mylords, alle hier, ob groß oder klein, jung oder alt, ein großes Glück ist auf euch zugekommen. Ihr müsst natürlich wissen, dass ich keinen einzigen von euch täuschen würde. Also setzt euch hin und seid still und hört mir zu, wenn es euch nicht zu viel Mühe macht. [...] Jetzt glaubt mir: Ihr wisst nicht, wer ich bin, also seid still und haltet euch an euren Sitzen fest und seht euch meine Kräuterauslage an. Da die Heilige Jungfrau Maria selbst mein Zeuge ist, sage ich Euch, dass diese Kräuter kein Mist sind, sondern etwas ausgesprochen Edles[167].

163) Regesta Imperii, Bd. 13: Regesten Kaiser Friedrichs III. (1440–1493), Heft 4, Nr. 134.

164) Monica Neve, Warenwerbung, in: Enzyklopädie der Neuzeit 14 (2011), S. 978.

165) Mark Häberlein, Der Wissensmarkt für Fremdsprachen im frühneuzeitlichen Mitteleuropa, in: Wissen und Wirtschaft. Expertenkulturen und Märkte vom 13. bis zum 18. Jahrhundert, hg. von Marian Füssel/Philip Knäble/Nina Elsemann, Göttingen 2017, S. 335–363, hier S. 350.

166) Rutebeuf, Oeuvres complètes, hg. von Michel Zink, Paris 1989–1990, S. 766–778. Zum Gedicht und seiner Rezeption vgl. Edward B. Ham, The Rutebeuf Guide for Medieval Salescraft, in: Studies in Philology 47/1 (1950), S. 20–34; Friedman, Chaucer's Pardoner (wie Anm. 14), S. 312–314.

167) Ham, Rutebeuf Guide (wie Anm. 166), S. 23.

Im ›Dit de l'Herberie‹ und weiteren »comic and satiric Old French trade poems«[168], beispielsweise dem ›Dit du Mercier‹ (1270–1340)[169], wurde die Welt der wandernden Kleinhändler und Scharlatane aufs Korn genommen. Die Texte sind kein Spiegel der Wirklichkeit, vermitteln aber einen Eindruck von den Verkaufs- und Marketingtechniken der Zeit[170]. Handelte es sich bei den Werberufen, die der Dichter den Wanderhändlern in den Mund legt, nur um die Verbreitung von Information? Wohl kaum. Information und Überredung gehen eine untrennbare Mischung ein. Dabei handelt es sich übrigens um ein konzeptionelles Problem, das auch noch die Diskussionen um die Aufhebung des Werbeverbots für Abtreibungen in Deutschland im Jahr 2022 beeinflusste. Ärztinnen und Ärzte dürfen seitdem öffentlich darüber informieren, dass und mit welcher Methode sie Abtreibungen durchführen. Gegner der Aufhebung betrachten diese nunmehr legale Information dagegen als potentielle Werbung für Schwangerschaftsabbrüche.

Dem Senat von Venedig war die fließende Grenze zwischen Warenwerbung und bloßer Information bereits bewusst, als er im Jahr 1444 festsetzte, dass an Festtagen nur eine Apotheke zwischen Rialto und San Marco geöffnet sein durfte. Dieser Apotheker wurde zudem verpflichtet, seine Waren aus der Auslage zu nehmen und nur medizinische Produkte der Öffentlichkeit zu präsentieren[171]. Die Ausstellung der Waren wurde offenbar als Einladung zum Kauf verstanden und kommerzielle Aktivitäten sollten an Festtagen auf den Verkauf von essentiellen Arzneimitteln beschränkt bleiben.

Die Vielfalt verkaufssteigernder Rhetorik, Praxis und Bildlichkeit, die sich in mittelalterlichen Quellen nachweisen lässt, belegt zudem, dass sich bereits vor 1500 ein Marktgeschehen entwickelt hatte, das von Konkurrenz geprägt war. Die historische Forschung der letzten Jahre hat dieses Bild mehrfach bestätigt und weiter differenziert. Martha Carlin charakterisierte die Mentalität der Verkäufer mit folgenden Worten: »Vendors used temptations, wiles, and outright frauds to lure and cheat customers«[172].

Diese neu gewonnene Einschätzung widerspricht der konventionellen Sicht, dass die vormoderne Wirtschaft Konkurrenz und Werbung nicht oder kaum gekannt habe. In dieser Betrachtungsweise spielte privates Gewinnstreben keine Rolle und alle materiellen Güter sollten auf angemessene Weise unter den Mitgliedern der Gemeinschaft verteilt werden. Der anonyme Autor der ›Reformatio Sigismundi‹ formulierte dieses Prinzip im Jahr 1439 auf folgende Weise: *Das Handwerk wurde dazu erdacht, dass jedermann sein tägliches Brot damit gewinnen kann. Wenn niemand den anderen bei seinem Handwerk stört, dann leidet die Welt keine Notdurft und jeder findet sein Auskommen* (*Hantwerck sein darumb erdacht, daz yederman sein teglich prot damit gewynnen sol und*

168) Friedman, Chaucer's Pardoner (wie Anm. 14), S. 298.

169) Philippe Menard, ›Le Dit du Mercier‹, in: Mélanges de langue et de littérature du moyen âge offerts à Jean Frappier, Vol. 2, Geneva 1970, S. 797–818; Friedman, Chaucer's Pardoner (wie Anm. 14), S. 315–318.

170) Friedman, Chaucer's Pardoner (wie Anm. 14), S. 290.

171) Welch, Shopping (wie Anm. 4), S. 112.

172) Carlin, Senses (wie Anm. 72), S. 67.

dyenen, und soll nyeman dem andernn greiffen in sein hantwerck; damit schickt dye welt yr notturfft und mocht sich yederman erneren).[173] Aussagen wie diese prägen die moderne Vorstellung einer mittelalterlichen Wirtschaft, die sich nicht dem Gewinnstreben, sondern dem sogenannten »Nahrungsprinzip« verpflichtet fühlte. Der Wirtschaftshistoriker Werner Sombart erklärte dieses Prinzip 1902 zum Kern einer angeblich mittelalterlichen ›Wirtschaftsgesinnung‹, nach welcher sich die Menschen ein standesgemäßes Leben sichern wollten, darüber hinaus aber kein persönliches Gewinnstreben an den Tag gelegt hätten. Konsequenterweise hätten Handwerker und Kaufleute nur so viel produziert und verkauft, wie zum Auskommen der eigenen Familie nötig gewesen sei. Für die Steigerung des Profits mittels eines höheren Arbeitsaufwands oder Investitionen habe man sich dagegen nicht interessiert.[174] Jacques Le Goff sah dies 1987 ähnlich und sprach von »einer Wirtschaftsform, [...] die keine Hast, kein Streben nach Präzision, keine Sorge um Produktivität kennt«[175]. Von einer solchen selbstgenügsamen Gesinnung hatte bereits Alexis de Tocqueville (1805–1859) gesprochen: Im Ancien Régime habe die große Mehrheit der Bevölkerung fast ohne Bedürfnisse und ohne existenzielle Not gelebt, während die Gegenwart zwar viele Annehmlichkeiten, doch auch viel Armut hervorgebracht habe[176].

In der Tat war die mittelalterliche Wirtschaft an allen Ecken und Enden durch eine Politik protektionistischer Beschränkung limitiert. In jeder Stadt bestanden Monopole beim Handel und im Gewerbe. Die Zünfte reglementierten das städtische Gewerbe seit dem 13. Jahrhundert mit detaillierten Statuten. Mit der Hilfe von Zöllen, Mauten und Geleitrechten versuchten Landesherren und Städte, den Handel im eigenen Territorium zu steuern und finanziell abzuschöpfen. Einflussreiche Handelszentren wie Nürnberg oder Venedig sicherten sich mittels Zollfreiheiten und Handelsprivilegien einen Zugang zu Märkten, die anderen Akteuren verschlossenen blieben. Stapel- und Niederlagsrechte dienten dazu, die wirtschaftliche Stellung einer Stadt im regionalen und internationalen Handelsverkehr zu bewahren oder zu stärken. In der Regel waren es Handelsstädte, die das Stapelrecht erhielten und dadurch von ihren Landesherren gefördert wurden. Entsprechend der jeweiligen Ausgestaltung des Privilegs mussten Kaufleute ihre Waren in der betreffenden Stadt von einem Transportmittel auf ein anderes umladen, für eine bestimmte Zeit (häufig für drei Stapeltage) zum Verkauf anbieten oder aber zur Gänze an einheimische Kaufleute verkaufen. Wichtige Stapelplätze im Reich waren Köln und

173) Reformatio Sigismundi, hg. von Heinrich KOLLER (MGH Staatsschriften, Bd. 6), Stuttgart 1964, S. 270.

174) Werner SOMBART, Der moderne Kapitalismus. Historisch-systematische Darstellung des gesamteuropäischen Wirtschaftslebens von seinen Anfängen bis zur Gegenwart, Bd.1, München 1916.

175) Jacques LE GOFF, Für ein anderes Mittelalter. Zeit, Arbeit und Kultur im Europa des 5.–15. Jahrhunderts, Weingarten 1987, S. 30.

176) Alan S. KAHAN, Tocqueville und das Problem der Armut, in: Erfahrungsräume der Demokratie, hg. von Skadi Siiri KRAUSE, Stuttgart 2017, 197–210.

Wien. Im hansischen Stapelrecht verpflichteten sich die Hansekaufleute, ihre Waren in den Niederlanden ausschließlich in Brügge zu kaufen und zu verkaufen[177].

Diese städtische Wirtschaftspolitik wurde von der historischen Forschung unterschiedlich bewertet. Positive Interpretationen betonen die am Gemeinwohl orientierte Wirtschaftspolitik, die als praktische Sozialpolitik jedem Bürger sein Auskommen sichern sollte. Kritische Sichtweisen betrachten die städtischen Eingriffe in die Wirtschaft eher als einen Ausbeutungs- und Unterdrückungsmechanismus, mit dessen Hilfe die in der Stadtregierung vertretenen Eliten ihre Herrschaft durchsetzen und die eigenen ökonomischen Interessen fördern wollten.

Trotz der Betonung des Nahrungsprinzips und trotz der zahlreichen protektionistischen Maßnahmen war das Streben nach ökonomischem Gewinn im Mittelalter allgemein verbreitet – selbst unter Kirchenleuten. Der berühmte Abt Suger von Saint-Denis schrieb um 1140 eine Abhandlung über die Verwaltung seiner Kirche (›De administratione‹) und beschäftigte sich dabei im ersten Teil mit der »Vermehrung der Einkünfte«[178]. Sorgsam notierte der Abt darin Höhe und Art der Einkünfte seines Klosters und fügte in vielen Fällen stolz hinzu, welche Steigerung unter seiner Amtsführung gelungen war: *Während wir einst aus dem Dorf Tremblay entweder kaum oder niemals auch nur 90 Scheffel Getreide haben konnten, haben wir die Angelegenheit dahin gebracht, dass wir jetzt 190 Scheffel von unserem dortigen Meier bekommen.*[179] Um diese Einnahmensteigerungen durchzusetzen, waren Suger viele Mittel recht: Er kramte im Klosterarchiv nach alten Urkunden, reiste durch die Klostergüter und machte sich ein Bild von den Verhältnissen vor Ort, forderte angeblich entfremdetes Klostergut zurück, rief den Bauern die vergessenen Verpflichtungen in Erinnerung und gründete neue Dörfer und Höfe. Ob die Bauern mit diesem Vorgehen immer einverstanden waren, darf bezweifelt werden. Doch die Darstellung Sugers liefert wohl ein verzerrtes Bild, denn willkürlichen Abgabenerhöhungen stellten sich Bauern zu allen Zeiten mit Vehemenz entgegen. Suger präsentiert sich als strahlender Held und kehrt die mühsamen Aushandlungsprozesse vor Ort unter den Teppich.

Wir können annehmen, dass die eifrigen Bemühungen Sugers keinen Sonderfall darstellen. Das Streben nach höheren Einnahmen und größerem Vermögen war unter Klerikern ebenso verbreitet wie unter weltlichen Grundherren oder Kaufleuten. Texte dieser Art sind allerdings kein Zeugnis dafür, dass Habgier und Egoismus im Mittelalter besonders stark ausgeprägt waren, sie deuten jedoch darauf hin, dass die Menschen vor 1500 nicht weniger auf ihren eigenen Vorteil bedacht waren als die Menschen in späte-

177) Vgl. dazu Die Auswirkungen von Zöllen und anderen Handelshemmnissen auf Wirtschaft und Gesellschaft vom Mittelalter bis zur Gegenwart, hg. von Hans POHL, Stuttgart 1987.

178) Abt Suger von Saint-Denis, De administratione, in: Ausgewählte Schriften. Ordinatio, De consecratione, De administratione, hg. von Andreas SPEER/Günther BINDING, Darmstadt 2000, S. 256–371.

179) Suger von Saint-Denis, De administratione (wie Anm. 176), S. 265.

ren Zeiten. Billig zu kaufen, um teuer zu verkaufen, war die Devise der Kaufleute zu allen Zeiten[180]. In diesem Geiste schrieb 1387 ein Mitarbeiter der Firma Datini in Avignon einen Brief an einen Partner in Florenz: Tafelbilder seien zurzeit schwer verkäuflich. Daher möge er nach Malern suchen, die dringend Geld benötigten, und deren Bilder zu besonders günstigen Preisen erwerben. Nur dann lohne sich das Geschäft[181]. Werner Sombarts Sichtweise, nach der das wirtschaftliche Handeln im Mittelalter und der Frühneuzeit von Harmonie und Innovationsfeindlichkeit gekennzeichnet gewesen sei, kann daher als überholt gelten[182]. Allerdings wird die Bedeutung von Konkurrenz und Werbung in der vormodernen Wirtschaft auch von der modernen Wirtschaftsgeschichte teilweise noch immer als gering eingeschätzt[183].

X. Konzeptionalisierung der vormodernen Wirtschaft

Die Erforschung der Praktiken von Werbung und Verkauf im Mittelalter ist schwierig[184]. Der lokale Handel basierte auf »Face-to-face-Regeln, abgewogener Gegenseitigkeit, Argwohn, Schätzung und Feilschen im kleinsten, kundigen Kreis« und »ist bislang nahezu unerforscht« – so Ludolf Kuchenbuch in seiner Studie zu den Grundherrschaften des ostfränkisch-deutschen Reichs zwischen 950 und 1050[185]. Bis in die Neuzeit hinein sollte sich an diesen ungeschriebenen Spielregeln des Marktgeschehens wenig ändern – weder an der Praxis noch an ihrer Erforschung[186]. In Bezug auf die mittelalterliche Warenwerbung machte Rolf Sprandel eine ähnliche Beobachtung in seinem Artikel »Werbung« im Lexikon des Mittelalters, den er mit folgenden

180) Zum Einzelhandel vgl. Köhler, Einzelhandel (wie Anm. 2), S. 220–227.

181) López/Raymond, Trade (wie Anm. 1), Nr. 43, S. 114f.

182) Werner Sombart, Die Reklame, in: Der Morgen 10, 06.03.1908, S. 281–286.

183) Vgl. etwa Ingo Köhler, Märkte und Marktkommunikation. Einführung, in: Westfälische Wirtschaftsgeschichte. Quellen zur Wirtschaft, Gesellschaft und Technik vom 18. bis zum 20. Jahrhundert aus dem Westfälischen Wirtschaftsarchiv, hg. von Karl-Peter Ellerbrock, Münster 2017, S. 381. »Bis zum Beginn des 19. Jahrhunderts waren Praktiken der Werbung kaum verbreitet. Solange Bauern, Handwerker und Händler ihre Waren im direkten persönlichen Kundenkontakt auf lokalen Märkten und Messen anboten, waren Preis und Qualität primäre Kaufkriterien. Nur vereinzelt nutzten Händler Geschäftskarten, Handzettel oder Plakate, um bekannt zu machen, dass saisonale oder neue Produkte eingetroffen waren. Diese ersten Werbemittel dienten allein der Ankündigung eines Angebots. Der Großteil von Agrar- und Handwerksprodukten blieb unbeworben. Hierfür sorgten auch korporative Zunftregeln, die es schlichtweg verboten, den eigenen Standesgenossen durch Werbung Konkurrenz zu machen.«

184) Welch, Shopping (wie Anm. 4), S. 8.

185) Ludolf Kuchenbuch, Abschied von der »Grundherrschaft«. Ein Prüfgang durch das ostfränkisch-deutsche Reich 950–1050, in: ZRG Germ. 121 (2004), S. 31.

186) Laurence Fontaine, Bemerkungen zum Kaufen als soziale Praxis. Feilschen, Preise festlegen und Güter ersteigern im frühneuzeitlichen Europa, in: Historische Anthropologie 14 (2006), S. 334–348.

Worten abschloss: »Eine Aufarbeitung der mittelalterlichen Anfänge der modernen Werbung ist ein Desiderat der Forschung«[187]. Das gilt umso mehr, wenn man die Beobachtung von Erich Köhler aus einer Studie zum mittelalterlichen Einzelhandel aus dem Jahr 1938 ernst nimmt: »Es erweist sich, dass Werbung im weitesten Sinne des Begriffes offenbar untrennbarer Bestandteil einer gesellschaftlich und arbeitsteilig organisierten Wirtschaftsform ist«[188].

Es ist also an der Zeit, dieses Forschungsfeld verstärkt zu erkunden und die landläufigen Ansichten zu überprüfen, um herauszufinden, welche Bedeutung Werbemaßnahmen (im weitesten Sinn) im Mittelalter zukamen[189]. Neue Themen und Tendenzen der Wirtschafts- und Sozialgeschichte bieten für eine solche Fragestellung zahlreiche Anknüpfungspunkte. Dies betrifft insbesondere das gewachsene Interesse an einer Kommerzialisierung der mittelalterlichen Gesellschaft im Allgemeinen und einer Konsumgeschichte der Vormoderne im Speziellen[190]. Richard Goldthwaite meinte 1993, die Anfänge der modernen Konsumgesellschaft in der italienischen Renaissance entdeckt zu haben: »The material culture of the Renaissance generated the very first stirring of the consumerism that was to reach a veritable revolutionary stage in the eighteenth century and eventually to culminate in the extravagant throw-away, fashion-ridden, commodity-culture of our own times«[191]. Die Untersuchung von Zollregistern, Kleiderordnungen und Testamenten hat den materiellen Reichtum der städtischen Gesellschaft Italiens seit der zweiten Hälfte des 14. Jahrhunderts inzwischen eindrücklich bestätigt[192]. Studien zur Verfügbarkeit des privaten Kleinkredits haben die finanziellen Möglichkeiten von Bürgern und Bauern mittlerer und unterer sozialer Einkommensgruppen deutlich gemacht[193]. Die Suche nach den Ursprüngen der europäischen Konsumgesellschaft hat sich auf diese Weise thematisch erweitert und blickt auch nicht mehr ausschließlich auf Italien während der Renaissance[194]. Untersucht wurden daneben besondere Formen

187) Rolf SPRANDEL, Werbung, in: Lex.MA 8 (1997), Sp. 2195 f.

188) KÖHLER, Einzelhandel (wie Anm. 2), S. 117.

189) Zu den »daily practices and relations between buyers and sellers« als Forschungslücke vgl. BLONDÉ/STABEL/DAMME, Retail Circuits (wie Anm. 2), S. 21.

190) Richard H. BRITNELL, The Commercialisation of English Society 1000–1500, Manchester 1996; Konsumentenstadt, hg. von SELZER (wie Anm. 77).

191) Richard GOLDTHWAITE, Wealth and the Demand for Art in Italy, 1300–1600, Baltimore 1993, S. 31.

192) Arnold ESCH, Importe in das Rom der Renaissance. Die Zollregister der Jahre 1470 bis 1480, in: QFIAB 74 (1994), S. 360–453. Allgemein zum Thema vgl. Die materielle Kultur der Stadt in Spätmittelalter und Früher Neuzeit, hg. von Sabine von HEUSINGER/Susanne WITTEKIND (Städteforschung A/100), Wien/Köln/Weimar 2019.

193) Hans-Jörg GILOMEN, Der Kleinkredit in spätmittelalterlichen Städten. Basel und Zürich im Vergleich, in: Städtische Wirtschaft im Mittelalter. Festschrift für Franz Irsigler zum 70. Geburtstag, hg. von Rudolf HOLBACH, Köln 2011, S. 109–148.

194) Zur Kritik an Goldthwaite vgl. Lauro MARTINES, The Renaissance and the Birth of a Consumer Society, in: Renaissance Quarterly 51 (1998), S. 193–203.

des Verkaufs wie beispielsweise Versteigerungen gespendeter oder verpfändeter Waren, die ebenfalls zumindest bis ins 14. Jahrhundert zurückreichen[195].

In der Debatte um mittelalterliche Verkaufspraktiken spiegelt sich die grundsätzliche Konzeptionalisierung der vormodernen Wirtschaft. In der Alten Geschichte stehen sich zwei antagonistische Sichtweisen gegenüber: Während die Anhänger eines »primitivist paradigm« die antike Wirtschaft als ein staatlich dominiertes Tributsystem charakterisieren, wird sie von der Gegenseite als eine Marktwirtschaft gesehen, in der die Marktteilnehmer im Wettbewerb Angebot, Nachfrage und Preise bestimmten[196]. Die Vielfalt spätantiker Warenwerbung scheint diese letztere Sichtweise zu bestätigen[197]. Diskussionen zu Theorie und Praxis des Verkaufens kreisen daher um eine grundsätzliche Interpretation der antiken und mittelalterlichen Wirtschaft. Erfolgte wirtschaftliches Handeln in Europa vor 1500 auch im Rahmen einer freien Marktwirtschaft und, falls ja, in welchem Ausmaß und auf welche Weise unterschied sich diese mittelalterliche Marktwirtschaft von der neuzeitlichen und modernen? Große Unterschiede zwischen Mittelalter und Moderne gibt es zweifellos: das durchschnittliche pro-Kopf-Einkommen der Europäer lag im späten Mittelalter bei umgerechnet 1500–3000 US-Dollar und die Möglichkeiten zum Erwerb von nicht lebensnotwendigen Gütern waren daher eingeschränkt[198]. Hinzu kam eine starke Schwankung der Preise aufgrund der Abhängigkeit der Güterproduktion von äußeren Bedingungen wie Klima, Wetter und Politik[199]. Beschränkt wurde der mittelalterliche Konsum zudem durch eine spezifische mittelalterliche Regulierung der Produktion und des Handels durch politische Obrigkeiten und wirtschaftliche Korporationen[200]. In Venedig wurde die *Giustizia Vecchia* bereits um 1173 eingerichtet, um das Marktgeschehen zu kontrollieren[201]. Viele andere Städte folgten diesem Beispiel. Die Überwachung der Wirtschaft erfolgte jedoch nicht ausschließlich durch staatliche Institutionen, sondern auch durch Korporationen wie die Zünfte. In ihren Statuten legten sie sorgsam die Qualitätsmerkmale ihrer Erzeugnisse, aber auch die Arbeitsbedingungen und die Zulassung zum Gewerbe fest. Die Qualitätssicherung von Waren und die Festsetzung von Preisen, Gewichten und Maßen

195) WELCH, Shopping (wie Anm. 4), S. 185–203.

196) Jean-Michel CARRIÉ, Were Late Roman and Byzantine Economies Market Economies? A Comparative Look at Historiography, in: Trade and Markets (wie Anm. 36), S. 13–26.

197) James M. REDFIELD, The Development of the Market in Archaic Greece, in: The Market in History, hg. von B. L. ANDERSON/A. J. H. LATHAM, London 1986, S. 9–28; Rolf HURSCHMANN, Werbung, in: Der Neue Pauly 12/2 (2002) Sp. 479 f.

198) ERTL, Bauern (wie Anm. 1), S. 165.

199) Richard A. GOLDTHWAITE, I prezzi del grano a Firenze dal XIV al XVI secolo, in: Banks, Palaces and Entrepreneurs in Renaissance Florence, hg. von ders. (Variorum collected studies series 492), Aldershot 1995, V, S. 5–37; WELCH, Shopping (wie Anm. 4), S. 24–27.

200) WELCH, Shopping (wie Anm. 4), S. 72–89; DAVIS, Market Morality (wie Anm. 16), S. 368–377.

201) Giovanni MONTICOLO, L'ufficio della giustizia vecchia a Venezia dalle origini sino al 1330, in: Miscellanea di storia veneta Ser. 4/12 (1892) S. 1–173.

erreichten niemals das angestrebte Ziel einer umfassenden Kontrolle der Wirtschaft, erzeugten aber dennoch ein gewisses Maß an Transparenz und Verbraucherschutz in einer Zeit ohne feste Qualitätsmerkmale, ohne normierte Verpackungsgrößen und ohne allgemein gültige Maße. Trotz dieser Regulierungsbemühungen war die Wirtschaft im Mittelalter gleichwohl auch von Marktbeziehungen und Wettbewerb gekennzeichnet[202]. Entsprechend suchten die Marktakteure, und unter ihnen auch die Kleinhändler[203], bereits vor dem Jahr 1500 ihren individuellen Vorteil und griffen dabei zu unterschiedlichsten Mitteln – die Warenwerbung war eines davon.

Summary: Ars Vendendi: Advertising and commercial practices in the Middle Ages

The »art of selling« was already important in medieval markets, as goods and services were not only produced or provided in a demand-driven manner, but providers and sellers of goods and services were already competing with each other in the Middle Ages. Therefore, archaeological, written and pictorial sources contain numerous references to the rhetoric and practices of selling even before 1500: goods displayed on market tables, trades and inn signs, market and wine criers as well as brand names, samples of goods, book catalogues and much more served both to inform consumers and to increase sales. As early as the Middle Ages, tracts and sermons reflected on these techniques theoretically, critically or satirically. In this overview article I offer an introduction to the topic and try to present a broad range of sales techniques and advertising strategies. The topics covered range from rhetoric to the infrastructure of selling, and from ecclesiastical advertising strategies to the promotion of selected goods and services. Finally, the examples also serve to reflect on an appropriate description of the pre-modern economy and the negotiation between regulation and the market.

202) Zu diesem Spannungsverhältnis im spätmittelalterlichen Einzelhandel vgl. STABEL, Market (wie Anm. 33), S. 79–81.
203) KÖHLER, Einzelhandel (wie Anm. 2), S. 228–230.

Zwischen Praxis und Polemik: Werbung und die Geschichte vormoderner Ökonomie

Christina Brauner (Tübingen)

I. Der Reklamestreit und die Aufmerksamkeitsökonomie

Im März 1908 gelang Werner Sombart etwas, von dem Gelehrte oft nur träumen können: Mit einem kurzen Text löste er eine Debatte aus, die bis auf die Titelseiten der Tageszeitungen vordrang.[1] Im Zentrum stand »ein Aergernis, und zwar ein großes«: die »Reklame«, in Sombarts Augen »jene Erscheinung der modernen ›Kultur‹, an der aber auch beim besten Willen nichts als Widerwärtiges gefunden werden kann«.[2] Der Ton war gesetzt und entsprechend polemisch ging es zur Sache – und zwar auch im Blick auf eine Frage, die hier als wissenschaftliche Problemstellung zu diskutieren ist: gibt es Werbung vor der »Moderne«?

Zu Beginn des 20. Jahrhunderts hatte sich die deutsche Werbewirtschaft als eigenständiger Gewerbezweig einigermaßen etabliert und erste Ansätze zu einer wissenschaftlichen »Werbelehre« entwickelt.[3] Ausgerechnet zu diesem Zeitpunkt holte Sombart zu einer wortgewaltigen Attacke gegen das aus, was er »Reklameseuche« nannte. Seine Polemik ist berüchtigt, Zeitgenossen sprachen gar von einem »Amoklauf«.[4] Sombart war jedoch – um im Bild zu bleiben – kein Einzeltäter. Der Reklamestreit von 1908 war vielmehr Teil laufender Auseinandersetzungen um grundlegende Fragen von Kapitalismus und Moderne, Ökonomie und Anthropologie.

Genau an dieser Stelle kommt die Geschichte ins Spiel, denn Sombart hatte seine Attacke auf Reklame in der Gegenwart, den Versuch, »Reklame« als Element des Kapitalismus in seiner amerikanischen Prägung zu entlarven, mit einer Vision einer werbe-

1) Die Reklame, in: Berliner Tageblatt, Jg. 37, Nr. 209, 25.04.1908 (Morgenausgabe), Titelseite.

2) Werner Sombart, Reklame, in: Morgen. Wochenschrift für deutsche Kultur, Jg. 1908, S. 281–286, hier: S. 284.

3) Vgl. Christiane Lamberty, Reklame in Deutschland 1890–1914: Wahrnehmung, Professionalisierung und Kritik der Wirtschaftswerbung, Berlin 2000, S. 391 ff.; Kevin Repp, Marketing, Modernity, and »the German People's Soul«: Advertising and its Enemies in Late Imperial Germany, 1896–1914, in: Selling modernity: advertising in twentieth-century Germany, hg. von Pamela E. Swett/S. Jonathan Wiesen/Jonathan R. Zatlin, Durham, NC 2007, S. 27–51, bes. S. 43–45; Gudrun M. König, Konsumkultur. Inszenierte Warenwelt um 1900, Wien u. a. 2009, S. 111–113 und S. 150–153.

4) Arthur Jacoby, Amoklauf, in: Morgen, Jg. 1908, S. 606–608.

freien Vergangenheit verbunden: »Die Entstehung der Reklame wird von manchen in das Mittelalter, von anderen doch wenigstens in das 17. oder 16. Jahrhundert verlegt. Beides halte ich für falsch. [...] Es ist ein Kennzeichen der vorkapitalistischen, handwerksmäßigen Wirtschaft, daß die Beziehungen zwischen Produzent, Händler und Konsument stabile, traditionell gefestigte sind, daß Händler und Produzent nie in die Lage kommen, sich um den Absatz ihrer Waren sonderlich zu bemühen oder gar den Kunden zur Abnahme ihrer Produkte nötigen zu müssen. [...] Wir wissen, daß der Kapitalismus erst dieses Idyll ruhiger Beschaulichkeit zerstört hat, daß er Unrast, fieberhafte Tätigkeit, Nervosität an die Stelle gesetzt hat, wo ehedem friedliche Genügsamkeit, gesättigtes Dasein herrschten ...«[5].

Die sich rasch versammelnde, vielköpfige Kritikerschar einte nicht nur die Empörung über den Sombartschen »Amoklauf« an sich. Fast alle nahmen auch den historischen Faden auf. Manche suchten Sombarts These durch konkrete Beispiele zu widerlegen und führten etwa Wirtshausschilder, Plakate und Flugblätter an.[6] Am bekanntesten darunter ist vielleicht das Elefantenblatt, ein Einblattdruck, mit dem um 1630 die Vorführung eines Elefanten in Nürnberg angekündigt wurde.[7] Das »Mittelalter« der Diskutanten von 1908 ging dabei häufig in das über, was man heute »Frühe Neuzeit« nennt; um zeitliche Präzision oder gar historische Differenzierung scherten sich die Protagonisten in beiden Lagern kaum.

Dass der historische Bezug von Sombarts Polemik so viel Aufmerksamkeit erfuhr, war offenkundig weniger einem ausgeprägten Geschichtsenthusiasmus oder gar einem ge-

5) SOMBART, Reklame (wie Anm. 2), S. 281, 282 f. Als Beispiel führt er die Stiefelherstellung an, die ihm wiederholt dazu dient, um die Differenz von »Altem Handwerk« und Kapitalismus zu erläutern, vgl. dazu Friedrich LENGER, Marx, das Handwerk und die erste Auflage des Modernen Kapitalismus, in: Werner Sombart (1863–1941) – Klassiker der Sozialwissenschaften: eine kritische Bestandsaufnahme, hg. von Jürgen BACKHAUS, Marburg 2000, S. 169–198, hier: S. 183 f. Zur Analyse und Kritik von Sombarts idealtypischem Bild des »Alten Handwerks« und dessen reifizierender Rezeption vgl. Nahrung, Markt oder Gemeinnutz: Werner Sombart und das vorindustrielle Handwerk, hg. von Robert BRANDT/Thomas BUCHNER, Bielefeld 2004, bes. die Einleitung der Hg. sowie die Beiträge von Thomas Buchner und Reinhold Reith.

6) Dieses Beispiel bei Johannes STEINDAMM, Zu Sombarts Reklame, in: Morgen Jg. 1908, S. 599–601, hier: S. 600; siehe weiterhin u. a. Ernst GROWALD, Sombart über Reklame, in: Plutus. Kritische Zeitschrift für Volkswirtschaft und Finanzen 5 (1908), S. 276–278; H. DOSE, Sombart der Reklamefeind, in: ebd., S. 337 f. – Mit Growald und Steindamm, aber auch Edmund Edel fanden sich unter den Kritikern Sombarts verschiedene prominente Akteure der Werbewirtschaft und Plakatkunst der Zeit; siehe Dirk REINHARDT, Von der Reklame zum Marketing. Geschichte der Wirtschaftswerbung in Deutschland, Berlin 1993, S. 57 f. und 126. Die Auseinandersetzung um Sombart wird bei Reinhardt nicht erwähnt.

7) Flugblatt ›Zu wissen sey männiglich / daß allhie ankommen ein Orientalischer Elefanth‹, Nürnberg, 1629, Holzschnitt, Typendruck, 300 x 264 mm (Blatt), Kulturstiftung Sachsen-Anhalt, Kunstmuseum Moritzburg Halle (Saale), Inv.nr. MOIIF00014. Zu illustrierten Flugblättern als Werbemedien vgl. Michael SCHILLING, Bildpublizistik der frühen Neuzeit. Aufgaben und Leistungen des illustrierten Flugblatts in Deutschland bis um 1700, Tübingen 1990 [Habil. München 1987/8], S. 141–154, spezifisch zu Tiervorführungen S. 147 f.

nuinen Interesse an historischen Wirtschaftsformen geschuldet. Die Auseinandersetzung mit der Geschichte oder genauer: der Geschichtlichkeit von Werbung fungierte vielmehr als Medium, um über »Ökonomisierung« von Kunst und öffentlichem Raum, die Gefahr einer »Amerikanisierung« deutscher Kultur, Chancen und Risiken des Liberalismus und nicht zuletzt: über die Alternativlosigkeit von Kapitalismus und den Traum vom »Markt als Idylle« zu diskutieren.[8] Dass der Geschichtsbezug sich dabei meist in einer wenig differenzierten Vormoderne erschöpfte, entspricht ganz der Logik von »Kapitalismus« als »concept of difference«, als Instrument der Gegenwartsdiagnose in Abgrenzung zu einer idealisierten Vergangenheit, gelegentlich auch zu Visionen einer utopischen Zukunft.[9]

Der Reklamestreit von 1908 berührte große, kontroverse Fragen, die jenseits der Erkenntnismöglichkeiten historischer Forschung liegen. Zugleich reizt das Thema damals wie heute – zur Reflexion alltäglichen Handelns, in diesem Fall: zur Reflexion über Aufmerksamkeitsökonomie im akademischen Feld.[10] So merkten verschiedene Kommentatoren süffisant an, dass Sombart sich zwar vehement gegen Reklame an und für sich ausgesprochen habe, aber durchaus selbst Werbung in eigener Sache treibe. Dabei bezogen sie sich nicht allein auf die Werbeanzeigen, die die von Sombart mitherausgegebene Zeitschrift ›Morgen‹ regelmäßig schaltete, sondern auch auf die Tatsache, dass

8) Zu den Werbedebatten um 1900 als »Stellvertreterdebatten über Kapitalismus« siehe z.B. Alexander SCHUG, Werbung und die Kultur des Kapitalismus, in: Die Konsumgesellschaft in Deutschland, 1890–1990. Ein Handbuch, hg. von Heinz-Gerhard HAUPT, Frankfurt a.M. 2009, S. 355–369; aufschlussreich zum Kontext dieser Debatten auch Roman KÖSTER, Invasive Märkte. Der Topos der Kommerzialisierung in der Kapitalismuskritik des 20. Jahrhunderts, in: Ökonomisierung: Debatten und Praktiken in der Zeitgeschichte, hg. von Rüdiger GRAF, Göttingen 2019, S. 55–72, bes. S. 57–63. Allgemein zur Kapitalismuskritik und ihrer Bedeutung für eine Kapitalismusgeschichte vgl. Jürgen KOCKA, Durch die Brille der Kritik: Wie man Kapitalismusgeschichte auch schreiben kann, in: Journal of Modern European History 15 (2017), S. 480–488. – Die Formulierung vom »Markt als Idylle« bei David EUGSTER, Manipuliert. Die Schweizer Werbebranche kämpft um ihren Ruf, 1900–1989, Zürich 2018 [Diss. Zürich 2015], S. 21, in Anlehnung an Niklas Luhmann.

9) Zum Kapitalismus als »concept of difference« vgl. Jürgen KOCKA, Introduction, in: Capitalism. The Reemergence of a Historical Concept, hg. von DEMS./Marcel van der LINDEN, London: Bloomsbury 2016, S. 1–10, hier: S. 2f. Schimank und Volkmann identifizieren die »Zeitdiagnose« gar als »Schrittmacher« der marxistisch inspirierten Kapitalismustheorie und ihres gesellschaftstheoretischen Modells; siehe Uwe SCHIMANK/Ute VOLKMANN, Gesellschaftstheorie und Gegenwartsdiagnosen. Verhältnisbestimmungen und Themenpanorama, in: Gegenwartsdiagnosen: Kulturelle Formen gesellschaftlicher Selbstproblematisierung in der Moderne, hg von Thomas ALKEMEYER/Nikolaus BUSCHMANN/Thomas ETZEMÜLLER, Bielefeld 2019, S. 235–255, hier: S. 247.

10) Vgl. etwa nur Peter WEINGART, Die Dynamik der Aufmerksamkeitsökonomie und ihre Folgen: Lose Gedanken zu einem aktuellen Begriff, in: Soziale Ordnung durch Kommunikation?, hg. von Klaus-Dieter ALTMEPPEN et al., Baden-Baden 2015, S. 105–115; Barbara STOLLBERG-RILINGER, Marktgeschrey und Selbstmarketing. Versuch über das akademische Eigenlob, in: Kolossale Miniaturen. Festschrift für Gerrit Walther, hg. von Matei CHIHAIA/Georg ECKERT, Münster 2019, S. 371–378, und Der Auftritt. Performanz in der Wissenschaft, hg. von Thomas ETZEMÜLLER, Bielefeld 2019.

Sombart in seinen Büchern weitere seiner Bücher empfahl und gar nicht daran denke, Bücher anderer zu nennen: »Und niemand kann's ihm verdenken. Aber Reklame ist es doch!«[11]

Der Reklamestreit zeigt so auch: Wo »Werbung« anfängt und wo sie aufhört, ist nicht nur ein historisches, sondern auch ein systematisches Problem.[12] Auf den ersten Blick eingängig erscheint zwar Sombarts Unterscheidung zwischen »Publizität« als »Bekanntgebung einer Tatsache« und »Reklame« als »Anpreisung«.[13] In der Tat ist eine Begriffsbildung entlang dieses Gegensatzes, oft auch als Gegenüberstellung von »Information« und »Persuasion« bzw. »Suggestion« formuliert, bis heute in wissenschaftlichen wie populären Diskussionen verbreitet.[14] Genau auf diese Gegenüberstellung aber zielt ja der Seitenhieb auf Sombarts »Eigenwerbung« – denn: wo hört »Information« auf, wo fängt »Anpreisung«, wo »Überredung« an? Wie ist eine gut ausgewählte »Tatsache« zu bewerten – Stichwort: nur die eigenen Bücher nennen? Und was passiert, wenn man davon ausgeht, dass die effizienteste Werbung vielleicht jene sein könnte, die gerade nicht als solche erkennbar ist?

Der Gegensatz von »Werbung« und »Information« entpuppt sich so bei näherem Hinsehen weniger als analytische denn normative Unterscheidung, als eine »antagonistische Abgrenzungspraxis«, wie Oliver Raaz jüngst formuliert hat.[15] Just diese Unterscheidung aber ist bis heute zentral, wenn die Existenz oder Nicht-Existenz »vormoderner« Werbung anhand der Dichotomie von Information und Persuasion diskutiert wird.[16] Nur allzu leicht gerät dabei der vormoderne Markt, wenn nicht zur Idylle, so doch zu einem Ort der wahreren Werte und des ehrlicheren Tausches.

11) Jacoby, Amoklauf (wie Anm. 4), S. 606.

12) Vgl. bes. Leon Zeitlin, Götze ›Reklame‹, in: Plutus 5 (1908), S. 433–437, hier: S. 433 f.

13) Sombart, Reklame (wie Anm. 2), S. 281 f. et pass.

14) Zu dieser Unterscheidung und ihrer Kritik vgl. u. a. Nina Janich, Werbesprache. Ein Arbeitsbuch, Tübingen 2013, S. 46–50, u. a. mit Verweis auf die unterschiedlichen Auffassungen von »Information«. Janich konstatiert nüchtern (47): »Werbung dient nicht und diente nie der marktwirtschaftlichen Aufklärung, sondern ist ein Instrument, um den Umsatz zu erhalten oder zu steigern.« Ähnlich aus Perspektive der historischen Linguistik: Sylvia Bendel, Werbeanzeigen von 1622–1798. Entstehung und Entwicklung einer Textsorte, Tübingen 1998, S. 14–16. Zur Problematisierung von »Suggestion« bei der Definition von »Werbung« auch Theodor Geiger, Kritische Betrachtungen über Reklame. Eine soziologische Analyse, hg. und erl. von Klaus Rodax, Frankfurt a. M. u. a. 2011, S. 121 ff.

15) Vgl. insbes. Oliver Raaz, Der Antagonist des Antagonisten. Zur Dekonstruktion der kommunikationswissenschaftlichen Unterscheidung von Werbung und PR, in: Publizistik 66 (2021), S. 215–233. Für eine historische Fallstudie vgl. Ulrike Thoms, Fachmann oder Buhmann? Der Pharmareferent als Marketinginstrument im 20. Jahrhundert, in: Zeitschrift für Unternehmensgeschichte 59 (2014), S. 196–219, auch zur strategischen Verwendung von Kategorien wie »Werbung«, »Propaganda« und »Information«. Vgl. auch Information. A historical companion, hg. von Ann Blair/Paul Duguid/Anja-Silvia Goeing/Anthony Grafton, Oxford/Princeton 2021, mit einer Problematisierung des Begriffs in der Einleitung.

16) So dient sie dazu, zusammen mit dem vermeintlichen Fehlen von ökonomischer Konkurrenz, dazu, die Existenz von Werbung in der »Vormoderne« bzw. der »vorindustriellen Wirtschaft« zu verneinen bzw. auf die

II. Forschungsperspektiven

Was bringt der Blick auf den Reklame-Streit von 1908 für die Erforschung von Praktiken der Werbung in Spätmittelalter und Früher Neuzeit? Er erinnert zunächst noch einmal daran, dass Werbung nicht allein umstritten war, sondern bis heute umstritten *ist*;[17] dass die Bewertung von Ökonomie und die Definition ihrer Grenzen auch in der Moderne ein zentrales wie kontroverses Thema ist – entgegen der ebenso oft widerlegten wie hartnäckigen Entbettungserzählungen einer freien Marktwirtschaft.[18] Der Blick auf den Reklame-Streit von 1908 macht auch deutlich, dass die simple Frage nach »dem Ursprung« von Werbung ebenso wenig neu wie intellektuell fruchtbar ist. Eher kann er als Warnung gegen Präkursorismen, gegen das allfällige »Hatten wir auch schon!« dienen – muss man doch feststellen, dass man sich hier allzu leicht in Gefahr begibt, entweder einer Entdeckungs- und Entfesselungsgeschichte, ob mit positivem oder negati-

»bloße Bekanntmachung von Tatsachen« zu reduzieren und damit als uneigentlich zu markieren: so z. B. Monika NEVE, Art. ›Werbung. 1. Wirtschaftswerbung‹, in: Enzyklopädie der Neuzeit, hg. von Friedrich JAEGER et al., 2016, URL: http://referenceworks.brillonline.com/entries/enzyklopaedie-der-neuzeit/werbung-a4752000 [besucht am 28.10.2022], und Clemens WISCHERMANN, Placing Advertising in the Modern Cultural History of the City, in: Advertising and the European City, hg. von DEMS./Ellinor SHORE, Aldershot/Burlington 2000, S. 1–31, bes. S. 1–3. Vgl. zur Problematisierung dieser Unterscheidung und ihrer Folgen auch Christina BRAUNER, Recommendation und Reklame. Niederrheinische Brandspritzenmacher und Praktiken der Werbung in der Frühen Neuzeit, in: ZHF 46,1 (2019), S. 1–45, bes. S. 4–9.

17) Jüngst hat etwa Rosenberg eine »history of advertising in terms of a boundary problem« vorgeschlagen; Anat ROSENBERG, The Rise of Mass Advertising. Law, Enchantment, and the Cultural Boundaries of British Modernity, Oxford 2022, S. 20; vgl. aus geschichtswissenschaftlicher Perspektive weiterhin SCHUG, Werbung (wie Anm. 8) und Nepomuk GASTEIGER, Vom manipulierbaren zum postmodernen Konsumenten. Das Bild des Verbrauchers in der westdeutschen Werbung und Werbekritik, 1950–1990, in: Archiv für Kulturgeschichte 90 (2008), S. 129–157; aus soziologischer Perspektive u. a. Jens HÄLTERLEIN, Die Manipulation der Bedürfnisse. Zum Verhältnis von Kritik und Geist der Werbung, in: Sociologia Internationalis 52 (2014), 307–328, und Dominik SCHRAGE, An der Schwelle zur Konsumsoziologie. Aspekte der Konsumkritik in den fünfziger Jahren – ein Prolog, in: Konsum der Werbung. Zur Produktion und Rezeption von Sinn in der kommerziellen Kultur, hg. von DEMS./Kai-Uwe HELLMANN, Wiesbaden 2004, S. 13–32. Aus praxisorientierter Perspektive siehe Günter SCHWEIGER/Gertraud SCHRATTENECKER, Werbung: Einführung in die Markt- und Markenkommunikation, Konstanz/München [10]2021, S. 441–457 (Kapitel ›Grenzen der Werbung‹).

18) Zur Problematisierung von »Ökonomie« und ihren Grenzen in der jüngeren Vergangenheit vgl. Ökonomisierung, hg. von GRAF (wie Anm. 8) und Stefan SCHOLL, Begrenzte Abhängigkeit. »Wirtschaft« und »Politik« im 20. Jahrhundert, Frankfurt a. M. 2015. Zur konzeptionellen Kritik der Entbettungsnarrative und ihrer historiographischen Nachwirkungen siehe u. a. Christof DEJUNG, Entbettung, in: Auf der Suche nach der Ökonomie. Historische Annäherungen, hg. von DEMS./Monika DOMMANN/Daniel SPEICH CHASSÉ, Tübingen 2014, S. 47–72; Josef EHMER/Reinhold REITH, Märkte im vorindustriellen Europa, in: Märkte im vorindustriellen Europa, hg. von DENS., Berlin 2004, S. 9–24, und Laurence FONTAINE, The Moral Economy. Poverty, Credit, and Trust in Early Modern Europe, Cambridge 2014, S. 297–320.

vem Vorzeichen, oder aber einer anthropologischen Fundierung von Werbung das Wort zu reden, wie sie einschlägige Interessenvertreter nur allzu gerne aufgreifen.[19)]

Es kann also nicht einfach um einen historischen »Nachweis« der Existenz von Werbung gehen, sondern um eine Historisierung des Phänomens, die über die Dichotomie Moderne / Vormoderne hinausgeht. Wie die Debatte um Sombarts Reklamekritik bereits andeutet, verdichten sich in dem umstrittenen Phänomen der Werbung zentrale Probleme einer Geschichte des Ökonomischen: Was sind die Dinge wert? Wie werden sie wertgeschätzt und bewertet, wie verteilt und getauscht? Wie kommen Käufer und Verkäufer zusammen? Wer konkurriert mit wem und auf welche Weise? In welchen Situationen werden ökonomische Entscheidungen getroffen und was bedeutet das eigentlich?

Solche Fragen eröffnen zugleich weitergehende Erkenntnismöglichkeiten für eine Wirtschaftsgeschichte des Mittelalters und der Frühen Neuzeit und für eine konsequentere Historisierung eines Themenfelds, das allzu oft zwischen Anthropologie und methodologischem Modernismus gefangen erscheint. Werbung ist für ein solches Unterfangen auch deshalb geeignet, weil sie von den abstrakten Märkten zurück zu den Menschen, den Dingen und konkreten Handlungen führt, uns auf Diskurse *und* Praktiken verweist – und weil sie kontrovers war und ist.

Mit dem titelgebenden Stichwort »Polemik und Praxis« ist somit ein Vorschlag zur historischen Erforschung von Werbung verbunden, und zwar als einer doppelten Problemgeschichte. Zum einen werden Konflikte in den Blick genommen, Situationen, in denen *Werbung als Problem* gilt. Anhand von solchen Situationen, so die These, lassen sich Grenzarbeiten auf und an dem ökonomischen Feld untersuchen, die konkurrierende Normen und unterschiedliche Konzepte von Markt und Ökonomie sichtbar machen.[20)] In einem zweiten Schritt ist Werbung als Praxis zu untersuchen, die bestimmte *Probleme* auf unterschiedliche Weise adressiert und in spezifischen Situationen bearbei-

19) Ein jüngeres Beispiel etwa: Oliver ERRICHIELLO, Philosophie und kleine Geschichte der Marke. Marken als individuelle und kollektive Sinnstifter, Wiesbaden 2017, bes. S. 2 f., 8 und 37 f. Eugster weist darauf hin, dass die Werbebranche zu Beginn des 20. Jhdts. ihre Legitimation in erster Linie durch eine Abgrenzung von »früheren Formen der Marktkommunikation« und damit in einem Narrativ des Umbruchs gesucht und erst nach ihrer Etablierung sich stärker der Selbsthistorisierung mit anthropologischem Fundament zugewandt habe; EUGSTER, Manipuliert (wie Anm. 8), S. 18 und S. 227–229. Vgl. auch die Kritik von Stefan SCHWARZKOPF, The subsiding sizzle of advertising history. Methodological and theoretical challenges in the post advertising age, in: Journal of Historical Research in Marketing 3 (2011), S. 528–548. Schwarzkopf zeigt, wie eine marktoptimistische Werbegeschichte ein bestimmtes Modell von Demokratie als Marktentscheidung propagiert; dazu auch DERS., The Consumer as »Voter«, »Judge«, and »Jury«: Historical Origins and Political Consequences of a Marketing Myth, in: Journal of Macromarketing 31 (2011), S. 8–18.

20) Für ein verwandtes Vorgehen im Blick auf Arbeit und »informelle Ökonomie«, u. a. anhand der Figur des »Störers« vgl. Thomas BUCHNER/Philip R. HOFFMANN-REHNITZ, Introduction, in: Shadow economies and irregular work in urban Europe, 16th to early 20th centuries, hg. von DENS., Wien 2011, S. 3–26, bes. S. 16–25. – In der Debatte von 1908 klassifiziert Avenarius die Reklame selbst als »Störerin von Berufs wegen« – ob er dies im

tet: allen voran die Koordination von Verkäufern und Käufern und die Inwertsetzung von Dingen.

Die doppelte Problemgeschichte ist so mit einer doppelten Perspektive auf Ökonomie verbunden: Mit der Frage nach Werbung als Problem gilt die Aufmerksamkeit zeitgenössischen Konzepten und Semantiken, gerade auch in ihrer Vielfalt und Widersprüchlichkeit. Mit der Frage nach Werbung als Strategie der »Problemlösung« hingegen ist eine analytische Definition verbunden, die zwar kein Ausdifferenzierungsnarrativ, sehr wohl aber ein idealtypisches und abstraktes Konzept von Markttausch als heuristisches Instrument voraussetzt.[21] In der Spannung zwischen diesen zwei Perspektiven, der emischen und der etischen, liegt wohl am ehesten die Hoffnung auf Historisierung in notorisch schwierigem Gelände.[22] Warum und in welcher Form Werbung als Problem wahrgenommen wird, wie dies begründet und artikuliert wird, ist historisch veränderlich – ebenso wo und auf welche Weise Werbung als Problemlösung eingesetzt wurde (und wie erfolgreich dies letztlich war).[23]

Die zugrunde gelegte Definition geht so nicht von Wahrheitswerten (wie sie die Gegenüberstellung von Information und Persuasion bzw. Manipulation impliziert) oder von der Ausdifferenzierung spezifischer Werbemedien aus, sondern rückt Funktionen und kommunikative Praktiken in den Mittelpunkt. Damit nehme ich einerseits eine

Bewusstsein der langen Geschichte dieses Begriffs tut, wird jedoch nicht klar; Ferdinand AVENARIUS, Reklame und Kultur, in: Kunstwart 22,5 (1908), S. 257–266, hier: S. 259.

21) Hilfreich dafür die knappe wie präzise Definition von Märkten bei Jens BECKERT/Patrik ASPERS, Märkte, in: Handbuch der Wirtschaftssoziologie, hg. von Andrea MAURER, Wiesbaden ²2017, S. 215–240, hier: S. 215 f. Sie definieren Märkte als »Arenen sozialen Handelns«, die eine »soziale Struktur und institutionelle Ordnung zum Tausch von Rechten an Gütern und Leistungen« bereitstellen. In Anlehnung an Simmel fassen sie Märkte dabei als eine triadische Konstellation: »Mindestens ein Akteur auf der einen Seite des Marktes, der sich mindestens zwei Akteuren auf der anderen Seite des Marktes gegenübersieht, deren Angebote er im Vergleich miteinander bewerten kann [...]. Märkte beinhalten demnach nicht nur das Moment des Tauschs von einer Leistung gegen eine Gegenleistung, sondern auch das Moment des Wettbewerbs zwischen mehreren Anbietern und/oder mehreren Nachfragern.« Vgl. auch die methodischen Überlegungen in Marktgeschehen. Fragmente einer Geschichte frühneuzeitlichen Wirtschaftens, hg. vom NETZWERK »VERSPRECHEN DER MÄRKTE«, Frankfurt a. M. 2022, bes. S. 239–254.

22) Methodisch anregend DEJUNG, Entbettung (wie Anm. 18), bes. S. 63 ff. Vgl. auch Werner PLUMPE, Ökonomisches Denken und wirtschaftliche Entwicklung. Zum Zusammenhang von Wirtschaftsgeschichte und historischer Semantik der Ökonomie, in: Jahrbuch für Wirtschaftsgeschichte 50 (2009), S. 27–52; Hans-Peter HAHN, Markets as places: Actors, structures and ideologies, in: Market as Place and Space of Economic Exchange: Perspectives from Archaeology and Anthropology, hg. von DEMS./Geraldine SCHMITZ, Oxford 2018, S. 1–19, und Julia BRUCH/Ulla KYPTA/Tanja SKAMBRAKS, Introductory Remarks, in: Methods in Premodern Economic History. Case studies from the Holy Roman Empire, c.1300–c.1600, hg. von DENS., Cham 2019, S. 1–10, bes. S. 2–5.

23) Ute RÖSCHENTHALER, Werbung im Kontext: Perspektiven auf ein neues ethnologisches Forschungsfeld, in: Zeitschrift für Ethnologie 134 (2009), S. 213–251, bes. S. 232–235 zur Problematik begrifflicher Abgrenzung.

Forderung nach einer »ökonomischen Geschichte der Werbung« auf, die ein skeptischer Beobachter des Genres und seiner Blüten bereits in den 1940er Jahren formulierte.[24] Andererseits verbindet sich ein solches Unterfangen auch mit jüngeren Überlegungen der Wirtschaftssoziologie, der Marketing- und Kommunikationswissenschaft, die von medialen und technischen Entwicklungen der Gegenwart ausgehen, sich aber gerade deshalb besser für eine Historisierung eignen als die auf die »klassischen« Massenmedien ausgerichteten Begriffe. So trägt eine Definition, die auf den Gegensatz von Information und Persuasion, ein anonymes Massenpublikum sowie spezifische Werbemedien abstellt, für viele Formate im digitalen Zeitalter nicht, wird doch zum einen Personalisierung immer wichtiger, zum anderen die immer schon prekäre Grenze zwischen Werbe- und Informationsmedien weiter verunklart. Neuere Begriffsbildungen der gegenwartsorientierten Disziplinen richten sich daher stärker an Funktionen und medialen Praktiken aus.[25] Solche Ansätze definieren Werbemedien eben nicht als Endpunkt und Ziel der Werbegeschichte, sondern als eine mögliche Erscheinungsform – und genau das macht sie wiederum anschlussfähig für ein Unternehmen der Historisierung. Bewerben bedeutet, so lässt sich etwa mit Niklas Luhmann formulieren, (ökonomische) Entscheidungssituationen zu konstruieren – in der Regel jene des »Kaufens oder Nicht-Kaufens«.[26]

Im Folgenden erprobe ich diesen Ansatz anhand von zwei Fallbeispielen; dabei geht es weniger um entwicklungsgeschichtliche Thesen denn um exemplarische Analyse und systematische Fragen. Der erste Blick richtet sich bewusst nicht auf ein vermeintliches Ursprungsszenario, sondern auf einen Fall, der in der späten Frühen Neuzeit angesiedelt ist, der aber gerade deshalb anschaulich die Historisierungsbedürftigkeit von Werbung zeigt und zugleich über die übliche Engführung auf Produktwerbung hinausweist. Die Auseinandersetzung um einen geschäftstüchtigen Auktionator im Kleve des späten 18. Jahrhunderts wirft ein Schlaglicht auf unterschiedliche Praktiken und Semantiken

24) Geiger, Betrachtungen (wie Anm. 14), bes. S. 49–52, mit der Warnung vor Versuchen, »die Wurzeln der Reklame zu Olims Zeiten« zu suchen. Geiger argumentiert gegen eine rein technische Betrachtungsweise, die die vermeintlich identischen Kommunikationsmittel (Plakat, Anzeige etc.) ins Zentrum rückt, und plädiert stattdessen für eine »ökonomische Geschichte der Werbung«.

25) Vgl. zu diesen Entwicklungen u. a. Stefan Schwarzkopf, The Social Embeddedness of Marketing, in: The Oxford Handbook of Consumption, hg. von Frederick F. Wherry/Ian Woodward, Oxford 2019, S. 26–49; für einen funktions- und rezipientenorientierten Definitionsvorschlag z. B. Nils S. Borchers, Werbekommunikation: Entwurf einer kommunikationswissenschaftlichen Theorie der Werbung, Wiesbaden 2014, S. 25 ff. Jüngst etwa auch aufgegriffen für eine Studie über die Konstruktion eines Kultorts in der Spätantike: Islème Sassi, Paulinus und sein Nola. Werbung für ein spätantikes Pilgerzentrum, Basel 2020, S. 29 ff.

26) Niklas Luhmann, Die Realität der Massenmedien, Wiesbaden [5]2017, S. 62: »Schon daß man überhaupt die Frage stellt, ob oder ob nicht (eine neue Küche angeschafft werden sollte), ist ein Erfolg der Werbung; denn wahrscheinlicher ist ja zunächst, daß der Geist sich nicht mit seiner Küche, sondern mit etwas anderem beschäftigt.«

des Werbens und demonstriert eindrücklich, wie das Zusammenbringen von Käufern und Verkäufern mit unterschiedlichen Konzepten von Ökonomie verbunden wird. Das zweite Fallbeispiel rückt die Frage nach dem »Wert der Dinge« ins Zentrum: Ausgehend von einem Konflikt um Warenzeichen im bergischen Solingen um 1700 werden Inwertsetzungspraktiken, Zeichenkonzepte und die Rolle von Wissen um Märkte untersucht und Grundzüge einer »Ökonomie der Reputation« diskutiert. Der Schluss nimmt dann noch einmal abstrakter das Problem der Historisierung von Markt und Ökonomie auf.

Die Beispiele stammen allesamt aus einer bestimmten Region, die ich im Rahmen eines größeren Forschungsprojekts[27)] untersuche: aus dem westlichen Randgebiet des Heiligen Römischen Reichs, das man – mit einer gewissen Unschärfe – unter dem Begriff »Niederrhein« fassen kann.[28)] Im Spätmittelalter und der Frühen Neuzeit war der Niederrhein eine politisch wie wirtschaftlich heterogene Region, geprägt einerseits durch transterritoriale Marktbeziehungen und Wirtschaftspraktiken, vom »Messesystem« und Marktkalender bis hin zur Weidewirtschaft, andererseits durch interterritoriale Konkurrenz, die sich in Städtegründungen ebenso niederschlug wie in Zollpolitik oder der An- und Abwerbung von Spezialisten. Auch wenn die niederrheinischen Territorien bis weit in die Frühe Neuzeit hinein enge Verbindungen in die benachbarten Niederlande unterhielten, so folgt die Geschichte wie die Geschichtsschreibung der regionalen Wirtschaft gänzlich anderen Linien als jenen der niederländischen »first modern economy«.[29)] Genau deshalb bietet sich die Region mit ihrem Nebeneinander von

27) Vgl. zum Projekt auch die programmatischen Überlegungen in BRAUNER, Recommendation (wie Anm. 16). Eine weitere Fallstudie wird vorgestellt in DIES., Der Ruf der Liste: Gesundbrunnen und ihre Gäste zwischen Verwaltungspraxis und Werbekommunikation, in: Gelistete Dinge. Objekte und Listen in der Frühen Neuzeit, hg. von Elizabeth HARDING und Joëlle WEISS, Köln u. a. [im Druck].

28) Zum Begriff und seinen historischen Wandlungen vgl. Helmut TERVOOREN, Der Niederrhein. Zur Entstehung eines Landschaftsnamens, in: Köln und die Niederrheinlande in ihren historischen Raumbeziehungen (15.–20. Jahrhundert), hg. von Dieter GEUENICH, Pulheim 2000, S. 9–28; für einen Überblick Dieter SCHELER, Die niederen Lande: der Raum des Niederrheins im späten Mittelalter und in der frühen Neuzeit, in: DERS., Stadt und Kirche, Land und Herrschaft am Niederrhein in Mittelalter und anbrechender Neuzeit: Gesammelte Studien, hg. von Hiram KÜMPER, Münster 2019, S. 9–25; Wilhelm JANSSEN, Die niederrheinischen Territorien im Spätmittelalter. Politische Geschichte und Verfassungsentwicklung 1300–1500, in: Rheinische Vierteljahrsblätter 64 (2000), S. 45–167; Jörg ENGELBRECHT, Räume und Grenzen in historischer Perspektive: Die Entwicklung der deutsch-niederländischen Grenze im Wandel des Jahrhunderts, Viersen 1997; Irmgard HANTSCHE: Die Niederrheinlande und Brandenburg-Preußen. Der niederländische Einfluss auf Brandenburg-Preußen am Niederrhein, in: Preußens schwieriger Westen. Rheinisch-preußische Beziehungen, Konflikte und Wechselwirkungen, hg. von Georg MÖLICH/Meinhard POHL/Veit VELTZKE, Duisburg 2003, S. 27–61.

29) Zur Wirtschaftsgeschichte des Niederrheins u. a. Soziale und wirtschaftliche Bindungen im Mittelalter am Niederrhein, hg. von Edith ENNEN/Klaus FLINK (Klever Archiv 3), Kleve 1981; Rainer WALZ, Wirtschaft und Verkehr, in: Land im Mittelpunkt der Mächte. Die Herzogtümer Jülich, Kleve, Berg, Kleve 1985, S. 109–118; Aufbruch in eine neue Zeit. Gewerbe, Staat und Unternehmer in den Rheinlanden des 18. Jahrhunderts, hg. von Dietrich EBELING, Köln 2000; J.A. WESTSTRATE, In het kielzog van moderne markten: handel en verkeer op

traditionsreichen Handelsstädten wie Wesel und Duisburg, Zentren der »Protoindustrialisierung« wie Krefeld und Solingen und intensiver Agrarwirtschaft wie im ländlichen Kleve als Untersuchungsregion für eine Studie an, die nicht nach der Geburt der modernen Werbung fahndet, sondern Praktiken des Vermarktens und ihren Wandel als allgemeineres Phänomen in den Blick zu nehmen sucht. Die Grenzlage und enge Verflechtung mit den Niederlanden erlaubt zugleich, auch nach zeitgenössischen Differenzwahrnehmungen, unterschiedlichen Wissensbeständen und Praktiken zu fragen.[30] Entgegen der wirtschaftshistorischen Neigung, sich auf ein Gewerbe oder eine spezifische Marktform zu konzentrieren, und entgegen der werbehistorischen Neigung, sich an spezifischen Werbemedien abzuarbeiten, stelle ich Konflikte um Werbung und Praktiken des Vermarktens in den Mittelpunkt. Diese gestalten sich je nach Ware, Gewerbe und Marktform unterschiedlich – auf welche Weise sie sich unterscheiden, kann aber erst der Vergleich zeigen.

III. Eulenspiegels Zettel und das Problem der Historisierung

Das Beweisstück ist unscheinbar, eigentlich ist es bloß ein Zettel (siehe Abb. 1). Bereits die Kombination von Handschrift und Druck verrät jedoch – dieser Zettel war offensichtlich nicht der einzige seiner Art. Sein Inhalt erscheint recht profan: eine Ankündigung von Auktionen, die ab August 1776 in der Stadt Kleve stattfinden sollten.[31] Wir

de Rijn, Waal en IJssel, c. 1360–1560, Diss. Leiden 2007, digital verfügbar unter: https://hdl.handle.net/1887/12416 [zuletzt besucht am 28.10.2022]; Volker Henn, Der niederrheinisch-ostniederländische Raum und die Hanse, in: ders., Aus rheinischer, westfälischer und hansischer Geschichte, hg. von Franz Irsigler/Helga Irsigler/Rolf Häfele, Trier 2009, S. 155–190. Weiterhin einflussreich sind die Arbeiten von Bruno Kuske, Franz Petri und ihren Schülern, die bekanntlich dem Programm der revanchistisch-völkischen »Westforschung« verpflichtet waren. Siehe insbes. Bruno Kuske, Die Grundzüge der Wirtschaftsentwicklung am Niederrhein vom Mittelalter bis zur Gegenwart, in: Annalen des Historischen Vereins für den Niederrhein 115 (1929), S. 38–60; ders., Die wirtschaftliche und soziale Verflechtung zwischen Deutschland und den Niederlanden bis zum 18. Jahrhundert, in: Deutsches Archiv für Landes- und Volksforschung 1 (1937), S. 669–714, und ders., Köln, der Rhein und das Reich. Beiträge aus fünf Jahrhunderten wirtschaftsgeschichtlicher Forschung, Köln [u. a.] 1956. Vgl. Marc Engels, Die »Wirtschaftsgemeinschaft des Westlandes«. Bruno Kuske und die wirtschaftswissenschaftliche Westforschung zwischen Kaiserreich und Bundesrepublik, Aachen 2007. Siehe zu den Niederlanden Jan de Vries/Ad van der Woude, The first modern economy. Success, failure, and perseverance of the Dutch economy, 1500–1815, Cambridge u. a. 1997.

30) Vgl. u. a. Bruno Blondé/Wouter Ryckbosch, In »splendid isolation«. A comparative perspective on the historiographies of the »material renaissance« and the »consumer revolution«, in: History of Retailing and Consumption 1 (2015), S. 105–124 zur Kritik an der Persistenz nationalgeschichtlicher Narrative.

31) Stadtarchiv Kleve (StA Kleve), A-1026, Kaufmannsgilde contra Vendue-Meister van Hoorn (1776–1778), fol. 3r, Beilage zur Beschwerde der Gilde, dd. 16.09.1776, fol. 1r–5v. – Im Vergleich zum Spätmittelalter ist die Forschungslage zur Stadtgeschichte Kleves im 18. Jhdt. recht lückenhaft, dies gilt bes. für die wirtschaftlichen Entwicklungen und die Lage des lokalen (Einzel)Handels und Gewerbes. Für einen jüngeren Überblick zur Wirt-

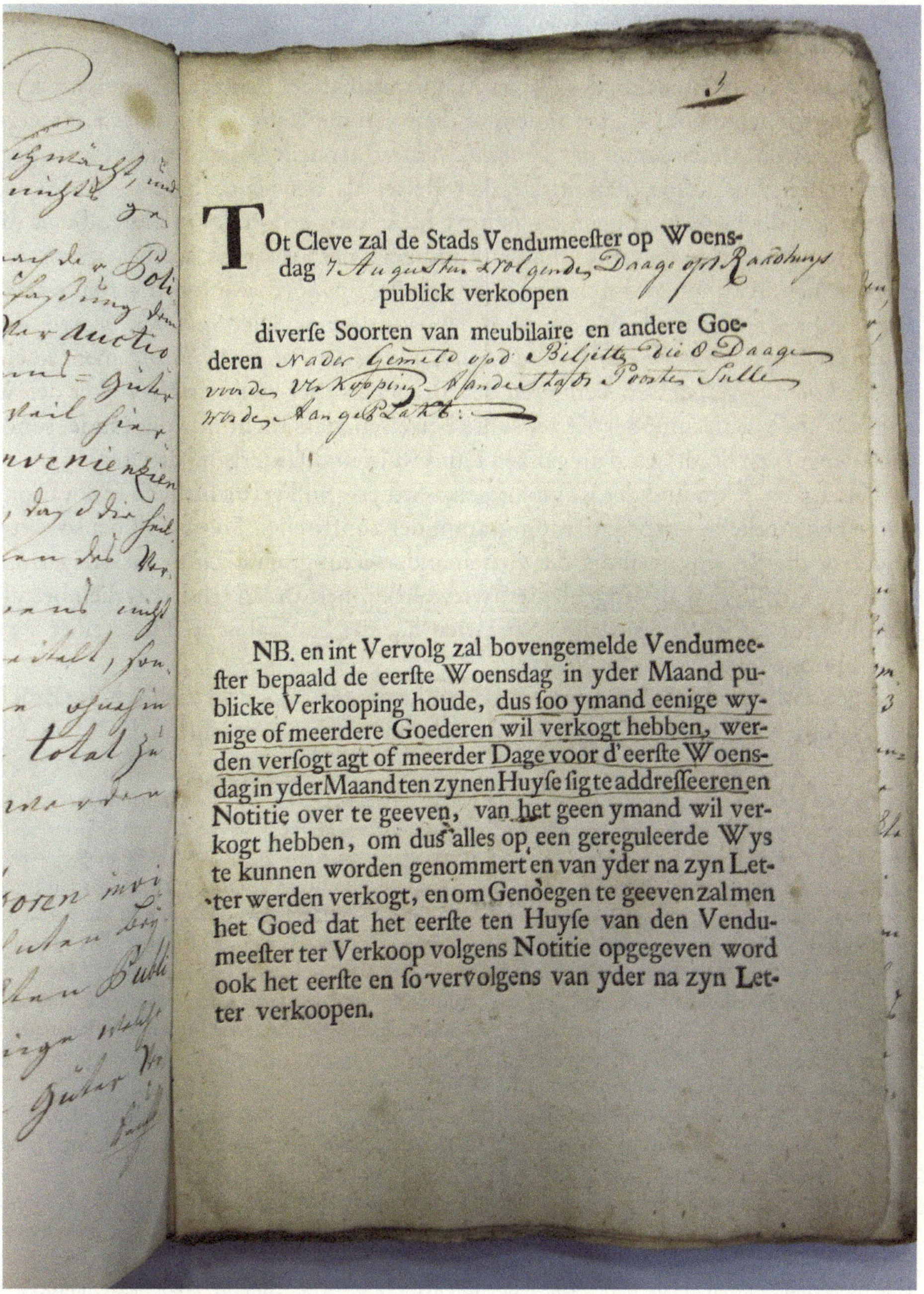

TOt Cleve zal de Stads Vendumeester op Woensdag 7 Augustus & volgende Daage op 't Raadhuys publick verkoopen

diverse Soorten van meubilaire en andere Goederen Nader Gemeld op d' Biljetten die 8 Daage voor de Verkooping Aan de Stads Poorten Sullen worden Aangeplakt.

NB. en int Vervolg zal bovengemelde Vendumeester bepaald de eerste Woensdag in yder Maand publicke Verkooping houde, dus soo ymand eenige wynige of meerdere Goederen wil verkogt hebben, werden versogt agt of meerder Dage voor d'eerste Woensdag in yder Maand ten zynen Huyse sig te addresseeren en Notitie over te geeven, van het geen ymand wil verkogt hebben, om dus alles op een gereguleerde Wys te kunnen worden genommert en van yder na zyn Letter werden verkogt, en om Genoegen te geeven zal men het Goed dat het eerste ten Huyse van den Vendumeester ter Verkoop volgens Notitie opgegeven word ook het eerste en so vervolgens van yder na zyn Letter verkoopen.

Abb. 1: Zettel zur Ankündigung von Auktionen in Kleve (1776). Stadtarchiv Kleve, A-1026, Kaufmannsgilde contra Vendue-Meister van Hoorn (1776–1778), fol. 3r.

haben es mit etwas zu tun, was man gemeinhin der Kategorie »Ephemera« zuschlägt – dessen Überlieferung aber eben kein Zufall war.

Seinen Weg in eine Akte des Klever Magistrats hat der Zettel als Beweisstück in einem langwierigen Konflikt gefunden, in dem sich die Kaufmanns- oder Krämergilde und der lokale Auktionator, der *Vendue-Meister* Hendrik Willem van Hoorn, gegenüberstanden. Die Gilde präsentierte den Zettel als Beweis dafür, dass Auktionator Hoorn schädliche Neuerungen eingeführt habe: dass er Dinge verkaufe, die er nicht verkaufen dürfe, und dies öffentlich ankündige. Unerhört sei es, solches *avertissement* zu betreiben, Auktionen durch derartige Zettel zu *publiciren*. Hoorn verhalte sich, so klagten die Krämer, mehr wie ein *Marktschreyer* denn wie der *Subalternbeamte*, der er war. Er sei ein *Stöhrer unserer Gilde Privilegien und der Policey Ordnung*, mehr noch: er sei ein *Eulenspiegel*, dessen Verhalten den Bräuchen aller zivilisierten Völker der Welt widerstreite.[32] Kurzum: der Zettel sollte beweisen, dass nicht nur der Gilde, sondern auch der ganzen Stadt, gar dem ganzen Land Ruin und Untergang drohten.

Untergang, Ruin und der Kampf gegen »Störer« und vermeintliche Innovation gehören bekanntlich zum Standardprogramm der zünftischen Polemik. Ebenso vertraut erscheint die Rollenverteilung der Auseinandersetzung: eine Zunft als Klägerin, ein Nicht-Zunftmitglied als Angeklagter (wiewohl immerhin ein landesherrlich bestallter Auktionator!). Genau in solchen Szenarien hat die Sombartsche These einer werbefreien Vormoderne eine ihrer Wurzeln.[33]

Der Konflikt zwischen Hoorn und den Kaufleuten zeigt aber zugleich die Brüchigkeit ebendieser Lesart auf – denn das alte Argument der Neuerung hat die Nachgebore-

schafts- und Beschäftigungsstruktur im 18. Jhdt. vgl. Bert THISSEN, Der Freiherr vom Stein und die Stadt Kleve um 1790, in: Forum 250 Jahre Freiherr vom Stein. Aspekte seines Wirkens als preußischer Reformer und die Bedeutung seiner Klever Zeit, hg. von DEMS./Johannes STINNER, Kleve 2010, S. 34–86, bes. S. 54–66 und S. 38 f. zum Forschungsstand. Mit Konflikten im städtischen Handwerk beschäftigt sich Sebastian Peters in seinem laufenden Dissertationsprojekt (Universität Duisburg-Essen); vgl. dazu Sebastian PETERS, Handwerk und Obrigkeit in der Stadt Kleve im 18. Jahrhundert, in: Fokus Handwerk. Aktuelle Perspektiven einer interdisziplinären Handwerksforschung, hg. vom LWL-FREILICHTMUSEUM HAGEN, Hagen 2016, S. 146–155. Zu Entwicklungen in benachbarten Städten des Herzogtums Kleve und den wirtschaftspolitischen Rahmenbedingungen am Niederrhein siehe Franz LEMMERZ, Die Städte des Herzogtums Kleve und ihre Beziehungen zum ländlichen Raum im 18. Jahrhundert (1713–1806) (Arbeiten zur rheinischen Landeskunde 63), Bonn 1994, S. 140–151.

32) StA Kleve, A-1026, Beschwerde der Gilde, dd. 16.09.1776, fol. 1r–3v; Gilde an den Magistrat, dd. 07.05.1777, fol. 53r–57v (*Stöhrer*); Gilde an den Magistrat, dd. 12.08.1777, fol. 80r–88v, hier: fol. 80v (*Eulenspiegel*) und 86r (*Marcktschreyer*).

33) Für eine kritische Auseinandersetzung mit Sombarts Position und eine genauere Analyse der Rhetorik der frühneuzeitlichen Zünfte sowie ihrer sozialen und ökonomischen Vorstellungen vgl. Nahrung, hg. von BRANDT/BUCHNER (wie Anm. 5) und Josef EHMER, Traditionelles Denken und neue Fragestellungen zur Geschichte von Handwerk und Zunft, in: Handwerk, Hausindustrie und die historische Schule der Nationalökonomie: wissenschafts- und gewerbegeschichtliche Perspektiven, hg. von Friedrich LENGER/Norbert GRUST, Bielefeld 1998, S. 19–77.

nen anscheinend nachhaltiger überzeugt als die Zeitgenossen: Während der Tonfall der Gilde immer schriller und polemischer wurde, schlugen sich Magistrat und Landesregierung offenkundig auf die Seite Hoorns.[34] Wie die Forschung der letzten Jahre eindrücklich gezeigt hat, sind Zünfte keineswegs per se marktfeindlich und aller Konkurrenz enthoben, vielmehr ist ihre Rhetorik von »Nahrung« und »Gemeinwohl« gerade Teil von Auseinandersetzungen um Konkurrenz und Teilhabe am Markt.[35] Interessant ist also weniger, *dass* es Streit um Werbung gab, als vielmehr die Art und Weise, *wie* gestritten wurde, und die unterschiedlichen Auffassungen von Werbung, Medialität und Markt, die dabei zutage treten.

Aufschlussreich ist zunächst, was die Gilde in ihren Beschwerden *nicht* erwähnte: die Anzeigen van Hoorns im ›Duisburger Intelligenz-Zettel‹, dem regionalen Intelligenzblatt.[36] Damit ließ die Gilde just das aus, was in herkömmlichen Werbegeschichten als frühneuzeitliche Werbung schlechthin oder – je nach Lesart – gar als Kandidat für den Ursprung von Werbung insgesamt gilt.[37] In solchen Werbegeschichten liest man wie-

34) Das Ende des Konflikts ist, wie so oft in derartigen Fällen, nicht eindeutig dokumentiert; die Stellungnahmen des Magistrats und der Kriegs- und Domainen-Kammer Kleve (im Weiteren kurz: Kammer) sowie die Tatsache, dass Hoorn weiterhin im Amt blieb, legen aber nahe, dass die Klagen der Gilde auf wenig Resonanz stießen. Auch der von PETERS, Handwerk (wie Anm. 31) untersuchte Fall von 1744 zeugt von einem konfliktträchtigen Verhältnis zwischen Gilde (hier der Schreiner), Magistrat und Kammer, noch verschärft durch das Auftreten der landesherrlichen Beamten als Kunden.

35) Vgl. etwa die Beiträge von Sczesny, Brandt und Jeggle in Nahrung, hg. von BRANDT/BUCHNER (wie Anm. 5); Thomas BUCHNER, Grenzziehungen. Reguläre und irreguläre Arbeit im städtischen Handwerk der Frühen Neuzeit, in: Mitteilungen, Institut für Europäische Kulturgeschichte der Universität Augsburg 14 (2004), S. 7–25, und Justus NIPPERDEY, Regulierung zur Sicherung der Nahrung. Zur Übereinstimmung von Menschenbild und Marktmodell bei Zünften und Kameralisten, in: Regulierte Märkte: Zünfte und Kartelle, hg. von Margit MÜLLER/Heinrich R. SCHMIDT/Laurent TISSOT, Zürich 2011, S. 165–182, bes. S. 166–168.

36) Der ›Duisburgische Intelligenz-Zettel‹ (kurz DIZ) erschien seit 1727. Im Rahmen des sog. preußischen »Intelligenzwerks« gegründet, diente er der Bekanntmachung obrigkeitlicher Ankündigungen sowie der Förderung von Wirtschaftskommunikation in den »Westprovinzen« Kleve, Mark, Moers und Geldern. Entsprechend der Mehrsprachigkeit dieser Gebiete publizierte er regelmäßig Beiträge auf Deutsch und Niederländisch. Die ausführlichste Studie zum DIZ bleibt Werner BRAUKSIEPE, Geschichte des Duisburger Zeitungswesens von 1727–1870, Würzburg 1937 [Diss. München 1937]; zur Einordnung in die regionale Zeitungslandschaft vgl. Ulrich HAGENAH, Rheinische Intelligenzblätter von 1727 bis zur Mitte des 19. Jahrhunderts, Köln, FHBD, Hausarbeit, 1990, und Kai LOHSTRÄTER, Die Entzündung der Geister: Kommunikation, Medien und Gesellschaft in der Ruhrregion im 18. Jahrhundert. Zugleich ein Beitrag zur Geschichte der deutschen Provinzpresse in der Frühen Neuzeit, Bremen 2016.

37) Vgl. Peter BORSCHEID, Am Anfang war das Wort. Die Wirtschaftswerbung beginnt mit der Zeitungsannonce, in: Bilderwelt des Alltags. Werbung in der Konsumgesellschaft des 19. und 20. Jahrhunderts, hg. von DEMS./Clemens WISCHERMANN, Stuttgart 1995, S. 20–43, und Dirk REINHARDT, Vom Intelligenzblatt zum Satellitenfernsehen. Stufen der Werbung als Stufen der Gesellschaft, in: ebd., 44–63. In seiner Dissertation weist Reinhardt in der entsprechenden Kapitelüberschrift die Anzeige als »älteste[s] Werbemittel« aus (REINHARDT, Reklame [wie Anm. 6], S. 169), in der Einleitung hingegen wird die »Plakat- und Schilderwerbung« als älter als die Anzeige bezeichnet (ebd., S. 21).

derum nur selten von jenen Medien, die die Gilde aufs Korn nahm: von Zetteln und *billets*. Diese Diskrepanz ist sicherlich auch der Überlieferungssituation geschuldet – Stichwort Ephemera –, sie spiegelt aber auch eine bestimmte Engführung der Forschung wider. Werbegeschichte wird meist als Geschichte medialer Innovation erzählt: Für »das Mittelalter« (sofern es in solchen Erzählungen vorkommt) steht dann – gern zusammen mit dem Wirtshausschild – der Ausrufer, der mit Beginn des Buchdrucks wiederum von der Bildfläche verschwindet.[38] Die Diskrepanz zwischen solchen Werbegeschichten und den Klagen der Gilde zeigt, dass Historisierung Not tut. Statt nach den Ursprüngen heutiger Werbemedien zu fahnden, gilt es, Überlieferungszufälle zu reflektieren und nach historisch variablen Werbepraktiken und zeitgenössischen Bewertungen zu fragen.

Zurück also zum Zettel: Was sollte dieses Beweisstück eigentlich beweisen? In dem Begleitschreiben der Gilde heißt es: *Wann er die zu verauctionirenden Waaren nicht aus fremden Orten zusam*[m]*en collectirte, so würde er nicht nötig haben, Publicanda drum zu laßen, und solche auswärts zu distribuiren und zu affigiren, hier in der Stadt sind der Venduemeister und die Auctionen bekannt genug* ....[39] Die im Druck vervielfältigten Zettel, so die Lesart der Gilde, verrieten ein aktives, expansives Gewinnstreben, das die Grenzen der Stadt überschritt, ja das Geld *aus der Stadt zu schleppen* drohte.[40] Die Polemik gegen Hoorns Zettel war so eine Polemik gegen eine Entgrenzung des Markts als raumzeitlich »situiertem Phänomen«.[41]

Auf überregionale Bekanntmachung zielten freilich auch die Anzeigen, die Hoorn im ›Duisburgischen Intelligenz-Zettel‹ inserierte, deren Text nahezu vollständig mit jenem des inkriminierten Zettels übereinstimmte und die die Gilde schlicht ignorierte. Möglicherweise galt das Intelligenzblatt aufgrund seines offiziösen Charakters und sei-

38) Neben den in Anm. 37 genannten Titeln Volker DEPKAT, Die Verdichtung der Kommunikation und die Vervielfältigung der Waren. Anmerkungen zur Geschichte der Werbung, in: Wissen schaf(f)t Werbung, hg. von Sandra REIMANN/Martin SAUERLAND, Regensburg 2010, S. 16–43, und Will SLAUTER, Periodicals and the Commercialization of Information in the Early Modern Era, in: Information, hg. von BLAIR et al. (wie Anm. 15), S. 128–151, hier: S. 143–147. – Deutlich differenzierter dagegen die Analyse unterschiedlicher Marketing-Techniken und -Medien bei McKendrick als Klassiker der Konsumrevolutions-Forschung, wiewohl eng auf den britischen Fall und spezifische Gewerbezweige bezogen: vgl. etwa Neil MCKENDRICK, Josiah Wedgwood: An Eighteenth-Century Entrepreneur in Salesmanship and Marketing Techniques, in: Economic History Review 12 (1960), S. 408–433.

39) Gilde an den Magistrat, dd. 22.10.1776, StA Kleve, A-1026, fol. 12r–18r.

40) Gilde an den Magistrat, dd. 07.05.1777, ebd., fol. 55r–v.

41) Zur Vorstellung des »normalen« Markts als »physical space« und »situated phenomenon« vgl. Martha HOWELL, Commerce Before Capitalism in Europe, 1300–1600, Cambridge 2010, S. 29–33, mit Verweis auf Braudel; siehe auch FONTAINE, Moral Economy (wie Anm. 18), S. 247 ff., und Christof JEGGLE, Die Konstituierung von Märkten. Soziale Interaktion, wirtschaftliche Koordination und materielle Kultur auf vorindustriellen Märkten, in: Annales Mercaturae 2 (2016), S. 7–31 zu den Desideraten bei der Erforschung konkreter Marktpraktiken.

nes kontrollierbaren Leserkreises der Gilde als weniger verdächtig.[42)] Vor allem aber konnte die Gilde mit der Auslassung der Anzeigen ein handfestes Problem überspielen: so »typisch vormodern« ihr Konzept eines räumlichen begrenzten und begrenzbaren Markts auch klingen mag, konnte es doch am Niederrhein in den 1770er Jahren keineswegs Allgemeingültigkeit beanspruchen. Vielmehr zielten gerade die preußischen Intelligenzblätter auf die Förderung und Verdichtung von wirtschaftlichem Austausch im gesamten Land; sie stellten, wie Astrid Blome pointiert formuliert hat, einen »virtuellen Markt« bereit.[43)] Nicht zuletzt war die Bekanntmachung von Auktionen im Intelligenzblatt im preußischen Auktionsreglement ausdrücklich vorgesehen.[44)] Die Ausstellung verbirgt so letztlich zwei konkurrierende Marktmodelle.

Auch eine weitere Auslassung ist aufschlussreich: keine Erwähnung fand die Sprache des Zettels, genauer: die Tatsache, dass Hoorn auf Niederländisch für seine Auktionen warb. Zwar kam sehr wohl Hoorns Herkunft zur Sprache, suchte die Gilde ihn doch als *ein*[en] *noch neulich angekom*[m]*ene*[n] *Holländer* und somit als fremd und verdächtig zu denunzieren.[45)] Dass der gebürtige Niederländer aber auf Niederländisch warb, schien der Gilde nicht der Rede wert. In der Tat: Niederländisch sprachen in der Stadt Kleve keineswegs nur die Zugezogenen und Besucher aus der benachbarten Niederländischen Republik, vielmehr war es zusammen mit dem Niederdeutschen bis ins 19. Jahrhundert die Alltagssprache der breiten Bevölkerung. Hochdeutsch hingegen wurde in erster Li-

42) DIZ, Jg. 1776, Nr. 8, 30.02.1776. – Die Übereinstimmung von Plakat- und Anzeigentexten ist auch verschiedentlich im niederländischen bzw. flämischen Kontext beobachtet worden: siehe etwa Ilja van DAMME/Dries LYNA, A strategy of seduction? The role of commercial advertisements in the eighteenth-century retailing business of Antwerp, in: Business History 51 (2009), S. 100–121, hier: S. 112.

43) Astrid BLOME, »Zum Wohlstande der Nahrung und des gemeinen Wesens«. Aspekte der ökonomischen Aufklärung im lokalen Wochenblatt, in: Aufklärung der Öffentlichkeit – Medien der Aufklärung: Festschrift für Holger Böning zum 65. Geburtstag, hg. von DERS. et al., Stuttgart 2015, S. 69–91, hier: S. 70, 76 f. und bes. 80–84. Zum preußischen »Intelligenzwerk« siehe u. a. Holger BÖNING, Die preußischen Intelligenzblätter, in: Kommunikation und Medien in Preussen vom 16. bis zum 19. Jahrhundert, hg. von Bernd SÖSEMANN, Stuttgart 2002, S. 207–238.

44) Pachtcontract zwischen Hendrik Willem van Hoorn und dem Magistrat von Kleve, dd. 22.03.1776, LA Duisburg, Kleve, Kammer Berlin, Nr. 197, fol. 71r–76r, hier: fol. 72r, Art. 14. Art. 21 geht spezifisch auf die Anfertigung von Katalogen für Bücherauktionen ein (fol. 74v). Vgl. auch die entsprechenden Bestimmungen in der preußischen Hypothec- und Concurs-Ordnung, dd. 04.02.1722, in: Christian Otto MYLIUS, Corpus Constitutionum Marchicarum, Bd. 2,2, Berlin/Halle 1737, Nr. 39, Sp. 103–210, hier: §107, Sp. 145 und Anlage Lit. L (ad § 107), Sp. 206 (*Eyd eines Ausruffers bey den Auctionen*). Dort wird die Bekanntmachung von gesetzmäßigen Auktionen durch Anschlag, Zeitungsanzeige und/oder Ausruf vorgeschrieben.

45) Gilde an Magistrat, dd. 22.10.1776, StA Kleve, A-1026, fol. 14r. Dem Pachtcontract zufolge stammte Hoorn aus Amsterdam; Pachtcontract zwischen dem Klever Magistrat und Hendrick Wilhelm von Hoorn, 22.03.1776, LA Duisburg, Kleve, Kammer Berlin, Nr. 197, fol. 71r–76r. Die Herkunft Hoorns war auch bei seiner Einstellung Thema, entscheidend für seine Vertrauenswürdigkeit wurde jedoch die (angebliche) Existenz von vermögenden Verwandten und die Übernahme einer Bürgschaft vor Ort erachtet: Kammer an die Regierung (Freiherrn von der Schulenburg), dd. 15.04.1776, ebd., fol. 67r–68v, hier: fol. 68r–v.

nie als Amtssprache durch die in Kleve ansässigen oberen Verwaltungsbehörden wie der Kriegs- und Domänenkammer verwendet.[46] Genau darin liegt, bei allen augenfälligen Parallelen, ein deutlicher Unterschied zu modernen Nationalitätskonzepten: am frühneuzeitlichen Niederrhein waren politische Grenzen keineswegs Sprachgrenzen – oder jedenfalls noch nicht.[47] Das Schimpfen über die »Holländer« wie auch maliziöse Hinweise auf ihre Geschäftstüchtigkeit schlossen nicht den Gebrauch des Niederländischen als Alltags- und Umgangssprache aus – ebenso wenig wie ein Profitieren von den traditionsreichen wirtschaftlichen Verbindungen in das Nachbarland.[48]

Die Gilde beklagte sich freilich nicht nur über einen einzelnen Zettel. Hoorn würde *die Neugierde des Publicums durch Kirchen- und Straßen-Ruf reitzen*, so ein weiterer Vorwurf, und so die *Kauflustige*[n] *zusammenlocken*.[49] Dieser »Straßen- und Kirchen-Ruf« war auf die Stadt Kleve selbst beschränkt und an Ko-Präsenz gekoppelt. [50] Insofern war er kaum als Mittel zur Entgrenzung von Markträumen weit über die Stadt hinaus verdächtig.[51] Ebenso wie im Falle der Anzeige war die Ankündigung von Auk-

46) Georg CORNELISSEN, »Beide taalen kennende«. Klevische Zweisprachigkeit in den letzten Jahren des Ancien Régime, in: Niederländisch am Niederrhein, hg. von Helga BISTER-BROOSEN, Frankfurt a. M. 1998, S. 83–100, bes. S. 85 f.

47) Zur Entwicklung im 19. Jhdt. siehe Andreas KROGULL, Rethinking Historical Multilingualism and Language Contact ›from Below‹. Evidence from the Dutch-German Borderlands in the Long Nineteenth Century, in: Dutch Crossing 45 (2021), S. 147–170.

48) Vgl. Guillaume van GEMERT, »Ein Land das wohl ehemahls die alles überwindende Macht der Römer aufgehalten hat …« Die Konstruktion des deutschen Niederlandebildes im 17. und 18. Jahrhundert, in: Niederländisch-Deutsche Kulturbeziehungen 1600–1830, hg. von Jan KONST/Inger LEEMANS/Bettina NOAK, Göttingen 2009, S. 33–60. Wie lokale Beamten und Unternehmer die Niederlande sowohl als Vorbild wie als Schreckbild zeichneten, diskutiert Ingrid MITTENZWEI, Preußen im Siebenjährigen Krieg. Auseinandersetzungen zwischen Bürgertum und Staat um d. Wirtschaftspolitik, Berlin 1979, bes. S. 127–135.

49) Antwort der Gilde auf Vorstellung van Hoorns, dd. Kleve 12.08.1777, StA Kleve, A-1026, fol. 84r–v.

50) Auch wenn sie bis weit ins 19. Jhdt. eine zentrale Rolle in städtischer Kommunikation spielten, sind Ausrufer bislang nur selektiv untersucht; vgl. u. a. Nicholas OFFENSTADT, Les crieurs à la fin du Moyen Âge, in: Information et société en Occident à la fin du Moyen Âge. Actes du colloque international, hg. von Claire BOUDREAU et al., Paris 2014, S. 203–217, zu den Ausrufern im spätmittelalterlichen Frankreich und Stephen J. MILNER, »Fanno bandire, notificare, et expressamente comandare«: Town Criers and the Information Economy of Renaissance Florence, in: I Tatti Studies in the Italian Renaissance 16 (2013), S. 107–151, bes. S. 132–135.

51) Der Ausruf weist teilweise ähnliche Eigenschaften auf, wie sie Glocken attestiert wurden: Beide stehen zwischen der »reine[n] Kommunikation unter Anwesenden und wirklichen Distanzmedien wie Schrift und Druck, die ihre Adressatinnen und Adressaten erreichen konnten, ohne dass diese präsent sein mussten.« Ebenso wie die Glocken konnte der Ausruf dazu dienen, Menschen zusammenzurufen, also Anwesenheitssituationen medial erst herzustellen, eine Eigenschaft, die Missfelder als »zentripetales Halbdistanzmedium« beschreibt; Jan-Friedrich MISSFELDER, Art. Glocken, in: Handbuch Sound. Geschichte – Begriffe – Ansätze, hg. von Daniel MORAT/ Hansjakob ZIEMER, Stuttgart 2018, S. 329–331.

tionen durch den Ausrufer bzw. Stadtboten sogar explizit vorgesehen.[52] Dies hielt die Gilde jedoch nicht von einer Beschwerde ab. Sie nahm dabei weniger die Reichweite denn die Form des Bekanntmachens aufs Korn – der Ruf *reitzt* und *lockt*, wird so als emotionalisierende Kommunikation dargestellt, die sich an Sinne und Begierden richtet, ja an die Neugier als verwerflicher Begierde schlechthin.[53]

Solche Vorwürfe rufen eine lange Tradition der Anti-Rhetorik auf, die die Grenzen zwischen legitimer und illegitimer Kommunikation mit Oppositionen wie Vernunft/Emotion bis hin zu Wahrheit/Lüge markiert – und sich dabei bekanntlich selbst immer wieder rhetorischer Mittel bedient.[54] Dass die Klever Kaufleute das Potential, Begierden zu wecken, nicht dem Zettel, sondern dem Ruf, der mündlichen Kommunikation, zuschrieben, ist sicher kein Zufall. Während in modernen Diskursen vor allem Bilder als zentrale Agenten von Persuasion und Überwältigung verdächtigt werden,[55] nahmen spätmittelalterliche und frühneuzeitliche Werbekritiker insbesondere die Stimme und andere akustische Phänomene aufs Korn.[56] Diese Sinnesdimension des städtischen

52) In diesem Sinne die Aussage des Stadtboten H. Schmidt, dd. 27.11.1776, StA Kleve, A-1026, fol. 79r: Er habe pflichtgemäß die Auktionen durch Ausruf angekündigt, dabei niemals Protest gegen die Verauktionierung von Kaufmannswaren vernommen.

53) Mit der Neugierde rief die Gilde einerseits einen traditionsreichen Topos der Konsumkritik auf, andererseits zugleich griff sie mit dem Stichwort »neu« einen Begriff auf, der in der Tat in der Werbesprache des 17. und 18. Jhdts. immer prominenter wurde, einer Untersuchung zufolge gar das häufigste wertende Adjektiv in deutschsprachigen Anzeigen war: BENDEL, Werbeanzeigen (wie Anm. 14), S. 82–88. Lyna und van Damme haben für die ›Gazette van Antwerpen‹ gezeigt, dass das Wortfeld des Neuen in Anzeigen für gebrauchte Waren (etwa auch in Auktionsanzeigen) besonders häufig vorkam; van DAMME/LYNA, Strategy (wie Anm. 42), S. 110 f. Vgl. auch Fashioning old and new: changing consumer preferences in Europe (seventeenth–nineteenth centuries), hg. von Bruno BLONDÉ et al., Turnhout 2009.

54) Dazu allgemein Philipp ERCHINGER, Das Bild der Rhetorik in der rhetorikkritischen Tradition, in: Ulla Fix/Rhetorik und Stilistik. Ein internationales Handbuch historischer und systematischer Forschung, hg. von Andreas GARDT/Joachim KNAPE, Halbbd. 1, Berlin 2008, S. 991–1009, und Manfred KIENPOINTNER, Rhetorica contra rhetoricam, in: Historisches Wörterbuch der Rhetorik, Bd. 7, Tübingen 2005, Sp. 1395–1407; spezifisch zur Rhetorik der Antirhetorik im 17. und 18. Jhdt. Dietmar TILL, Transformationen der Rhetorik. Untersuchungen zum Wandel der Rhetoriktheorie im 17. und 18. Jahrhundert, Tübingen 2004, v. a. S. 26–32. Vgl. auch die eigenwillige Analyse von Andrew COWELL, Advertising, Rhetoric, and Literature: A Medieval Response to Contemporary Theory, in: Poetics Today 22 (2001), S. 795–827.

55) Siehe z. B. Stefan HAAS, Visual Discourse and the Metropolis: Mental Models of Cities and the Emergence of Commercial Advertising, in: Advertising, hg. von WISCHERMANN/SHORE (wie Anm. 16), S. 54–78. Dass in spätmittelalterlichen und frühneuzeitlichen Diskursen akustische Phänomene hervorgehoben wurden, bedeutet freilich nicht, dass visuelle Elemente abwesend waren: vgl. dazu auch BRAUNER, Recommendation (wie Anm. 16), S. 6 und S. 18 f.

56) Siehe etwa die Beispiele bei James DAVIS, Medieval Market Morality. Life, Law and Ethics in the English Marketplace, 1200–1500, Cambridge 2012, bes. S. 73–77.

Wirtschaftslebens ist jedoch bislang nur wenig erforscht.[57] Gerade die akustische Besetzung von Stadträumen war aber, wie Jan-Friedrich Missfelder und andere gezeigt haben, ein zentrales Feld der Auseinandersetzung um Machtverhältnisse in vormodernen Städten.[58] Dass akustische Signale wie der Klang der Marktglocke etwa für die Ordnung des Marktes eine wichtige Rolle spielten, liegt auf der Hand.[59] Gleichsam die Grenzen dieser Ordnung markiert die Figur des »Marktschreiers«, wie sie die Klever Krämer ja ebenfalls in Anschlag brachten. Der »Marktschreier« ist als Personifikation von Werbung schlechthin wie als invektiver Topos bis heute von bemerkenswerter Persistenz.[60]

Die Vorwürfe der Gilde sind so weder originell noch logisch allzu konsistent, aber durchaus repräsentativ. Sie rufen gängige Topoi auf, wie sie Auseinandersetzungen um Werbung zwischen Spätmittelalter und Früher Neuzeit prägten. Sie verweisen zudem auf zwei Punkte, die für eine systematische Problematisierung von Werbung zentral sind und zugleich deutlich ein historisch spezifisches Profil tragen: Werbung als emotionalisierende Kommunikation und Werbung als Expansion und Entgrenzung von Markträumen. Die Problematisierung von Emotionen und persuasiven Elementen in der Werbung erscheint dabei einerseits unmittelbar vertraut, verbindet sich aber andererseits mit zeitspezifischen Bewertungen von Medialität. Nicht zuletzt verweist die Gegenüberstel-

57) Ein eher impressionistisches Quellentableau bietet Martha CARLIN, The Senses in the Marketplace. Markets, Shops, and Shopping in Medieval Towns, in: A Cultural History of the Senses in the Middle Ages, hg. von Richard G. NEWHAUSER, London 2014, S. 67–87, zu den Marktschreiern kurz ebd., S. 76–78.

58) Vgl. zur Klangkultur in vormodernen Städten u. a. Jan-Friedrich MISSFELDER, Ausrufen und einflüstern. Klang, Ritual und Politik in Zürich 1719, in: Kommunale Selbstinszenierung. Städtische Konstellationen zwischen Mittelalter und Neuzeit, hg. von. Martina STERCKEN/Christian HESSE, Zürich 2018, S. 195–206; siehe auch MILNER, Town Criers (wie Anm. 50), S. 132–135, und Alfred HAVERKAMP, »... an die große Glocke hängen«. Über Öffentlichkeit im Mittelalter, in: Jahrbuch des Historischen Kollegs 1995, S. 71–112.

59) Wie in vielen anderen Städten sah auch die Marktordnung in Kleve etwa das Einläuten des Markts mit einer *Marckt-Klock* vor; siehe z. B. Einschärfung der Marktordnung von 1628, gedrucktes Mandat, dd. Kleve 19.07.1709, StA Kleve, A-196: Marktmeister, 1709–1773, fol. 3–4. Die Funktion von Glocken im Wirtschaftsleben erwähnt Gerold BÖNNEN, Zwischen Kirche und Stadtgemeinde. Funktionen und Kontrolle von Glocken in Kathedralstädten zwischen Maas und Rhein, in: Information, Kommunikation und Selbstdarstellung in mittelalterlichen Gemeinden, hg. von Alfred HAVERKAMP, München 1998, S. 161–199, hier: S. 174 f., auch S. 197 f. Vgl. auch Michaela FENSKE, Marktkultur in der Frühen Neuzeit. Wirtschaft, Macht und Unterhaltung auf einem städtischen Jahr- und Viehmarkt, Köln u. a. 2006, S. 276–278.

60) Der Begriff »Marktschreier« war einerseits eine spezifische abwertende Bezeichnung für mobile Anbieter von Medizindienstleistungen, oft auch »Quacksalber« genannt, denen betrügerische und prahlerische Verkaufs- und Geschäftspraktiken zur Last gelegt wurden; siehe z. B. Königl. Preußisches Edict, Wegen der Marcktschreyer, Comoedianten, Gauckler [...], dd. Berlin, 28.01.1716, Halberstadt 1716 oder Art. Marcktschreyer, in: Johann Heinrich ZEDLER, Universal-Lexicon, Bd. 19, Halle/Leipzig 1739, Sp. 1282 f. Andererseits stellte der »Marktschreier« auch jenseits des »medical marketplace« eine beliebte Figur in Publizistik, Literatur und Ikonographie dar und fungierte als invektiver Topos; siehe etwa STOLLBERG-RILINGER, Marcktgeschrey (wie Anm. 10), bes. S. 374 f. – Vgl. auch den Beitrag von Gregor ROHMANN in diesem Band.

lung von Druck und Mündlichkeit auf das Zusammenspiel unterschiedlicher Medien, das Werbepraktiken seit dem Spätmittelalter wesentlich und zunehmend prägte. Der Fall Hoorn weckt so nicht nur Zweifel an dem Ursprungsmythos der Zeitungsanzeige, sondern auch an den üblichen Teleologien der Werbegeschichte.[61)]

Vielleicht noch deutlicher zeichnen sich epochenspezifische Charakteristika bei dem zweiten Punkt ab: In der Klage über die Entgrenzung von Markträumen zeigt sich nicht nur eine Herausforderung für eine Anwesenheitsgesellschaft, sondern vor allem ein Verständnis von Märkten als situierten Orten im Raum. Wenn heute über die entgrenzenden Effekte von Werbung geklagt wird, geht es hingegen in der Regel weniger um das Überschreiten räumlicher Grenzen denn um eine unzulässige Expansion des Ökonomischen in andere Felder. Die Rede von der »Ökonomisierung« ist dabei mit im- oder expliziten Annahmen einer Theorie gesellschaftlicher Ausdifferenzierung verbunden.[62)]

Allerdings sollte man diese Gegenüberstellung nicht im Sinne einer simplen Dichotomie von Moderne und Vormoderne missverstehen – auch in der sog. »Vormoderne« existierten konkurrierende Marktkonzepte und Vorstellungen politischer Ökonomie, die nicht von einem geschlossenen Stadtraum, sondern von translokalen und dynamisierbaren Tauschbeziehungen ausgingen.[63)] Bei genauerer Betrachtung des untersuchten Falls zeigt sich, dass selbst die Gilde solche alternativen Konzepte keineswegs gänzlich ignorierte, sondern durchaus aufnahm, wo es für ihre Zwecke tauglich schien: So sah sie nicht allein das städtische Gemeinwesen und die städtische Ordnung des Markts in Gefahr, sondern verwies ebenso auf die Gefährdung von landesherrlichen Interessen. Ebenso suchte sie ihre Polemik gegen Hoorns Auktionen mit aktuellen wirtschaftspoli-

61) Für eine skeptische Einschätzung der Innovationskraft von Anzeigenwerbung vgl. van DAMME/LYNA, Strategy (wie Anm. 42). Sie vertreten die Position, dass Anzeigen als Marketingstrategie im 18. Jhdt. unbedeutend gewesen seien und keinerlei Beitrag zur Transformation der zeitgenössischen Konsumkultur geleistet hätten. Die wachsende Zahl von Anzeigen sei allein über die wachsende Konkurrenz im Einzelhandel und die Eigendynamik des etablierten Anzeigenwesens zu erklären (bes. S. 114 f.). Wie es zu dieser Etablierung kommen konnte, führen die Autoren freilich nicht weiter aus.

62) Siehe dazu etwa Rüdiger GRAF, Einleitung: Ökonomisierung als Schlagwort und Forschungsgegenstand, in: Ökonomisierung, hg. von DEMS. (wie Anm. 8), S. 10–25, bes. S. 13 f., und KÖSTER, Invasive Märkte (wie Anm. 8). Köster argumentiert, dass das Ausgreifen von kommerziellen Logiken in »außerökonomische« Bereiche vor allem seit der zweiten Hälfte des 20. Jhdts. problematisiert wird und noch zu Sombarts Zeiten in erster Linie die »Kommerzialisierung der Ökonomie« zur Debatte stand.

63) Vgl. z. B. Giacomo TODESCHINI, Economy and Religion in Late Medieval Italy: Markets in the Christian City, in: Ideology in the Middle Ages: Approaches from Southwestern Europe, hg. von Florin SABATÉ, Amsterdam 2019, S. 287–296; Jochen HOOCK, Ein Markt ohne Märkte? Theoretische und praktische Aspekte der Marktentwicklung im 17. Jahrhundert, in: »Eigennutz« und »gute Ordnung«. Ökonomisierungen der Welt im 17. Jahrhundert, hg. von Guillaume GARNER/Sandra RICHTER, Wiesbaden 2016, S. 495–508; Johannes BURCKHARDT, Art. Wirtschaft, in: Geschichtliche Grundbegriffe, Bd. 7, Stuttgart 1992, S. 511–594. Siehe auch Marcus SANDL, Ökonomie des Raumes. Der kameralwissenschaftliche Entwurf der Staatswirtschaft im 18. Jahrhundert, Köln u. a. 1999, bes. S. 155–179 und S. 192 f., der wiederum daraufhin hinweist, dass auch kameralistische Marktkonzepte weiterhin an die Stadt als Raum des Austausches gebunden bleiben.

tischen Maßnahmen der Landesregierung zu verknüpfen, allen voran mit der Kampagne gegen *Hausierer*.[64] Darin wird zugleich deutlich, dass manche Maßnahmen preußischer Wirtschaftspolitik auf die Schaffung translokaler Markträume zielen mochten, keineswegs aber auf eine Entgrenzung des Marktgeschehens selbst.[65]

Grundsätzlich waren Auktionen im Vergleich zu anderen Verkaufsformen recht schwach reguliert.[66] War die Ordnung des Markts weithin durch eine Ordnung der Dinge strukturiert – wiewohl auch diese keineswegs unumstritten war –, wurden die zu verauktionierenden Güter nicht von den unterschiedlichen Arten der Dinge, sondern von deren unscharfem Status als *gebraucht* her definiert.[67] Begrenzt wurde das Angebot von und für Auktionen in der Regel durch die Verfügbarkeit am Ort oder zumindest in der Umgegend – und genau diese Begrenzung drohte Hoorn mit seiner Werbung um Käufer *und* Verkäufer auszuhebeln. Diese Begrenzung war freilich eine der Praxis und keineswegs Gegenstand expliziter Normierung oder gar Verbote. Entsprechend insistierten Hoorn und in der Folge auch der Magistrat, dass alle Güter, die dem Auktionator zugebracht wurden, auch verauktioniert werden durften.[68]

Dass Hoorn aus der Vermittlung von Markttransaktionen ein Geschäft zu machen suchte, folgte einer Logik der Profitsteigerung, wie sie bereits im Amt des *Venduemeis-*

64) Siehe bes. Gilde an Magistrat, dd. 07.05.1777, StA Kleve, A-1026, fol. 53v und 54v–55r, und Antwort der Gilde auf Vorstellung van Hoorns, dd. Kleve 12.08.1777, fol. 82r, 84r–85r und 87v, mit Verweisen auf die *lasttragende[n] Bürger*, die landesherrlichen Einnahmen und die Hausier-Edikte. Für ähnliche Beobachtungen am Beispiel der Wiener Zünfte im 18. Jhdt. Buchner, Grenzziehungen (wie Anm. 34), bes. S. 20–22.

65) Vgl. Nipperdey, Regulierung (wie Anm. 34).

66) Am Beispiel von Buchauktionen lässt sich beobachten, wie Konflikte zwischen Auktionatoren, Druckern und Händlern zu vermehrten Regulierungsbestrebungen führten: so in Leiden seit dem späten 17. Jhdt., in Leipzig seit Beginn des 18. Jhdts; siehe Philip R. Hoffmann-Rehnitz, Tendenzen der Ökonomisierung und die Bedeutung irregulärer Praktiken und Akteure in den mitteleuropäischen Druckgewerben zwischen Dreißigjährigem Krieg und Aufklärung, in: »Eigennutz«, hg. von Garner/Richter (wie Anm. 63), S. 379–404, bes. 396–402, und Hannie van Goinga, The long life of the book: public book auctions in Leiden 1725–1805 and the second-hand book trade, in: Quaerendo 24 (1994), S. 243–274. – Für die untersuchte Region liegt bislang nur eine Studie zum 19. Jhdt. vor: Hildegard Mannheims/Peter Oberem, Versteigerung: zur Kulturgeschichte der Dinge aus zweiter Hand. Ein Forschungsbericht, Münster u. a. 2003. Vgl. auch die Hinweise bei Christina Brauner/Alexander Engel, Verlosen, verschießen, versteigern, in: Marktgeschehen, hg. vom Netzwerk »Versprechen der Märkte« (wie Anm. 21), S. 211–222.

67) Im Pachtcontract Hoorns ist sogar nur vermerkt: *Dahingegen sollen 3. alle freywillige Verkaufung der Mobilien, so wohl, als Pretiosorum und Bücher, es seye daß solche bei dem Magistrat vorfallen oder von privatis freiwillig als ein Ausruf gehalten werden, vor dem Venduemeister einzig und allein vorgenommen und des Endes kein anderer dazu admittiret und zugelaßen werden.*; Pachtcontract zwischen van Hoorn und dem Magistrat, dd. 22.03.1776, LA Duisburg, Kleve, Kammer Berlin, Nr. 197, fol. 71v. Zur Diskussion um die Einstellung van Hoorns StA Kleve, A-478, fol. 92–108.

68) Siehe etwa Protokoll über Einvernahme des Venduemeisters van Hooren vor dem Magistrat, dd. Kleve 11.10.1776, StA Kleve, A-1026, fol. 10r–11v und Reskript des Magistrats, 1.11.1776, ebd., fol. 18v.

ters selbst angelegt war. Dieses Amt wurde seit 1753/4 durch ein Verfahren der Bieterkonkurrenz verpachtet.[69] Ungeachtet aller Klagen über die wirtschaftliche Situation vor Ort schärften Generaldirektorium und Kammer dem Klever Magistrat wiederholt ein, die Angebote gezielt in die Höhe zu treiben – wohlwissend, dass prospektive Pächter entsprechend versucht sein mussten, ihrerseits möglichst hohe Gewinne mit der *Vendue* zu erzielen. Dass der Auktionator Werbung betrieb und Kauflustige anzulocken suchte, wurde von der Kammer dabei ausdrücklich vorgesehen. Mit der Zahl der Kauflustigen, so die Annahme, würden die Preise steigen, und damit auch die Einnahmen des Pächters wie die Abgaben an die Kämmerei.[70] Von Werbung um Verkäufer war zwar nicht die Rede, doch auch in dieser Frage schien der Magistrat sich eher aufseiten Hoorns zu schlagen angesichts der Tatsache, dass die *Vendue* nun wieder eine der beträchtlichsten Einnahmequellen der Stadt darstellte.[71] In Hoorns Werbung um Käufer und Verkäufer verbanden sich so obrigkeitlicher Fiskalismus und privates Gewinnstreben, in seinen »unerhörten Auftritten« trafen zugleich zwei unterschiedliche Konzepte von Markt und Ökonomie aufeinander.[72]

69) Vgl. den Hinweis der klevischen Kammer in ihrem Schreiben an die Regierung (Freiherr von der Schulenburg), dd. 15.04.1776, LA Duisburg, Kleve, Kammer Berlin, Nr. 197, fol. 67r; der Magistrat hingegen datierte den Vorgang auf 1754 (siehe unten, Anm. 71).

70) Kammer an Generaldirektorium, dd. 17.06.1768, LA Duisburg, Kleve, Kammer Berlin, Nr. 197, fol. 52r: *Wir müßen aber dan ohnerachtet dafür halten, daß die Adhibirung des Vendumeisters denen Verkäuffern zum Vorteil gereiche indem der Vendumeister für die Bezahlung einstehet und dadurch daß er mit einem und denen anderen Käufer in die Gelegenheit siehet, mehr Kauflustige anlocket, mithin die Sachen höher getrieben werden.* – Auch andernorts bildeten Auktionen gleichsam den Nukleus zeitgenössischer Reflexionen über Preisbildung und Marktkonkurrenz: vgl. Christiane EISENBERG, Auktionen und die Erfahrung der Konkurrenz als Marktmechanismus. Betrachtungen zur britischen Wirtschafts- und Kulturgeschichte des 18. Jahrhunderts, in Konkurrenz in der Geschichte. Praktiken – Werte – Institutionalisierungen, hg. von Ralph JESSEN, Frankfurt a. M./New York 2014, S. 229–260.

71) So jedenfalls Magistrat an Kammer, dd. 27.11.1776 (Konzept), StA A-1026, fol. 24–26. Einige Jahre zuvor hatte der Magistrat beklagt, dass die Einnahmen der Vendue sehr zurückgegangen seien, seien doch nach Errichtung des Landgerichts in Kleve im Jahr 1750 die gerichtlichen Auktionen dem Venduemeister entzogen und den Unterbeamten des Gerichts zugeschlagen worden; Bericht des Magistrats an den *commissarius loci*, s.d. [wohl 17.05.1774] (Konzept), StA Kleve, A-479: Verpachtung der Vendue-Meister-Stelle, fol. 47 und 49. Der *commissarius loci* bestritt dies und verwies seinerseits darauf, dass die Vendue erst seit 1754 der städtischen Kämmerei zugeordnet und erstmals 1760 durch öffentliche Verpachtung vergeben worden sei; *commissarius loci* an Kammer, dd. 06.08.1774, ebd., fol. 48. Zu den Gerichts- und Verwaltungsreformen vgl. die Hinweise bei THISSEN, Freiherr vom Stein (wie Anm. 31), S. 53–55.

72) Vgl. Birger P. PRIDDAT, Kameralismus als paradoxe Konzeption der gleichzeitigen Stärkung von Markt und Staat. Komplexe Theorielagen im deutschen 18. Jahrhundert, in: Berichte zur Wissenschaftsgeschichte 31 (2008), S. 249–263.

IV. Der Wert der Dinge und der Ruf der Zeichen

Im September 1700 fand in der bergischen Stadt Solingen ein Großverhör statt: 138 Schwertschmiede mussten Auskunft geben über Zeichen und Wappen.[73)] Die zwei Abgesandten des Düsseldorfer Hofrats, die die Befragung durchführten, interessierten sich vor allem für jene Zeichen, die die berühmten Solinger Klingen zierten – und bis heute in Gebrauch sind, etwa in Gestalt der »Zwillings«- und »Windmühlen«-Messer. Seit dem 15. Jahrhundert wurde mit Solinger Klingen ein schwungvoller wie traditionsreicher Handel getrieben, in ganz Europa und darüber hinaus. Auf diese Weise ist auch eine Klinge, die den bekannten Solinger Wolf als Zeichen trägt, in die Sammlung »Oriental Armoury« der Londoner Wallace Collection gelangt – um 1600 in Solingen gefertigt, wurde sie in Nordafrika mit Griff und Scheide, am indischen Moghulhof schließlich mit einer arabischen Inschrift versehen.[74)] In der Tat waren es zunächst weniger Messer für den Küchengebrauch denn Schwerter, Rapiere und andere Waffen, die den Grundstein für das lokale Exportgewerbe bildeten.[75)]

Das Verhör der 138 Schmiede war Teil einer langjährigen Auseinandersetzung, in der sich drei *Bruderschaften* (so die Bezeichnung der lokalen Zünfte) gegenüberstanden: auf der einen Seite die Schwertschmiede, auf der anderen Seite die Härter und Schleifer.[76)] Aus Sicht der Schmiede hatten sich die Härter und Schleifer der Usurpation und

73) Protocollum Com[m]issionis die Schwertschmidt betreffend worinnen das gantze Schwerdtschmidthandwerck sich zu dem Process bekennet hatt, dd. Solingen, 07.09.1700, LA Duisburg, AA 0627 Reichskammergericht, S 2308/7835, Nr. 5435, fol. 48r–70v; Dekret des Hofrats, dd. Düsseldorf 03.09.1700, ebd., fol. 47.

74) Schwert mit Klinge aus Solingen (ca. 1600), Griff und Scheide aus Nordafrika (18. Jhdt.?), Wallace Collection, OA 1796. Vgl. Robert Elgood, Swords in the Deccan in the Sixteenth and Seventeenth Centuries: Their Manufacture and the Influence of European Imports, in: Sultans of the South. Arts of India's Deccan Courts, 1323–1687, hg. von Navina Najat Haidar/Marika Sardar, New Haven/London 2011, S. 218–235, hier: S. 222 und S. 224–226. Das Wolfszeichen war seit dem 15. Jhdt. in Solingen im Gebrauch; vgl. Kurt Heuser, Solingen und Köln. Ein Beitrag zur älteren Geschichte des Schwert- und Messerhandwerks, in: Anker und Schwert 1 (1959), S. 67–148, hier: S. 104 f.

75) Siehe Stefan Gorissen, Korporation und Konkurrenz. Die protoindustriellen Eisengewerbe des Bergischen Landes und der Grafschaft Mark (1650 bis 1820), in: Protoindustrie in der Region. Europäische Gewerbelandschaften vom 16. bis zum 19. Jahrhundert, hg. von Dietrich Ebeling/Wolfgang Mager, Bielefeld 1997, S. 381–410, hier: S. 385, und den aktualisierten Überblick bei dems., Gewerbe im Herzogtum Berg vom Spätmittelalter bis 1806, in: Geschichte des bergischen Landes. Bis zum Ende des alten Herzogtums 1806, Bd. 1, hg. von dems./Horst Sassin/Kurt Wesoly, Bielefeld 2014, S. 407–467, hier: S. 444–453.

76) Die Identität der Prozessparteien war freilich selbst Gegenstand der Verhandlung – und auch ein Grund für die Befragungsaktion im September 1700. Derartige kollektive Befragungen oder »Verhöre« kamen in den Prozessen der Solinger Handwerke nicht selten vor; vgl. etwa die Hinweise auf das Verhör von 150 Schleiferbrüdern im Juli 1645 bei Heinrich Kelleter, Geschichte der Familie Henckels, in Verbindung mit einer Geschichte der Solinger Industrie, Solingen 1924, S. 95 f. Zu vorangehenden Konflikten und der Situation des Handwerks um 1700 siehe auch Heinz Rosenthal, Solingen. Geschichte einer Stadt, Bd. 1: Von den Anfängen bis zum Ausgang des 17. Jahrhunderts, Duisburg 1972, S. 273–287.

des Betrugs schuldig gemacht, indem sie ihre, der Schmiede, Zeichen auf »fremden« Klingen angebracht hatten. Mit dieser Klage musste sich seit August 1700 das Reichskammergericht in Wetzlar auseinandersetzen.[77] Auf dem Spiel stand nichts weniger als der Wert der Dinge, der Ruf der Stadt und das Geschäft.

Um Zeichen und Zeichenschlag hatten die Bruderschaften bereits wiederholt zeitaufwändige wie kostenträchtige Auseinandersetzungen geführt.[78] Bei zeitgenössischen Beobachtern waren die Solinger Handwerker für ihre *ausserordentliche Prozeßsucht* berüchtigt.[79] Auseinandersetzungen um Warenzeichen waren jedoch kein lokales Spezifikum des bergischen Klingengewerbes, sondern sind in vielen Orten Europas seit dem Spätmittelalter dokumentiert.[80] Im deutschsprachigen Raum waren bei der Klingenherstellung sowohl kollektive Beschauzeichen wie individuelle Herstellerzeichen mindestens seit dem 14. Jahrhundert im Gebrauch.[81] Letztere waren personal und transpersonal zugleich, konnten sie doch vererbt, verpachtet, vermietet und verkauft werden. Ein

77) Mit derartigen Fragen war das Reichskammergericht seit seiner Gründung wiederholt konfrontiert; vgl. etwa Karl Otto MÜLLER, Warenzeichenschutzprozess um 1500 (Schwäbisch Gmünd), in: Zeitschrift der Savigny-Stiftung für Rechtsgeschichte, Germanistische Abteilung 55 (1935), S. 244–163, und Anja AMEND-TRAUT, »Sich der Concurrenz erwehren ...« Kaufmännischer Wettbewerb unter höchstgerichtlicher Kontrolle (16.–18. Jahrhundert), in: Justiz und Verfahren im Wandel der Zeit: Gelehrte Literatur, gerichtliche Praxis und bildliche Symbolik, hg. von Eva SCHUMANN, Berlin/Boston 2017, S. 55–82.

78) Vgl. etwa zur Dokumentation der Kosten, die bereits für einen einzelnen, nur vor den landesherrlichen Gerichten verhandelten Fall des *Nachschlagens* eines Zeichens anfielen, StA Solingen, I-H-60: Handwerkssachen, 1603–1690, Rechnungen der Schleifervögte, fol. 79r–80v.

79) So etwa das Urteil bei Adam Edler von DANIELS, Vollständige Abschilderung der Schwert- und Messer-Fabriken, fort sonstigen Stahl-Manufakturen in Solingen, Düsseldorf 1802, S. 21; ähnlich auch ein Beobachter von 1784, siehe Eberhard ILLNER, Düsseldorf – Solingen – Elberfeld. Ein anonymer Reisebericht aus dem Jahre 1784, in: Mit Kutsche, Dampfroß, Schwebebahn. Reisen im Bergischen Land, Bd. 2 (1750–1910), hg. von Burkhard DIETZ/Jürgen REULECKE, Neustadt/Aisch 1982, S. 33–37, hier: S. 35 f.

80) Vgl. u. a. Hans-Georg ILGENFRITZ, Das Warenzeichenrecht der Stadt Nürnberg vom 17. bis zum beginnenden 19. Jahrhundert, Diss. Erlangen 1954, bes. S. 14 f. mit Beispielen aus dem 15. Jhdt.; Reinhold KAISER, Imitationen von Beschau- und Warenzeichen im späten Mittelalter. Ein Mittel im Kampf um Absatz und Märkte, in: VSWG 74 (1987), S. 457–478; Helen CLIFFORD, Concepts of Invention, Identity and Imitation in the London and Provincial Metal-Working Trades, 1750–1800, in: Journal of Design History 12,3 (1999), S. 241–255; Bert de MUNCK, The Agency of Branding and the Location of Value. Hallmarks and Monograms in Early Modern Tableware Industries, in: Business History 54 (2012), S. 1055–1076.

81) Vgl. KAISER, Imitationen (wie Anm. 80), S. 472 f., und Theodor GÖRLITZ, Die rechtliche Behandlung der gewerblichen Bildzeichen in Deutschland seit dem 14. Jahrhundert, in: Zeitschrift. der Savigny-Stiftung für Rechtsgeschichte, Germanistische Abteilung 55 (1935), S. 216–229. Siehe auch de MUNCK, Agency (wie Anm. 80), der das Metallgewerbe nach einer Frühphase vor dem 13. Jhdt. vorrangig durch kollektive, durch die Zünfte verwaltete Zeichen bestimmt sieht. Individuelle Zeichen dienten ihm zufolge nicht als Qualitätszeichen und/oder zu Werbezwecken, sondern allein zur Identifizierung von Betrug oder Pfuscherei etc. (S. 1057 f., 1060 und 1065). Erst im 18. Jhdt. sei wiederum ein Aufstieg von individuellen, insbesondere an Eigennamen orientierten Zeichen zu beobachten (S. 1065–1067).

Meister besaß so oft nicht nur ein, sondern mehrere, zum Teil gar Dutzende Zeichen.[82] Um solche »Erbzeichen«, wie sie in Solingen genannt wurden, geht es in der Auseinandersetzung zwischen den Bruderschaften, die im Herbst 1700 zum Großverhör führte.[83]

In der Werbegeschichte treten Warenzeichen vor allem dann in Erscheinung, wenn es um die Geschichte von Marken geht. Als »Marke« gilt dabei, was Waren ihrer Herkunft nach individualisiert und von Erzeugnissen anderer Hersteller unterscheidbar macht.[84] Oder wie Theodor Geiger es formulierte: Im Falle der Markenware verhilft die Reklame »nicht allein zum Verkauf der Ware [...], sondern [kann] geradezu ›Ware erschaffen‹ als eine Marktindividualität«.[85] Manchen gelten Marken gar als »zentrale Sinnproduzenten der modernen Gesellschaft«.[86] Ihre Geschichte ist so eng verbunden mit grundlegenden Überlegungen zur Genese von Bedürfnissen, zur Logik von Kaufentscheidungen und zum Verhältnis von Konsum und Identität. Entsprechend wird die Frage, seit wann es »Marken« gibt, seit Längerem und in jüngerer Zeit mit erneuerter Verve diskutiert – die Spannweite der Vorschläge reicht vom 4. vorchristlichen Jahrtausend bis zum späten 19. Jahrhundert.[87]

Ebenso zentral wie umstritten ist dabei, wie »Marken« von anderen Zeichen auf Waren und Produkten zu unterscheiden sind. Wiederholt wird eine Differenz zwischen Information / Manipulation in Anschlag gebracht: »[A] distinction must be made bet-

82) GÖRLITZ, Behandlung (wie Anm. 81) führt zahlreiche Beispiele für Kauf- und Pachtverträge auf, ebenso ILGENFRITZ, Warenzeichenrecht (wie Anm. 80), S. 83–103, und Otto HELD, Marke und Zeichen im hansischen Verkehr bis zum Ende des 15. Jahrhunderts, in: Hansische Geschichtsblätter 27 (1911), S. 481–511, bes. S. 501–510.

83) Der Vergleich der im Laufe der Frühen Neuzeit erteilten Privilegien zeigt, dass das kollektive »Beyzeichen« gegenüber den individuellen Herstellermarken deutlich zurücktritt, wenn es überhaupt je flächendeckend Einsatz fand. Siehe etwa Erika SCHLESINGER (Bearb.), Solinger Handwerkszeichen. Messer- und Scherenzeichen des 17. und 19. Jahrhunderts, Duisburg 1982, Bd. 2, S. 10 et pass.; auch ebd., Bd. 1, S. 15 zur Unterscheidung von Kauf und Erbkauf (nur letzterer transferiert exklusive Nutzungsrechte). Demnach entspricht der Solinger Fall nicht den üblichen Einschätzungen, dass individuelle Hersteller- oder Meisterzeichen gegenüber kollektiven Qualitäts- und Herkunftszeichen nur untergeordnete Bedeutung besaßen; so etwa Louis PAHLOW, Art. Markenrecht, Abs. 1, in: Enzyklopädie der Neuzeit, Bd. 8, Stuttgart 2008, Sp. 31–33.

84) So z. B. die Definition der klassischen Arbeit von Elmar WADLE, Fabrikzeichenschutz und Markenrecht. Geschichte und Gestalt des deutschen Markenwesens im 19. Jahrhundert, Bd. 1, Berlin 1977, S. 17.

85) GEIGER, Betrachtungen (wie Anm. 14), S. 70.

86) Solche Zuschreibungen finden sich sowohl aus affirmativer wie aus kritischer Perspektive: für erstere mit einer plakativen Parallelisierung von Marken und Religion bspw. ERRICHIELLO, Philosophie (wie Anm. 19), S. 1–4 et pass., für letztere z. B. Kai-Uwe HELLMANN, Der Konsum der Gesellschaft. Studien zur Soziologie des Konsums, Wiesbaden 2019, dort das obige Zitat S. 143 f.

87) Vgl. u. a. Karl MOORE/Susan REID, The Birth of Brand: 4000 Years of Branding, in: Business History 50 (2008), S. 419–432; David WENGROW, Prehistories of Commodity Branding, in: Current Anthropology 49 (2008), S. 7–34; Carlo Marco BELFANTI, Branding before the Brand: Marks, Imitations and Counterfeits in pre-modern Europe, in: Business History 60 (2018), S. 1127–1146.

ween signs that simply convey information on the origin and quality of a product [...] and ›modern brands‹ (i.e., signs that manipulate the projected reputation of the product and create product image and ›brand personality‹).«[88] Andere operieren mit einer Unterscheidung von Zeichen und Symbol: »In the historical research context, determining when one brand has ›become a symbol rather than a mere sign‹ or ›acquired significance‹ beyond distinguishing product source presents a challenge.«[89] Ähnlich wie die Suche nach dem Ursprung der Werbung insgesamt mündet auch diese Debatte nur allzu schnell in einen Definitions- und Glaubensstreit.

Analytisch fruchtbarer erscheint es, derartige Unterscheidungen zunächst einmal einzuklammern, und mit simpleren Fragen zu beginnen: Wie wurden Zeichen mit Dingen und Personen verknüpft? Welche Zeichenkonzepte und Wertvorstellungen liegen diesen Verknüpfungen zugrunde? Welche Funktionen wurden ihnen von den Zeitgenossen zugeschrieben? Wie wurde schließlich der Wert der Dinge bestimmt? Geht man solchen Fragen nach, kann man an aktuelle Diskussionen der Wirtschaftssoziologie um Inwertsetzung und Bewertung auf Märkten anschließen.[90] Sie führen zu einer langen Geschichte von Überlegungen, die Wissen über Märkte ebenso betreffen wie Fragen des Wiedererkennungswerts und der Verkaufsförderung. Zugleich zeichnet sich eine Ökonomie der Reputation ab, in der symbolisches und ökonomisches Kapital unmittelbar aufeinander bezogen werden, die zugleich aber nicht aufgeht in den Logiken einer modernen Markenwelt.

Zurück also zur Auseinandersetzung zwischen den Bruderschaften: Was genau sollten die umstrittenen Erbzeichen bedeuten? Wie wurden sie mit den Klingen verknüpft? Auf den ersten Blick schienen sich die Streitparteien hier durchaus einig – die Erbzeichen seien Zeichen des inneren Werts der Klingen, *signa bonitatis intrinsecae*. Was genau dieser »innere Wert« aber sein sollte, war bereits weniger eindeutig. Anders als man erwarten könnte, ging es nur am Rande um »Material« und Beschaffenheit von Stahl und Eisen – jedenfalls wenn man den Klingenschmieden folgt. Sie suchten den »inneren Wert« der Klingen vielmehr an eine Inwertsetzung durch Arbeit, und zwar durch *ihre* Arbeit zu binden: Sie, die Schmiede, seien es, die den Klingen *ihre bonitatem* mit-

88) De Munck, Agency (wie Anm. 80), S. 1055 f.

89) Ross D. Petty, A history of brand identity protection and brand marketing, in: Routledge Companion to Marketing History, hg. von D.G. Brian Jones/Mark Tadajewski, London/New York 2016, S. 97–114, hier: S. 98.

90) Vgl. z. B. Patrik Aspers, Wissen und Bewertung auf Märkten, in: Berliner Journal für Soziologie 17 (2007), S. 431–449, und The Worth of Goods. Valuation and Pricing in the Economy, hg. von Jens Beckert, Oxford 2011. Zum Potential solcher Ansätze für die Geschichtswissenschaft siehe auch Bert de Munck/Dries Lyna, Locating and Dislocating Value: A Pragmatic Approach to Early Modem and Nineteenth-Century Economic Practices, in: Concepts of Value in European Material Culture, 1500–1900, hg. von dens., Aldershot u. a. 2015, S. 1–30.

gäben, durch ihre Arbeit erhielten die Schwerter *ihre innerliche Substantz und güthe*.[91] Und insofern sie diejenigen seien, *so dem ding seine Substanz* gäben, stehe ihnen auch die *bemerckung mit dem Zeichen* zu.[92]

Das Vokabular, dessen sich die Solinger Klingenschmiede bedienen, verweist auf traditionsreiche Diskurse über Wert und Bewertung: die *bonitas intrinseca* ist ein wichtiger Begriff in Debatten über Münzen und Geldtheorie seit dem Hochmittelalter, dort i.d. R. auf den Edelmetallgehalt bezogen. Aber auch in diesen Debatten war die »innere Güte« keineswegs unumstritten, vor allem im Verhältnis zur Inwertsetzung qua Autorität (*valor impositus*).[93]

In der Tat stellte der Solinger Zeichenstreit auch eine Auseinandersetzung um Autorität und Hierarchie dar, um die Hierarchisierung von Arbeit in einem stark ausdifferenzierten, arbeitsteiligen Fertigungsprozess: Die Argumentation der Schmiede, sie seien für die »Substanz« der Klingen verantwortlich, zielt auf eine Abwertung der Härter und Schleifer und deren Arbeit, die angeblich allein zum Zierrat, Ornat und zur *außpolirung* diene.[94] Die Härter und Schleifer erklärten wiederum, die Behauptung, die *Substantz* rühre von den Schwertschmieden her, sei *irrig und unbegründt, gestaldt die materia des stahlß anderwertlich verfertiget* werde. Die Schmiede gäben den Schwertern nur *eine Todt forme*. Eher könnten die Härter (Herder) beanspruchen, für die *bonitas intrinseca* und das *Leben* der Schwerter verantwortlich zu zeichnen.[95] Geschickt nutzten die Härter und Schleifer dabei herkömmliche Zunftrhetorik für den innerzünftischen Streit. Sie warfen den Schmieden vor, sich unrechtmäßig ein *Monopolium*

91) Libellus Gravatorius Ad Causam der Schwerdtschmidt von Sohlingen, Präsentationsvermerk Wetzlar. 02.03.1701, LA Duisburg, AA 0627 Reichskammergericht, S 2308/7835, Nr. 5435, fol. 14r–27v, hier: fol. 19v, ähnlich fol. 21v und fol. 25r. – Zur handwerklichen Arbeit als Transformationsarbeit siehe z. B. Pamela SMITH, The Business of Alchemy. Science and Culture in the Holy Roman Empire, Princeton 1994.

92) Libellus, fol. 20r, mit Verweis auf Schmiedezünfte in Aachen, Essen usf.

93) Siehe etwa Wilhelm ENDEMANN, Studien in der romanisch-kanonistischen Wirtschafts- und Rechtslehre, Bd. 2, Berlin 1883, S. 35–39, 167 ff., 199, 203 f. et pass. Vgl. Matthias SCHMOECKEL, Die Kanonistik und die Zunahme des Handels vom 13. bis zum 15. Jahrhundert, in: VSWG 104 (2017), S. 237–254, u. a. auch im Blick auf den Beitrag der Kanonistik zur Wirtschaftsentwicklung in der Frühen Neuzeit.

94) Appellationsinstrument, dd. 11.11.1698 (Präsentationsvermerk Wetzlar 02.03.1701), LA Duisburg, AA 0627 Reichskammergericht, S 2308/7835, Nr. 5435, fol. 10r–13v, hier: fol. 11r, und sehr klare Abgrenzung in Libellus, fol. 19v–20r.

95) Eingabe der Sechßman, Herder, Schleiffer und Feger Vögte und Handwerksgenossen an den Kurfürsten und den Kammerrichter, s.d. (Präsentationsvermerk Wetzlar 23.05.1701), LA Duisburg, AA 0627 Reichskammergericht, S 2308/7835, Nr. 5435, fol. 77r–80v, hier: fol. 78r–v. – Ein ähnliches Argument über das »Fundament« im nicht selbst produzierten Material wurde zur Abwertung der Schmiede und Aufwertung der Schleifer bereits in einem früheren Klingenschmiedeprozess in den 1650er Jahren eingesetzt: dazu KELLETER, Geschichte (wie Anm. 76), S. 91 mit Anm. 285. An anderer Stelle behaupteten die Schleifer in diesem Prozess gar, dass sie allein für die Präferenz der Solinger Produkte vor konkurrierenden Klingen aus München, Passau, Steyr und Frankreich verantwortlich zeichneten, ebd., S. 92, Anm. 286.

der rechten anzumaßen. Dabei trage doch *ein Jeder von den dreyen beschlossenen Handtwerckern, das seinige zur subsistentz der Klingen* bei.[96]

Der Zusammenhang zwischen Arbeit und »innerem Wert« wurde aber nicht allein auf die unterschiedlichen Handwerke bezogen. Schließlich hatte sich der Streit an den individuellen »Erbzeichen« entzündet – und entsprechend ging es auch um die Bewertung von individueller Arbeit. So argumentierten die Schmiede, die verschiedenen Handwerker seien unterschiedlich geschickt und legten unterschiedliche Sorgfalt bei der Auswahl des jeweils verwendeten Materials an den Tag. Daher habe *ein jeder Schwerdtschmidt seine arbeit von eines andern mit einem impresso Signo discretivo et constanti* [...] *underschieden und bemercket ...*[97]

Ein derartiges Verständnis als Zeichen der individuellen *bonitas artificis* war keine Erfindung der Solinger Schmiede. Es findet sich bereits in einer der frühesten bekannten Reflexionen über Waren- und Handelszeichen, dem Traktat ›De insigniis et armis‹ des Bartolo de Sassoferrato.[98] Wie Susanne Lepsius kürzlich konstatierte, ist dieser Text der »Bestseller« unter den Traktaten Bartolos: entstanden in den 1350er Jahren, ist er überliefert in zahlreichen Handschriften, die von unterschiedlichen Leserinteressen künden, und wird im juristischen Diskurs über Warenzeichen bis weit ins 19. Jahrhundert vielfältig zitiert und rezipiert.[99]

Als Beispiel für den Gebrauch von Zeichen führt Bartolo just die Herstellung von Schwertern an: *Man stelle sich einen sehr geschickten Handwerker, einen Schmied, vor, der bestimmte Zeichen* [signa] *auf seine Schwerter und anderen Erzeugnisse schlägt, durch die man diese Erzeugnisse als von ihm gefertigt erkennt. Und deshalb verkaufen sich diese Waren gut und werden viel nachgefragt.* Bartolo argumentiert für einen rechtlichen Schutz des exklusiven Gebrauchs der individuellen Zeichen von Handwerkern und wertet die Verwendung ein und desselben Zeichens durch zwei Personen als Betrug: *In die-*

96) Dass die Feger und Härter untereinander wiederholt und teils über Jahrzehnte Auseinandersetzungen um Vorrechte und Privilegien ausgetragen hatten, die sie in der Vergangenheit ebenfalls bis vor das Reichskammergericht geführt hatten, blieb hier selbstverständlich unerwähnt. Vgl. Karl VOOS, Das Schleifen, Pließten und Polieren in der Solinger Stahlwarenindustrie, Diss. TU Dresden 1937, S. 10–13.

97) Libellus, fol. 19r–v. Deutungen von Zeichen als Zeichen individueller Geschicklichkeit wurden auch in einem Appellationsprozess vor dem Reichskammergericht über die Nachschlagung von Zeichen bei der Fertigung von Sensen 1510 vorgetragen – hier allerdings von einer einzelnen Klägerin: siehe MÜLLER, Warenzeichenschutzprozess (wie Anm. 77), S. 255.

98) A Grammar of Signs. Bartolo da Sassoferrato's Tract on Insignia and Coats of Arms, hg. von Osvaldo CAVALLAR/Susanna DEGENRING/Julius KIRSHNER, Berkeley 1994.

99) Vgl. Susanne LEPSIUS, Bartolus-Handschriften aus Halberstädter Beständen als exemplarische Beispiele für juristische Leserinteressen im Spätmittelalter – insbesondere der Traktat ›De insigniis et armis‹, in: Rechtshandschriften des deutschen Mittelalters. Produktionsorte und Importwege, hg. von Patrizia CARMASSI/Gisela DROSSBACH, Wiesbaden 2015, S. 261–283, mit einer neuen Übersicht über die Textzeugen bis 1600 (S. 267, Anm. 19). Zur Rezeption von Bartolo unter Juristen des 19. Jhdts. vgl. u. a. die Hinweise bei WADLE, Fabrikzeichenschutz (wie Anm. 84), Bd. 2, S. 317.

sem Fall, denke ich, könnte verboten werden, dass ein anderer dasselbe Zeichen verwendet [wörtlich: macht], *denn auf diese Weise wird die Menge betrogen* [populus decipitur]*: das Werk des einen Meisters wird für das eines anderen gehalten.*[100)]

Bartolo hat seit Langem seinen Platz in der (Vor)Geschichte des geistigen Eigentums und des Markenrechts inne. Keine Aufmerksamkeit hat dabei aber bislang gefunden, wie Bartolo seine Argumentation begründet. Während die Verweise auf römisches und kanonisches Recht wenig überraschen, erscheint es bemerkenswert, dass sich hier einer der berüchtigtsten Konzilsbeschlüsse des Mittelalters zitiert findet: der 68. Kanon des Vierten Laterankonzils, der bekanntlich eine Kennzeichnungspflicht für Juden und Muslime verfügt.[101)]

Der gemeinsame Nenner zwischen Warenzeichen und Kennzeichnung von Andersgläubigen ist die Frage der Unterscheidbarkeit und des »richtigen« Gebrauchs von Zeichen.[102)] Ebenso wie bei Namen sollte auch bei der Kleidung Zeichen und Sache übereinstimmen – und genau aus diesem Grund war sie auch, wie Valentin Groebner einmal formuliert hat, mit der »bedrohliche[n] Fähigkeit zur Verwandlung« verbunden.[103)]

100) *Quandoque potest esse quod multorum de populo interest. Ponamus exemplum in aliis signis quam in hiis que portantur pro armis. Pone quendam fabrum doctissimum, qui in gladiis et aliis suis operibus facit certa signa, ex quibus opus huius magistri esse dignoscitur, et ex hoc tales merces melius venduntur et avidius emuntur. Posito quod alius faceret tale signum posset prohiberi, quia ex hoc populus decipitur: accipitur enim opus unius magistri pro opere alterius* ... Grammar of Signs, hg. von CAVALLAR/DEGENRING/KIRSHNER (wie Anm. 98), Abs. 7, S. 111, Übers. S. 147. Dieser Punkt folgt unmittelbar auf eine Passage, die die lebensgefährlichen Konsequenzen einer Verwendung desselben Wappens durch zwei Personen, etwa in einer Schlacht, darstellt; im Anschluss findet sich eine Erörterung von Notariatszeichen. Zu Zeichen von Handelsgesellschaften und Handwerkern auch ebd., Abs. 12, 113 f., Übers. S. 148–150, hier u. a. auch die *bonitas artificis*, S. 114, Z. 190 f.

101) Liber Extra, de Iudeis, c. in nonnullis (X. 5. 6. 15) = Laterankonzil IV, c. 68. Die Referenzen finden sich in allen von mir konsultierten Manuskripten: vgl. etwa UB Tübingen, Mc 58, fol. 133r (ca. 1460er, Provenienz: Augustiner-Eremiten Regensburg), Digitalisat: http://idb.ub.uni-tuebingen.de/opendigi/Mc58#p=267; HAB Wolfenbüttel, Cod. Guelf. 167 Helmst., fol. 160v (Leipzig 1419/20), Digitalisat: http://diglib.hab.de/wdb.php?dir=mss/167-helmst&pointer=323; UB Würzburg, M.ch.f.183, fol. 552v (Bologna 1416), Digitalisat: http://vb.uni-wuerzburg.de/ub/mchf183/pages/mchf183/1044.html. Vgl. auch den Druck von ca. 1478, Rom: Herolt/Riessinger, vor Oktober 1478, fol. 23v, GW 3610, Digitalisat: urn:nbn:de:bvb:12-bsb00062012-0. In einigen frühneuzeitlichen Drucken fällt der Verweis auf c. 68 weg; so offenkundig in dem Lyoner Druck von 1550, dem die Edition von Cignoni folgt: Bartolo da SASSOFERRATO, De Insigniis et armis, hg. von Mario CIGNONI, Florenz 1998, S. 29. In der Lyoner Ausgabe von 1552 ist der Verweis aber sehr wohl wieder enthalten, sodass man der einmaligen Auslassung wohl kein zu starkes Gewicht beimessen sollte.

102) Eine ähnliche Analogie bildet Bartolo auch im Falle des Verweises auf C. de latina libertate tollenda (Cod. 7.6.1): In diesem Erlass von Justinian geht es um das Verhältnis von Zeichen (Namen bzw. Begriffe) und Rechtsstatus der Personen, genauer: um unterschiedliche Bezeichnungen für unterschiedliche Statusformen von Freigelassenen und die Probleme, die eine Veränderung des Status für die Kontinuität der Begriffe verursacht. – Die Analogie zwischen Kleidung und Handelszeichen wird bei Stracca, ausgehend von Bartolo, ausgebaut und erweitert: Benevenuto STRACCA, Tractatus de mercatura seu mercatore, Venedig 1575, fol. 49v–50v.

103) Valentin GROEBNER, Schein der Person. Steckbrief, Ausweis und Kontrolle im Mittelalter, München 2004, S. 61, zu Bartolo kurz S. 34 f. Vgl. Nikolaus STAUBACH, Signa utilia – signa inutilia. Zur Theorie gesell-

Mehr noch: Der Verweis auf den 68. Kanon dürfte sich gezielt auf den Tatbestand des Betrugs bei der Führung desselben Herstellerzeichens beziehen[104] – wird die Kennzeichnungspflicht doch begründet als Maßnahme, um Verwirrung (*confusio*) und Vermischung (*commixtio*), gar Mischehen mit Christinnen, entgegenzuwirken.[105]

Misst man Bartolo in erster Linie an dem Maßstab eines modernen Markenrechts, wie es oft geschieht, so bleibt verdeckt, dass gerade das vermeintlich Moderne an seinem Werk mit einem gänzlich anderen normativen Kosmos verbunden ist. Insbesondere die Analogie von Dingen und Personen stellt eindrücklich vor Augen, dass der ausdifferenzierte Zugriff einer modernen Geschichtswissenschaft – hier die Wirtschaft, dort die Religion – der Logik einer vormodernen Zeichenwelt nur begrenzt gerecht wird.

Dass Bartolo das exklusive Recht am Zeichen über den Tatbestand des Betrugs begründet, zeigt aber auch, dass der Zeichengebrauch vom »öffentlichen Interesse« und der Sphäre des Warentausches her gedacht wurde – und zwar einer Sphäre des Warentauschs, in der, anders als in Sombarts Imagination eines vormodernen Idylls, keineswegs nur ein Meister auf seine Kunden wartete. Bartolo schreibt den Zeichen sogar explizit eine verkaufsfördernde Funktion zu. Genau dies greifen frühneuzeitliche Autoren auf, wie zum Beispiel Theodor Höpingk 1642: *...per haec* [*signa* bzw. »Handelszeichen«] *tales merces meliùs vendantur & avidiùs emantur.*[106]

Wenn die Solinger Schmiede einerseits auf das *gemeine Weßen*, die *fides publica et commerciorum* und der *salus publica*, andererseits auf die verkaufsfördernde Funktion rekurrierten, entsprach dies so dem handelsrechtlichen Diskurs der Zeit.[107] Damit riefen sie auch das naturrechtliche Fundament des zeitgenössischen Handelsverständnisses

schaftlicher und religiöser Symbolik bei Augustinus und im Mittelalter, in: Frühmittelalterliche Studien 36 (2002), S. 19–49, hier: S. 36ff.

104) Dafür spricht auch, dass Bartolo bereits im Abs. 5 auf c. 68 verweist, ebenfalls im Zusammenhang mit Betrug. In der Debatte um Bartolos Haltung zu Juden sind diese Passagen offenkundig bislang nicht berücksichtigt worden, sie verstärken die Skepsis gegenüber früheren philosemitischen Interpretationen; vgl. kritisch zuletzt Ferdinando Treggiari, Bartolo e gli ebrei, in: Bartolo da Sassaferrato nel VII centenario della nascita: diritto, politica, società, Spoleto 2014, S. 403–462.

105) Liber Extra, l. 5, tit. 6.5: *In nonnullis provinciis a Christianis Iudaeos seu Sarracenos habitus distinguit diversitas; sed in quibusdam sic quaedam inolevit confusio, ut nulla differentia discernantur. Unde contingit interdum, quod per errorem Christiani Iudaeorum seu Sarracenorum, et Iudaei seu Sarraceni Christianorum mulieribus commiscentur. Ne igitur tam damnatae commixtionis excessus per velamen erroris huiusmodi ulterioris excusationis possint habere diffugium ...*

106) Theodor Höpingk, De Insignium iure tractatus, Nürnberg 1642, Cap. 6, 421 f. mit Referenz auf *Bart. Tract. De Insign. & arm. N. 7 & 12.* Zur Rezeption weiterhin: Pietro degli Ubaldi, Tractatus de duobus fratribus, Lyon: Myt, 1524; Christoph Hafener, Assertiones Juridicae de Mercatura, Basel 1607 (vgl. bes. n. 119 mit Kritik an Bartolo im Blick auf Gesellschaftszeichen); Johannes von Som, Dissertatio Inauguralis De Notis Mercatorum, vulgo Marck oder Zeichen derer Kauffleute, Altdorf 1681.

107) Libellus, fol. 14r–16r, mit einem expliziten Verweis darauf, dass die Abstellung des Nachschlags *auch extra omne jus civile de jure gentium nothwendig* sei (fol. 16v). – Zum Begriff *fides publica* und seiner Transformation in

auf, das es ihnen wiederum erlaubte, Rechte an einem Zeichen nicht nur innerhalb eines Territoriums, sondern auch im internationalen Handelsverkehr geltend zu machen.[108)]

Anders als die gelehrten Traktate lieferten sie zugleich auch eine ausführlichere Erklärung zur konkreten Rolle der Zeichen im Handelsgeschäft, die die Exportorientierung des Solinger Gewerbes anschaulich vor Augen stellt: Nicht alle *Käuffer* verstünden die *bonitatem intrinsecam* der Klingen. Andere, die *in großen Meng zu 1000 einkauffen oder auß frembden Landten kommen laßen*, verstünden durchaus die Güte, hätten aber nicht *zeith und gelegenheit* noch könnten sie sich *die beschwehrlichkeit* [...] *auffladen ..., die innerliche güthe, und gleichsamb dero schrodt und korn allemahl auff die Prob und Capell zu setzen*. Zudem sei es schwierig, ein solche *Prob durch so viel Händte* [...] *fortzusetzen*. Besonders für den Zwischenhandel sei das Zeichen als Erkennungs- und Qualitätszeichen wichtig und gereiche den Käufern zu *großem Nutzen*.[109)]

Die Reflexion über das Problem des Wissens *auf* Märkten ist verbunden mit einer Reflexion über unterschiedliche Käufergruppen und Transaktionsformen, mit Wissen *über* Märkte: Vom Einzelkunden, dem es an Fachkenntnissen mangelt, über den Großhändler, der zwar über einschlägiges Wissen verfügt, dem es aber an Ressourcen fehlt, um die Menge der gehandelten Waren im Detail zu prüfen, bis hin zur strukturellen Problematik komplexer Lieferketten.

Probleme des Nicht-Wissens auf Märkten werden heute mithilfe von Konzepten der Institutionenökonomik als Informationsasymmetrien beschrieben. Diese Ansätze sind verschiedentlich auch auf die Untersuchung historischen Marktgeschehens übertragen worden. Warenzeichen werden dann als eine Strategie gedeutet, mit der Hersteller und Händler gezielt Probleme der Informationsasymmetrie zu lösen und das Vertrauen der Käufer und Käuferinnen zu gewinnen suchten.[110)] Allerdings gilt es weiterhin, die historisch spezifischen Bedingungen von Markthandeln in Rechnung zu stellen – Phänomene wie Vertrauen, aber auch (relevante) Information und schließlich die Produktqualität selbst sind zu historisierende Größen.[111)]

der frühneuzeitlichen Rezeption vgl. Marc de WILDE, Fides publica in Ancient Rome and its reception by Grotius and Locke, in: Tijdschrift voor Rechtsgeschiedenis 79 (2011), S. 455–487, bes. S. 470 ff.

108) Vgl. AMEND-TRAUT, Concurrenz (wie Anm. 77), S. 63.

109) Libellus, fol. 15v-16r.

110) Vgl. z. B. pointiert Gary RICHARDSON, Brand Names before the Industrial Revolution, National Bureau of Economic Research (NBER) Working Paper Series no. 13930, Cambridge, MA 2008, bes. S. 5 ff., 12 f. und 27 ff. Richardsons Argumentation zielt auf eine Rehabilitation der Gilden als »branding mechanisms« (S. 27) und Schrittmachern wirtschaftlichen Fortschritts und ist an vielen Stellen problematisch. Allgemein zur Anwendung von Neueren Institutionenökonomik auf frühneuzeitliche Handelsbeziehungen Stefan GORISSEN, Der Preis des Vertrauens. Unsicherheit, Institutionen und Rationalität im vorindustriellen Fernhandel, in: Vertrauen. Historische Annäherungen, hg. von Ute FREVERT, Göttingen 2003, S. 90–118, zur Methodik bes. S. 104 ff. und 116 ff., zur Bedeutung von Ehre und kaufmännischem »Credit« S. 108 ff.

111) Zur Problematisierung ahistorischer Annahmen in institutionenökonomischen Analysen vormodernen Wirtschaftslebens jüngst Bert de MUNCK, Commons and the nature of modernity: towards a cosmopolitical view

Im vorliegenden Fall lässt sich in der Tat beobachten, wie zeitgenössische Akteure die Frage von Wissen und Nicht-Wissen auf Märkten explizit reflektierten und mit der Funktion der Zeichen verbanden. So spielten die Warenzeichen offenkundig auch für die Käufer der Solinger Klingen eine wesentliche Rolle bei Bestellungen und Kaufentscheidungen. Um 1800 schreibt ein Beobachter etwa: *Die Ausländer richten sich gewöhnlich nach den Zeichen, welche im Ruf sind, daher sind diejenigen Kaufleute, welche Bestellungen von jenen Zeichen erhalten, die sie selbst nicht besitzen, genöthigt, die Waare von dem bestellten Zeichen dem Eigenthümer desselben abzukaufen.* Als *berühmteste Zeichen* nennt der Autor *die Namen Cadix, Friedr. Rex – ein Bäumchen, eine Schneppe, ein Storch ec.*[112] Auch im späten 17. Jahrhundert wurden die Erbzeichen für Bestellungen verwendet, wie exemplarisch die Handelskorrespondenz des Solinger Klingenkaufmanns Wilhelm Dinger zeigt. Dingers Kunden nannten neben Größe und Form der Klingen – die zum Teil mithilfe von Papiermodellen repräsentiert wurden – auch explizit bestimmte Zeichen (*marques*). Die Bestellungen der Pariser Brüder Hersant in den 1670er Jahren verraten eine gewisse Vorliebe für die *Krone* (*corune*) und – erneut – den *Storch* (*cigogne*), den *Hirsch* bzw. das *Hirschhorn* und den *Wilden Mann* (*sauvage*).[113]

Wenn sie zur Orientierung bei Ein- und Verkauf dienen sollten, mussten die Zeichen möglichst rasch ins Auge fallen. Vor dem Reichskammergericht wurde so auch über Fragen der Sichtbarkeit diskutiert.[114] Die durch die Härter und Schleifer nachgeahmten Zeichen waren in den Augen der Schmiede besonders problematisch, weil sie direkt auf den Klingen platziert waren und so viel prominenter ins Auge fielen als die durch die

on craft guilds, in: Theory and Society 51 (2022), S. 91–116, bes. S. 96–101, zu einer alternativen Sicht auf Warenzeichen S. 105 f. Zur Historisierung von Produktqualität und unterschiedlichen Formen von Standardisierung Philippe Minard, Micro-Economics of Quality and Social Construction of the Market: Disputes among the London Leather Trades in the Eighteenth-Century, in: Historical Social Research 36,4 (2011), S. 150–168, und Christof Jeggle, Labelling with Numbers? Weavers, Merchants and the Valuation of Linen in Seventeenth-Century Münster, in: Concepts of Value, hg. von de Munck/Lyna (wie Anm. 90), S. 33–55.

112) Daniels, Abschilderung (wie Anm. 79), S. 145; dazu knapp Wadle, Fabrikenzeichenschutz (wie Anm. 84), Bd. 2, S. 87 f. Auch im Stahlhandel spielten Herstellerzeichen eine wichtige Rolle, siehe z. B. die Hinweise bei Wilfried Reininghaus, Amsterdam – Harkorten via Wesel. Briefe des Handelshauses Johann Caspar Harkort an Heinrich Bieben & Gebrüder in Wesel (1750–1754), in: Wesel. Beiträge zur Stadtgeschichte (Studien und Quellen zur Geschichte von Wesel, Bd. 7), Wesel 1985, S. 123–142, hier: S. 138 f., und bei Paul Jakob Marperger, Getreuer und Geschickter Handels-Diener, Nürnberg/Leipzig, Monath 1715, S. 155 zu Zeichen aus Käuferperspektive, hier am Bsp. von Blechen.

113) Korrespondenz Wilhelm Dinger, StA Solingen, I-LP 1a, darin *Memoriale* zur Bestellung fol. 58–65. Wilhelm Dinger gehörten anscheinend mehrere der hier erwähnten Zeichen, aber nicht alle. Vgl. den Eintrag in der Zeichenrolle der Schwertschmiede, der wohl auf 1685 datiert und sieben Zeichen umfasst: Schwertschmiede-Zeichenrolle, 1685–1701, StA Solingen, I-H-19, S. 20: *das einfache Hirschhorn vor 20 Jahren gekaufft, den storck geerbt, die leider* [d. h. Leiter] *Jacobs an sich gekaufft.* Die zwei in den Bestellungen erwähnten Zeichen *sauvage* / *Wilder Mann* und *corune*/ *Krone* (?) fehlen jedoch.

114) Vgl. für eine ähnliche Diskussion auch LA Duisburg, AA 0627 Reichskammergericht, Nr. 1718, F 148/598: Frantzen contra Hoddenbrock und Franzen, 1749–1752.

Schmiede selbst eingeschlagenen Zeichen.[115] Entgegen des vorausgegangenen Urteils des Düsseldorfer Hofgerichts insistierten die Schmiede vor dem Reichskammergericht, dass das exklusive Recht am Zeichengebrauch bei ihnen läge, unabhängig von der Art der Anbringung – schließlich mache es ebenso wenig bei Wappen einen Unterschied, ob man sie male oder drucken lasse. Gewahrt bliebe die Unterscheidungsfunktion der Zeichen hingegen, wenn diese mit *context* – etwa weiteren Figuren wie Hasen oder Blumen – versehen und so eindeutig als *Zierrat* erkennbar seien.[116]

Anhand solcher Unterscheidungen zeigt sich, wie instabil die oft in Anschlag gebrachte Trennung zwischen »Außen« und »Innen« ist. Ein gängiges Entwicklungsnarrativ in der jüngeren Literatur beschreibt etwa den Übergang von einem Paradigma des »intrinsic value« und einer Markierung der Dinge selbst zu einem Paradigma des »designs« und der äußerlichen Bezeichnung: durch Verpackungen, Etiketten, Werbeanzeigen und Arrangement im Schaufenster.[117] Wie die Solinger Zeichenhändel zeigen, ist der »innere Wert« aber weder eine eindeutige geschweige denn eine statische Größe. Dass sich die Geschichte von der Markierung der Dinge zum »design« nur schwerlich als Paradigmenwechsel erzählen lässt, unterstreicht weiterhin ein Blick auf »äußerliche« Werbematerialien: In Musterbüchern des frühen 19. Jahrhunderts, die das Solinger Warenangebot in farbigen Aquarell- und Gouache-Zeichnungen präsentieren, werden ausgerechnet die Zeichen nicht mitgemalt, sondern eingestempelt – wie auch auf den Klingen selbst.[118] In der Medialität der Musterbücher wird so die Unterscheidung von Zeichen und Zierrat noch einmal nachvollzogen.

Bei dem Streit um den *Nachschlag* vor dem Reichskammergericht ging es nicht um einzelne, »falsch« gezeichnete Klingen oder um einen einmaligen Störfall. Das eingangs geschilderte Großverhör zeigte vielmehr, dass es sich, entgegen anderslautenden Interpretationen, um eine Klage nicht eines einzelnen Schwertschmieds, sondern der gesamten Bruderschaft handelte. Durch den falschen Gebrauch, so der Vorwurf der Schmiede, drohten die Zeichen selbst in *Miscredit* zu geraten, wurde dem zeichenführenden Meister die *Kundtschafft abgestrickt*, *seiner Wahr der Werth geschwächet* und so ihm die

115) Libellus, fol. 18r–v.

116) Zitiert in der Eingabe der Sechßman, Herder, Schleiffer und Feger Vögte und Handwerksgenossen an den Kurfürsten und den Kammerrichter, fol. 77–80, hier: fol. 79r–v.

117) Siehe u.a. BELFANTI, Branding (wie Anm. 87), S. 12; de MUNCK, Agency (wie Anm. 80), S. 1065–1069; DERS., Artisans, Products and Gifts: Rethinking the History of Material Culture in Early Modern Europe, in: Past & Present 224 (2014), S. 39–74, hier: S. 43 und 50 ff., der an anderer Stelle (S. 58 f.) freilich auch auf die Beziehung zwischen »materiality and skills« hinweist.

118) Barbara GROTKAMP-SCHEPER/Frauke von der HAAR, Vom Arkansasmesser zur Zirkelsäge: Solinger Musterbücher (Ausst.kat. Deutsches Klingenmuseum Solingen 2000), Solingen 2000, S. 69 (MB 33) und S. 70 (MB 38).

Grundlage seines Gewerbes entzogen.[119] Entsprechend waren auch bereits verschiedene Maßnahmen im Einsatz, um den rechtmäßigen Gebrauch der Zeichen sicherzustellen, etwa die Eintragung von Zeichen in die Handwerksbücher oder eigens angelegte Zeichenrollen. So war 1687 eine neue Ordnung für die Schwertschmiede erlassen worden, die ebenfalls den illegalen Nachschlag und andere Missbräuche der Erbzeichen angeprangert und eine Erneuerung der Zeichenrollen angeordnet hatte.[120] Solche Vorkehrungen entfalteten aber offenkundig nicht immer die erhoffte Wirkung – im Konfliktfall blieb so die Klage vor Gericht, wie die Solinger sie 1699 zum wiederholten Male bis vor das Reichskammergericht verfolgten.

Dass man die Kosten einer gerichtlichen Auseinandersetzung durch mehrere Instanzen nicht scheute, zeugt von der Bedeutung, die die involvierten Akteure den Zeichen zuschrieben. Erbzeichen würden, so die Schwertschmiede, *öffters theuer gnug an frembdte verkauffet*;[121] ein späterer Kommentator bemerkt gar: [Die Erbzeichen] *werden mit einigen tausend Thaler* [sic] *bezahlt, wenn sie im großen Ruf stehen.*[122] Die Veräußerung von Zeichen war nicht auf Solingen beschränkt. In Nürnberg z. B. verkauften Witwen die Zeichen ihrer verstorbenen Ehemänner nicht gegen Geld, sondern eine Art Leibgedinge, eine Naturalrente, und gewannen auf diese Weise eine Alterssicherung.[123] Solche Fälle sind bislang aus Solingen nicht bekannt – hier wurden meist Geldsummen variierender Höhe, manchmal auch wertvolle Sachobjekte eingesetzt.[124] Wie genau die Preisbildung funktioniert, die Reputation und ihr Tauschwert jeweils bestimmt wird, ist noch näher zu untersuchen. In jedem Fall handelt es sich hier um eine bemerkenswerte und bemerkenswert explizite Ausprägung der Konversion von symbolischem in ökonomisches Kapitel.

Mit dem *Nachschlag*, der Nachahmung, stand dieses Eigentumsrecht, stand der geldwerte Ruf der Zeichen selbst auf dem Spiel, zugleich aber auch der Ruf des zeichen-

119) Libellus, fol. 16r–v.

120) Neue Ordnung für die Schwertschmiede, dd. 18.11.1687, in: KELLETER, Geschichte (wie Anm. 76), Anhang, no. 27, S. XLII–LII, hier: Art. 5 und 6, S. XLVI–XLVII.

121) Libellus, fol. 15r, ähnlich zur Begründung des Eigentumsrechts am Zeichen in der Appellation, fol. 11r.

122) DANIELS, Abschilderung (wie Anm. 79), S. 145. Eine Reflexion über die Volatilität des Rufs auch bei MARPERGER, Handels-Diener (wie Anm. 111), S. 158 am Bsp. Nürnberger Metallwaren: *bald kommt des einen/ bald des andern Meisters sein Zeichen und Arbeit in Consideration und grosse Nachfrage ...*

123) ILGENFRITZ, Warenzeichenrecht (wie Anm. 80), S. 87–89.

124) Zwei Kaufbriefe werden als Faksimile wiedergegeben bei KELLETER, Geschichte (wie Anm. 76), S. 117 f. mit Tafeln XV und XVI, sie geben einen Kaufpreis von 15 rt (1763) bzw. 3 rt 33 st (1779) an, ein weiterer wird zitiert bei Rudolf CRONAU, Geschichte der Solinger Klingenindustrie, Stuttgart 1885, S. 20 f. (1774, Kaufpreis von 4 Kronentaler). Diese Dokumente scheinen allesamt aus den jeweiligen Firmenarchiven zu stammen. – Der älteste überlieferte Kaufbrief aus Solingen datiert laut Schlesinger von 1660; SCHLESINGER (Bearb.), Handwerkszeichen (wie Anm. 83), Bd. 1, S. 15 f., siehe auch die Transkription dieses Kaufbriefes (dd. 20.10.1660), ebd., S. 145 mit einem Kaufpreis von 6 rt. Weitere Hinweise auf Kauftransaktionen (gelegentlich auch mit Preisangaben) finden sich in den Zeichenrollen der verschiedenen Handwerke im Solinger Stadtarchiv.

führenden Herstellers und dessen *credit bey fremden Kauffleuthen*. Mithilfe von Begriffen wie *Ruf*, *renomme* und *credit* wird eine »Ökonomie der Reputation« entworfen, in der sich Dinge, Personen und Zeichen wechselseitig beeinflussen können, symbolisches, soziales und ökonomisches Kapital nicht nur indirekt ineinander konvertierbar, sondern unmittelbar aufeinander bezogen waren.[125)] So erscheint es durchaus folgerichtig, dass die Solinger Schmiede die Zeichen auch explizit als *erb und aigenthumb* bezeichneten und dies auch mit Verweis auf den investierten Kaufpreis begründeten.[126)]

Dies widerspricht einer Chronologie der Markengeschichte, die ein solches Verständnis als Eigentum zumeist erst im 19. Jahrhundert verortet.[127)] Auch hier sollte man freilich nicht vorschnell eine Morgendämmerung einer »modernen« Markenwelt ausrufen, denn es führt keine direkte Linie von Solingen zum Markenschutz des 19. Jahrhunderts. Das Verständnis der Erbzeichen als Eigentum folgte der Logik einer »Ökonomie der Reputation«, in der Zeichen eindeutig und zugleich täuschungsanfällig waren und auf das eigentlich Bezeichnete zurückwirkten. Insofern war der Missbrauch eines Zeichens kein simples Eigentumsdelikt, sondern kam einer Injurie gegen die Person des Zeicheninhabers gleich. Von einem solchen Konnex gingen etwa auch Akteure auf dem frühneuzeitlichen Buchmarkt aus, wenn sie illegale Nachdrucke als Gefährdung der Ehre des Autors skandalisierten.[128)] Anders als im Fall von literarischer Autorschaft sahen die Solinger Schmiede neben ihrem individuellen *credit* auch die kol-

125) Auf die zentrale Bedeutung des »guten Rufs« eines Händlers oder Anbieters weist etwa hin Laurence FONTAINE, Bemerkungen zum Kaufen als soziale Praxis. Feilschen, Preise festlegen und Güter ersteigern im frühneuzeitlichen Europa, in: Historische Anthropologie 14 (2006), S. 334–248, hier: S. 335. Näher ist dies bislang für Kreditbeziehungen untersucht worden; siehe insbes. Craig MULDREW, The Economy of Obligation: the Culture of Credit and Social Relations in Early Modern England, Basingstoke 1998, bes. S. 148–159. Muldrews These, dass die »economy of reputation« eine Folge zunehmend komplexerer Kreditnetzwerke seit den 1530er Jahren und damit ein frühneuzeitliches Phänomen sei, dürfte im Lichte aktueller Befunde zur spätmittelalterlichen Ökonomie zu hinterfragen sein. Vgl. z. B. Gabriela SIGNORI, Kleinkredite im städtischen Wirtschaftsleben des ausgehenden 15. Jahrhunderts, in: VSWG 108 (2021), S. 30–56; Maria WEBER, Schuldenmachen. Eine soziale Praxis in Augsburg (1480–1532), Münster 2021, und Hans-Jörg GILOMEN, Der Kleinkredit in spätmittelalterlichen Städten. Basel und Zürich im Vergleich, in: Städtische Wirtschaft im Mittelalter. Festschrift für Franz Irsigler zum 70. Geburtstag, hg. von Rudolf HOLBACH/Michel PAULY, Köln u. a. 2011, S. 109–148.

126) Appellationsinstrument, dd. 11.11.1698, LA Duisburg, AA 0627 Reichskammergericht, S 2308/7835, Nr. 5435, fol. 11r.

127) Erste Anzeichen für einen privatrechtlichen Markenschutz hat auch Amend-Traut in einem einschlägigen Prozess aus den 1720er Jahren ausgemacht, freilich ohne eine solche explizite Formulierung des Eigentumsanspruchs wie im hier untersuchten Fall; AMEND-TRAUT, Concurrenz (wie Anm. 77), S. 64 f.

128) Vgl. z. B. Claudius SITTIG, Loehneyens Plagiate. Die Produktion von Reputation, in: Konzepte von Produktivität im Wandel vom Mittelalter in die Frühe Neuzeit, hg. von Corinna LAUDE/Gilbert HESS, Berlin 2008, S. 347–371, hier: S. 359 f.

lektive Reputation der Stadt gefährdet, gründete sich auf den *Ruf* der Erbzeichen doch auch der *Ruf* und die *Nahrung* der Stadt insgesamt.[129)]

Die Verbindung mit »Namen« und persönlicher Ehre legt nahe, dass ein Schmied ein Zeichen führte – eben sein individuelles Zeichen. Bereits die Tatsache, dass Zeichen übertragbar waren, lässt wiederum die Grenzen dieser Analogie aufscheinen. Mehr noch: viele Schmiede verfügten über mehrere Zeichen, deren Gebrauch sie auf unterschiedliche Absatzmärkte abstimmten.[130)] Dabei ging es eben nicht nur um Unterschiedlichkeit, sondern auch um Ähnlichkeit: So nutzten die Solinger gezielt Zeichen, die »fremden« Herkunftszeichen gefährlich ähnelten. Seit dem 15. Jahrhundert verwendeten sie etwa ein Zeichen, das – von der Behaarung einmal abgesehen – dem Passauer Wolf verdächtig ähnelte.[131)] Im 17. und 18. Jahrhundert finden sich vermehrt Wortzeichen wie »Toledo« oder »Sheffield« (in den abenteuerlichsten Schreibweisen) und verschiedenste Wappen.[132)] Man suchte also bewusst die Nähe zu bekannten Zeichen, wie sie oft auch als Beschauzeichen fungierten.[133)] In der Tat sind Imitation und

129) Libellus, fol. 24r–v. Vgl. de MUNCK, Agency (wie Anm. 80), S. 1061–1064, der jedoch in erster Linie von kollektiven Zeichen ausgeht, und allgemeiner Catherine CASSON, Reputation and responsibility in medieval English towns: civic concerns with the regulation of trade, in: Urban History 39 (2012), S. 387–408. Rein in einer ahistorischen Kosten-Nutzen-Perspektive dagegen der Vergleich von individuellen und kollektiven Akteuren im Blick auf Reputationsmanagement bei RICHARDSON, Brand Names (wie Anm. 109), S. 18 f.

130) Vgl. dazu explizit Nemnich in Bezug auf Stangenstahl: *Vom Stangenstahl, der weit und breit versandt wird, giebt es vielerlei Bezeichnungen, die den verschiedenen Plätzen des Absatzes zugeeignet sind. Für Amerika, ist das daselbst allgemein bekannte und berühmteste Zeichen: Herz und Kleeblatt; desgleichen Halbachs sogenannter Best German Steel. Für die eine Gegend in Frankreich, ist der Anker, und für andere Gegenden in demselben Lande, sind die Zeichen des Hirsches, Stieres, Hammers ec. in beständiger Nachfrage. Holland liebt die drei Sporen. Die Häfen der Ostsee nehmen den Tannenbaum.* Philipp Andreas NEMNICH, Tagebuch einer der Kultur und Industrie gewidmeten Reise, Bd. 1, Tübingen 1809, S. 433 f. Der Gebrauch fremder Ortsnamen wird 1828 verboten. – Für Nürnberg und einige andere oberdeutsche Städte hat ILGENFRITZ, Warenzeichenrecht (wie Anm. 80), S. 65 ff., gezeigt, dass hier zwar – anders als in Solingen – Verordnungen gegen die Führung mehrerer Zeichen erlassen wurden, aber offenkundig wenig Beachtung fanden.

131) Erwähnt bei KAISER, Imitationen (wie Anm. 80), S. 470 f., ausführlicher diskutiert bei HEUSER, Solingen (wie Anm. 74), S. 104–107. Zur Verwendung von spanischen Warenzeichen in Solingen im 16. Jhdt. und zur »Fälschungsfrage« insgesamt auch Wendelin BOEHEIM, Handbuch der Waffenkunde, Leipzig 1890, S. 642 f.

132) Dazu kurz SCHLESINGER (Bearb.), Handwerkszeichen (wie Anm. 83), Bd. 1, S. 18.

133) SCHLESINGER (Bearb.), Handwerkszeichen (wie Anm. 83), Bd. 1, S. 265 f., hier auch diverse ndl. Stadtwappen, u. a. von Amsterdam und Eindhoven (266). – Der Sohn Wilhelm Dingers, Clemens Dinger, ließ sich etwa das *Wappen von Frankreich* und das *Wappen von Namur* als Zeichen einschreiben; Schwertschmiede-Zeichenrolle, 1685–1701, StA Solingen, I-H-19, S. 4. Auf die Fortsetzung des Frankreich-Geschäfts seines Vaters war Clemens auch durch einen Aufenthalt in Paris vorbereitet worden; siehe Brief Clemens Dingers an Wilhelm Dinger, dd. Paris 20.8.1677, StA Solingen, I-LP 01a, fol. 1.

Innovation, wie Reinhold Kaiser argumentiert hat, keine Gegensätze – ebenso wie Distinktion und Ähnlichkeit aufeinander verwiesen bleiben.[134)]

Eine Anpassung an spezifische Absatzmärkte konnte auch über andere Wege erfolgen: etwa über die Wahl regionaler Tiersymbole, die z. B. auf recht ungewöhnliches kulturelles Wissen über entfernte Weltgegenden schließen lassen – in einem Fall fand zusammen mit der stilisierten Darstellung eines Reihers auch ein Begriff aus der in Mexiko gebräuchlichen Nahuatl-Sprache (*xoxouquihaactli*) seinen Weg in eine Solinger Zeichenrolle.[135)] In anderen Fällen diente hingegen das Aufgreifen politischer Schlagworte und Figuren zur Ansprache spezifischer Kundenkreise. Im Jahr 1800 wurden *Bonaparte* und *Rep. France* als neue Wortzeichen eingeschrieben, später folgten *Blücher* und *Wellington*, die auch zur Dekoration von Messerheften Verwendung fanden.[136)] Die Kunst des Verkaufens paarte sich so mit spezifischem kulturellem Wissen einerseits und politischem Opportunismus andererseits.

Mit den gängigen Gegenüberstellungen der Markengeschichte von Zeichen und Symbol, von Information und Manipulation ist die Solinger Zeichenwelt nur schwer zu erfassen. Zwar gelten die Zeichen allen Beteiligten als Ausdruck des inneren Werts der Dinge, doch eben dieser Wert ist bereits umstritten und keineswegs nur an das verwendete Material gekoppelt. Die Erbzeichen sind individuelle Herstellerzeichen und stellen exklusive Eigentumswerte dar, rechtlich bewehrt und an andere übertragbar. Die Organisation und das Geschäftsmodell der Solinger Klingenindustrie sind dabei zweifelsohne gewerbespezifisch und weisen auch besondere Probleme der Vermarktung auf. So sind etwa im Metallgewerbe Möglichkeiten zur Qualitätskontrolle durch Käufer und Zwischenhändler deutlich eingeschränkter als bei anderen exportorientierten Gewer-

134) »Pointiert formuliert bedeutete dies: am Anfang vieler spätmittelalterlicher und frühneuzeitlicher ›Industriegebiete‹ stand die Imitation von Beschau- und Warenzeichen.« KAISER, Imitationen (wie Anm. 80), S. 477 et pass. Auf Ähnlichkeitsbeziehungen als Grundlage für Distinktion von Zeichen verweist auch GROEBNER, Schein (wie Anm. 103), S. 32 f. Vgl. auch CLIFFORD, Concepts (wie Anm. 80), S. 247–249.

135) Neben dem Nahuatl-Begriff wird auch die spanische Bezeichnung *Garza* (Reiher) angegeben; siehe StA Solingen, I-H-24, S. 83 (Eintrag für Wilhelm Bernhard Samuel Kirschbaum, dd. 21.06.1777, mit Verweis auf eine Publikation der Zeichen im Februar 1775), Abschrift bei SCHLESINGER (Bearb.), Handwerkszeichen (wie Anm. 83), Bd. 2, S. 123 f. Für einen zeitgenössischen Beleg des Nahuatl-Begriffs siehe Johann Samuel HALLE, Die Naturgeschichte der Thiere in sistematischer Ordnung, Bd. 2: Die Vögelgeschichte, Berlin 1760, S. 540, Nr. 524 (*Der purpurfarbne Harpunreiher*), dort jedoch ohne spanische Übersetzung. – Just um dieses und weitere Vogelzeichen wurde in den 1770er Jahren ein weiterer, langwieriger Prozess geführt: Wilhelm Tesche & Abraham Mumm c/a Erben Küller (1775 ff.), LA Duisburg, Jülich-Berg, Oberappellationsgericht (AA0037), Nr. B XXVI 20, Bd. 1–4; ebd., Bd. 4 finden sich Abschriften der Publikation dieser Zeichen (dd. 01.02.1775, fol. 1–3) sowie eines weiteren einschlägigen Eintrags aus einem Handwerksbuch (dd. 11.12.1773, fol. 5–7) – hier ist von *neue*[n] *Ersonnen Zeichen* die Rede.

136) Siehe z. B. StA Solingen, StA Solingen, I-H-24, S. 126 (Eintrag für Mr. Schaberg, dd. 08.11.1800); für einschlägige Messerhefte vgl. etwa ein Musterbuch aus dem frühen 19. Jhdt.: Deutsches Klingenmuseum Solingen, MB 38, Nos. 3762 und 3768. Zu den Schwierigkeiten des Solinger Gewerbes in den Zeiten der napoleonischen Kriege siehe knapp auch GORISSEN, Eisengewerbe (wie Anm. 75), S. 393 f.

ben wie dem Tuch- oder Weinhandel. Die Zeichenkonzepte und Inwertsetzungspraktiken aber, die in dem Solinger Konflikt aufschienen, gehören zu Grundelementen der zeitgenössischen Ökonomie der Reputation.

V. Schluss

Wer hat's erfunden? Das ist in der Werbegeschichte mit ihrer Neigung zu Ursprungserzählungen keine unbekannte Frage. Ähnlich wie in den einschlägigen Werbespots ist die Variation möglicher Antworten gering: Wird die Geschichte der Werbung *per definitionem* an die Geschichte von Kapitalismus und moderner Konsumgesellschaft gekoppelt, so folgt sie zwangsläufig auch deren Entwicklungsnarrativen – genau dies hat uns eine ganze Flut an »Revolutionen« unterschiedlicher Datierung beschert.[137)] Darin mag ein Gewinn für moderne Kapitalismus- und Konsumgeschichte liegen, das Erkenntnispotential für Vormoderne-Historiker*innen aber ist begrenzt.[138)]

Klammert man die Frage nach Ursprüngen hingegen ein, erweist sich die Historisierung von Werbung als lohnenswertes Unterfangen für eine breiter angelegte Historisierung von Marktgeschehen und Ökonomie insgesamt. Problematisierungen von Werbung können als Sonde dienen, um historisch variable Konzepte des Ökonomischen aufzuspüren, und zwar gerade auch jenseits des gelehrten Diskurses, wie er in der ökonomischen Ideengeschichte lange Zeit dominierte. Mehr noch: Sie erlauben es, solche Konzepte in Aktion und im Konflikt zu beobachten – und so zugleich die Heterogenität zeitgenössischer Vorstellungen, Semantiken und Werte zu erfassen.

Praktiken der Werbung zu untersuchen, heißt auch, »Markt« und »Marktförmigkeit« nicht einfach als gegeben vorauszusetzen, sondern im Gegenteil: sie als Ergebnis menschlichen Handelns zu begreifen, angewiesen auf Infrastrukturen und Ordnungsarrangements, von Normen begrenzt und ermöglicht. Praktiken der Werbung sind in diesem Sinne erstens auf das Zusammenkommen von Käufern und Verkäufern hin zu befragen: Wo und auf welche Weise werden potentielle Kunden oder Konsumenten gesucht? Mit welchen Angeboten misst man sich? Zwischen welchen Optionen kann (muss?) man sich entscheiden? Auf diese Weise ergibt sich ein weiterer Zugang zur Historisierung von Märkten: Es gilt, die Rolle von Wissen auf Märkten und über Märkte zu rekonstruieren und auf diese Weise auch die variablen Grenzen von Märkten als histo-

137) Vgl. auch die Kritik bei Blondé/Ryckbosch, Isolation (wie Anm. 30) und Vicki Howard/Jon Stobart, Introduction: Perspectives on Global Retailing, in: The Routledge Companion to the History of Retailing, hg. von dens., New York 2019, S. 1–12.

138) Oder wie Martha Howell es einmal formuliert hat: »…such a framework ineluctably gives us a naturalized model of the modern economy with ›laws‹ and a logic so immutable that its only history can be the story of its discovery. Scholars working within such a framework have thus been led to search for the setting, the moment, or the set of circumstances that allowed ›it‹ to emerge.« Howell, Commerce (wie Anm. 41), S. 299.

rischen Handlungsräumen zu rekonstruieren, in Blick auf ihre räumliche Konfiguration, aber auch im Blick auf die Angebote, die jeweils als vergleichbar gelten. Nicht zuletzt führt dies auch zurück zum Phänomen der Konkurrenz – nicht als abstraktes Prinzip »des Markts«, sondern als soziale Praxis.[139)]

In einem zweiten Schritt können Praktiken der Werbung als Inwertsetzungspraktiken untersucht werden. Auf diese Weise lässt sich Aufschluss gewinnen über historische Wert- und Materialitätskonzepte, aber auch über Relationierungsweisen von Menschen, Dingen und Zeichen. Wie der Solinger Zeichenstreit gezeigt hat, öffnet sich von hier aus ein Blick auf eine vormoderne Ökonomie der Reputation, die ihre eigenen Zeichentheorien hatte, in der symbolisches und ökonomisches Kapital unmittelbar aufeinander bezogen und in der ein »guter Ruf« geldwert war.

Die Geschichte der Werbung ist in vielfältige und kontroverse Erzählungen verstrickt. Eine konsequente Historisierung erscheint so gleichermaßen notwendig wie herausfordernd; zugleich wird deutlich, dass für ein solches Unterfangen eine reflexive Perspektive unabdingbar ist. So gilt es, die Genealogie von Werbegeschichten, ihre unterschiedlichen Formen und Funktionen selbst einzubeziehen und zu hinterfragen. Blicken wir noch einmal auf den Reklamestreit von 1908: Es ist kein Zufall, dass Sombart hier die »Herren Levy« und »Cohn« auftreten ließ, die den deutschen »Michel« mit ihren »Aermelausreißgeschäften« bedrängten.[140)] In seinem berüchtigten Buch ›Die Juden und das Wirtschaftsleben‹, seiner Antwort auf Webers Protestantismusthese, identifizierte Sombart »die Juden« gar als »die Väter der Kundeneroberungssysteme« wie auch als »die Väter der modernen Reklame«.[141)] Hier erweisen sich vormoderne Auseinandersetzungen um Werbung als Baustein für moderne Marktmythen sowie als Legitimationsressource für gesellschaftliche Exklusion.[142)] So zeigt sich auch: An den Grenzen der Ökonomie wurden und werden Grundfragen von Ordnung und Zugehörigkeit verhandelt.

139) Vgl. dazu auch Christina BRAUNER/Alexander ENGEL, Konkurrenz und ihre Grenzen: Debatten – Konzepte – Frageperspektiven, in: Konkurrenzen in der Frühen Neuzeit. Aufeinandertreffen – Übereinstimmung – Rivalität, hg. von Hillard von THIESSEN/Franziska NEUMANN/Jorun POETTERING, Köln u. a. 2023, S. 47–70.

140) SOMBART, Reklame (wie Anm. 2), S. 283.

141) Werner SOMBART, Die Juden und das Wirtschaftsleben, Leipzig 1911, S. 164. Als »Beweismaterial« präsentiert Sombart ein epochen- und länderübergreifendes Panorama von zünftischen Klagen, die – in unterschiedlichem Grad und Intensität – judenfeindliche Elemente beeinhalten.

142) Vgl. Francesca TRIVELLATO, The Promise and Peril of Credit: What a Forgotten Legend about Jews and Finance Tells Us about the Making of European Commercial Society, Princeton 2019, bes. Kap. 8 und Coda, u. a. zur kontroversen Rezeption von Sombarts Thesen.

Summary: Practices and Polemics: Advertising and the History of the Pre-Modern Economy

Taking its cue from Werner Sombart's outrage against the »advertising pest« in 1908, this article outlines the role of pre-modern advertising in modern debates about capitalism and markets. It argues that, precisely because of its controversial nature past and present, a *histoire-problème* of advertising may contribute to a historicisation of both the economy and markets: firstly, by looking at conflicts about advertising in terms of boundary-work, and secondly, by analysing historical practices of advertising as specific solutions to more general problems such as the coordination of buyers and sellers and the valuation of goods. Two case-studies – the contested advertising practices of a Kleve auctioneer and a lawsuit concerning the Solingen metal trade and its branding – serve to test this approach and provide some initial suggestions as to how such a history of advertising might look.

Marktplätze als Orte und Räume materieller Praktiken einer Ars Vendendi[1)]

Ulrich Müller (Kiel)

Der Besuch von Wochenmärkten hat Konjunktur. So unterschiedlich die Gründe hierfür sind, so einzigartig ist die Atmosphäre des Platzes. Ob dort etwas erworben wird oder die Besucherinnen und Besucher nur schauen: Produkte beziehungsweise Dienstleistungen werden in Szene gesetzt. Auf den ersten Blick sind es die Verkäuferinnen und Verkäufer, die Gemüse, Fische, Kurzwaren oder Messer lautstark anpreisen, die Auslage präsentieren oder mit Schildern darauf hinweisen. Aber auch die Waren an sich animieren zum Kauf und nicht zuletzt besitzen die Käuferinnen und Käufer einen Erfahrungsschatz, aufgrund dessen sie einen Marktstand aufsuchen, einen anderen meiden. Alle diese vielfältigen und miteinander verwobenen Praktiken (*practice arrangement bundels* oder *practice architectures*)[2)] finden an einem Ort statt, der geschlossen und zugleich offen ist. Damit sind schon einige Eckpunkte dieses Beitrages abgesteckt. Eine archäologische Annäherung und Auseinandersetzung mit der Ars Vendendi erfolgt anhand von Marktplätzen als Orte und Räume für Praktiken des Bewerbens, denn die Materialität der Ars Vendendi konkretisiert sich in spezifischen räumlichen (insbesondere topographischen und geographischen) Ordnungen. Warum Marktplätze im Mittelpunkt stehen, wird eine kurze Einführung zum Forschungsstand aufzeigen. Welche Quellen auf Marktplätzen anzutreffen sind, welche Marktelemente und Arten der Marktverbauung ihre materiellen Spuren hinterlassen, wird anschließend erläutert. Für das Mittelalter, welches hier als lateineuropäisches Mittelalter verstanden und weitgehend auf den deutschsprachigen Raum enggeführt wird, sind indes nicht allein die zentralen Märkte ab dem 12./13. Jahrhundert bestimmend. Gerade die in der Forschung intensiv unter-

1) Der Beitrag entstand im Rahmen des Exzellenzclusters »EXC 2150, ROOTS – Social, Environmental, and Cultural Connectivity in Past Societies«.

2) Hier sollen die Unterschiede zwischen beiden Konzepten nicht genauer diskutiert werden. Vgl. hierzu Kathleen MAHON/Stephen KEMMIS/Susanne FRANCISCO/Annemaree LLOYD, Introduction. Practice Theory and the Theory of Practice Architectures, in: Exploring Education and Professional Practice, hg. von Kathleen MAHON/Stephen KEMMIS/Susanne FRANCISCO, Singapore 2016, S. 1–30 sowie Stephen KEMMIS, Transforming Practices. Changing the World with the Theory of Practice Architectures, Singapore 2022.

suchten Marktplätze des frühen und hohen Mittelalters bieten in ihrer Verschränkung von Hafen und Markt ganz eigene Bühnen. Daher blickt der Beitrag auch auf sogenannte Hafenmärkte, um abschließend die räumlichen Praktiken auf zentralen Marktplätzen in den Blick zu nehmen.

I. Die Ars Vendendi und der Markt

Das Themenfeld von Austausch und Handel bildet eine zentrale Domäne der prähistorischen und der historischen Archäologien[3]. Dementsprechend wurde und wird intensiv nicht nur diskutiert, wie und durch welche Quellen Märkte und Marktplätze erfasst werden, sondern auch die Bedeutung von Markt als wirtschaftswissenschaftliches Konzept für die Vormoderne thematisiert. Die Diskussionen reichen von grundlegenden theoretischen wie methodischen Überlegungen zum Wirtschaften in vormodernen Gesellschaften und der Abgrenzung gegenüber anderen Formen von Tauschverfahren bis hin zum konkreten Nachweis der Modi und Konfigurationen vor Ort[4]. Weiterhin geht es nicht nur um den wirtschaftlichen oder juristischen Marktbegriff in Sinne von Wirtschaftsräumen, Institutionen oder Regeln, sondern um die sozialen Praktiken und deren sozialräumliche Verortung. Ein zentrales Thema ist darüber hinaus die Frage nach der Rolle von Märkten bei Zentralisierungsprozessen, insbesondere der Urbanisierung[5]. Archäologische Analysen zu Marktplätzen beschränken sich keineswegs auf den lateineuropäischen Raum[6], und über regionen- oder epochenspezifische Studien hinausrei-

3) Im Folgenden wird darauf verzichtet, intradisziplinäre Unterscheidungen (zum Beispiel ur- und frühgeschichtliche Archäologie, Archäologie des Mittelalters, Historische Archäologie usw.) vorzunehmen und der Einfachheit halber von Archäologie gesprochen.

4) Ulla Kypta, How to Study the Premodern Market. The Concept of Market Exchange, in: Markets and their Actors in the Late Middle Ages, hg. von Tanja Skambraks/Julia Bruch/Ulla Kypta, Berlin 2021, S. 7–26; Mark Casson, The Market as an Institution. Theory and History, in: Evolutions of Capitalism. Historical Perspectives, 1200–2000, hg. von Catherine Casson/Philipp Robinson Rössner, Bristol 2022, S. 29–52; Gary M. Feinman/Christopher P. Garraty, Preindustrial Markets and Marketing. Archaeological Perspectives, in: Annual Review of Anthropology 39 (2010), S. 167–191; Lorenz Rahmstorf/Edward Stratford, Weights and Marketplaces from the Bronze Age to the Early Modern Period, Kiel 2019. Siehe auch Martin Bühler, Von Netzwerken zu Märkten. Die Entstehung eines globalen Getreidemarktes (Studien zur Weltgesellschaft. World Society Studies 5), Frankfurt am Main/New York 2019, S. 16–29.

5) Monica L. Smith, Cities. The First 6,000 Years, New York 2019.

6) Stellvertretend für die globale Perspektive kann man unter anderem die Analysen zu mittelamerikanischen Marktplätzen oder den Handel an der ostafrikanischen Küste und den subsaharischen Zentren nennen. Vgl. Henriette Rødland, Swahili Social Landscapes. Material Expressions of Identity, Agency, and Labour in Zanzibar, 1000–1400 CE (Studies in Global Archaeology 26), Uppsala 2021; Essouk – Tadmekka. An Early Islamic Trans-Saharan Market Town, hg. von Sam Nixon (Journal of African Archaeology Monograph 12), Leiden/Boston 2017; Stephen A. Kowalewski, Finding the Marketplaces in Prehispanic Mesoamerica. A Review, in: Rahmstorf/Stratford, Weights (wie Anm. 4), S. 323–337; Elizabeth Paris/Roberto López Bravo/Gab-

chend sind diachrone Studien anzutreffen, die die konkreten Fallbeispiele in größeren Zusammenhängen verorten[7]. Gerade hier wird deutlich, dass es nicht *die* Definition von Markt gibt, hängt diese doch stark von den Fragestellungen und den (fach-)wissenschaftlichen Kontexten ab. In einem 2010 publizierten Beitrag haben Gary M. Feinman and Christopher P. Garraty »Market exchange« als »economic transactions where the economic forces of supply and demand are highly visible and where prices or exchange equivalences exist« definiert; »market concept or model [means] an idealized conception that an economic (market) system is the cumulative effect of market transactions between self-interested buyers and sellers«[8].

I.1. Warenwerbung. Eine archäologische Perspektive

Das Kaufen und Verkaufen, das Informieren über Produkte und Dienstleistungen, aber auch das Werben für diese ist eine in jeder Hinsicht multidimensionale und multimodale Praxis. Während in modernen und spätmodernen Gesellschaften die Sichtbarkeit von Werbung und Produktinformation als Verdinglichung wahrzunehmen ist und in soziologischen Theorien von »Simmel, Bourdieu oder Foucault die Wirkung von Materialität auf gesellschaftliche Veränderungen sowie umgekehrt die materielle Manifestierung gesellschaftlicher Veränderungen in verschiedener Weise analytisch und empirisch greifbar ist«[9], brauchte es in den historischen Wissenschaften wohl erst den *material turn* oder *object turn*, um über Schriftquellen und bildliche Zeugnisse hinaus Gegenstände, geplante oder zufällige Assemblagen, Architekturen, aber auch Landschaften in den Blick zu nehmen.

riel Laló Jacinto, The Making of a Plaza. Public Space and a Marketplace at Tenam Puente, Chiapas, Mexico, in: Estudios de cultura maya 58 (2021), S. 45–83.

7) Stellvertretend Archaeological Approaches to Market Exchange in Ancient Societies, hg. von Christopher P. Garraty/Barbara L. Stark, Boulder 2010; Levan Luke, Public Space in the Late Antique City. 2 Bde., Leiden/Boston 2020; Douglas K. Smit, Archaeology and Markets, in: A Handbook of Economic Anthropology, hg. von James Carrier, Cheltenham ³2022; Market as Place and Space of Economic Exchange. Perspectives From Archaeology and Anthropology, hg. von Hans Peter Hahn/Geraldine Schmitz, Oxford 2018; Merchants, Measures and Money. Understanding Technologies of Early Trade in a Comparative Perspective, hg. von Lorenz Rahmstorf/Nicola Ialongo/Gojko Barjamovic, Kiel 2021; Markets and Exchanges in Pre-Modern and Traditional Societies, hg. von Juan Carlos Moreno García, Oxford 2021.

8) Feinman/Garraty, Preindustrial Markets (wie Anm. 4), S. 170. Wichtig ist in diesem Zusammenhang, dass »markets as social institutions predicated on the market exchange of alienable commodities. The social context pertains to the networks of relationships involved in market exchanges and the establishment of prices«; ebd., S. 172.

9) Anna Henkel, Die Materialität der Gesellschaft. Entwicklung einer gesellschaftstheoretischen Perspektive auf Materialität auf Basis der Luhmannschen Systemtheorie, in: Soziale Welt 68 (2017), S. 279–299.

Die Archäologie, die sich aufgrund ihrer Quellen quasi per se mit den Materialitäten gegenwärtiger und vergangener Gesellschaft auseinandersetzt, wäre eigentlich prädestiniert, um Themen wie Warenwerbung zu adressieren. Dass dem kaum so ist, hat verschiedene Gründe. Blickt man auf Konzepte der modernen Marketingkommunikation, so lassen sich sehr unterschiedliche, sich stellenweise überschneidende Formate fassen. Hierzu gehören neben Werbung auch Verkaufsförderung, Öffentlichkeitsarbeit, Sponsoring, Product Placement, Branding oder Event Marketing und weitere Formate. Werbung kann also sehr weit gefasst als elementarer Bestandteil von Kommunikation und sozialer Interaktion, aber auch betriebswirtschaftlich als Teil des Marketing mit dem Ziel der Absatzförderung konkreter Angebote, Produkte oder Dienstleistungen verstanden werden[10]. Diese und weitere Konzepte sind aufgrund ihrer medien- oder wirtschaftstheoretischen Rahmungen meist mit der Moderne verbunden und lassen sich nur sehr generalisiert auf die Vormoderne übertragen[11].

Eine *Archaeology of Advertising* gibt es (noch) nicht, und diesen Themen widmen sich in den historischen Archäologien – wenn überhaupt – Forschungen zur *Archaeology of Consumption* oder *Archaeology of Consumerism*[12]. In ihnen wird die *agency* von materieller Kultur, aber auch die grundsätzliche Frage der Ausbildung von Konsum adressiert, wie er sich vor dem Hintergrund kulturanthropologischer Theoriebildung vollzieht[13]. Werbung im oben genannten Sinne behandeln zumeist Beträge der Archäologie des 19.

10) Jeff RICHARDS, A History of Advertising. The First 300,000 Years, Lanham 2022; Jackson LEARS, Fables of Abundance. A Cultural History of Advertising in America, New York 1994; Ralf BANKEN/Christian KLEINSCHMIDT/Jan LOGEMANN, Absatz und Reklame. Die Anfänge von modernem Einzelhandel und die Werbung bis zum Ersten Weltkrieg, in: Konsum im 19. und 20. Jahrhundert, hg. von Christian KLEINSCHMIDT/Jan LOGEMANN (Handbücher zur Wirtschaftsgeschichte), Berlin/New York 2020, S. 191–207.

11) Instruktiv dabei: David WENGROW, Prehistories of Commodity Branding, in: Current Anthropology 49 (2008), S. 7–34 am Beispiel von mesopotamischen Siegeln. Hans Günther KÄSEBORN, Wirtschaftswerbung. Historische Beispiele von der Antike bis zum Beginn des 20. Jahrhunderts, Rinteln 1993; Fred K. BEARD, The Ancient History of Advertising. Insights and Implications for Practitioners. What Today's Advertisers and Marketers Can Learn from Their Predecessors, in: Journal of Advertising Research 57 (2017), S. 239–244. So wird auch die Frage der »Werbung«/»Produktpräsentation« in dem Fragenkatalog von Lorenz RAHMSTORF/Edward STRATFORD, Weights and Marketplaces: A Short Introduction to the Workshop, in: DIES., Weights (wie Anm. 4), S. 139–142 nicht thematisiert.

12) Vgl. Teresita MAJEWSKI/Michael Brian SCHIFFER, Beyond Consumption. Toward an Archaeology of Consumerism, in: International Handbook of Historical Archaeology, hg. von Teresita MAJEWSKI/David GAIMSTER, New York 2009, S. 191–207; Material Worlds. Archaeology, Consumption, and the Road to Modernity, hg. von Barbara HEATH/Eleanor BREEN, London 2017; Juan Vicente García MARSILLA, Food Consumption in Medieval Iberia. A Socio-Economic Analysis, 13th–15th Centuries, Abingdon 2022.

13) David GRAEBER, ›Consumption‹, in: Current Anthropology 52 (2011), S. 489–511 sowie Kommentare zu dem Artikel. Ute SCHOLZ, Konsum und Archäologie. Zur Anwendung von Theorien der Konsumforschung in der Historischen Archäologie, in: Historische Archäologie 2012, S. 1–18. Kritisch zu den Ansätzen von Kopytoff: WENGROW, Prehistories (wie Anm. 11), S. 12–15.

bis 21. Jahrhunderts[14]. In der Tat scheint es für die Vormoderne schwierig, zwischen Werbung für ein Produkt, Herstellermarken und Kontrollmarken auf Produkten oder beispielsweise politischen oder konfessionellen Aussagen zu unterscheiden. Erinnert sei an dieser Stelle an Gefäße aus dem 16. oder frühen 17. Jahrhundert, die Befürworter oder Gegner der Reformation abbilden[15]. Doch sowohl das Produktions- und Kaufangebot solcher Objekte als auch die Benutzung oder Zurschaustellung im öffentlichen oder privaten Raum ließe sich durchaus im Sinne eines Bewerbens untersuchen. Dies gilt für Marken oder Inschriften auf Objekten, die den Hersteller oder den Herkunftsort nennen können, aber auch als Symbol für die Qualität einer Ware und damit im weitesten Sinne auch als Bewerbung zu verstehen sind[16]. Somit bietet es sich analog zu heutigen Konzepten an, beispielsweise Werbeträger, Werbemittel und Werbemedien zu unterscheiden. Diese können vom eigentlichen Produkt (zum Beispiel der Dienstleistung oder dem Angebot) abgekoppelt sein, wenn beispielsweise im öffentlichen Raum der Stadt mit Schildern oder Graffiti auf Läden hingewiesen wird.[17] Die Bewerbung kann aber auch am Verkaufsort erfolgen, wobei hierzu nicht nur spezifische Werbeträger (wie Schilder) gehören, sondern auch Produktauslage und präsentation diese Funktionen haben können. Nicht zuletzt kann die Qualität des Produktes selbst ein Gegenstand der Bewerbung sein[18].

Zusammenfassend kann man festhalten, dass sich die Archäologie mittels Funden (Artefakten) der Ars Vendendi annähern kann[19]. Je nachdem, wie eng oder weit man Begriffe wie Werbung oder Verkaufsförderung fasst, lassen sich Beziehungen zwischen dem Erwerb von Silexklingen in der Steinzeit und Schweizer Messern in der Moderne entdecken – oder auch nicht, denn es bleibt nach dem analytischen Mehrwert solcher Vergleiche zu fragen. Dass Produkte oder Dienstleistungen – in welcher Form auch im-

14) Exemplarisch Yolanda COURTNEY, Pub Tokens. Material Culture and Regional Marketing Patterns in Victorian England and Wales, in: International Journal of Historical Archaeology 4 (2000), S. 159–190.

15) Vgl. Keramik zwischen Werbung, Propaganda und praktischem Gebrauch, hg. von Harald STADLER/Lisa OBOJES (Nearchos 23), Innsbruck 2018.

16) Exemplarisch sei hier auf die Diskussion zu den Ulfberht-Schwertern hingewiesen; vgl. mit weiterer Literatur Robert LEHMANN, Archäometrische Analysen am ULFBERHT-Schwert, in: Nachrichten aus Niedersachsens Urgeschichte 84 (2015), S. 185–192. Weiterhin zu Schlagmarken: RALPH RÖBER, Schlagmarkierungen auf mittelalterlichen Schmiedeobjekten. Ein Beitrag zum Aussagepotential gewerblicher Zeichen, in: Schmiedehandwerk in Mittelalter und Neuzeit. Beiträge des 6. Kolloquiums des Arbeitskreises zur archäologischen Erforschung des mittelalterlichen Handwerks, hg. von Walter MELZER, Soest 2004, S. 139–161.

17) Annette HAUG, Öffentliche Räume in Pompeji. Zum Design urbaner Atmosphären (Decorative Principles in Late Republican and Early Imperial Italy 5), Berlin 2023; Evelyn WELCH, Shopping in the Renaissance. Consumer Cultures in Italy 1400–1600, New Haven 2005, S. 137 f.

18) Zum Beispiel Dieter HITTINGER, Tuchplomben. Warenzeichen des späten Mittelalters und der Neuzeit aus dem norddeutschen Küstengebiet, Aachen 2008; Stuart ELTON, Cloth Seals. An Illustrated Reference Guide to the Identification of Lead Seals Attached to Cloth From the British Perspective, Oxford 2017.

19) Vgl. WENGROW, Prehistories (wie Anm. 11), S. 20 f. sowie Kommentare S. 22–29.

mer, mit welchen Mitteln auch immer – beworben wurden, dürfte nicht verwundern. Weitaus ertragreicher sollte es sein, nach Konfigurationen und Modi zu suchen, die eine Bewerbung ermöglichten beziehungsweise abbilden. Hierzu bietet sich der Blick auf Marktplätze an, die eine sehr konzertierte Perspektive auf die kommerziellen Architekturen, geplanten und ungeplanten Assemblagen sowie den mit ihnen verbundenen materialisierten Praktiken ermöglichen.

I.2. Marktplätze als Orte einer Ars Vendendi

Marktplätze gelten als »physical places in which market exchanges are generally conducted at customary times«[20]. Einer solchen weiten Definition folgt auch Colin Arnaud, der »Markt letztendlich als die Verdichtung von Tausch- und Verkaufsmöglichkeiten in einem bestimmten Bereich«[21] beschreibt und damit den Blick auf die sozialräumlichen Beziehungen legt. Kurz: »Marketplaces embody a localized set of social institutions, social actors, property rights, products, transactional relationships, trade practices, and cultural meanings framed by a wide variety of factors including, but not limited to, ›purely economic‹ or ›market‹ forces«[22].

Seit den 1990er-Jahren sind Märkte und das Marktgeschehen in der Geschichtswissenschaft ein immer wieder und durchaus kontrovers behandeltes Thema[23]. Mit Blick auf die archäologischen Zugänge, die zumeist nach räumlichen und zeitlichen Strukturen und Praktiken fragen, seien unter der Vielzahl von anregenden Beiträgen aus den Geschichtswissenschaften hier nur die Monografien von Donatella Cabali, Michaela Fenske und Colin Arnaud genannt, da diese explizit stadträumliche und sozialtopographische Zugänge benutzen[24].

20) Feinman/Garraty, Preindustrial Markets (wie Anm. 4), S. 170.

21) Colin Arnaud, Topografien des Alltags. Bologna und Straßburg um 1400 (Europa im Mittelalter 28), Berlin/Boston 2018, S. 5. Klassisch ist nach wie vor die Definition von Edith Ennen »Markt (mercatus, mercatum, forum) bedeutet im Mittelalter sowohl eine rechtliche Institution und eine Erscheinung des Wirtschaftslebens als auch konkret den Platz, auf dem der Markt stattfindet«; Edith Ennen, Markt, in: HRG 3 (1984), S. 330–337, hier S. 330.

22) Theodor C. Bestor, Markets, Anthropological Aspects, in: International Encyclopedia of the Social & Behavioral Sciences 14 (2001), S. 9227–9231, hier S. 9227. Vgl. auch Rahmstorf/Stratford, Introduction (wie Anm. 11), S. 139–142 sowie Werner Freitag, Städtische Märkte in der mittelalterlichen und frühneuzeitlichen Topografie. Funktionalität und symbolische Kommunikation, in: Orte der Stadt im Wandel vom Mittelalter zur Gegenwart, hg. von Lukas Morscher/Martin Scheutz/Walter Schuster (Beiträge zur Geschichte der Städte Mitteleuropas 24), Innsbruck 2013, S. 39–58.

23) Skambraks/Bruch/Kypta, Markets (wie Anm. 4); Markets and Exchanges in Pre-modern and Traditional Societies, hg. von Juan Carlos Moreno García, Oxford 2021; Arnaud, Topografien (wie Anm. 21), S. 3–6.

24) Donatella Calabi, The Market and the City. Square, Street and Architecture in Early Modern Europe (Historical Urban Studies), Aldershot 2004; Michaela Fenske, Marktkultur in der Frühen Neuzeit. Wirtschaft,

Auch wenn seitens der Archäologie berechtigterweise nach Definitionen von Markt im weitesten Sinne gefragt wird[25], so lassen sich in den Forschungen zwei miteinander verbundene Themenfelder erkennen: erstens Untersuchungen von Siedlungen, innerhalb derer ökonomischer Austausch eine zentrale Rolle spielte und zweitens die Analyse von (urbanen) Marktplätzen als spezifische Areale innerhalb einer Siedlung.

Wenn Colin Arnauld ausführt, dass von den mittelalterlichen Akteuren »›Markt‹ auch verwendet [wurde], um einen Platz, eine Straße oder eine Gassengruppe zu bezeichnen, und zwar unabhängig davon, ob dort ein Handelszentrum war oder nicht[26]«, so spiegelt dies einerseits die mittelalterliche Toponymie wider, erlaubt aber andererseits auch zu fragen, ob Bezeichnungen wie *forum* oder *campus fori* eben nicht auch auf ältere Gegebenheiten verweisen. Ein (innerstädtischer) Marktplatz kann als Freifläche gezielt geplant und angelegt worden sein; er kann aber auch durch innerstädtische Baumaßnahmen entwickelt werden, wenn Plätze wie Kirchhöfe, Brachen und Bauerwartungsland oder Straßenzüge neu gestaltet werden[27].

In den hoch- und spätmittelalterlichen Städten sind Marktplätze meist gut zu identifizieren und in heutigen Altstädten als Platz oftmals noch präsent. Markt beschränkt sich keinesfalls auf Marktplätze, sondern findet an den unterschiedlichsten Orten statt. Brücken, Kirchhöfe oder auch Straßenzüge und Gassen stellen ebenso Raum zur Verfügung wie Uferbereiche und Hafenareale oder Areale vor der Stadtmauer. Somit sind neben Zentralmärkten auch Neben- oder Außenmärkte vorhanden, und der Vielortigkeit der Märke entspricht auch die Multifunktionalität und Multitemporalität des Marktgeschehens. Spezialisierte Märkte (Fleischmarkt, Eisenwarenmarkt, Viehmarkt) sind ebenso bekannt wie die Binnendifferenzierung auf Märkten. Von Tagesmärkten über Wochenmärkte bis hin zu Jahrmärkten und Messen reicht die zeitliche Frequenz. Hinzu kommen Märkte, die sich eher an den Endhandelskunden (Verbrauchermarkt) richten oder auf Fern-, Groß- und Zwischenprodukthandel (Gewerbemarkt) fokussieren, wenngleich im Mittelalter diese Grenzen fließend gewesen sein dürften. Messen sind dagegen ebenso wie Märkte im ländlichen Raum seitens der Archäologie ein stief-

Macht und Unterhaltung auf einem städtischen Jahr- und Viehmarkt, Köln 2006; ARNAUD, Topografien (wie Anm. 21), S. 8.

25) Siehe auch Stichwort Tina THURSTON, Market, in: Medieval Archaeology. An Encyclopedia (2011), S. 217–219; Kenneth G. HIRTH, The Distributional Approach, in: Current Anthropology 39 (1998), S. 451–476.

26) ARNAUD, Topografien (wie Anm. 21), S. 5.

27) Methodisch ist die Diskussion alles andere als banal, wenn die Funktion der Freiflächen eben nicht oder nur unzureichend aus weiteren Quellen erschlossen werden kann. Siehe hierzu Ben JERVIS/Pawel CEMBRZYŃSKI/Jefree FLEISHER/Dries TYS/Stefanie WYNNE-JONES, The Archaeology of Emptiness? Understanding Open Urban Spaces in the Medieval World, in: Journal of Urban Archaeology 4 (2021), S. 221–246 und Benjamin W. STANLEY/Barbara L. STARK/Katrina L. JOHNSTON/Michael E. SMITH, Urban Open Spaces In Historical Perspective. A Transdisciplinary Typology And Analysis, in: Urban Geography 33 (2012), S. 1089–1117; Platz da! Genese und Materialität des öffentlichen Platzes in der mittelalterlichen Stadt, hg. von Carola JÄGGI/Andrea RUMO/Sabine SOMMERER, Basel 2021.

mütterlich behandeltes Thema[28]. Die unterschiedlichen Orte und Zeiten der Märkte sowie Funktionalitäten beinhalten auch unterschiedliche Akteure und Marktpraktiken. Dies ist in der historischen Forschung wohl bekannt. Ein archäologisch untersuchter Marktplatz ist meist ein Ausschnitt und Zeitfenster des komplexen städtischen Marktgeschehens.

Die archäologische und bauhistorische Dokumentation des Alten Marktes in Magdeburg in den 1960er-Jahren war ein erster Meilenstein in der Erforschung von Märkten[29]. In der Folgezeit wurden als Marktplätze bekannte oder identifizierte Areale verschiedentlich untersucht. Zahlreiche Ausgrabungen hatten als sogenannte Schichtengrabungen (zum Beispiel Lübeck) auch in methodischer Hinsicht Referenzfunktion[30]. Zwischen den späten 1980er- und frühen 2000er-Jahren sind im deutschsprachigen Raum zahlreiche Grabungen durchgeführt und stellenweise auch publiziert worden. Diese waren nicht nur in Hinblick auf die spätmittelalterlichen Befunde bedeutsam, sondern erfassten vielfach auch Schichten des 10. oder 11. Jahrhunderts beispielsweise in Duisburg, Köln, Konstanz, Osnabrück oder Ulm[31]. Insbesondere in Ostdeutschland stieg seit den 1990er-Jahren infolge innerstädtischer Baumaßnahmen auch die Zahl der Grabungen auf Marktplätzen rasant an. Hier erbrachten vor allem Untersuchungen in

28) Paul ARTHUR, Medieval Fairs. An Archaeologist's Approach, in: Archeologia w teorii i w praktyce, hg. von Andrzej BUKO/Przemyslaw URBANCZYK, Warszawa 2000, S. 419–436; Armand BAERISWYL, Der Markt von Langnau im Emmental und die spätmittelalterliche Kramlaube. Ein Wahrzeichen städtischer Marktarchitektur auf dem Land, in: Vom Bodenfund zum Buch. Archäologie durch die Zeiten, hg. von Christoph RINNE/Jochen REINHARD/Eva ROTH HEEGE/Stefan TEUBER (Sonderband Historische Archäologie 1), Bonn 2017, S. 477–491.

29) Ernst NICKEL, Ein mittelalterlicher Hallenbau am Alten Markt in Magdeburg (Schriften der Sektion für Vor- und Frühgeschichte 8), Berlin 1960; Ernst NICKEL, Der »Alte Markt« in Magdeburg, Teil 2 (Schriften der Sektion Vor- und Frühgeschichte 18), Berlin 1964.

30) Zuletzt: Lisa RENN, Der Markt in der Hansestadt Lübeck. Mehr als acht Jahrhunderte Platzkontinuität, in: JÄGGI/RUMO/SOMMERER, Platz (wie Anm. 27), S. 140–151.

31) Thomas HÖLTKEN, Excavations on Medieval Marketplaces in Cologne, in: RAHMSTORF/STRATFORD, Weights (wie Anm. 4), S. 297–310; Die Grabung Neue Straße 2001–2004 in Ulm. Katalog der Grabungsbefunde zur Besiedlung, Bebauung und Infrastruktur, hg. von Marianne DUMITRACHE/André BILLAMBOZ/Horst Gottfried RATHKE (Forschungen und Berichte der Archäologie des Mittelalters in Baden-Württemberg 29), Stuttgart 2009, S. 438–439; Günter KRAUSE, Stadtarchäologie in Duisburg, in: Stadtarchäologie in Duisburg 1980–1990, hg. von DERS. (Duisburger Forschungen 38), Duisburg 1992, S. 1–65; Theodor PENNERS, Markt und Marktplatz von Osnabrück im Mittelalter. Entstehung und Entwicklung im Lichte der neuen Bodenfunde, in: Osnabrücker Mitteilungen 92 (1987), S. 21–65; Wolfgang SCHLÜTER, Versuch einer Interpretation der Grabungsbefunde auf dem Marktplatz der Stadt Osnabrück, in: Osnabrücker Mitteilungen 92 (1987), S. 11–19; Ralph RÖBER, Stadtarchäologie in Konstanz. Ein Forschungsüberblick, in: Sachgeschichte(n). Beiträge zu einer interdisziplinär verstandenen Archäologie des Mittelalters und der Neuzeit. Festschrift für Barbara Scholkmann zu ihrem 80. Geburtstag, hg. von Dorethee ADE/Sören FROMMER/Tilmann MARSTALLER/Anke K. SCHOLZ/Martina TERP-SCHUNTER/Christina VOSSLER-WOLF /Markus WOLF, Tübingen 2021, S. 425–442.

Halle, Neubrandenburg, Quedlinburg, Stendal oder Zwickau wichtige Ergebnisse[32]. Dabei wurden – anders als in den westdeutschen Regionen – vielfach auch in kleineren Städten Marktplätze untersucht[33]. Sanierungen von Marktplätzen beispielsweise in Westfalen haben seit den 2000er-Jahren auch für westdeutsche Kleinstädte zu wichtigen Ergebnissen geführt.

Über eine konkrete stadtgeschichtliche Einordnung hinaus haben einige Studien auch vergleichend Elemente des städtischen Marktes und die Marktentwicklung in den Blick genommen[34]. Trotz aller Unterschiede ist diesen Studien gemeinsam, dass sie sich auf Marktplätze innerhalb der heutigen (Alt-)Städte fokussieren und somit neben antiken Vorläufern die hoch- und spätmittelalterliche Situation in den Blick nehmen. In Anlehnung an die ältere topographisch-historische Forschung (zum Beispiel Karlheinz Blaschke, Cord Meckseper) und die Studie von Hauke Kenzler ging Armand Baeriswyl 2006 der Frage der topographisch-morphologischen Genese nach[35]. Dabei wurde deutlich, dass eine morphologische Differenzierung in lineare, dreieckige und rechteckige oder quadratische Platzformen, die oftmals retrospektiv über Katasterkarten und historische Karten erschlossen wurde, kaum tragfähig ist und entwicklungsgeschichtlichen Narrativen folgt.

Neben einem topographisch-morphologischen Zugang werden vielfach Artefakte wie Münzen, Waagen, Gewichte, aber auch Import- und Fremdgüter herangezogen, um

32) Hauke KENZLER, Archäologische Untersuchungen zum Kornmarkt in Zwickau. Keramikchronologie, Platzgeschichte, Stadtgeschichte (Veröffentlichungen des Landesamtes für Archäologie mit Landesmuseum für Vorgeschichte 32), Dresden 2001; Tobias GÄRTNER, Quedlinburg im frühen und hohen Mittelalter. Studien zu den Anfängen der Welterbestadt und zur Keramik des 7./8. bis 13. Jahrhunderts zwischen Harz und Elbe (Alteuropäische Forschungen. Neue Folge 8), Langenweißbach 2019; Der Markt der Stadt Halle im Mittelalter. Ausgrabungen zu Marktkirche, Kirchhof und erzbischöflichem Kaufhaus, hg. von Volker HERRMANN (Veröffentlichungen des Landesamtes für Denkmalpflege und Archäologie Sachsen-Anhalt. Landesmuseum für Vorgeschichte 70), Halle 2018; Verena HOFFMANN, Die Baubefunde der Marktplatzgrabung in Neubrandenburg. Ein Beitrag zur Entwicklung und Struktur der Marktplätze in Mecklenburg-Vorpommern vom Mittelalter bis zur Neuzeit. Dissertation Universität Rostock, unveröffentlichtes Manuskript, Rostock 2010.

33) Stellvertretend zum Beispiel Gerard JENTGENS, Mittelalterliche Marktbauten am Luckauer Rathaus, in: Veröffentlichungen Brandenburgische Landesarchäologie 35 (2001), S. 169–205 oder Dirk SCHUMANN, Der unvollendete mittelalterliche Kaufhausbau »Sieben Raben« in der Stadt Frankfurt/Oder, in: Archäologie in Berlin und Brandenburg 1995/1996 (1997), S. 178–180. Viele andere Grabungen sind allerdings nicht oder nur in kleinen Ausschnitten vorgelegt worden.

34) HOFFMANN, Neubrandenburg (wie Anm. 32); KENZLER, Zwickau (wie Anm. 32), S. 200–218; Ute SCHOLZ, Die Grabung Tulln Hauptplatz. Untersuchungen zu Markt und Raum in der mittelalterlichen Stadt, Dissertation Universität Wien, Wien 2015.

35) Armand BAERISWYL, Die Topografie des städtischen Markts im Mittelalter und in der Frühen Neuzeit am Beispiel süddeutscher und schweizerischer Städte, in: Zeitschrift für Archäologie des Mittelalters 34 (2006), S. 231–248; KENZLER, Zwickau (wie Anm. 32), S. 202–208; Armand BAERISWYL, Traue keinem Platz! Thesen zur Genese städtischer Freiflächen und Plätze im Mittelalter, in: JÄGGI/RUMO/SOMMERER, Platz (wie Anm. 27), S. 33–45.

die rechtlichen Rahmenbedingungen (zum Beispiel Marktrecht, Stapelrecht oder Zollrecht) im archäologischen Material einzufangen und den Markt als wesentlichen Faktor der Stadtentwicklung zu charakterisieren. Intensiv diskutiert wurde (und wird) die Frage nach Marktorten im Nord- und Ostseeraum. Die Forschung an *emporia* wie Dorestad, Haithabu, Ribe oder Birka thematisierte bereits sehr früh den Fernhandel und seine Struktur vor Ort[36]. Über die konkreten archäologischen Befunde und Funde hinaus war und ist die Frage nach der Gründung und der politisch-ökonomischen Organisation, aber auch die Einbindung der *emporia* in ein Interaktionsnetzwerk sowie deren Stellung in lokalen Austauschsystemen ein zentrales Thema[37]. Es sind Fragen, wann, wie und wo der Austausch vor Ort stattfindet, und diese betreffen nicht nur die Diskussion um Temporalität und Konstanz von Marktorten und Marktplätzen, sondern auch deren Erscheinungsbild, Lage und Funktionalität (Ufermärkte, Hafenmärkte) sowie die Logistik und Warenwirtschaft (Schiffstechnologie, Infrastrukturen). Untersuchungen potenzieller Hafenanlagen und Austauschplätze an Rhein, Main oder Donau und in Städten wie Köln, Regensburg, Speyer oder Worms werden zukünftig auch das Verhältnis von Ufermarkt und zentralen Plätzen im Rahmen der hochmittelalterlichen Urbanisierung neu beleuchten[38].

Fasst man zusammen, so setzt sich die archäologische Forschung intensiv mit der Funktion von Märkten als Orte des Austausches, der Entwicklung von Marktorten und der Rolle von Märkten im Zuge der Urbanisierung auseinander. Hierbei ist das morphologische, funktionale und chronologische Verhältnis sowie die Nachweisbarkeit von Marktfunktionen bestimmend. Der Nachweis der Entwicklung von Straßenmärkten zu Zentralmärkten bzw. vom Ladeplatz über Ufer- und Hafenmärkte zum Zentralmarkt steht im Mittelpunkt typogenetischer Fragestellungen. Im Folgenden werden einige dieser Plätze (Schleswig, Lübeck, Konstanz) aus der Perspektive einer Ars Vendendi betrachtet. Wie stellt sich das materielle *setting* der Ufer- oder Hafenmärkte dar? Lassen sich an diesen Plätzen spezielle Praktiken nachweisen? Wie vollzieht sich der Übergang von den frühmittelalterlichen Marktbereichen hin zum innerstädtischen Markt? Mit solchen zentralen Märkten bekommen auch die Praktiken der Bewerbung eine neue räumliche Qualität. Anhand der archäologisch gut ergrabenen und publizierten

36) Zum Beispiel Felix Rösch, Medieval Marketplaces in Northern Europe. An Overview with an Emphasis on Merchant Seafaring, in: Rahmstorf/Stratford, Weights (wie Anm. 4), S. 275–296.

37) Sören Sindbæk, The Making of a Northern Emporium, in: Nothern Emporium, Bd. 1. The Making of VikingAge Ribe, hg. von Sören Sindbæk, Højbjerg 2022, S. 219–238; Sören Sindbæk, Communities on the Edge. Retracing the Northern Emporia, in: Communautés Maritimes et Insulaires du Premier Moyen Âge, hg. von Alban Gautier/Lucie Malbos, Turnhout 2020, S. 127–141.

38) Vgl. die Publikationsreihe des SPP 1630 »Häfen von der römischen Kaiserzeit bis ins Mittelalter«.

Marktplätze von Köln (Heumarkt) und Tulln (Breiter Markt) werden diese Aspekte beleuchtet[39].

II. Materielle Abdrücke einer Ars Vendendi

Marktplätze sind Orte im urbanen Kontext. Sie schaffen Flächen für vielfältige Interaktionen im gebauten und gelebten Raum. Sie sind durch ein konkretes architektonisches Setting, durch geplante wie nicht geplante materielle Assemblagen, durch die Verfügbarkeit spezifischer materieller Ressourcen sowie durch ihre Einbindung in den Stadtraum charakterisiert. Mit ersterem sind die vorgegebenen Strukturen gemeint, die vom Platz mit seiner Einbindung in den urbanen Raum und der Randbebauung über die Marktfläche und ihrer Strukturierung bis hin zur eigentlichen Marktverbauung reichen und zudem Infrastrukturen oder andere Einrichtungen umfassen können. Diese *settings* bilden tendenziell permanente Strukturen ab, auch wenn diese unter Umständen nur an Markttagen bespielt werden.

Die Materialität des Marktplatzes, die nicht nur in Form der eigentlichen Marktbebauung mit den Marktoberflächen sowie permanenten und temporären Holz- und Steinbauten sichtbar ist, konkretisiert sich dabei in spezifischen räumlichen Ordnungen. Neben der Marktrandbebauung gehören hierzu beispielsweise das Marktkreuz, die Waage, das Rathaus beziehungsweise die Schranne, der Marktbrunnen und die Marktuhr, die vielfach in Bild- und Schriftquellen auftreten und seltener im archäologischen Befund fassbar werden. Hinzu kommen technische Anlagen oder Infrastruktureinrichtungen.

II.1. Archäologie des Marktplatzes: Quellen und Methoden

Hoch- und spätmittelalterliche Zentralmarktplätze befinden sich meist im urbanen Raum heutiger (Alt-)Städte. Diese historischen Marktplätze bilden bis häufig heute noch bestehende Freiflächen (zum Beispiel Halle, Greifswald, Lübeck). Sie können aber auch überbaut sein oder im heutigen Straßenraum liegen (Straßen- oder Gassenmarkt, Brückenmarkt)[40]. Bei der Mehrzahl bisher archäologisch untersuchter Marktplätze ist

39) Thomas Höltken, Heumarkt VI. Die mittelalterlichen Marktschichten vom Heumarkt in Köln, in: Kölner Jahrbuch 41 (2008), S. 579–677; zu den Grabungen auf dem Areal »Der Alter Markt« siehe nunmehr Anna Maria Carruba/Frank Daubner/Manuel Fiedler, Der Alter Markt in Köln. Ausgrabungen in den Jahren 2004 bis 2012, in: Kölner Jahrbuch 54 (2021), S. 7–301, die hier aber nicht mehr berücksichtigt werden konnten. Scholz, Tulln (wie Anm. 34).

40) Marianne Dumitrache, Die Konstanzer Marktstätte im Mittelalter und in der Neuzeit (Forschungen und Berichte zur Archäologie in Baden-Württemberg 5), Wiesbaden 2018, S. 24–29.

die (ungefähre) Lage vielfach durch Bild- oder Schriftquellen sowie den archäologischen Denkmalbestand zu erschließen.

Im deutschsprachigen Raum werden die archäologischen Informationen und Quellen klassischerweise in Befunde und Funde (Artefakte) unterteilt[41]. Bei Funden handelt es sich in einem allgemeinen archäologischen Verständnis um bewegliche Gegenstände wie Scherben eines Keramikgefäßes, aber auch das gesamte Gefäß oder eine Münze. Artefakte können von Menschen hergestellt sein; in einem weiteren Verständnis werden auch Geofakte, Ökofakte oder Biofakte unterschieden und damit Objekte miteinbezogen, die durch den Einfluss des Menschen entstanden sind. Als Befunde werden meist ortsfeste Strukturen definiert. Befunde stehen in räumlichen und zeitlichen Beziehungen zueinander, die als Stratigraphie bezeichnet werden. Die stratigraphische Abfolge bildet eine relative zeitliche Schichtung. Diese kann durch datierbare Funde (zum Beispiel Keramik, Münzen), aber auch durch naturwissenschaftliche Datierungsmethoden wie der Dendrochronologie absolut eingeordnet werden.

Beispielsweise handelt es sich bei Pfostenlöchern oder Pflasterungen, aber auch Gräben oder Mauerwerk um Befunde. Als solche gelten auch Negativabdrücke, wozu auf dem Marktplatz Wagen- oder Trittspuren gehören. In Befunden manifestieren sich komplexe Praktiken. So besteht die Errichtung eines Backsteinfundamentes für ein Kaufhaus aus einer Vielzahl von Arbeitsschritten wie dem Ausheben einer Baugrube, dem Aufmauern und weiteren Aktivitäten, die letztlich auch die Entscheidung zum Bau einer Kaufhalle und somit andernorts getroffene, unter Umständen weiter zurückliegende Entscheidungen beinhalten. Dies drückt sich im Konzept des Kontextes aus, welches das Umfeld über archäologische Informationen, aber auch anhand paralleler Überlieferungen wie Bild- und Schriftquellen erschließt[42]. Befunde geben nicht nur den Vollzug von Praktiken wieder. Auch ein Nichtvollzug kann erfasst werden und das Fehlen entsprechender Befunde oder Funde auf eine wiederkehrende Reinigung oder Betretungsverbote deuten.

Um die Komplexität der Vorgänge auf einem Marktplatz zu verstehen, sei abschließend auf die archäologischen Formationsprozesse hingewiesen. Sie reichen von den historischen Praktiken über die Prozesse nach Einbringung in den Boden bis hin zur Ausgrabung und Publikation. Tierknochen, wie sie bei den Fleischhauern anfallen, könnten seinerzeit zielgerichtet entsorgt worden sein[43]. Man brachte sie mit anderem Müll außerhalb der Stadt oder entsorgte sie in Gruben auf oder nahe eines Marktes. Die Tier-

41) Christina SCHMID, Ergrabene Kontexte. Interpretationen archäologischer Fundzusammenhänge auf Burgen (Formate. Forschungen zur Materiellen Kultur 2), Wien 2020, S. 37 f. Im Folgenden wir auf die dezidierte Diskussion der Konzepte »archäologische Quelle«, »Daten« und »Informationen« verzichtet.

42) SCHMID, Kontexte (wie Anm. 41), S. 42–45.

43) Monika DOLL, Haustierhaltung und Schlachtsitten des Mittelalters und der Neuzeit. Eine Synthese aus archäozoologischen, bildlichen und schriftlichen Quellen Mitteleuropas (Internationale Archäologie 78), Rahden/Westf. 2003.

knochen könnten aber ebenso am Platz der Aktivität, also der mutmaßlichen Schranne oder Fleischbank, verblieben sein. Weiterhin können Laufhorizonte ebenso wie Planierschichten einer Marktoberfläche durch Abfall geprägt sein, der Tierknochen enthält. Diese Planierschichten können aber nicht nur durch primären Abfall im Zuge der Nutzung, sondern anhand einer gezielten Aufplanierung unter Verwendung von Tierknochen und weiteren Materialien entstanden sein. Gruben wiederum können intentionell oder natürlich verfüllt sein; im Zuge des Verfüllungsvorganges gelangte auch Abfall in Fundamentgräben oder Pfostenlöcher. Darüber hinaus ist die Überlieferung der archäologischen Substanz von einer Vielzahl von Faktoren abhängig, die zwischen dem Zeitraum der (historischen) Einbringung und der Ausgrabung wirken. Mit Blick auf Marktplätze seien hier nur einige genannt. Die Erhaltung von organischen Materialien (Leder, aber auch Bauholz) ist an ein entsprechendes feuchtes Milieu gebunden, während Glas oder Metall beispielsweise saure Böden nicht vertragen. Dies erklärt, warum viele der auf Tages- oder Wochenmärkten verhandelten Objekte wie Lebensmittel, Stoffe oder Korbwaren nicht mehr erfasst werden. Offene Flächen sind anderen Witterungseinflüssen ausgesetzt als überdachte oder später überbaute Areale, wobei letztere in der Regel wiederum die älteren Strukturen überlagern beziehungsweise zerstören. So ist bei Märkten wie dem Kölner Heumarkt über die zeitgleiche Randbebauung wenig bekannt, denn die spätmittelalterlichen und frühneuzeitlichen Maßnahmen haben zu tiefgreifenden Veränderungen geführt[44].

Die Ausgrabung und Auswertung ist schließlich in einen entsprechenden Forschungskontext eingebunden. Die eingangs genannten Beobachtungsmöglichkeiten und Beobachtungsqualitäten spiegeln den Forschungsstand, die wissenschaftlichen Fragestellungen und die Einbindung in gesamtgesellschaftliche Zusammenhänge wider. Dies lässt sich exemplarisch am Beispiel der sogenannten *dark earth*-Horizonte aufzeigen, die verhältnismäßig spät als aussagekräftiger Marker für Siedlungsaktivitäten wahrgenommen wurden. Schwarze Erde-Horizonte sind das Ergebnis natürlicher und menschlicher Aktivitäten in Verbindung mit umweltbedingten Einflüssen. Auf den ersten Blick erscheinen sie als äußerst homogen. Erst naturwissenschaftliche Analysen haben gezeigt, dass diese Schichten ein enormes Potential in Hinblick auf Nutzungsintensitäten und Nutzungsmodalitäten beispielsweise einer Oberfläche (Begehung, Überdachung et cetera) liefern. Nachweise von *dark earth* als Nutzungsschichten vor einer Marktbenutzung sind aus Tulln oder vom Kölner Heumarkt bekannt; umfassende Analysen wurden beispielsweise an mesoamerikanischen Marktplätzen, aber auch in Nordwesteuropa und den frühmittelalterlichen *emporia* vorgenommen[45].

44) Höltken, Heumarkt (wie Anm. 39), S. 611.

45) Barbora Wouter, Medieval Markets. A Soil Micromorphological and Archaeobotanical Study of the Urban Stratigraphy of Lier (Belgium), in: Quaternary International 460 (2017), S. 48–64; Pam Crabtree, Environmental Evidence from Early Urban Antwerp. New Data from Archaeology, Micromorphology, Macrofauna

II.2. Funde

Funde von Marktplätzen sind in Ausstellungen vielfach präsentierte Objekte, und die Frage der Nachweismöglichkeiten von Austausch und Handel bildet eines der Kernthemen der Wirtschaftsarchäologie. Wenn Funde auf Marktplätzen geborgen werden, bilden diese viele Modi vergangener Praktiken, selten jedoch die unmittelbaren Aktivitäten einer Ars Vendendi ab. Unmittelbare Zeugnisse merkantilen Handelns sind sicher Gegenstände wie Waagen und Gewichte, aber auch Barren, Siegel, Kerbhölzer oder Münzen, die von Orten stammen, die sicher als Marktplätze identifiziert werden können.[46]. Oftmals werden solche Artefakte aber herangezogen, um merkantile Areale beispielsweise in den frühmittelalterlichen *emporia* zu identifizieren[47]. Daneben werden bei Grabungen in Marktarealen Handelsgüter oder deren Verpackung erfasst. Meist sind es die keramischen Waren, denn diese stellen die häufigste Materialgruppe dar. Keramik wird aufgrund ihrer guten typochronologischen Einordnung nicht nur zu Fragen der Zeitlichkeit, sondern als Anzeiger für Herkunft, Verwendung oder sogar sozialer Einordnung herangezogen. Auswertung von Marktplatzgrabungen wie in Tulln, Zwickau oder Köln zeigen jedoch, dass solchen Analysen enge Grenzen gesetzt sind. Ausschlaggebend sind die Fundzusammenhänge, denn Keramik aus Marktoberflächen ist anders zu bewerten als aus Hausbefunden (Kram, Bude) oder Abfallgruben. Und selbst bei Marktoberflächen gilt es zu unterscheiden, ob diese Scherben eingetreten sind, also bei der Nutzung abgelagert, oder gezielt als Teil der Schotterung für eine Marktoberfläche eingebracht wurden.

Tierknochen, gerade in großen Mengen und mit einer archäozoologischen Untersuchung, lassen sich auf Marktplätzen meist drei unterschiedlichen Kontexten zuordnen: Sie können Hinweise auf die Verarbeitung von Fleisch sein, auf handwerkliche Tätigkeiten abseits der Fleischverarbeitung hindeuten oder als Teil der Marktoberflächen zu sehen sein[48]. Konzentrationen von Tierknochen bestimmter Tierarten und/oder mit spezifischen Bearbeitungsschritten in einem Areal ermöglichen Hinweise nicht nur auf entsprechende Verarbeitungsschritte, sondern auch auf Angebotsformate. Zusammen

and Insect Remains, in: Quaternary International 460 (2017), S. 108–123; Eric CORONEL, Geochemical Analysis of Late Classic and Post Classic Maya Marketplace Activities at the Plazas of Cobá, Mexico, in: Journal of Field Archaeology 40 (2015), S. 89–109; Sven KALMRING/Lena HOLMQUIST OLAUSSON, Birka's Black Earth Harbour. Archaeological Investigations 2015–2016, Stockholm 2021.

46) Manche Autoren wie zum Beispiel KENZLER, Zwickau (wie Anm. 32), S. 172–174, kategorisieren solche Fundgruppen noch in Messinstrumente oder Tauschmittel. Vgl. auch Dries TYS/Paul DECKERS, Economic Objects. Economic Objects in the European Middle Ages, in: A Cultural History of Objects in the Medieval Age (A Cultural History of Objects 3), hg. von Julie LUND/Sarah SEMPLE, London 2020, S. 71–95.

47) RÖSCH, Marketplaces (wie Anm. 36) mit Beispielen aus dem frühen Mittelalter.

48) Monika DOLL, Speisereste, Sondermüll und Sägespuren. Archäozoologische Untersuchungen an Funden aus der Hansestadt Soest, in: Handel, Handwerk, Haustiere. Zur Geschichte von Markt und Tiernutzung in Soest, hg. von Walter MELZER (Soester Beiträge zur Archäologie 7), Soest 2006, S. 81–204.

mit Nachweisen von Gestellen, Tischen oder Bänken ermöglicht dies die Identifikation von Fleischbänken[49]. Allerdings besteht auch die Gefahr von Zirkelschlüssen, denn die Tierknochen dienen mitunter als ein Beleg für entsprechende Anlagen[50].

Insgesamt muss man festhalten, dass sich die Ars Vendendi auch bei sehr gut untersuchten Marktarealen nur mittelbar im Fundmaterial niederschlägt. So stellt Thomas Höltken für den Kölner Heumarkt fest, dass »das Fundmaterial der Grabung [...] nur wenige Hinweise [liefert], daß hier überhaupt Güter getauscht wurden«[51]. Abfälle und Halbfabrikate beispielsweise der Perlenherstellung aus Marktphase 4 (1104) belegen wie andernorts handwerkliche Tätigkeiten[52]. Bleigewichte und Waagen als Indikatoren des Handels sind anzutreffen, während das Fehlen von Bleiplomben als Anzeiger für Tuchhandel unter Umständen auf andere Orte des Austausches hinweist[53]. Die zahlreichen Keramikarten und -typen wiederum unterscheiden sich substanziell nicht von anderen Fundstellen in der Stadt, selbst wenn überwiegend Gefäße der Bevorratung oder Verpackung anzutreffen sind. Einige Kleinfunde aus den Markthorizonten 3 bis 5 (1082/7 bis 14. Jahrhundert), unter anderem Kleidungsbestandteile, Pilgerzeichen, Spielzeuge oder Reitzubehör, lenken den Blick auf die Besucherinnen und Besucher des Marktes und deren verschiedene Aktivitäten[54]. Das keramische Fundmaterial der Konstanzer Marktstättengrabung ist ebenfalls wenig spezifisch. Lediglich Ofenkacheln und einige spezielle Objekte aus dem Kontext der Großbauten könnten deren Funktionalitäten ausdrücken.[55] Objekte wie Schmuck, Messer, Zaumzeug oder Spielgeräte und Musikinstrumente, aber auch Schlösser und Schlüssel oder handwerkliches Gerät sind per se nichts Ungewöhnliches. Sie belegen unterschiedliche Sphären der Interaktionen auf dem Areal. Dies findet seine Entsprechung auch auf dem Kornmarkt in Zwickau[56]. Um die Marktnutzung archäologisch zu erfassen, unterscheidet Hauke Kenzler »Tausch-

49) Grundlegend nach wie vor Doris Mührenberg/Christoph Briese, Der Schrangen zu Lübeck. Fronerei und Fleischmarkt, in: Lübecker Schriften zur Archäologie und Kulturgeschichte 24 (1996), S. 7–51.

50) Vgl. Scholz, Tulln (wie Anm. 34), S. 122, 128–132; Soest mit Nachweisen von Knochenverarbeitung: Julia Hallenkamp-Lumpe, *in foro Susaciensis oppidi*. Zur Geschichte des Soester Marktes, in: Handel, Handwerk, Haustiere. Zur Geschichte von Markt und Tiernutzung in Soest, hg. von Walter Melzer (Soester Beiträge zur Archäologie 7), Soest 2007, S. 9–79; Julia Hallenkamp-Lumpe, Schuster, Schmiede, Bäckersleute. Archäologische und historische Erkenntnisse zum Marktgeschehen in Soest, in: Itinera Archaeologica. Vom Neolithikum bis in die frühe Neuzeit. Festschrift für Torsten Capelle zum 65. Geburtstag, hg. von Heidemarie Eilbracht, Rahden/Westf. 2005, S. 97–110.

51) Höltken, Heumarkt (wie Anm. 39), S. 618.

52) Ebd., S. 603.

53) Ebd., S. 615 f.

54) Ebd., S. 600, 606.

55) Dorethee Ade, Die hoch- und spätmittelalterlichen Funde von der Konstanzer Marktstätte, in: Dumitrache, Konstanz (wie Anm. 40), S. 377–384.

56) Kenzler, Zwickau (wie Anm. 32), S. 183.

mittel«, »Verpackung«, »Handelsgut«, »Produktion« und »Messinstrumente«, macht aber zugleich deutlich, dass die »Funktion des Platzes als Markt« nur dann hinreichend gesichert ist, wenn »Funde [...] häufiger auftreten als auf anderen Grabungsplätzen im Stadtgebiet«[57]. Wenn so manche Nachweise wie Schlösser und Schlüssel als Hinweise auf »verschließbare Truhen als Transportbehälter«[58] der Händler gedeutet werden, bleiben angesichts der Fundmengen auch hier die Aktivitäten rund um die Ars Vendendi bescheiden oder ganz verschlossen.

Werden die Funde als Ausdrücke materialisierter Praktiken verstanden, so erscheint die Frage nach spezifischen Nachweisen einer merkantilen Marktnutzung zweitrangig. Ute Scholz hat mit Bezug auf konsumtheoretische Modelle eine Analyse von Funden des Tullner Marktes vorgestellt, die den Blick für die Multidimensionalität des mittelalterlichen Marktgeschehens schärft.[59] Ausgehend von der Prämisse, dass Gegenstände nicht per se eine Ware sind, sondern durch kulturelles Handeln zu einer Ware werden, stellt sie verschiedene Formen der Objektbiografie vor[60]. Daraus entwickelt die Autorin ein mehrschichtiges Modell, welches von der Handlungsebene (Verkauf, Produktion, Gebrauch, Abfall) über die Praxisebene (zum Beispiel Vorrat, Konsum, soziales Handeln) über das Objekt und seinen Kontext (zum Beispiel Grube, Stand) bis hin zu Beschaffenheit reicht (Abb. 1). Zentral für eine solche Kategorisierung ist dabei, dass gleiche Gegenstände durchaus räumlich, zeitlich und sozial unterschiedliche Positionen einnehmen können. Hufeisen sind ein Hinweis auf handwerkliche Produktion (Beschlagen), Infrastruktur (Logistik) oder soziales Handeln (Marktbesuch); Keramikbecher indizieren Konsum, können aber auch Waren sein, während Tonnen als Emballage für Waren (Flüssigkeiten, Schüttgut, Stoffe), aber auch zur Bevorratung dienten. Einige Objekte beziehungsweise Objektgruppen erscheinen weniger polysemisch – Tuchplomben, Waagen und Gewichte sind in der Regel dem Warenverkauf zuzuordnen, Würfel oder Spielkugeln zeugen von der alltäglichen Marktpraxis. Allerdings müssen diese Zuweisungen – und hier liegen durchaus Schwierigkeiten – aus dem konkreten Befund ermittelt werden. So sind Ofenkacheln nicht nur Abfall, der »von außerhalb des Marktkontextes herangetragen wurde«, sondern können auch zur Ausstattung von Marktbauten gehören[61]. Selbst für scheinbar so einfache Objekte wie Münzen gibt es eine Vielzahl von Erklärungsmustern und -ansätzen. Neben kommerziellen Transaktionen, die beispielsweise den Austausch von Waren, Kauf oder die Bezahlung von Dienstleistungen beinhalten, ist auch an Abgaben (zum Beispiel Zölle, Gebühren), soziale Transaktionen

57) Ebd., S. 172–177, hier S. 173.

58) Ebd., S. 151. Ähnlich Scholz, Tulln (wie Anm. 34), S. 238.

59) Scholz, Tulln (wie Anm. 34), S. 233.

60) Die Frage, wie Gegenstände zu einer Ware werden, ist vor allem in der kulturanthropologischen Konsumforschung sowie Ethnologie diskutiert worden. Vgl. Graeber, Consumption (wie Anm. 13).

61) Scholz, Tulln (wie Anm. 34), S. 234; Dumitrache, Konstanz (wie Anm. 40), S. 167–178.

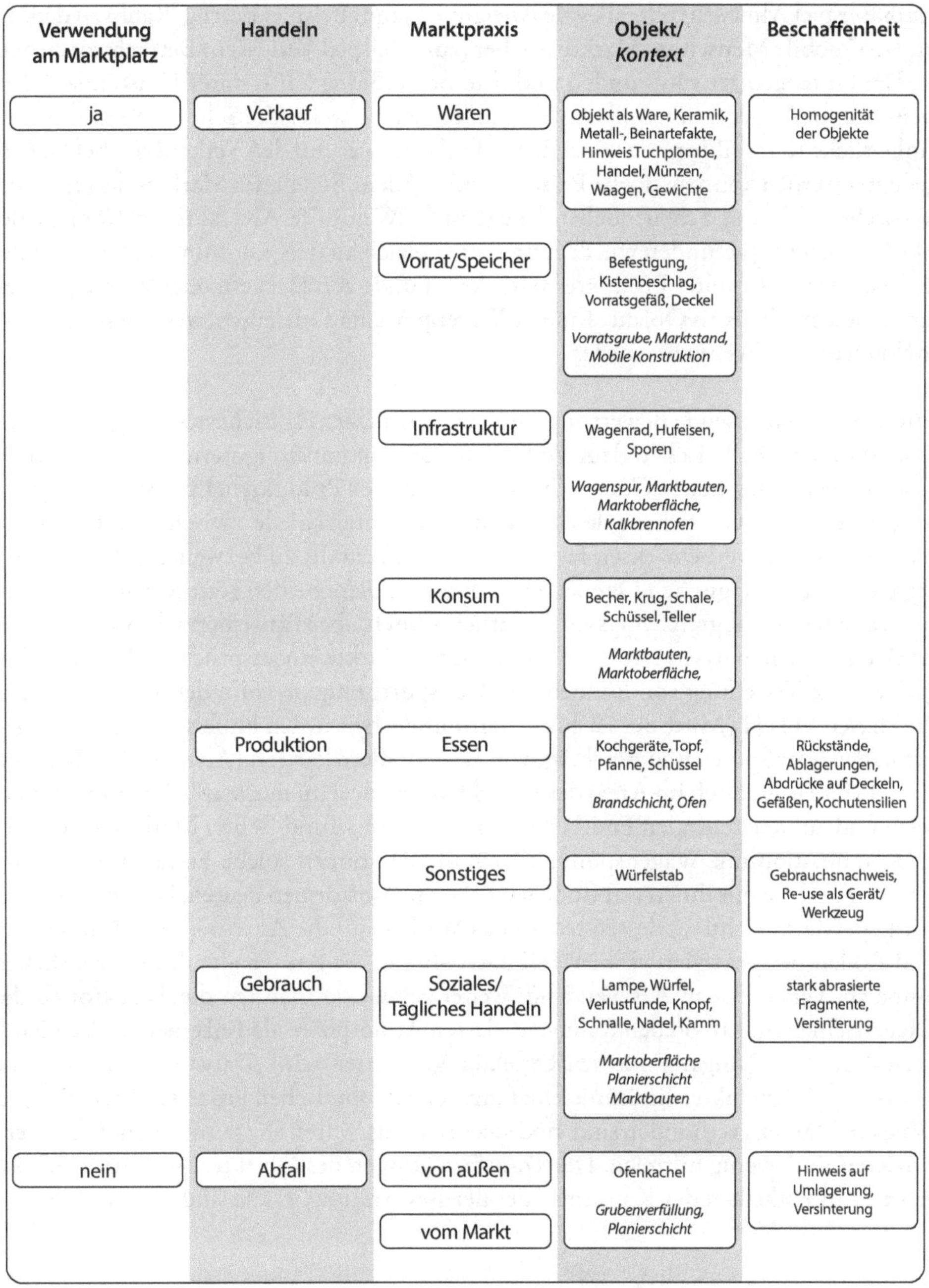

Abb. 1: Schema zur Klassifizierung archäologischer Objekte am Markt nach SCHOLZ, Tulln (wie Anm. 34), S. 235, Abb. 239.

(zum Beispiel Almosen) oder illegale Aneignung (zum Beispiel Betrug, Raub) zu denken und der mobile Mensch als Marktbesucher (zum Beispiel Verlust) in Betracht zu ziehen.

Die Homogenität von Funden und ihre Behandlung kann unter Umständen Hinweise auf die Präsentation und den Verkauf bieten. So weist Ute Scholz darauf hin, dass einheitliche Keramikformen wie z. B. Töpfe als Hinweis auf den Verkauf solcher Gefäße gedeutet werden können, da die Präsentation auf dem Boden des Marktes durch zeitgenössische Bild- und Schriftquellen belegt ist[62]. Wenn die Artefakte im Kontext der Marktverbauung gefunden wurden, ist aber zugleich an den Konsum von Speisen oder den Verkauf bestimmter Produkte zu denken. Funde von Deckeln oder Vorratsgefäßen lassen sich durchaus als Objekte für eine Warenpräsentation deuten, wenn beispielsweise in ihnen etwas angeboten wurde.

Eine zusammenfassende Bewertung bleibt in mehrfacher Hinsicht schwierig. Bislang ist es kaum möglich, zwischen dem Verkauf von Alltagskonsumgütern, von dauerhaften Gütern sowie von seltenen Gütern (hochspezialisierten Produkten, Luxusprodukten) zu unterscheiden[63]. Ob sich in den Funden auch Unterschiede zwischen Verbrauchermärkten und Gewerbemärkten fassen lassen, ist ebenfalls zu bezweifeln. Wenn, dann zeigen die archäologischen Quellen eher, dass sich diese beiden Kategorien nicht deutlich voneinander abgrenzen lassen. Letztlich sollten über Einzelbetrachtungen hinaus Aktivitätszonenanalysen erfolgen[64]. Dies ist für Märkte ein anspruchsvolles Unterfangen, wie die Verteilung von Funden mit Transportbezug in Tulln deutlich macht. Für die Phasen 4 bis 11 (Mitte des 12. bis 17. Jahrhunderts) wurden Hufeisen, seltener Nägel, Schnallen oder Sporen und Beschläge von Wagenrädern kartiert (Abb. 2). Die Mehrzahl der Objekte findet sich im Areal der Fleischbänke sowie im mutmaßlichen Eingangsbereich und auf der zentralen Freifläche meist als Verlustfund in den Marktoberflächen. In Kombination mit Wagenspuren oder Rampen können solche Funde durchaus auf *stationes* und die mit ihnen verbundenen Präsentationsformen deuten. Durch die Funde wird ein Markt sichtbar, dessen *setting* das Wirken auf die Akteure, ihre Handlungen und Rollen perspektiviert. Einen Teil davon bildet die Ars Vendendi im eigentlichen Sinne ab. Versteht man Ars Vendendi weiter gefasst, so spannen die Trajektorien der Objekte einen multimodalen Raum auf, dessen Atmosphäre als Teil einer Ars Vendendi auch durch den Umgang mit den Objekten geschaffen wird. Dabei erscheint mir die Trennung in Artefakte, die unmittelbar mit den ökonomischen Prozessen (zum Beispiel Waagen, Marken) verbunden sind, und solche, die als Waren (Keramik, Fleisch) zu identifizieren sind, wenig hilfreich. Die Transformationen des Objektes zur Ware sind eingebettet in Praktiken des Konsums oder der Bevorratung. Diese sind – so die These –

62) Scholz, Tulln (wie Anm. 34), S. 238 f.

63) Hierzu Arnauld, Topografien (wie Anm. 21), S. 255, 259.

64) Mit Beispielen und Literatur Schmid, Kontexte (wie Anm. 41), S. 47–52.

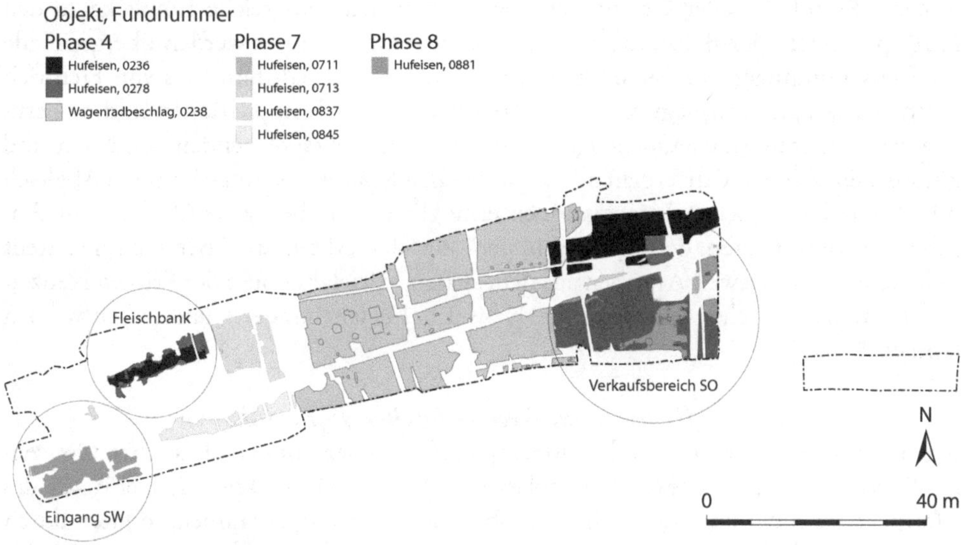

Abb. 2: Tulln, Breiter Markt. Kartierung von Funden mit Transportbezug zwischen der Mitte des 12. und dem Anfang des 14. Jhs. (Phasen 4–8); SCHOLZ, Tulln (wie Anm. 34), S. 244, Abb. 253.

auch als Teil einer Ars Vendendi zu verstehen. Wer möchte nicht von einem guten Mahl auf die Qualität des angebotenen Fleisches schließen, wer verbindet nicht hochwertige Tuche mit entsprechenden Tonnen als Behältnis? Diese und vergleichbare Fragen lassen sich selbstverständlich nicht ausschließlich anhand der archäologischen Quellen beantworten, sondern können nur in interdisziplinärer Zusammenarbeit beantwortet werden.

II.3. Befunde

Die Dynamik auf Marktplätzen spiegelt sich in einer Vielzahl von Befunden wider, deren räumliche und zeitliche Positionen erschlossen werden müssen. Aus der Vielzahl an Einzelbefunden müssen interpretativ zusammenhängende Strukturen identifiziert und diese beispielsweise als Zelt, Tisch oder Bude interpretiert werden. Über die konstruktive Ansprache der Befunde hinaus bildet die funktionale Ansprache und historische Kontextualisierung ein zentrales Thema. Hierzu werden häufig Schrift- und Bildquellen herangezogen, wobei die Frage, inwieweit archäologisch erfasste Strukturen mit Angaben aus anderen Quellen korrelieren oder gar deckungsgleich sind, ein zentrales Thema der historischen Archäologie ist. Das Marktgeschehen wird in einer Vielzahl unterschiedlicher Quellengattungen genannt. Markt- und Kaufhausordnungen, Rechnungen, Protokolle oder Grundbücher ermöglichen umfangreiche Einblicke zu den Marktpraktiken, der Bebauung oder den Waren. Gerne zitiert werden übergreifende Quellensammlungen, wie sie beispielsweise Ende des 19. Jahrhunderts von Heinrich Gottfried Gengler vorgelegt wurden[65]. So hilfreich diese Kompilationen sind, so beruhen sie auf heterogenen Quellengattungen mit einer entsprechenden zeitlichen und räumlichen Weite und divergierenden historischen Kontexten. Einen besseren Abgleich mit den archäologischen Informationen ermöglichen ortsbezogene Quellen mit Angaben zu Marktbauten, den Warengruppen oder den Akteuren. Aber auch hier stellt sich die Frage, inwieweit Angaben aus dem späten Mittelalter oder der Frühen Neuzeit auf die archäologischen Quellen des 11. bis 13./14. Jahrhunderts übertragen werden können[66].

II.3.1. Pflasterungen, Wege und weitere Infrastrukturen

Auch wenn Interaktionen auf dem Marktplatz keineswegs an den physischen Grenzen des Platzes enden, so bildet der Marktplatz eine Arena für Interaktionen. Der Raum des Marktes wird nicht nur durch seine Randbebauungen wahrgenommen, sondern durch seine Oberfläche(n) erfahren. Eine befestigte Marktoberfläche oder bestimmte Marktbereiche erhöhen nicht nur in physischer Hinsicht die Attraktivität des Platzes. Es werden auch *sensescapes* geschaffen, die auf die Präsentation der Waren zurückwirken. Bei den Befestigungen handelt es sich meist um gezielte Aufplanierungen – beispielsweise mit Kies –, aber auch eine systematische Auslage mit Steinplatten oder Brettern ist nachweisbar[67]. Mit der Reinigung der Marktoberfläche wird es zunehmend schwierig, Marktstände und weitere Bauen zu lokalisieren, doch deutet die Reinigung eben auch auf eine neue Form der Vermarktung. Die Marktoberfläche wurde vielfach durch Wege geschnitten und beide Befunde sind auch Ausdruck der Trajektorien von Menschen, Tieren und den mit ihnen verbundenen Objekten. Die Wegesysteme sind mehr oder minder gut durch Wagenspuren oder Begrenzungen fassbar, wobei exemplarisch die Befunde vom Kölner Heumarkt angeführt werden können[68]. Gruben, Gräben und Brunnen gehören zur Infrastruktur des Marktes. Gräben können vielfach zur Ver- und Entsorgung gedient haben (zum Beispiel Kölner Heumarkt), werden mitunter aber auch als juristische Abgrenzung unterschiedlicher Zuständigkeitsbereiche auf dem Markt interpretiert (zum Beispiel Stendal). Bei Gruben kann es sich um Anlagen zur Abfallentsorgung handeln; ebenso denkbar sind aber auch (temporäre) Einrichtungen der Bevor-

65) Heinrich Gottfried GENGLER, Deutsche Stadtrechts-Alterthümer, Erlangen 1882, S. 121–203, zu den Bauten vor allem S. 136–147.

66) So stammt die Tullner Marktordnung aus dem Jahre 1609 und auch die Kölner oder Lübecker Quellen beziehen sich auf das späte Mittelalter. Vgl. SCHOLZ, Tulln (wie Anm. 34), S. 37–41; Bruno KUSKE, Die Märkte und Kaufhäuser im mittelalterlichen Köln, in: Jahrbuch des Kölnischen Geschichtsvereins 2 (1913), S. 75–133.

67) KENZLER, Zwickau (wie Anm. 32), S. 210 f.

68) HÖLTKEN, Heumarkt (wie Anm. 39), S. 593, 596.

ratung. Marktbrunnen wiederum dienten nicht allein der Versorgung des Marktes, sondern auch den Anrainern und waren nicht zuletzt Orte vielfältiger Interaktionen.

II.3.2. Mobile Standplätze, Zelte und weitere mobile Konstruktionen

Insbesondere in den Schrift- und Bildquellen finden sich zahlreiche Hinweise auf mobile Standplätze, die *stationes*[69]. Gerade der Detailhandel – beispielsweise mit Lebensmitteln oder Korbwaren – wurde in dieser Form organisiert. Wenn Waren nicht auf dem Boden ausgebreitet wurden, kamen auch Wagen als Präsentationsräume zum Einsatz. Der archäologische Nachweis gestaltet sich schwierig, und er beruht vielfach auf einem negativen Befund. Freiflächen oder Wagenspuren werden als Hinweise für Standplätze interpretiert[70]. Häufig sind auf den Marktplätzen auch Staken- oder Pfostenlöcher in dichter Konzentration anzutreffen. Sie gelten als Hinweise auf zeltartige Konstruktionen – jene *tentoria*, die aus Schrift- und Bildquellen bekannt sind[71]. Entsprechende Befunde stammen beispielsweise aus Tulln (Abb. 3) oder Köln und können dort einem mehr oder minder abgegrenzten Areal zugewiesen werden[72]. Aufgrund der Komplexität solcher Befunde ist davon auszugehen, dass die Zelte immer wieder neu auf- und abgebaut worden sind. Demgegenüber werden mit Tischen und Bänken eher ortsfeste Marktbebauungen erschlossen. Diese konnten aber flexibel genutzt werden, indem beispielsweise unterschiedliche Waren angeboten wurden oder unterschiedliche Anbieter dort anzutreffen waren. Die feilgebotenen Waren umfassen sicherlich ein weites Spektrum; sie reichen von Nahrung (Brot, Fisch, Fleisch) über Tuche und Schuhe bis hin zu Keramik und vergleichbaren Produkten. Solche vielfach als *mensae* oder *scamna* bezeichneten Konstruktionen differenziert Ute Scholz in abschließbare oder nicht abschließbare Konstruktionen, was sich aus manchen Schriftquellen, aber kaum durch den archäologischen Befund ergibt[73]. Bei Fleischtischen wurden in der Regel zerteilte und proportionierte Fleischstücke verkauft, während für Fleischbänke (*macellum*) von einer Zerteilung größerer Teile ausgegangen wird[74]. Hinzu kommen Holzgestelle (*schrangen*), an denen man die Fleischstücke aufgehängt zum Verkauf darbot.[75] Diese aus Bildquellen und schriftlichen Quellen bekannten Architekturen und die mit ihnen verbundenen Praktiken sind vielfach auch im archäologischen Befund fassbar (Abb. 4). Hierzu

69) GENGLER, Alterthümer (wie Anm. 65), S. 136.

70) SCHOLZ, Tulln (wie Anm. 34), S. 103, 123 f., Abb. 71, S. 157 mit verschiedenen Hinweisen sowie S. 183, Abb. 127.

71) GENGLER, Alterthümer (wie Anm. 65), S. 137.

72) Zu Tulln: SCHOLZ, Tulln (wie Anm. 34), S. 179, Abb. 114, S. 183–186. Köln: HÖLTKEN, Heumarkt (wie Anm. 39), S. 196, Abb. 17.

73) SCHOLZ, Tulln (wie Anm. 34), S. 51–54. Für Zwickau vermutet KENZLER, Zwickau (wie Anm. 32), S. 151 aufgrund von Schlössern und Schlüsseln ebenfalls abschließbare Behältnisse.

74) SCHOLZ, Tulln (wie Anm. 34), S. 53.

75) Ebd., S. 52 f. zu Schriftquellen, S. 130–132 zu archäologischen Befunden.

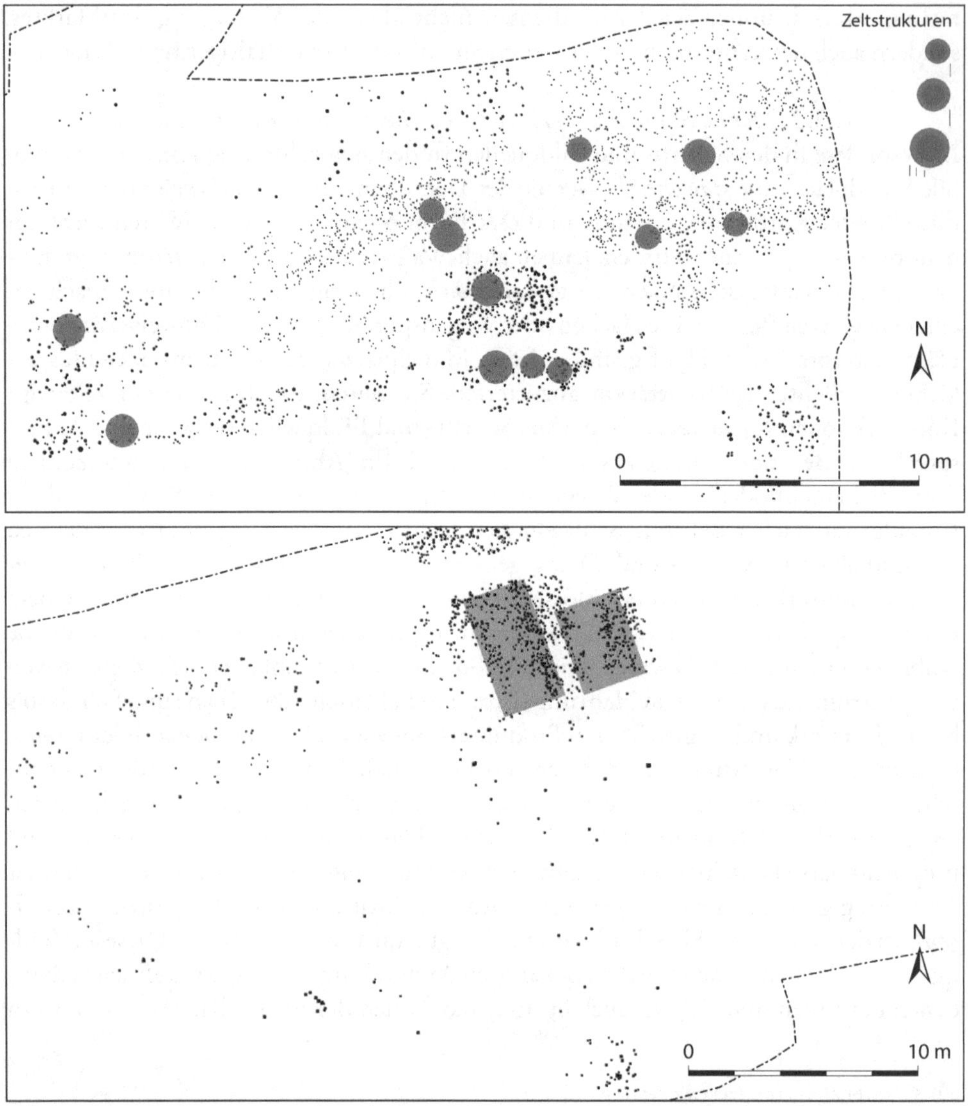

Abb. 3: Tulln, Breiter Markt. Halbkreisförmig angeordnete sowie rechteckige Steckenlochbefunde unterschiedlichster Größe (12. Jh.); Scholz, Tulln (wie Anm. 34), S. 267, Abb. 280 und 281.

gehören entsprechende Nachweise im archäozoologischen Material mit entsprechenden Schnitt- und Zerteilungsspuren, aber auch Bauten beispielsweise aus Lübeck[76]. Mitun-

76) Scholz, Tulln (wie Anm. 34), S. 130 f. mit Hinweisen auf die unterschiedlichen Interpretationen; Mührenberg/Briese, Schrangen (wie Anm. 49), S. 8–10.

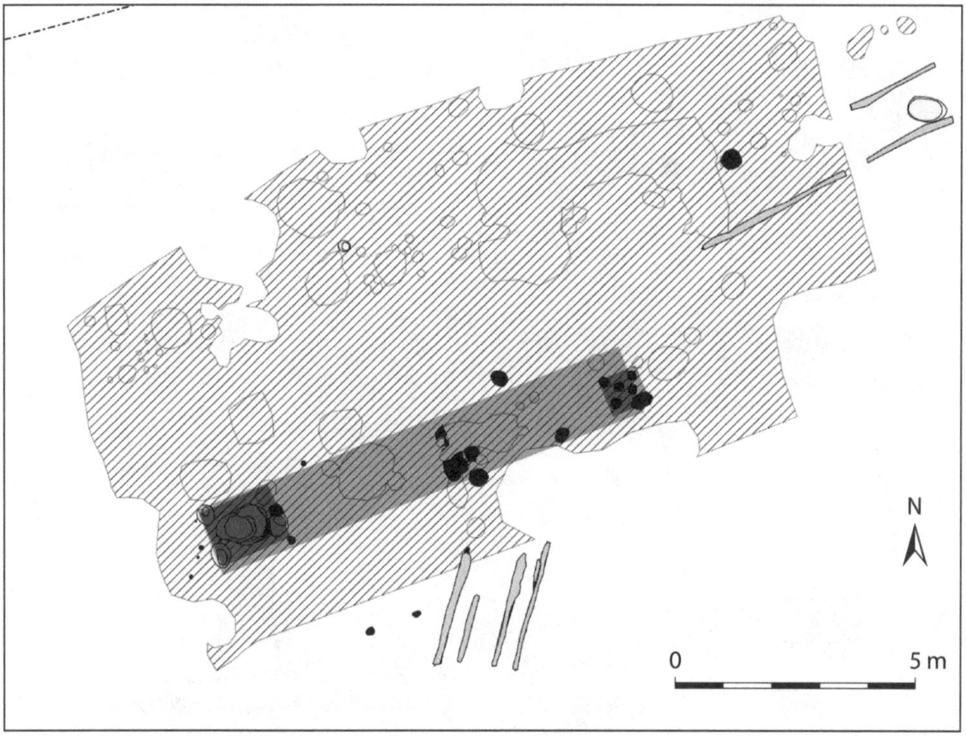

Abb. 4: Tulln, Breiter Markt. Planierung mit Gestellen (Schrangen, Tische) und Wagenspuren (12. Jh.); Scholz, Tulln (wie Anm. 34), S. 268, Abb. 282.

ter scheinen die archäologischen Befunde zu belegen, dass es sich bei den Fleischbänken um einen längerfristig genutzten »räumlich fixierten Bereich»[77] gehandelt hat.

Von den Fleischbänken führt der Blick auf weitere ortsfeste Konstruktionen, die in den schriftlichen Quellen mit regional, zeitlich und funktional variierenden Begriffen belegt sind (Abb. 5.1–3). Hierzu gehören bedeckte Aufschlagstände oder Kramen (*gademen*; *chramen*) sowie Buden (*Boden*), aber auch Hallen, Kaufhäuser (*mercatoria*) oder Lauben (*lubia*)[78]. Solche Bauten können sehr unterschiedlich ausgeführt worden sein. Neben hölzernen Pfosten- oder Schwellenbalkenbauten können sie mit einem Steinfundament und aufgehendem Fachwerk oder als Steinbau errichtet worden sein. Sie können als Einzelbauten, aber auch als Häuserzeilen beispielsweise in Magdeburg, Lübeck oder

77) Scholz, Tulln (wie Anm. 34), S. 53.

78) Gengler, Alterthümer (wie Anm. 65), S. 137.

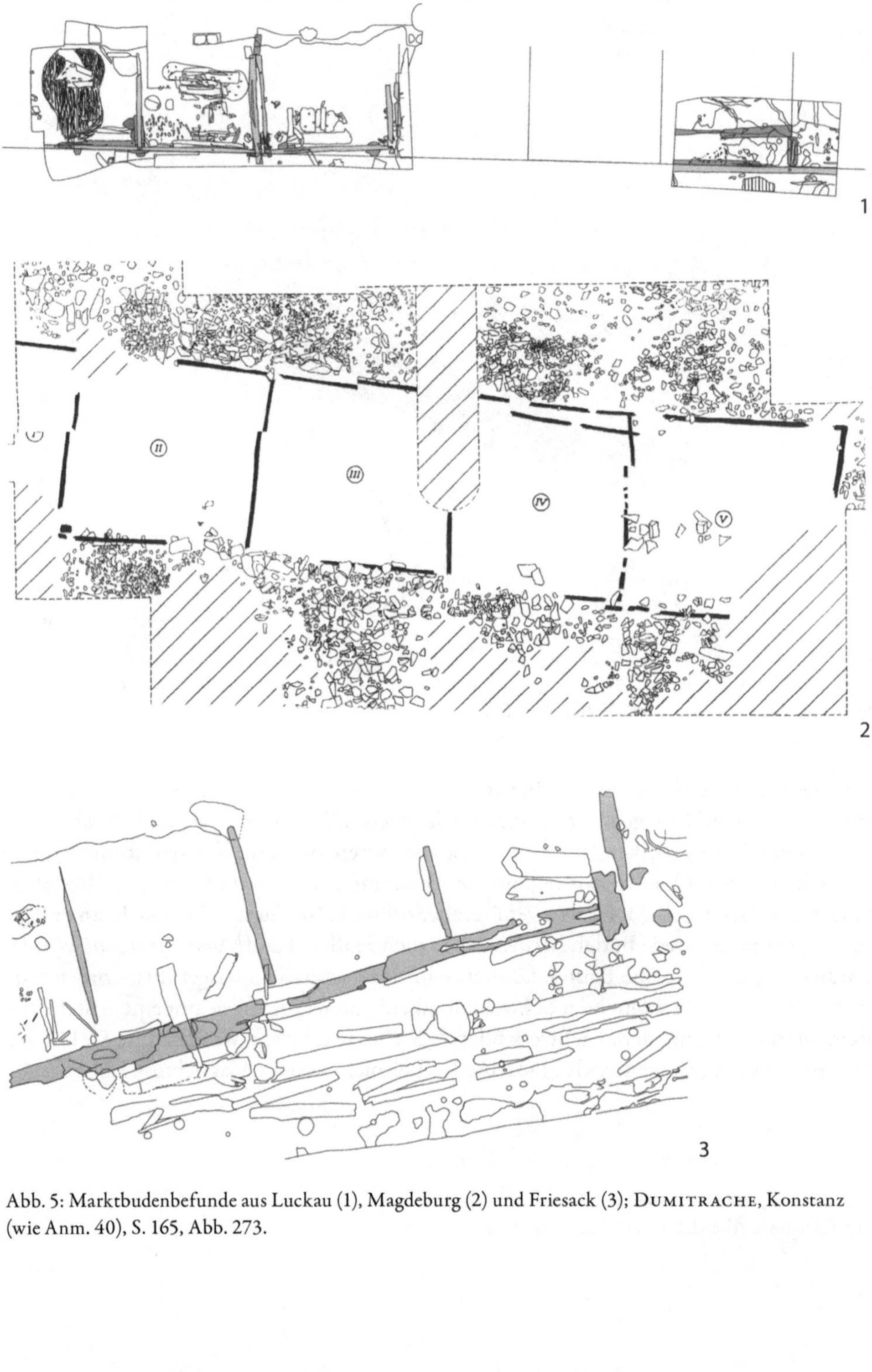

Abb. 5: Marktbudenbefunde aus Luckau (1), Magdeburg (2) und Friesack (3); DUMITRACHE, Konstanz (wie Anm. 40), S. 165, Abb. 273.

Osnabrück nachgewiesen werden[79]. Neben der Außenarchitektur bieten sich Einblicke in das Innere wie eine Binnendifferenzierung durch Trennwände. Aber auch Fußböden und weitere Einbauten liefern Hinweise auf mögliche Differenzierungen und die Nutzungsdauer. Befunde von thermischen Anlagen (Öfen, Herde, Feuerstellen) helfen in Hinblick auf eine funktionale Differenzierung ebenso wie Funde (Ofenkacheln, Gussabfälle, Wollkämme). Mit der Lage auf dem Platz, den Proportionen, aber auch der Offenheit oder Geschlossenheit solcher Bauten sind unterschiedliche Praktiken des Bewerbens zu verbinden. Sie lassen sich selten konkret nachweisen, doch die Architekturen schaffen unterschiedliche Atmosphären und Möglichkeiten für eine Ars Vendendi.

II.3.3. Kaufhallen

Bei Grabungen auf Marktplätzen werden immer wieder größere und vielfach mehrgeschossige Steinbauten meist langrechteckiger Kubatur, aber auch Holzbauten ergraben. Diese setzen sich deutlich von den Kramen oder Buden ab und gelten als neues Element urbaner Architektur. In den Schriftquellen erscheinen sie vermehrt seit dem 14. Jahrhundert als *domus mercatorum*, *theatrum* oder *cophus*. Spätestens nach der grundlegenden Publikation zu mittelalterlichen Kaufhäusern von Gerhard Nagel rückten diese Bauten immer wieder in den Fokus der Forschung, wobei die Interpretationen von Nagel zur Genese und Funktion von Kaufhallen aufgrund neuerer Forschungen auf der Grundlage schriftlicher Quellen zu differenzieren ist[80].

Den zumeist auf schriftlichen Quellen basierenden, bisweilen auch kunsthistorischen Analysen sind eine Reihe von archäologischen oder bauhistorischen Untersuchungen an die Seite zu stellen[81]. Ging Gerhard Nagel seinerzeit noch davon aus, dass für das 13. Jahrhundert Hallen nicht zu belegen seien und auf Marktplätzen eher aneinandergereihte Bänke oder Hütten dominierten, so belegen die Befunde nicht nur deutlich frühere Bauten, sondern auch deren Komplexität. Somit differenziert sich die Frage, was unter einem Kaufhaus typologisch wie funktional zu verstehen ist, wie sich ein solcher Bau von anderen hallenartigen Gebäuden (Markthallen) abgrenzen lässt und

79) NICKEL, Hallenbau (wie Anm. 29), S. 11–15. Dabei wird zum Beispiel das rund 16 m lange und in zwei bzw. drei Räume unterteilte Gebäude aus Osnabrück kontrovers beurteilt. Walter MELZER, 25 Jahre Stadtarchäologie Soest (Soester Beiträge zur Archäologie 14), Soest 2015, S. 34.

80) Mittelalterliche Kaufhäuser im europäischen Vergleich, hg. von Franz FELTEN (Mainzer Vorträge 18), Stuttgart 2015; Uwe ISREAL, Wirtschaft und Kaufhäuser um 1300 in europäischer Perspektive, in: Shoppen im Mittelalter in einem Mainzer Kaufhaus, hg. von Harmut JAHN/Elmar RETTINGER, Mainz 2013, S. 29–44; Kaufhäuser an Mittel- und Oberrhein im Spätmittelalter. Funktionen und Funktionalisierungen, hg. von Heidrun OCHS/Gabriel ZEILINGER, Ostfildern 2019; Uwe ISRAEL, Das mittelalterliche Kaufhaus im europäischen Mittelmeerraum, in: FELTEN, Kaufhäuser (wie Anm. 80), S. 127–152; Katerina JÍŠOVÁ/Jan HRDINA, Radnice, rynek a tržište. Místa setkávání, obchodu a reprezentace ve stredovekých a rane novovekých mestech, Praha 2017.

81) SCHOLZ, Tulln (wie Anm. 34), S. 144; HERRMANN, Halle (wie Anm. 32), S. 201.

welche Zusammenhänge zu Rathäusern bestehen, erheblich[82]. Relevant ist weiterhin der Nachweis der Nutzungen. Kann man von heterogenen Warengruppen ausgehen oder beschränkte sich das Angebot auf eine bestimmte Warengruppe, wie Bezeichnungen (etwa *wantkammer*) andeuten[83]?

Für den deutschsprachigen Raum kann stellvertretend das 1388 errichtete Kaufhaus in Konstanz mit einer Grundfläche von 53 m auf 23,5 m und etwas mehr als 20.000 m^3 umbauten Raums genannt werden[84]. Für die Archäologie hatten die Ausgrabungen auf dem Alten Markt in Magdeburg Referenzfunktion, denn bereits in den 1960er-Jahren konnte dort ein unterkellerter Hallenbau (rund 29 x 15 m) nachgewiesen werden, der seinerzeit in die zweite Hälfte des 12. Jahrhunderts datiert und vom Ausgräber als Lederhof angesprochen wurde[85].

Im Folgenden soll der Blick auf einige Anlagen insbesondere aus dem Osten Deutschland gerichtet werden, wobei das Gebäude aus Stendal nach wie vor singulär ist (Abb. 6). Es befindet sich auf dem Marktplatz der Stadt, die 1160 durch Albrecht den Bären das Markt- und Stadtprivileg erhielt. Die 220 x 100 m große Fläche, die nach Ausweis eines Begehungshorizontes von Anbeginn als Marktplatz genutzt wurde, ist durch eine hohe Dynamik und innere Strukturierung gekennzeichnet[86]. Bereits in der ersten und zweiten Nutzungsphase (1160–1170 beziehungsweise 1170–1178) war der Markt nicht nur durch Gräben abgegrenzt, sondern wies auch Binnengräben auf. Diese werden nicht nur als Drainagegräben interpretiert, sondern können auch Budenreihen strukturiert oder sogar als »Markierungsgraben« Platzbereiche funktional oder juristisch abgegrenzt haben[87]. Um 1178 wurden mehrere ostwestlich verlaufende Gräben verfüllt. Hierbei kann es sich um eine bauvorbereitende Maßnahme gehandelt haben, denn um 1178 folgte ein etwa 50 m langer und 9,20 m breiter Bau in Ziegelbauweise. Der langrechteckige Bau

82) Ulrich Klein, Massivbau des Binnenlandes in Deutschland von 1100 bis 1350. Ein kurzer Überblick zum Forschungsstand, in: Jahrbuch für Hausforschung 56 (2016), S. 403–420; Jens Christian Holst, Steinhäuser südlich der Ostsee bis um 1300, in: Jahrbuch für Hausforschung 56 (2016), S. 421–500; Verena Hoffmann, Ergrabene Rathäuser in nordostdeutschen Gründungs- und Frühstädten: Das Beispiel Neubrandenburg, in: Jahrbuch für Hausforschung 60 (2010), S. 191–206.

83) Die Diskussion um (Markt-)Hallen und Schrannen zeigt aber auch, dass zunächst vom archäologischen Befund auszugehen ist und die Einbeziehung von Schriftquellen in einem weiteren Schritt erfolgen sollte. Siehe Scholz, Tulln (wie Anm. 34), S. 56, 58–60.

84) Stefan King, Das »Konzil« in Konstanz. Vom Kaufhaus zur Stadthalle, in: Denkmalpflege in Baden-Württemberg NF 44 (2015), S. 92–97; Caroline Bleckmann, Bauen, gebaut, abgerissen. Die bauliche Entwicklung am Konstanzer Kaufhaus, in: Schriften des Vereins für Geschichte des Bodensees 131 (2013), S. 3–31.

85) Nickel, Hallenbau (wie Anm. 29).

86) Manfred Böhme, Der Markt in Stendal zwischen 1160 und 1310, in: Jäggi/Rumo/Sommerer, Platz (wie Anm. 27), S. 169–184. Die Untersuchungen sind leider nur in Vorberichten publiziert, sodass eine genaue Einschätzung derzeit schwierig ist.

87) Böhme, Stendal (wie Anm. 86), S. 176 f.

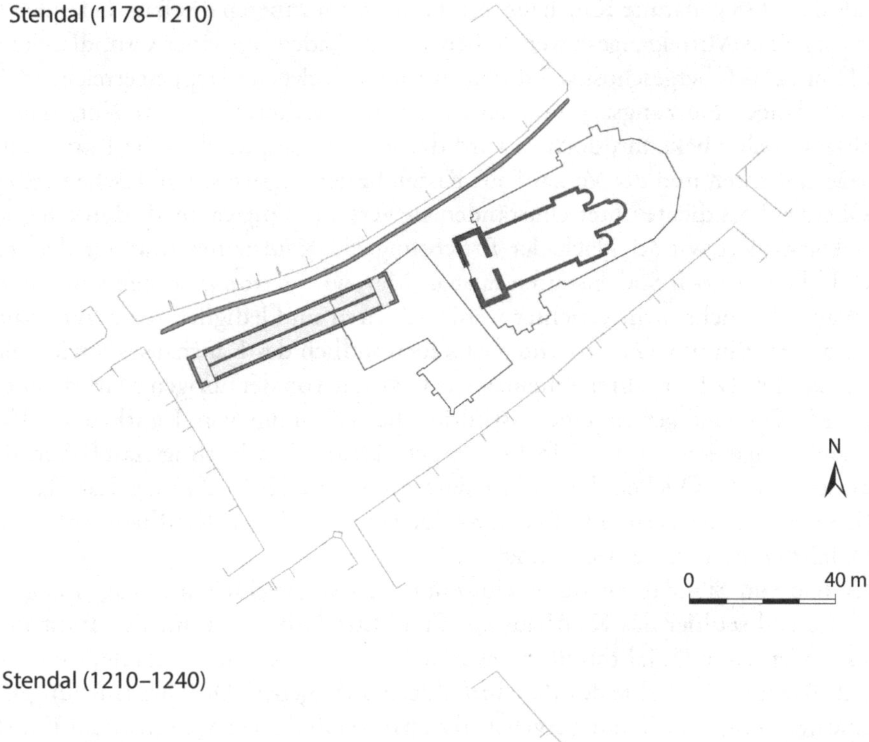

Abb. 6: Stendal. a) Marktplatz 1178–1210. b) Marktplatz 1210–1240, Rekonstruktion mit Kirche, Kaufhaus und Gräben; BÖHME, Stendal (wie Anm. 86), S. 178, Abb. 6, S. 181, Abb. 9.

wird als das 1188 genannte Kaufhaus interpretiert. Im Inneren des Baus befanden sich beiderseits eines Mittelganges zwei Reihen von 15 Läden mit einer Grundfläche von rund 11 m^2. Das Obergeschoss war durch zwei außen gelegene Treppen erreichbar. Aufgrund der langen Nutzungszeit und der Reinigungen ist über konkrete Nutzungszwecke bislang nichts bekannt, doch es wird davon ausgegangen, dass die Kammern als Lagerraum dienten und der Verkauf aus Kisten beziehungsweise auf Tischen erfolgte. Das Obergeschoss diente unter Umständen als Versammlungsraum, da dort ein großer Saal rekonstruiert wurde. Nach der Errichtung des Kaufhauses sind auf der freien Marktfläche nur noch Stakenspuren fassbar. Man wird davon ausgehen können, dass feste Bauwerke nicht mehr errichtet werden durften und lediglich temporäre Bauten erlaubt waren. Ein um 1210 errichteter Graben südlich des Kaufhauses sowie weitere Gräben aus den 1220er-Jahren scheinen das Gebäude von der übrigen Marktfläche abzugrenzen. Ob hier gezielt eine institutionelle Trennung von Kaufhausareal und Marktareal umgesetzt wurde, bleibt beim gegenwärtigen Bearbeitungsstand offen, doch deuten schriftliche Quellen darauf hin, dass zumindest 1227/1243 der Rat Platz und Kaufhausgebäude als getrennte Rechtsgebilde verstand[88]. Das Kaufhaus verlor Mitte des 13. Jahrhunderts seine Bedeutung.

Der Bau von Stendal hat unter Umständen zu vergleichbaren Anlagen angeregt. Stellvertretend sei hier das Kaufhaus aus Frankfurt/Oder genannt. Es datiert in das späte 14. oder frühe 15. Jahrhundert, besaß möglicherweise einen Vorläufer und wurde dann als Bauruine im Laufe des 15. Jahrhunderts aufgegeben. Die Untersuchungen haben eine ursprüngliche Planung ergeben, die aus zwei Reihen von jeweils sechs Kaufkellern bestand, die jeweils mit Tür, Fenster und Nische ausgestattet waren[89]. In Halle konnte das 1231 erstmalig erwähnte *domus mercatorum* im Rahmen umfangreicher archäologischer Grabungen auf dem Marktplatz untersucht werden[90]. Der in der ersten Hälfte des 13. Jahrhunderts errichtete Bau war zunächst als Gewandkammer im Besitz des Erzbischofes und erst 1327 erlangte die Bürgerschaft die Besitzrechte. Mit einer Länge von rund 66 m und einer Breite von 9,5 m weist er in langrechteckiger Kubatur eine Grundfläche von circa 6000 m^2 auf. Aufgrund der umfangreichen Fundamentierung wird ein mehrgeschossiger Bau rekonstruierbar, dessen Dach oder auch Fassade mit Schieferplatten gedeckt beziehungsweise verkleidet war. Möglicherweise waren Teile des Baues auch in Fachwerktechnik ausgeführt und weitere Bauphasen zeigen sehr eindringlich die Veränderungen. So waren dem Gebäude Budenbebauungen angelehnt. weiterhin wurde der Innenbereich durch Trennwände unterteilt, so dass zeitweise bis zu fünf Räume bestanden. Mit der Errichtung des Kaufhauses erfolgte eine Umstrukturie-

88) Ebd., S. 180 spricht in diesem Zusammenhang von »Ratsgräben«.

89) Schumann, Frankfurt (wie Anm. 33).

90) Herrmann, Halle (wie Anm. 32), S. 200.

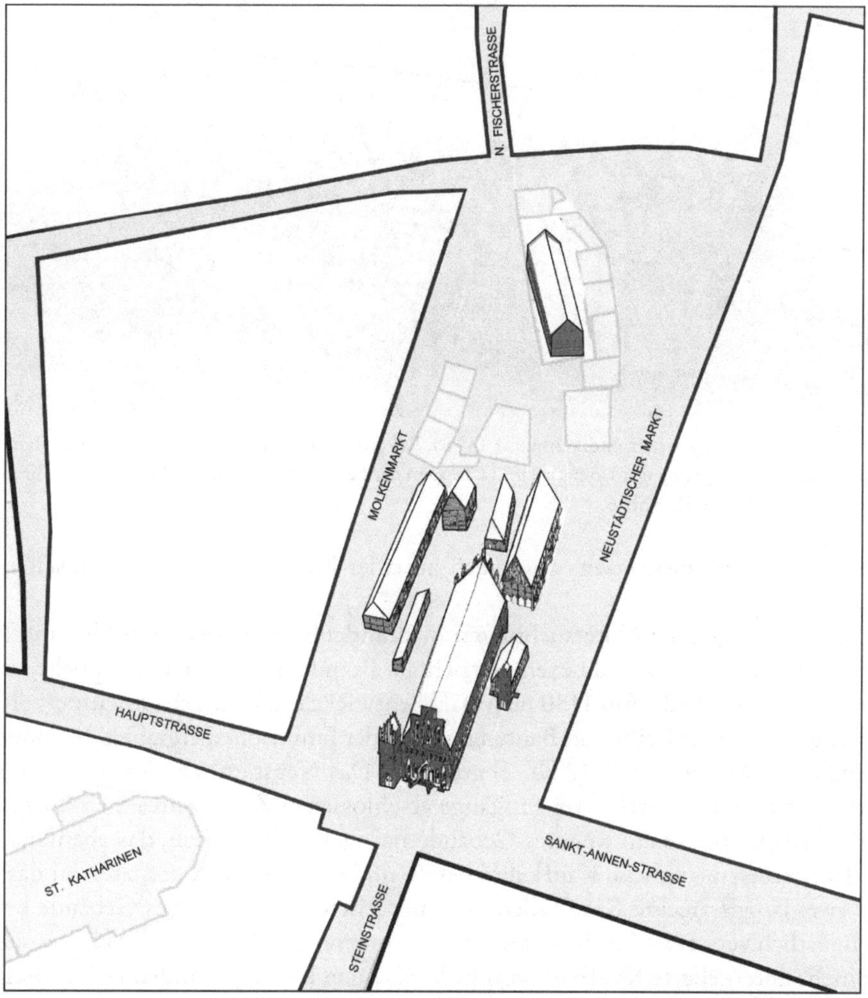

Abb. 7: Brandenburg, Neustädtischer Markt. Rekonstruktion der Situation um 1400 mit Rathaus, Kaufhallen und Budenreihen; MÜLLER, Kaufhaus (wie Anm. 92), S. 50, Abb. 83.

rung des vorhandenen Platzes und die bestehende budenartige Bebauung wurde niedergelegt. Das Kaufhaus war bei weitem nicht der einzige Bau auf dem hallensischen Markt. Bei den Grabungen konnten noch zwei weitere Bauten nachgewiesen werden. Hierbei handelt es sich zum einen um ein mögliches zweites Kauf- oder Gewandhaus des 13. Jahrhunderts, zum anderen um einen kleineren unterkellerten Steinbau. Hinzu kommen budenartige Gebäude im Umfeld des großen Kaufhauses, die als ortsfeste Marktstände oder Kramen gedeutet werden. Insgesamt konnte archäologisch eine dynamische Markttopografie erschlossen werden, die einerseits Angaben der schriftlichen

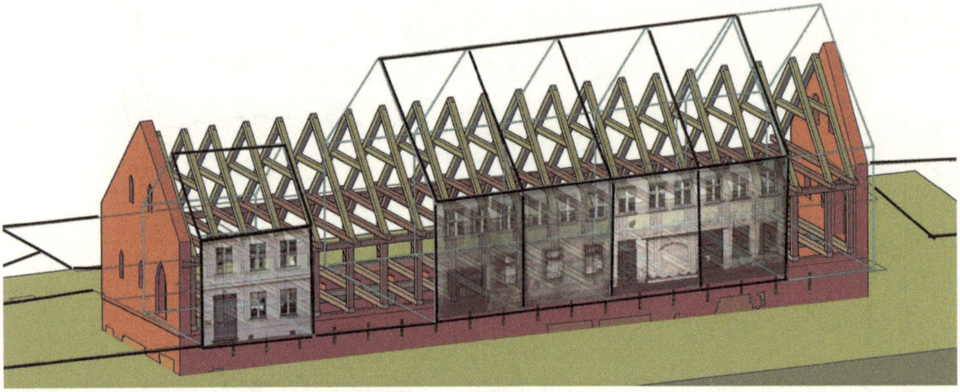

Abb. 8: Brandenburg, Neustadt, Molkenmarkt 14–18. Rekonstruktion des mittelalterlichen Kaufhauses von 1308 und Überlagerung mit Isometrie und Fassaden der bestehenden Häuserzeile; MÜLLER, Brandenburg (wie Anm. 91), S. 651, Abb. 6.

Quellen bestätigt, andererseits aber auch zu einer Neubewertung und -einschätzung führt.

Die archäologischen Untersuchungen in Brandenburg, Frankfurt/Oder und Neubrandenburg runden das Bild exemplarisch ab. Brandenburg ist eine Doppelstadt mit slawischen Wurzeln, die um 1180 planmäßig entwickelt und ausgebaut wurde[91]. In der Neustadt wurde eine Reihe von Bauten merkantiler Funktionen ergraben, zu denen das Ensemble am Molkenmarkt (Abb. 7) gehört[92]. Das Neustädtische Rathaus (14. Jahrhundert) wies einen durch zwei Eingänge erschlossenen Keller (circa 23 x 14 m) auf. Östlich davon konnte ein weiteres Gebäude nachgewiesen werden, das ebenfalls zwei von der Straße zugängliche Kaufkeller besaß, und auch nördlich grenzten an das Rathaus zwei langgestreckte Kaufhallen an. Ein weiteres unterkellertes Gebäude befand sich in östlich versetzter Flucht des Rathauses, und an der Westseite des Platzes scheint eine nicht unterkellerte Kaufhalle von mehr als 30 m Länge gestanden zu haben. Diese an sich schon dichte Topografie, die es zeitlich genauer aufzuschlüsseln gilt, wird durch das Gebäude am Molkenmarkt ergänzt (Abb. 8). Auch dieses wird als eine Kaufhalle identifiziert. Bei der rund 35 m langen und 6 m breiten Halle handelt es sich um einen

91) Joachim MÜLLER, Stadt Brandenburg an der Havel. Wachstum im Bestand – planmäßige Nachverdichtung in der frühen Neuzeit, in: Entwerfen und Verwerfen. Planwechsel in Kunst und Architektur des Mittelalters und der Frühen Neuzeit, hg. von Andreas DIENER/Marlene KLEINER/Charlotte LAGEMANN/Christa SYRER, Heidelberg 2022, S. 643–660 mit weiterer Literatur.

92) Ebd.; Joachim MÜLLER, Ein mittelalterliches Kaufhaus auf dem Neustädtischen Markt, in: Brandenburgische Denkmalpflege 11 (2018), S. 41–58.

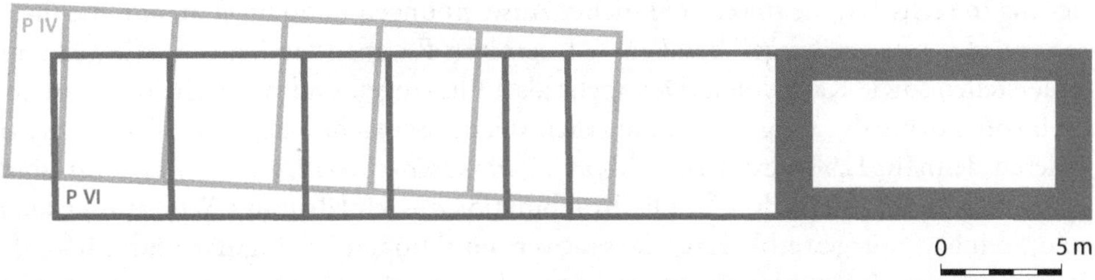

Abb. 9: Konstanz, Marktstätte. Grundrissüberlagerung von Schwellrahmenbau auf Pfostenfundamenten Periode IV und zweiteiliger Großbau Periode VI; DUMITRACHE, Konstanz (wie Anm. 40), S. 169, Abb. 277.

halb eingetieften Backsteinbau mit einem in Fachwerk ausgeführten Obergeschoss zwischen massiven Backsteingiebeln. Der Bau wurde wohl 1306/7 errichtet.

Neben Brandenburg und Frankfurt/Oder bieten die nicht publizierten Untersuchungen auf dem Marktplatz von Neubrandenburg einen faszinierenden Einblick in die Topografie des Marktes einer ostdeutschen Kleinstadt[93].

Dass Großbauten allerdings nicht ohne Weiteres als Kaufhallen bezeichnet werden können, zeigt sich in Konstanz. Hier konnten im Bereich der Marktstätte zwischen dem zweiten Drittel des 12. Jahrhunderts und dem 14. Jahrhundert mehrere Großbauten mit differenzierten Binnenstrukturen nachgewiesen werden. Sie befinden sich im Bereich der 1225 erwähnten *Margitstat*, dem Hafen- und Marktareal, welches durch planmäßige Landgewinnungsmaßnahmen seit dem ersten Drittel des 12. Jahrhunderts eingerichtet und systematisch ausgebaut wurde. Dort entstanden in prominenter Lage auf der Hafenmole Großbauten. Der älteste, solide Holzbau (Schwellrahmenbau auf Pfostenfundamenten) datiert in die Zeit zwischen 1165/66 und dem zweiten Viertel des 13. Jahrhunderts (Abb. 9). Er war rund 25 m lang und wies bei einer Gesamtfläche von rund 175 m^2 eine Binnengliederung auf. Die Räume besaßen stellenweise Feuerstellen, die unter anderem zur Nahrungszubereitung sowie als Wärme und Lichtquelle genutzt wurden. Die Ausgräberin identifiziert für die letzten Nutzungsphasen (Wohn-)Räume und Werkstätten für metallverarbeitende Handwerke, nimmt aber für Raum 5 eine Sonderfunktion im Zusammenhang mit der Markt und Hafenaufsicht an[94]. Danach (um 1250 bis nach Mitte des 13. Jahrhunderts) wurde auf der Fläche ein Kleinbau errichtet, dem dann zweiteilige Großbauten folgten. Hierzu gehörte zunächst ein mehrfach gegliederter Holzbau, dem sich hafenseitig ein Steinbau aus dem dritten Viertel des 13. Jahrhunderts anschloss. Der Holzbau war rund 30 m lang. Er wies eine Binnenglie-

93) Da die Arbeit nicht publiziert ist, siehe hierzu die Ausführungen hier auf MÜLLER, Kaufhaus (wie Anm. 92), S. 50 f. und SCHOLZ, Tulln (wie Anm. 34), S. 142 f.

94) DUMITRACHE, Konstanz (wie Anm. 40), S. 151–166.

derung in sechs Räume unterschiedlicher Ausdehnungen (2,50 bis 8 m) auf, die ihrerseits wieder Unterteilungen besaßen[95]. In einigen Räumen fanden sich Hinweise auf Feuerstellen sowie Kachelöfen. Den mehr als 13 m langen und vermutlich 7 m breiten Steinbau möchte die Ausgräberin mit einer Metzig (Schlacht- oder Fleischbank) identifizieren, denn für 1258 wird ein [...] *domus* [...] *site in vico, qui vulgariter dicitur Märkstad, prope macellum* [...] erwähnt[96]. Die Kombination aus Holzbau mit Wohnfunktionen und Steinbau mit gewerblich-repräsentativen Funktionen ist singulär und dürfte die Bedeutung des Hafenmarktes unterstreichen. In den folgenden Perioden sind ebenfalls Großbauten nachzuweisen (Abb. 10). In die Zeit zwischen dem letzten Drittel des 13. Jahrhunderts und dem frühen 14. Jahrhundert datieren zwei zusammengehörige Holzbauten mit einer Gesamtlänge von über 40 m. Sie weisen ebenfalls eine differenzierte Binnengliederung auf. Für den westlichen Bau möchte M. Dumitrache aufgrund von Ofenkeramik, Wasserbehälter und der kleinen Wärmequelle eine Wollbearbeitung im häuslichen Bedarf annehmen, während der Westbau neben Metzigbänken auch allgemein als Lagerraum für Fernhandelsware diente und möglicherweise die Markt und Hafenaufsicht beherbergte[97]. Im 14. Jahrhundert (Periode VIII) sind schließlich ein westlicher Schwellenbau und ein hafenseitiger Steinbau mit Fachwerkaufbau nachzuweisen. Der westliche Großbau bot einerseits Wohnräume, andererseits waren aber in den »geöffneten Großräumen im südlichen Bereich wohl Verkaufsstände beziehungsweise Fleischbänke der Metzger untergebracht«[98].

Diese Zusammenstellung mag auch andeuten, dass eine differenzierte Betrachtung so manchen Befundes notwendig ist. Exemplarisch seien hier die Befunde auf dem Breiten Markt in Sankt Pölten/Oberösterreich (Abb. 11) angeführt[99]. Ein Holzbau in Pfostenbauweise des 13. Jahrhunderts wurde zunächst als zweischiffige Markthalle (circa 15 x 8,60 m) angesprochen, die durch einen steinernen Bau erweitert und Mitte des 14. Jahrhunderts durch einen steinernen, dreischiffigen Neubau (31 x 13,50 m) ersetzt wurde. Aufgrund von Schriftquellen und umfangreicher Tierknochenfunde wurde dieses Ensemble im Zusammenhang mit einem Fleischmarkt gesehen. Ute Scholz hat die Holzbefunde jedoch anders interpretiert und erkennt die Postensetzungen als aneinandergereihte Einzelelemente eines Kramstandes[100]. Mit Blick auf die schriftliche Überlieferung plädiert sie für eine differenzierte Sichtweise. So werden Ende des 13. Jahrhunderts Kramen genannt, weiterhin ab dem 14. Jahrhundert Fleischbänke sowie 1349 die Schranne. Ab Mitte des 14. Jahrhunderts sind weiterhin Tische überliefert,

95) Dumitrache, Konstanz (wie Anm. 40), S. 169.
96) Ebd., S. 172.
97) Ebd., S. 174f.
98) Ebd., S. 179.
99) Scholz, Tulln (wie Anm. 34), S. 126, 129.
100) Ebd., S. 129, 139.

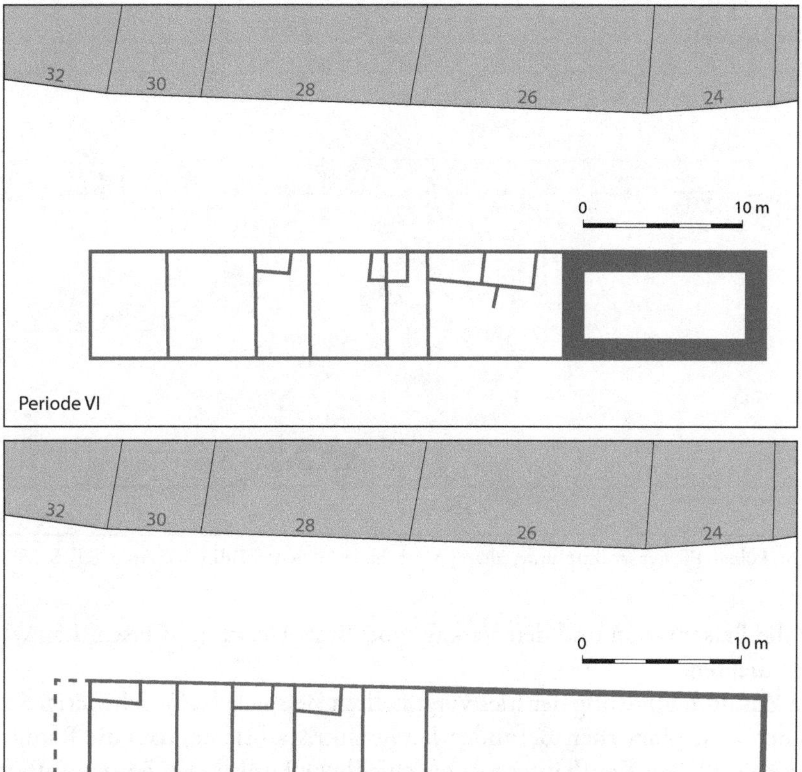

Abb. 10: Konstanz, Marktstätte. Zweiteilige Großbauten der Periode VI–VIII; Dumitrache, Konstanz (wie Anm. 40), S. 167, Abb. 275.

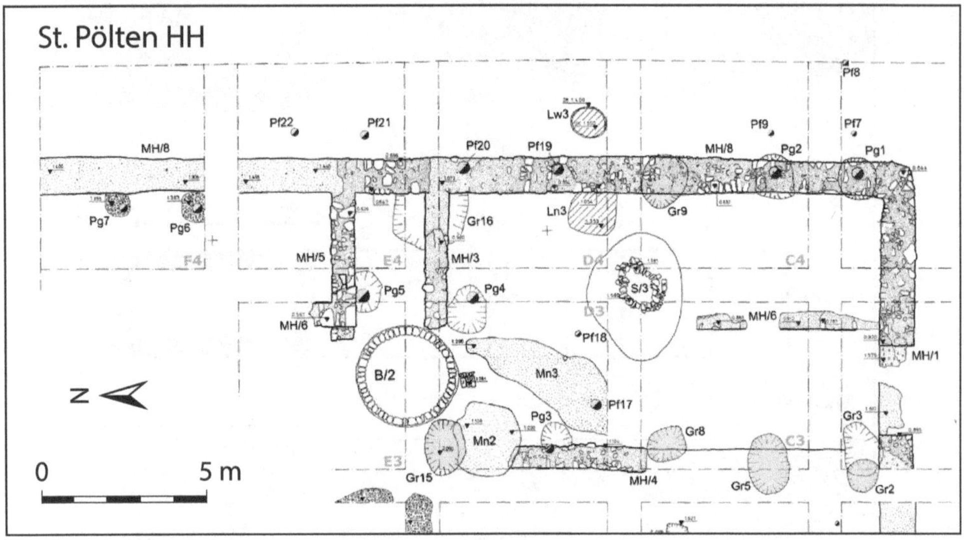

Abb. 11: St. Pölten. Pfostenstruktur unter älterer Markthalle. SCHOLZ, Tulln (wie Anm. 34), S. 287, Abb. 297.

die für die Präsentation und den Verkauf von Brot, Fleisch und Fisch, Leinwand und Schuhen dienten.

Eine Zusammenfassung der hier vorgestellten Beispiele bleibt schwierig. So scheint sich in den archäologischen Befunden herauszukristallisieren, dass die Räume in den spätmittelalterlichen Kaufhäusern unterschiedliche Funktionen hatten: differenzierte Verkaufsräume, aber auch Stapel- und bisweilen Beherbergungsfunktionen sowie administrative Tätigkeiten. Für den norddeutschen Raum ist auf die Kombination von Kaufhalle und Rathaus hinzuweisen. Da eine vergleichende archäologische Analyse von Markthallen und Kaufhallen fehlt, bleibt es angesichts der wenigen Befunde schwierig, ungegliederte Hallenbauten als einen älteren Typus und Marktgebäude mit einer inneren Untergliederung als tendenziell jünger anzusprechen. Vor allem ist es der Archäologie gelungen, auf hölzerne Vorgängerbauten oder generell Holzbauten hinzuweisen.

II.3.4. Zusammenfassung

Fasst man zusammen, so lässt sich feststellen, dass Marktbebauung bei Ausgrabungen in vielerlei Strukturen erfasst wird, aber die Interpretation durchaus herausfordernd sein kann. Größere Bauten, die als Markthalle, Kaufhaus oder Rathaus gedeutet werden, sind vielfach besser erhalten als kleine Buden oder gar Tische und Zelte. Die funktionale Zuweisung der Befunde zu bestimmten Warenangeboten bleibt schwierig. Es liegt auf der Hand, dass die Vielzahl von Präsentations- und Verkaufsaktivitäten einen relativ unspezifischen materiellen Abdruck hinterließ. Vor allem Fleischhandel ist gut fassbar; andere Aktivitäten können in der Regel nur aus den schriftlichen Quellen erschlossen werden, wobei die räumlichen und zeitlichen Zusammenhänge zu beachten sind. Zur funktionalen Differenzierung zwischen Arealen mit einer permanenten Marktverbauung und solchen mit einer Freifläche wird mitunter auch ein Modell herangezogen, das zwischen horizontal und vertikal organisierten Anbietern unterscheidet[101)]. Es wurde in den späten 1968er-Jahren von Charles T. Thompson and Marilyn J. Huies entwickelt, die aufgrund ethnologischer Studien zwischen einem *Peasant Marketing System* mit *face-to-face*-Interaktion und einem *Bazaar Marketing System* unterschieden[102)]. Diese Differenzierung, so eingängig sie auch sein mag, ist inzwischen zu relativieren, und zudem stellt sich die Frage, ob und wie das Modell auf vormoderne urbane Märkte übertragen werden kann beziehungsweise modifiziert werden muss[103)].

Kaufhallen oder Rathäuser auf der einen Seite, Buden und Freiflächen mit *stationes* auf der anderen stehen nicht nur für unterschiedliche Warengruppen und Präsentationsformen, sondern konstituieren durch ihre Architekturen differenzierte Atmosphären. Auch wenn der Markt einen öffentlichen Raum darstellt, ist er durch Kontraste von Offenheit und Geschlossenheit geprägt, welche die Ars Vendendi nachhaltig mitbestimmen. Hierbei ist zunächst an Freiflächen und Marktverbauungen zu denken. Sie geben dem Markt eine grundlegende Struktur. Tische oder Bänke wiederum definieren räumliche Bereiche, die einerseits vornehmlich von der Verkäuferin oder dem Verkäufer bespielt werden, andererseits den Kunden zugehörig sind. Zugleich bildet die Fläche der Bank den Raum für die Präsentation von Waren, gleichsam das materielle *interface* einer Ars Vendendi. Hier werden Rhetoriken und Praktiken fassbar, die sich in unterschiedlichen Modi wie dem lautstarken Anpreisen oder Nachfragen, dem Befühlen, dem Sehen oder dem Riechen ausdrücken und deren Grundlage die Stofflichkeit der vielfältigen Präsentationsmedien sind. Ähnliches gilt auch für Podeste oder Freiflächen, auf denen die Wagen stehen, aber auch die Präsentation der Ware auf dem Boden.

III. Die Ars Vendendi als materielle Praktik im urbanen Raum

Die Einrichtung eines Marktes in der Stadt bietet nicht nur einen Ort für ökonomische Interaktionen, sondern schafft einen Raum für zahlreiche soziale Praktiken. Diese sind aber immer im Rahmen des Marktes als Ort der ökonomischen Transaktionen zu sehen, wobei das materielle *setting* eben nicht ausschließlich aus der Perspektive des Kaufens und Verkaufens zu betrachten ist. Die im vorigen Abschnitt beschriebene Marktbebau-

101) Scholz, Tulln (wie Anm. 34), S. 30, 318 f.

102) Charles T. Thompson/Marilyn J. Huies, Peasant and Bazaar Marketing Systems as Distinct Types, in: Anthropological Quarterly 41 (1968), S. 218–227.

103) Bestor, Markets (wie Anm. 22), S. 9228; Arnaud, Topographien, (wie Anm. 21), S. 31–49; Kypta, Premodern (wie Anm. 4), S. 17–22; Michel Callon, Revisiting Marketization. From Interface-Markets to Market-Agencements, in: Consumption Markets & Culture 19 (2016), S. 17–37.

ung ist als Teil der Bewerbungsstrategien zu betrachten. Die Marktbebauung ist Teil des städtischen Raumes. Im Folgenden werden daher zunächst die Beziehungen zwischen Markt und Stadt betrachtet, um dann in Zeitschnitten auf den Marktplatz einzugehen. Die Beziehungen zwischen Markt und dem übrigen urbanen Raum spiegeln sicherlich auch zeitliche Veränderungen in der Entwicklung von Marktplätzen wider. Im Folgenden wird auf Hafenmärkte des 11. bis 13. Jahrhunderts fokussiert.

III.1. Die Ars Vendendi als Tor zur Welt: maritim geprägte Märkte

Nicht alle Orte merkantiler Transaktionen sind im heutigen Stadtraum noch sichtbar. Dies gilt vor allem für die Handelsplätze aus dem frühen Mittelalter. Dies hat verschiedene Gründe. Zwar sind frühmittelalterliche Handelsplätze insbesondere im Nord- und Ostseeraum sehr gut erforscht, doch ist der Nachweis von spezifischen Arealen meist sehr schwierig und beruht auf Indizien[104]. Hinzu kommt, dass nicht ohne Weiteres von abgegrenzten Arealen ausgegangen werden kann. Unterschiedliche Aktivitäten wie Handel und Austausch, Handwerk oder Stapel können sich auf einem Areal überschneiden, doch sie können auch an unterschiedlichen Orten erfolgen. Die Archäologie hat insbesondere die Plätze an der Küste oder im küstennahen Bereich in den Blick genommen, zu denen Orte wie Domburg (Niederlande), Ribe (Dänemark), Haithabu (Deutschland), Birka (Schweden) oder Wollin (Polen) gehören und deren Uferbereiche über Anlandeplätze oder Häfen auch Marktareale besaßen. Häufig werden Ufermärkte und Hafenmärkte als Typus eines Marktes identifiziert, der zeitlich vor den zentralen Märkten des hohen und späten Mittelalters liegt[105]. Im Folgenden soll es nicht um eine umfassende Bestandsaufnahme und Bewertung der Ufer- und Hafenmärkte zwischen dem 8. und 11. Jahrhundert gehen. Vielmehr gilt es aufzuzeigen, dass die Schnittstelle zwischen Wasser und Land in »verdichteter Form Aushandlungsprozesse des Zusammenlebens, Praktiken sozialer Regulierung sowie den Austausch und die Mobilität von Menschen, Objekten, Wissen und Ideen abbildet«[106].

104) Rösch, Marketplaces (wie Anm. 36), S. 277–280.

105) Ebd., S. 279, Fig. 2 sowie S. 290, Fig. 8. Inwieweit dieses evolutionäre Schema wirklich Bestand hat, wird zu prüfen sein. Im Kern beruht es auf der Annahme eines expandierenden und zunehmend komplexeren Handels. So findet sich in Ribe im 9. Jahrhundert ein als Marktplatz gedeutetes Areal, vgl. Claus Feveile, Ribe på nordsiden af åen, 8.–12. århundrede. Oversigt og tolkning, in: Ribe studier. Det ældste Ribe. Udgravninger på nordsiden af Ribe Å 1984–2000, hg. von Claus Feveile (Jysk Arkæologisk Selskabs skrifter 51), Åarhus 2006, S. 13–63, hier S. 25–35, 43–45.

106) Eva Brugger/Isabelle Schürch/Birgit Tremmel-Werner, Der Hafen. Praxeologische Perspektiven auf Zirkulation, Transfer und Transformation, in: Historische Anthropologie 26 (2018), S. 29–42, hier S. 29; Neil Middleton, Early Medieval Port Customs, Tolls and Controls on Foreign Trade, in: Early Medieval Europe 13 (2005), S. 313–358.

III.1.1. Schleswig

Schleswig war der Nachfolger des *emporium* Haithabu und bildete seit den 1070er-Jahren einen zentralen Knoten im europäischen Handelsnetzwerk[107)]. Die Stadt am nördlichen Ende der Schlei war spätestens ab dem 12. Jahrhundert Pfalzort und Bischofssitz und besaß um 1200 oder zwischen 1216 und 1241 ein Stadtrecht. Die früheste Besiedlung ist entlang des historischen Schleiufers fassbar[108)]. Hier werden ab den 1070er-Jahren langrechteckige Parzellen ausgewiesen, die sowohl individuell ausgestaltet waren als auch unterschiedliche funktionale Nutzungen besessen haben dürften. Mit der Errichtung von Parzellen sowie eines Wegesystems gehen mehr oder minder zeitgleiche Maßnahmen im Flachwasserbereich einher. Insgesamt wird zu Beginn der Besiedlung ein zweiachsiges System fassbar, das dem historischen Ufer diagonal von Südwest nach Nordost folgte, während die andere Achse dazu im rechten Winkel ausgerichtet war. Als zweiter großer Schritt schloss sich die sukzessive Einrichtung von Dämmen im Flachwasserbereich ab den späten 1080er-Jahren an. Diese Baumaßnahmen zogen sich bis in die frühen 1090er-Jahre hin, und bis um 1100 wurden die Dämme in zwei bis vier Bauabschnitten verlängert. Insgesamt ragten die Dämme bis zu 18 m in den Flachwasserbereich hinein, und die bestehenden Flächen wurden durch die Dämme um bis zu 200 % vergrößert. Das gesamte Hafenviertel erstreckte sich über eine Länge von mehr als 300 m in nordöstliche Richtung, wobei die hier nachgewiesenen Dämme bis zu 28 m in den Flachwasserbereich hineinreichten.

Die Dämme werden nicht mehr ausschließlich als Anleger interpretiert. Vielmehr handelte es sich um Einrichtungen, welche über die Abfertigung von Schiffen und die Bereitstellung von Lagerplatz auch der Beherbergung des Haushalts und handelsreisender Gäste dienten. Eine besondere Situation bestand auf der Parzelle 2 (Abb. 12). Diese blockartige Parzelle erfuhr eine Erweiterung in die Schlei hinein, wobei eine Plattform von rund 400 m^2 entstand. Sie weist im Vergleich zu den anderen Dämmen kaum Bebauungsstrukturen auf und Waagen sowie Gewichte scheinen Handelsaktivitäten anzuzeigen, sodass Felix Rösch dieses Areal spätestens seit den 1088er-Jahren als »Hafenmarkt« identifiziert[109)]. Zusammenfassend lässt sich feststellen, dass innerhalb von rund 25 bis 30 Jahren auf einer Fläche von bis zu 300 m eine sowohl differenzierte als

107) Volker Hilberg, Haithabu 983–1066, München 2022; Ulrich Müller, Habourscapes. Three Examples from Early to High Medieval Northern Europe, in: The Power of Urban Water. Studies in Premodern Urbanism, hg. von Nicola Chiarenza/Annette Haug/Ulrich Müller, Berlin 2020, S. 229–247; Felix Rösch, The Technology of Medieval Maritime Trade. An Archaeological Perspective on Northern Germany and Beyond, in: Rahmstorf/Barjamovic/Ialongo, Merchants (wie Anm. 7), S. 82–86.

108) Felix Rösch, Das Schleswiger Hafenviertel im Hochmittelalter. Entstehung – Entwicklung – Topografie (Zeitschrift für Archäologie des Mittelalters, Beiheft 26), Bonn 2018.

109) Ebd., S. 255–257; Sven Kalmring, Der Hafen von Haithabu (Ausgrabungen in Haithabu 14), Neumünster 2010. Kritisch zur Interpretation als Markt Ralph Röber, Rezension von: Rösch, Hafenviertel (wie Anm. 108), in: Mitteilungen der DGAMN 33 (2020), S. 349–357, hier S. 355 f.

Abb. 12: Schleswig, Szenische 3D-Rekonstruktion des Hafenviertels um 1100 auf Basis der digitalisierten Holzbefunde (Graphik Illustrato, Franziska LORENZ/Jochen STUHRMANN).

zugleich auch strukturierte Bebauung entstand. An dieser Schnittstelle von Land und Meer formierte sich ein Interaktionsraum. Das »Hafenviertel« setzte sich aus »privaten Dämmen«, dem möglichen merkantilen Austauschplatz als öffentlichem Raum sowie den ebenfalls öffentlich genutzten Wegen zusammen. Über die weitere Entwicklung der Stadt zwischen dem 13. und dem 15. Jahrhundert ist anhand der Grabungsbefunde wenig bekannt[110]. Die Einrichtung eines Zentralmarktes um 1200 und die sukzessive Ansiedlung verschiedener Orden sowie der Um- und Neubau von Kirchen deutet auf eine Umstrukturierung und einen recht zügigen Ausbau der Stadt, die im Jahr 1218 mit der Krönung des Königssohnes Waldemar den Höhepunkt der dänischen Machtentfaltung erlebte.

110) Ulrich MÜLLER, Schleswig. Stadtbilder zwischen Wikingern und Bischöfen, in: Lübecker Kolloquium zur Archäologie im Hanseraum XI, hg. von Dirk RIEGER/Manfred SCHNEIDER, Lübeck 2021, S. 255–268.

III.1.2. Lübeck

Lübeck gilt nicht nur als Königin der Hanse, sondern auch als ein Juwel der stadthistorischen und stadtarchäologischen Forschung über die südliche Ostseeküste hinaus[111]. Die Forschung hat vielfältige Themenfelder adressiert. Die Existenz von Märkten ist dabei zentral, werden diese doch durch die relativ dichte Überlieferung von Gründungs- und Ereignisdaten in der um 1170 geschriebenen Chronik des Helmold von Bosau genannt. Neues Licht in diese Diskussionen brachten die Grabungen im sogenannten Gründungsviertel an der Untertrave, die neben dem Nachweis der schauenburgischen Gründungssiedlung von 1142/3 auch eine vorschauenburgische Ufersiedlung erbrachten[112]. Diese lag auf einem traveseitigen, hochwassergeschützten Plateau und datiert in das späte 11. bis frühe 12. Jahrhundert. Die vermutlich von einer Grabenanlage umgebene Siedlung wird einen Anlandeplatz besessen haben und eine rund 1400 m^2 große Freifläche wird als potenzieller Stapel- oder Marktplatz angesprochen (Abb. 13). Inwieweit diese Uferrandsiedlung mit ihren merkantilen Aktivitäten auf eine temporäre oder permanente Nutzung ausgerichtet war und als eine *vite* identifiziert werden kann, bleibt momentan noch offen. Die Gründung 1142/3 und der weitere Ausbau werden durch eine planvolle Ausweisung von Baublöcken und/oder von Nutzungseinheiten unterschiedlicher Größen fassbar; hinzu kommt eine Strukturierung in einen öffentlichen und einen privaten Raum durch Wege und Straßen einerseits und den vielfach durch Zäune und Grenzgräben abgetrennten Blöcken andererseits. Während die Uferrandsiedlung also aufgegeben wurde, bleibt die Freifläche bis in die Zeit zwischen 1158/59 und 1176 unbebaut. Erst danach wird auch sie überbaut, und diese Veränderung hängt vermutlich mit einer Expansion der Stadt in Richtung Osten und mit der Entwicklung des Zentralmarktes auf dem Scheitel des Stadthügels zusammen. Wann dieser eingerichtet wurde, ist nach wie vor offen[113]. Hinweise auf Zeltstangen oder vergleichbare Einrichtungen gehören zu den ältesten Befunden auf diesem Areal. Sie können aber nicht unmittelbar mit einem Marktgeschehen in Verbindung gebracht werden. Ein solches wird erst mit einer Marktschicht aus der zweiten Hälfte des 12. Jahrhunderts großflächig nachweisbar. Ab der ersten Hälfte des 13. Jahrhunderts wird flächig ein Belag aus

111) Überblicke mit Hinweis auf weitere Literatur: Die Ausgrabungen im Lübecker Gründungsviertel, Bd. 1. Die Siedlungsgeschichte, hg. von Jörg HARDER/Heiko KRÄLING/Doris MÜHRENBERG/Ursula RADIS/Dirk RIEGER/Manfred SCHNEIDER/Ingrid SUDHOFF, Lübeck 2019; A Companion to Medieval Lübeck, hg. von Carsten JAHNKE (Brill's companions to European history 18), Leiden 2019.

112) Zum Folgenden Dirk RIEGER, Genese und Besiedlungsentwicklung, in: HARDER/KRÄLING/MÜHRENBERG/RADIS/RIEGER/SCHNEIDER/SUDHOFF, Ausgrabungen (wie Anm. 111), S. 62–79; Dirk RIEGER, Die Holzgebäude des 12. und frühen 13. Jahrhunderts, in: HARDER/KRÄLING/MÜHRENBERG/RADIS/RIEGER/SCHNEIDER/SUDHOFF, Ausgrabungen (wie Anm. 111), S. 166–277; Ulrich MÜLLER, Von Schleswig über Lübeck nach Rostock. »Stadtgründungen« und »Stadtplanungen« als *doing urbanity*, in: Neue Rahmungen – die Anfänge Freiburgs im europäischen Kontext. Archäologische und historische Perspektiven, hg. von Sebastian BRATHER/Jürgen DENDORFER, Freiburg im Breisgau 2023, S. 85–125.

113) RENN, Lübeck (wie Anm. 30), S. 145 mit weiteren Nachweisen.

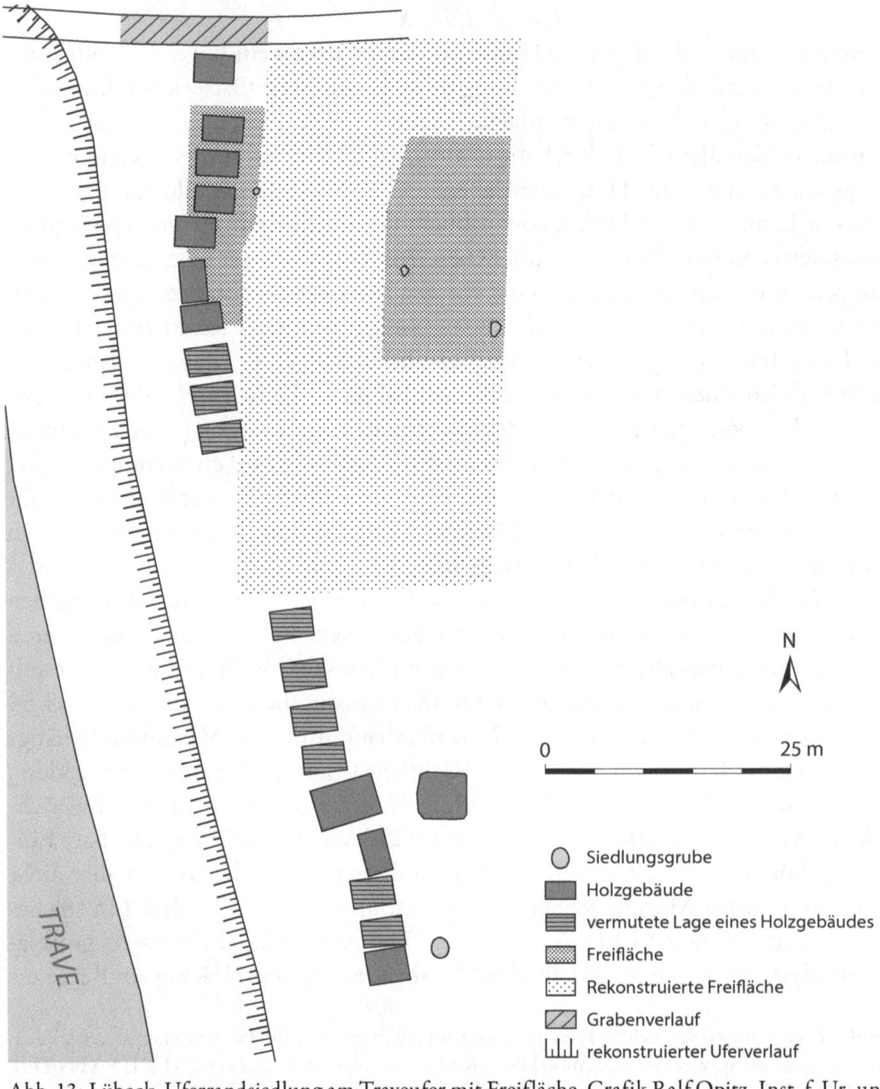

Abb. 13: Lübeck. Uferrandsiedlung am Traveufer mit Freifläche. Grafik Ralf Opitz, Inst. f. Ur- und Frühgeschichte Kiel nach MÜLLER, Stadtgründungen (wie Anm. 112).

Holzbohlen als neue Oberfläche fassbar, und ab 1200 war der Markt von Buden umsäumt. Archäologische Befunde und schriftliche Quellen belegen Markttätigkeiten nicht nur um den Platz, sondern auch westlich und östlich von diesem. Hinzu kommen weitere Märkte auf dem Koberg oder dem Schrangen mit seinen Fleischhauern, die archäologisch oder in den schriftlichen Quellen erschlossen werden konnten.

Die Frage einer Verlagerung oder auch frühen Diversifizierung des Marktes hat aufgrund der neueren Grabungen wieder an Bedeutung gewonnen. So hatte die ältere Forschung einen um 1157 zunächst durch frühe Landgewinnungs- beziehungsweise Sicherungsmaßnahmen fassbaren Anlandeplatz an der Trave rekonstruiert, der dann systematisch zu einem Hafen ausgebaut wurde. Hierbei rekonstruierten Manfred Gläser und nachfolgend auch weitere diese Situation als einen frühen Ufermarkt, dessen Funktionen sich dann im Zuge des schrittweisen Ausbaues zu einem Hafen und aufgrund veränderter ökonomischer Bedingungen auf den neu eingerichteten Zentralmarkt verlagerten[114]. Dieses Bild wird nicht allein durch die Ausgrabungen im Gründungsviertel und der längerfristig genutzten Freifläche zu revidieren sein, sondern scheint durch den Nachweis eines turmartigen Backsteinbaues um 1170 im Bereich der nördlichen Obertrave neue Dimensionen bekommen zu haben[115]. Denkbar wäre, dass bereits in den Jahrzehnten nach der Gründung die Uferbereiche zwischen dem Gründungsviertel und dem Hügel um St. Petri durch Straßensysteme zu einem weiträumigen Hafenviertel erschlossen wurden.

Lübeck ist in mehrerlei Hinsicht wichtig. So bietet der Nachweis einer vorschauenburgischen Siedlung genug Stoff für Diskussion um die Waren- und Kommunikationsnetzwerke des 11. und 12. Jahrhunderts. Für die Gründungsstadt ist das ökonomische Element konstitutiv und in der Verschränkung von Hafenarealen, Stapelflächen und mutmaßlichen Marktarealen bis in das späte 12. Jahrhundert fassbar. Die zunehmende Versteinerung mit ihren multifunktionalen Dielenhäusern und die Veränderungen in der Warenwirtschaft zeigen eindringlich, dass Marktplätze nicht allein als Orte ökonomischer Interaktionen zu denken sind.

Neben dem Hafenareal und seinen Marktflächen stellt sich die Frage, wie die großen und oftmals zweigeschossigen Holzbauten genutzt worden sind. Bereits zwischen 1158/9 und 1176 sind Holzbauten mit Grundflächen zwischen 70 m^2 und 180 m^2 und einer Unterkellerung vorhanden. Diese Bauten erfuhren bis 1216 nicht nur in Flächen- und Kellergrößen einen enormen Zuwachs. Der sichtbare Reichtum ihrer überwiegend merkantil tätigen Besitzer kam gleichermaßen in den elaborierten Holzarchitekturen wie auch in der Verwendung des exklusiven Backsteins zum Ausdruck. Hierzu gehört der Befund der backsteinernen Treppe zum Holzkeller des um 1176 datierten Hauses

114) Vgl. Ulrich MÜLLER, Schleswig – Lübeck. Raumhandeln an Hafen und Markt, in: Interaktion ohne Grenzen. Beispiele archäologischer Forschungen am Beginn des 21. Jahrhunderts, hg. von Berit V. ERIKSEN/Angelika ABEGG-WIGG/Ralf BLEILE/Ulf ICKERODT, Schleswig 2017, S. 707–716 mit Hinweisen auf den älteren Forschungsstand und MÜLLER, Stadtgründungen (wie Anm. 112) auf die jüngeren Interpretationen.

115) Dirk RIEGER, Kolk – Figurentheatermuseum: momentan Lübecks ältestes Steinwerk, in: Archäologie in Lübeck 2020, S. 25–31; DERS., Kolk – entlang des ältesten Steinwerks, in: Archäologie in Lübeck 2021, S. 31–33.

80[116]. Zwischen dieser ältesten Backsteinverwendung 1176 bis in die Zeit um 1200 diente Backstein zunehmend als Baumaterial für einzelne Bauelemente, die von Zugängen zu den Holzkellern bis hin zur Ausfachung der Holzbauten der großen Vorderhäuser reichte.[117] Solche Befunde können zu einem differenzierten Verständnis einer Ars Vendendi führen, wo unter Umständen nicht nur Produkte zur Schau gestellt, sondern auch Transaktionen abgeschlossen wurden.

III.1.3. Konstanz

Die Stadt am Bodensee, seit spätkeltischer Zeit besiedelt, entwickelte sich unter bischöflicher Förderung mit den entsprechenden Privilegien für Münze, Markt und Zoll seit dem ausgehenden 9. Jahrhundert zu einem Zentrum weit über die Bodenseeregion hinaus. Den umfangreichen historischen Forschungen sind die seit den 1980er-Jahren intensiv erfolgten archäologischen Forschungen an die Seite zu stellen[118]. Befand sich der frühmittelalterliche Hafenbereich in der Nähe des Münsters, so wurde dieser im 12. Jahrhundert vor die Stadtmauer im Süden verlegt. Die schriftlichen Quellen belegen zwei unterschiedliche Märkte vor den Toren der Stadtmauer des 11. Jahrhunderts. Innerstädtisch ist ein Markt bei St. Stephan zu vermuten, der aber bislang als ältester Markt weder schriftlich noch archäologisch in Erscheinung tritt. In Urkunden (1176) erscheint ein *forum*, das sich vor den Mauern im Bereich der heutigen Kanzleistraße etablierte und unter Umständen auch als Jahrmarkt anzusprechen sein wird. Östlich davon entstand als planmäßige Einrichtung der neue Markt, der in den Schriftquellen des frühen 13. Jahrhunderts (1220; 1225) *de littore fori* und *Margitstat* erscheint und dann auch *in novo foro* genannt wird[119]. Diese Maßnahmen bedurften zwar der Erlaubnis durch den Bischof, doch wird nachvollziehbar vermutet, dass eine »bürgerlich-kaufmännische Oberschicht« ebenfalls als Initiator zu sehen ist, verfügte doch auch sie über die entsprechenden Ressourcen für diese Bauprojekte[120].

Hierfür wurde in die Flachwasserzone vor der Stadtmauer des 11. Jahrhunderts gebaut, wobei diese Landgewinnung in der Planung bereits die Anlage eines großen Platzes vorsah. Der Beginn der Auffüllung ist vor 1129/30 zu datieren, setzte sich in zwei weiteren Phasen fort und kann ab der Mitte des 12. Jahrhunderts als abgeschlossen gelten.

116) Ursula Radis, Der Backsteinbau. Baustoffe, Bautechnik, Typologie und Entwicklung, in: Harder/Kräling/Mührenberg/Radis/Rieger/Schneider/Sudhoff, Ausgrabungen (wie Anm. 111), S. 330–611, 588.

117) Radis, Backsteinbau (wie Anm. 116), S. 490–498.

118) Zum Folgenden Röber, Stadtarchäologie in Konstanz (wie Anm. 31).

119) Dumitrache, Konstanz (wie Anm. 40), S. 146.

120) Mit weiteren Hinweisen ebd., S. 148; Harald Derschka/Ralph Röber, Die hochmittelalterlichen Aufschüttungen an der Seeseite der Stadt Konstanz. Archäologische und rechtsgeschichtliche Aspekte, in: Mitteilungen der DGAMN 33 (2020), S. 29–36, hier S. 30 f.

Es entstand eine funktionale Einheit von Markt und Hafen mit einer bis zu 1,40 m hohen Mole, an der Lastschiffe schwimmend anlegen konnten. Auf der Marktfläche fanden sich Hinweise auf eine Budenzeile aus Holz und Flechtwerk, die im letzten Drittel des 12. Jahrhunderts errichtet wurde und Buntmetallhandwerkern Raum bot. Ersetzt wurde dieser Bau dann durch Fachwerkbauten, die Harald Derschka und Ralph Röber als »Budenzeile« ansprechen[121)].

In der ersten Hälfte des 13. Jahrhunderts sind zwei weitergehende Maßnahmen sichtbar, die im Zusammenhang mit der sogenannten Markterweiterung und der Stadtmauer zu sehen sind. So errichtete man einen rund 50 m breiten Steindamm. Er ragte mehr als 150 m in den See und wurde für den künftigen Hafenbetrieb grundlegend, da das Areal des *Margitstat* zunehmend verlandete. Eine Pfostenreihe könnte dabei den Marktbereich vom Hafenbereich abgegrenzt haben[122)]. Auf dem Areal des *Margitstat* entstanden früh die oben genannten Budenzeilen oder unterteilte Großbauten aus Holz, in Fachwerktechnik oder in Stein. Diese sind zwar genuin nicht als Markt- oder Kaufhalle zu identifizieren, stehen aber mit dem Marktgeschehen in Zusammenhang. Hinzu kommt ein sukzessiver Ausbau der Markstätte und Kaianlagen gegen Ende des 13. bis zur ersten Hälfte des 14. Jahrhunderts sowie ein Ausbau des Dammbereiches, auf dem dann 1388 das Kaufhaus errichtet wurde. Nach dem verheerenden Brand 1398 wurde das Hafenbecken zugeschüttet und das Areal neu strukturiert.

In zusammenfassender Betrachtung bildeten Hafen und Markt die wichtigsten ökonomischen Einrichtungen, die Teil des Stadtausbaues waren und diesen zugleich bewirkten. Wurden die Waren zunächst einfach mit Schiffen an das Ufer angelandet, so wird eine sukzessive Vergrößerung der Flächen durch schmale Hafenstege, einen Hafendamm und schließlich eine Hafenplattform mit Kaimauern fassbar. Auch wenn Hafen und Markt im Laufe des 13. Jahrhunderts zunehmend topografisch und wohl auch rechtlich abgesetzt erscheinen, so bildeten sie in großmaßstäbiger Perspektive eine Einheit.

II.1.4. Resümee

Den drei Beispielen ist trotz gewisser zeitlicher Unterschiede gemeinsam, dass sich merkantile Funktionen und Hafen überlagern beziehungsweise miteinander verschnitten sind. Mit umfangreichen Landgewinnungs- und Baumaßnahmen werden Hafenareale geschaffen und Marktbereiche zur Verfügung gestellt, die zunächst Zentralmärkte abseits des heutigen Stadtkerns darstellen. Konstanz kann hier stellvertretend für die Bedeutung fluvialer Austauschknoten binnenländischer Städte in antiker Tradition stehen und durch Köln, Mainz, Regensburg oder Worms und weitere ergänzt werden. Dass die Hafenbereiche aus der Perspektive der spätmittelalterlichen Stadt außerhalb und

121) Derschka/Röber, Konstanz (wie Anm. 120), S. 32.
122) Dumitrache, Konstanz (wie Anm. 40), S. 151.

damit quasi in der (späteren) Vorstadt liegen, ergibt sich auf den ersten Blick aus der topografischen Situation insbesondere der antiken *fori* und belegt die gezielte Umformung der urbanen Raumstruktur einer Ars Vendendi. Die zunächst auftretende funktionale Verschneidung von Hafen und Markt ist auch ein Ausdruck städtebaulicher Initiativen, die sowohl durch die weltlichen oder geistlichen Herrschaften als auch durch eine sich formierende Gruppe neuer städtischer Akteure initiiert und ausgeführt wird. Dies gilt auch für Schleswig und Lübeck. Die merkantilen Areale der späteren Seehandelsstadt wurden an der Schnittstelle von Land und Meer eingerichtet, während die herrschaftlichen und religiösen Instanzen an anderen Stellen anzutreffen sind.

Nach dem derzeitigen archäologischen, aber auch historischen Forschungsstand ist davon auszugehen, dass die Hafenmärkte sowohl von Großhändlern als auch Endverbrauchern aufgesucht wurden. Erstere werden vielfach mit dem Fernhandel in Verbindung gebracht, letztere meist mit dem Einzelhandel im Sinne eines Verbrauchermarktes. Allerdings sollte eine räumliche Trennung, wie sie für das späte Mittelalter eher die Regel als die Ausnahme bildet, auch für die früh- und hochmittelalterlichen Hafenmärkte in Betracht gezogen werden – gerade weil Lokalmärkte durch Produkte gekennzeichnet sind, die in den archäologischen Quellen kaum Spuren hinterlassen. Weiterhin sollte der maritime beziehungsweise fluviale Charakter dieser Ars Vendendi nicht darüber hinwegtäuschen, dass Großhandel ebenfalls nicht ausschließlich am Hafen erfolgen musste. Daneben sind aber noch weitere Modelle denkbar. So kann der Hafenmarkt in sich eine räumlich-funktionale Trennung aufweisen, und unterschiedliche Transaktionsformen erfolgen an unterschiedlichen Orten, die vom Schiff bis zum Haus reichen können. Weiterhin ist in Betracht zu ziehen, dass sich auch die verhandelten Waren und generell die Warenwirtschaft gewandelt haben, wovon insbesondere die Veränderungen in den maritimen Transporttechnologien zeugen[123]. Wichtig scheint aber, dass der Hafenmarkt über die spezifischen Infrastrukturen hinaus einen Raum bietet, der für die unterschiedlichen Akteure Sicherheit im weitesten Sinne gewährleistet und damit Vertrauen schafft. Zentral für dieses Verständnis sind weniger die konkreten Bauten, deren Nachweis in der Regel sehr schwierig ist, sondern das Areal an sich. Dessen *setting* bietet in seiner Materialisierung und seiner zeitlichen Stabilität eine Ars Vendendi, die über das Anpreisen und das Anbieten weit hinausreicht. Die vielfältigen Praktiken betreffen nicht allein das Bezahlen, Kontrollieren oder Überprüfen. Im öffentlichen Raum des Hafenmarktes werden das Ein-, Um- und Abpacken ebenso sichtbar wie das Messen, das Wiegen oder das Zählen. Der Hafenmarkt bildet paradigmatisch eine Ars Vendendi ab, denn die »Zirkulation von Gütern im Hafen ist eng verschränkt mit Praktiken, die den Status, die Bezeichnung und den Wert eines Objektes verändern können«[124].

123) Zu dieser umfangreichen Diskussion zuletzt Rösch, Maritime Trade (wie Anm. 107).

124) Brugger/Schürch/Tremmel-Werner, Hafen (wie Anm. 106), S. 33 verwenden die Kategorien von »Zirkulation«, »Transit«, »Transformation«.

III.2. Die Eigenlogik des Marktplatzes

III.2.1. Köln

Köln ist nicht nur in römischer, sondern auch in mittelalterlicher Zeit ein *global player*, wobei insbesondere die Erhebung des Kölner Bistums zum Erzbistum der Entwicklung zur mittelalterlichen Großstadt einen starken Schub verlieh. Die Stadt bewegte sich im Spannungsfeld zwischen Kirchen und Kaufleuten, zwischen erzbischöflicher Macht und einer zunehmend nach Unabhängigkeit strebenden Bürgerschaft. Bereits in karolingischer Zeit entwickelten sich die rheinnahen Areale zu Handwerks- und Handelszentren außerhalb des antiken Stadtberinges[125]. Mit der Niederlegung von großen Teilen dieses Areals und der Anlage eines Marktplatzes unter Erzbischof Bruno (953–965) wurde ein städtebaulicher Masterplan entwickelt, der für die folgenden Jahrhunderte eine neue ökonomische Mitte etablierte[126]. Nachdem bereits 989 eine *porta fori* in den schriftlichen Quellen erscheint, wird im Jahre 992 der *mercatus colonie* erwähnt[127]. Der Heumarkt, der südliche Teil des Alten Marktes, war im Mittelalter einer der wichtigsten Marktplätze des mittelalterlichen Kölns. Bis in das 12. Jahrhundert hinein blieb er in der Hand des Erzbischofs, und erst allmählich gelang es den Kaufleuten der *Richerzeche*, sich die einträglichen Marktzölle durch die Übernahme der Marktaufsicht zu sichern. Beide übten eine intensive Marktaufsicht aus und regelten beispielsweise den Auf- und Abbau oder die Lage der Stände. Das Areal liegt rheinnah als Teil der sogenannten Rheinvorstadt und bildete trotz des abseits gelegenen *novo mercato* (ersturkundlich 1176 erwähnt) das Zentrum der Kölner Marktaktivitäten zwischen dem ausgehenden 10. und dem 14. Jahrhundert. Die südliche Marktfläche wird ab 1300 verschiedentlich als Heumarkt bezeichnet. Über die Randbebauung ist wenig bekannt, doch wird man für das 12. Jahrhundert steinerne Turmhäuser an der Randzone der Marktfläche vermuten dürfen[128].

Für das späte Mittelalter liegen für den Alten Markt bzw. Heumarkt zahlreiche Quellen vor, unter denen die Zusammenstellung von Bruno Kuske besonders wertvoll ist[129]. Die Quellen nennen beispielsweise detailliert Verkaufseinrichtungen wie Stehplätze (*stationes*), Tische (*mensae*) oder Kramen (*varende*) sowie *tabernae*, die als feste Anbauten oder Einzelbauten gedeutet werden. Weiterhin ist den Quellen stellenweise zu entnehmen, welche Produkte bzw. Produktgruppen wo feilgeboten wurden. Allerdings ist die Mehrzahl der Hinweise spätmittelalterlich-frühneuzeitlich.

125) Thomas HÖLTKEN, Heumarkt V, in: Kölner Jahrbuch 39 (2006), S. 457–520; hier S. 480–482.

126) HÖLTKEN, Cologne (wie Anm. 31), S. 297–310.

127) Thomas HÖLTKEN/Marcus TRIER, Köln. Stadtentwicklung zwischen Kirchen und Kaufleuten, in: Konrad der Erste. Herrschaft und Alltag, hg. von Gregor K. STASCH/Frank VERSE, Fulda 2012, S. 176f.

128) HÖLTKEN/TRIER, Köln (wie Anm. 127), S. 184.

129) KUSKE, Köln (wie Anm. 66).

Der Grabungsausschnitt des Heumarktes konzentrierte sich auf ein Areal, auf dem im späten Mittelalter überwiegend Lebensmittel angeboten wurden[130]. Genannt werden in den Quellen der Käse- und Gemüsemarkt sowie südöstlich der bischöflichen Münze die Anbieter von Zwiebeln, Viehfutter und Altwaren. Hinzu kommen an der Westseite Kürschner und seit dem 13. Jahrhundert Brothalle, Hutmacher und Gewandschneider in der Straße »Unter Hutmacher« sowie im Südosten der Markt der Leinwand- und Decklakenmacher. Der Kohle, Salz- und Eisenmarkt befand sich im östlichen Bereich des Heumarktes. Insgesamt ist damit eine Binnendifferenzierung belegt.

Die Grabung erfolgte auf einer Fläche von rund 6000 m^2 in den Jahren 1996–1998. Sie konzentrierte sich auf den Norden des Heumarktes, sodass die Grabung trotz der verhältnismäßig großen Fläche lediglich ein Fenster des Marktes darstellt. Für die Anlage eines Marktes musste ein seit dem frühen Mittelalter intensiv genutztes Viertel grundlegend umstrukturiert werden. Konkret bedeutete dies, die vorhandene Bebauung abzureißen und ein Marktpflaster zu errichten. Insgesamt konnten fünf Marktschichten nachgewiesen und zeitlich scharf eingegrenzt werden. Für den ersten Markt (957 oder wenig später) wurde ein Pflaster aus Feinkies einplaniert. Hierzu wurden alle vorherigen frühmittelalterlichen Strukturen mit Ausnahme eines ruinösen römischen Großbaues beseitigt. Eine innere Strukturierung wird angenommen, jedoch sind Wegeverläufe oder auch ortsfeste Verkaufsstände nicht exakt nachweisbar. Die folgende Marktschicht 2 (1024) bildet sich durch eine teilweise gröber ausgeführte Neueindeckung ab. Fünf erfasste, ostwestlich ausgerichtete und parallele Gräben dienten der Entsorgung von Abwasser. Sie waren im Abstand von rund 5 m errichtet und besaßen teilweise Stakenreihen mit Flechtwerk. Auch wenn weitere Hinweise auf ortsfeste Bebauung fehlen, so werden die Befunde als ein Hinweis auf eine Parzellierung des Areals interpretiert[131]. Eine grundlegende Umstrukturierung erfolgte zwischen 1082/87 mit dem Markt 3. Die Feuchtbodenschicht wurde durch Astlagen gesichert und mit einer bisweilen uneinheitlichen, aber festen Decke aus Kies, Ziegelbruch und Knochen in verschiedenen Phasen zwischen 1082 und 1087 versehen. Hinweise einer inneren Strukturierung sind auszumachen, die stellenweise bereits vor der Anlage der Marktfläche erfolgte. Hierzu gehört eine nordsüdlich verlaufende Straße (Dendrodatum 1082) mit einer Breite von 7 bis 7,5 m, die seitlich befestigt und mit Kies gedeckt war. Die Straße weist einen Abzweig in westliche Richtung auf und besaß möglicherweise Vorgänger in den vorherigen Phasen[132]. Parallel zu dieser Hauptstraße sind Wagenspuren nachgewiesen, die auf eine Spurbreite von 1,10 m bis 1,45 m schließen lassen. Weiterhin konnte ein rund 14 m langer Graben nachgewiesen werden, der von einer Brücke (Dendrodatum 1086) überquert und möglicherweise an einigen Stellen auch von einer Auflage abge-

130) Höltken, Heumarkt (wie Anm. 39), S. 581.
131) Ebd., S. 590.
132) Ebd., S. 593.

deckt wurde. Neben diesen Einrichtungen sind eine Reihe von Strukturen nachzuweisen, die unmittelbar mit dem Marktgeschehen in Verbindung stehen. Hierzu gehören zwei als Rampen interpretierte Einrichtungen im Norden und Südwesten des Areals. Staken- und Pfostenlöcher sowie Reparaturspuren der Marktfläche im Westen deuten auf mobile und temporäre Stände. Ergänzt wird dieses Ensemble durch einen rechteckigen Bau 3k (5,20 x 2 m) mit Stampflehmboden und Feuerstelle, den der Ausgräber als festen Stand beziehungsweise *gaddem* anspricht[133]. Zwei weitere Bauten konnten im Norden und im Westen unmittelbar zu 3k nachgewiesen werden. Sie werden ebenfalls als ortsfeste Verkaufsbuden interpretiert.

Auch wenn es in der folgenden Phase 4 (1104) zu Veränderungen kam, blieb die Struktur erhalten (Abb. 14). Die neue Oberfläche wurde durch sandige Erde vorbereitet und mit einem Kiespflaster versehen. Der durch Befestigungen gesicherte Straßenverlauf verschob sich 11 m nach Westen und wurde stellenweise auf bis zu 14 m verbreitert. Neu war dagegen ein ostwestlich verlaufender Kanal, der komplett oder abschnittsweise mit Steinplatten oder Holzbohlen abgedeckt, aber nach 1186/87 nicht mehr in Gebrauch war.

Wagenspuren deuten auf Spurbreiten zwischen 1,00 und 1,80 m. Drei Pfostenreihungen werden als Straßensperren angesprochen, die möglicherweise zeitgleich 1186/87 angelegt worden sind und wohl bis zur Einrichtung des Marktes 5 in Funktion blieben. Der Eingriff deutet auf eine »verkehrsberuhigte Zone«[134]. Weiterhin finden sich ortsfeste Strukturen auf der Marktfläche im Westen und Osten. Der Bau 3k wurde zunächst weitergeführt, hinzu kamen mindestens sechs weitere Bauten. Ob es sich dabei um feste Einrichtungen mit Außenwänden handelte oder die Bauten lediglich überdacht waren, bleibt offen. Nach Ausweis der Katasterkarte könnten einige der Buden mit der anzunehmenden Marktrandbebauung verbunden gewesen sein. Im 13. und 14. Jahrhundert (Phase 5) erfolgte eine weitere und nunmehr grundlegende Umstrukturierung. Diese wurde zunächst durch die planmäßige und flächige Anlage einer Auflage, vor allem aber durch steinerne Einrichtungen sichtbar. Hierzu gehörte der Aus- beziehungsweise Umbau des Kanals in Stein sowie die Anlage eines weiteren Kanals im Osten. Beide in den Schriftquellen als *Aducht* bezeichnete Anlagen verliefen teilweise unterirdisch beziehungsweise waren abgedeckt und einmal durch einen hölzernen Übergang überbrückt. Die Straße wurde vermutlich mit einem Basaltpflaster versehen und wird mit der 1244 erwähnten *via lapidae* zu identifizieren sein. Zwei Brunnen im Westen markierten eine neue Infrastruktureinrichtung. Neu war zudem ein rechteckiges Steingebäude (14,50 x 14,60 m) mit Innengliederung. Es liegt nahe, einen solchen Bau als überdachten Unterstand zu identifizieren oder sogar als offene Halle anzusprechen[135]. Weitere Gebäude

133) Ebd., S. 597.
134) Ebd., S. 603.
135) Ebd., S. 610.

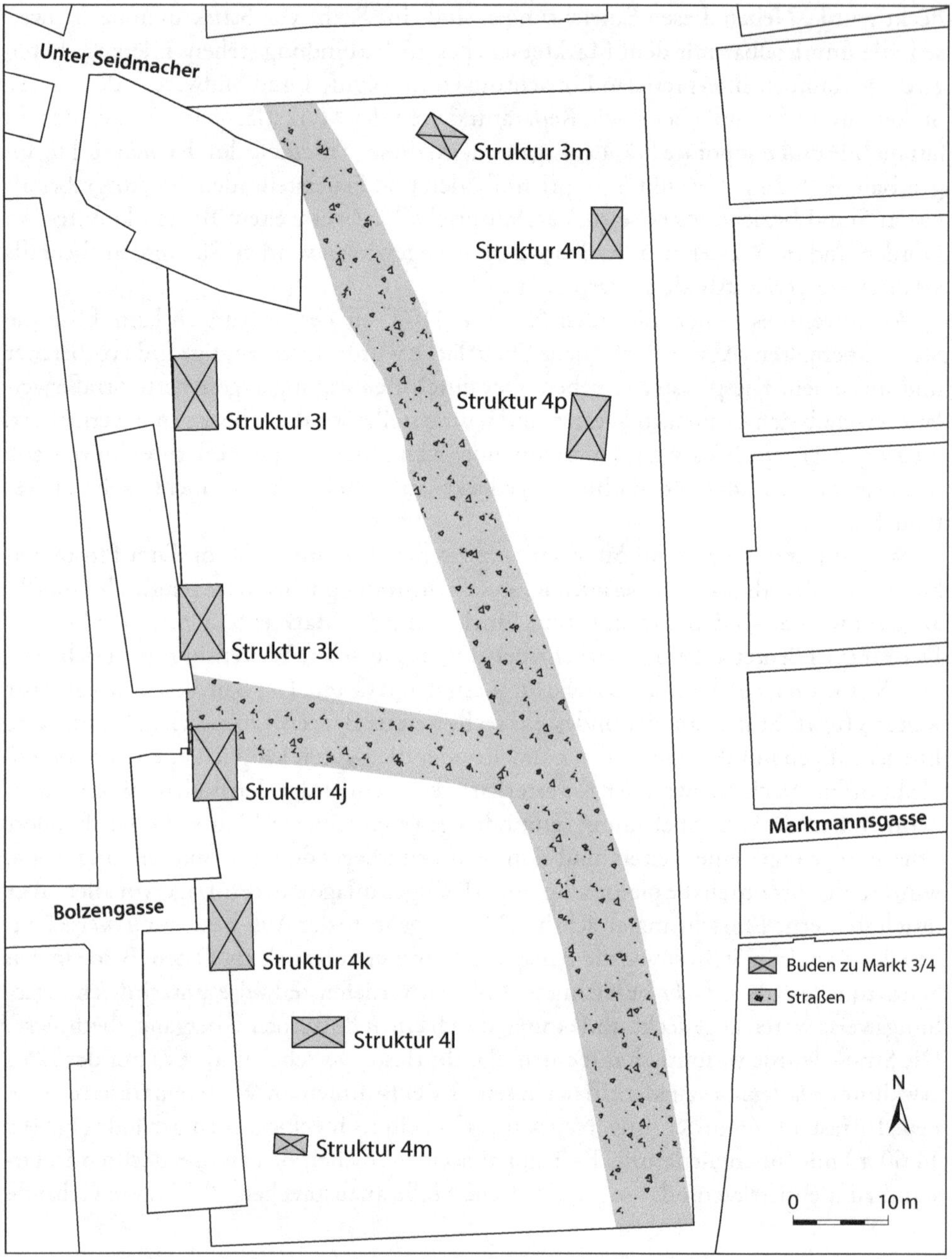

Abb. 14: Köln, Heumarkt. Die Buden zu Markt 3 und 4 im Katasterplan von 1837; HÖLTKEN, Heumarkt (wie Anm. 39), S. 605, Abb. 28.

sind nachgewiesen beziehungsweise zu vermuten, wobei stellenweise auch eine Platzkontinuität gegenüber der älteren Phase besteht. Die insgesamt recht spärlichen Hinweise auf mobile Bauten mögen als Hinweis gedeutet werden, dass spätestens ab dieser Phase kleinere Verkaufsstände nicht mehr erwünscht waren.

Zusammenfassend wird in der Grabungsfläche die geplante Einrichtung eines Marktes im ausgehenden 10. Jahrhundert in der Rheinvorstadt sichtbar. Hierzu gehörten nicht nur eine mehrphasige und aufwändige Marktoberfläche und ein Straßensystem, sondern auch Infrastruktureinrichtungen. In den frühen Phasen scheinen mobile und temporäre Einrichtungen dominiert zu haben, die aber zunehmend durch feste Bauten abgelöst wurden. Dabei gingen Veränderungen im Warenangebot und der Warenwirtschaft Hand in Hand mit einer Verlagerung der Zuständigkeiten. Es ist anzunehmen, dass die erzbischöfliche Macht zugunsten eines bürgerlichen Einflusses der Kölner Kaufleute gebrochen wurde.

III.2.2. Tulln

Tulln an der Donau liegt rund 30 km westlich von Wien. Durch seine Lage an einem Donauengpass und -übergang konnte sich der Ort als Kreuzungspunkt im hochmittelalterlichen Handelsnetzwerk etablieren, wenngleich bereits in römischer Zeit ein wichtiger Militärstützpunkt für den Limesausbau und -sicherung bestand. Über das frühe Mittelalter hinaus erlangte Tulln unter den Babenberger Markgrafen als Residenz und Donauhandelsplatz große Bedeutung, was seinen Niederschlag eben auch im Ausbau des Marktes fand. *Item quibuscumque iuribus in sabbato fruuntur vendentes pariter et ementes, eisdem quoque quartis feriis frui debent* wird im Stadtrechtsprivileg von 1270 ausgeführt, das als älteste Schriftquelle zum Marktgeschehen in Tulln gelten kann und nicht nur die Verlängerung des Wochenmarktes um einen Tag anordnet, sondern auch den *vendentes et ementes* bestimmte Rechte zusichert[136]. Schriftquellen belegen die zunehmende Bedeutung des Fernhandels, insbesondere des Tuchhandels mit Flandern und Brabant[137].

Während Stadtrechnungen wohl aufgrund eines Stadtbrandes nicht mehr vorliegen, ist das weitere Marktgeschehen durch Urkunden, Handwerksordnungen oder Ratsprotokolle gut zu erfassen. Zunächst war der *Breite Markt* der eigentliche Marktort, und erst im Spätmittelalter ist eine Diversifizierung in spezialisierte Märkte zu verzeichnen. Der Tullner Markt wird erstmalig Anfang des 14. Jahrhunderts als *Breiter Markt* und ab Mitte des 15. Jahrhunderts mit der Bezeichnung *Praiter Margkt* in den Grundbüchern überliefert[138]. Die Existenz eines Tuchhauses am Breiten Markt ist anzunehmen, sodass auch hier zwischen Detailhandel und Großhandel unterschieden wird. Dies ist

136) SCHOLZ, Tulln (wie Anm. 34), S. 32.
137) Ebd., S. 47.
138) Ebd., S. 29.

mit Blick auf die Grabungen zu berücksichtigen, da der Großhandel in Hallen, Lauben und Tuchhäusern erfolgte. Die Tullner Häuserchronik, bestehend aus den ältesten erhaltenen Grundbüchern der Stadt ab der Mitte des 15. Jahrhunderts, belegt einen täglichen Markt sowie auf dem Hauptmarkt einen Wochenmarkt[139]. Weiterhin war Tulln über Jahrmärkte in das System des Donauhandels eingebunden, sodass insgesamt drei funktionelle Marktformen zu erkennen sind. Über die Marktorganisation und das eigentliche Marktgeschehen geben wie andernorts auch die Marktordnungen Auskunft, die wohl erstmalig 1553 existierten. Insbesondere die Ordnung von 1609 liefert Einblicke in das Besteuerungssystem von Waren und Marktständen[140]. Sie erlaubt detaillierte Einblicke in die Marktpraktiken, indem sie unter anderem Waren und Verkaufsformen benennt, auf religiöse oder geschlechtsspezifische Unterschiede eingeht und nicht zuletzt die frühneuzeitlichen Interaktionen beschreibt und regelt.[141] Allerdings informiert lediglich die Fleischhauerordnung des 13. Jahrhunderts unmittelbar über die mittelalterlichen Zustände.

Der Marktplatz wurde in den Jahren 2007 bis 2008 sowie 2009 auf einer Fläche von 4000 m^2 ausgegraben. Lage und Umfang der Schnitte folgten den Erfordernissen des Bauvorhabens. Die Grabungsflächen schlossen die heutige rezente Marktrandbebauung nicht ein. Die Grabung wurde als Schichtengrabung durchgeführt. Die Mehrzahl der Befunde bestand neben Lauf- und Planierhorizonten aus Pfostensetzungen; in den jüngeren Phasen auch aus thermischen Anlagen oder Fundamenten von Steinbauten. Befunderhaltung und Grabungstechnik erlauben eine recht genaue Trennung in 13 Phasen, die vom 11. Jahrhundert bis in das 20. Jahrhundert reichen. Hinzu kommt eine *dark earth*-Lage, die vor das 11. Jahrhundert datiert. Die Phasen konnten relativ- und absolutchronologisch vor allem durch Keramik, Münzen und weitere Kleinfunde datiert werden.

Im Folgenden soll kurz auf den eigentlichen Markt eingegangen werden[142]. Nach einer *dark earth*-Phase, die aber nicht mit Marktaktivitäten in Verbindung zu bringen ist, werden zwischen dem 11. und der Mitte des 12. Jahrhunderts erste Aktivitäten sichtbar, die aber nur zum Teil einem Marktgeschehen zuzuweisen sind. Deutlich wird gegen Ende dieser Phase aber eine großflächige Planierung als bauvorbereitende Maßnahme. In der zweiten Phase scheint es eine Ausdehnung der Marktverbauung im Westen und Osten gegeben zu haben, die Pfostenstrukturen umfassen, als Schrangen oder Tische interpretiert werden und der Präsentation bestimmter Waren dienten. Hinzu kommen Gruben zur Abfallbeseitigung, aber auch Verarbeitung und Lagerung sowie Gräben. Nach wie vor wird der Markt aber als eine Freifläche sichtbar, auf der mobile Händler

139) Ebd., S. 31–33.
140) Ebd., S. 39.
141) Ebd., S. 42–46.
142) Die folgenden Angaben beziehen sich auf Ebd., S. 171–226, 262–320.

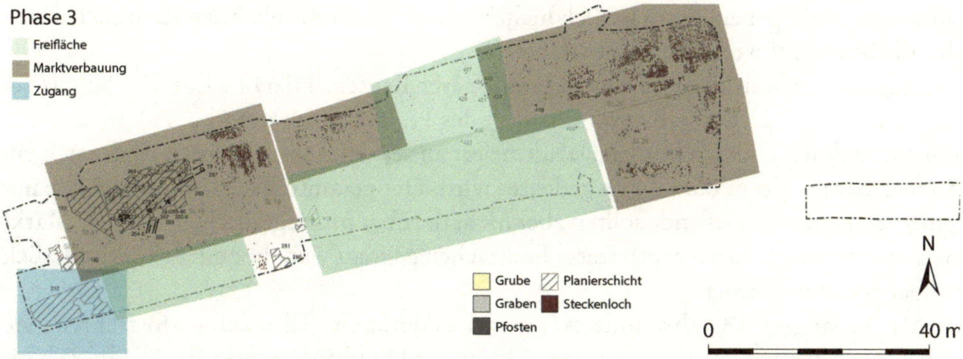

Abb. 15: Tulln, Breiter Markt. Rekonstruierte Raumnutzung Mitte 12. bis Anfang 13. Jh. (Phase 3); SCHOLZ, Tulln (wie Anm. 34), S. 271, Abb. 285.

mit beweglichen Gütern agierten. Hier wird man an die bekannten *stationes* denken, die den (täglichen?) Handel mit Lebensmitteln und bäuerlichen Produkten, aber auch Keramik, Leder oder Tuchen einschlossen. Dieses Bild verdichtet sich in der Phase 3 aus der Mitte des 12. bis zum Anfang des 13. Jahrhunderts (Abb. 15). Im archäologischen Befund im Marktosten sind zahlreiche Steckenlöcher dokumentiert und im Osten des Platzes entstanden stationäre Einrichtungen. Die Steckenlöcher sind überzeugend als mobile Zeltarchitekturen zu deuten, deren regelhafte Anordnung nicht nur eine räumliche Organisation, sondern vermutlich auch eine Konzentration auf bestimmte Produkte oder Zwecke belegt. Neben der zentralen Freifläche ist eine verstärkte Marktbebauung mit möglichen Schrangen und Tischen fassbar. Wagenspuren deuten in diesen Zusammenhängen nicht nur auf Transportmittel, sondern auch auf Verkaufsstandorte, die zudem durch eine Planierung vorbereitet wurden. Einige Pfosten könnten Sperren markiert haben. Insgesamt dominierte in den Phasen 1 bis 3 eine Ars Vendendi, die durch Mobilität gekennzeichnet war. Der Wagen, das Zelt oder auch der Marktboden waren die Orte, an denen die Produkte feilgeboten wurden. Welche Produkte dies waren, lässt sich im archäologischen Befund kaum erschließen. Spätere schriftliche und bildliche Quellen, aber auch ethnographische Beispiele bieten hier assoziative Anknüpfungspunkte.

Die Einteilung in stratigraphische und zeitliche Phasen suggeriert häufig abrupte Brüche. Dies ist in der Archäologie keineswegs immer der Fall, und so ist auch für die folgende vierte Phase (13. Jahrhundert) trotz der grundlegenden Veränderungen von Kontinuitäten auszugehen. Die Marktoberfläche (Laufhorizont) wurde bereits seit Mitte des 12. Jahrhunderts zunehmend befestigt, und bis zum Ende des 13. Jahrhunderts war dann eine überwiegend durchgehende Schotterpflasterung hergestellt. Die von Ost nach West ablaufenden Baumaßnahmen bilden ebenfalls Praktiken des Verkaufens ab, insofern sie unterschiedliche räumliche, zeitliche und organisatorische Bedürfnisse wiedergeben, die sicherlich nicht nur durch die Obrigkeit, sondern auch durch die alltäglichen Praxen bestimmt waren.

Prägnant ist nun die Einrichtung stationärer Bauten. Hierzu zählt Ute Scholz im Westen einen Holzständerbau vom Anfang des 14. Jahrhunderts (Abb. 16). Im Inneren scheint er durch einen Schrangen strukturiert zu sein und nach Norden findet sich ein Anbau, der als Kram oder Tisch gedeutet wird. Der gesamte Bau wird als Fleischbank gedeutet. Derartige Befunde sollten aber nicht darüber hinwegtäuschen, dass der Markt nach wie vor stark durch gepflasterte Freiflächen geprägt war, die zudem kontinuierlich sauber gehalten wurden.

Mit Anfang des 13. Jahrhunderts (Phase 5) erkennt Ute Scholz eine »fortschreitende Inbesitznahme und Einrichtung einer Markt- und Stadtinfrastruktur«[143)], die sich bis in das ausgehende 13. Jahrhundert (Phase 6) hinzieht. Mit der Anlage eines Brunnens im Westen wird ein Marktelement sichtbar, das über die Versorgung des Marktes und der Anrainer hinaus neue soziale Interaktionen ermöglichte und bis in das ausgehende 14. Jahrhundert bestand. Einerseits bleibt die grundlegende, auf Mobilität ausgerichtete Struktur in Form der Freifläche erhalten und wird ausgebessert, andererseits wird die stationäre Bebauung im Westen und Osten erweitert beziehungsweise umstrukturiert. Hierzu gehört der Ausbau der als Fleischbänke gedeuteten Bauten, die sich entlang einer gassenartigen Struktur orientierten. Als eine »Kombination von Tisch- und Gestellbauten [könnten sie] zur Präsentation von bereits vorportionierten Fleischteilen [...], die auch vor Ort weiter zerteilt werden konnten«[144)], interpretiert werden. Die im Südosten nachweisbaren Tische unterschiedlicher Größe und Ausrichtung auf einer Fläche von etwa 300 m^2 könnten nach Ute Scholz auf ein »vermietetes Areal«[145)] deuten. Die Tische bilden damit stationäre Einrichtungen, die aber unterschiedlich bespielt werden konnten und somit eine flexible Präsentation des Warenangebotes ermöglichten.

Mit der Wende zum 14. Jahrhundert (Phase 7) erfährt der Markt eine neuerliche Binnendifferenzierung. Diese drückt sich in einer etwas kleineren, weitgehend ungeschotterten Freifläche, vor allem aber in einer deutlichen Marktbebauung aus. Im Nordwesten wird auf einer Fläche von 27,40 x 12,00 m eine Struktur errichtet, welche Ute Scholz als »Aneinanderreihung von Einzelelementen mit unterschiedlichen Größen, an die annexartige Tisch- oder Kramelemente angefügt waren« beschreibt[146)]. Im Gegensatz zu Bauten wie dem mutmaßlichen *macellum* beziehungsweise der Schranne in St. Pölten scheint es sich in Tulln um eine Bank zu handeln. Inwieweit der in den vorherigen Phasen nachweisbare Fleischverkauf erfolgte, bleibt offen, und weitere Funktionen (etwa der Brotverkauf) können nicht ausgeschlossen werden. Die Areale im Osten blei-

143) Ebd., S. 276.
144) Ebd., S. 279.
145) Ebd., S. 283.
146) Ebd., S. 287.

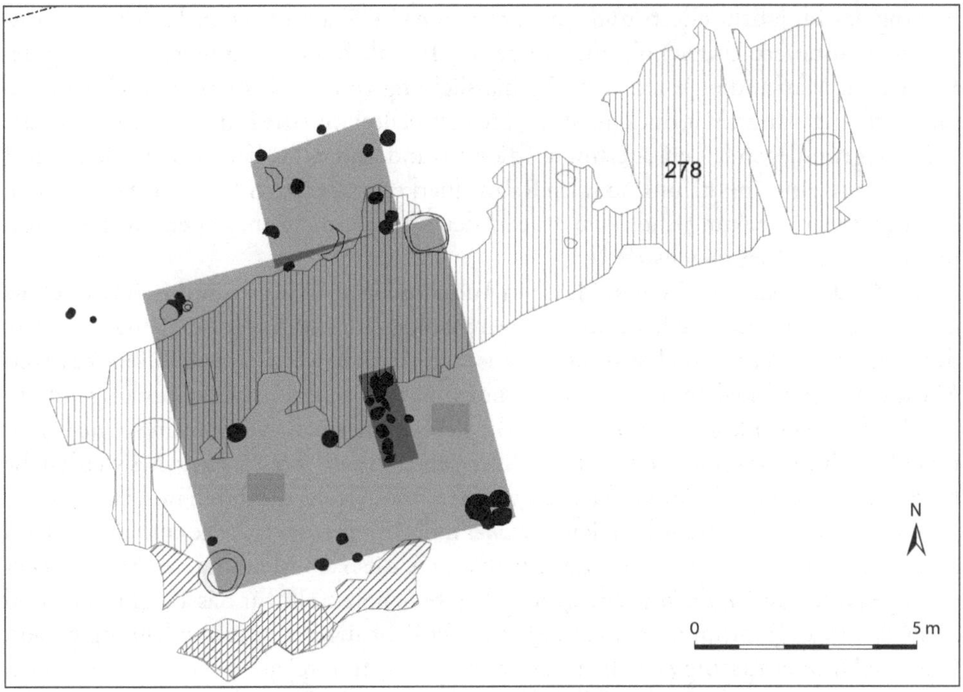

Abb. 16: Tulln, Breiter Markt. Erstes Marktgebäude, Bank mit Pfostenreihe/Schrangen im Inneren und angebauter Struktur Tisch oder Kram (Anfang des 14. Jahrhunderts); SCHOLZ, Tulln (wie Anm. 34), S. 274, Abb. 287.

ben strukturell weitgehend erhalten; Wagenspuren sowie eine mögliche Sperre könnten als Hinweise auf eine gelenkte Zulieferung gedeutet werden. Für 1317 ist ein erstes Privileg eines periodischen Jahrmarktes belegt, sodass der archäologische Befund stabilere Marktarchitekturen und damit einhergehend wohl auch eine Ausweitung beziehungsweise Differenzierung des Warenangebotes zu belegen scheint. In der folgenden Phase 8 (Anfang des 14. Jahrhunderts) ändert sich verhältnismäßig wenig an der Situation. Die Anlage im Nordwesten scheint zu einer Kram aus- beziehungsweise umgebaut worden zu sein; auf der zentralen Freifläche sind schräg aufgestellte Pfostenreihen entweder mit neuen Nutzungsstrukturen während der Jahrmarktszeit zu verbinden oder markieren nunmehr feste Einteilungen für die *stationes*. Dies würde auch mit der Situation im Marktosten korrespondieren, für die Scholz ein »Ansteigen des Verkaufs von losen Waren mit einer Präsentation in Körben, Wagen oder am Boden« annimmt[147]. Ab dem späten 14. Jahrhundert veränderte sich die Marktstruktur. Hierzu gehörten unter anderem die Versteinerung der Marktrandbebauung sowie die Einrichtung eines Badehauses

147) Ebd., S. 294.

Anfang des 14. Jahrhunderts und einer Schranne (1355) am Ostende des Marktes. Insgesamt konstatiert Ute Scholz zum Ende des 14. Jahrhunderts eine Reduzierung der Bauten am Markt, die sie mit der »Verhäuslichung von Marktstrukturen«[148] in Zusammenhang bringt. Mit Blick auf das späte Mittelalter und die Frühe Neuzeit zeichnet sich eine grundlegende Veränderung ab, die auch andernorts fassbar wird und den Markt nunmehr als einen multifunktionalen Raum anerkennt, der nach Michaela Fenske »ein Ort der Bedarfsdeckung und nicht zuletzt der Kommunikation, Unterhaltung, Information und des Vergnügens«[149] war.

Die Grabung auf dem Breiten Markt in Tulln und ihre Auswertung durch Ute Scholz darf zu Recht als ein Meilenstein einer Archäologie des Marktes bezeichnet werden, denn durch die raum- und konsumtheoretischen Ansätze werden neue Einblicke in das Marktgeschehen möglich. Fassbar wird eine innerstädtische Marktentwicklung mit unterschiedlichen funktionalen Bereichen, die sich gleichermaßen durch eine hohe Dynamik als auch Konstanz auszeichnen. Im Sinne eines *face-to-face*-Austausches werden die freien Marktflächen als Außenflächen gedeutet, also Areale, die durch mobile Anbieter gekennzeichnet sind und neben den *stationes* mobile Bauten wie Zelte enthalten. Demgegenüber stehen Bereiche einer Marktverbauung, die nach Meinung der Autorin eher die sogenannte *bazar chain* wiedergeben[150]. Ute Scholz stellt für das 12. (Phase 2 und 3) sowie das 14. Jahrhundert (Phase 8) eine Verdichtung der Marktverbauung heraus. Dass die Differenzierung zwischen Marktverbauung und freien Flächen sowie weiteren Infrastrukturen nicht zuletzt auf einer Generalisierung der Befunde beruht, liegt auf der Hand[151]. Mit dem Ende des Mittelalters ist eine zunehmende räumliche und sachliche Diversifizierung erkennbar, die weit über die ursprüngliche Marktfunktion hinausreicht. Neben weiteren Teilmärkten wird eine Verlagerung von Handelstätigkeiten in die Häuser um die Plätze fassbar, die sich sowohl anhand der Eintragungen in den Grundbüchern als auch eines schrittweisen Abbaus der festen Marktinfrastruktur manifestiert.

148) Ebd., S. 296.

149) Fenske, Markt (wie Anm. 24), S. 338.

150) Scholz, Tulln (wie Anm. 34), S. 333. Die Unterscheidung beruht auf dem Modell von Thompson/Huies, Marketing Systems (wie Anm. 102).

151) Inwieweit hierdurch wirklich Unterschiede der Warenpräsentation und der Warenwirtschaft abgebildet werden, wäre zu diskutieren. Im Modell von Scholz erfolgte keine Einbeziehung arbiträrer Räume (zum Beispiel Wege und Straßen sowie Marktrandbebauung), und denkbar wäre auch ein Indikator, der auf den Flächen beruht.

III.2.3. Resümee

Die Beispiele Köln und Tulln verdeutlichen, dass Marktplätze im urbanen Raum öffentliche Orte sind, an denen Menschen mit unterschiedlichem sozialen, wirtschaftlichen und kulturellen Hintergrund interagieren können.[152)] Sowohl in den zeitlichen Schnitten als auch in einer diachronen Perspektive ist der Marktplatz Teil des dynamischen Stadtraums und damit nur scheinbar statisch. Die ortsgebundenen Strukturen, die von materiellen Assemblagen über feste Arrangements bis hin zu größeren Arealen reichen, werden durch die Mobilität von Händlern, Kunden sowie Waren und weiteren Objekten verändert. Diese Topologien beeinflussen das Verhalten der Personen und betreffen darüber hinaus ebenso Tiere wie Objekte (z. B. Warenauslagen) im Sinne von »Mehr-als-menschlichen Geographien«. Akteure und Akteurinnen des Marktes sind immer wieder neuen Konstellationen ausgesetzt; gleichzeitig erschaffen sie diese Konstellationen. Dies schlägt sich deutlich im archäologischen Befund nieder; die Praktiken der Präsentation und des Verkaufs unterliegen institutionellen Regelungen, zeichnen sich aber auch durch eine enorme Flexibilität aus.

IV. Die Kunst des (Be)werbens als Praktik im Raum

Vormoderne Märkte und die mit ihnen verbundenen Marktplätze sind weitaus mehr als die Verbindung von Stadt und Ökonomie[153)]. Mit dem Blick auf die Ars Vendendi, hier verstanden als die Praktiken eines (Be-)Werbens von Produkten, Dienstleistungen oder gar Institutionen, eröffnet sich ein Perspektivwechsel, denn der Blick wird auf die mit den Waren und Dienstleistungen verbundenen Praktiken gerichtet.

Marktplätze lassen sich als räumliche Arrangements verstehen, in denen Menschen, Organismen, Materialien, technische Apparaturen, verschiedene Wissensformen und Fähigkeiten, Konventionen und Regeln zusammengebracht werden. Der Mehrwert einer solchen Betrachtung liegt darin, dass »Materialien, Technologien, Infrastrukturen oder Architekturen, Körper, Tiere [...] als (aktiv) an Praktiken Beteiligte [...] integriert

152) Rianne van MELIK/Ceren SEZER, Introduction, in: Marketplaces, Movements, Representations and Practices, hg. von DENS., London 2022, S. 1.

153) Die Konsumentenstadt. Konsumenten in der Stadt des Mittelalters, hg. von Stephan SELZER (Städteforschungen 98), Köln 2018; Christoph DEUTSCHMANN, Trügerische Verheißungen. Markterzählungen und ihre ungeplanten Folgen, Wiesbaden 2020.

und gekoppelt werden«[154] und das »market making«, das »organizing« und das »ordering«[155] im Zentrum steht.

Der Marktplatz ist nur ein Ort von vielen, auf dem Waren präsentiert und verhandelt werden konnten. Doch indem eine Freifläche als Markt eingerichtet wird, sei es als geplanter Platz oder durch Umbau, wird ein spezifisches architektonisches *setting* in Form eines weitgehend öffentlichen und offenen Raumes mit spezifischen räumlichen Dimensionen und Proportionen geschaffen. Grundlegende Praktiken der Bewerbung von Produkten oder Dienstleistungen (Ars Vendendi) sind bereits mit der (An-)Lage des Marktes als dynamische Arena für Praktiken des Bewerbens festgelegt. Dies schließt keineswegs aus, dass das Markthandeln performativ produziert und sich von den unterschiedlichen Akteuren angeeignet wird. Das Handeln auf Marktplätzen, so unterschiedlich es im Einzelfall sein mag, ist stets mit der Präsentation von Produkten und Dienstleistungen verbunden. Hierzu gehört ein konkretes architektonisches *setting* ebenso wie geplante und nicht geplante materielle Assemblagen. Kommerzielle Architekturen auf dem Markt erscheinen in den unterschiedlichen historischen Materialien insbesondere als Kaufhallen oder Markthallen, für die immer wieder die Einrichtung von *les halles* genannt werden kann, welche auf die Einrichtung eines zweistöckigen Marktes durch Philipp II. 1183 zurückgehen. Kommerzielle Architekturen – das sind aber auch Zelte, Wagen, Gestelle, Tische, Buden oder Kramen, die Orte und Räume für vielgestaltige Warenpräsentationen boten. Diese materiellen Arrangements (Anordnung und Einrichtung) wirken auf die Praktiken der Ars Vendendi, indem sie diese ermöglichen, unterstützen oder auch einschränken. Hierzu gehören menschliche Akteure als Teil von Praktiken sozialisierter Körper ebenso wie *living others*.[156] Mit dem vielfach aufwändig errichteten Kaufhaus wird aber seit dem hohen Mittelalter mutmaßlich ein neuer Bautyp sichtbar, der vielfach nicht nur für ein verändertes Warenangebot und Konsumverhalten steht, sondern auch neuen Praktiken des Bewerbens Raum gibt. Der Blick auf die Ufer- und Hafenmärkte des 10. bis 11./12. Jahrhunderts belegt einerseits *settings* des Präsentierens und Verkaufens in Form von Bänken oder Tischen, führt aber

154) Zur Rezeption der Theorie sozialer Praktiken in der Archäologie siehe Alexander VELING, Archäologie der Praktiken, in: Germania 97 (2019), S. 131–170 und Sociality – Materiality – Practice, hg. von Tobias L. KIENLIN/Richard BUSSMANN (Universitätsforschungen zur prähistorischen Archäologie 377), Bonn 2022. Fallstudien zum Beispiel bietet Axel CHRISTOPHERSEN, Performing Towns. Steps Towards an Understanding of Medieval Urban Communities as Social Practice, in: Archaeological Dialogues 22 (2015), S. 109–132; Ulrich MÜLLER, Gerberei im späten Mittelalter. Überlegungen zur Anwendung der Theorien sozialer Praktiken für die Erforschung handwerklicher Tätigkeiten, in: Craft Production Systems in a Cross-Cultural Perspective, hg. von Matthias BENZ/Tobis HELMS, Bonn 2018, S. 233–259.

155) John LAW, Notes on the Theory of the Actor-Network. Ordering, Strategy, and Heterogeneity, in: Systematic Practice 5 (1992), S. 379–393.

156) An dieser Stelle soll die Frage der Handlungsmacht nicht-menschlicher Akteure und Aktanden nicht diskutiert werden; vgl. zum Beispiel Mehr-Als-Menschliche Geographien. Schlüsselkonzepte, Beziehungen und Methodiken, hg. von Christian STEINER/Gerhard RAINER/Verena SCHRÖDER/Frank ZIRKL, Stuttgart 2022.

auch zur Frage nach der Permanenz solcher Einrichtungen. Zudem zeigt sich an diesen Plätzen – unter Umständen paradigmatisch –, wie multilokal und multimodal Bewerben, Verhandeln und Verkaufen zu sehen sind, wenn der Blick über die Freifläche des Marktplatzes hinaus auf Schiffe oder Gebäude gerichtet wird. Hier stößt die Archäologie auch an ihre Grenzen, wenn sie die komplexen Beziehungen zwischen Warenverkehr und -lagerung sowie Präsentation und Verkauf klären möchte.

Auch wenn sich »archäologische Informationen und Quellen (Funde, Befunde) [...] analytisch auf der Mikroebene lokaler Vollzüge [bewegen], die sich in spezifischen Situationen materialisieren«[157)], werden diese durch die jeweiligen gesellschaftlichen spezifischen Strukturen vorgegeben, können aber durch das subjektive Verstehen und Handeln modifiziert werden. Wenn man sich nicht mit einer *thick description* begnügen möchte, die oftmals bekannte Angaben aus den Schriftquellen um Facetten ergänzt, so muss in Zukunft eher der vergleichende Blick geschärft werden. Potenzial hätten nicht nur individualisierende Vergleiche, die spezifische Marktplätze kontrastierend gegenüberstellen, sondern auch verschiedene Beispiele unterschiedlicher Plätze im gleichen Kontext, um ihre Charakteristiken aus ihrer jeweiligen Funktion für das Gesamtsystem zu erklären. Ein umfassender Blick auf die Praktiken des (Be-)Werbens ist selbstverständlich erst in einem offenen Dialog zwischen den verschiedenen Fachdisziplinen möglich.

Summary: Marketplaces: Art (and Advertising) as a Spatial Practice

The »ars vendendi« will be approached and studied from an archaeological perspective, focusing on marketplaces. These are places and spaces where advertising was practised. The market site is only one of the many locations that can be used as a setting for the presentation and negotiation of goods. However, the design of an open space as a marketplace creates a specific architectural setting. This includes planned and unplanned material assemblages as well as a concrete architectural setting. This setting not only encompasses the market area and the way it is structured, including the market buildings themselves. It also incorporates infrastructural and other facilities, as well as how these fit into the surrounding urban space. Archaeology investigates the development of markets and the role markets played in the process of urbanisation. Identifying and proving morphological, functional and chronological connections is crucial. Schleswig, Lübeck and Konstanz show the extent to which trade and port functions overlapped and interlinked with each other. In addition, port and market areas were created by extensive land reclamation and construction measures. These areas formed central marketplaces out-

157) Veling, Praktiken (wie Anm. 154), S. 145.

side the existing medieval centre until the $13^{th}/14^{th}$ centuries. In its materialisation and stability over time, the harbour market testifies to how closely the circulation of goods is intertwined with practices that can change the status, designation and value of an object. From a comparative and diachronic perspective, the examples of Cologne and Tulln reveal the multiformity of the marketplace. The mobility of traders, customers, goods and other objects alters fixed structures – from material assemblages and arrangements to larger areas. These topologies also influence behaviour and affect animals and objects (e.g. displays of goods) in the sense of »more than human geographies«. Actors in the market are constantly exposed to new constellations; at the same time, they are the ones who create these constellations. Activity in marketplaces is always centred on the presentation of products and services. Marketplaces bring together people, organisms, materials, technical apparatus, different forms of knowledge and skills, conventions and rules.

Der Mercato Vecchio als kommerzielles Epizentrum: Strategien und Praktiken des Verkaufens im spätmittelalterlichen Florenz

Christian Jaser (Kassel)

Die Stadt Florenz, im 14. und 15. Jahrhundert sicher einer der wichtigsten Handelsplätze Europas, steht unter dem Leitstern Merkurs, des römischen Gottes des Handels, der außerdem die Beredsamkeit und Wissenschaft verkörperte. Daran lässt zumindest ein Holzschnitt des Florentiner Stechers Baccio Baldini aus seiner um 1465 entstandenen »Planetenfolge« keinen Zweifel (Abb. 1): Wir sehen einen Platz im Zentrum von Florenz, eindeutig zu identifizieren auf der linken Bildhälfte anhand des Palazzo della Signoria mit der charakteristischen Balustrade (*ringhiera*), der benachbarten Kirche San Pier Schieraggio und der Domkuppel Brunelleschis, in der Bildmitte anhand der Loggia della Signoria, der heutigen Loggia dei Lanzi.[1] Im Bildvordergrund entfaltet sich eine städtische Szenerie aus dem Alltagsleben der Florentiner Händler und Handwerker, Gelehrten und Künstler: In der Mitte auf der Straße befinden sich zwei exotisch gekleidete Magi oder Astrologen mit einer Armillarsphäre sowie ein Bildhauer, der gerade an einer Frauenbüste arbeitet. Auf der rechten Seite sind eine *bottega* – Werkstatt und Verkaufsladen – für Töpfer- und Metallwaren mitsamt einem Kunden, der die Ware ganz genau zu taxieren scheint, sowie zwei Freskomaler auf einem Gerüst abgebildet. Auf der linken Seite ist im oberen Stockwerk ein Organist zu besichtigen, der auf die Mathematik *sub specie musicae* anspielt, unten, im Studiolo, als Repräsentationen des *ingenium*, zwei lesende und schreibende Personen, daneben untersucht ein Dritter die Mechanik eines Uhrwerks.[2] Schwieriger sind die beiden Männer am gedeckten Tisch zu deuten, die sich beim Wein unterhalten und für urbane Lebensfreude und die florenztypische Eloquenz stehen – in einer anderen Version des Bildes wird das Moment der persuasiven Redekunst durch einen Gastwirt versinnbildlicht, der wort- und gestenreich seinen Wein einem Gast anpreist.[3] Über diesen Impressionen städtischen Lebens schwebt der Streit-

1) Gianluca BELLI, Gli spazi del mercante e dell'artefice nella Firenze del Quattrocento, in: Nati sotto mercurio. Le architetture del mercante nel Rinascimento fiorentino, hg. von Donata BATTILOTTI/Gianluca BELLI/Amedeo BELLUZZI, Florenz 2011, S. 7–72, hier S. 7–8.

2) Ebd., S. 7.

3) Ebd.

Abb. 1: Baccio Baldini, Il pianeta Mercurio, Holzschnitt, 1464–1465, British Museum, Prints & Drawings Department, V.1.39.

wagen Merkurs, der von Adlern gezogen wird; der Händlergott *Mercurio* selbst ist an seinem Heroldsstab mit zwei Schlangen, dem Caduceus, erkennbar.[4)] Nicht von ungefähr sah der Architekt Antonio di Pietro Averlino, genannt Filarete, in seinem *Trattato di architettura* von 1464 für seine Idealstadt Sforzinda eine Merkur-Statue auf dem städtischen Marktplatz vor, denn Merkur sei dem Handel, der *mercatantia*, gewidmet. Dieser sollte ein Hund zur Seite gestellt sein, als »ein Beispiel der Gewissenhaftigkeit und Treue«, die der Kaufmann an den Tag legen soll.[5)] Wie Filaretes Idealstadt und Baldinis Holzschnitt gleichermaßen zu erkennen geben, sollte das Leben der Händler und Hand-

4) Zur Merkur-Figur in der Renaissance siehe M.-M. de la Garanderie, Mercure à la Renaissance. Actes des journées d'étude des 4–5 octobre 1984, Paris 1988; C. Robert III Philipps, Mercurius, in: Der Neue Pauly. Enzyklopädie der Antike 8 (2000), Sp. 1–4; Massimo Di Marco, Hermes, in: Der Neue Pauly 5 (1998), Sp. 426–432. Zur Merkur-Figur im Florenz des 16. Jahrhunderts siehe Dirk Syndram, Merkur, in: Giambologna in Dresden. Die Geschenke der Medici, München/Berlin 2006, S. 10–17.

5) Antonio di Pietro Averlino detto il Filarete, Trattato di architettura, hg. von Anna Mara Finoli/Liliana Grassi, Mailand 1972, Bd. 1, lib. X, S. 286: *sendo Mercurio dedicato alla mercatantia*; Antonio Averlino Filarete's Tractat über die Baukunst nebst seinen Büchern von der Zeichenkunst und den Bauten der Medici, hg. v. Wolfgang von Oettingen, Wien 1890, Buch X, S. 323. Vgl. dazu auch Belli, Gli spazi del mercante (wie Anm. 1),

werker in der *bottega* und auf den Straßen und Plätzen wie auch im Studiolo eines Palastes im Zeichen des Merkur und seiner Eigenschaften, nicht zuletzt der Beredsamkeit, stehen.

Ganz besonders galt diese merkuriale Disposition am Epizentrum des Florentiner Einzelhandels mit alltäglichen Konsumgütern und Dienstleistungen, dem Mercato Vecchio – »Alten Markt« –, der bereits im früheren Mittelalter als »il più importante luogo di scambi della città« gelten kann.[6] Von karolingischer Zeit an bis in die ersten Jahrzehnte des 10. Jahrhunderts war er zunächst aufgrund der antiken Bezüge unter dem Namen »Kapitolsmarkt« und dann *Mercatum Regis* bekannt.[7] Seit dem beginnenden 11. Jahrhundert kursiert in Zusammenhang mit diesem Markt das Attribut »alt« in Form der Bezeichnung *forum vetus*, die logischerweise zugleich die Existenz eines weiteren Wochenmarkts, nämlich des »Neuen Marktes« (*Mercato Nuovo*), in der Stadt nahelegt.[8] Während jedoch letzterer in veränderter Gestalt noch fortdauert, sind vom Mercato Vecchio im heutigen Florentiner Stadtbild kaum noch Spuren erhalten; er wurde in den Jahren nach 1864 im Sinne der neuen kurzzeitigen Rolle der Arnostadt als Hauptstadt Italiens abgerissen und zum Ende des 19. Jahrhunderts im Zuge urbanistischer Modernisierungsbestrebungen durch ein neues bürgerliches Zentrum, die noch heute bestehende Piazza della Repubblica, ersetzt.[9] Jedoch war der Mercato Vecchio auch im Spätmittelalter weit mehr als ein kommunal regulierter wie auch kontrollierter Marktplatz für Waren und Dienstleistungen. Hier liefen viele Fäden der Florentiner Alltagskommunikation zusammen, hier bot sich Gelegenheit für einen schichtenübergreifenden gesellschaftlichen Austausch, der diesen zentralen Platz als sozialen Interaktionsort schlechthin und städtische Informationsbörse markierte.[10] Insbesondere eine große Bandbreite an Lebensmitteln sowie Gebrauchsgüter wurden hier von mehr oder weniger

S. 7. Zur Idealstadt Sforzinda siehe auch Evelyn WELCH, Shopping in the Renaissance, 2. Aufl. New Haven/London 2009, S. 100–101.

6) BELLI, Gli spazi del mercante (wie Anm. 1), S. 33.

7) Ebd.

8) Robert DAVIDSOHN, Geschichte von Florenz, Bd. 1: Ältere Geschichte, Berlin 1896, S. 137; Giovanni CHERUBINI, Rileggendo Antonio Pucci: Il »Mercato Vecchio« di Firenze, in: Cultura e società nell'Italia medievale: Studi per Paolo Brezzi, Bd. 1, Rom 1998, S. 197–214, hier S. 198.

9) WELCH, Shopping (wie Anm. 5), S. 6. Vgl. dazu auch Edoardo DETTI, Firenze scomparsa, Florenz 1970; Franco BORSI, La capitale a Firenze e l'opera di G. Poggi, Florenz 1970; Guido CAROCCI, Firenze scomparsa: Ricordi storico-artistici, Rom 1979; DERS., Il Mercato Vecchio di Firenze: Ricordi e curiosità di storia e d'arte, Florenz 1884, S. 3–12, 15–22; Elena TEMPESTINI/Dante MATTANI/Guido CAROCCI, Il Mercato Vecchio: Quaranta Immagini del centro di Firenze com'era sino al secolo scorso, Florenz 1997; Carlo CRESTI, Firenze, capitale mancata: Architettura e città dal piano Poggi a oggi, Mailand 1995; Luciano ARTUSI/Vincenzo GIANNETTI, »A vita nuova«: Ricordi e vicende della grande operazione urbanistica che distrusse il centro storico di Firenze, 2. Aufl. Florenz 1997.

10) Cecilia HEWLETT, Locating Contadini in the Renaissance City, in: I Tatti Studies in the Italian Renaissance 19.1 (2016), S, 93–113, hier S. 94; CHERUBINI, Rileggendo Antonio Pucci, S. 197.

dauerhaften Marktbuden und *botteghe* aus oder mobil im Straßenverkauf feilgeboten, während der Mercato Nuovo eher auf den Fernhandel und das Bankenwesen ausgerichtet war.[11] Daneben standen auf dem Florentiner »Alten Markt« Luxusgüter und menschliche Arbeit in Form der Tagelöhnerei zum Verkauf, dazu kam der Geldverleih.[12] An diesem Gravitationszentrum für kommerzielle Aushandlungen war die Kunst des Verkaufens und des Verführens auf eine Weise ineinander verschränkt, die auch den Zeitgenossen nicht verborgen blieb: Florenz sei eine *città mercatrice, ma che dico, meretrice* ließ etwa Papst Pius II. unverhohlen despektierlich verlauten.[13] Denn hier, auf dem Florentiner Hauptmarkt, blühten Prostitution und Glücksspiel, sodass der Florentiner Hauptmarkt nach Guido Ruggiero als »masculine space«, als etablierte Schaubühne einer gerade im merkantilen Milieu verbreiteten Konsumkultur junger Männer, gelten kann.[14]

Die Diversität des Waren- und Dienstleistungsangebots des Mercato Vecchio korrespondiert mit einem Bündel an Werbe- und Vermarktungspraktiken, die sich unter spezifisch vormodernen Ausgangsbedingungen der »Anwesenheitskommunikation«[15] und damit einer distinkten »Aufmerksamkeitsökonomie«[16] entfalten – ein Interaktionsgeschehen von Angesicht zu Angesicht, wie es auch in Baldinis Holzschnitt bildlich inszeniert ist.[17] Zusammengenommen bieten die Florentiner Befunde Ansätze einer *microstoria* der »kommerziellen Kommunikation«, wie eine sicher einfach heruntergebrochene, aber auch in historischer Perspektive praktikable Definition von »Werbung« nach Tilman Baumgärtel lautet.[18] Insofern werden hier erste Überlegungen für eine

11) Dennis ROMANO, Markets and Marketplaces in Medieval Italy c. 1100 to c. 1440, New Haven, London 2015, S. 62.

12) HEWLETT, Locating Contadini (wie Anm. 10), S. 93.

13) WELCH, Shopping (wie Anm. 5), S. 33.

14) Guido RUGGIERO, Mean Streets, Familiar Streets, or The Fat Woodcarver and the Masculine Spaces of Renaissance Florence, in: Renaissance Florence: A Social History, hg. von Roger J. CRUM/John T. PAOLETTI, Cambridge 2006, S. 295–310, 558–561, hier S. 300.

15) Rudolf SCHLÖGL, Anwesende und Abwesende. Grundriss für eine Gesellschaftsgeschichte der frühen Neuzeit, Konstanz 2014; DERS., Vergesellschaftung unter Anwesenden in der frühneuzeitlichen Stadt und ihre (politische) Öffentlichkeit, in: Stadt und Öffentlichkeit in der Frühen Neuzeit, hg. von Gerd SCHWERHOFF (Städteforschung, Reihe A, Darstellungen 83), Köln/Wien 2011, S. 29–37; DERS., Kommunikation und Vergesellschaftung unter Anwesenden. Formen des Sozialen und ihre Transformation in der Frühen Neuzeit, in: Geschichte und Gesellschaft 34 (2008), S. 155–224; DERS., Typen und Grenzen der Körperkommunikation in der Frühen Neuzeit, in: Kommunikation und Medien in der Frühen Neuzeit, hg. von Johannes BURKHARDT (HZ Beiheft, N.F. 41), München 2005, S. 547–560; DERS., Vergesellschaftung unter Anwesenden. Zur kommunikativen Form des Politischen in der vormodernen Stadt, in: Interaktion und Herrschaft. Die Politik der frühneuzeitlichen Stadt, hg. v. Rudolf SCHLÖGL (Historische Kulturwissenschaft 5), Konstanz 2004, S. 9–60.

16) Georg FRANCK, Ökonomie der Aufmerksamkeit. Ein Entwurf, München/Wien 1998.

17) Christina BRAUNER, Recommendation und Reklame. Niederrheinische Brandspritzenmacher und Praktiken der Werbung in der Frühen Neuzeit, in: Zeitschrift für Historische Forschung 46 (2019), S. 1–45, hier S. 4.

18) Tilman BAUMGÄRTEL, Vorbemerkung, in: Texte zur Theorie der Werbung, hg. v. Tilman BAUMGÄRTEL,

noch zu schreibende Geschichte der Werbung in der europäischen Vormoderne vorgelegt, deren methodologische Potenziale und Probleme kürzlich von Christina Brauner in einem programmatischen Aufsatz ausgeleuchtet wurden.[19)] Die pauschalen Defizienzbehauptungen der traditionellen Werbehistoriographie im Gefolge von Werner Sombart, in der vorindustriellen Zeit habe es gar keine oder lediglich rein informative Praktiken der Werbung ohne jede persuasive Wirkungsabsicht gegeben, sind dabei angesichts gegenläufiger Quellenmaterialien ebenso revisionsbedürftig wie die doch eher denkfaule Deutung der Werbung als überzeitliches Phänomen.[20)] Für den Mittelalterforscher – hier stimme ich Colin Arnaud ausdrücklich zu – stellt sich angesichts des sehr jungen Forschungsfeldes die Aufgabe, die stets lockende Falle der mediävistischen Präcursoritis zu umgehen und stattdessen mittelalterliche Praktiken der Werbung und Vermarktung konsequent zu historisieren, das heißt mit Blick auf das Fallbeispiel des Florentiner Mercato Vecchio in ihren stadt-, wirtschafts-, sozial- und mediengeschichtlichen Voraussetzungen und Motiven zu verorten.

Um diesen Kontextualisierungsanspruch einzulösen, gilt es zunächst in einem ersten Schritt, die Gewerbe- und Handelsmetropole Florenz in einem weiteren Rahmen vorzustellen und die ökonomie- und kulturhistorischen Rahmenbedingungen für das kommerzielle »Kommunikationshandeln« der Florentiner Markthändler auszuleuchten (I). Zweitens geht es um die Lage und räumliche Beschaffenheit des Mercato Vecchio und um seine Rolle als ökonomischer und sozialer Transaktionsort unter kommunaler Rechtsaufsicht (II). Darauf aufbauend rücken anhand vornehmlich literarischer, bildlicher und merkantiler Quellen spezifische Techniken des Werbens und Vermarktens auf dem Mercato Vecchio in den Blickpunkt. Genauer wird hier nach der visuellen Präsentation von Waren und Dienstleistungen, der körperlichen Performanz des Vermarktens sowie den Mechanismen der Kundenakquise und -bindung anhand einer typischen *bottega* und einer spezifischen Buchführungspraxis gefragt (III). Im Fluchtpunkt dieser Analysen stehen je spezifische Nuancierungen von kompetitiven und kooperativen, ökonomischen und sozialen Logiken einer *ars vendendi*, die über die zeitgenössischen Formierungsmechanismen der Florentiner »Marktgesellschaft« am Ausgang des Mittelalters vertiefenden Aufschluss versprechen.

Stuttgart 2018, S. 9–29, hier S. 9. Zur Definition von »Werbung« siehe auch BRAUNER, Recommendation (wie Anm. 17), S. 3.

19) BRAUNER, Recommendation (wie Anm. 17). Siehe auch den Beitrag von Christina BRAUNER in diesem Band.

20) Ebd., S. 6 mit Anm. 22; Monica Neve, Werbung. 1. Warenwerbung, in: Enzyklopädie der Neuzeit Online, hg. v. Friedrich JAEGER, 2016, http://dx.doi.org/10.1163/2352-0248_edn_COM_380722 (07.05.2023). Vgl. Werner SOMBART, Die Reklame, in: Der Morgen 10, 06.03.1908, S. 281–286; Hanns BUCHLI, 6000 Jahre Werbung. Geschichte der Wirtschaftswerbung und der Propaganda, 3 Bde., Berlin 1962; Mark TUNGATE, Adland. A Global History of Advertising, London, Philadelphia 2007, S. 10: »But it's safe to say that advertising has been around for as long as there have been goods to sell and a medium to talk them up – from the crier in the street to the handbill tacked to a tree.«

I. Florenz im Zeichen des Merkur – wirtschafts- und kulturgeschichtliche Rahmenbedingungen

Das spätmittelalterliche, im Zeichen des Merkur repräsentierte Florenz nimmt in der europäischen Wirtschaftsgeschichte eine vordergründig paradoxe Stellung ein: Einerseits gilt die Arnostadt als »Nachzügler« jener hochmittelalterlichen »Commercial Revolution«, die Robert Lopez 1971 ausgerufen hat und im Zeitraum zwischen 950 und 1300 eine europäische Handelsexpansion sowie eine zunehmende Verflechtung mediterraner und nordwesteuropäischer Ökonomien postulierte.[21] Andererseits eilt Florenz ein Ruf als »Brutstätte« oder »Wiege des Kapitalismus« voraus, der in letzter Zeit etwa von Bernd Roeck oder – unter Berufung auf den Großmeister der Florentiner Wirtschaftsgeschichtsschreibung Richard Goldthwaite – vom »Economist« betont wurde – in Konkurrenz zum flandrischen Brügge des 13. Jahrhunderts, dem zuvor von James Murray der Ehrentitel einer »cradle of capitalism« verliehen worden war.[22]

Dass Florenz im Vergleich zu anderen toskanischen Handelsstädten wie Pisa, Lucca oder Siena ein »latecomer to the commercial revolution«[23] war, kann mit Blick auf seine auf den ersten Blick eher ungünstigen geographischen Ausgangsbedingungen nicht verwundern. Im Unterschied zu den Seerepubliken mit ihrem direkten Zugang zum transmediterranen Seehandel handelt es sich hierbei um eine an einen Ausläufer des Apennins gekauerte Binnenstadt, die zwar am Fluss Arno und an der antiken Via Cassia, aber eben nicht an der wichtigen Nord-Süd-Verbindung der Via Francigena oder anderen Fernhandelsrouten zu bedeutenden städtischen Zentren lag.[24] Der Arno bot zwar einen Ausweg aus der geographischen Isolation und einen Zugang zum Meer, war aber wegen Strömungen, Untiefen und Sumpfgebieten nicht immer leicht befahrbar.[25] Dazu kam vor Ort ein Mangel an Rohmaterialien als Basisressourcen, die für das Gedeihen einer mittelalterlichen Gesellschaft und Ökonomie unabdingbar waren, wie z. B. Getreide, Baumaterialien, Eisen oder Wolle.[26] Für ein florierendes Wolltuchgewerbe, auf das sich im späten Mittelalter das demographische und ökonomische Wachstum in Florenz vornehmlich stützte, boten sich hier jedoch zwei entscheidende Standortvorteile: der durch den Arno bereitgestellte Wasser- und Energiereichtum für das Waschen, Walken und Färben der Wolltuche und ein vorwiegend aus dem *contado* gestillter Nachschub an Arbeitskräften. Nicht von ungefähr gehörte diese Branche zwischen dem 13.

21) Robert S. Lopez, The Commercial Revolution of the Middle Ages, Cambridge 1976, S. 86.

22) Bernd Roeck, Der Morgen der Welt. Geschichte der Renaissance (Historische Bibliothek der Gerda Henkel Stiftung), München 2017, S. 370; Renaissance Florence: Cradle of Capitalism, in: The Economist, 16. April 2009; James M. Murray, Bruges: Cradle of Capitalism, Cambridge 2005.

23) Richard A. Goldthwaite, The Economy of Renaissance Florence, Baltimore 2009, S. 14, 23 (Zitat).

24) Ebd., S. 23; Gene Adam Brucker, Florence: The Golden Age 1138–1737, New York 1984, S. 67.

25) Goldthwaite, Economy (wie Anm. 23), S. 23–24; Brucker, Florence (wie Anm. 24), S. 67.

26) Brucker, Florence (wie Anm. 24), S. 67–68.

und 15. Jahrhundert nach Größe und Volumen des investierten Kapitals zur europäischen Spitzengruppe. Nach Auskunft des Geschichtsschreibers Giovanni Villani arbeiteten im Jahr 1336 etwa 30.000 Wollarbeiter in 200 *botteghe*, die in diesem Jahr 70–80.000 Stück Tuch im Wert von 1,2 Millionen Florin produziert haben sollen.[27] Da die hierfür notwendige Wolle erst aus England, Flandern und Kastilien importiert werden musste und Florentiner Wolltuche wiederum in jeden Winkel Europas exportiert wurden, etablierte sich Florenz zunehmend als international agierendes Fernhandelszentrum.[28] Dabei organisierten sich die Florentiner Kaufleute zunehmend in sogenannten *compagnie*, Handelsgesellschaften, die das für den Fernhandel notwendige Kapital generieren sollten, meist aus Familienmitgliedern bestanden und auf einen eher kurzen Zeitraum zwischen drei und fünf Jahren angelegt waren.[29] Neben Rohstoffen für das Wolltuchgewerbe – Wolle, Färbemittel, Alaun – handelten Florentiner Firmen auch intensiv mit Lebensmitteln wie etwa Getreide, Wein, Öl und Nutzvieh.[30] Das Spektrum ihrer kommerziellen Aktivitäten umfasste auch den Geldhandel, insbesondere mit Wechselbriefen, die ein hohes Maß an merkantiler Expertise erforderten, über die die Florentiner seit etwa 1300 verfügten. Die Pioniere auf diesem Feld waren andere gewesen, Kaufleute aus Asti, Pavia, Pisa und Genua, aber es waren Händler aus der Arnostadt, die diese Kompetenzen seit dem späten 13. Jahrhundert für den Fernhandel perfektionierten und mit weiteren Innovationen – doppelte Buchführung, Seehandelsversicherungen – ergänzten.[31] So zählt etwa Florenz zu den wichtigsten Versicherungsmärkten des 14. und 15. Jahrhunderts.[32] Die Größe und Finanzkraft dieser *compagnie*, in die häufig die führenden Florentiner Familien involviert waren, nahm schon bald Ausmaße an, die den zeitgenössischen Rahmen sprengten: Die Familiengesellschaften der Bardi und Peruzzi verbuchten nach Gene Brucker die größte private Kapitalkonzentration im mittelalterlichen Europa.[33] Trotz mancher aufsehenerregender Bankrotte stießen die Bankaktivitäten der Florentiner *merchant-bankers* bald in europäische Sphä-

27) Giovanni Villani, Cronica, hg. von Francesco Gherardi Dragomanni, Bd. 3, Florenz 1845, lib. 11, c. 94, S. 324–325: *Le botteghe dell'arte della lana erano dugento* o più, e *facevano da settanta in ottanamila panni, che valecano da uno millione e dugento migliaia di fiorino d'oro.* (...) *e viveanne più di trentamila persone.* Vgl. Brucker, Florence (wie Anm. 24), S. 68, 72; Sebastian Steinbach, Einführung in die Wirtschaftsgeschichte, Bd. 3: Mittelalter, Stuttgart 2021, S. 114.

28) Brucker, Florence (wie Anm. 24), S. 72.

29) Ebd., S. 74.

30) Ebd., S. 76.

31) Ebd., S. 77.

32) Vgl. Goldthwaite, Economy (wie Anm. 23), S. 98–103; Giovanni Ceccarelli, Un mercato del rischio. Assicurare e farsi assicurare nella Firenze rinascimentale, Venedig 2012, S. 157–176, 295. Siehe zur Entwicklung des Versicherungswesens allgemein Federigo Melis, Origini e sviluppi delle assicurazioni in Italia (secoli XIV–XVI), vol. I: Le fonti, Rom 1975; Adrian B. Leonard, Introduction: the Nature and Study of Marine Insurance, in: Marine Insurance. Origins and Institutions, 1300–1850, hg. von Adrian B. Leonard, London 2016, S. 3–24.

33) Brucker, Florence (wie Anm. 24), S. 74.

ren vor. Seit dem Ende des 13. Jahrhunderts fungierten Florentiner Firmen als päpstliche Bankiers und nahmen im expandierenden kurialen Finanzwesen im 14. und 15. Jahrhundert bald eine herausragende Stellung ein, zum Beispiel die Alberti- oder Medici-Bank. Allerdings sollte der politische Aufstieg der Medici und der oft als Urkatastrophe der Renaissance stilisierte Bankrott ihrer Bank 1494 nicht darüber hinwegtäuschen, dass das Florentiner Bankenwesen über einen beeindruckenden Unterbau verfügte und ohnehin dessen Geschichte gut und gerne auch ohne Erwähnung der Medici geschrieben werden könnte, wie Richard Goldthwaite nicht müde wird zu betonen.[34] Begünstigt wurde dieser Aufstieg der Arnostadt zur Bankenmetropole durch den erstmals 1252 geprägten Goldflorin, der zusammen mit dem Genueser Genovino als erste westeuropäische Goldmünze seit karolingischer Zeit gelten kann und als zirkulierende Münze mit einem stabilen Wert wie auch als Buch- und Rechnungswährung internationale Maßstäbe setzte – »die besagten neuen Florin begannen, sich über die Welt zu verteilen«, wusste schon nicht ohne Stolz der Geschichtsschreiber Giovanni Villani in seiner *Nova Cronica* zu berichten.[35] In der Zusammenschau verwandelte sich Florenz spätestens am Ende des 13. Jahrhunderts vom »latecomer« zu einem international führenden Wirtschaftszentrum in den entscheidenden Sektoren – Handel, produzierendes Gewerbe, Bankenwesen – und zählte zudem zu den vier bis fünf größten Städten Europas.[36]

Angesichts dieses phönixhaften Aufstiegs wird Florenz auch gerne eine Pionierrolle bei der Entstehung des Kapitalismus attestiert. Richard Goldthwaite spricht vom »nascent spirit of European capitalism«, der dort schneller als anderswo an Boden gewonnen habe. Entscheidend hierfür sei die aktive Teilhabe der *merchant-bankers* an der stadtrepublikanischen Regierung und am stadtbürgerlichen Wertehorizont, ihre Tätigkeit im Fernhandel und ein zunehmendes Bewusstsein für den ökonomischen Wert von Investitionen im Sinne eines kalkulierten Einsatzes von Geldmitteln, um einen Profit zu generieren.[37] Diese für eine Kulturgeschichte des Wirtschaftens wesentlichen Vorgänge sind freilich nicht exklusiv florentinisch, allerdings dort herausragend gut dokumentiert.[38] Goldthwaite spricht in diesem Zusammenhang von einer »documentary preeminence of Florence in the history of early capitalism«.[39] Das liegt vor allem am beeindruckenden Überlieferungsschatz von Geschäftsdokumenten, insbesondere in Form

34) Ebd., S. 92–96; GOLDTHWAITE, Economy (wie Anm. 23), S. 107. Siehe zum angeblichen »Bankrott« der Medici-Bank 1494 Götz Rüdiger TEWES, Kampf um Florenz – die Medici im Exil (1494–1512), Köln/Weimar/Wien 2012.

35) Giovanni Villani, Nuova Cronica, hg. v. Giuseppe PORTA, Turin 1979, c. LIII, S. 280: *Cominciati i detti nuovi fiorini a spargersi per lo mondo* (...). Vgl. BRUCKER, Florence (wie Anm. 24), S. 70, 77; GOLDTHWAITE, Economy (wie Anm. 23), S. 48.

36) GOLDTHWAITE, Economy (wie Anm. 23), S. 14–15.

37) Ebd., S. 8.

38) Ebd.

39) Ebd., S. XII.

von 2.500 spätmittelalterlichen privaten Rechnungsbüchern – das sind mehr als aus allen anderen italienischen Städten zusammengenommen –, die uns einen tiefen Einblick in unternehmerische Aktivitäten vermitteln.[40] Die erstaunliche Quantität an Florentiner *ricordi* oder *ricordanze* – eine je nach Autor unterschiedlich gewichtete Mischung aus Rechnungsbuch, Familienchronik, Autobiographie und stadtgeschichtlichen Notizen – bietet nicht nur Aufschluss über als kapitalistisch identifizierte Praktiken und Strategien, sondern auch mehr oder minder umfängliche Selbstreflexionen merkantilen Handelns.[41] Schon aufgrund dieser Quellenlage kann es nicht verwundern, dass die sich etablierende Wirtschaftsgeschichte des ausgehenden 19. und beginnenden 20. Jahrhunderts den »Geist des Kapitalismus« bevorzugt im spätmittelalterlichen Florenz suchte, namentlich in Gestalt von Max Weber und Werner Sombart.[42] Die in den Florentiner Rechnungsbüchern und *ricordanze* nicht zu übersehende Tendenz zur »Rechenhaftigkeit« wurde dabei vorschnell mit »kaufmännischer Rationalität« und einem – nach Gene Brucker – »rational approach to human experience« gleichgesetzt. Damit wurden die Florentiner zu historischen Vorläufern jenes *homo oeconomicus*, der mittlerweile kulturgeschichtlich beerdigt erscheint, in den Wirtschaftswissenschaften jedoch als beharrlicher Wiedergänger weiterhin sein Unwesen treibt.[43] Dass ethisch-moralisierende Erwägungen in manchen Florentiner Buchführungen mindestens ebenso viel Raum einnehmen wie der quantifizierende Blick auf die Welt, wurde dabei häufig ausgeblendet.[44] Gleichwohl ist zu konstatieren, dass ökonomische wie auch soziale Transaktionen und Beziehungen auf der Grundlage effizienter Kreditinstrumente und Buchführungstechniken in hohem Maße monetarisiert waren.[45]

Auch wenn die praktische Ausbildung der Kaufleute und die Rhetorikschulung der Humanisten differenziert zu betrachten sind, waren die *ricordanze* der Florentiner *marchands-écrivains* durchaus eng mit der humanistischen Kultur verwoben, wie insbeson-

40) Ebd.

41) Giovanni CIAPPELLI, Family Books in Florence: Evolution and Involution of a Genre, in: DERS., Memory, Family, and Self. Tuscan Family Books and Other European Egodocuments (14th–18th Century) (Egodocuments and History Series 6), Leiden/Boston 2014, S. 12–29, hier S. 12. Vgl. GOLDTHWAITE, Economy, S. 12.

42) Max WEBER, Zur Geschichte der Handelsgesellschaften in Mittelalter, nach südeuropäischen Quellen, Stuttgart, 1889, bes. Kap. 5; Werner SOMBART, Der moderne Kapitalismus, Leipzig 1902. Vgl. dazu GOLDTHWAITE, Economy (wie Anm. 23), S. XII.

43) Erich MASCHKE, Das Berufsbewusstsein des mittelalterlichen Fernkaufmanns, in: Die Stadt des Mittelalters. 3 Bde., Bd. 3: Wirtschaft und Gesellschaft, hg. von Carl HAASE, Darmstadt 1973, S. 177–216, hier S. 186–187; BRUCKER, Florence (wie Anm. 24), S. 85. Vgl. Perdita LUDWIG, Das Renaissancebild deutscher Historiker 1898–1933, Frankfurt a. M./New York 2004 (Campus Forschung 859), S. 57–58.

44) CIAPPELLI, Family Books (wie Anm. 41), S. 86.

45) Richard A. GOLDTHWAITE, The Practice and Culture of Accounting in Renaissance Florence, in: Enterprise and Society 16.3 (2015), S. 611–647, hier S. 614–633.

dere Christian Bec zeigen konnte.[46] Gerade in der nach Bernd Roeck »Kapitale des Humanismus«[47] Florenz waren eine an antiken Mustern geschliffene Rhetorik und Eloquenz für das politische Entscheidungsräderwerk der stadtrepublikanischen Gremien unabdingbar, die vorwiegend von merkantilen Eliten getragen waren. Der Appell an republikanische Werte und humanistische Antikenromantik kamen hier am Arno auf eine höchst fruchtbare Weise zusammen.[48] Ungeachtet der Tatsache, dass ausgerechnet die Florentiner Stadtregierung, die Signoria, zum Schweigen verdammt war, ist die Arnostadt von einer – nach Ulrich Meier – »überbordenden Oratorik« geprägt.[49] Das machte sich insbesondere in den *Consulte e Pratiche* bemerkbar, von der Signoria situativ einberufene Versammlungen der beiden Magistratskollegien und anderer Amtsträger sowie von Experten und Vertretern von Zünften und Stadtteilen, deren Beratungen zu den wichtigsten Instrumenten politischer Führung in Florenz gehörten.[50] In diesem Rahmen trugen die Angehörigen einer politikerfahrenen Elite der Reihe nach ihre kritischen oder affirmativen Positionen in wichtigen Angelegenheiten vor – eine Redearena, bei der persuasive Techniken der humanistischen Rhetorik besonders gefragt waren.[51] Wie auch Florian Hartmanns Studien zu den *artes dictandi* in den italienischen Stadtkommunen zeigen, wurde in diesen politischen Körperschaften schon seit Anbeginn der kommunalen Phase großes Gewicht auf sprachlich-stilistische Ausdrucksfähigkeit und Beredsamkeit gelegt.[52] Rhetorische Fertigkeiten wurden in den städtischen Statuten und in den Verlautbarungen der Kommunen zu einem zentralen agonalen Mittel im politischen Kampf um Prestige, Macht und *honor civitatis*.[53] Florenz zeichnet sich dabei nicht nur durch die Dichte politischer Kommunikation und Interaktion, sondern auch durch eine Kultur stadtbürgerlicher Teilhabe und oratorischer Mitwirkung am kommunalen Regiment aus, die die Elite der *merchant-bankers* und handwerklichen Mittelschicht ebenso erfasste wie die Modalitäten merkantiler Kommunikation.[54]

46) Christian Bec, Les marchands écrivains: affaires et humanisme à Florence, 1375–1434, Paris 1967. Vgl. Ciappelli, Memory (wie Anm. 41); Vittore Branca (Hg.), Mercanti scrittori: ricordi nella Firenze tra medioevo e rinascimento, Mailand 1986.

47) Roeck, Morgen der Welt (wie Anm. 22), S. 460.

48) Ebd., S. 459.

49) Ulrich Meier, Die Sicht- und Hörbarkeit der Macht. Der Florentiner Palazzo Vecchio im Spätmittelalter, in: Zwischen Gotteshaus und Taverne. Öffentliche Räume in Spätmittelalter und Früher Neuzeit, hg. von Susanne Rau/Gerd Schwerhoff (Norm und Struktur 21), Köln/Weimar/Wien 2004, S. 229–270, hier S. 255. Vgl. Roeck, Morgen der Welt (wie Anm. 22), S. 468.

50) Meier, Palazzo Vecchio (wie Anm. 49), S. 249.

51) Gene Brucker, The Civic World of Early Renaissance Florence, Princeton 1977, S. 290.

52) Florian Hartmann, Ars dictaminis. Briefsteller und verbale Kommunikation in den italienischen Stadtkommunen des 11. bis 13. Jahrhunderts (Mittelalter-Forschungen 44), Ostfildern 2013, S. 163.

53) Ebd., S. 165.

54) Ulrich Meier, Kulturen der Teilhabe. Zur Raumgestalt des Politischen in der mittelalterlichen Stadt: Florenz und Dortmund im Vergleich, in: Verfassungsgeschichte aus internationaler und diachroner Perspektive,

II. Der Florentiner Mercato Vecchio als Symbol- und Transaktionsort

Der Mercato Vecchio war sicher *der* zentrale Interaktionsraum kommerzieller Alltagskommunikation im spätmittelalterlichen Florenz. Wenn dieser physische städtische Marktplatz inmitten der Arnometropole nun im Folgenden als Fallbeispiel herangezogen wird, ist unter dem Begriff »Markt« ein räumlich begrenzter Ort für face-to-face-Tauschbeziehungen und nicht im Sinne Werner Sombarts der »Inbegriff der Absatzmöglichkeiten« und schon gar nicht ein »alle gesellschaftlichen Sektoren überwölbendes Deutungssystem« zu verstehen.[55] Der Fokus auf den Florentiner Alten Markt kann dabei von Christof Jeggles pragmatischer Definition eines städtischen Marktes ausgehen – auch in Definitionsfragen ist der stadtgeschichtlich ohnehin gebotene Dialog zwischen Mittelalter- und Frühneuzeitforschung fruchtbar zu machen: »Ein Markt ist [...] ein räumlich und zeitlich festgelegter Ort, an dem Waren ge- und verkauft werden. Die Preisbildung wird durch Angebot und Nachfrage geregelt. Die kommunale Obrigkeit sichert auf verschiedene Weise den Betrieb des Marktes: Sie kontrolliert Qualität und Preise von Grundnahrungsmitteln und sie gewährleistet die Marktfreiheit und -gerechtigkeit, indem sie Geschäfte außerhalb des Marktes unterbindet (Vor- und Aufkauf im Umfeld des Marktes), Ware mit Qualitätsmängeln sanktioniert und Störungen des Marktfriedens verfolgt sowie zur Schlichtung und Aufsicht ein besonderes Marktgericht bestellt.«[56]

Ging es nach zeitgenössischen Architekten und Stadtplanern, sollte die urbane Mitte Handel und Handwerk vorbehalten bleiben. Die bereits angesprochene Idealstadt Filaretes sowie Ausführungen Leon Battista Albertis, die Innenstadt sollte dem Markt- und Lebensmittelhandel gewidmet sein, künden davon.[57] Dahinter standen nicht nur urbanistische Ordnungsvorstellungen, sondern bereits explizit kommerzielle Kalküle. So sollten die Hauptstraßen und -plätze in Siena für bestimmte Gewerbetreibende reserviert werden, damit Pilger und Besucher »diese unzähligen, verschiedenen Waren sehen können und zum Kauf veranlasst werden, denn wenn sie diese gar nicht zu Gesicht be-

hg. von Franz-Josef Arlinghaus/Bernd Ulrich Hucker/Eugen Kotte, München 2010, S. 127–150, hier S. 142.

55) Werner Freitag, Städtischer Markt und symbolische Kommunikation, in: Alles nur symbolisch? Bilanz und Perspektiven der Erforschung symbolischer Kommunikation, hg. v. Barbara Stollberg-Rilinger, Tim Neu, Christina Brauner, Köln 2013, S. 379–400, hier S. 382–383; Werner Sombart, Der moderne Kapitalismus, Bd. 2: Das europäische Wirtschaftsleben im Zeitalter des Frühkapitalismus, 1. Halbband, Berlin 1969, S. 185.

56) Christof Jeggle, Nahrung und Markt, in: Ökonomien städtischer Gewerbe in der Frühen Neuzeit. Methodische Überlegungen am Beispiel des Leinengewerbes in Münster/Westfalen, in: Nahrung, Markt oder Gemeinnutz. Werner Sombart und das vorindustrielle Handwerk, hg. v. Robert Brandt, Thomas Buchner, Bielefeld 2004, S. 95–130, hier S. 109. Vgl. Freitag, Städtischer Markt, S. 383.

57) Welch, Shopping (wie Anm. 5), S. 99.

kommen, denken sie nicht einmal an den Kauf«, heißt es 1452 in einem Dekret des Rates.[58] Nicht zuletzt um eine größere Sicht- und Kontrollierbarkeit des Einzelhandels zu gewährleisten, gab es in vielen mittelalterlichen Städten Europas einen zentral gelegenen Marktplatz, der topographisch und raumsymbolisch eine unhintergehbare Kernaufgabe vormoderner Stadtregierungen zum Ausdruck brachte: die Versorgung der städtischen Bevölkerung mit Gebrauchsgütern, allen voran mit Lebensmitteln und Textilien, die als Zeichen eines guten Regiments und kommunaler Gemeinwohlorientierung galt.[59] Urbanität und kommerzielles Raummanagement, fußläufige Nahversorgung und Ansätze eines spatial verdichteten und gerade dadurch kommunal überwachten Einkaufserlebnisses im Angesicht eines diversifizierten Waren- und Dienstleistungsangebots gingen hier Hand in Hand.[60] Der Mercato Vecchio ist geradezu ein Paradebeispiel für einen solchen innerstädtischen Hauptmarkt, der nach Dennis Romano hier wie in anderen italienischen Städten den Rang eines »civic symbol« beanspruchen kann.[61] Seine zentrale Position an der Stelle des antiken Forums[62] im westlichen Teil der Altstadt lässt sich noch heute kartographisch gut nachvollziehen. Auf Piero di Jacopo del Massaios Stadtansicht aus der Vogelperspektive von circa 1470, die den Charakter der Stadt nach dem Mauerbau von 1333 widerspiegelt und in einer Handschrift von Ptolemäus' Geographie überliefert ist (Abb. 2), wurde er wie selbstverständlich zu den wesentlichen Infrastrukturen der damals wohl rund 90.000 Einwohner zählenden europäischen Großstadt gerechnet, zusammen mit anderen politisch, ökonomisch oder religiös bedeutsamen Gebäuden.[63] Der Mercato Vecchio ist hier visuell vor allem anhand der von einer rechteckigen Mauer umgebenen und seit dem 14. Jahrhundert belegten Beccheria zu identifizieren, das heißt des Schlachthauses und der Fleischverkaufsbuden der Florentiner Metzgerzunft. Dazu kommt noch eine Säule, auf die später noch näher einzugehen sein wird.[64] Die aus diesem Bild hervorgehende Einhegung des Marktplatzes mit Mauern ist auch anderswo belegt, etwa in der Darstellung des Mailänder Broletto Nuovo bei Galvano della Fiamma aus der ersten Hälfte des 14. Jahrhunderts.[65] Zusammen mit dem Getreidemarkt am Orsanmichele und dem Bankenzentrum des Mercato Nuovo bildet der »chief local market« des Mercato

58) Zit. nach ebd.
59) ROMANO, Markets and Marketplaces (wie Anm. 11), S. 153–157; WELCH, Shopping (wie Anm. 5), S. 24; HEWLETT, Locating Contadini (wie Anm. 10), S. 95; Sergio TOGNETTI, Problemi di vettovagliamento cittadino e misure di politica annonaria a Firenze nel XV secolo (1430–1500), in: Archivio Storico Italiano 157 (1999), S. 419–445.
60) WELCH, Shopping (wie Anm. 5), S. 96–97.
61) ROMANO, Markets and Marketplaces (wie Anm. 11), S. 19.
62) CAROCCI, Mercato Vecchio (wie Anm. 9), S. 15–16.
63) ROMANO, Markets and Marketplaces (wie Anm. 11), S. 27; Brucker, Florence (wie Anm. 24), S. 88.
64) Ebd.; CAROCCI, Mercato Vecchio (wie Anm. 9), S. 19; BELLI, Gli spazi del mercante (wie Anm. 2), S. 35.
65) ROMANO, Markets and Marketplaces (wie Anm. 11), S. 27.

Abb. 2: Werkstatt von Piero di Jacopo di Massaio, Florentia, ca. 1470, Paris, Bibliothèque Nationale, Ms. Lat. 4802, fol. 132v.

Vecchio das ökonomische Herz der Stadt, deutlich getrennt vom geistlich-religiösen – Dom und Baptisterium – und politischen Zentrum der Stadt mit dem Palazzo della Signoria und dem Palazzo del Podestà.[66]

Auch wenn der Florentiner Kommunepalast anders als in vielen mittelalterlichen Städten nicht am Marktplatz stand, entsprach die stadtobrigkeitliche Kontrolle und Überwachung des Marktgeschehens doch zeitgenössischen Usancen. Seit dem frühen 14. Jahrhundert oblag die Entscheidungsgewalt über wirtschaftspolitische Leitlinien und wirtschaftliche Angelegenheiten der Stadtregierung sowie den Florentiner Zünften und dem 1308 gegründeten Handelsgericht, der Mercanzia, wobei die beiden letzt-

66) Meier, Palazzo Vecchio (wie Anm. 49), S. 232–234; Richard A. Goldthwaite, The Building of Renaissance Florence, Baltimore, London 1982, S. 2–4.

genannten Institutionen zunehmend in die Einflusssphäre der kommunalen Führungsgremien gerieten.[67] Ungeachtet dieser mehrgliedrigen institutionellen Struktur entwickelte sich im Lauf des 14. Jahrhunderts eine konsistente wirtschaftspolitische Stoßrichtung, wie sie in vielem auch in anderen italienischen Stadtkommunen üblich war: Regeln für den Kauf und Verkauf von Gütern auf dem lokalen Marktplatz und Standards für Maße und Gewichte wurden erlassen, gerichtliche Verfahrenswege zur Klärung vertrags-, transaktions- und schuldrechtlicher Fragen eröffnet, die krisenfeste Versorgung der Stadtbevölkerung mit zahlreichen rechtlichen, fiskalischen und administrativen Maßnahmen und Interventionen gesichert.[68] Gerade der öffentlich zugängliche Florentiner Altmarkt war ein in hohem Maße regulierter und von kommunalen Amtsträgern überwachter kommerzieller Transaktionsraum.[69] In den Florentiner Statuten finden sich zahlreiche Bestimmungen zu den Handelsaktivitäten auf dem Mercato Vecchio, so etwa in den Statuen des Volkskapitäns (*Capitano del Popolo*) von 1322–1325 und in den Statuten des Florentiner *podestà* von 1325.[70] Diesem traditionsreichsten der hohen auswärtigen Amtsträger der Stadtrepublik, der vor allem mit Justiz- und Polizeiangelegenheiten betraut war, oblag die generelle Aufsicht über die Märkte in Florenz.[71] Insbesondere für den städtischen Lebensmittelmarkt waren nach dem *Statutum Bladi* von 1348 und den *Statuti della Grascia* von 1378 die sogenannten Ufficiali della

67) Goldthwaite, Economy (wie Anm. 23), S. 484–486; Franco Franceschi, Intervento del potere centrale e ruolo delle Arti nel governo dell'economia fiorentina del Trecento e del primo Quattrocento: Linee generali, in: Archivio Storico Italiano 151 (1993), S. 863–909; Ders., Istituzioni e attività economica a Firenze: Considerazioni sul governo del settore industriale (1350–1450), in: Istituzioni e società in Toscana nell'età moderna, Florenz 1994, S. 76–117. Zur Florentiner mercanzia siehe Antonella Astorri, La Mercanzia a Firenze nella prima metà del Trecento. Il potere dei grandi mercanti, Florenz 1998; Dies., Note sulla Mercanzia fiorentina sotto Lorenzo de' Medici. Aspetti istituzionali e politici, in: Archivio Storico Italiano 150 (1992), S. 965–993; Goldthwaite, Economy (wie Anm. 23), S. 109–114; Lorenz Böninger, Gli uomini e le donne d'affari tedeschi e la Mercanzia di Firenze nei primi decenni del XV secolo, in: Tribunali di mercanti e giustizia mercantile nel Tardo Medioevo, hg. von Elena Maccioni/Sergio Tognetti (Biblioteca storica Toscana 75), Florenz 2016, S. 157–181.

68) Goldthwaite, Economy (wie Anm. 23), S. 487; Sergio Tognetti, Problemi di vettovagliamento; Giuliano Pinto, Il libro del biadaiolo: Carestie e annona a Firenze dalla metà del '200 al 1348, Florenz 1978, S. 107–130.

69) Niall Atkinson, The Noisy Renaissance. Sound, Architecture and Florentine Urban Life, University Park 2016, S. 32. Siehe zur legislativen und administrativen Überwachung städtischer Märkte generell Welch, Shopping (wie Anm. 5), S. 63–94.

70) Statuti della Repubblica Fiorentina, hg. v. Romolo Caggese, Neuausgabe durch Giuliano Pinto/Francesco Salvestrini/Andrea Zorzi, 2 Bde., Florenz 1999, Bd. 1: Statuto del Capitano del Popolo degli anni 1322–25, lib. I, c. 27, S. 31; ebd., lib. V, c. 22; ebd., lib. V., c. 25, S. 214–215; Bd. 2: Statuto del podestà dell'anno 1325, Florenz 1999, lib. III, c. 50, S. 184; ebd., lib. III, c. 62, S. 204; ebd., lib. III, c. 69, S. 321. Vgl. Atkinson, Noisy Renaissance (wie Anm. 69), S. 220, Anm. 41.

71) Carole Collier Frick, Dressing Renaissance Florence. Families, Fortunes, & Fine Clothing, Baltimore (The John Hopkins University Studies in Historical and Political Science, Ser. 120, 3), London 2002, S. 25; Meier, Palazzo Vecchio (wie Anm. 49), S. 234.

Grascia zuständig, die die Produktqualität, Preisgestaltung und Vermarktungspraxis zu überwachen und Zuwiderhandlungen gegen das Marktrecht zu sanktionieren hatten. Zusätzlich waren sie für Bau und Unterhalt von Straßen und Brücken verantwortlich, um den Lebensmitteltransport und die Warenzirkulation zu erleichtern.[72] Überdies erstreckte sich auch die Amtsgewalt der Ufficiali della Torre, die die Gestaltung öffentlicher Räume und kommunale Bauvorhaben überwachten, auf den Mercato Vecchio.[73]

In der Zusammenschau bestärkten Öffentlichkeit, Marktrecht und -aufsicht die Erwartungssicherheit sowie das Vertrauen von Käufern und Verkäufern in einen regelgeleiteten Ablauf der ökonomischen Transaktion. Überhaupt ist »Vertrauen« als zentrale Kategorie für einen funktionierenden städtischen Markt anzusprechen, die der Florentiner Gelehrte Brunetto Latini in seinem Cicero-Kommentar *La rettorica* um 1260 folgendermaßen definierte: »Mit diesem Wort – *fede* – meine ich, dass sie darauf vertrauen, andere nicht zu täuschen und weder Streit noch Zwietracht in den Städten heraufzubeschwören. Und falls es doch zu Konflikten kommt, werden diese friedlich beigelegt. Und Vertrauen ist, wie der Weise sagt, die Hoffnung auf ein gehaltenes Versprechen. Und das Recht sagt, dass Vertrauen etwas ist, was eine Person verspricht und jemand anderer erwartet. Aber Cicero selbst sagt in einem anderen Buch ›Vom pflichtgemäßen Handeln‹, dass Vertrauen die Grundlage für Gerechtigkeit, wahrhaftige Rede und gehaltene Versprechen darstellt, und diese Tugend nennt man Loyalität.«[74] Für eine gelungene face-to-face-Interaktion war die Öffentlichkeit eines städtischen Marktes im städtischen Zentrum und eine möglichst stringente kommunale Aufsicht unerlässlich, um alle Marktteilnehmer auf die Einhaltung von kommerziellen Versprechen und Verträgen zu verpflichten.[75]

Ein wesentliches Charakteristikum des Mercato Vecchio war in den Augen zeitgenössischer Beobachter sein diversifiziertes Waren- und Dienstleistungsangebot. Kronzeuge hierfür ist das in der zweiten Hälfte des 14. Jahrhunderts entstandene Gedicht »Die Eigenschaften des Mercato Vecchio« (*Proprietà di Mercato Vecchio*) aus der Feder des Florentiner Dichters, Glöckners und Stadtschreiers (*banditore*) Antonio Pucci, der zeit seines Lebens im Dienst der Kommune von Florenz stand und sich auch deshalb als scharfsinniger Beobachter des dortigen Straßenlebens präsentiert.[76] Gerade das Trei-

72) Archivio dello Stato di Firenze, Ufficiali poi Magistrato della Grascia, https://www.archiviodistato.firenze.it/inventari/u/grascia/ (11.07.2023); HEWLETT, Locating Contadini (wie Anm. 10), S. 99, Anm. 21; M. Cristina PECCHIOLI VIGNI, Lo statuto in volgare della Magistratura fiorentina della Grascia (a. 1379), in: Archivio storico italiano 129.1 (1971), S. 3–70.

73) BELLI, Gli spazi del mercante (wie Anm. 1), S. 38.

74) Brunetto Latini, La rettorica, hg. von Francesco MAGGINI, Florenz 1968, S. 26. Vgl. ROMANO, Markets and Marketplaces (wie Anm. 11), S. 172–173.

75) ROMANO, Markets and Marketplaces (wie Anm. 11), S. 173.

76) ATKINSON, Noisy Renaissance (wie Anm. 69), S. 26. Zu Antonio Pucci (ca. 1310–1388) siehe Firenze alla vigilia del Rinascimento: Antonio Pucci e i suoi contemporanei. Atti del convegno di Montreal, 22–23 ottobre

ben auf dem städtischen Hauptmarkt dürfte Pucci aus eigener Anschauung in seinen 17 Dienstjahren als Stadtschreier bestens bekannt gewesen sein, denn der Mercato Vecchio gehörte zu den festen Etappenpunkten auf dem Rundweg der Florentiner *banditori*, die regelmäßig vermisste Personen, gestohlene Güter, Fundsachen, meistgesuchte Verbrecher und Verordnungen über die öffentliche Ordnung ausriefen.[77] Pucci selbst gibt in seinem Gedicht darüber Auskunft: »Ich habe mich Tag und Nacht abgerackert, um unsere Kommune mit Worten (*colle parole*) zu ehren.«[78]

Dem Lob der *patria* zeigte sich Pucci auch in seinem Gedicht über den Mercato Vecchio verpflichtet: Er habe schon viele Marktplätze in verschiedenen Städten gesehen, in Perugia und in Siena, aber »diese Plätze und andere, wenn ich es richtig sehe, sind nichts gegenüber den Früchten und der Schönheit des (Mercato Vecchio, Anm. d. Verf.), die dem Volk Herrschaft bringt« (*alla gente dà governo*), Letzteres wohl in Anspielung auf die Aufsichtsrechte der Stadtkommune.[79] Der Alte Markt in seiner Geburtsstadt Florenz biete allen »Vergnügen« (*a tutti dà allegrezza*), denn er sei – frei nach Émile Zola gesprochen – der »Bauch« von Florenz und der ganzen Welt – *nel mondo è alimento* – und überrage mit diesem Angebot an Lebensmitteln alle anderen Märkte.[80] Noch im 16. Jahrhundert lobte der Florentiner Geschichtsschreiber Benedetto Varchi den Reichtum des Marktangebots, der Mercato Vecchio sei ein Ort, wo sie »alle essbaren Dinge beständig verkaufen« (*dove si vendono continuamente tutte le cose da mangiare*).[81] Dieser

2004, McGill University, hg. von Maria BENDINELLI PREDELLI, Fiesole 2006; Joan LEVIN, Antonio Pucci (c. 1310–1388), in: Key Figures in Medieval Europe: An Encyclopedia, hg. von Richard Kenneth EMMERSON/ Sandra CLAYTON-EMMERSON, New York 2006, S. 42–43. Zum Gedicht *Proprietà di Mercato Vecchio* siehe auch Giovanni CHERUBINI, Rileggendo Antonio Pucci: Il »Mercato Vecchio« di Firenze, in: Cultura e società nell'Italia medievale. Studi per Paolo Brezzi, Bd. 1, Rom 1988, S. 197–214; Franca BRAMBILLA AGENO, Per l'interpretazione delle »Proprietà di Mercato Vecchio« di Antonio Pucci, in: Lingua Nostra 37 (1976), S. 9–11.

77) Stephen J. MILNER, »Fanno bandire, notificare, et expressamente comandare«: Town Criers and the Information Economy of Renaissance Florence, in: I Tatti Studies in the Italian Renaissance 16 (2013), 1/2, S. 107–151, hier S. 121.

78) Zit. nach Salomone MORPORGO, Antonio Pucci e Vito Biagi banditori fiorentini del sec. XIV, Rom 1881, S. 13–14: *per dì e per notte affaticato per onorare il nostro comune colle parole*. Vgl. MILNER, Town Criers (wie Anm. 77), S. 121.

79) Antonio Pucci, Proprietà di Mercato Vecchio, in: Poeti minori del Trecento, hg. von Natalino SAPEGNO, Mailand/Neapel 1952, Nr. XLIII, S. 403–410, hier S. 403, V. 13–15: *Ma queste e l'altre, se chiaro discerno, niente son di frutte e di bellezza e di ciò ch'alla gente dà governo*. Vgl. dazu ATKINSON, Noisy Renaissance, S. 30.

80) Pucci, Proprietà di Mercato Vecchio (wie Anm. 79), S. 403, V. 17–21: [...] *perché in quella terra / nacqui dov'ella a tutti dà allegrezza, / cioè Firenze; e se 'l parer non erra, / Mercato Vecchio nel mondo è alimento, / sì che d'ogni altra piazza il pregio serra*. Vgl. ROMANO, Markets and Marketplaces (wie Anm. 11), S. 24; WELCH, Shopping (wie Anm. 5), S. 33; CHERUBINI, Rileggendo Antonio Pucci (wie Anm. 76), S. 200. Siehe auch Émile ZOLA, Le ventre de Paris, Paris 1873.

81) Benedetto Varchi, Storia fiorentina, hg. von Lelio ARBIB, 3 Bde., Florenz 1838–1841, lib. IX, c. XXXIV, Bd. 2, S. 95: [...] *dove si vendono continuamente tutte le cose da mangiare*. Vgl. BELLI, Gli spazi del mercante (wie Anm. 1), S. 40.

Marktplatz, so Pucci weiter, sei an allen vier Ecken mit einer Kirche ausgestattet und an jeder Ecke befänden sich jeweils zwei Zugangsstraßen.[82] Um den Platz herum gruppieren sich die Werk- und Verkaufsstätten von Handwerkern und Händlern – *artefici e mercatanti* – jeder Couleur: Ärzte (*medici*), Woll- und Leinenhändler (*pannilini, linaiuoli*), Lebensmittelhändler (*pizzicagnoli*), Gewürzhändler beziehungsweise Apotheker (*speziali*) und überdies – wie wir aus anderen Quellen wissen – auch Goldschmiede, Barbiere, Schuster, Schneider und diverse Banken.[83] Große Lagerhäuser (*fondachi*) aller Art seien dort vertreten, ebenso der nach Puccis Dafürhalten »schönste Fleischmarkt, den es gibt, mit gutem Fleisch« (*la più bella beccaria che sia*).[84] Geflügelhändler (*pollaiuoli*) seien zu jeder Jahreszeit mit einem großen Warenangebot vertreten, mit Hasen, Schwarzwild, Wildbret, Fasanen, Rebhühnern, Kapaunen und anderem Geflügel, mit Greifvögeln und Falken.[85] Auch das Warenangebot des Mercato Vecchio folgt, wie Pucci aufmerksam beobachtet, saisonalen Rhythmen: Zur Zeit des Karnevals dominieren Kapaune und Hühnchen die Marktstände, zur Fastenzeit Knoblauch, Zwiebeln und Pastinaken, »wie es der Heiligen Kirche gefällt« (*siccom'a santa Chiesa piacque e volle*), schreibt Pucci.[86] An Ostern feiere die volle Pracht des Marktes dann Wiederauferstehung: Fleisch aller Arten – Zicklein, Lamm, Kalb, Hammel –, das an »viele Bürger« (*molti cittadini*) verkauft wird, Sing- und andere Vögel, Wiesel und Katzen sowie »Hausrat zum Verkauf« (*massarizie assai da comperare*) für die anstehenden städtischen Feste, nämlich Fässer, Betten, Truhen und Ruhebetten.[87] Besonders lobenswert er-

82) Pucci, Proprietà di Mercato Vecchio (wie Anm. 79), S. 404, V. 25–27: *E brievemente dico che son queste: / che quattro chiese ne' suo quattro canti / e 'n ogni canto ha due vie manifeste.* Vgl. Romano, Markets and Marketplaces (wie Anm. 11) S. 24; Atkinson, Noisy Renaissance (wie Anm. 69), S. 33.

83) Pucci, Proprietà di Mercato Vecchio (wie Anm. 79), S. 404, V. 28–33: *Artefici ha dintorno e mercantanti / di più e più ragion: parte de' quali / raccontarò a voi, signori, davanti. / Medici v'ha maestri a tutti i mali, / e havvi pannilini e linaiuoli, / pizzicagnoli v'ha e speziali* [...] Vgl. Romano, Markets and Marketplaces (wie Anm. 11), S. 24; Belli, Gli spazi del mercante (wie Anm. 1), S. 39.

84) Pucci, Proprietà di Mercato Vecchio (wie Anm. 79), S. 404, V. 37–39: *Fondachi grossi v'ha di più manière / ed* èvvi *la più bella Beccaria / che sia, di buona carne, al mio parere.* Vgl. Romano, Markets and Marketplaces (wie Anm. 11), S. 24.

85) Pucci, Proprietà di Mercato Vecchio (wie Anm. 79), S. 404, V. 46–51: *Ancor da parte stanno i pollaiuoli, / forniti sempre a tutte le Stagioni / di lepre e di cinghiali e cavriuoli / e di fagiani e starne e di capponi / e d'altri uccelli, ch'al conte d'Isprecche se converrian, sparvieri e falconi.* Vgl. Romano, Markets and Marketplaces (wie Anm. 11), S. 24; Cherubini, Rileggendo Antonio Pucci (wie Anm. 76), S. 203.

86) Pucci, Proprietà di Mercato Vecchio (wie Anm. 79), S. 407, V. 139–140: *Per carnasciale capponi e galline, / partendosi dal viver tra le zolle, / vengono a farsi a' cittadin vicine. / Di quaresima poi agli e cipolle, / e pastinache sonvi, / e non più carne, / siccom'a santa Chiesa piacque e volle* (...). Vgl. Romano, Markets and Marketplaces (wie Anm. 11), S. 25; Welch, Shopping (wie Anm. 5), S. 109.

87) Pucci, Proprietà di Mercato Vecchio (wie Anm. 79), S. 408, V. 148–163: *E poi, quando ne vien la Pasqua gaia, / la piazza par che tutta si rinfreschi, / che di Giardini pare fatta un'aia: / rinnuovansi e racconcian tutti i deschi, / veggonsi pien di cavretti e d'agnelli / e di cistron nostrali e gentileschi; / similmente vitelle e vitelli / ed altre carni; e molti cittadini / chi compera di queste e di quelli. / Di più ragion v'arrivano uccellini, sì da tenere in gabbia per cantare,*

schien Pucci die Verfügbarkeit von frischem Obst und Blumen, sodass er bekannte, niemals habe es einen »derartig edlen Garten« (*nobil giardino*) gegeben wie den zeitgenössischen Mercato Vecchio, der das Sehen und Schmecken der Florentiner sättige und auf dieser Welt seinesgleichen suche (*non credo che nel mondo abbia parecchio*).[88)]

Zusammengefasst: In der zeitgenössischen Wahrnehmung galt der Mercato Vecchio als Inbegriff einer Florentiner Abundanz, die vom Geschichtsschreiber Giovanni Villani bereits in den 1330er Jahren beinahe statistisch quantifiziert worden war: 90.000 Einwohner, 100 Apotheken, 146 Backöfen, täglicher Getreideverbrauch von 140 Maltern Getreide, durchschnittlich 60.000 *cogna* importierter Wein (das entspricht zwischen 24 und 27 Millionen Litern), 60.000 Schafe, 20.000 Ziegen, 30.000 Schweine und 4.000 Ladungen Melonen täglich allein im Juli und so weiter.[89)] Noch im 15. Jahrhundert ist in Florenz von einer »Hochblüte materieller Kultur«[90)] auszugehen, hielt doch der reiche Wollhändler Giovanni Rucellai in seinem *Zibaldone* unumwunden fest: »Weder die Stadt (Florenz, Anm. d. Verf.) noch der *contado* kannte jemals eine solche Abundanz von Haushaltsgütern.«[91)] Die von Erich Meuthen konstatierte »allgemeine Konsumfreude«[92)] des 14. und 15. Jahrhunderts scheint sich in ersten konsumkritischen Stellungnahmen zu spiegeln, wie etwa im Fall von Leonardo da Vincis Zeichnung »Allegorie menschlicher Bestrebungen« von circa 1510, die das Überangebot an käuflichen Gebrauchsgegenständen – Rechen, Leitern, Laternen, Brillen usw. – als nichtige Überforderung des Menschen geißelt (Abb. 3).[93)]

/ fruson per li Fanciulli e passerine; / e colombi e conigli per figliare; / e donnole vi son, gatte e gattucci; / e massarizie assai da comperare, / botti, lettier, cassapanche e lettucci. Vgl. ROMANO, Markets and Marketplaces (wie Anm. 11), S. 25.

88) Pucci, Proprietà di Mercato Vecchio (wie Anm. 79), S. 405, V. 67–76: *Quando le frutte rappariscon fresche / vengon le foresette co' panieri / di fichi e d'uve, e di pere e di pesche: / se le motteggi, ascoltan volentieri, e havvi di più belle che 'l fiorino, / che recan fiori e rose di verzieri. / Non fu giammai così nobil giardino / come a quel tempo gli è Mercato Vecchio, / che l'occhio e 'l gusto pasce al fiorentino. / Non credo che nel mondo abbia parecchio, /* [...]. Vgl. ROMANO, Markets and Marketplaces (wie Anm. 11), S. 25.

89) Villani, Nuova Cronica (wie Anm. 35), S. 1351: *Istimavasi avere in Firenze da LXXXXm di bocche tra uomini e femmine e fanciulli* [...]. [...] *per fornari ch'ogni dì bisognava alla città dentro CXL moggia di grano* [...]. [...] *Di vino trovamo per la gabella delle porte n'entrava l'anno da LVm di cogna, e inn abondanze talora più Xm cogna.* [...] *castroni, pecore LX; capre e becchi XXm; porci XXXm. Entravano del mese di luglio per la porta a San Friano CCCC some di poponi per dì, che tutti si stribuivano nella citade.*

90) Erich MEUTHEN, Das 15. Jahrhundert, 4. Aufl. München 2006, S. 118.

91) Giovanni di Pagolo Rucellai, Zibaldone, hg. von Giovanni BATTISTA, Florenz 2013, S. 181: *Meglio forniti di masserizie che a niuno altro tenpo in cipttà e in contado* [...].

92) MEUTHEN, Das 15. Jahrhundert (wie Anm. 90), S. 122.

93) Johannes NATHAN/Frank ZÖLLNER, Leonardo da Vinci 1452–1519. Sämtliche Zeichnungen, Köln 2017, Nr. 406, S. 452. Vgl. Royal Collection Trust, https://www.rct.uk/collection/912698/a-cloudburst-of-material-possessions (Zugriffsdatum: 11.07.2023).

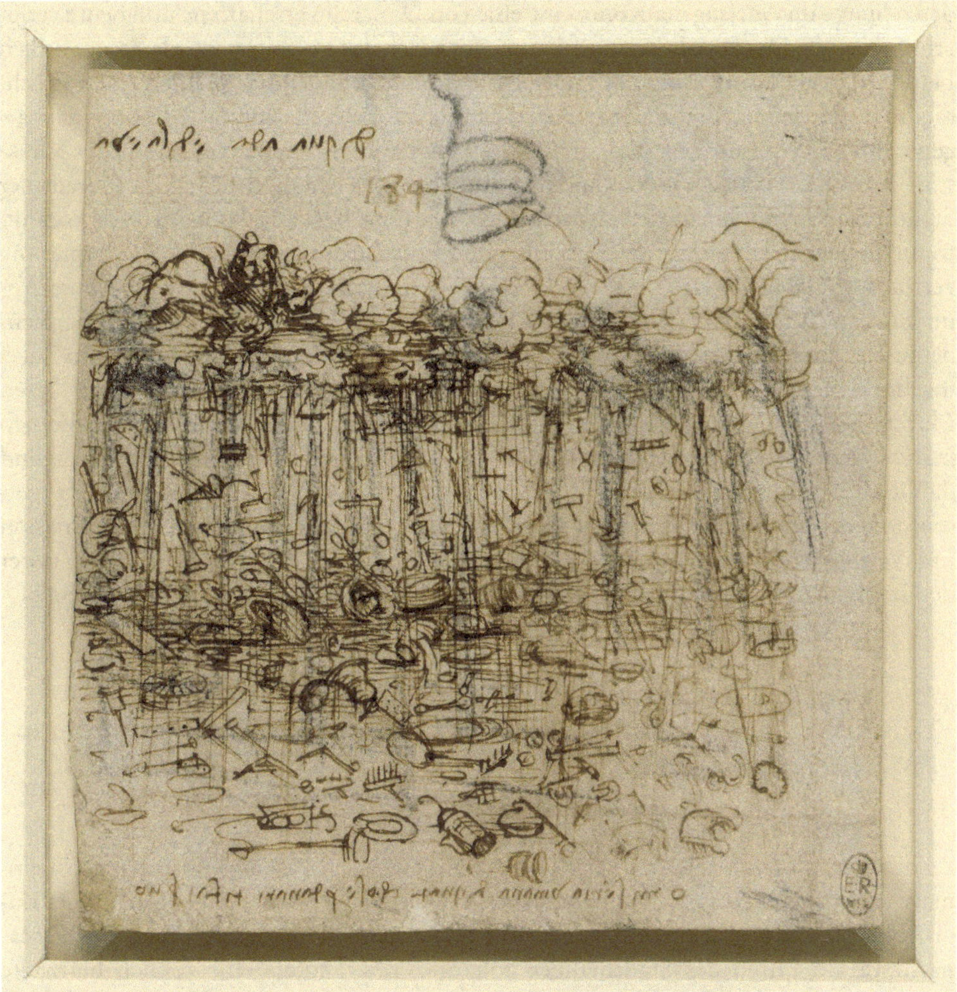

Abb. 3: Leonardo da Vinci, Wolkenbruch der Dinge, Zeichnung, um 1510, Windsor Castle, Royal Library (RL 126981).

Gleichwohl bildeten Abundanz und materieller Wohlstand in der Chronistik und Städtelob-Literatur Kennzeichen von Urbanität und zugleich Topoi des zeitgenössischen Stadtmarketings. Der städtische Hauptmarkt fungierte hierbei als Symbolort: Ein reichhaltiges und vielfältiges Angebot der Markthändler und der benachbarten *botteghe* lockte nicht nur Kunden von nah und fern an, sondern diente auch als Schauraum für die Leistungsfähigkeit des lokalen Handels und Gewerbes. Nicht von ungefähr wurde in den frühen 1430er Jahren auf dem Mercato Vecchio eine antike Säule aufgestellt, an deren Spitze im Auftrag der Kommune eine von Donatello erschaffene und heute verlorene Statue der Dovizia als Personifikation des Reichtums befestigt wurde: In der linken Hand hält die Frauengestalt ein Füllhorn, während sie mit ihrer Rechten einen Früchtekorb stützt, den sie auf ihrem Kopf balanciert. Dass diese »Colonna dell'Abbondanza« genannte Säule prominent in der circa 1470 entstandenen Stadtansicht aus der Werkstatt Piero del Massaios in Erscheinung tritt, bezeugt ihre Bedeutung im Florentiner Stadtbild als Symbol materiellen Reichtums, der allerdings nur dann zustande kommt, wenn die Marktteilnehmer der Aufsichts- und Entscheidungsgewalt der Stadtregierung vertrauen.[94] Die Dovizia-Statue markiert den Mercato als Ort sinnlich erfahrbarer Abundanz, als Ort, an dem sich ökonomische und soziale Transaktionen ebenso überblendeten wie die Interaktionsmodi des Verkaufens und Verführens. Denn Antonio Pucci machte keinen Hehl daraus, dass Prostituierte (*meretrici*) und Zuhälter (*ruffiani)* diesen Marktplatz genauso frequentierten wie mobile Straßenhändlerinnen (*trecche*), die sich marktschreierisch betätigten, sich wechselseitig als »Huren« (*putte*) beschimpften und damit als potentiell sexuell verfügbar dargestellt wurden.[95] Es ist gerade diese Hypersensorik des städtischen Marktes zwischen Warenvielfalt, kommerzieller Persuasion und Vermarktung von Körpern, die einen vielfältigen Blick auf die *artes vendendi* unter den Bedingungen einer räumlich verdichteten Anwesenheitskommunikation freigibt.

III. Präsentation, Performanz und Buchführung: Techniken des Werbens und Vermarktens auf dem Mercato Vecchio

1. Visuelle Präsentation

Zu den grundlegenden Techniken des Werbens und Vermarktens gehörte zunächst einmal die visuelle Präsentation der angebotenen Waren und Dienstleistungen. Dieser Logik folgte schon die sogenannte *mostra*, die alljährlich anlässlich des städtischen Patronatsfestes zu Ehren des Stadtheiligen Johannes des Täufers eine zeitlich befristete Gelegenheit bot, die lokale Abundanz auch gegenüber auswärtigen Besuchern ostentativ zur Schau zu stellen: »O Florenz, Du edler Garten, wie vortrefflich Du Deine Schätze zeigst« (*nobile giardino, quanto dimostri ben lo tuo tesoro*), dichtete diesbezüglich ein

94) Romano, Markets and Marketplaces (wie Anm. 11), S. 36–37; Welch, Shopping (wie Anm. 5), S. 36–37. Vgl. dazu auch David G. Wilkins, Donatello's Lost *Dovizia* for the Mercato Vecchio: Wealth and Charity as Florentine Civic Virtues, in: The Art Bulletin 65.3 (1983), S. 401–423.

95) Pucci, Proprietà di Mercato Vecchio (wie Anm. 79), S. 406, V. 88: *E meretrici vi sono e ruffiani*; ebd., S. 404–405, V. 52–55: *Sempre di più ragion vi stanno trecche: / diciam di quelle con parole brute, / che tuttodì per due castagne secche / garrono insieme chiamandosi putte.* Vgl. dazu Welch, Shopping (wie Anm. 5), S. 32–35; Romano, Markets and Marketplaces (wie Anm. 11), S. 26.

stolzer Anonymus 1408 abermals unter Verwendung der Gartenmetapher.[96] Wie der humanistisch orientierte Notar und Schreiber Piero Cennini von der Festa di San Giovanni des Jahres 1475 berichtete, fand damals an den »stärker frequentierten Orten der Stadt« (*frequentioribus urbis locis*) eine kommunal verordnete Präsentation der Schätze (*ostentatio opum*) von Handwerkern und Kleinhändlern statt.[97] Nach Richard Trexler handelte es sich um eine Art »kommunale Opfergabe«, die symbolisch die Ostentation materieller Wohlfahrt mit dem Streben nach religiöser Heilsgewissheit verknüpfte.[98] Allerdings waren hier auch durchaus handfeste ökonomische Interessen am Werk, wie explizit aus einer Notiz des Florentiner Tagebuchschreibers Giusto Giusti zum Jahr 1473 hervorgeht: Diese *mostra delle botteghe* ziele nicht nur auf die »größere Ehre der Stadt« (*per più onore della terra*), sondern auch »vielleicht auf einen größeren Gewinn« (*forse per più utile*) ab.[99]

Zweifellos gehörte der Mercato Vecchio schon aufgrund seiner zentralen Lage zu diesen stärker frequentierten Orten der Stadt.[100] Seine offene Platzarchitektur eröffnete – nach Niall Atkinson – »intense interactions of social groups and urban space«[101] und wies ihn als schichtenübergreifenden sozialen Treffpunkt aus, der Marktbesucher aus Stadt und Land ebenso anlockte wie Angehörige der städtischen Unter- und Oberschichten: Dienstmädchen (*fantesche*), Glücksspieler (*barattieri*) und Nichtsnutze (*gaioffi*), aber eben auch Frauen und Männer aus dem Adelsstand (*gentili uomini e donne*).[102] Auch aufgrund vielfältiger Anziehungspunkte vor Ort – das städtische Bordell, Glücksspielangebote, Gelegenheit zur sozialen Interaktion und zum Austausch von Informati-

96) Anonymus, La festa di santo Giovanni Batista che si fa a Firenze, in: Le feste di San Giovanni Batista in Firenze. Descritte in prosa e in rima da contemporanei, hg. von Cesare GUASTI, Florenz 1908, S. 9–17, hier S. 14: *Di Firenze nobile giardino, quanto dimostri ben lo tuo tesoro!* Siehe dazu auch Richard C. TREXLER, Public Life in Renaissance Florence (Studies in Social Discontinuity), Ithaca/London 1980, S. 247–249; Achatz von MÜLLER, Die Festa S. Giovanni in Florenz. Zwischen Volkskultur und Herrschaftsinszenierung, in: Das Fest. Eine Kulturgeschichte von der Antike bis zur Gegenwart, hg. von Uwe SCHULTZ, München 1988, S. 153–163, hier S. 157.

97) Piero Cennini an Pirrino Amerino, Florenz, 12. September 1475, abgedr. in: Girolamo MANCINI, Il bel s. Giovanni e le feste patronali di Firenze descritte nel 1475 da Piero Cennini, in: Rivista d'Arte 6 (1909), 1, S. 185–227, hier S. 223–224: *Primoque die fit ostentatio opum frequentioribus urbis locis. Namque opifices et tabernarii fere omnes qui talibus in locis agunt si quid pretiosum habent, eo die depromunt.*

98) TREXLER, Public Life (wie Anm. 96), S. 247–249. Vgl. WELCH, Shopping (wie Anm. 5), S. 149.

99) I Giornali di Ser Giusto Giusti d'Anghiari (1437–1482), hg. von Nerida NEWBIGIN, in: Letteratura Italiana Antica 3 (2002), S. 41–246, hier S. 175 (zum 21. Juni 1473): *Lunedì a dì 21 detto la mattina in Firenze si fece la processione generale come s'usa fare per la festa di San Giovanni, e onoratamente. Solevasi in questo dì far la mostra delle botteghe e far la processione domani, ma la Signoria fece scambiare e dì, perché domani avevano a giugnere in Firenze le genti della sposa del marchese e perché e' vedessino le robbe della mostra per più onore della terra e forse per più utile.* Vgl. WELCH, Shopping (wie Anm. 5), S. 149.

100) Siehe Zitat oben Anm. 97.

101) ATKINSON, Noisy Renaissance (wie Anm. 69), S. 26.

102) Pucci, Proprietà di Mercato Vecchio (wie Anm. 79), S. 404, V. 41; S. 405, V. 65; S. 406, V. 85, 89. Vgl. ATKINSON, Noisy Renaissance (wie Anm. 69), S. 26.

onen – ist von einer hohen Verweildauer der Marktbesucher auszugehen, die seitens der Marktverkäufer als aufmerksamkeitsökonomische Chance genutzt werden konnte. Insofern verwundert es nicht, dass die Florentiner Markthändler auf eine möglichst kundenorientierte und verkaufsfördernde Auslage des Verkaufsangebots achteten. Als der Florentiner *speziale* – das heißt Gewürzhändler und Apotheker – Luca Landucci 1462 eine Apotheke eröffnete, investierte er hohe Summen in ihre Ausstattung mit einer Ladentheke, Regalen und Kästen, um daraus für das neue Geschäft noch größeren Gewinn zu ziehen. In seinem Diarium heißt es: »Und am 4. September 1462 verließ ich Francesco di Francesco, den Spezereiwarenhändler zum ›Sole‹ (...) und wurde Gesellschafter des Ispinello di Lorenzo, und die Hoffnung auf größeres Gut (*la speranza del maggiore bene*) ließ mich die sichere Habe verlieren. Und wir eröffneten den Spezereiwarenladen zum König (*lo speziale del Re*) auf dem Mercato Vecchio, wo früher eine Trödelbude gewesen war, mit niedrigen Dächern, und wir hoben das Haus und verschwendeten ein Vermögen; obwohl es gegen meinen Wunsch war, so viel auszugeben, so machten wir doch alles ohne zu sparen: einen Kasten schafften wir an, der fünfzig Goldflorin kostete.«[103)]

Einen Einblick in das Innenleben einer solchen Apotheken-Bottega bietet ein zwischen 1496 und 1506 gemaltes Fresko aus dem Castello di Issogne im Aosta-Tal (Abb. 4): Die lange, hölzerne Ladentheke schafft eine klare räumliche Trennung zwischen dem Personal und der Kundschaft – hier personifiziert durch eine Frau aus der städtischen Oberschicht –, die synchronen Praktiken der Buchführung und des Wiegens suggerieren ein ordentliches, für den Kunden erwartungssicheres Geschäftsgebaren.[104)] Die sorgsam beschrifteten und auf einem hölzernen Regal aufgereihten Krüge sowie anderweitig platzierte Produkte ermöglichen einen schnellen Überblick des Kunden über das Warenangebot, das in einer Apotheke ausgangs des Mittelalters durchaus heterogen

103) Diario Fiorentino dal 1450 al 1516 di Luca Landucci continuato da un anonimo fino al 1542, hg. von Iodoco DEL BADIA, Florenz 1883, S. 3–4: *E a dì 4 di settenbre 1462, mi partì' da Francesco di Francesco speziale al Sole, che mi dette, el sezzo anno, di salario, fiorini 50, e feci conpagnia con Ispinello di Lorenzo, e la speranza del maggiore bene mi fece perdere el bene certo. E aprimo lo speziale del Re in Mercato vecchio, ch'era prima un rigattiere, ch'erano tetti bassi;e alzamo la casa e spendemo un tesoro, benché fussi contro a mia vogha lo spendere tanto, facemo ogni cosa sanza masserizia: uno armario che costò 50 fiorini d'oro.* Dt. Übersetzung in: Luca Landucci, Florentinisches Tagebuch 1450–1516 nebst einer anonymen Fortsetzung 1516–1542, übers. von Marie HERZFELD, 2 Bde., Düsseldorf u. a. 1978, Bd. 1, S. 7–8. Vgl. dazu auch WELCH, Shopping (wie Anm. 5), S. 153–156; James SHAW/Evelyn WELCH, Making and Marketing Medicine in Renaissance Florence The Wellcome Series in the History of Medicine, Clio Medica 89), Amsterdam/New York 2011, S. 54–55; Fabrizio NEVOLA, Street Corners: Nodes in the Networks of Urban Community, in: DERS., Street Life in Renaissance Italy, New Haven/London 2020, S. 187–226, hier S. 191. Zu den Florentiner *spezerie* siehe L. SGUANCI, Dante, l'arte dei medici e speziali e le spezerie della Firenze medioevale, in: Relazione prsentata al 5. Congresso della Società italiana di farmacia ospitaliera, tenuto a Firenze nel 1960, Florenz 1960.

104) Anonymus, Apotheke, Fresko, 1496–1506, Castello di Issogne, Aosta-Tal. Siehe dazu WELCH, Shopping (wie Anm. 5), S. 67.

Abb. 4: Anonymus, Apotheke, Fresko, 1496–1506, Castello di Isogne, Aosta-Tal.

ausfiel: Heilmittel, Gewürze, Süßigkeiten, Wachs, Zucker.[105] Dass ausgerechnet die Süßigkeiten auf dem Ladentisch dem Kunden förmlich ins Auge stachen, entspricht einer offensiv verkaufsfördernden Logik des »Blickfangs«, die werbehistorisch nach Hans Domitzlaff höchst relevant erscheint und die kommerzielle Architektur spätmittelalterlicher *botteghe* insgesamt auszeichnet.[106] Da eine *bottega* in der Regel Werkstatt und Verkaufsfläche, Produktions- und Vermarktungsort in einem war[107], legten die Florentiner Händler und Handwerker größten Wert auf eine marktöffentliche Visibilität ihres Warenangebots, um die Kunden von der Qualität der sichtbaren Produkte zu überzeugen: »Und man wird fast keine andere Sorge haben, als wie man durch die ausgestellten Waren die Käufer anlockt«, brachte Leon Battista Alberti in seinem Architekturtraktat von 1471 die Anforderungen an die Platzwahl für eine *bottega* auf den Punkt.[108]

In Florenz stieg die Zahl solcher Werkstätten und Verkaufslokale im Laufe des 15. Jahrhunderts beständig an: Zählt man im *catasto* von 1427 noch 1.540 *botteghe*,

105) Welch, Shopping (wie Anm. 5), S. 67; Shaw/Welch, Making and Marketing Medicine (wie Anm. 103), S. 24.

106) Hans Domitzlaff, Die Gewinnung des öffentlichen Vertrauens, in: Texte zur Theorie der Werbung (wie Anm. 18), S. 51–82, hier S. 51.

107) Belli, Gli spazi del mercante (wie Anm. 1), S. 10; Welch, Shopping (wie Anm. 5), S. 127.

108) Leon Battista Alberti, Zehn Bücher über die Baukunst, hg. u. übers. von Max Theuer, ND Darmstadt 1991, lib. V, c. 18, S. 285. Vgl. dazu Welch, Shopping (wie Anm. 5), S. 125.

waren es 1480 schon 1.660.[109] Auch wenn reiche Florentiner beim Bau ihrer Palazzi zum Ende des Quattrocento zuweilen auf die Integration von *botteghe* im Erdgeschoss und damit demonstrativ auf Mieteinnahmen verzichteten, galt dies jedoch noch nicht für den kommerziell determinierten Raum des Mercato Vecchio, wie der Baubefund der dort befindlichen Häuser noch im 19. Jahrhundert eindeutig belegt.[110] Das architektonische Schema dieses weitverbreiteten Bautyps ist denkbar einfach und anhand von Bildquellen gut zu studieren: Es handelt sich zumeist um kleine, einfach gewölbte Räume mit einem zusätzlichen Zwischengeschoss, in das durch ein Fenster Licht fiel; dazu kam meist ein Kellerbereich zur Lagerung von Waren.[111] Die Vermarktung der Produkte fand dabei häufig im Freien von einer hölzernen Ladentheke oder einem Tisch, von einem *descho da vendere in bottega*[112], aus statt, der zwischen Anbieter und Kunden stand und auf dem ein Teil der Waren visuell präsentiert wurde, wie anhand der Lorenzetti-Fresken im Sieneser Palazzo Pubblico von 1338 gut zu erkennen ist.[113] Diese Kombination von Ladentheke und kundenorientierter Warenauslage ist auch im Florentiner *Libro delle gabelle* von circa 1350 in zahlreichen Darstellungen zu besichtigen, die den jeweiligen Handwerker/Händler vor und hinter seinen liegenden oder hängenden Waren zeigen (Abb. 5).[114]

Abb. 5: Libro delle gabelle, ca. 1350, Florenz, Biblioteca Ricciardiana, Ricc. 2526, fol. 1v.

109) WELCH, Shopping (wie Anm. 5), S. 140.
110) Fabrizio NEVOLA, Home Shopping: Urbanism, Commerce, and Palace Design in Renaissance Italy, in: Journal of the Society of Architectural Historians 70 (2011), 2, S. 153–173, hier S. 166–167. Vgl. WELCH, Shopping (wie Anm. 5), S. 134.
111) WELCH, Shopping (wie Anm. 5), S. 143.
112) Ebd., S. 156.
113) Ebd., S. 25, 73.
114) Libro delle gabelle, ca. 1350, Florenz, Biblioteca Ricciardiana, Ricc. 2526, fol. 1v, 7r., 13v, 22v. Vgl. WELCH, Shopping (wie Anm. 5), S. 42–43.

Zuweilen bestand der Haupteingang einer *bottega* aus einer zentralen Lücke im Mauerwerk, die links und rechts von niedrigeren, steinernen Ladentheken flankiert war, die zur Auslage des Warenangebots genutzt werden konnten.[115] Diese bauliche Konstellation war auch auf dem Mercato Vecchio verbreitet.[116] Dass diese Auslagen tatsächlich Kunden anlockten und diese das Angebot zur optischen und haptischen Prüfung nutzten, haben wir anhand von Baccio Baldinis Holzschnitt zu Beginn des Vortrages bereits gesehen.[117] Freilich versuchten viele Ladenbesitzer, den öffentlichen Raum vor der *bottega* für die Warenausstellung zu nutzen, zuweilen auf Kosten der Nachbarn und deren kommerzieller Visibilität. In den kommunalen Statuten heißt es dementsprechend, Waren dürften nur auf Theken, Bänken, Tischen, Fenstern und anderen geeigneten Orten ausgelegt werden, außer an Festtagen, an denen auf eine solche ostentative Vermarktung verzichtet werden musste.[118]

Wie bereits bei Luca Landuccis Gründungsprojekt einer Apotheke am Florentiner Alten Markt angeklungen ist, sollte die individuelle Benennung der Läden mit generischen Namen ohne Bezug zum Warenangebot offenbar der leichteren Identifikation dienen und den Wiedererkennungswert der Lokalität erhöhen: *speziale* al Sole, *speziale* del Re. Weitere Apothekennamen im Florenz des Quattrocento lauten in ähnlicher Weise auf Moro, Pellegrino, Falcone, Leone, Corona, Colombe, Palle, Catene und so weiter, wenn sich nicht die Bezeichnungen an der Lage des jeweiligen Ladens ausrichten: Straßenecken, Stadttore, Brücken, Kirchen und Plätze.[119] Diese Benennungen korrespondieren mit Ladenschildern als visuelle Zeichen, die eine Transparenz über den Charakter des Ladens und das zu erwartende Warenangebot herstellten: »Woran erkennen wir Läden? An ihren Schildern (*A che si cognoscono le buttighe, eh? A le insegne*). (...) Woher wissen wir, wer Wein verkauft? Einfach durch das Schild (*Pure al segno*)«, machte Bernardino da Siena in einer seiner Predigten seinen Zuhörern klar[120], wobei allerdings in Florenz kein klarer Bezug zwischen Schildsymbol und Warensortiment hergestellt wird, zumindest nach dem Anschein eines erhaltenen Ladenschilds aus der Florentiner Via Calimala, das lediglich auf das Wappensymbol des Quartiers Santa Maria Novella verweist.[121] Zusammengenommen ergibt die Vielfalt der in den *botteghe*

115) Vgl. Welch, Shopping (wie Anm. 5), S. 143, 146.

116) Vgl. Welch, Shopping (wie Anm. 5), S. 38.

117) Siehe oben S. 149.

118) Antonella Astorri, Appunti sull'esercito dello speziale a Firenze nel Quattrocento, in: Archivio Storico Italiano 147 (1989), S. 31–62, hier S. 50.

119) Astorri, Appunti sull'esercito dello speziale (wie Anm. 118), S. 49–50. Vgl. Welch, Shopping (wie Anm. 5), S. 137–138.

120) Bernardino da Siena, Prediche volgari sul campo in Siena, 1427, hg. von Carlo Delcorno, Mailand 1989, Bd. II, S. 1070: *A che si cognoscono le buttighe, eh? A le insegne*; ebd., S. 1091: *A che cognosci dove si vende il vino? Pure al segno*. Vgl. Welch, Shopping (wie Anm. 5), S. 137.

121) Ladenzeichen mit dem Symbol von Santa Maria Novella von einem Laden in der Via Calimala, Florenz, Museo di San Marco. Vgl. Welch, Shopping (wie Anm. 5), S. 138.

präsentierten und feilgebotenen Waren den Schauwert eines kommerziellen Spektakels, das die Florentiner Kunden in ihrer Eigenschaft als – nach Niccolò Machiavelli – »besonders feinsinnige Interpreten aller Dinge« (*sotile interprete di tutte le cose*) gleichermaßen forderte und förderte.[122]

2. Performanz des Werbens und Vermarktens

Über die visuelle Präsentation konnten die Verkäufer zwar die Aufmerksamkeit der Kundschaft kurzzeitig auf ihr Warenangebot mit seinen optischen und haptischen Reizen lenken. Allerdings war das Potenzial dieser Maßnahmen aufgrund von rechtlichen Beschränkungen und eines knappen Auslageraums in den *botteghe* durchaus begrenzt. Weitaus mehr hing die Anwesenheitskommunikation eines städtischen Marktes von der Persönlichkeit der Verkäuferin bzw. des Verkäufers und ihren bzw. seinen performativen Qualitäten im Modus des Werbens und Vermarktens ab. Ganz besondere Bedeutung kam dabei der akustischen Durchsetzungsfähigkeit der Verkäuferin oder des Verkäufers zu, denn die Soundscape des mittelalterlichen Markttreibens wird ganz wesentlich von der lautstarken Anpreisung von Waren und Dienstleistungen bestimmt. Antonio Pucci, als Stadtschreier mit der akustischen Verfasstheit seiner Geburtsstadt bestens vertraut, war das sehr wohl bewusst, wenn er in seinem bereits öfter zitierten Gedicht insbesondere die akustische Eigenschaft des Mercato Vecchio hervorhob: »Und ich fühle mich in meiner Absicht bestärkt / euch mit schnellen Worten zu beschreiben / die Eigenschaften, die ich auf dem Markt höre (*sento*)«, wobei unter *sento* auch multisensorisch schmecken, fühlen und riechen verstanden werden kann.[123] Puccis Mercato Vecchio entfaltet eine sozial in höchstem Maße durchlässige Kakophonie: ein lautstarker Streit unter Straßenhändlerinnen hier, das Fluchen unterlegener Glücksspieler dort, die Gesangseinlagen von Habenichtsen und Schwindlern hier, die handfesten Auseinandersetzungen zwischen Straßenhändlerinnen und Gaunern dort, letztere unter anteilnehmender Beobachtung von adeligen Frauen und Männern.[124] Auch wenn es von Pucci nicht explizit ausgesprochen wird, gehören die im Gedicht genannten Waren – von Gläsern und Tonkrügen über Eier, Käse, Senf bis hin zu Gemüse, Kräutern und Feigen – und

122) Niccolò Macchiavelli, Opere. Istorie fiorentine e altre opere storiche e politiche, hg. von Alessandro Montevecchi, Turin 2007, S. 729–730: (...) *nel popolo universale di Firenze, sotile interprete di tutte le cose* (...). Vgl. Trexler, Public Life (wie Anm. 96), S. 270, 274.

123) Pucci, Proprietà di Mercato Vecchio (wie Anm. 79), S. 403, V. 22–24: *Ond'io fermai il mio intendimento / di raccontarvi con parole preste / le proprietà che nel Mercato sento.* Vgl. Atkinson, Noisy Renaissance (wie Anm. 69), S. 28, 219, Anm. 26.

124) Pucci, Proprietà di Mercato Vecchio (wie Anm. 79), S. 404, V. 52–53; ebd., S. 406, V. 85–87; ebd., S. 406, V. 91–93; ebd., S. 406, V. 97–99. Vgl. dazu Romano, Markets and Marketplaces (wie Anm. 11), S. 25.

Dienstleistungen ebenso zu dieser marktspezifischen Soundscape.[125] Die Nennung und Anpreisung des Warenangebots und das akustische Werben um Kunden gehörte zu den wesentlichen sozialen Interaktionsritualen des spätmittelalterlichen Mercato Vecchio. Dieses kommerzielle Grundrauschen ist insbesondere bei den mobilen Straßenhändlerinnen und Straßenhändlern, die nach Pucci den Florentiner Hauptmarkt zahlreich frequentierten, professionelle Pflicht: So warnten etwa die Florentiner Statuten vor »treulosen Jugendlichen, die »Gold und Silber« schreiend durch die Stadt liefen und lautstark ihre angeblich goldenen oder silbernen Säume, Knöpfe und Ringe anpriesen, die allerdings eigentlich aus altem Eisen oder ähnlichem bestanden (...).«[126] Jenseits dieser akustischen Performanzen prekärer oder einfach krimineller Straßenhändler spiegelt sich die Rhetorik des Marktplatzes auch in den Florentiner Karnevalsliedern des 15. und 16. Jahrhunderts, die den Wettbewerb um weibliche Aufmerksamkeit mit marktschreierischen Mitteln ausfochten.[127] In diesem Sinne mutierte die Rhetorik der Kundenwerbung – das *gridando* – zu einem performativen Grundmuster der Florentiner *canti carnascialeschi*.[128] Auch in inhaltlicher Hinsicht nahmen die Karnevalslieder auf die gängigen Lock- und Werbungsrufe der Florentiner Markthändler Bezug.[129] Die Art und Weise, wie im Lied der Florentiner Cordovan-Händler die Pferdelederwaren angepriesen werden: »Wir sind wahrhaft italienische Händler, / waren lange Zeit in Pera / und haben von dort hierher gebracht / viel makelloses Cordovanleder« (*Mercantori siam tutt' italiani, / Gran tempo in Pera stati, / E di là, quà portati, / N' habbiam molti perfetti cordovani*) [130] – offenbart einen ebenso klar werbenden Ton wie die Geißelung der inkompetenten Konkurrenz durch die Florentiner Chirurgen: »Vertraut niemals / ignoranten Personen / schmeißt die Frauen und Männer sofort hinaus / die es mit Zau-

125) Pucci, Proprietà di Mercato Vecchio (wie Anm. 79), S. 404, V. 33; ebd., S. 405, V. 58, 62, 63, 69.

126) Statuti della Repubblica Fiorentina, hg. von Caggese/Pinto/Salvestrini/Zorzi, Bd. 22, S. 432: *Quod nullus vadat [per] civitatem clamando aurum et argentum. Cum quidam iuvenes infideles vadant per civitatem clamando et petendo ad vendendum fregios et bottones et anulos aureos vel argenteos, id est vel ferrum vetus aut similia, quorum occasione multa et multa furta commictuntur in emendo et vendendo predicta* (...). Vgl. Welch, Shopping (wie Anm. 5), S. 42.

127) George W. McClure, The Culture of Profession in Late Renaissance Italy, Toronto/Buffalo/London 2004, S. 67.

128) Ebd.

129) Ebd.

130) Guglielmo detto il Giuggiola, Canto de' Mercanti di Cordovani, in: Canti Carnascialeschi, Trionfi, Carri, e Mascherate secondo l'edizione del Bracci, Mailand 1883, S. 164. Vgl. McClure, Culture of Profession (wie Anm. 127), S. 67; David Gentilcuore, Medical Charlatanism in Early Modern Italy, Oxford 2006; Ders., Apothecaries, »Charlatans«, and the Medical Marketplace in Italy, 1400–1750, in: Pharmacy in History 45 (2003), S. 91–94.

berei versuchen / Alle zusammen sind sie / wahre Scharlatane (*Ciurmadori veri*), und schließlich / werden sie das Volk ermorden und verstümmeln.«[131]

Die letztgenannten »Scharlatane«, die als fahrende Wunderheiler auf zahlreichen Marktplätzen des spätmittelalterlichen Europa anzutreffen waren, entwickelten zuweilen spektakuläre Choreographien, um den Verkauf ihrer Produkte anzukurbeln.[132] Einmal mehr ist hier unser Gewährsmann Luca Landucci zu zitieren, der das Treiben eines unter dem Namen »Der Spanier« (*un certo spagniuolo*) bekannten Mannes zwar mit der professionellen Distanz eines Apothekers, aber doch auch sichtbar fasziniert schildert: »Und am 15. November 1509 war ein gewisser Spanier da, der als Quacksalber auf eine Bank stieg, um seine Gebete zu verkaufen und sagte: ›Da ihr glaubt, daß sie von einer Heiligen sind, welche Wunder tut, und daß es wahr ist, was ich euch sage, kommt und führt mich zu einem Backofen, welcher heiß ist und ich werde mit diesem Gebet hineingehen.‹ Und schließlich wurde er zu diesem Backofen geführt, bei Santa Trinità, mit dem Volk hinter sich her und vielen angesehenen Bürgern; denn man ging vom Mercato Nuovo weg, wo er die Bank bestiegen hatte, und beim Bäcker angelangt, sagte er: ›Gebt mir ein rohes Brot, und er warf es in den Ofen um zu zeigen, daß dieser heiß sei; und dann zog er sich bis aufs Hemd aus und ließ die Strumpfhosen bis über die Knie herab, und so stieg er in den Ofen hin und blieb eine Weile darin und nahm dieses Brot in die Hand und drehte es einige Male um. Und merke dir dabei, daß er, als der Ofen schon heiß war, das Brot herausgenommen hatte und dennoch sich dabei gar nicht weh tat. Und als er aus dem Ofen hervorkam, ließ er sich ein Wachslicht geben und zündete es an, und so angezündet hielt er es in den Mund, bis es verlöschte. Und überdies, mehrere Male auf der Bank und mehrere Tage hindurch, nahm er eine Handvoll brennender Kerzenstümpfchen und hielt eine gute Weile die Hand darüber, und dann steckte er sie brennend in den Mund, so lange bis sie zu Ende geglommen. Und man sah ihn noch viel andere Sachen mit Feuer machen, sich die Hände in einem Topf mit Öl waschen, das über dem Feuer sott; das wurde mehrere Male vom ganzen Volk gesehen: Und so verkaufte er von diesen Gebeten, so viele er nur konnte; und ich sage, daß unter allen Sachen, die ich jemals gesehen, ich kein größeres Wunder gesehen habe als dieses, wenn es ein Wunder ist (*se miracolo è*).«[133] Eine solche performative Eigenwerbung in

131) Antonfrancesco Grazzini detto il Lasca, Canto di Medici Cerusici, in: Canti Carnascialeschi (wie Anm. 130), S. 278: *Sopr'ogni cosa mai non vi fidate, / Di persone ignoranti; / Le Donne, e gli huomin sempre via cacciate / che medican d'incanti; / Però che tutti quanti / Ciurmadori veri sono, e finalmente / Vanno ammazzando, e storpiando la gente.* Vgl. McClure, Culture of Profession (wie Anm. 127), S. 67.

132) Siehe dazu den Beitrag von Gregor Rohmann in diesem Band.

133) Diario Fiorentino (wie Anm. 103), S. 299–300: *E a dì 15 novenbre 1509, ci fu un certo Spagniuolo el quale montava in panca come ciurmatore, per vendere sue orazioni, e diceva: ‚Acciocché voi crediate ch'eli' è d'una santa che fa miracoli, e ch'egli è vero quello che io vi dico, venite e menatemi a un forno che sia caldo, e io v'entrerò dentro con questa orazione.' E finalmente fu menato a questo forno, da Santa Trinità, col popolo dietro e molti cittadini de' principali; perché si partì di Mercato nuovo dove egli montò in panca. E giunto al fornaio disse: ‚Datemi un pane*

Form der Selbstgefährdung und Gefahrenbewältigung gehörte offenbar fest zum Repertoire mobiler Scharlatane. Entsprechend zeigt eine historisierte Initiale aus dem 15. Jahrhundert einen Schlangenverkäufer, der offenbar völlig unbehelligt mit einer Vielzahl von Schlangen hantiert, um die Wirkung des bei ihm käuflich zu erwerbenden Heilmittels gegen Schlangenbisse zu erweisen.[134)]

Eine Vermarktung des eigenen Körpers oder am eigenen Körper ist auch in anderer Hinsicht auf dem Florentiner Hauptmarkt zu beobachten. Puccis dezidiert männlicher Blick auf den Mercato Vecchio hat bereits Prostituierte, Zuhälter und sexualisierte Straßenverkäuferinnen zutage gefördert.[135)] Es handelt sich dabei um einen Ort der sexuellen Verführung, auch des illegalen Glücksspiels, der auf eine transgressiv orientierte männliche Jugendkultur eine besondere Anziehungskraft ausübte.[136)] Im ohnehin altersfixierten Florenz war Jugend, *gioventù*, kulturell konstruiert und zeitlich ausgedehnt, denn sie dauerte von der Adoleszenz bis zum Alter von etwa 35 Jahren.[137)] Für dieses Klientel bildete der Mercato Vecchio einen »masculine space«, der von Gelegenheits- und professioneller Prostitution, Spielhöllen, Tavernen, Badehäusern und Herbergen geprägt war und damit alles bereithielt – Sex, Alkohol und Glücksspiel –, wonach Angehörigen der Florentiner *gioventù* der Sinn stand, wenn man zeitgenössischen normativen und literarischen Zeugnissen Glauben schenkt.[138)] Bereits die Namen der Tavernen im direkten Umfeld des Mercato Vecchio sprechen Bände über das dort zu erwartende Angebot: *Bertuccie* (»Affen«, »Hässliche Huren«), *Chiassolino* (»der kleine Puff«), *Fico* (die sexuell konnotierte »Feige«), *Malvagia* (»Böse Frau«), *Panico*

crudo; e gittollo nel forno per mostrare ch'egli era caldo, e poi si spogliò in camicia e mandò giù le calze a pie del ginocchio, e così entrò nel forno insino lassù alto, e stettevi un poco, e recò quel pane in mano, e voltolovvisi dentro. E nota ch 'l forno era caldo, aveva cavato el pane allora, e non si fece male veruno. E uscito del forno, si fece dare un torchio e acceselo, e così acceso se lo mise in bocca e tennelo tanto che lo spense; e più molte volte in panca, e in più dì, toglieva una menata di moccoli accesi e tenevavi su la mano per buono spazio di tenpo, e poi se gli metteva in bocca così accesi, tanto che si spegnevano. E fu veduto fare molte altre cose del fuoco; lavarsi le mani in una padella d'olio che bolliva sopra 'l fuoco, fu veduto molte volte da tutto il popolo. E così vendeva di quelle orazioni quante ne poteva fare; e io dico che, fra tutte le cose che io ò mai vedute, non ò veduto el maggiore miracolo che questo, se miracolo è. Dt. Übersetzung in: Landucci, Florentinisches Tagebuch (wie Anm. 103), Bd. 2, S. 177–178. Vgl. dazu WELCH, Shopping (wie Anm. 5), S. 57–59; SHAW/WELCH, Making and Marketing Medicine (wie Anm. 103), S. 45.

134) Scharlatan mit Schlangen, Historisierte Initiale »D« aus der Historia Naturalis, 15. Jahrhundert, Venedig, Biblioteca Marciana, The Bridgeman Art Library. Siehe dazu auch den Beitrag von Gregor ROHMANN in diesem Band.

135) Siehe oben S. 168.

136) RUGGIERO, Mean Streets (wie Anm. 14), S. 304.

137) Siehe dazu Ilaria TADDEI, Fanciulli e giovani. Crescere a Firenze nel Rinascimento (Biblioteca Storica Toscana, ser. 1, 40), Florenz 2001, S. 92–99.

138) RUGGIERO, Mean Streets (wie Anm. 14), S. 304; Michael ROCKE, Forbidden Friendships. Homosexuality and Male Culture in Renaissance Florence (Studies in the History of Sexuality), New York 1996, S. 154.

(Panik) und *Porco* (»Schwein«, »verdorben«).[139] In diesen Etablissements suchten und fanden junge Männer nicht nur alkoholische Getränke und männliche Geselligkeit mit all ihren Begleiterscheinungen einer demonstrativen Gewaltbereitschaft, sondern auch Glücksspiel und weibliche wie auch männliche Prostituierte.[140] Nicht umsonst war die Via dei Pellicciai an der Westseite des Mercato Vecchio im 15. Jahrhundert als abendliche *cruising area* homosexueller Männer stadtbekannt.[141]

Überdies befand sich in der Gegend des Mercato Vecchio das städtische Bordell, das auf kommunaler Initiative dort errichtet worden war, um die Gefahren der Prostitution einzudämmen und vielleicht auch einen Profit für den Stadtsäckel einzustreichen.[142] Der offenbar unwiderstehlichen Attraktivität dieses Florentiner Bordells widmete der wohl gelehrteste Pornograph der italienischen Renaissance, Antonio Beccadelli, in seiner Cosimo de' Medici gewidmeten Gedichtsammlung *Hermaphroditus* von 1425/1426 einige zitierwürdige Zeilen: »Wenn deines Herren Wort, mein Büchlein, so wenig du achtest / Geh nur, entlauf mir, doch mach dich nach Florenz auf den Weg. / Dort ist inmitten der Stadt ein gar lustiges Plätzchen; dahin geh. / Wie du das Plätzchen erkennst, zeig ich durch Zeichen dir an. / Frage zunächst nach dem hohen Palaste von St. Reparata. / Oder dem glänzenden Dom, der dem Johannes geweiht. / Hast du's gefunden, dann halte dich rechts und ein wenig noch grad aus, / Bleibe ermüdet nun stehn, frag nach dem Altmarkt (*vetusque petas forum*), mein Buch. / Dort deiner Wandrung Ziel, dort ist das Bordell, das famose (*geniale lupanar*), / Das seinen eignen Geruch ausströmt als Zeichen des Orts. / Geh dort hinein und bestell viel Grüße an Wirtin und Huren, / Die an die mollige Brust drücken dich werden sogleich. / Dir kommt die blonde Helene, die sanfte Mathilde entgegen, / Diese und jene geschickt, schnell zu bewegen den Steiß. / Dich zu betrachten erscheinet Jeannette, gefolgt von dem Hündchen, / Welches ihr schöntut, wie sie selber den Männern es macht: / Bald auch Clodia erscheint, die Brüste entblößt und gepudert, / Clodia, das liebliche Kind, das sich aufs Schmeicheln versteht. / [...] Anna auch kommt dir entgegen und trällert ein Liedchen, ein deutsches, / Wenn sie zum Singen den Mund öffnet, so riecht sie nach Wein, / Ferner auch triffst du dort Pitho, die groß in der Kunst ist des Stoßens, bei ihr ist Ursa, der Stern, wahrlich, des ganzen Bordells.«[143] Jede Pros-

139) RUGGIERO, Mean Streets (wie Anm. 14), S. 304; Maria Serena MAZZI, Prostitute e lenoni nella Firenze del Quattrocento, Mailand 1991, S. 249–292; Fabrizio NEVOLA, Surveillance and the Street: Urban Form as an Instrument of Control, in: DERS., Street Life (wie Anm. 103), S. 99–129, hier S. 122. Vgl. auch Richard C. TREXLER, La prostitution florentine au XVe siècle, in: Annales. Économies, Sociétés, Civilisations 36 (1981), S. 983–1015.

140) RUGGIERO, Mean Streets (wie Anm. 14), S. 304.

141) Ebd., S. 306; ROCKE, Forbidden Friendships (wie Anm. 138), S. 154.

142) RUGGIERO, Mean Streets (wie Anm. 14), S. 304.

143) Antonio Beccadelli, Hermaphroditus, Antonii Panormitae Hermaphroditus, hg. von Friedrich Karl FORBERG, Coburg 1824, S. 130–141 (*Ad libellum, ut Florinum lupanar adeat*): *Si domini monitus parvi facis, i, fuge, verum / Florentina petas moenia, parve liber. / Est locus in media, quem tu pete, festus in urbe, / Quove locum possis gnoscere, signa dabo. Alta Reparatae scitare palatia divae, / Aut posce agnigeri splendida templa Dei. / Heic fueris,*

tituierte im Florentiner Bordell wird also mit ihren individuellen Namen, Eigenschaften und Kompetenzen vorgestellt. Dahinter stehen Rhetoriken und Performanzen der Selbstanpreisung und Vermarktung des eigenen Körpers, die offensichtlich auf die Mund-zu-Mund-Propaganda potentieller Kunden setzten und im Falle Beccadellis zu einer hochliterarischen Werbung für die Vorzüge des Florentiner Bordells als olfaktorisch ausgezeichneter Ort sexueller Dienstleistung gerannen.

3. Buchführung

Neben der visuellen Präsentation des Warenangebots und der werbenden Performanz der Verkäufer ist die in Florenz stark verbreitete Buchführungspraxis als weitere Säule lokaler Vermarktungspraktiken anzusprechen.[144] Insbesondere lassen sich anhand der Rechnungsbücher Mechanismen der Kundenakquise und -bindung studieren, die in der ephemeren Anwesenheitskommunikation des Marktgeschehens ansonsten nur sehr schwer nachzuvollziehen sind. Diesem Aspekt lässt sich besonders gut anhand der Florentiner Apotheke *Speziale al Giglio* oder »Lilienapotheke« am Canto al Giglio in unmittelbarer Nähe zum Mercato Vecchio nachgehen. Diese befand sich in den 1490er Jahren im Besitz von Tommaso di Giovanni Guidi und wurde vor einigen Jahren von James Shaw und Evelyn Welch einer eingehenden Untersuchung unterzogen.[145] Den *Speziale al Giglio* zeichnet eigentlich nichts Besonderes aus, der Laden kommt als typische Florentiner *bottega* am Ende des 15. Jahrhunderts daher. Allerdings sind aus dieser Apotheke nicht weniger als 49 Buchführungsregister aus den Jahren zwischen 1464 und 1568 überliefert, die glücklicherweise nach dem Tod des letzten Inhabers in das Ospedale degli Innocenti überführt wurden und deshalb heute konsultiert werden kön-

dextram teneas, paulumque profectus / Siste, vetusque petas, fesse libelle, forum. / Heic prope meta viae est, heic est geniale lupanar, / Qui sua signa suo spirat odore locus. / Huc ineas, ex me lenasque lupasque saluta, / A quibus in molli suscipiere sinu. / Occurret tibi flava Helene, dulcisque Mathildis, / Docta agitare suas illa vel illa nates. / Te viset Jannecta, sua comitante catella, / Blanda canis dominae est, est hera blanda viris. / Mox veniet nudis et pictis Clodia mammis, / Clodia blanditiis grata puella suis. / (...) *Annaque Theutonico tibi se dabit obvia cantu, / Dum canit Anna, recens afflat ab ore merum. / Te quoque conveniet crissatrix maxima Pitho, / Qua cum deliciae fornicis Ursa venit.*

144) Goldthwaite, Accounting (wie Anm. 45).

145) Shaw/Welch, Making and Marketing Medicine (wie Anm. 103), S. 31. Siehe dazu auch Nevola, Street Corners (wie Anm. 103), S. 191. Vgl. zu Florentiner Apotheken allgemein auch Sharon T. Strocchia, Forgotten Healers. Women and the Pursuit of Health in Late Renaissance Italy (I Tatti Studies in Italian Renaissance History), Cambridge/Mass. 2019, bes. S. 85–139; Cédric Quertier, Les tanneurs, le cordonnier et l'apothicaire: comment des artisans prouvent-ils leurs transactions (Pise-Florence, 1375), in: Transiger: éléments d'une ethnographie des transactions médiévales, hg. von Julie Claustre (Publications de la Sorbonne, Histoire ancienne et médiévale 163), Paris 2019

nen.[146] Wie diesen Rechnungsquellen zu entnehmen ist, war der *Speziale al Giglio* Ende des 15. Jahrhunderts ein etabliertes Geschäft in ausgezeichneter Lage und damit auch ein Interaktionsort eines sozial heterogenen Kundenstamms. Hier trafen sich nachweislich der Botschafter des Herzogs von Ferrara, Dienstmädchen lokaler Familien, ungelernte Arbeiter, Fischer, bekannte Florentiner Maler wie Sandro Botticelli, Domenico Ghirlandaio und Cosimo Roselli sowie Angehörige der Florentiner Oberschicht wie etwa Bartolomeo Scala, seines Zeichens Kanzler der Republik Florenz.[147] Viele Kunden kamen, um Medikamente, Süßigkeiten, Zucker, stärkende Mittel oder Wachskerzen zu kaufen, andere wiederum frönten hier der geselligen Unterhaltung, da Kunden zuweilen auf die individuelle Herstellung und Mischung des jeweiligen Medikaments warten mussten. Dabei kam es zuweilen zum Streit unter Kunden, wie im Fall der Prostuierten Maddalena von Ragusa im frühen 15. Jahrhundert, die während der Wartezeit in einer Apotheke namens *Aromatario della Luna* auf dem Mercato Vecchio einer Tochter eines Bediensteten der Florentiner Signoria ihren Holzschuh über den Kopf gezogen hatte und dafür mit einer Geldstrafe in Höhe von drei Florin bestraft wurde.[148] Die Wartezeit in den Apotheken stiftete aber auch Vertrauen: Beim *Speziale al Giglio* wie in anderen Florentiner Apotheken konnte man persönlich in Augenschein nehmen, wie die Heilmittel gemörsert und hergestellt wurden – der etwas derangierte Mann mit dem Mörser auf dem Apothekenfresko des Castello di Issogne sitzt nicht von ungefähr im Kundenbereich.[149] Hierdurch sollte verhindert werden, dass falsche oder sogar schädliche Inhaltsstoffe aus Schachteln oder Krügen mit irreführend hochtrabenden Beschriftungen verwendet werden, wie es Tommaso Garzoni noch 1585 als betrügerische Praxis von Apothekern anprangern sollte.[150]

146) SHAW/WELCH, Making and Marketing Medicine (wie Anm. 103), S. 19.

147) Ebd., S. 31. Vgl. STROCCHIA, Forgotten Healers (wie Anm. 145), S. 119.

148) SHAW/WELCH, Making and Marketing Medicine (wie Anm. 103), S. 31; MAZZI, Prostitute e lenoni (wie Anm. 139), S. 367.

149) Anonymus, Apotheke, Fresko, 1496–1506, Castello di Issogne, Aosta-Tal. Vgl. SHAW/WELCH, Making and Marketing Medicine (wie Anm. 103), S. 68.

150) Tommaso Garzoni, La piazza universal di tutte le professioni del mondo, hg. von Paolo CHERCHI/Beatrice COLLINA, 2. Bde., Turin 1996, Bd. 2, S. 1063: *Ci soni anco fra loro di molte fraudi e inganni non solamente di apparenza ridicolosa – come quei bussolotti, quegli albarelli, e quelle skatole che con lettere maiuscole e grosse, e alludono talora a mille unguenti o confezioni o aromati preziosi, e nondimeno sono vacui di dentro, protando lo soprascritto ridicoloso di fuori come fanno i bussoli di maestro Grillo da Conigliano – ma di malizia sinistra di animo, componendo alle volte medicine mortifere col ministrare una cosa per una altra o col meschiar nei calici dalle bevande robba marcia, vecchia, stentita e fracida quanto dir si possa, la quale alle volte conoscono, e alle volte ancora con disconcia ignoranza hanno comprata da barbari levantini a buon mercato per levar su bottega alla meglio che succeda* [...]. *E resteranno I protomedici avvertiti che tocca piú a loro che a me a dannare i speciali, facendo essi le visite alla teriaca, al mitridate e al resto delle medicine c'hanno in bottega.* Vgl. SHAW/WELCH, Making and Marketing Medicine (wie Anm. 103), S. 68; Evelyn WELCH, Space and Spectacle in the Renaissance Pharmacy, in: Medicina e Storia 15 (2008), S. 127–158; Michelle A. LAUGHRAN, Medicating without »Scruples«: The »Professionali-

Aus den Registern des *Speziale al Giglio* geht eindeutig hervor, dass die meisten Kunden dessen Waren auf Kredit kauften und buchstäblich »anschreiben ließen«. Das ist auch nicht weiter verwunderlich, denn erkrankte Kunden mussten plötzlich hohe Summen aufbringen, die nur mit geliehenem Geld finanziert werden konnten.[151)] Aufgrund des chronischen Mangels an Münzgeld in der Stadt war der Kauf auf Kredit allerdings ohnehin in Florenz weit verbreitet, wo der Reichtum zu einem signifikanten Teil auf Papier, in Rechnungswährung, zirkulierte.[152)] Das hatte auch unmittelbaren Einfluss auf die Kundenakquise und -bindung der Lilienapotheke: Nicht jeder Kunde konnte dort anschreiben, vielmehr war die Kreditwürdigkeit vom Vermögen, Status und nicht zuletzt von den persönlichen Beziehungen zum Apotheker abhängig. »Leute zu kennen«, die richtigen Beziehungen zu haben, war in diesem Kontext entscheidend, sei es über einen direkten persönlichen Draht oder mittelbare Bekanntheit durch wechselseitige soziale Verbindungen oder Reputationskenntnis.

Bei Tommaso di Giovanni Guidi konnte nur ein eigenes Kreditkonto eröffnen, wer persönlich oder wessen Familie bekannt war oder wer wenigstens Bürgen angeben konnte. Die Informationsbeschaffung und -aktualisierung fand hier auf einer rein persönlichen Ebene statt, geschäftliche Entscheidungen und soziale Einflussfaktoren waren in der Buchführungspraxis des *Speziale al Giglio* aufs Engste verwoben.[153)] Das zeigt sich auch in der Registrierungspraxis des Lilienapothekers: Name des Kunden, Patronym, Familienname, Wohnort und Beruf wurden nicht systematisch verzeichnet, vielmehr wurden die insgesamt 2.247 eingetragenen Kunden eher ad hoc gelistet und anstelle der persönlichen Details eher die Beschaffenheit der sozialen Relation mit dem Apotheker sowie kreditrelevante soziale Kontakte des Kunden festgehalten.[154)] Ein Beispiel sei hier angeführt: Der Kunde *Andrea* wurde im Register nur durch die Angabe »Bruder des Bartolomeo Scala« identifizierbar, der als einer der wichtigsten Kunden der Apotheke größtes Vertrauen genoss.[155)] In den sozialen Beziehungen der Kunden spiegelte sich Kreditwürdigkeit, die bei der Akquise neuer Kunden das entscheidende Kriterium darstellte. Entsprechend wies das Klientel der Lilienapotheke eines hohe Interkonnektivität auf: Der Apotheker akquirierte durch einen guten Leumund und sein soziales Netzwerk einen Kundenstamm, der wiederum über Gunsterweise, Bürgschaften oder Teilhabe am eigenen Kreditkonto neue Kunden generierte.[156)] Auch wenn sich

zation« of the Apothecary in Sixteenth-Century Venice, in: Pharmacy in History 45 (2003), S. 95–107, hier S. 103.

151) Shaw/Welch, Making and Marketing Medicine (wie Anm. 103), S. 103.

152) Goldthwaite, Economy (wie Anm. 23), S. 357; Collier Frick, Dressing Renaissance Florence (wie Anm. 71), S. 56.

153) Shaw/Welch, Making and Marketing Medicine (wie Anm. 103), S. 81.

154) Ebd., S. 81–82, 153.

155) Ebd., S. 82.

156) Ebd., S. 183.

in den Registern des Speziale al Giglio durchaus auch Karteileichen befanden, ging mit dieser Form der Kundenakquise eine starke Kundenbindung einher, denn in einer medizinischen oder andernfalls existenziellen Notlage konnte man sich auf das »Anschreiben-Können« beim Lilienapotheker verlassen, sei es auf dem eigenen Kreditkonto oder auf dem Kreditkonto eines Familienangehörigen, Patrons oder Arbeitgebers.[157] Wenn für den Lilienapotheker soziale Beziehungen und Reputationsaspekte entscheidende Kriterien der Kreditwürdigkeit waren, dann stehen hinter den Kaufanfragen von Neukunden persönliche Empfehlungen, eine *ars vendendi* in gewachsenen sozialen Netzwerken, die sich als informelle kommerzielle Kommunikation von Kunde zu Kunde präsentiert.

IV. Schlussbemerkungen

Auf dem Mercato Vecchio, dem Hauptmarkt der spätmittelalterlichen Wirtschaftsmetropole Florenz, wird die »Kunst des Verkaufens« auf durchaus vielfältige Weise und unter den Bedingungen der Anwesenheitskommunikation gepflegt. An spezifischen Techniken des Werbens und Vermarktens sind im Zentrum der Arnostadt vor allem drei Strategien hervorzuheben: Erstens ging es um die kundenorientierte Präsentation des Warenangebots, die mit der spezifischen kommerziellen Architektur der *bottega* zusammenhängt und die ausgelegten Produkte visuell und auch taktil erfahrbar macht. Zweitens geriet die körperliche Performanz des Verkaufens mit akustischen oder choreographischen Mitteln in den Blick, die Praxis der Marktschreierei, die bühnenreifen Auftritte der Scharlatane zwischen Selbstgefährdung und Gefahrenbewältigung wie auch die Imagebildung der Prostituierten als individuell befähigte Dienstleisterinnen. Drittens schließlich haben wir anhand der Florentiner Lilienapotheke Kundenakquise und -bindung als Buchführungstechnik kennengelernt, die auf einem Netzwerk persönlicher Empfehlung beruht und einmal mehr zeigt, wie stark im Florenz des ausgehenden Mittelalters ökonomische und soziale Bewertungskriterien ineinander verwoben sind.[158] Ausgehend von diesen Einzelbeobachtungen könnten wir nun im Gefolge der um Modernitätsemphase nie verlegenen Florenzforschung frohgemut den Mercato Vecchio als »Wiege der Werbung (wie wir sie heute kennen)« – ausrufen. Aber fügen sich diese Befunde wirklich zu einer weiteren Pionierrolle der Florentiner Handelsökonomie, gleichsam als Nebenerzählung der historischen Entfaltungsgeschichte des Kapitalismus? Hier ist durchaus Skepsis angebracht. Die untersuchten Techniken einer *ars vendendi* sind keineswegs florenzspezifisch, sondern in vielen italienischen und auch

157) Ebd., S. 84, 93.

158) Paul D. McLean/John F. Padgett, Was Florence a Perfectly Competitive Market? Transactional Evidence from the Renaissance, in: Theory and Society 26 (1997), S. 209–244, hier S. 232–233.

nordalpinen Städten so oder so ähnlich anzutreffen.[159] Höchstens die Dokumentationsdichte hebt das Fallbeispiel aus der *peer group* mittelalterlicher Handels- und Gewerbestädte heraus: Wo sonst könnte man eine räumlich extrem verdichtete *microstoria* der Verkaufs- und Vermarktungspraktiken überhaupt in Angriff nehmen? Auffällig ist jedenfalls, dass die Preiswerbung oder das im engeren Sinne ökonomische Verkaufsargument der Florentiner Praxis weithin abgeht. Im Vordergrund stehen eher die augenscheinliche Qualität der Produkte, die performativ bewerkstelligte Evidenz medizinischer Wirksamkeit oder die sozial hergestellte Verfügbarkeit von Kredit. Florenz und sein Mercato Vecchio sind sicher ein Marktplatz, aber zu einer unpersönlichen, strikt auf Angebot und Nachfrage basierenden freien Marktwirtschaft ist es historisch noch ein weiter Weg.[160] Ökonomischer Profit wird in den Florentiner Rechnungsbüchern und *ricordanze* nur in den seltensten Fällen als Selbstzweck formuliert und zumeist mit sozialen, ethisch-moralischen oder theologischen Fragen verknüpft.[161] Wie Richard Goldthwaite anhand der Buchführungspraxis festgestellt hat, errechneten die Florentiner Kaufleute kaum jemals die Höhe ihres jährlichen Profits und taten damit genau das nicht, was in der traditionellen Wirtschaftsgeschichte als Kern kaufmännischer Rechenhaftigkeit gilt.[162] Für eine an sich hochagonale Stadtgesellschaft wie diejenige von Florenz ist es überdies bemerkenswert, dass weder im merkantilen Diskurs noch in der kaufmännischen Praxis viel von ökonomischem Wettbewerb die Rede ist. Die Florentiner *speziali* verhalten sich beispielsweise eher kooperativ als kompetitiv und halfen sich wechselseitig bei der Beschaffung von Medikamenten aus.[163] Die Kundenakquise und -bindung bot dem Lilienapotheker schon allein deshalb keinen Wettbewerbsvorteil, weil es die anderen Apotheker ganz genauso hielten – über die Prosperitätshierarchie entschied dann die Reichweite der sozialen Beziehungen des Verkäufers. Am Arno war die ökonomische Praxis des Verkaufens im Grunde eine soziale Praxis, die weitaus stärker das Kalkül von sozialen Beziehungsnetzen und Reputation aufrief als eine exklusive Agenda der Gewinnmaximierung.[164] Der Florentiner Marktplatz war eine sehr persönliche Begegnungszone, dessen Transaktionen *face-to-face* unter Anwesenden oder wenigstens im Modus der losen Bekanntschaft zu bewerkstelligen waren. Umso wichtiger war es für jeden Florentiner Markthändler, zunächst einmal das eigene Image zu bewerben und auf diese Weise das Vertrauen der Kunden in die angebotenen Waren und Dienstleistungen zu gewinnen: als Präsentator optisch und taktil ansprechender Pro-

159) Siehe die Beiträge und Fallstudien dieses Sammelbandes.

160) McLean/Padgett, Florence (wie Anm. 158), S. 232.

161) Vgl. Ciappelli, Memory (wie Anm. 41); Branca, Mercanti scrittori (wie Anm. 46); Bec, Les marchands écrivains (wie Anm. 46).

162) Goldthwaite, Accounting (wie Anm. 45), S. 634.

163) McLean/Padgett, Florence (wie Anm. 158); Shaw/Welch, Making and Marketing Medicine (wie Anm. 103), S. 22–23.

164) McLean/Padgett, Florence (wie Anm. 158), S. 233.

dukte, der den prüfenden Blick des Kunden mit seiner Expertise und persuasiven Rhetorik begleitet, als *performer*, der akustisch und am eigenen Leib die Qualität seines Angebots anpreist, schließlich als gut vernetzter Verkäufer, der auf das Attraktionsmoment persönlicher Empfehlungen bauen kann.

Summary: The Mercato Vecchio as a Commercial Epicentre: Strategies and Practices of Selling in Late Medieval Florence

In traditional economic historiography, Renaissance Florence has long been regarded as one of the »hotbeds of capitalism« (Bernd Roeck) due to its importance in manufacturing, long-distance trade, and banking. Its role as a stronghold of economic transaction, mercantile self-reflection and »exuberant oratory« (Ulrich Meier) defines Florence as an ideal case study for investigating late medieval practices of selling and marketing. Here, commercial forms of communication that combine informative and persuasive elements can be examined against the background of an urban society of presence, thereby developing their own economies of attention and mechanisms of confidence-building. In particular, this article focuses on the Mercato Vecchio as the commercial epicentre of late medieval Florence. This municipally regulated and controlled marketplace for goods and services was also a hub for social interaction and information exchange. Food and everyday necessities were sold here as well as luxury goods and human labour, while prostitution and gambling flourished at the same time. The article sheds light on period-specific advertising techniques and mechanisms of increasing sales with a view to commercial architectures, the performance of the ars vendendi, and practices of customer acquisition and retention. These analyses focus on the specific nuances of the competitive and cooperative, economic and social logics of an »ars vendendi«, which promise to shed light on the formation of the Florentine »market society« at the end of the Middle Ages.

Überzeugen, Handeln, Feilschen. Wirtschaftsethik und kommunikatives Handeln mittelalterlicher Kaufleute

Tanja Skambraks (Graz)

Mittelalterliche Märkte, Messen und Handelskontore waren Orte der Face-to-Face-Kommunikation. Das Handeln und Verhandeln als kommunikative Akte in einem ökonomischen Kontext sind der Gegenstand dieses Beitrags. Das mündliche Verhandeln als Technik zur Vertragsanbahnung bzw. des *contract enforcement* bei einem Geschäft ist in der vormodernen wirtschaftshistorischen Forschung bisher nur wenig betrachtet worden[1]. Dabei ist die Frage nach der inneren Logik und den Techniken des Austauschs zweier Geschäftspartner hochrelevant, etwa für die Herstellung von Vertrauen und folglich das Gelingen und Wiederholen eines Geschäfts bis hin zur Etablierung mittel- und langfristiger Handelsbeziehungen. Welche Motive verfolgten Händler also, wenn sie verhandelten? Wie lässt sich merkantiles Handeln im Spektrum zwischen Gewinnstreben und Profitsucht bzw. moralischen Bedenken greifen und interpretieren? Waren Kaufleute überhaupt von einer Ethik geleitet und wenn ja, wie ist diese zu beschreiben?

Betrachtet man die mittelalterlichen kommunikativen Praktiken des Handelns und Verhandelns im kaufmännischen Kontext, so kann man sie auf den ersten Blick scheinbar leicht mit den lakonischen Worten Laurence Fontaines zusammenfassen: »Der Markt ist ein Ort zum Betrügen«[2]. Von *avaritia* geprägtes Handeln, das in Betrug und Verfälschung mündete, scheint an der Tagesordnung gewesen zu sein. Auch Bruno Kuske beschrieb den mittelalterlichen ökonomisch handelnden Menschen als keineswegs frei von moralischen Fehlern:

1) Ausnahmen sind: Michaela FENSKE, Marktkultur in der Frühen Neuzeit: Wirtschaft, Macht und Unterhaltung auf einem städtischen Jahr- und Viehmarkt, Köln 2006; James MASSCHAELE, The Public Sphere of the Marketplace in Medieval England, in: Speculum 77 (2002), S. 383–421; Avner GREIF, Contract Enforcability and Economic Institutions in Early Trade: The Maghribi Traders' Coalition, in: The American Economic Review 83/3 (1993), S. 525–548; DERS., Reputation and Coalitions in Medieval Trade: Evidence on the Maghribi Traders, in: The Journal of Economic History 49/4 (1989), S. 857–882.

2) Laurence FONTAINE, Le Marché. Histoire et usages d'une conquête sociale, Paris 2014, S. 85.

> »Wenn man sich in die Quellen eingelebt hat, so ergibt sich ein so gut wie selbstverständliches Wissen davon, daß der wirtschaftende Mensch alten Stiles viel mehr als der neuzeitliche in einer anrüchigen geschäftlichen Moral lebte. Er überforderte, fälschte, schwor Meineide, hinterzog Steuern und Zölle – er nahm leichtsinnig Kredit und suchte seine Gläubiger zu benachteiligen und er wucherte«[3].

Und auch die Bibel liefert Beispiele für die grundsätzliche Schädlichkeit des Handels, wie an diesem Zitat aus Jesus Sirach 27.2 deutlich wird: »Wie ein Nagel in der Mauer zwischen zwei Steinen steckt, so steckt die Sünde zwischen Käufer und Verkäufer«[4]. Die hier angeführten Zitate zeichnen ein scheinbar klares Bild vom mittelalterlichen Händler und Handel als betrügerisch, gewinngetrieben und sündhaft. Gleichzeitig zeigt uns die an späterer Stelle dieses Beitrags behandelte Überlieferung, dass Kaufleute durchaus an ihrem Seelenheil und ihrer Reputation interessiert waren.

Der Markt, die Messe oder das Kaufhaus waren Orte des Feilschens, Überzeugens und Verhandelns. Diese Aktivitäten unterlagen – wie die zahlreich überlieferten Markt- und Kaufhausordnungen[5] zeigen – Regulierungsbestrebungen seitens städtischer oder landesherrlicher Autoritäten, die versuchten, Betrug und Verfälschung einzudämmen. Der Schutz vor Betrug förderte die Entstehung des mittelalterlichen Notariats. Die Notare Genuas verlasen und beglaubigten bereits im 12. Jahrhundert an öffentlichen Plätzen abgeschlossene Verträge vor Zeugen, um Vertrauen durch Transparenz herzustellen[6]. Die freiwillige Gerichtsbarkeit spiegelt sich in Stadtbüchern und ihren vielfältigen Untergruppen wider[7]. Diese Befunde und Quellen sind lohnende Forschungsobjekte,

3) Bruno KUSKE, Die Entstehung der Kreditwirtschaft und des Kapitalverkehrs, in: DERS., Die Kreditwirtschaft, Erster Teil (Kölner Vorträge über Kreditwirtschaft 1), Leipzig 1927, S. 1–79 (ND in: Ders., Köln, der Rhein und das Reich. Beiträge aus fünf Jahrzehnten wirtschaftsgeschichtlicher Forschung, Köln/Graz 1956, S. 48–138), S. 53.

4) Lutherbibel 1912.

5) Aussagekräftiges Beispiel ist die Mainzer Kaufhausordnung, Stefan GRATHOFF/Elmar RETTINGER, *»…daz sall man nyrgent anderst wiegen dan in dem kauffhuß«* Die Mainzer Kaufhausordnung aus dem 15. Jahrhundert, Mainz 2013. Hierzu auch: Hartmut JAHN/Elmar RETTINGER, Shoppen im Mittelalter. In einem Mainzer Kaufhaus, Mainz 2013. Weitere Literatur zu den Kaufhäusern anderer Städte findet sich unter: https://www.regionalgeschichte.net/rheinhessen/mainz/kulturdenkmaeler/kaufhaus-am-brand/kaufhausordnung/literatur.html (zuletzt gesehen am 23.1.2023). Die Markt- und Gewerbeordnungen diverser deutscher Städte sind ediert und übersetzt in den Quellen zur Wirtschafts- und Sozialgeschichte mittel- und oberdeutscher Städte im Spätmittelalter, ausgewählt und übers. von Gisela MÖNCKE, (FSGA Bd. 37), Darmstadt 1982.

6) Vgl. hierzu Steven A. EPSTEIN, Secrecy and Genoese Commercial Practices, in: Journal of Medieval History 20 (1994), S. 313–325.

7) Die deutsche Stadtbuchforschung mit einem wirtschaftshistorischen Fokus steckt noch in der Anfangsphase. Einen hervorragenden Einstieg sowie Zugang zu den vielfältigen und zahlreichen Quellen des deutschsprachigen Raumes bietet die Datenbank stadtbuecher.de. Christian SPEER, Der deutsche Index Librorum Civitatum als Instrument der historischen Grundlagenforschung, in: Wilfried REININGHAUS/Marcus STUMPF (Hg.), Amtsbücher als Quellen der landesgeschichtlichen Forschung (Westfälische Quellen und Archivpublikationen), Münster 2012, S. 107–124.

denn sie verweisen auf interessante Rückkopplungsprozesse zwischen Moral, Praxis und Normierung[8].

In diesem Beitrag wird jedoch der Ritualcharakter des Verhandlungsaktes analysiert, das Feilschen als eingeübtes und einzuübendes soziales Theater thematisiert[9]. Die Kommunikation zwischen Händlern basierte sowohl auf operativem Wissen um Preise und Warenqualität als auch auf ganz bestimmten, rituell gerahmten kommunikativen Abläufen und sprachlichen Strategien. Diese wurden eingesetzt, um das Gelingen eines Handelsgeschäfts und die Herstellung von Vertrauen zu garantieren. Die Händler legten Wert darauf, effizient, vertrauensvoll und verlässlich zu erscheinen. Ihnen waren reputationsbasierte stabile Geschäftsbeziehungen offenbar sehr wichtig.

Impulse der Ritualforschung für die Wirtschaftsgeschichte wurden bereits von Barbara Stollberg-Rilinger, Tim Neu und Simon Teuscher in dem 2013 erschienenen Band »Alles nur symbolisch?«[10] hervorgehoben. Sie schlussfolgerten, dass Rituale und Riten als Teil ökonomischer Praktiken im Mittelalter noch zu wenig erforscht seien. Die ersten Forschungen auf diesem Gebiet stammen von Anthropologen wie Marcel Mauss (1925)[11]. Neue Impulse kommen aus der Ritualökonomie, vertreten durch Patricia McAnany und Christian Wells[12]. Neuere Studien von anthropologisch inspirierten Kulturhistorikern wie Valentin Groebner[13] oder Michaela Fenske[14] beschrieben spätmittelalterliche und frühneuzeitliche Marktkulturen und das Feilschen als »soziales Theater«. Derartige Ansätze zeigen, dass der *homo oeconomicus* keineswegs nur rational handelte, sondern dass wirtschaftliche Beziehungen und Aktivitäten ebenfalls auf ei-

8) Hierzu Tanja SKAMBRAKS, Between Pietas and Usury. Dynamics of a Moral Economy in the Middle Ages, in: DIES./Martin LUTZ (Hg.), Reassessing Moral Economy. Religion and Economic Ethics from Ancient Greece to the 20th Century (Palgrave Studies in Economic History), Basingstoke 2023, S. 75–96.

9) FENKSE, Marktkulkturen (wie Anm. 1), besonders S. 195–223 zum Feilschen als soziale Praxis.

10) Barbara STOLLBERG-RILINGER/Tim NEU, Einleitung, in: Alles nur symbolisch? Bilanz und Perspektiven der Erforschung symbolischer Kommunikation, hg. von Barbara STOLLBERG-RILINGER/Tim NEU/Christina BRAUNER, Berlin 2013, S. 11–31; Simon TEUSCHER, Zuerst die Herrschaft und dann der Markt? Kommentar zur Sektion »symbolische Kommunikation und wirtschaftliches Handeln«, ebd., S. 419–425; Tim NEU, Symbolische Kommunikation und wirtschaftliches Handeln. Theoretische Perspektiven, ebd., S. 401–418.

11) Marcel MAUSS, Essai sur le don. Forme et raison de l'échange dans les sociétés archaiques, Présentation de Florence Weber, Paris 1925/2012; Beate WAGNER-HAZEL, Egoistic Exchange and Altruistic Gift. On the Roots of Marcel Mauss's Theory of the Gift, in: Negotiating the Gift. Pre-Modern Figurations of Exchange (Veröffentlichungen des Max-Planck-Instituts für Geschichte 188), hg. von Gadi ALGAZI/Valentin GROEBNER/ Bernhard JUSSEN, Göttingen 2003, S. 141–171.

12) Patricia A. MCANANY/Christian E. WELLS, Toward a Theory of Ritual Economy, in: Dimensions of Ritual Economy (2015), S. 1–16. (http://dx.doi.org/10.1016/S0190-1281(08)00001-2).

13) Valentin GROEBNER, Die Kleider des Körpers des Kaufmanns. Zum »Trachtenbuch« eines Augsburger Bürgers im 16. Jahrhundert, in: Zeitschrift für Historische Forschung 25 (1998), S. 323–358.

14) FENKSE, Marktkulturen (wie Anm. 1), S. 195–223.

nem System von Werten, Emotionen und Wahrnehmungen beruhten[15]. Darüber hinaus betonen diese Ansätze die ›Einbettung‹ der Wirtschaft in die Gesellschaft[16] sowie das zentrale Prinzip der Reziprozität als treibende Kraft wirtschaftlicher Transaktionen. Der Fokus einer Ritualgeschichte der Wirtschaft muss daher auf Handlungen, Diskursen und Praktiken auf der Mikroebene, auf Face-to-Face-Kommunikation, auf den Agenten und vor allem auf symbolischer Kommunikation liegen[17]. Ritualisierte Handlungen und symbolische Kommunikation erzeugten und stabilisierten soziales Kapital wie Ehre, Vertrauen, Reputation und Status und damit ein System der Ressourcenverteilung, das eine rein ökonomische, auf Gewinnmaximierung basierende Rationalität ergänzte. Es ersetzte diese aber nicht! Deshalb möchte ich an dieser Stelle dafür plädieren, wirtschaftliches Handeln nicht nur als Gütertausch, sondern als einen performativen und kommunikativen Akt neu zu perspektivieren.

Um sich den Motiven, Einstellungen und Kommunikationsstrategien der Händler anzunähern, erscheint es sinnvoll, zunächst das Wertesystem und die Wirtschaftsethik des späten Mittelalters in den Blick zu nehmen. Ich gehe dabei von der Hypothese aus, dass Kaufleute durchaus wertegeleitet handelten und an ihrem Seelenheil interessiert waren. Damit verbunden ist die Vorstellung davon, was guter – nämlich sündenfreier – Handel sei und wie dieser zustande kommen könne. Dieser Diskurs wurde von Theologen und Rechtsgelehrten geführt. Sie vertraten seit dem 13. Jahrhundert eine neue – an den Realitäten der Zeit orientierte – Wirtschaftsethik, die zentrale Probleme wie Wucher und Gewinn anhand konkreter Sachverhalte wie dem Vertragsrecht behandelte.

Der vorliegende Beitrag widmet sich anhand vorwiegend italienischen Quellenmaterials folgenden Themen: Erstens geht es um die Ethik der Kaufleute, genauer um die Elemente des Handelns, um die Händler selbst und wie diese im wirtschaftsethischen Diskurs der Theologen bewertet werden. Dazu gehören Preisbildung und Gewinn, aber auch die mit der Geschäftspraxis verbundenen Gefahren, sündhaft zu handeln. Auch geht es darum, welche Rolle den Kaufleuten aufgrund ihrer Tätigkeiten für das Gemeinwohl als zentrales Leitmotiv wirtschaftlichen Handelns und der spätmittelalterlichen Wirtschafts- und Sozialpolitik zugeschrieben wird. Die zweite Leitfrage des Beitrags gilt den Zielen, Motivationen und Einstellungen von Händlern im Spätmittelalter und wie diese die Kommunikation der Akteure beeinflussen. Zudem ist zu fragen: Welches Wis-

15) Werner FREITAG, Städtischer Markt und symbolische Kommunikation, in: STOLLBERG-RILINGER et al. (Hg.) Alles nur symbolisch (wie Anm. 11), S. 379–399, hier S. 379.

16) Craig MULDREW, The Economy of Obligation. The Culture of Credit and Social Relations in Early Modern England, Basingstoke 1998; Karl POLANYI, The Great Transformation: The political and economic origins of our time, Boston ^{3}2001.

17) Simon TEUSCHER hat eben dies betont als er formulierte, dass Kredit, Handel und Finanzen im Mittelalter einer anderen Logik der Zirkulation von Gütern und Informationen als heute folgten und eingebettet waren in kommunikative Praktiken und Interaktionen, die ritualisiert werden konnten. Vgl. TEUSCHER, Herrschaft (wie Anm. 10), S. 421 f.

sen und welche Argumente waren für einen erfolgreichen Geschäftsabschluss nötig und wie wurden sie rhetorisch eingesetzt?

Es sei angemerkt, dass es weder quellengestützt möglich noch beabsichtigt ist, eine lineare Kausalität zwischen den theologischen Texten und der ohnehin nur schwer fassbaren Kommunikation zwischen Händlern zu postulieren. Hingewiesen sei allerdings auf die Austauschprozesse zwischen den Autoren der Texte, die häufig als Beichtväter und Seelsorger tätig waren, und den Kaufleuten, die ihren Rat in Anspruch nahmen. Diese Kontakte lassen vermuten, dass Händler die wirtschaftsethischen Ideen der Theologen gut kannten und sich an diesen orientierten. Im Gegenzug wurde die Wirtschaftstheorie des späten Mittelalters ganz konkret von Fragestellungen der Lebens- und Gewissenswelt der Kaufleute geprägt. Die Wirtschaftstheorie beeinflusste die Ethik und das Handeln; diese Ethik entwickelte ihre Ideen aber ebenso in der Auseinandersetzung mit einer Wirtschaftsrealität. Diese Rückkopplungsprozesse erreichten eine besondere Dynamik während und im Nachklang der kommerziellen Revolution seit dem 12. Jahrhundert.

Auf der Basis der Annahme eines gegenseitigen Einflusses beider Sphären scheint es folglich möglich, auf der Textebene Ähnlichkeiten und Gemeinsamkeiten zwischen Diskurs und Praxis zu untersuchen. Anhand des berühmten Traktats *De contractibus* des Petrus Johannis Olivi[18)] aus dem späten 13. Jahrhundert und einer Predigt des Bernardino da Siena von 1427[19)] werden zunächst zentrale Themen des spätmittelalterlichen wirtschaftsethischen Diskurses wie Preisbildung, Gewinn, Gerechtigkeit und die rechten Praktiken des Verkaufens analysiert[20)]. Der zweite Teil dieses Beitrags untersucht dann den Akt des Feilschens und Verhandelns anhand eines Sprachlehrbuchs aus den 1430er Jahren[21)]. Dessen Verfasser war ein gewisser Georg von Nürnberg, der ganz in der Nähe des Fondaco dei Tedeschi in Venedig eine Sprachschule betrieb. Das bisher lediglich aus philologischer und didaktikgeschichtlicher Perspektive ausgewertete Buch enthält neben Vokabellisten und einem Grammatikteil zwei Musterdialoge, die den Verlauf eines spannungsreichen Verkaufsgesprächs mit großer Lebensnähe und hoher Detailtreue abbilden. Diese Quellen erlauben uns eine Annäherung an die Einstellungen, Werte und Zuschreibungen der Kaufleute. Konzepte wie Ehre, Vertrauen und Konkur-

18) Petrus Johannis Olivi, Traktat über Verträge, hg. von Giuseppe FRANCO, übers. von Peter NICKL (Philosophische Bibliothek 746), Hamburg 2021.

19) Bernardino da Siena, Predica XXXVIII (*Dei mercantanti e de' maestri, e come si den fare le mercantie*), in: Le predice volgari. La predicazione del 1425 in Siena. 3 Bde., hg. von Ciro CANNAROZZI, Florenz 1940, S. 1099–1138.

20) Die hier vorgestellten Medien Traktat und Predigt erlauben uns, an einer Schnittstelle von Wirtschaftspraxis, -theorie und Vermittlung die Genese und Transformation einer moralischen Ökonomie in der Folge der kommerziellen Revolution besser zu verstehen.

21) Das älteste italienisch-deutsche Sprachlehrbuch. Eine Überlieferung aus dem Jahre 1424 nach Georg von Nürnberg, hg. von Oskar PAUSCH, (Österreichische Akademie der Wissenschaften. Phil-hist. Kl. Denkschriften 111) Wien/Köln/Graz 1972.

renz scheinen dort ebenso auf wie rationales, auf Gewinn ausgerichtetes Handeln. Vergleichend wird ein Sprachlehrbuch des englischen Autors William Caxton aus dem späten 15. Jahrhundert herangezogen. Die Dialoge zeigen das Ladengeschäft beziehungsweise den Fondaco als Orte rituell gerahmter Kommunikation und Geselligkeit – zwei zentrale Faktoren erfolgreichen Handels. Der hier gewählte Zugriff ermöglicht hoffentlich die Fruchtbarmachung der Kommunikations- und auch der Ritualgeschichte für eine kulturgeschichtliche Perspektive auf den mittelalterlichen Handel, die mit dem Thema dieses Sammelbandes angeregt wird.

I. Handeln im Spiegel eines wirtschaftsethischen Diskurses

Im Folgenden werden zwei Texte franziskanischer Autoren vorgestellt, die als beispielhaft für die Wirtschaftsethik des späten 13. und des frühen 15. Jahrhunderts gelten können. Es handelt sich um den *Tractatus de Contractibus* des Franziskanerspiritualen Petrus Iohannis Olivi aus den 1290er Jahren, der als Beichttraktat verfasst wurde. Die zweite Quelle ist eine Predigt des berühmten Franziskaners Bernardino da Siena aus dem Jahr 1427. Die franziskanischen Theologen waren nicht nur wandernde und predigende Bettelmönche, sondern auch die Beichtväter und Seelsorger der Kaufleute in den Städten des späten Mittelalters. Sie standen folglich im engen Austausch mit dieser Gesellschaftsgruppe. Ihre Rolle bei der Herausbildung wirtschaftsethischer Normen ist nicht zu überschätzen, wie beispielsweise Giacomo Todeschini und Lawrin Armstrong betonten[22]. Blicken wir zunächst auf das Traktat Olivis über die Verträge und hier besonders auf den ersten Teil über Kauf und Verkauf.

I.1. Olivis De Contractibus: Gerechtigkeit bei der Preisbildung und sittliches Handeln

Olivi formuliert im ersten Teil des Traktats zunächst den Grundsatz, dass das Gemeinwohl die Grundlage *allen* Handelns, auch des wirtschaftlichen, sei. Ein gerechter Preis sei deshalb immer anzustreben. Dieser ergebe sich aus der Abwägung im Hinblick auf die Gerechtigkeit zwischen Käufer und Verkäufer. Keiner von beiden dürfe – nach dem

22) Giacomo Todeschini, Franciscan Wealth: From Voluntary Poverty to Market Society, New York 2009; Ders., I mercanti e il Tempio. La società cristiana e il circolo virtuoso della ricchezza fra Medioevo ed età moderna, Bologna 2002; Ders., Oeconomia Franciscana II: Pietro di Giovanni Olivi come fonte per la storia dell'etica-economica medievale, in: Rivista di storia e letteratura religiosa 13 (1977), S. 461–494; Lawrin Armstrong, The Idea of a Moral Economy: Gerard of Siena on usury, restitution, and prescription (Toronto studies in medieval Law 3) Toronto 2016. Der Interaktion von Kaufleuten und Predigern widmet sich auch das demnächst erscheinende Buch des kanadischen Historikers Jason Aaron Brown, St Antoninus of Florence on Trade, Merchants, and Workers (Toronto University Press).

Gesetz der Nächstenliebe – übervorteilt werden. Die folgenden sieben *quaestiones* verbinden das Thema Preisbildung mit der Verkaufspraxis des Verhandelns und Feilschens. Es geht dort um den zu teuren bzw. zu billigen Verkauf von Gütern (1), das Verhältnis von Preis und Nutzwert eines Gutes (2), die Frage, ob aus Not oder erhöhter Nachfrage eine Teuerung abzuleiten sei (3), ob Mängel am Handelsgut offengelegt werden müssten (4), und ob für zu hohe Preise dem Käufer eine Kompensation zustehe (5). Die sechste *quaestio* untersucht, ob der Weiterverkauf einer Sache zu einem höheren Preis eine Todsünde sei (6) und schließlich erörtert Olivi die Frage nach der Legitimität der Manipulation eines Handelsgutes, etwa durch Zusätze (7).

An dieser Stelle wird lediglich auf die erste *quaestio* zur Preisbildung genauer eingegangen, die wesentliche Aspekte zu den Rollen von Käufer und Verkäufer enthält und uns damit die Grundlagen der Beziehungen zwischen den Vertragspartnern besser verstehen lässt.

In den Argumenten bejaht Olivi zunächst die Frage, ob Güter im Zweifel über oder unter ihrem eigentlichen Wert verkauft werden dürfen. Denn fast alle wollten ja teuer verkaufen und billig einkaufen. »Erstens fragt sich, ob Sachen erlaubterweise und ohne Sünde für mehr, als sie wert sind verkauft oder für weniger gekauft werden dürfen. Anscheinend ja, [...] denn fast alle wollen teuer verkaufen und billig kaufen. Wenn also der Kauf- und Verkaufsvertrag rein freiwillig ist, dann wird auch die Preisfestlegung eine rein freiwillige sein [...]«[23]. Der Akt des Kaufs sei zudem freiwillig, d. h. der freie Wille bewege den Verkäufer, den Preis festzulegen, und den Käufer, ein Gut zu erwerben. Die prinzipielle Gleichheit beider Partner wird hier in den Vordergrund gestellt. Und mehr noch: »Eine Sache ist so viel wert, für wie viel sie verkauft werden kann«, heißt es entsprechend[24]. Der freie Wille werde jedoch durch das Gemeinwohl begrenzt. Dieses stehe über den Privatinteressen von Käufer und Verkäufer. »Nach der Ordnung des Rechts, der Gerechtigkeit und der Liebe wird das Gemeinwohl dem privaten Wohl vorgezogen und muss ihm vorgezogen werden; aber für das allgemeine Heil der Menschen nach dem Sündenfall ist es allerdings besser, dass die Preis-Festlegung der verkäuflichen Dinge nicht genau erfolgt und auch nicht nach dem absoluten Wert der Dinge, sondern eher aus dem allgemeinen Konsens beider Parteien, nämlich der Verkäufer und der Käufer, frei im Voraus geschieht«[25]. Preise werden – dem Wohl der Gemeinschaft zuliebe – also konsensual nach moralischen Werten (Gerechtigkeit und Nächstenliebe) festgelegt und nicht nach dem Wert der Güter basierend auf rationaler (genauer) Messung.

In den Gegenargumenten macht Olivi zunächst den Aspekt der Nächstenliebe und Gerechtigkeit des Tauschs stark und verweist somit auf die soziale und ethische Dimen-

23) Olivi, Über Verträge (wie Anm. 18), S. 3.

24) Ebd., S. 3 f.

25) Ebd.

sion des Kaufaktes. Es sei gegen göttliches Gesetz, jemandem absichtlich durch überteuerte Preise zu schaden. In den nun folgenden *distinctiones* nennt er die drei objektiven Faktoren der Preisbildung. Da ist zunächst der Nutzen einer Sache (*utilitas*) (ein starkes und gesundes Pferd ist mehr wert als ein alter Klepper), zweitens ihre Seltenheit (*raritas*) und drittens der Wohlgefallen (*beneplacitum*), den Menschen an einer Sache (zum Beispiel einem Schmuckstück) finden. In der *responsio* spricht sich Olivi schließlich grundsätzlich gegen einen überteuerten Verkauf aus, wobei – interessanterweise – die Intention der Akteure als Maß der Beurteilung der Handlungen dient. Olivi schreibt:

> »Dennoch muss im Überschreiten dieser Grenzen nicht immer eine Todsünde liegen, es sei denn, dieses sei so groß und so ungeheuer, dass schon im Vertrag selbst die Ungleichheit und die Ungerechtigkeit gegenüber der Gleichheit und der Gerechtigkeit vorherrschen. Deswegen wird im Zivilgesetz sichergestellt, dass, wenn der Käufer oder der Verkäufer um mehr als die Hälfte des gerechten Preises betrogen wird, dieser Vertrag nichtig ist und durch die Richter für ungültig erklärt werden muss«[26].

Bemerkenswerterweise ist der Garant der Vertragsgüte hier also die Zivilgesetzgebung, nicht das kanonische Recht. Und weltliche Gerichte sind es, die die Einhaltung des Rechts überwachen. Die Regel von Recht und Gerechtigkeit ist maßgeblich für den Akt und Vertrag des Verkaufens[27], daher sei es nicht erlaubt, einen ungerechteren Preis anzusetzen. Neben dem Gleichheitsprinzip ist auch noch die Vernunft (*ratio*) bei der Preisfestlegung das Leitmotiv des Händlers. Bei Tauschgeschäften ergibt sich die Wertgleichheit aus der Erwägung von Gebrauch und Nutzen einer Sache. Da diese beiden Größen wiederum variieren können, ermöglicht Olivi an dieser Stelle eine gewisse Flexibilität der Preise.

Diese wenigen Beispiele aus diesem faszinierenden Werk zeigen die Innovativität des wirtschaftsethischen Diskurses als Reflex auf die expandierende Wirtschaft am Ende des 13. Jahrhunderts. Olivi legte mit seinem Werk den Grundstein für einen zweihundert Jahre anhaltenden Entwicklungsprozess zentraler Begriffe der Wirtschaft wie Gewinn, Kapital und Preisbildung[28].

26) Olivi, Über Verträge (wie Anm. 18), S. 11.

27) Ebd., S. 13.

28) Dieser Befund passt in das Bild der Diskussion um den gerechten Preis, wie sie Werner GOEZ für das 12. bis 16. Jahrhundert skizziert hat. Vgl. Werner GOEZ, Das Ringen um den »gerechten Preis« in Spätmittelalter und Reformationszeit, in: Der »Gerechte Preis«. Beiträge zur Diskussion um das »pretium iustum« (Erlanger Forschungen A/29), Erlangen 1982, S. 21–32. Dieser Diskurs zeigt zunächst eine Polarisierung zwischen Befürwortern staatlicher Preiskontrolle resultierend aus einer großen Skepsis gegenüber dem Wirken der Kaufleute. Zugleich entwickelt sich ein realistisches und liberales Verständnis, wie wir es bei Olivi, aber auch bei anderen Theologen (wie Duns Scotus, Eiximenis und Bernardino da Siena) sehen und das den selbstregulierenden Kräften des Marktes Platz einräumt. Auch der Wucherbegriff wurde über die Jahrhunderte flexibilisiert und an die Wirtschaftsrealität der Handelsverträge angepasst.

I.2. Normen des Verhandelns bei Bernardino da Siena

Das zweite Quellenbeispiel für die wirtschaftsethischen Grundlagen des Verhandelns ist eine Fastenpredigt des Bernardino da Siena von 1427 mit dem Titel *Dei mercantanti de maestri, e come si den fare le mercantie*[29]. Bernardino da Siena wendet sich in einem lebendigen und teils humorvollen Italienisch an sein Publikum, die Bewohner von Siena, darunter natürlich auch die Kaufleute. Der rote Faden des Textes ist die fragwürdige Moral einiger Händler und die Fallstricke, die der Handel als Kommunikationsakt mit sich bringt. Betrügen, Lügen und Täuschen scheinen dabei fast unausweichlich. Der Prediger zeigt dies in fiktiven Dialogen und Anekdoten beispielhaft auf und appelliert schließlich – ausgehend von der dennoch produktiven und nützlichen Rolle der Händler und Kaufleute für die Stadtgesellschaft – an diese selbst mit den Worten: »Du darfst dabei niemals Bosheit anwenden; nie darfst Du einen Handel verfälschen: du musst ihn gut machen, und wenn du nicht weißt, wie du es machen sollst, solltest du es zunächst lassen und es einem anderen überlassen, der es gut machen wird; und damit ist es ein rechtmäßiger Gewinn. Und wenn Du so handelst, wirst Du die Gnade Gottes und der Menschen erlangen, und daraus wird Ruhm entspringen; und so führe uns Gott ins Himmelreich. Amen«[30].

Doch blicken wir etwas genauer auf den Inhalt der Predigt. Zunächst führt Bernardino die grundlegenden Laster und Tugenden der Händler auf: Unvernunft, irdische Interessen, Faulheit und Untätigkeit stehen den Tugenden Intelligenz, Vernunft, guter Wille und Gottesfurcht gegenüber. Daraufhin erläutert er die sechs bestimmenden Faktoren für das Gelingen eines Handelsgeschäfts: die Person, die Einstellung, die Art, den Ort und die Zeit sowie die Organisationen und das *bonum commune*, das wir bereits bei Olivi als Leitmotiv sahen[31]. Den Kern seiner Predigt bilden 18 konkrete Situationen im Zusammenhang mit Kauf und Verkauf, bei denen sündhaftes Handeln möglich war. Die folgende tabellarische Übersicht fasst diese zusammen:

29) Bernardino da Siena, Predica XXXVIII (wie Anm. 19), S. 1099–1138.

30) Ebd., S. 1138. *Non vi debbi mai usare niuna malizia; non falsar mai niuna mercantia: tu la debbi far buona, e se non la sai fare, innanzi la debbi lassare stare, e lassarla esercitare a un altro che la facci bene; e ahora è lecito guadagno. E se così farai, tu acquistarai di qua grazia da Dio e da le genti, e di là la gloria; ad quam Deus nos perducat in secula seculorum. Amen.*

31) *Ma per meglio essare inteso, io to vo' dire che sei rispetti si die avere inverso colui che fa e usa la mercantia, la persona, l'animo di chi aduopara, il modo con che si fa la mercantia, il luogo, il tempo, il consorzio, lo ben comune.* Ebd., S. 1101. Es folgen Ausführungen zur Trennung von geistlicher und weltlicher Sphäre, wobei Bernardino fordert, dass nur Laien Handel treiben und in städtische Ämter gewählt werden sollten. Dann folgt ein längerer Exkurs zur *avaritia* als Todsünde, die insbesondere Frauen dazu bewege, eine Vielzahl an Kleidern anzuhäufen, die sie gar nicht benötigen.

Handlungen	Beispiele
A. Die zu mehr Gewinn führen	
1. Lügen	§ 47–49: »Schuhverkauf«-Szene
2. Eide / falsche Eide / Verweigerung des Verkaufs	Man gibt vor keine Güter zu haben, obwohl man doch welche verkaufen könnte.
3. Verfälschung	Verfälschung von Gütern, nur den guten Teil eines Stoffes oder nur den guten Teil vom Getreide zeigen
4. Kaufmännische Syllogismen/ sprachliche Verfälschung	§ 55–58: *soffisticare*, Verschleierung, undeutliches Sprechen über Waren, Doppeldeutigkeit § 59: Meineid
B. Verfälschung der Ware	
1. Verbergen von Mängeln	Defekte nicht ansprechen / *Occultare la verità*
2. Falsche Maße und Gewicht	Schwereres Maß beim Verkauf und leichteres Maß beim Einkauf verwenden
3. Befeuchten oder Trocknen der Waren	Langziehen von Stoffen, Befeuchten von Gewürzen für mehr Gewicht
4. Verkauf verdorbener Waren	Schlechte und falsche Zutaten bei einer Medizinmischung; Betrug durch einen Wirt, der Gläser zu wenig befüllte
C. Interaktionsbezogen / soziale Folgen betreffend	
1. Falsches Zählen	Zum Beispiel von Rückgeld
2. Fürkauf / Termingeschäfte	Sündhaft, da nur Gott über die Zeit verfügt
3. Üble Nachrede, Verleumdung	Geschäftsschädigend ist es, schlecht über die Produkte anderer zu sprechen.
4. Verkauf an Feiertagen	Andere vom Besuch der Messe abhalten
D. Schwerwiegende Folgen für die menschliche Gemeinschaft	
1. Verrat / *tradimenti*, etwas Schlechtes für etwas Gutes verkaufen	*dare la cosa gattiva per buona*
2. Mord / *omicidio*	Folgt aus dem ersten: beispielsweise durch altes Fleisch oder Fisch
3. *involuppo / raggiro*	Verhüllung, Betrug, Hintergehen, Ränke
4. Vertrauen zerstören	
E. Negative Folgen für den Händler	
1. Frau des Händlers bleibt zu Hause allein	Frömmigkeitsaspekt, Reinheit der Frau
2. Verkaufen und Kaufen unter und über den Preis	Wichtiger Faktor, da er die *mercantia* aus Not bzw. aus Notwendigkeit in den Blick nimmt. Gerechtigkeit durch einen gerechten Preis steht auch dem Verkäufer zu.

Bernardinos Beispiele lassen sich in fünf verschiedene Kategorien sündhaften Handelns einteilen. Dazu gehört die Gewinnsteigerung, die Verfälschung der Waren, negative Folgen für das soziale Miteinander der Akteure bis zu den Folgen für die gesamte Gesellschaft und schließlich die negativen Auswirkungen auf die Händler selbst. In allen Kategorien finden sich sprachliche oder sprachbezogene Handlungen als Akte mit negativen Konsequenzen. Dazu gehört das schiere Lügen (siehe dafür ein Beispiel weiter unten), aber auch subtilere Formen des Sprechens, wie das *soffisticare*, das Verschleiern und doppeldeutige Sprechen während des Verhandelns bis hin zum Meineid. Auch das Verbergen von Mängeln an Waren (*occultare la verità*) wird als Verdunklung gebrandmarkt. Des Weiteren werden die Beziehungen zwischen den Händlern sowie das eigene Geschäft durch üble Nachrede und das Herabwürdigen der Konkurrenz schwer beschädigt. Schwerwiegende Folgen für die Gesellschaft hat der Verrat (*tradimenti*), der sich ereignet, wenn etwas Schlechtes für etwas Gutes verkauft würde. Diese Vergehen können in einigen Fällen – wie etwa beim Verkauf verdorbenen Fleisches oder falscher Arzneien – sogar zum Tod führen und sind mit Mord gleichzusetzen. Im letzten Teil spricht Bernardino den gerechten Preis an, der ebenjener Preis sei, der die Balance zwischen Käufer und Verkäufer am besten herstelle. Dies ist eine Deutung ganz im Sinne Olivis.

Bernardino fügt in seine Predigt zahlreiche Dialoge ein, um die genannten Punkte zu illustrieren. Dazu zählt ein Dialog, der in einem Schuhgeschäft spielt und der die Sünde des Lügens auf humorvolle Weise thematisiert. Dieser Dialog wird ebenfalls von Thomas Ertl in der Einleitung zu diesem Band behandelt[32)]. Sowohl der Käufer als auch der Verkäufer wenden beim Feilschen um ein paar Schuhe kontinuierlich das Lügen an, wie der Prediger in seinen Kommentaren herausstreicht. Der Verkäufer lüge, indem er seine Ware als »absolut perfekt« anpreise und behauptet, er hätte sie schon längst für 18 Schillinge verkaufen können. Auch dem Käufer wird im Gegenzug ein Meineid attestiert, nämlich als dieser vorgibt, nicht mehr als 15 Schillinge zahlen zu wollen, obwohl er am Ende doch 17 Schillinge dafür geben wird. Obgleich Handelsgeschäfte und die damit verbundene Kommunikation die Gefahr der Sünde durch Lügen und Meineid auf beiden Seiten bergen, schreibt Bernardino den Händlern im weiteren Verlauf der Predigt insgesamt eine produktive und nützliche Rolle für die Gesellschaft zu. Das Wissen der Kaufleute wird hier als der ganzen Gemeinschaft zuträgliches Gut betrachtet. Er fordert seine Zuhörer auf: »Sofern ihr Weisheit besitzt, so setzt sie auch unter den

32) Siehe Ertl, Einleitung, S. 39 f., Bernardino da Siena, Predica XXXVIII (wie Anm. 19), S. 1112. §§47–49 Beispiel für Lüge: »Viele scheinen geschworen zu haben, nichts zu kaufen oder verkaufen, ohne mindestens ein Dutzend Mal gelogen zu haben. Etwa: jemand will sich ein Paar Schühchen kaufen und geht zum Schuhmacher. – Wie viel willst Du für sie? – 20 Soldi. – Niemals! – Doch, gib sie mir, denn sie sind absolut perfekt. (Lüge!) Was ist das Mindeste, das du annehmen würdest? – Nicht weniger als 20 Soldi; ich schwöre bei den Evangelien, ich hätte sie schon für 18 Soldi verkaufen können. (Meineid!) – Willst Du 15 Soldi? – Nein: ich verspreche Dir, dass Du nirgendwo in dieser Stadt bessere Schühchen finden wirst. – Ich werde Dir aber nicht mehr als 15 Soldi geben (Du lügst auch!) – Nun gut, gib mir 18 Soldi, so viel ich schon einmal dafür erhalten habe. – Bei den Evangelien, ich geb Dir nicht mehr als 15. – Bei den Evangelien, du bekommst dann die Schühchen nicht. Und am Ende wird er sie doch geben, für 17 Soldi, aber nicht vor viel Schwören und Meineid.«

Händlern durch und in der ganzen Stadt«[33]. Die Kaufleute leisteten einen positiven Dienst an der Gemeinschaft, und zwar auf drei Arten: Erstens versorgten sie die Bevölkerung mit Vorräten an Lebensnotwendigem. Zweitens stellten sie sicher, dass wichtige Güter[34] aus fernen Ländern beschafft würden. Und drittens würden handelnde Handwerker unfertige Produkte vor Ort weiterverarbeiten und dann auf den Markt bringen. Aus dieser produktiven Rolle folgt die Legitimität ihres Gewinns: »Du siehst, dass diese drei [Arten von Handelsgeschäften] auf rechtmäßige Weise Gewinn machen dürfen. Erzielst du aber Gewinn auf andere Art, ist dieser niemals rechtmäßig, er beschädigt die Gemeinschaft und wirst du gegen diese Regeln verstoßen, so wirst du zur Wiedergutmachung verpflichtet sein«[35]. Dann folgt noch ein Absatz zum Thema Wucher. Dieser könne sich beim Handel gar nicht ereignen, denn er sei nur im Zusammenhang mit einem Darlehen (*mutuum)* auf der Basis fruchttragender Güter möglich[36]. Dennoch hätten bei schlechten Geschäften, beispielsweise mit Kleidung, alle verloren: Derjenige, der für mehr Geld als den Warenwert kaufe, denn er verliert das Gewand. Derjenige, der ihm zu teuer verkauft habe, verliere seine Seele, da er seine Glaubwürdigkeit (*credenzia)* verkauft hätte. Und derjenige, der zu einem geringen Preis gekauft hätte, würde ebenfalls seine Seele verlieren. Unter den Menschen, die so handeln, existiere keine Nächstenliebe, sondern Grausamkeit, in der Quelle heißt es wörtlich: Einer sei des anderen Hund[37]. Zum Schluss zählt Bernardino alle genannten Punkte nochmals auf und betont, dass alle, die sich an die angeführten Hinweise hielten, nicht sündigen könnten, rechtmäßig und gottgefällig handelten und somit das Himmelreich erlangen könnten. Für die Umsetzung der Regeln zur Bekämpfung der Missstände beim Handel solle die Stadt Sorge tragen. Diese könne sündhaften Handel auf drei Arten unterbinden: zunächst durch den Erlass von Gesetzen und, wenn diese nicht beachtet würden, durch Verbannung aus der Stadt oder eine Gefängnisstrafe[38].

33) *Poi che voi avete la Sapienzia, fate di metterla in pratica fra I mercantanti, e fra tutta la Republica.* Ebd., S. 1132.

34) Wie in Siena etwa der Pfeffer, die englische Wolle oder französisches Tuch. Ebd., S. 1133.

35) *Vedi che lecitamente tutte tre costoro possono guadagnare e pero ogni volte che tu per altro modo fai, mai non t'e lecito, fai danno di Communo; e se tu farai contra queste regole* [...] *sarai tenuto a restituzione.* Ebd., S. 1134.

36) Hier folgt Bernardino Giordano da Pisa, der sagte: *La mercantia riguardava la compravendita, l'usura in senso stretto concerneva solo il mutuo di beni fungibili.* Bernardino da Siena, Predica XXXVIII (wie Anm. 21), S. 1136 FN 280. Wucher konnte nur – so versteht es Olivi – dort entstehen, wo der Kredit auf einer fruchttragenden Sache (zum Beispiel Land) basierte. Diese enge Definition von Wucher ist entscheidend für die Legitimation des Handelskredits. Denn erst im Zuge der Entstehung neuer Vertragsformen des Handelskredits wie der *commenda* oder der *compagnia* bildeten sich neue legitime Zinsformen, wie das *damnum emergens* (Entschädigung für einen Schaden) oder das *lucrum cessans* (entgangener Gewinn) heraus.

37) *Colui che l'ha comprata piu che non vale, perde la robba; colui che l'ha venduta a lui prima, v'ha perduta l'anima oer vendargli a credenzia; e colui che l'ha comprata meno che n ovale, ano v'la perduta l'anima. Fra voi non è carità, anco canità; che l'uno è cane dell'altro.* Ebd. S. 1136.

38) *Eglino si vorebeno sbandire, o fare uno statuto, e confinarli.* Ebd., S. 1135.

Ziehen wir an dieser Stelle ein kurzes Zwischenfazit. Die Gefahr der Sünde beim Handel, wie sie aus der eingangs zitierten Bibelstelle hervorgeht, kann also durch individuelles Handeln der beteiligten Personen auf der Basis moralischer Leitwerte zusammen mit städtischen Regulierungen gebannt werden. Und nicht nur das: die *mercantia* war ein Faktum und darüber hinaus ebenfalls eine produktive Kraft, die zum Gemeinwohl beitrug. Wer dabei die moralischen Regeln und Gesetze beachtete, war vor Sünde gefeit. In den Texten Bernardino da Sienas und Petrus Johannis Olivis wird, trotz der eindringlichen Mahnung an die Zuhörer, die Rolle der Händler positiv gezeichnet: Sie gelten als produktiv und würdevoll, da sie Geld in den Wirtschaftskreislauf einspeisen und damit dem *bonum commune* nützlich sind. Dieser Befund spiegelt die vorherrschende Wahrnehmung der Händler und Kaufleute des Spätmittelalters wider. In den Worten von James Davis: »Trade was no longer condemned as inherently sinful and instead it was the individual who erred, tempted by commercial opportunities to make gain«[39]. Die Elemente der merkantilen Welt wurden in das Lexikon und die Agenda der Theologen implementiert und wirkten über die Beichte und Predigt zurück auf diese.

Dass solche Ideen durchaus rezipiert wurden, zeigen uns Kaufmannshandbücher wie die bekannte *Pratica della Mercatura* des Francesco Balducci Pegolotti aus dem 14. Jahrhundert. Das Handbuch zielte vorwiegend auf Anwendungswissen, enthält jedoch im Prolog folgendes Gedicht: »Er [der Kaufmann] muss stets mit Integrität handeln, Weitsichtigkeit wird ihm nützlich sein. Er sollte seine Versprechen immer einhalten. Wenn möglich, soll sein Aussehen schlicht und sein Verhalten liebenswürdig sein und im Einklang mit der Vernunft: Er sei vorsichtig beim Kauf und großzügig beim Verkauf. Er soll Streit vermeiden und eine freundliche Haltung bewahren. Er soll die Kirche besuchen und aus Liebe zu Gott spenden. Sein Ansehen sollte er mehren und nicht feilschen, Wucher und Glücksspiel vermeiden und ganz auf sie verzichten. Schließlich soll er vernünftig seine Konten führen und keine Fehler begehen. Amen«[40]. Zuverlässigkeit, Weitsicht und Gerechtigkeit seien ebenso wichtig wie Aufrichtigkeit und Aufmerksamkeit beim Kauf und Verkauf und ein freundliches Auftreten. Als wichtigste Tugend des Kaufmanns erscheint hier jedoch die Frömmigkeit, sichtbar in Wohltätigkeit und dem Verzicht auf Wucher. Dazu kommt eine gründliche Buchführung. Das hier angeführte

39) James Davis, Medieval Market Morality. Life, Law and Ethics in the English Marketplace, 1200–1500, Cambridge 2012, S. 93. Davis schlussfolgert dies aus seiner Untersuchung der Rolle der Kleinhändler, Krämer und Hökerer im spätmittelalterlichen England. Diese Gruppen standen in besonderem Verdacht der Unehrlichkeit, da sie vor allem mit armen Kunden zu tun hatten. Die städtischen Gesetzeswerke verzeichnen dementsprechend vor allem Regulierungen der verkaufenden Handwerke wie Fleischer, Bäcker und fahrende Händler.

40) *Dirittura sempre usando gli conviene, lunga provedenza gli sta bene, e ciò che promette non venga mancante; secondo che mestieri o ragione intenda. E scarso comperare e largo venda, fuori di rampogna con bella raccoglienza, la chiesa usare e per Dio donare Crescie in pregio, e vendere a uni motto. Usura e giuoco di zara vietare, e torre via al tutto, scrivere bene la ragione e non errare. Amen.* Francesco Balducci Pegolotti, Pratica della Mercatura, hg. von Allan Evans, Cambridge/Mass. 1936, S. xxiv.

Beispiel – inmitten einer Menge Daten, Maße, Gewichte und Wechselkurse – suggeriert die Existenz eines gewissen Verhaltensideals der Kaufleute. Beeindruckendere Belege für eine kaufmännische Ethik finden sich in einem weiteren Handbuch aus dem italienischen Raum, dem *Libro di buoni costumi* des Florentiners Paolo Certaldo von 1360[41]. Der größte Teil des 388 Paragrafen umfassenden Handbuchs liest sich wie eine aus einzelnen weisen Sprüchen bestehende religiöse Unterweisung. Zum gottesfürchtigen Leben des Wohlhabenden heißt es dort: *Più basta il danaio col timor di Dio che la lira senza di timore di Dio.* Reichtum ist legitim, wenn er durch Tugend erreicht wurde: *Sì come in Dio sono raccolti tutti i beni, così ne l'umile sono raccolte tutte le virtù.* Auch die Nächstenliebe gehört in den ethischen Kanon des Kaufmannes: *Non puoi avere concordi con Cristo avendo discordia col prossimo tuo: – e però sempre ama il tuo prossimo e onoralo quanto puoi.* Fortuna könne zudem weltliche Reichtümer rauben, aber nicht die Tugendhaftigkeit der Menschen: *Benché la Fortuna abbi potenzia di torti le richezze mondane, non ha potenzia di torti le virtudi: – e pero sempre fa tu sii virtudioso.* Das Buch enthält zudem Anweisungen mit explizitem Bezug auf das Verhalten beim Handel bzw. den Umgang mit Geld. Im Absatz 81 heißt es, es sei zwar »eine große und schöne Sache, zu wissen, wie man Geld verdient«, aber noch schöner und größer sei es, zu wissen, »wie man es mit Maß ausgibt und wo es günstig ist». Am wichtigsten sei, das Erbe und die Hinterlassenschaften der Verwandten zu pflegen und zu erhalten. Dennoch sei nicht selbst verdientes Geld leichter auszugeben als solches, welches der Mensch »mit seiner eigenen Mühe und seinem Schweiß und seiner Fürsorge verdient« hat[42].

Die Mühe des selbst verdienten Geldes und das Maßhalten beim Ausgeben von Geld werden hier als Leitmotive wirtschaftlichen Handelns formuliert. Dabei wird nicht bestritten, dass der Besitz von Geld und das Wissen um seine Vermehrung etwas Positives ist. Allerdings soll man damit sorgfältig umgehen. Dieser Auszug verweist deutlich auf das veränderte Bild vom Reichtum des Kaufmanns im Spätmittelalter. Noch mehr wert als ein großer Geldschatz sei aber der gute Ruf, denn das tugendhafte Leben in *bona fama* sei der Garant für das eigene Seelenheil, so Paolo da Certaldo. Es sei besser, einen guten Ruf in dieser Welt zu haben, als einen großen Schatz zu besitzen. Darum solle sich der Mensch bemühen, in dieser Welt rechtschaffen zu leben, damit er einen guten Ruf erwerbe. Denn derjenige, der mit einem guten Ruf stirbt, erlange ewiges Leben. Den Ruhm erlange der Mensch in dieser Welt, indem er die Tugend gebrauche und sich von

41) Il libro di buoni costumi di P. di messer Pace da Certaldo: document di vita trecentesca fiorentina, hg. von Salomone MORPURGO, Florenz 1921. Frei zugänglich unter: Paolo da Certaldo, Libro di buoni costumi, ed. Simplicissimus Book Farm, Mailand 2011 (e-book di pubblico dominio).

42) Paolo da Certaldo, Libro (e-book) (wie Anm. 41), Absatz 81, o. S. *Molto è bella cosa e grande sapere guadagnare il danaio, ma piu bella cosa e maggiore è saperlo spendere con misura e dove si conviene. E sapere ritenere e guardare quello che t'è lasciato dal tuo patrimonio e da atri parenti é sopra le dette virtudi, però che quello che l'uomo non guadagna è più agevole a spendere che quello che guadagna con sua fatica e con suo sudore e sollecitudine.*

Lastern fernhielte[43]. Im Artikel 88 wird der Leser aufgefordert, niemals zu lügen, eine Sünde, die wir zuvor bei Bernardino als Laster von Kaufleuten sahen. Auch solle der Kaufmann immer das Wohl der Stadt (*bonum commune*) im Blick behalten und ihr durch sein Verhalten keinen Schaden zufügen (Artikel 353)[44]. Auf diese Beispiele könnten noch zahlreiche Belege folgen, doch brechen wir hier ab und halten fest, dass das Handbuch des »mercante moralista«[45] mit seinen hunderten Einträgen eindrücklich die oben thematisierten ethischen Grundsätze widerspiegelt.

Als drittes Beispiel für die ethische Reflexion kaufmännischen Handelns durch diese selbst sei an dieser Stelle eine Quelle aus dem deutschsprachigen Raum angeführt. Der Hauptbuchhalter der Fugger, Matthäus Schwarz, hinterließ eine Reihe von Werken, darunter die Abhandlung »Was das Buchhalten sei« aus dem Jahre 1525[46]. Auch in diesem Werk sind rationale Handlungsanweisungen zur doppelten Buchführung verwoben mit moralischen Kommentaren über das rechte Handeln des Kaufmanns. Dies betrifft beispielsweise – wie bei Certaldo – die Vorsicht im Umgang mit den zur Verfügung stehenden Geldmitteln, besonders beim Kreditgeschäft: *Nun vermaint mancher kauffmann, er sey reich, wann er ein gros capital habe, und achtet nit seiner creditori, die er wider zalen muß, ob der mer oder minder seien, wann*[als] *seiner debitori. Sollich leut fallirn liederlich und machen bald banca rotta und wissen nit wie, wann oder wa es inen geschehen ist. Dann die Leichvertigkait, so inn ainen auffnemenden kauffmann kombt, bringt hoffart mit pragiern und banckatiern; verkaufft seine guetter mit schaden unnd bringt seine schulden ein, damit er herrschafften könde kauffen; vergißt seiner creditori.* [...] *Alßdann macht man banca rotta, vergleicht sich mit seinen creditori, gibt innen etwan kaum 1/3. Das ubrig hat er in gestolen. Wilt du aber, daß dir wol gelinge, so sieh mit vernufft zu deinen dingen*[47].

Schwarz zielt hier auf die Sorgfalt und Umsichtigkeit der Kaufleute ab, welche sie vor zu hohen Ausgaben und dem daraus folgenden Bankrott bewahren sollte. Die Vernunft solle das Handeln des Kaufmanns leiten, nicht das Gewinnstreben. Die Zahlungsunfä-

43) Ebd., Absatz 83, o. S. *Meglio é a l'uomo avere buona fama in questo mondo che avere un gran Tesoro: e però procacciati di vivere in questo mondo dirittamente, acciò ch'acquisti buona fama però che chi di buona fama muore, in questo mondo sempre vive. Puoi acquistare in questo mondo buona fama usando le virtù e partenceo e scacciando da te i vizi.*

44) *Mai non fare niuna mercantantia che 'l tuo Comune vieti, ché non ne potresti altro che male capitare. E se una volta ne capitassi bene, captera'ne molte vole male. Ama l'onore e 'l bene e 'buono stato de la tua città e del tuo signore, e in ciò metti l'avere e la persona, e mai non mantenere altra parte che quella del tuo Comune. Tuo Comune e tua città s'intende essere quella dove tu abiti co la tua familia e col tuo avere e parenti.* Ebd., Absatz 353, o.S.

45) Vgl. Laura De Angelis, Paolo di messer Pace da Certaldo, in: Treccani / Dizionario Biografico degli Italiani, 81 (2014), online unter: https://www.treccani.it/enciclopedia/paolo-di-messer-pace-da-certaldo_%28 Dizionario-Biografico%29/ (zuletzt gesehen am 19.1.2023).

46) Alfred Weitnauer, Venezianischer Handel der Fugger: nach der Musterbuchhaltung des Matthaeus Schwarz. Berlin 1931.

47) Ebd., S. 270.

higkeit des überschuldeten Kaufmanns setzt der Buchhalter der Fugger mit Diebstahl gleich. Ob und inwieweit sich ein solcher Verhaltenskodex in der konkreten Praxis des Handelns und Verhandelns, genauer in seiner Kommunikation widerspiegelt, wird im nun folgenden Teil des Beitrags untersucht.

II. Die Praxis des Feilschens – Handel als kommunikativer Akt

II.1. Kommunikation im Sprachlehrbuch des Georg von Nürnberg (1424)

Im Folgenden wird die Face-to-Face-Kommunikation, das direkte Verhandeln zweier Personen an einem Ort, in den Blick genommen. Selbstverständlich ließe sich der Informationsaustausch und die Anbahnung von Geschäften zweier weit voneinander entfernter Akteure anhand von Briefen erschließen, verwiesen sei an dieser Stelle nur beispielhaft auf die 125.000 überlieferten Briefe des Prateser Datini-Archivs[48)] oder für den deutschsprachigen (Hanse-)Raum auf den bekannten Schriftwechsel der Familie Veckinchusen[49)]. Diese Quellen zeigen, dass Reziprozität und die Aufrechterhaltung sozialer Beziehungsnetzwerke auch in der schriftlichen Kommunikation über weite geographische Räume hinweg Schlüsselelemente waren. Hinzu kamen Geschenke, Warenproben und gute Wünsche. Der informelle Informationsaustausch und das erweiterte soziale Bonding innerhalb des Netzwerks wurde zusätzlich bei Treffen in Trinkstuben wie dem Artushof in Danzig gewährleistet[50)]. An dieser Stelle wird nun der unmittelbare Verhandlungsakt, das Feilschen von Angesicht zu Angesicht, anhand des genannten Sprachlehrbuchs analysiert[51)]. Obgleich das Sprachbuch vordergründig dem Fremdsprachenerwerb einer bestimmten kaufmännischen Klientel diente, bietet es zugleich einen wertvollen Beleg für die Einübung des »sozialen Theaters« des Verhandelns und Fleischens. Die Fokussierung auf die soziale Dimension der Kommunikation deutscher

48) http://datini.archiviodistato.prato.it/i-fondaci/ (zuletzt gesehen am 23.1.2023).

49) Hildebrand Veckinchusen. Briefwechsel eines deutschen Kaufmanns im 15. Jahrhundert, hg. von Wilhelm Stieda, Leipzig 1921; Die Handelsbücher des hansischen Kaufmanns Veckinchusen, hg. von Michail P. Lesnikov, Berlin 1973; Die Handelsbücher des Hildebrand Veckinchusen. Kontobücher und übrige Manuale hg. von Michail P. Lesnikow/Walter Stark; Schlussredaktion Albrecht Cordes, Köln/Weimar/Wien 2013.

50) Stephan Selzer, Trinkstuben als Orte der Kommunikation: das Beispiel der Artushöfe im Preußenland, ca. 1350–1550, in: Geschlechtergesellschaften, Zunft-Trinkstuben und Bruderschaften in spätmittelalterlichen Städten, hg. von Gerhard Fouquet/Matthias Steinbrink/Gabriel Zeilinger, Stuttgart 2003, S. 73–98; Gerhard Fouquet, Das Festmahl in den oberdeutschen Städten des Spätmittelalters. Zu Form, Funktion und Bedeutung öffentlichen Konsums, in: Archiv für Kulturgeschichte 74 (1992), S. 83–123.

51) Georg von Nürnberg, Sprachlehrbuch (wie Anm. 21), S. 239–244. 1477 wurde eine Kurzfassung des Sprachlehrbuchs durch Adam von Rottweil erstmals in Venedig zum Druck gebracht. Es folgten acht weitere Nachdrucke bis 1513 in Wien, Rom und Venedig. Die Sprache wurde von der Forschung als Bairisch-schwäbisches Deutsch identifiziert.

und italienischer Kaufleute, die aus den Lehrdialogen so deutlich hervorsticht, zeigt auf der einen Seite, wie stark erfolgreicher Handel von interpersonellem Austausch, Vertrauensbildung und gegenseitigen Respektsbezeugungen geprägt war. Auf der anderen Seite wird aber auch der Duell-Charakter des Verhandelns um Preise und Warenqualität deutlich. So wird die Spannung, die immer wieder durch Verzögerung, verbalen Rückzug und spitze Bemerkungen über den Charakter des Gegenübers erzeugt wird, spürbar. Dabei geht der sprachliche und performative Schlagabtausch nie so weit, dass es zum Abbruch der Verhandlungssituation kommt. So gelesen bietet das Sprachlehrbuch der Historikerin also weit mehr als nur die Grundlagen des Spracherwerbs an. Es verweist auf einstudierbare und ritualisierte Techniken und Strategien des Kommunizierens von Händlern, die aus dem Leben im Handelshaus der Deutschen in Venedig, dem Fondaco dei Tedeschi, gegriffen scheinen.

Der Fondaco war bekanntermaßen mindestens seit dem Beginn des 13. Jahrhunderts Wohnzentrum und Umschlagplatz für deutsche Händler in Venedig[52]. Zugleich kontrollierte die Stadt über ihn die Zolleinnahmen und den Warenumlauf. Die von Henry Simonsfeld edierten Quellen belegen die Existenz von 20 bis 30 (seit 1314) italienischen Unterkäufern, die für das deutsche Handelshaus arbeiteten. Ihre Hinzuziehung bei jedem Handelsgeschäft war eine Pflicht für jeden deutschen Händler[53]. Diese *sensali* wa-

52) Waren, die aus Deutschland importiert wurden, waren u. a.: Metalle, Holz, Getreide, Pferde, Felle, Bernstein, Leinwand, Wolle und Pelze. Im Gegenzug kauften deutsche Händler Waren aus der Levante und Italien wie Gewürze, Wachs, Weihrauch, Zucker, Wein, Öl, Papier und Stoffe wie Barchent, Seide, Samt, etc. Vgl. Jürgen SCHNEIDER, Die Bedeutung von Kontoren, Faktoreien, Stützpunkten (von Kompagnien), Märkten, Messen und Börsen in Mittelalter und früher Neuzeit, in: Die Bedeutung der Kommunikation für Wirtschaft und Gesellschaft (Beiheft der VSWG 87), hg. von Hans POHL, Stuttgart 1989, S. 37–63; Justyna WRUBS-MROZEWICS, Rules of Inclusion, Rules of Exclusion: the Hanseatic *Kontor* in Bergen in the Late Middle Ages and its Normative boundaries, in: German History 29 (2011), S. 1–22.

53) Zu den Unterkäufern in Venedig erfahren wir einiges aus den Urkunden des Fondaco. Henry SIMONSFELD, Der Fondaco dei Tedeschi in Venedig und die deutsch-venetianischen Handelsbeziehungen, Stuttgart 1887. Darin finden sich u. a. Regulierungen (häufig durch den Großen Rat) betreffend die Ausfuhr und Einfuhr von Gütern. 1302 erfolgte z. B. der Straferlass für deutsche Kaufleute, die Safran ohne vorherige Schätzung durch einen Unterkäufer ausgeführt hatten. Simonsfeld, Fondaco, Nr. 19. Es sind auch Fälle von Pfändungen deutscher Kaufleute durch Italiener wegen Schulden und Ausständen belegt. Ebd., Nr. 22. Im Jahr 1306 wird Schadensersatz angekündigt, um die Pfändung zu vermeiden. Ein Beschluss des Großen Rates vom 7. März 1314 erlaubte einem deutschen Händler die Ausfuhr eines von ihm ursprünglich aus Frankreich nach Venedig importierten Stoffes, da dieser die Ware nur mit großem Schaden hätte verkaufen können. Ebd., Nr. 39. Eine weitere Quelle (Nr. 40) bezeugt den unerlaubten Verkehr der Venezianer mit den Deutschen, bevor sie im Fondaco abgestiegen seien. Um den Missständen Herr zu werden, ergriff der Große Rat am 31. Juli 1314 Maßnahmen. Er verfügte, dass die Zahl der Sensali im Fondaco von 20 auf 30 erhöht werden solle (Nr. 41). Trotzdem ereigneten sich weiterhin Unregelmäßigkeiten. Am 15.2.1319 wurde ein Straferlass für den Wiener Kaufmann Heinrich verfügt, der ohne seinen Sensal Einkäufe, und zwar von *buccharanos* (feiner Stoff, der auch im Sprachlehrbuch vorkommt), getätigt hatte (Nr. 56). 1327 erging ein ähnliches Urteil gegen Sedolino aus Bayern, der Stoff aus Ypern ohne Sensal kaufte (Nr. 74). Im November 1320 wurde ein zuvor entlassener deutscher Sensal wiedereingesetzt. Am 18. Mai 1356 wurde ein des Deutschen mächtiger Venezianer namens Caninus Nanni, Sohn des Nicholai Nanni, als Sensal im

ren Amtspersonen, die im Auftrag Venedigs den Handel unterstützten und kontrollierten. Sie garantierten die Vermeidung von Steuerhinterziehung und die Einhaltung handelsrechtlicher Bestimmungen. Eben jene Unterhändler waren laut dem Editor des Sprachlehrbuchs auch die Adressaten des Lehrwerks. Es erscheint jedoch ebenso plausibel, dass die Kaufleute selbst die jeweilige Fremdsprache als Basis erfolgreicher Geschäfte erlernten. Die im Werk sichtbare »authentische Handlungsdimension« als Ausgangspunkt für den Fremdsprachenerwerb macht jedenfalls deutlich, dass konkretes wirtschaftliches Handeln ein zentraler Impulsgeber für die Fremdsprachendidaktik im 15. Jahrhundert war.

Das Buch ist in drei Teile gegliedert: Der erste Teil besteht aus einem italienisch-deutschen Glossar, das lexikalisch auf operatives Handelswissen ausgerichtet ist. Im zweiten Teil folgt eine Verbliste. Die Verben erscheinen häufig in der 2. Person Singular Indikativ Perfekt, was auf den gezielten kommunikativen Austausch mit einem Gegenüber hinweist. Es finden sich zudem Konjugationen in verschiedenen Zeiten sowie eingestreute kommunikative Kollokationen. Der dritte Teil umfasst zwei Musterdialoge zwischen einem venezianischen und einem deutschen Tuchhändler sowie einem italienischen Sensal. Der über 12 Seiten lange erste Dialog bildet den spannungsreichen und wechselvollen Verhandlungsprozess eines Kaufgeschäfts zwischen dem Sohn eines venezianischen Tuchhändlers namens Bartolomeo und einem namentlich nicht genannten deutschen Kaufmann ab. Zu einem späteren Zeitpunkt kommt ein Unterkäufer hinzu, der zwischen den beiden Kontrahenten vermittelt und das Geschäft zum erfolgreichen Abschluss führt.

Der Dialog lässt sich in vier Szenen unterteilen. Die erste Szene wird eröffnet durch die Begrüßung und eine Aufwärmphase, in der der Gastgeber den deutschen Händler nach seiner Reise sowie nach der politischen und sozialen Situation in deutschen Landen fragt. Diese Passage sollte keineswegs nur als »Small Talk« gelesen werden. Das präzise

Fondaco eingesetzt (Nr. 161:[…] *Sit expertus lingua Theutonica et agravatus magna familia* […], *et supplicaverit nobis esse misseta in fontico Theutonicorum* […]) Die Arbeit der Sensali wurde mithin sehr streng kontrolliert. So durften sie keinen deutschen Kaufmann abreisen lassen, bevor dieser nicht die fälligen Zahlungen geleistet hatte. Dies konnte ihn seine Stelle kosten, wie ein Beschluss des 24.4.1357 über den Sensal Petrus Balduino zeigt (dieser erlaubt die Wiedereinsetzung des Sensale). Im Jahr 1372 begegnet uns Petrus Balduino erneut, diesmal in einem Straferlass gegen zwei Venezianer (die nicht als Sensali bezeichnet werden) wegen unerlaubter Geschäftsvermittlung. In dieser Quelle erfahren wir auch etwas über den sozialen Stand des Sensals. Im Gegensatz zu dem vorher genannten Caninus Nanni, der aus einer angesehenen Familie stammte, war Petrus nach eigenen Angaben aus einer »armen Familie von Vielen« (Nr. 166). Forschungsliteratur zu den Unterkäufern und Brokern ist rar gesät: Curt TOEBELMANN, Beitrag zur Geschichte des Maklerrechts nach süddeutschen Quellen, in: Zeitschrift für das gesamte Handelsrecht 70 (1911), S. 133–183; Hartmut SCHUBERT, Unterkauf und Unterkäufer in Frankfurt am Main im Mittelalter. Ein Beitrag zur Geschichte des Maklerrechts, Frankfurt/Main 1962. Neuer ist hingegen der Aufsatz von Julia JÄSCHKE, Maria SEIER und Sabrina STOCKHUSEN, Makler im Hansisch-Niederdeutschen Handelsgebiet, in: Hansische Geschichtsblätter 133 (2015), S. 183–206. Aktuell zu den Unterkäufern siehe den Beitrag von Sabine VON HEUSINGER in diesem Band.

Nachfragen, ob es Krieg oder Teuerungen in deutschen Landen gäbe, verweist doch auf entscheidende Informationen für einen Händler, der am internationalen Warengeschäft beteiligt und sich der negativen Auswirkungen von Krisen auf Preise, Warenströme und Wechselkurse durchaus bewusst war. Bereits zu Beginn eruiert Bartolomeo also beiläufig die langfristige Lage für das Geschäft mit deutschen Handelspartnern[54)]. Der Begrüßung folgt die Eröffnung des Geschäfts mit dem Angebot der Waren (Barchent[55)], Bocchasin und Valessio[56)]) durch Bartolomeo[57)]. Der Verkäufer preist seine Ware als die beste der Stadt und ruft Gott als seinen Zeugen für die Wahrhaftigkeit dieser Aussage an[58)]. Darauf folgt das erste Preisangebot des Verkäufers, das sogleich abgelehnt wird[59)]. Der Käufer droht übertrieben mit Rückzug und wünscht sich den Vater des Jungen als Verhandlungspartner. Dieser hätte ihm immer zu günstigen Preisen verkauft[60)]. Darauf antwortet Bartolomeo, der Vater hätte ihm es am liebsten umsonst gegeben, doch so wolle *er* nicht handeln; dennoch wolle er gern verkaufen[61)]. Nun droht der Käufer, er wolle es lassen und sich nicht bekümmern mit diesem Geschäft[62)]. Er gewinne nichts beim Weiterverkauf in deutschen Landen. Bartolomeo preist erneut die außergewöhnliche Qualität seines Stoffes, die so woanders nicht für weniger als viereinviertel Dukaten zu finden sei[63)]. Bartolomeo beteuert seinem Kunden, ihn so beraten zu wollen wie sich selbst, er verweist hier also auf seine Fairness als Handelspartner[64)]. Darauf erwidert

54) Der Italiener fragt hier: *Wenn seit ir chumen* [...] *Waz mer ist yeczund in deuczen landen* [...] *Ist gueter frid yeczund in deuczen landen* [...] *Ist ez tewr in deuczen landen*. Der Deutsche spricht: *Got gruß dich bortholome* [...] und fragt dann *Ist dein vater im hauß*. Georg von Nürnberg, Sprachlehrbuch (wie Anm. 21), S. 239 f.

55) Barchent war ein beliebtes Gemisch aus Baumwolle und Leinen. Bocchasin war ein feines, leicht transparentes Baumwollgewebe, das in Kleinasien (im heutigen Usbekistan) produziert wurde.

56) Valessio war ein Gewebe aus Hanf und Baumwolle und diente als leichtes Kleidungsfutter und für Strümpfe. Vgl. Barbara Bettoni, I beni dell'agiatezza. Stili di vita nelle famiglie bresciane dell'età moderna (Studi di scienze della storai e della società 1), o.O. 2005, S. 267, FN 357.

57) *Ich mag euch wol dienen mit guetem parchant und mit guetem valessi und bochasin geferbt in aller lay varb und weizz ob irͤn wolt*. Georg von Nürnberg, Sprachlehrbuch (wie Anm. 21), S. 240.

58) *Ich wird in euch allsampt zeigen und ir wert nehmen den der euch aller post gevelt* [...] *ich han den aller pesten der in dieser stat ist*. Ebd. [...] *Ich Lobcz mit der Barhait daz waiz got wol* [...] Ebd., S. 241.

59) Der Käufer fragt: *Umb wie vil wil du mir ein stuck geben*. Die Antwort lautet: *Wölt ir daz ich euchs in aim wort sag oder in hunderten* [...] *Du peuczt in ze tewer* [...] *mich dunck du pewcz alle ding zetewer. Ich mag in wol anderswo leichter haben*. Ebd. S. 241.

60) *Ich furcht ich mug mit dir nicht uber ain chumen. Ich wolt lieber mit deim vater haben ze schaffen ben mit dir*. Ebd.

61) *Es yst wol war er mocht euch alle ding umb sunst geben. Daz Mag ich nicht tün. Aber zeuerchauffen ich mag euch alz guetlich tun alz er selb hier her* [...] Ebd.

62) *Ich wil mich nicht bechumern mit der chauffmanschafft. Ich gebunn nichz daran in deuczen landen*. Ebd., S. 242.

63) *Vnd wenn irs wol hab gesehen do pin ich denn wol content daz ir get andersbo suchen*. Ebd., S. 243.

64) *Ich will euch raten alz mir selb*. Ebd.

der Deutsche, dieser spräche wie ein ehrbarer (*bider*) Mann[65]. Bartolomeo bietet ihm daraufhin ein Getränk an und leitet somit die dritte humorvolle und gesellige Phase des Verkaufsgesprächs ein[66]. Hierbei geht es nun nicht mehr direkt um die Verhandlung, sondern um deren rituelle Rahmung in der Begegnung zweier Geschäftspartner, die von Höflichkeit und Gastfreundschaft geprägt ist. Sie essen gemeinsam Brot und trinken Wein, den der Gast fast überschwänglich lobt: Auf die Frage: *Wie gefelt euch der Wein?* antwortet er: *Er gefelt mir wol und all dein dinck. Der Wein ist gut und du pist besser*[67]. Schmeichelei und Anerkennung ermöglichen eine Verhandlungspause und zugleich eine Vertiefung der persönlichen Beziehung beider Händler. Man trinkt zur Ehre Gottes und danach verlässt der Käufer das Geschäft, um nun einen Experten, nämlich seinen Unterkäufer, zu holen. Später beginnen erneut zähe Verhandlungen. Dabei spricht Bartolomeo zu seinem leicht verärgerten Kunden: »Zürnt euch nicht mit mir« und »Ich bin doch euer Freund, ob ihr wollt oder nicht«[68]. Schließlich zeigt er ihm die Ware und es wird weiter gefeilscht. Der Deutsche wählt die besten Stücke aus und nun kommt der Sensal ins Spiel. Zunächst unterstützt er seinen Auftraggeber, indem er die Ware als zu teuer bezeichnet, dann bietet er einen Stückpreis von vier Dukaten für den Barchent an und ordert zusätzlich 50 Stück Valessio[69]. Doch der Händler lässt sich darauf nicht ein und spricht: Wer Qualität wolle, müsse auch dafür zahlen.

Ein weiteres Argument wird nun vom Unterkäufer ins Feld geführt: die gute Qualität der neuen prägefrischen Münzen, die der Käufer anbietet[70]. Die Güte der Münzen war ein wichtiges Verkaufsargument angesichts der gängigen Verfälschungen und dem dadurch verursachten Werteverfall des Geldes. Nun verdichtet sich der Schlagabtausch, denn es wird an das Gewissen des Geschäftspartners appelliert. Dies geschieht durch ganz grundsätzliche Argumente, die den Gewinn und die kaufmännische Rationalität betreffen. Er verlöre zu diesen Konditionen sein Hauptgut, also seine Ware und damit sein Vermögen, und müsse schließlich auch sein Auskommen in der Stadt sichern, führt Bartolomeo an[71]. Der Deutsche fordert ihn im Gegenzug zu fairem Verkauf auf: *aber ich will daz du mir in gebst alz andern leuten.* Das findet Anklang beim Verkäufer und er erkennt den anderen erneut als ehrbaren Mann an[72]. Obwohl deutlich wird, dass sich beide einigen wollen, wird die Spannung rhetorisch weiter aufrechterhalten. So schlussfolgert Bartolomeo theatralisch: »Er hat mich mit Gewalt gefangen und ich bin sein

65) *Du sagts redlich alz ein pider man*. Ebd.

66) *Wolt ir nicht ein trunck tun*. Ebd.

67) Ebd., S. 244.

68) Ebd., S. 245.

69) Ebd.

70) *Und wiß er gibt dir fewer new ducaten*. Ebd., S. 246

71) *Ich gebs im gern aber ich verlur dez aydgen hauptguecz. Ez chosst mich alz vil zepringen mit zerung hincz her in disse stat*. Ebd., S. 246.

72) *Nun will ich in euch leichter geben wenn niemant anders durch des erbergen mans willen*. Ebd.

Gefangener«[73]. Der Käufer attestiert seinem Gegenüber im Gegenzug Unbescheidenheit[74]. Schließlich einigt man sich auf das Geschäft zu einem Preis von viereinviertel Dukaten pro Stück Barchent. Der Unterkäufer fordert den Verkäufer auf: »Du musst ihm den Viertel Dukaten lassen, auf dass er ein anderes Mal desto lieber zu Dir komme«[75]. Die interpersonelle Dimension, die im Dialog immer auch eine gegenseitige Vergewisserung und ein Urteil über die Persönlichkeit des Händlers beinhaltet, wird zudem deutlich, als der Deutsche seinen Verhandlungspartner nicht ohne Bewunderung als »harten Knaben« betitelt und später im Text rhetorisch fragt, wie er denn erst handeln werde, wenn er älter sei[76]. Als ihn der Käufer mit einem vermeintlich günstigeren Angebot der Konkurrenz erneut unter Druck setzt, kontert Bartolomeo: Es sei manchmal besser, nichts zu verkaufen als ein schlechtes Geschäft zu machen[77], und legt damit sein Gewinnstreben und dessen Grenzen offen. Die Verhandlungen spitzen sich nochmals zu, als die späte Warenschau beginnt; wieder wird der zu hohe Preis angeprangert, woraufhin der sichtlich ungehaltene Verkäufer zweimal betont: Er solle die Waren endlich nehmen oder es lassen. Auch fragt er erneut, ob dieser nicht wolle, dass er etwas verdiene[78]. Schließlich folgt der fünfte und letzte Teil, in dem der Handel abgeschlossen wird: Eine Anzahlung in Höhe von zehn Gulden wird bar getätigt, während die verbleibenden neunzig Gulden auf der Bank festgeschrieben werden. Die Ware wird gewogen, alles wird in den Rechnungsbüchern notiert. Einen letzten Coup leistet sich der ausgebuffte deutsche Kaufmann, indem er eine Zugabe in Form von Baumwolltuch fordert, die er gewohnt sei zu erhalten. Und auch Bartolomeo versteht sich auf sein Geschäft: Er bietet im letzten Moment noch Bocchasin zum Kauf auf Kredit an, was der andere ablehnt, da es nicht seine Gewohnheit sei, auf Kredit zu kaufen[79]. Schließlich endet das »soziale Theater« des Feilschens und Verhandelns mit einem erneuten Umtrunk.

Die Ergebnisse der Analyse des Dialogs lassen sich wie folgt zusammenfassen: Beide Parteien werden in ihren Bedürfnissen berechtigt dargestellt, das Auskommen der Kaufleute erscheint als legitimes Handlungsmotiv. Beide wollen ein gutes Geschäft machen und zugleich ihre guten Handelsbeziehungen nicht durch zu hohe und unverschämte Forderungen gefährden. Gemeinschaftsstiftende Rituale wie das Mahl und der

73) Ebd.

74) *Daz ist durch deiner unbeschaidenhait willen dye du albeg mit mir treibst.* Ebd.

75) Ebd., S. 247.

76) *Du pist gar ein hertter chnab.* Ebd., S. 247 [...] *Du pist chargt yeczunt und pist Junck wie wirstu tün ben du allt wirst sein.* Ebd., S. 250.

77) *Ez ist pesser underbeillen nichcz verchauffen denn ubel verchauffen.* Ebd., S. 248.

78) *Ich mag nicht anders, ir mugt in nehmen oder lazzen. Waz bedorff man alz vil red.*[...] *Wölt ir nicht daz ich etwas mit euch gewinn.* Ebd.

79) *Sagt mir von dem wochasin waz wölt ir sprechen. Ich hab nicht mer gelcz. Was schatt daz, ich würd euch wohl porgen hincz zum ersten mal daz ir her chumpt. Gebt mir nur ein hantgeschrifft mit ewerem petschafft.* [...] *Ich chan nicht auff die porig chauffen. Es ist nicht mein gebonheit.* Ebd., S. 252.

Trank kontrastieren die theatralischen und teils spitzen kommunikativen Schachzüge der Geschäftsmänner. Dennoch: Man kennt sich und wird wohl auch in Zukunft miteinander ins Geschäft kommen. Die Verstetigung der interpersonellen Beziehung und das gegenseitige Vertrauen basierend auf der Reputation beider Akteure ist ein zentraler Teil des auf Reziprozität basierenden Gütertauschs. Gegenseitige Anerkennung spielt dabei eine entscheidende Rolle. Jeder erkennt die kaufmännische Ehre als zentrale Qualität des anderen an.

Auch das rechte Zahlungsgebaren steht hiermit in Verbindung. Während eine Anzahlung in bar Usus ist, wird der zusätzliche Kauf auf Kredit demonstrativ abgelehnt. Auch dies kann als Teil einer auf moralisches Handeln ausgerichteten Kaufmannsdidaxe interpretiert werden, die in dem Lehrdialog permanent mitschwingt. Das Gelingen des Geschäfts basierte im Kern zudem auf einer genauen Kenntnis der Warenqualität und des Marktwerts eines Gutes, einem Motiv, das uns die Handbücher der mittelalterlichen Kaufleute detailliert vor Augen führen. Der angestrebte gerechte Preis, der die von Olivi geforderte Balance zwischen zwei Vertragsparteien und den Erhalt des *bonum commune* ermöglicht, wird auch hier erreicht. Man traf sich in der Mitte – die Forderung der Theologen nach Gerechtigkeit bei der Preisbildung wäre in diesem Idealfall eingelöst[80)].

Das Sprachlehrbuch ist in seiner Detailliertheit einzigartig und erlaubt uns die Annäherung an die Kommunikationsstrategien von Kaufleuten im Venedig des frühen 15. Jahrhunderts. Doch nicht nur für den Handel in Venedig war der Spracherwerb zentral. Blicken wir zum Vergleich noch auf ein Beispiel aus der englischen Überlieferung.

80) Der zweite, wesentlich kürzere Dialog findet ebenfalls zwischen einem Italiener und einem Deutschen im Fondaco dei Tedeschi statt. Dabei handelt es sich um einen Warentausch, bei dem Bocchasin gegen Leinwand und grobes Tuch gehandelt wird. Man einigt sich schnell und vereinbart die nachträgliche Bezahlung des ausstehenden Restbetrags beim nächsten Wiedersehen. Der Deutsche bietet seinem italienischen Handelspartner noch ein Geschenk aus Deutschland an, dieser wünscht sich eine Tasche. Grüße an den Vater und Bruder des deutschen Händlers sowie zahlreiche guten Wünsche für die Heimfahrt belegen die enge persönliche Verbundenheit beider sowie eine auf Vertrauen gegründete dauerhafte Geschäftsbeziehung. Dieses Vertrauen wird rituell und kommunikativ durch die Segenwünsche, das Lob der gegenseitigen Ehrbarkeit, die Familienbeziehungen und durch Geschenke, aber auch durch gegenseitige Preisnachlässe hergestellt und verstärkt. Es wird ebenfalls im Akt des Kaufs auf Kredit deutlich, verlässt der Deutsche seinen Geschäftspartner doch mit eigenen Zahlungsausständen in Höhe von 54 Dukaten. Dennoch geschieht diese Handlung nicht gänzlich ohne schriftliche Absicherung, was der Deutsche mit dem Ausspruch: »du sagst mir eins und tust ein anderes«, kommentiert. Sich auf die Ehre der Kaufleute berufend, antwortet der andere: *also tuen die getrewen chauffleute unter sich*. Die Treue des Kaufmanns geht mithin mit einer gründlichen Buchführung und Quittierung von Zahlungen und Schulden einher. Sie dient seiner eigenen Absicherung, aber schließlich auch der Aufrechterhaltung funktionierender Geschäftsbeziehungen. So gerät die Verabschiedung beider Männer herzlich und mit einem Verweis auf ein Wiedersehen. Der Venezianer nennt den Deutschen »meinen Bruder« und verspricht, einen guten Malvasier für das nächste Treffen zu bestellen.

II.2. Caxtons Dialogus

Der »Lehrdialog auf Französisch und Englisch« von William Caxton aus dem 15. Jahrhundert enthält ebenfalls die Darstellungen eines Kaufaktes.[81] Auch Caxtons Dialog war zum Erwerb der Fremdsprachen des Französischen und Englischen geschrieben worden und auch er funktioniert anhand von Vokabellisten und Modelldialogen, die Konversationssituationen, darunter auch beim Shopping, nachempfanden[82]. Blicken wir kurz auf die enthaltene Verkaufsszene: Ein Käufer möchte Tuch von einer Händlerin erwerben und erkundigt sich nach dem Preis. Dieser liege bei vier Schillingen pro Elle[83]. Der Käufer gibt sich zunächst – wie im Beispiel aus Venedig – entsetzt über den zu hohen Preis und argumentiert, dafür könne man nicht einmal Purpurstoff erhalten. Die Händlerin kontert, dass nicht einmal ihr bester Purpurstoff für sieben Schillinge zu haben sei[84]. Schließlich bietet sie dem Kunden für fünf Schillinge eine beliebige Menge Stoff, sozusagen mit Mengenrabatt, an. Nach einem kurzen Hin und Her über die Qualität des Stoffes lässt der Käufer 15 Ellen Stoff zuschneiden.

Die Verkäuferin ist sichtlich bemüht, sich als verlässlich und vertrauenswürdig zu erweisen. Sie betont ihr Bemühen um Vertrauen, während sie den Stoff genau abmisst mit den Worten: *Sire, I shall never shriue* [schrumpfen] *me therof. Of that I shall withholde yow.* Der Verkäufer bestätigt dieses Vertrauen, indem er sagt, hätte er kein Vertrauen, so würde er den Abmesser holen: *Dame, that knowe I well; If I had not trusted you, I had called the metar.* Die Händlerin möchte sichergehen und erwidert, dies könne er tun, wenn ihm beliebt: *Sire, yf it plese you, He shall be called.* Das lehnt der Käufer aber emphatisch ab: *Nay truly, dame, I holde me well content with you. For me semeth, That ye haue to me well done. Folde it up in goddes name*[85]. Nochmals fordert sie ihn auf, den Stoff selbst abzumessen, was erneut verneint wird. In dieser kurzen Szene wird der Vertrauensbonus deutlich, den der Käufer der Händlerin zugesteht. Er seinerseits erweist sich schließlich als vertrauenswürdiger Kunde, indem er mit gutem Geld bezahlt, wie das Ende des Dialogs belegt.

81) Caxton's Dialogues in French and English. Adapted from a Fourteenth-Century Book of Dialogues in French and Flemish (1483), hg. von Henry BRADLEY (Early English Text Society, Extra Series, 79), London 1900, S. 15–18. Siehe einführend Thomas ERTL, Einleitung zu diesem Band, S. 36.

82) James DAVIS betonte den Realitätsgehalt der Lehrdialoge: »The two-handed cut and thrust of a commercial transaction was obviously an ideal format for practising a language and, consequently, aspects of the dialogue appear to be based in realism«, DAVIS, Medieval Market Morality (wie Anm. 39), S. 69.

83) Käufer: *Dame, what hold ye the elle of this cloth? In shorte to speke, how moche thelle?* Verkäuferin: *Syre, resone; I shall doo to you resone; Ye shall haue it good cheep.* Käufer: *Dame, me must wynne. Take hede what I shall paye.* Verkäuferin: *Four shelynges for the elle, yf it you plese you.* [...] Caxton, Dialogues (wie Anm. 81), S. 15.

84) Käufer: *Dame, it were worth to me well thre shellyngs.* Verkäuferin: *That is euyll boden, or to moche axed.* Käufer: *Dame, what shall auaylle thenne, longe wordes?* Ebd.

85) Caxton, Dialogues (wie Anm. 81), S. 16 f.

Betrachtet man die Rhetorik dieses kurzen Dialogs genauer, werden die Strategien beider Akteure deutlich. Beachtenswert ist dabei zum einen, dass sie einander scheinbar jedes Mal zustimmen, bevor sie zum Gegenargument ansetzen. Daraus ergibt sich ein spannendes zeitlich verzögertes Wechselspiel, das wir auch im Dialog Georgs von Nürnberg sahen. Auch bleibt die Höflichkeit – und damit der Fortgang des Gesprächs – stets gewahrt, wie die Anredeformen *Demoiselle* und *Syre* belegen. Der idealisierte Verkaufsdialog als ritualisierte Kommunikationsform folgte dabei einer genauen Etikette, die das Erreichen eines Geschäftsabschlusses garantierte. Das Gelingen dieser Interaktion war für beide Seiten langfristig wichtig, der Händlerin ermöglichte es die Ausweitung ihres Kundenkreises und dem Käufer den Zugang zu weiteren – eventuell günstigen – Gütern in der Zukunft.

Wie in den Dialogen deutlich wurde, spielte das Wissen um aktuelle Preise für das Verkaufsgespräch eine zentrale Rolle. Ratgeberliteratur wie die Kaufmannshandbücher Francesco Pegolottis, Paolo da Certaldos oder Matthäus Schwartz's verdeutlichen dies ebenfalls. Obgleich ihr Fokus vor allem auf dem operativen Wissen der Kaufleute, auf der Kenntnis von Maßen und Gewichten, Preisen und Wechselkursen lag, finden wir in ihnen ebenfalls konkrete Hinweise auf die ethischen Standards der Kaufleute, die sich in Kommunikation und dem sozialen Verhalten widerspiegeln sollten. Nicht nur durch die Expertise in Bezug auf Faktenwissen beugte man Betrug vor und sparte Zeit. Zu den Fremdsprachenkenntnissen kamen auch unentbehrliche Kenntnisse kultureller Codes, wie Kleidung und Haartracht, aber auch die Gewohnheit, Beigaben zur Ware zu erhalten.

III. Fazit

Im Hinblick auf die Ziele, Motivationen und Einstellungen von Händlern und ihren Kommunikationsstrategien wurde anhand der Verkaufsdialoge klar, dass für beide Seiten der Gewinn ein zentrales und legitimes Ziel war. Im Sprachlehrbuch aus Venedig wurde dies in den langwierigen Verhandlungen über den Preis deutlich, bei denen der Verkäufer einerseits seine Existenzsicherung und sein Auskommen explizit betont. Andererseits thematisiert er den Gewinn im Verlauf des Gesprächs mehrfach. Letztlich einigte man sich auf einen »gerechten Preis«, der exakt die Mitte zwischen beiden Forderungen bildete. Somit könnte man sagen, dass die Preisbildung bei diesem Handel im Sinne Olivis gerecht war.

Zwar galt *avaritia* unbestritten als Todsünde und Gefahr, jedoch war nicht jede Handlung, die auf Gewinn gerichtet war, auch sündhaft, wie Olivi und auch Bernardino argumentierten. Gewinn zu machen war aus wirtschaftsethischer Perspektive legitim, wenn gleichzeitig ein Beitrag für das *bonum commune* geleistet wurde. Neben dem Gewinn geht es den Händlern in beiden Dialogen aber vor allem darum, beständige und zukunftsträchtige Handelsbeziehungen zu etablieren und aufrechtzuerhalten. Vertrauen und Reputation spielen hierbei eine zentrale Rolle und werden ebenfalls mehrfach verbalisiert: in den gegenseitigen Ehrbekundungen, der ambivalenten Selbstbezeichnung Bartolomeos als Freund, ob der andere wolle oder nicht, und in der verbalen Inszenierung der Vertrauensprobe bezüglich des richtigen Messens zwischen dem englischen Käufer und der Tuchhändlerin. Dabei ist die Verstetigung der Handelsbeziehungen, sichtbar in der Zukunftsbezogenheit der Kommunikation, ein ebenso wichtiges Ziel wie das Aushandeln eines gerechten Preises. Nur die Gleichberechtigung beider Partner, die kommunikativ immer wieder bekräftigt wird, führt zum Erfolg, der materiell *und* sozial definiert werden muss.

In den Kommunikationsbeispielen scheinen darüber hinaus Elemente eines Verhaltenskodex der Kaufleute auf. Die Ehre des Kaufmanns entstand durch seine Fairness in den Verhandlungen, in der Anerkennung der Bedürfnisse des anderen und durch höfliche Umgangsformen. Neben die verbale Kommunikation tritt das nonverbale Element des gemeinsamen Mahls und Tranks, ein scheinbar konstitutiver, weil gemeinschaftsstiftender Faktor für das Gelingen des Geschäfts. Neben dem sozialen Kapital der Beteiligten spielte das operative Wissen der Kaufleute für das Gelingen der Kommunikation und letztlich des Geschäftes eine zentrale Rolle. Dazu zählte die genaue Kenntnis »harter« Fakten wie dem gängigen Marktpreis für Stoffe und den Angeboten der Konkurrenz. Verhandeln und Feilschen gelingen, weil beide Akteure ihr operatives Wissen geschickt einsetzen und sich zu einem gewissen Grad vertrauen. Die rechtliche Absicherung und offizielle Vermittlung des Geschäfts erfolgt in Venedig schließlich durch den Unterkäufer.

Es ließe sich mithin schlussfolgern, dass die Kommunikationsstrategien mittelalterlicher Händler anhand der hier vorgestellten Quellen durchaus bestimmte moralische und religiöse Normen und Werte widerspiegeln. Dabei treten Ähnlichkeiten zwischen dem wirtschaftsethischen Diskurs und der in den Verkaufsdialogen aufscheinenden Praxis hervor. Ihre Verfasser standen in engem Kontakt mit den Händlern und ihren Gewissensproblemen, waren sie doch häufig deren Beichtväter oder stammten aus der gleichen gesellschaftlichen Schicht.

Die damit angesprochenen Austausch- und Rückkopplungsprozesse zwischen Handelspraktiken und dem wirtschaftsethischen Diskurs bilden ein schwieriges, aber dennoch vielversprechendes Terrain, dem in der mediävistischen Forschung mehr Aufmerksamkeit zukommen sollte. Neben dem gut erforschten Aspekt der Rationalität als Triebkraft ökonomischen Handelns ist es zudem die Einbettung der Handlungen von Kauf und Verkauf in ein rituelles Setting[86] und ihre moralische Grundierung, die als eine Säule der Handelsgeschichte aus kulturgeschichtlicher Perspektive stärker erforscht werden sollte.

86) Rituelles Handeln begrenzt und lenkt das Gewinnstreben in Bahnen, es schafft darüber hinaus langfristige soziale Bindungen und soziales Kapital und verstetigt Ordnungen, in diesem Fall die Ordnung des gelingenden Handels.

Summary: Bargaining the Right Way. The Business Ethics and Communication of Medieval Merchants

Medieval markets, fairs and trade offices were places of face-to-face communication; this article is focused on trading and negotiating as communicative acts. Oral negotiation as a technique for initiating or enforcing contracts in a business transaction has so far received little attention in pre-modern economic history research. However, the question of the inner logic and techniques of the exchange between two business partners is highly relevant with regard, for example, to establishing trust and building medium and long-term trade relations. What motives did traders pursue in their negotiations? How can mercantile action be understood and interpreted in the spectrum between profit-seeking and moral concerns? Were merchants guided by ethics at all, and if so, how can these ethics be described? Using sources from late medieval Italy, Germany and England, this article focuses on the ritual character and embeddedness of trade negotiations. Hence, bargaining is understood as a rehearsed and learned »social theatre«. Successful communication between traders was based on both: operational knowledge about prices and the quality of goods as well as about very specific, ritually framed communicative processes and linguistic strategies. The analysis shows that traders did attach importance to appearing efficient, trustworthy and reliable. Reputation-based stable business relationships were important to them. Furthermore, this article points out how newly defined and refined economic ethics, such as in Olivi's theory of contracts, were distributed through preaching as a central medium connecting theory and everyday life. Franciscan preachers like Bernardino da Siena tackled the ethical problems connected to bargaining, shopping and trading while re-evaluating the role of merchants for the society and the *bonum commune*. Interestingly, we can trace these ethics in merchants' handbooks as well as in the language of bargaining depicted in didactic literature on languages. The feedback processes between trade practices and the discourse on business ethics thus addressed form a difficult but nevertheless promising terrain that should be given more attention within medieval research.

Die Marke vor der Marke: Beschaffenheit und Verbindlichkeit des Markenwesens im mittelalterlichen Textilgewerbe

Angela Huang (Lübeck)

I. Einleitung: Das Kaufen und Verkaufen von Textilien im Mittelalter

Beschäftigt man sich mit der »Kunst des Verkaufens« im Mittelalter, dann dürfen Textilien als zentrale Konsumgüter nicht fehlen. Ihr zunehmender Handel begleitet bereits die »Kommerzielle Revolution« des 10. bis 13. Jahrhunderts. In den nachfolgenden Jahrhunderten sollte sich die gewerbliche Produktion und der Nah- und Fernabsatz von Textilien weiter ausweiten[1]. Urbanisierung und höhere Reallöhne führen vor allem seit der zweiten Hälfte des 14. Jahrhunderts zu einem gesamtgesellschaftlich zunehmenden Textilkonsum – eine dynamische gesellschaftliche Entwicklung[2], die teilweise als »Geburtsstunde der Mode« bezeichnet wird[3]. Damit nahmen kommerzielle Textilherstel-

1) Zur Entwicklung des mittelalterlichen Textilgewerbes und zur mittelalterlichen Ausweitung des Fernhandels mit Textilien in Auswahl: Rolf Sprandel, Art. »Textilien. A. Westen. II. Handel und Gewerbe«, in: Lexikon des Mittelalters, Bd. 8, Sp. 598–602; Robert S. Lopez, The Commercial Revolution of the Middle Ages, 950–1350, Cambridge 1976, S. 130–137; Hektor Ammann, Deutschland und die Tuchindustrie Nordwesteuropas im Mittelalter, in: Hansische Geschichtsblätter 72 (1954), S. 1–63; John H. Munro, Medieval Woollens. The Western European Woollen Industries and their Struggles for International Markets, c. 1000–1500, in: The Cambridge History of Western Textiles, hg. von D. T. Jenkins, Bd. 1, Cambridge 2003, S. 228–354.

2) Siehe zu den Anfängen einer Konsumgesellschaft am Beispiel Englands etwa Maryanne Kowaleski, A Consumer Economy, in: A Social History of England, 1200–1500, hg. von Rosemary Horrox/W. M. Ormrod, Cambridge 2006, S. 238–259.

3) Während der Wunsch nach Neuem schon früher den Umgang mit Kleidung prägte, war es zusätzlich eine Veränderung der Schnitttechnik, die eine Betonung der Veränderungen des 14. Jahrhunderts rechtfertigt. Hinzu kam eine kritische Diskussion um die gesellschaftliche Ausweitung des kommerziellen Textilkonsums. Das Ergebnis waren nicht zuletzt zahlreiche Luxus- und Kleiderordnungen, die den nicht statusgemäßen bzw. verschwenderischen Konsum von Textilien zu regulieren suchten. Gerade die Städte erlassen eine Vielzahl an Kleiderordnungen in der hier behandelten Zeit. Vgl. dazu Margaret Scott/Bettina von Stockfleth, Kleidung und Mode im Mittelalter, Stuttgart 2009, S. 31–131; Martha C. Howell, Commerce before Capitalism in Europe, 1300–1600, Cambridge 2010, S. 208–260; Anne-Kathrin Reich, Kleidung als Spiegelbild sozialer Differenzierung (Quellen und Darstellungen zur Geschichte Niedersachsens; Nd. 125), Hannover 2005, S. 29–31 (zu Mode), weiter ab S. 56; Neithard Bulst, Kleidung als sozialer Konfliktstoff. Probleme kleidergesetzlicher

lung und der Handel nicht nur mengenmäßig zu, sondern differenzierten sich für einen breiteren städtischen Konsum stärker aus. Gerade Leinwand und Barchent, ein Mischgewebe aus Leinen- und Baumwollgarn, treten nun stärker in den Handelsquellen in Erscheinung[4]. Diese Veränderungen in der Konsumstruktur gehen auch über die Städte hinaus: Für den schwer zu fassenden ländlichen Raum hat etwa Poulsen für Dänemark auch einen bäuerlichen Konsum herausgestellt[5].

Mit der sich ausweitenden Nachfrage nach kommerzieller Textilherstellung verbunden ist eine massenhafte Produktion eines ausdifferenzierten textilen Sortiments und der weitreichende Handel damit. Gut 200 Tuchsorten verschiedenster Qualität sind mir allein für den hansischen Handel im Spätmittelalter und bis ins 16. Jahrhundert hinein bekannt[6]. Nur wenige archäologische Funde zeugen noch materiell von diesem umfangreichen hansestädtischen Textilkonsum im Ostseeraum, so ein außerordentlich gut erhaltenes wollenes Kinderkleidungsstück aus Danzig (Abbildung 1), aber auch kleinteiligere Funde von Knopfleisten und Halsausschnitten[7] sowie Textil-

Normierung im sozialen Gefüge, in: Saeculum 44 (1993), S. 32–46; Liselotte Constanze EISENBART, Kleiderordnungen der deutschen Städte zwischen 1350 und 1700. Ein Beitrag zur Kulturgeschichte des deutschen Bürgertums, Berlin 1962.

4) Siehe etwa Eberhard ISENMANN, Die deutsche Stadt im Mittelalter 1150 – 1550. Stadtgestalt, Recht, Verfassung, Stadtregiment, Kirche, Gesellschaft, Wirtschaft, 2. Aufl, Köln u. a. ²2014, S. 870; Angela HUANG, Die Textilien des Hanseraums. Produktion und Distribution einer spätmittelalterlichen Fernhandelsware (Quellen und Darstellungen zur Hansischen Geschichte 71), Köln u. a. 2015, S. 84–85 beispielhaft zum Wachstum etwa des Leinengewerbes z. B. in Göttingen, allgemeiner S. 117. Zur Entwicklung des Baumwollgewerbes Dörte ERISKAT, Baumwollhandel und Barchentproduktion im Westen des Reiches (14. bis 16. Jahrhundert) (Studien zur Regionalgeschichte 25), Bielefeld 2021.

5) Bjørn POULSEN, Trade and Consumption among Late Medieval and Early Modern Danish Peasants, in: Scandinavian Economic History Review 52 (2004), S. 52–68, hier besonders S. 61.

6) Zum hansischen Handel mit Textilien v. a. AMMANN, Tuchindustrie (wie Anm. 1), S. 43–55 und Überblickskarten auf den S. 44, 48; Simone ABRAHAM-THISSE, Der Tuchhandel der Hanse am Ende des Mittelalters (14.–15. Jahrhundert), in: Vergleichende Ansätze in der hansischen Geschichtsforschung, hg. von Rolf HAMMEL-KIESOW (Hansische Studien 13), Trier 2002, S. 183–207; Carsten JAHNKE, Some Aspects of Medieval Cloth Trade in the Baltic Sea Area, in: The Medieval Broadcloth. Changing Trends in Fashions, Manufacturing and Consumption, hg. von Kathrine V. PEDERSEN/Marie-Louise NOSCH (Ancient Textiles Series; vol. 6), Oxford, Oakville, CT 2009, S. 74–89; John H. MUNRO, Hanseatic Commerce in Textiles from the Low Countries and England during the Later Middle Ages: Changing Trends in Textiles, Markets, Prices and Values, 1290–1570, in: Von Nowgorod bis London. Studien zu Handel, Wirtschaft und Gesellschaft im mittelalterlichen Europa. Festschrift für Stuart Jenks zum 60. Geburtstag, hg. von Marie-Luise HECKMANN/Jens RÖHRKASTEN (Nova Mediaevalia. Quellen und Studien zum europäischen Mittelalter; 4), Göttingen 2008, S. 97–182. Rudolf HOLBACH, Zur Handelsbedeutung von Wolltuchen aus dem Hanseraum. In: Der hansische Sonderweg? Beiträge zur Sozial- und Wirtschaftsgeschichte der Hanse, hg. von Stuart JENKS/Michael NORTH (Quellen und Darstellungen zur Hansischen Geschichte 39). Köln u. a. 1993, S. 135–190; HUANG, Textilien (wie Anm. 4).

7) Bei Grabungen vor allem in Tartu (im Mittelalter: Dorpat) wurden zahlreiche vergleichsweise gut erhaltene Kleidungsreste gefunden, so beispielsweise ein gut erkennbarer Nackenausschnitt und eine Knopfleiste, s. Stadtmuseum Tartu, Inv. Nrn. TM A-169:1511; TM A-141:620.

reste[8] (siehe Abschnitt 2), die alle die Bedeutung importierter Stoffe hervorheben[9]. Wie aber erreichten die zahlreichen textilen Handelswaren die Kundschaft?

Abbildung 1: Grünes Kinderoberkleid aus Wollstoff in einfacher Leinenbindung mit Seidenverzierungen am Kragen, Knöpfen und Ärmeln, 14.–17. Jh. Quelle/Foto: Archäologisches Museum in Danzig MAG/MM/GD/255/20/7/171.

8) Etwa in Tartu wurde eine große Anzahl an Wolltuchfragmenten gefunden, die meist als Importe identifiziert wurden. In Auswahl: Stadtmuseum Tartu, Inv. Nrn. TM A-115:1234; TM A-169:593; TM A-169:1491 TM A-169:1492; TM A-169:1524. Auf diese Fragmente wird an späterer Stelle noch näher einzugehen sein.

9) Riina Rammo, Fragements of clothing from medieval Tartu (Estonia): Archaeological Sources, in: Medieval Urban Textiles in Northern Europe, hg. von Riina Rammo/Arvi Haak, Tartu 2012, S. 125–146, hier S. 137.

Wir wissen aus Einzelbeispielen, wie die Verkaufspraxis von importierten Textilien im Allgemeinen aussah. Vorauszuschicken ist, dass Stoffe und nicht Kleidung eingekauft und dann von Schneidern vor Ort verarbeitet wurden. Vor allem Großkaufleute brachten die Waren auf die städtischen Märkte – spätestens seit dem 14./15. Jahrhundert oftmals als Liefergeschäft[10]. Krämer und Gewandschneider handelten (auch) im Detailverkauf mit kleineren Mengen. Für Lübeck gibt die Aufzeichnung eines Gewandschneiders aus dem 13. Jahrhundert frühe Einblicke in den Weg der Ware zum Endverbraucher. Über drei oder vier Angestellte verkaufte er Textilien im Detail vor allem innerhalb des Lübecker Stadtgebiets (110 von 160 Personen bei 170 Geschäften), aber auch im Umland (Ostholstein/Lauenburg bis mittleres Mecklenburg, 46 von 160 Personen). Insgesamt werden dabei 70 mit Toponymen benannte Tuchsorten genannt, die in 38 Fällen der Stadt beziehungsweise Region, in weiteren zehn Fällen (nieder)deutschen Handelszentren im Westen und in 22 Fällen Nordwesteuropa und hier wohl ganz überwiegend Flandern zugeordnet werden können[11]. Für Reval im 16. Jahrhundert liegt uns mit dem Schriftgut des Kaufmanns Hans Selhorst ein Beispiel dafür vor, wie die Stoffe an ortsansässige Tuchhändler weitergegeben und ellenweise im Kleinverkauf an livländische Edelleute beziehungsweise ländliche Großhaushalte abgesetzt wurden. Der Revaler Hinrich Stalbroder lieferte im Auftrag von Selhorst in Fässern verpackt kleinere Mengen Textilien ins Umland, so Tuch aus Uelzen und England, Atlas aus Brügge, Damast und Tuch aus Arras, Sardock, Seide und Decken aus Nürnberg und mehr; nicht zuletzt war Ellenware auch ein Tauschgut für Getreideankauf aus dem Umland. Carsten Jahnke bezeichnet die Funktion des Händlers hier als die »eines Versandhauses mit einem umfassenden Sortiment«[12]. So stellten Kaufleute verschiedener

10) Von Liefergeschäften spricht etwa die Bestimmung eines Hansetages 1423 zu Lübeck, die sich mit der Einhaltung der richtigen Maße flandrischer Laken beschäftigt. Zu kurze Laken, die in Hansestädten gebracht würden, sollten eingezogen werden und eine Warnung ausgehen, *dat sik eyn juwelik besorge, dat he sik lakene leveryren late, de ere vulle lenge hebben*, s. Die Recesse und andere Akten der Hansetage [im Folgenden: Hanserecesse], 4 Abteilungen, hg. von Karl KOPPMANN/Goswin Freiherr VON DER ROPP/Dietrich SCHÄFER/Friedrich TECHEN/Gottfried WENTZ, Leipzig u. a. 1870–1970, hier Abteilung 1, Bd. 7, Nr. 609.3, S. 415.

11) Die städtische Kaufkraft soll im Durchschnitt mehr als doppelt so hoch gewesen sein wie die der Landbevölkerung. Abnehmer in der Stadt waren insbesondere (wohlhabende) Handwerker und Gewerbetreibende; im Umland waren es der Landadel, Dorfpfarrer, ländliche Handwerker und unbenannte, vermutlich bäuerliche Käufer. Siehe Rolf HAMMEL-KIESOW, Wer kaufte die Waren des hansischen Handels? Eine Annäherung an die Endverbraucher, in: »Kopet uns werk by tyden«. Beiträge zur hansischen und preußischen Geschichte; Walter Stark zum 75. Geburtstag, hg. von Nils JÖRN/Detlef KATTINGER/Horst WERNICKE, Schwerin 1999, S. 73–80, hier bes. S. 74 f.

12) Carsten JAHNKE, Netzwerke in Handel und Kommunikation an der Wende vom 15. zum 16. Jahrhundert am Beispiel zweier Revaler Kaufleute, Habilitationsschrift der Philosophischen Fakultät der Christian-Albrechts-Universität zu Kiel, Kiel 2003, S. 188 f., 231, 236 [online abrufbar unter https://www.hansischergeschichtsverein.de/vereinsfremde-lit, letzter Zugriff am 26.5.2023].

Spezialisierung zwischen Großhandel und Detailverkauf ihrer Kundschaft eine große Auswahl an Gewebearten und Sorten bereit.

Untereinander tauschten sich Fernkaufleute auch über die konkrete Nachfragesituation aus. Das »gute englische Tuch« oder Leidener Laken waren etwa im 15. Jahrhundert im Ostseeraum nachgefragt, das flämische Tuch wollte Mitte des 15. Jahrhunderts die Kundschaft der Rigaer Kaufleute nicht kaufen[13]. Auch in der Korrespondenz des Kaufmanns Hildebrand Veckinchusen wird die Nachfrage nach bestimmten Textilien thematisiert. In der Korrespondenz zwischen ihm, zu diesem Zeitpunkt in Brügge, und seinem Kölner Partner Reinhard Noiltgin von 1421 schreibt letzterer über den Verkauf und weiteren Einkauf von Augsburger Barchent und über den Absatz von Graulaken und bestellt bei seinem Partner eine Anzahl grüner *Monstaveleirsen* Tuche für Kaufleute vor Ort[14]. Interessant ist gerade dieses Schreiben, da ihm Stoffproben beigelegen haben sollen, die heute noch im Stadtarchiv Tallinn vorliegen (siehe Abbildung 2). Sie sind ein seltenes Zeugnis der Praxis, sich zur Ausgestaltung des Handelssortiments und Vorbereitung von Warenlieferungen auch Warenproben zuzuschicken.

Abbildung 2: Tuchprobe als Beilage der Veckinchusen-Korrespondenz, um 1400.
Quelle/Foto: Stadtarchiv Tallinn 230.1.Bh81/III, Nr. 1.

13) Eine Reihe an Handelsbriefen, die von Riga nach Brügge und Lübeck gehen, thematisiert den Absatz v. a. flandrischer Laken dorthin Mitte des 15. Jahrhunderts. Siehe Walther STEIN, Handelsbriefe aus Riga und Königsberg von 1458 und 1461, in: Hansische Geschichtsblätter 26 (1898), S. 59–125, hier zu bestimmten nachgefragten Sorten und ihrer Preisentwicklung insbes. Nrn. 1, 10, 11, 13, 18, 19, 21, 27.

14) Hildebrand Veckinchusen. Briefwechsel eines deutschen Kaufmanns im 15. Jahrhundert, hrsg. von Wilhelm STIEDA, Leipzig 1921, hier Nr. 508, S. 497 f.

Aber wie wurden Textilien als Konsumgut von den Käuferinnen und Käufern wahrgenommen? Dass Kaufleute spezielle Sorten für ihren Handel nachfragten beziehungsweise einkauften, wie etwa in der Korrespondenz von Hinrik van dem Wele in Riga mit seinem Brügger Partner Philipp Bischof von 1458[15] oder als Hochzeitsausgaben im Rechnungsbuch des Lübecker Krämers Hinrik Dunkelgud für 1479[16] nachvollziehbar, überrascht kaum. Tuchsorten tauchen allerdings nicht nur in Handelsquellen auf. In Lübecker und Stralsunder Testamenten etwa finden sich regelmäßig Kleidungsstücke[17]. Verschiedentlich sind die verwendeten Textilien näher identifiziert, so in Lübeck im Gebrauch für die niedrigeren sozialen Schichten das *pannus yrensis* (irisches Tuch) und die einfachen Stendaler (Grau-)Laken[18]. Auch in Reval (Tallinn) wurde solch günstigeres Tuch, namentlich graues Lübecker und Osnabrücker Tuch, in Testamenten gespendet[19]. Gerade hochwertige Wolltuche finden sich in den Lübecker Testamenten, so die Brügger und englischen, weiter auch Aardenburger und Poperinger Laken[20]. Diese in Handels- und Rechtsquellen zur näheren Benennung von textilen Gebrauchs- und Han-

15) Der Partner des Rigaer Kaufmanns, der nach Danzig gesegelt war, solle ihm dort einen Rock (Obergewand) und eine Hoike (Mantel, Umhang) und ein Kogel (Kopfbedeckung) von braunen Londoner Tuch machen lassen, das »sehr gut sein soll« und welches der Bruder des Briefempfängers in Lübeck habe (...*maken laten enen buntten rok, daran de valden recht up gat, van den besten brun Lundesschen, dat gy hebben mogen, so gy my gesand hadden, dat juw broder to Lubeke beholden hevet; is my geseget, dat solde ser gud syn.* [...] *Noch soe sulle gy my maken laten en hoyken van demsulven brun gewande ... unde 1 dubbelde kogel* [...].); zusätzlich will er einen Rock aus gutem roten Londoner Tuch, »dass eine schöne Farbe habe und gut sei« (...*solle gy my maken laten en rok van enem guden roden Lundesschen, dat schoen van varwen unde gud sy ....* [...]); auch eine guten schwarzen Sayen-Stoff bestellt er bei seinem Brügger Kontakt nach Danzig (*Ik hoppe jo, dat gy my myt den 6 ellen guden swarten sayen nycht vorgeten hebben, dar ik juw to jare van schreff, dat van vordel gud unde sward van varwen syn solde.*[...]). Siehe STEIN, Handelsbriefe (wie Anm. 13), Nr. 13, S. 95–97.

16) In seinem sind für seine Hochzeit 1479 zur Kleiderausstattung Einkäufe von teuren Stoffen, namentlich braunen und roten Mechelener Laken, von braunem Leidener Laken für eine Hoike (Mantel, Umhang) und Gugel (Kopfbedeckung), weiter Brügger Laken und weiter 12 Kissendecken verzeichnet, s. Sabrina STOCKHUSEN, Hinrik Dunkelgud und sein Rechnungsbuch (1479 bis 1517). Lebensformen eines Lübecker Krämers an der Wende vom 15. zum 16. Jahrhundert (VSWG Beihefte 245), Stuttgart 2019, S. 304 – 305, 406.

17) Bis ins 16. Jahrhundert wird Kleidung etwa in Stralsund in einiger Vielfalt in ungefähr 30 Prozent aller Testamente genannt, s. Juliane VON FIRCKS, Liturgische Gewänder des Mittelalters aus St. Nikolai in Stralsund. Riggisberg 2008, hier S. 45. Zu Kleidung in den Lübecker Testamenten Gisela JAACKS, »Vortmer geve ik mynen roden rok ...«: Einige Aspekte zu Kleidung und Textil in den Lübecker Bürgertestamenten des 14. Jahrhunderts, in: Das Gedächtnis der Hansestadt Lübeck. Festschrift für Antjekathrin Graßmann zum 65. Geburtstag, hg. von Rolf HAMMEL-KIESOW/Michael HUNDT, Lübeck 2005, S. 67–78.

18) Dabei handelt es sich um einen leichteren und gröberen Wollstoff, der sich »vorzüglich für die Untergewänder« eignete, s. JAACKS, Bürgertestamente (wie Anm. 17), S. 76f. Dass es sich bei den Stralsunder Laken um Graulaken handelt, ergibt sich aus den Nennungen in den Handelsquellen, vgl. HUANG, Textilien (wie Anm. 4), S. 216.

19) RAMMO, Fragments (wie Anm. 9), S. 137.

20) JAACKS, Bürgertestamente (wie Anm. 17), S. 77.

delsgütern verwendeten Toponyme repräsentieren, wie im Folgenden ausgeführt wird, ein breit wahrgenommenes mittelalterliches Markensystem.

Dieser Beitrag nimmt sich eben diese textilen Markenwaren zum Gegenstand. Bereits Reinhold Kaiser konnte zeigen, dass das Zeichen- und Markenwesen Teil »eines tiefgehenden Strukturwandels in der mittelalterlichen Wirtschaftsgeschichte«[21] war und in der spätmittelalterlichen Wirtschaft eine zentrale Bedeutung hatte. Mit anderen Worten: Im Fernhandel brauchte es Marken, um Waren weiträumig abzusetzen beziehungsweise zu vermarkten. Die hier unternommene Auseinandersetzung mit Textilien als Markenware untersucht davon ausgehend das mittelalterliche Markenwesen im Textilhandel näher: welche Informationen textile Marken transportierten, wie sie gestaltet wurden und was wir über ihre konkrete Funktion aus der handelspolitischen Beschäftigung mit ihnen ablesen können.

Im Folgenden wollen wir uns mit dem institutionellen System beziehungsweise den verschiedenen Praktiken auseinandersetzen, die in ihrem Zusammenspiel als mittelalterliches Markenwesen die Kunst des Verkaufens beziehungsweise Vermarktens von Textilien wesentlich bestimmten. Die Etablierung von Marken war, wie zu zeigen sein wird, zentral als verkaufsfördernde Aktivität im Textilhandel. Textilkonsum und Marke gehörten schon im mittelalterlichen Handel eng zusammen.

(1) In einem ersten Abschnitt soll es um Textilien als ein hoch differenzierbares Produkt gehen, als Ergebnis der Zusammenarbeit vieler Gewerbe. Namentlich geht es um die standardisierte Produktion von Textilien als Handelsware, also darum, welche Produkteigenschaften die Marke eigentlich repräsentierte.
(2) Nachfolgend findet eine Auseinandersetzung mit Textilien als mittelalterliche Markenware statt: Was verstehen wir unter Marken und welche Markenzeichen wurden im Textilhandel genutzt?
(3) Abschließend wird das institutionelle System der »Marke vor der Marke« betrachtet. Welche Praktiken und Normen wurden durch die Marke im Handel etabliert, welche konkrete Wirkung hatten Marken im vormodernen Textilhandel?

Ein geographischer Fokus liegt auf dem nordeuropäischen und vor allem hansischen Wirtschaftsraum; die vor allem behandelte Zeit ist das spätere 14. und 15. Jahrhundert als eine Zeit, in der das Markenwesen mit der angesprochenen Ausweitung des Textilkonsums immer wieder diskutiert wird. Hauptgewebearten in diesem Textilhandel sind Wolltuche und Leinwand, weiter auch das aus Leinen- und Baumwollgarn gefertigte

21) Reinhold KAISER, Imitationen von Beschau- und Warenzeichen im späten Mittelalter. Ein Mittel im Kampf um Absatz und Märkte, in: Vierteljahrschrift für Sozial- und Wirtschaftsgeschichte 74 (1987), S. 458–487, hier S. 477.

Mischgewebe Barchent. Die behandelten Beispiele berühren dabei wegen der geographischen Gewichtung und der Beredtheit der Quellen vor allem Wolltuchproduktion und -handel. Sie werden aber um Beispiele zu anderen Gewebearten ergänzt, um die weitestgehend übereinstimmende Wirksamkeit des Markenwesens zu illustrieren. Die handelspolitischen Auseinandersetzungen mit dem Markenwesen werden anhand des hansischen Umgangs mit textilen Handelsmarken in den Blick genommen. Der hansische Handel bildet eine raumübergreifende Diskussion um die Kunst des Verkaufens im mittelalterlichen Textilhandel ab.

II. Vom Produkt zur Ware: Standardisierte Webwaren im Mittelalter

Textilien sind ein Gewerbeprodukt, das beruhend auf einer relativ einfachen Technik einen hohen Grad von Differenzierung erlaubt und dabei die mögliche Nachfrage maximiert. Sprechen wir über die Kunst beziehungsweise Praktiken des Verkaufens und das textile Markenwesen, dann ist es wichtig, die durch die Marke repräsentierten Charakteristika des Produktes und die möglichen Qualitätsmerkmale der potenziellen Ware zu verstehen. Anders gesagt: Welche Charakteristika machen Webwaren aus, wofür steht also die Marke? Was bedeutet eine standardisierte Gewerbeproduktion von Markenware im Mittelalter?

Das laut Robert Lopez für das vorindustrielle wirtschaftliche Wachstum Europas zentrale Wolltuchgewerbe[22] kann dabei in eine Abfolge spezialisierter Vorgänge aufgesplittet werden, die von verschiedenen Arbeitseinheiten mit einfachen Werkzeugen ausgeführt werden können[23]. Insgesamt lässt sich der Prozess der Textilherstellung in die drei Bereiche 1) der Rohstoffverarbeitung und vor allem der Garnherstellung, 2) des Webens als textilherstellende Technik und schließlich 3) der veredelnden Prozesse wie Walken, Rauhen, Scheren und Färben untergliedern. Um den Wert des Produktes auch im Sinne der geleisteten Arbeitskraft und Fertigkeit zu verstehen, muss man diesen Prozess in seiner Gesamtheit sehen: Allein das vorbereitende Wolleschlagen, Kardieren und Spinnen für ein Stück Tuch konnte zehn bis zwölf Tage benötigen; sechs bis sieben Tage soll das Weben für ein Stück Tuch gebraucht haben; circa sieben weitere Tage soll das Walken in Anspruch genommen haben[24]. Dabei gab es in der Produktion auch saisonale Unterschiede: Walter Endrei hat ermittelt, dass im Dezember bis Februar – wohl

22) Robert S. Lopez, The Commercial Revolution of the Middle Ages, 950–1350, Cambridge 1976, S. 131.

23) Die einzelnen Produktionsschritte und die Organisation der Produktionskette in der Tuchproduktion von Flandern, Holland und Brabant ist schematisch dargestellt bei Almut Bohnsack, Spinnen und Weben. Entwicklung von Technik und Arbeit im Textilgewerbe, Reinbek [17]1989, hier S. 107.

24) Walter Endrei, The Productivity of Weaving in Late Medieval Flanders, in: Cloth and Clothing in Medieval Europe. Essays in Memory of Professor E.M. Carus-Wilson, hg. von N. B. Harte/K. G. Ponting (Passold Studies in Textile History; 2), London 1983, S. 108–119, hier S. 110.

aufgrund der Lichtverhältnisse – die Produktion sehr viel geringer sein konnte (z. B. ½ oder ⅓) als im Frühjahr und Sommer[25].

Die Produkteigenschaften sind für Markenware in verschiedener Ausführlichkeit (in den meisten Fällen) im städtischen Recht kodifiziert – die Stadt ist die für die Marke verantwortliche Instanz. Durch Standardisierung der Produktionsvorgaben für einige oder alle diese Bereiche werden die Webstücke einzelner Weber zu Ware. Diese Standardisierung war die Voraussetzung für Markenware, die über hunderte Kilometer erkannt und anerkannt wurde. Im Folgenden nehmen wir zentrale Aspekte der Produktqualität und ihre Regulierung beziehungsweise Standardisierung als Voraussetzung für Markenbildung in den Blick. Der Grad der Standardisierung und Regulierung von Markenware unterschied sich allerdings nach Produkttypen beziehungsweise Gewebefeinheit deutlich. Dabei zeigen etwa die Statuten zur Herstellung günstiger Grautuchsorten in den Hansestädten einen sehr unterschiedlichen, insgesamt wenig ausführlichen Informationsgehalt[26]. Ganz anders hochwertige Handelswaren wie etwa das Amsterdamer Wolltuch, das in der holländischen Produktionslandschaft neben den Produkten von Leiden, Haarlem und Gouda zu den teuersten Exportwaren zählte und im hansischen Handel im 15. Jahrhundert von führender Bedeutung war[27]. Beim Amsterdamer Tuch fällt die größere Genauigkeit der Vorgaben auf, die sich aus der höheren Qualität der Ware beziehungsweise der Verortung in einem anderen Nachfragesegment ergibt[28]. Bei den Beispielen von den verschiedenen Enden des Feinheits- beziehungsweise Preisspektrums[29] handelt es sich – wie es die Regel ist – um städtische Gesetze (Willküren), die der Rat dem städtischen Weberamt oder auch über die Stadt hinaus zur Standardisierung der Produktion aufstellte. Auch die Kontrolle dieser Produktionsvorgaben beziehungsweise deren Organisation oblag der Stadt.

25) Endrei, Productivity (wie Anm. 24), S. 114 f.

26) Angela Huang, Von Grautuch und Leinwand. Die Stellung der Produktionslandschaften des Hanseraums im spätmittelalterlichen und frühneuzeitlichen Textilhandel, in: Märkte, Messen und Waren im hansischen Handel, hg. von Rudolf Holbach/Jürgen Sarnowsky (Hansische Studien; 30), Wismar 2021, S. 157–186, hier S. 164–166.

27) Zur Handelsbedeutung von holländischen Wolltuchen und hierunter v. a. der Amsterdamer und Leidener Laken als führende Marken s. Herman Kaptein, De Hollandse textielnijverheid, 1350–1600. Conjunctuur & continuïteit (Amsterdamse historische reeks. Kleine serie; 35), Hilversum 1998, hier S. 51–54; Ammann, Tuchindustrie (wie Anm. 1), S. 50–57.

28) Zur hier dazu ausgewerteten Ordnung von 1413, *Dit sijn die wilcoren van der drapereye* s. Johannes C. Breen, Rechtsbronnen der stad Amsterdam (Werken der Vereeniging tot Uitgaaf der Bronnen van het Oud-Vaderlandsche Recht 2,4), s'Gravenhage 1902, LVI–[LXVII], S. 39–48.

29) Zu Lakenpreisen von Wolltuchen und darunter der Amsterdamer Laken im 15. Jh. im Vergleich beispielhaft Stein, Handelsbriefe (wie Anm. 13), Nrn. 19, 21; eine vergleichende Darstellung von Preisen aus den hansischen Pfundzollbüchern der 1490ern und den Revaler Kämmereibüchern bei Huang, Textilien (wie Anm. 4), S. 222, Tabellen auf S. 277–279.

Besonders wichtig für die Ausgestaltung des Produktes sind die verwendeten Rohstoffe – das gilt in besonderer Weise für Wolltuche[30]. Die aus der Art der Wolle resultierende Garnqualität ist ein zentraler Faktor für die Beschaffenheit beziehungsweise Feinheit des Stoffes. Insgesamt wurden Wolltuche mittlerer Qualität oft aus regional verfügbarer Wolle sowie schottischer und bisweilen spanischer Wolle verarbeitet. Die oft im Umfeld der Produktionsorte stattfindende Verarbeitung der Rohstoffe war kein unerheblicher Arbeitsschritt. Um eine flämische Elle von circa 70 cm auf einem breiten Webstuhl zu weben, brauchte es bei einer mittleren Feinheit des Tuches ungefähr gut 4.000 Meter handgesponnenes Garn[31]!

Bei einfachen Tuchen wie den sogenannten (ungefärbten) Graulaken, die in verschiedenen Hansestädten hergestellt wurden, wurden regelmäßig Vorgaben zu den Rohstoffen gemacht. In den Göttinger Statuten wurde etwa die Verwendung der *guden* oder *groven wulle* festgesetzt[32]. Alternativ wird auch auf die Zeit der Schur verwiesen, etwa in den Braunschweiger Statuten auf die Winterwolle[33]. Mitunter wird die Herkunft thematisiert, so soll Hamburger grobes Tuch von *Hadelerscher wulle* gefertigt werden und in Lübeck das Grautuch von *Luneborger heitwulle*, braunes Tuch von guter *Sundescher* Wolle (aus Stralsund) und *rinklaken* von *binnenlandescher wulle* gemacht sein[34].

Bis weit ins 15. Jahrhundert wurden die hochwertigsten Wolltuche unter Verwendung von englischer Wolle hergestellt. Namentlich die Umstellung der flandrischen Weberei auf Luxustuche im 14. Jahrhundert ging mit einer Ausrichtung der Produktion auf englische Wolle einher, die infolge englischer Fiskalpolitik im 15. Jahrhundert über 60 Prozent der gesamten Produktionskosten ausmachen konnte[35]. Die Kostensteigerung ging jedoch über den Einkaufspreis der Wolle weit hinaus: Mit der Verarbeitung englischer (Stapel-)Wolle einher ging auch eine verschärfte Kontrolle der einzelnen Teilprozesse und es wurden mehr hochqualifizierte Arbeitskräfte benötigt. In den Walk-

30) Zu den verschiedenen Wollarten in der holländischen Tuchproduktion KAPTEIN, Textielnijverheid (wie Anm. 27), S. 61–63.

31) Ich danke Dr. Katrin Kania für die Hinweise zum Garnverbrauch und weise darauf hin, dass es sich nur um eine grobe Schätzung handelt, die viele weitere Faktoren einzubeziehen hat. Angenommen wurden 10 Fäden pro Zentimeter in Kette und Schuss. Für solch eine Menge darf man beim Spinnen mit Rocken eine reine Arbeitszeit von ca. 60–80 Stunden ansetzen.

32) Göttinger Statuten. Akten zur Geschichte der Verwaltung und des Gildewesens der Stadt Göttingen bis zum Ausgang des Mittelalters, hg. von Goswin Freiherr VON DER ROPP (Quellen und Darstellungen zur Geschichte Niedersachsens, 25), Hannover et al. 1907, hier Nr. 225, § 7, S. 370.

33) Bernhard VOLLMER, Die Wollenweberei und der Gewandschnitt in der Stadt Braunschweig bis zum Jahre 1671 (Quellen und Forschungen zur Braunschweigischen Geschichte 5), Wolfenbüttel 1913, S. 112.

34) Die älteren Lübeckischen Zunftrollen, hg. von Carl F. WEHRMANN, Lübeck 1872, Nr. 65, S. 495 f.

35) Zur englischen Wolle als zentralem Rohstoff für die Herstellung hochwertiger Wolltuche s. John H. MUNRO, Medieval Woollens. Textiles, Textile Technology and Industrial Organisation, c. 800–1500, in: The Cambridge History of Western Textiles (Bd. 1), hg. von D. T. Jenkins, Cambridge 2003, S. 181–227, hier S. 186–191; MUNRO, Commerce, S. 99, 111–114 (wie Anm. 6); KAPTEIN, Textielnijverheid (wie Anm. 27), S. 56–58.

und Färbebetrieben wurden die Qualitätsstandards der Rohstoffe angehoben und der Veredelung mehr Aufmerksamkeit geschenkt. Erfindungen, die die Produktivität erhöhten, wie das Spinnrad und die Walkmühle, wurden eher vermieden, da sie der Qualität abträglich waren[36]. Erst im 15. Jahrhundert erreichte die spanische Merino-Wolle eine ausreichende Qualität und ersetzte zunehmend – nicht zuletzt wegen der steigenden Preise für diese – die englische Wolle[37].

Gerade die verwendete Wolle von Markentuchen war auch immer wieder Gegenstand von hansischen Verordnungen, die etwa 1434 festsetzten, holländische Laken wegen der Minderwertigkeit der Wolle nicht zuzulassen[38]. Eine geringe Regulierung der Wollverarbeitung beispielsweise in den dörflichen Textilzentren Westflanderns schuf dementgegen eine gewisse Flexibilität in der Produktion[39], brachte aber Limitationen in der Produktqualität mit sich.

Entsprechend nahmen Wolle und Wollverarbeitung in Produktionsstatuten mitunter einigen Raum ein. Die Amsterdamer Regularien von 1413 beschäftigten sich detailliert in neun Artikeln mit der ausschließlich zu verwendenden englische Wolle, näher benannt nach ihrem Wert (*zy en is XIII Enghelsche marck wairdich of dairenboven*), die zudem vor der Verarbeitung von städtischen Aufsehern besehen werden musste (*die wairdeyns en hebben ze eerst besien*); auch durfte gleichzeitig keine andere Wolle in den Werkstätten verarbeitet werden (*anders enigherhande wolle in zijn huys hadde*); weiter wurde die Ausfuhr von Garn und Wolle eingeschränkt (*zo en moet nyemant wollen gaerne vueren uter stede te cope, noch wolle, beneden vijftich ponden*) – um nur einige wichtige Vorgaben herauszugreifen. Verschiedene Qualitäten englischer Wolle wurden weiter unterteilt und verschiedenen Tucharten zugeordnet – auch in Amsterdam war Tuch nicht gleich Tuch. Ein weiterer Satz von fünf Vorgaben betrifft die Verarbeitung des Rohstoffes. Schlechte Spinnarbeit sollte etwa nicht entlohnt werden (…*spinster, die qualike sponne, die en soude ghien loen van dien gairne hebben* …) und der (Verleger-)Tuchmacher sollte für seinen Schaden entschädigt werden. Laken, die von Wolle ungleicher Qualität gewebt wurden (*van ogheliker wolle ghemaect waren*), sollten zerschnitten werden. Hier zeigt sich deutlich der erhöhte Arbeitsaufwand, der mit der Verarbeitung des hochwertigen Rohstoffs verbunden war.

Wichtige Grundlage der mittelalterlichen (beziehungsweise vorindustriellen) Weberei waren die verwendeten Werkzeuge. Die Technik der Textilherstellung änderte sich im Mittelalter mit der Einführung des horizontalen Trittwebstuhls, der ein gleichmä-

36) KAPTEIN, Textielnijverheid (wie Anm. 27), S. 61.

37) MUNRO, Woollens I (wie Anm. 35), S. 186–191; John H. MUNRO, Spanish Merino Wools and the Nouvelles Drapieres. An Industrial Transformation in the Late Medieval Low Countries, in: Economic History Review. Second Series 58 (2005), S. 431–484.

38) KAPTEIN, Textielnijverheid (wie Anm. 27), S. 68.

39) Jim VAN DER MEULEN, Woven into the Urban Fabric. Cloth Manufacture and Economic Development in the Flemish West-Quarter (1300–1600) (Studies in European Urban History; 54), Turnhout 2021, S. 71–73.

ßigeres und schnelleres Weben ermöglichte. Spätestens im 13. Jahrhundert war er auch in Norddeutschland weit verbreitet[40]. Insgesamt weisen Quellen und Berechnungen für Flandern darauf hin, dass durchschnittlich 4–4,5 Ellen pro Tag als ein guter Richtwert gelten dürften; pro Jahr und Webstuhl dürfte man wohl um die 30 Stück Tuch ansetzen – bei oft zwei Webstühlen pro Webermeister also 60 Stück pro Werkstatt[41]. Dabei konnten sich die Maße der Tuche auf dem Webstuhl erheblich unterscheiden. Ein schmaler, allein betriebener Webstuhl kann eine Breite von circa 140 cm weben; ein Zwei-Personen-Webstuhl, wie er im mittelalterlichen Gewerbe häufig war, kann bis zu circa 265 cm Breite hervorbringen[42], bevor das Tuch ggf. durch das Walken an Ausdehnung verliert[43].

Die Länge und Breite der Tuche gehört zu den regelmäßig in den Statuten thematisierten Eigenschaften der Produkte, egal welcher Feinheit. In Amsterdam mussten die Laken, damit sie besiegelt werden durften, bei ganzen Laken nach dem Weben eine Länge von 45 Ellen haben; ein halbes Laken 22 ½ Ellen; ganze Laken sollten nach dem Walken noch 32 Ellen lang sein und halbe entsprechend kürzer, mit einer Breite von elf Vierteln[44]. Auch bei den hansestädtischen Grautuchen finden sich meist Angaben zur Länge, teilweise unterteilt in nach dem Weben und nach dem Walken[45].

Gerade die Maße werden auf handelspolitischen Plattformen immer wieder diskutiert. Ein Städtetag in Wolmar 1434 setzt die gewohnte und einzuhaltende Länge der *groven lakene* auf 32 Ellen an[46]. Klagen über Mängel in der Länge von Tuchen sind keine Seltenheit, so bereits 1368 auf einem Lübecker Städtetag, der sich mit den Klagen über eine fehlende Länge flandrischer Laken von vier bis sechs Ellen auseinandersetzt[47]. Eine Abweichung von einer Elle wird dabei 1378 als noch im Toleranzbe-

40) Katrin KANIA, Kleidung im Mittelalter. Materialien, Konstruktion, Nähtechnik: ein Handbuch, Köln u. a. 2010, S. 50.

41) S. ENDREI, Productivity (wie Anm. 24), S. 109–110, 118. Eine hier gemeinte flandrischen Elle maß ungefähr 70 cm. Was die Jahresproduktion eines Webers anbelangt, weisen die Göttinger Statuten auf einen ähnlichen Produktionsumfang hin, wenn sie festsetzen, dass jeder Wollenweber im Jahr nicht mehr als 70 Laken anfertigen darf, s. Göttinger Statuten (wie Anm. 32), Nr. 225, S. 367.

42) Dazu KANIA, Kleidung (wie Anm. 40), S. 57; MUNRO, Merino Wools (wie Anm. 37), Tabelle 1, S. 435.

43) Wie stark das Tuch durch das Walken schrumpfte, konnte sich stark unterscheiden. In Flandern sollen die Tuche 5–12,5 Prozent an Länge und 12,5–50 Prozent in Breite verloren haben, während englische Quellen ein Drittel Längenverlust und die Hälfte der Breite erwähnen, ENDREI, Productivity (wie Anm. 24), 112.

44) Rechtsbronnen (wie Anm. 28), LIX.5, S. 42, LXI.1, S. 43.

45) Siehe HUANG, Grautuch (wie Anm. 26), S. 166. Beispielsweise für Braunschweig s. VOLLMER, Wollenweberei (wie Anm. 33), S. 113–114; für Hamburg zur Länge der verschiedenen dort gefertigten Sorten nach dem Weben s. Die ältesten Hamburgischen Zunftrollen und Brüderschaftsstatuten. Gesammelt und mit Glossar versehen, hg. von Otto RÜDIGER, Hamburg 1874, zur Wollenweberordnung S. 304–308, hier Art. 14–15, S. 306.

46) Hanserecesse (wie Anm. 10), 2. Abteilung, Bd. 1, Nr. 226.16, S. 152.

47) Im Rezess heißt es: *Vortmer schal me breve senden den hovetsteden in Vlanderen, dat vele klaghe kumpt, dat de lakene thu kort zin, understunden veer elen edder vive edder zesse*; unterstellt wird, *dat etlike lude mid willen lakene*

reich gesehen[48]. Zahlreiche weitere Fälle mangelnder Länge werden von hansestädtischen Versammlungen über die Zeit hinweg behandelt[49]. Strafgelder und Verbote, mit solchen zu kurzen Tuchen zu handeln, sind übliche Reaktionen der kaufmännischen Interessenvertretungen auf Abweichungen von den festgesetzten Maßen.

Wichtiger Teil der Produktgestaltung bei Textilien ist auch die Bindungsart. So unterscheiden sich zum Beispiel schon die einfacheren Bindungsarten Köper- und Tuchbindung in Garnverbrauch und Empfindlichkeit des Materials sowie in Optik und Dehnbarkeit des Stoffes[50]. Die Stoffreste, die an Handelsplätzen wie Dorpat (Tartu) ausgegraben wurden (2. Hälfte 14. bis frühes 16. Jahrhundert) (Abbildung 3–4), geben materielle Einblicke in die Vielfalt der Gewebe. Dabei handelt es sich überwiegend um Importware: Mindestens die Hälfte der in Tartu gefundenen um die 3.000 Stoffreste können mit dem Fernhandel in Verbindung gebracht werden und stammten mit großer Wahrscheinlichkeit aus Nordwesteuropa. In Funden aus Tartu und Tallinn konnte eine feine Wolle nachgewiesen werden, vor allem in der Kette[51]. Die schlichte 1/1 Tuchbindung (siehe Abbildung 4) ist mit Abstand am häufigsten; nur in circa 10 Prozent finden sich Köperbindungen (z. B. 2/1, siehe Abbildung 3)[52]. Die (mindestens 5-bindige) Atlasbindung ist enger mit der Seidenweberei verbunden und für Wollgewebe erst im ausgehenden 15. Jahrhundert nachweisbar[53]. Die Bindungsart, obwohl eines der offensichtlichen Merkmale der Tuche, wurde allerdings in keinem mir bekannten Statut angegeben.

thu kort maken laten, dass es sich hier also um bewusst kürzer gewebtes Tuch handelte. Siehe Hansrecesse (wie Anm. 47), 1. Abteilung, Bd. 1, Nr. 469.14, S. 420.

48) Dieser Toleranzbereich ergibt sich aus dem Verbot eines Städtetages, Laken zu kaufen, die mehr als eine Elle zu kurz seien: *Item is over en ghedraghen, dat nen copman in Vlanderen jeneghe lakene annemen scal, de se korter dar vint wen ene elne*, siehe Hanserecesse (wie Anm. 10), 1. Abteilung, Bd. 2, Nr. 156.22, S. 169 f.

49) Beispielhaft seien hier einige Beispiele aus der frühen Zeit gemeinsamer hansestädtischer Beschlussfassung bis in die 1430er Jahre genannt, Hanserecesse (wie Anm. 10), Abteilung 1, Bd. 2, Nrn. 276.9 (1384), 290.5 (1384), 306.5 und 10 (1385); Bd. 5, Nrn. 23.2, 25, 26 (1401), 392.25 (1407); Bd. 7, Nrn. 529 (1422), 568.45 (1423), 609.3, 612 (1423), 774.1, 790.1 (1425); Bd. 8, Nrn. 59.24 (1426), 712.25 (1430).

50) Zu Garnverbrauch Jerzy Maik, The Influence of Hanseatic Trade on Textile Production in Medieval Poland, in: The Medieval Broadcloth. Changing Trends in Fashions, Manufacturing and Consumption, hg. von Kathrine V. Pedersen/Marie-Louise Nosch (Ancient Textiles Series vol. 6). Oxford 2009, S. 109–121, hier S. 118.

51) Rammo, Fragements (wie Anm. 9), S. 136; Riina Rammo, Ambiguous stripes – a Sign for Fashionable Wear in Medieval Tartu, in: Everyday Products in the Middle Ages. Crafts, Consumption and the Individual in Northern Europe, c. AD 800–1600, hg. von Gitte Hansen/Irene Baug/Steven P. Ashby, Oxford 2015, S. 175–191, hier S. 175, 182.

52) Rammo, Fragements (wie Anm. 9), S. 130 f.; Rammo, Stripes (wie Anm. 51), S. 181.

53) Kania, Kleidung (wie Anm. 40), S. 52–54.

Tabelle 1: Kategorien von vormodernen Stoffen nach Fadendichte.

Gewebequalität	Anzahl Fäden in Kette und Schuss auf einem cm
Sehr grob	bis zu 5 Fäden
Grob	bis zu 8 Fäden
Mittelfein	bis zu 12 Fäden
Fein	bis zu 18 Fäden
Sehr fein	über 18 Fäden
Quelle: Klaus TIDOW, Neue Funde von Webstuhlteilen und Geweben aus Ausgrabungen in Braunschweig (Niedersachsen) und Wiesloch (Baden-Württemberg), in: Priceless invention of humanity: Textiles. Report from the 8th North European Symposium for Archaeological Textiles; 8–10 May 2002 in Łódz, Poland (Acta Archaeologica Lodziensia 50,1), hg. von Jerzy MAIK, Lódz 2004, S. 145–151; KANIA, Kleidung (wie Anm. 40), S. 51.	

Abbildung 3: Importierter feiner roter Wollstoff in Köperbindung (2/1), Fadendichte 13/10 (Kette/Schuss), veredelt durch Walken, Noppen, Scheren, 14. Jahrhundert. Quelle/ Foto: Archäologische Sammlung, Stadtmuseum Tartu, TM A-169: 1492.

Aus Rohstoffen, Bindungsart und handwerklicher Fähigkeit ergibt sich die Fadendichte, die in Statuten auch thematisiert wird. So in den Graulaken-Statuten als Anzahl der *genge* oder *strenge* auf dem Webstuhl – in Braunschweig und Göttingen etwa 42, in Hamburg 40, in Lübeck 51. Die Gänge sind Kettfadenbündel mit in Norddeutschland

Abbildung 4: Importierter feiner schwärzlicher Wollstoff in Tuchbindung, Fadendichte 14/10 (Kette/ Schuss), veredelt durch Walken, Noppen und Scheren, 1275–1350. Quelle/ Foto: Archäologische Sammlung, Stadtmuseum Tartu, TM A-169: 593.

meist 24 Fäden je Gang[54]. Zusätzlich wurden entweder die Fäden (*fedeme*) pro Gang oder die *pipen* angegeben[55]. Der entsprechende Abschnitt der Amsterdamer Statuten von 1413 (*Van sceren, kammen ende weven*) beschäftigte sich wiederum ausführlicher mit der Fadendichte der verschiedenen dortigen Produkte (siehe Tabelle 2). Diese Laken waren wohl von gleicher Breite, die Unterschiede in der Garnqualität aber verursachen eine unterschiedliche Fadendichte. Hier wurde explizit festgesetzt, dass keine Abweichung in der Fadendichte zulässig war (*elix van desen niet mijn te cammen, mer hogher*)[56].

Tabelle 2:
Vorgaben zur Fadendichte bei Amsterdamer Wolltuchen nach der Verordnung von 1413.

Wolle	Art der Laken	Vorgaben
Beste Wolle	Weiße	*76 ganghe, alze 20 ganghe in der elle te setten*
	Alle gefärbten	*72 ganghe, zullen staen in den camme van 19*
Zweite Wolle	k. A.	*68 ganghe, sal staen in den camme van 18*
Dritte Wolle	k. A.	*52 gange hoech, sal staen in den camme van 16*
Quelle: Rechtsbronnen (wie Anm. 28), LIX, S. 41 f.		

54) Dominique CARDON, La Draperie au Moyen Age. Essor d'une grande industrie européenne, Paris 1999, S. 365.

55) *Pipen* sind die Spulen zur Vorbereitung des Aufbäumens – verdoppelt geben sie die Fadenzahl. Zu den Grautuchstatuten s. HUANG, Grautuch (wie Anm. 26), S. 166.

56) Für fehlende Kettfadenbänder bzw. Gängen werden auch Strafgelder aufgeführt, s. Rechtsbronnen (wie Anm. 28), LIX.1–2, S. 41 f.

Nicht zuletzt das Veredeln der Tuche durch Färben und Appretur beeinflusste die Qualität des Endproduktes beziehungsweise die Produktionskosten erheblich. Überwiegend sind dabei die Stoffe, die uns im Handel begegnen, einfarbig. Neben grauem, das heißt ungefärbtem Stoff, kannte das mittelalterliche Textilgewerbe eine Vielfalt an Farben, die aus Pflanzen gewonnen und mit Beizmitteln verstärkt wurden[57)].

Die mit dem Färben verbundenen Kosten gingen weit auseinander und sind heute oft nur anhand von Einzelbeispielen untersucht. Besonders weit verbreitet war das Färben mit der Krapp-Pflanze, deren Anbau weit verbreitet war und die verschiedenste Rottöne erzeugen konnte[58)]. Das aus der Schildlaus gewonnenen Kermes-Rot (*Kermes vermilio*) konnte im Gegensatz dazu die Produktionskosten eines Wolltuchs ungefähr verdoppeln; Kermes war zwanzig Mal so teuer wie der Pflanzenfarbstoff Krapp. Führende Färbewerkstätten, die mit Kermes arbeiteten, waren in Flandern, in Südfrankreich und in italienischen Textilstädten zu finden und bezogen den Farbstoff aus der Provence, Griechenland und der iberischen Halbinsel. Teuer waren auch andere aufwändig hergestellte Farbstoffe, wie das Blau, das aus dem etwa im Erfurter Raum angebauten Waid oder später Indigo produziert wurde. Die erst im Spätmittelalter zunehmend verbreitete Modefarbe Schwarz wurde durch mehrere Färbegänge verschiedener Farben hergestellt, was auch zu den Kosten beitrug. Das Färben der Tuche in Blau, Schwarz oder das im deutschen Raum im 15. und 16. Jahrhundert beliebte Grün hob die Produktionskosten insgesamt wohl höchstens um 15 Prozent. Allerdings ist es schwer, diese Zahlen einzelnen Produktionszentren zuverlässig zuzuordnen, hier liegen uns nur Einzelbeispiele vor: Für ein schwarzes Wolltuch aus Leuven entfielen 1434 18 Prozent der Produktionskosten auf das Färben; für ein schwarzes Breitgewebe aus Ypern machte die farbige Veredelung um 1500 circa 19 Prozent der Gesamtkosten aus[59)].

Die Bleiche, also das »Entfärben« von Stoffen, trug insbesondere zur Veredlung von Leinwand und Barchent bei und wurde, wenn sie Teil des Produktionsprozesses war, oft im Umfeld der Produktionsorte etabliert. Die Sankt Gallener Leinwand wurde etwa bereits Mitte des 14. Jahrhunderts mit Einsetzen städtischer Produktionsordnungen auch gebleicht. Und auch für die kleineren Städte im Einflussbereich der Stadt, die eben-

57) Insgesamt zur Herstellung von Textilfarben in der hier behandelten Zeit Sabine STRUCKMEIER, Die Textilfärberei vom Spätmittelalter bis zur Frühen Neuzeit (14.–16. Jahrhundert). Eine naturwissenschaftlich-technische Analyse deutschsprachiger Quellen (Cottbuser Studien zur Geschichte von Technik, Arbeit und Umwelt 35), Münster 2011.

58) RAMMO, Stripes (wie Anm. 51), S. 183; zum Färben mit Krapp STRUCKMEIER, Textilfärberei (wie Anm. 57), S. 99–103, 215.

59) MUNRO, Woollens I (wie Anm. 35), S. 210–15; MUNRO, Commerce (wie Anm. 6), S. 114–5; John H. MUNRO, The Anti-Red Shift – To the Dark Side. Colour Changes in Flemish Luxury Woollens, 1300–1550, in: Medieval Clothing and Textiles 3, hg. von Robin NETHERTON/Gale R. OWEN-CROCKER, Woodbridge 2007, S. 55–95, hier S. 56–65; Marie J. MELO, Paula NABAIS/Joana SEQUEIRA, Natural Dyes in Northern Europe. Report for the European Hansemuseum Lübeck, 2022, S. 6–7.

falls ein Leinengewerbe aufbauten, ist die Errichtung einer Bleiche vielfach belegt[60]. Gleiches gilt für die oberitalienische und oberdeutsche Barchentproduktion. Das bedeutende Ulmer Barchentgewerbe verankerte das Bleichen (und auch das Färben) ebenfalls in den Produktionsstatuten, wobei Dörte Eriskat den Veredlungsprozess als kapitalintensiv, aber ertragreich charakterisiert. Ein oberitalienisches Beispiel von 1395 weist auf eine Gewinnsteigerung durch das Bleichen von etwa 13 Prozent hin[61].

Die Stoffdichte als wichtige Wareneigenschaft konnte durch das zusätzliche Walken mit den Füßen oder Walkmühlen erhöht werden, zugleich schrumpft der Stoff dadurch zusammen[62]. Dabei hatte ein gewalktes Tuch noch etwa 70–80 Prozent des Umfangs eines gewebten Tuches, wie Angaben in Statuten zu berechnen erlauben[63]. Das Tuch konnte durch den Vorgang bisweilen bis um die Hälfte seiner Größe verlieren[64]. Die meisten gefundenen Stoffreste in Tallinn (½ bis ¾ der Funde eines Fundortes) waren gewalkt – hierbei handelt es sich um relativ feine Stoffe in Tuchbindung oder 2/1 Köperbindung, die nach dem Walken auch kardiert und geschoren worden waren[65].

Auch die veredelnden Produktionsschritte des Färbens, Walkens, Rauhens und Scherens sind bei einfachen Tuchen weniger stark reguliert. Für Dortmund, dessen Tuche im mittleren Preissegment für Markentuche anzusiedeln sind, sind es 1444 nur drei Artikel, die sich dem Veredeln widmen. Hier wurden vor allem Strafgelder für im Prozess verursachte Mängel am Produkt festsetzt, weiter, dass schlechte Arbeit nachzubessern beziehungsweise der Schaden auszugleichen sei, sowie Konsequenzen für die Besieglungs- und also Marktfähigkeit festgestellt[66]. Für Amsterdamer Laken behandeln fünf Artikel das Walken und acht weitere das Färben. Die Artikel zum Walken beschäftigen sich insbesondere mit dem Größenverlust der Laken, die auf 32 Ellen Länge und 11 Viertel (Ellen) Breite schrumpfen durften. Mängel durch das Walken mussten die Walker den *Drapiers* kompensieren. Kein Meisterwalker sollte »genoppte« Laken länger als 14 Tage bei sich im Haus haben. Die acht Artikel zum Färben beschäftigen sich etwa mit den zu verwendenden Farbstoffen, so Schwarz *van den runde van elzenboemen ende van slip van slijpsteynen* und weiße Laken sollten nur mit Weid blau gefärbt werden. Weitere Regelungen betreffen bei gefärbten Laken etwa, dass *ghien gairne van ongheliker*

60) Hektor AMMANN, Die Anfänge der Leinenindustrie des Bodenseegebiets, in: Alemannisches Jahrbuch (1953), S. 251–313, hier S. 260–262.

61) ERISKAT, Baumwollhandel (wie Anm. 4), S. 193–198.

62) MUNRO, Merino Wools (wie Anm. 37), Tabelle 1, S. 435.

63) Auf Grundlage von Lübeckischen Zunftrollen (wie Anm. 34), Nr. 30, §§ 2, 4, S. 301 f.; Rechtsbronnen (wie Anm. 28), S. 41–47. LIX.5, S. 42 und LXI.1, S. 43.

64) KANIA, Kleidung (wie Anm. 40), S. 57.

65) RAMMO, Fragments (wie Anm. 9), S. 135 f.

66) R. LÜDICKE, Die Statuten der Wollenweber zu Dortmund, in: Beiträge zur Geschichte Dortmunds und der Grafschaft Mark 12 (1903), S. 1–32, hier II., Art. 20, 26, 34, S. 15–17.

verwen in enighe laken te draghen – dass also besiegelte Laken von gleichmäßiger Farbe sein mussten[67].

Während Klagen der Käufer sich selten auf konkrete Probleme in der Veredlung bezogen, wurde allerdings immer wieder auch die allgemeine Qualität von Markentuchen beanstandet. Die Beschwerden im hansischen Kommunikationsnetzwerk zwischen Händlern, ihren Interessenvertretungen über die Kontore und die Hansestädte beziehungsweise den Hansetag drehten sich meist um die Einhaltung der gewohnten Qualität und sprachen mitunter dünnen oder ungleichmäßigen Stoff an. Auf dem Hansetag zu Lübeck 1487 wurde etwa *geclaget der Lubeschen, Wysmarschen unde Rostocker lakene halven, dat darane grot gebreck sy, dat de also gud nicht en syn, alse se wesen scholden, dat de stede, den dat belanget, to beteren willen bestellen*[68]. Die Wolltuche der wendischen Städte waren also »nicht so gut, wie sie sein sollten«. Auch die Qualität hansestädtischer Leinwand wurde vor allem von ihren englischen Abnehmern wiederholt bemängelt, so 1453 für Osnabrück[69] und 1504 für Salzwedel[70].

Mängel an der in Statuten festgesetzten Produktqualität waren also nicht selten und wurden auch durch kaufmännische Interessenvertretungen wie die hansischen Niederlassungen und andere Kaufleuteorganisationen oder Städte beziehungsweise Städtetage gesammelt und die Kommunikation mit den Produzenten durch sie koordiniert. Gängig war als Vorgehen ein Schreiben an die Produzenten, dass sie ihre Wolltuche und Leinwand wieder so herstellen sollten, *alse sik dat bort und van oldinghes en wohnheyt gewesen heft*[71]. Betrachtet man die Bedeutung und den Umfang von Textilien als Handelsgut im Nah- und Fernabsatz, dann scheinen Mängel in der Produktqualität allerdings den Handel nicht übermäßig gestört zu haben. Die im städtischen Recht fixierten Produktstandards – meist Rohstoffe und Maße, aber auch Veredlungsprozesse – scheinen im Großen und Ganzen durch das zugehörige System der Qualitätskontrolle zuverlässig geprüft worden zu sein. Die Stadt war damit die für eine einheitliche Produktion verantwortliche Instanz. Wie zu zeigen sein wird, etablierte die städtische Obrigkeit auch ein Zeichenwesen und sich selbst damit im Handel als markenrechtliche Instanz.

67) Rechtsbronnen (wie Anm. 28), LXI. *Van vullen*, LII. *Van verwen*, S. 43–44.

68) Hanserecesse (wie Anm. 10), 3. Abteilung, Bd. 2, Nr. 160.262, S. 166.

69) Der Stoff wird als *niet dicke genoech* bemängelt, Hansisches Urkundenbuch. Bd. 8, hg. von Walther STEIN, Leipzig 1899, Nr. 260.

70) *...wo dat sollich lynnewand vnduchtich isz ...* Codex Diplomaticus Brandenburgensis. Sammlung der Urkunden, Chroniken und sonstigen Geschichtsquellen für die Geschichte der Mark Brandenburg und ihrer Regenten. X. Stadt Salzwedel, hg. von Adolph Friedrich RIEDEL, Berlin 1857, Nr. 558, S. 483.

71) Hanserecesse (wie Anm. 10), 1. Abteilung, Bd. 8, Nr. 59.24, S. 46 (1426).

III. Die Marke vor der Marke

Nachdem wir Textilien als standardisierte Produkte unter städtischer Aufsicht kennengelernt haben, soll es nun um die Zeichen gehen, die Textilien als Markenware kenntlich machten. Dabei können wir die hier vorgestellten Zeichen allgemein als Verkehrszeichen einordnen, und insbesondere als Gewerbeaufsichtszeichen sowohl im Sinne eines Prüfungs- und Schauzeichens, das ist ein Nachweis für die Warenkontrolle nach der Produktion, als auch eines Herkunftszeichens[72)].

An dieser Stelle ist allerdings zunächst eine kurze Auseinandersetzung mit der Frage angezeigt, ob und inwiefern man von Markenware im Mittelalter sprechen kann beziehungsweise inwiefern der Markenbegriff auf mittelalterliche Praktiken angewendet werden kann. Im Folgenden soll gezeigt werden, dass eine (nicht zu enge) Übertragung von Markenkonzepten durchaus wertvoll sein kann, wenn wir über eine »Kunst des Verkaufens« im Mittelalter sprechen. Sie können helfen die Beziehung zwischen Produkt und Konsumentinnen und Konsumenten insbesondere im Handel mit Textilien besser zu fassen beziehungsweise zu verstehen, wie ein Fernabsatz von verschiedensten Webwaren überhaupt massenhaft stattfinden konnte. Dabei ist zu fragen, welcher wirtschaftlichen Herausforderung beziehungsweise Unsicherheit Marken begegnen sollten, welche Funktion sie also im Wirtschaftsaustausch und in der »Kunst des Verkaufens« erfüllten.

Zuerst ist festzustellen, dass textile Markenzeichen des Mittelalters nicht als Gütezeichen beziehungsweise Qualitätssiegel im modernen Sinne zu verstehen sind, da nicht die Art der Qualität ausgedrückt wird (wie etwa bei Stockfisch die Größe[73)] oder bei Wolle die Feinheit). Weiterhin – und das gilt auch für einen Vergleich mit ISO Standards – wird nicht von dritter Stelle über Qualität Auskunft gegeben[74)]. Die Toponyme identifizieren beziehungsweise repräsentieren vielmehr die Produkteigenschaften und die Stadt als regulierende und kontrollierende Instanz (nicht den eigentlichen Produzenten).

Mindestens dürfen wir im vormodernen Handel von Handelsmarken sprechen. Sie identifizieren zunächst schlicht eine spezifische Handelsware. Das European Union Intellectual Property Office definiert etwa kurz: »Trade marks are signs used in trade to identify products.« Ein »trade mark« ist weiter »the symbol your customers use to pick you out. It distinguishes you from your competitors. [...] The only condition imposed on

72) Reinhold Kaiser, Mittelalterliche Tuchplomben. Überreste, Sammelobjekte und technik-, textil- und wirtschaftsgeschichtliche Quellen, in: Inquirens subtilia diversa – Dietrich Lohrmann zum 65. Geburtstag, hg. von Horst Kranz/Ludwig Falkenstein, Aachen 2002, S. 375–390, hier S. 376.

73) Arnved Nedkvitne, The German Hansa and Bergen 1100–1600 (Quellen und Darstellungen zur hansischen Geschichte. Neue Folge; Bd. 70), Köln u. a. 2014, hier zur Kategorisierung nach Größe, S. 498–500.

74) International Organization for Standardization, https://www.iso.org/home.html [letzter Zugriff am 22.3.2023]. Auch die Niederlassungen und Städte der Deutsche Hanse strebten zu keinem Zeitpunkt so eine Standardisierung von Produkteigenschaften oder Prozessen an.

a registered trade mark is that it must be clearly defined; otherwise neither you nor your competitors will be certain of what it covers«[75]. Der rechtliche Rahmen der empfohlenen Registrierung von Handelsmarken auf nationaler und europäischer Ebene wurde dabei seit 2016 umfassend diskutiert und neu geordnet, abzielend auf eine Harmonisierung des Markenrechts innerhalb der EU[76]. Heute zeichnen sich Handelsmarken auch dadurch aus, dass sie im internationalen Wirtschaftsaustausch geschützt sein können – ein grundsätzlicher Unterschied mindestens zum hier behandelten mittelalterlichen Textilhandel, wie zu zeigen sein wird. Moderne »trade marks« sind weiterhin oft fest mit dem verbrauchsfertigen Konsumprodukt verbunden[77]. Auch hierin liegt ein Unterschied zur vormodernen Textilindustrie.

»Brands« sind weiterhin Namen, Designs, Symbole oder andere Erkennungszeichen, die jenseits der Unterscheidbarkeit beziehungsweise Identität des Produktes eben zu dessen besserem Absatz und zur Werbung dienen. Sie sind im modernen Konsumgüterabsatz Erkennungszeichen für die Endkonsumenten, die zugleich und vor allem auch einen zusätzlichen Wert generieren, da das Image der Ware eine Preissteigerung erlaubt. Konsumentinnen und Konsumenten erkennen gut etablierte Marken anhand ihrer Markenzeichen und konsumieren sie nicht nur aufgrund ihrer innewohnenden Produktmerkmale, sondern eben auch aufgrund ihres empfundenen Werts, aufgrund des emotionalen Markenimages. Insofern geht dieses Markenverständnis über das rechtliche Markenverständnis als (geschütztes) Herkunftszeichen hinaus. Es dreht sich vor allem um eine etablierte Identität des Produktes gegenüber den Endverbrauchern. Wie bereits erwähnt, wurden im vormodernen Textilsektor keine beziehungsweise kaum verbrauchsfertige Konsumgüter gehandelt (städtische Sekundärmärkte für Kleidung sind hier ausgenommen). Damit sind dem an den Endverbraucher ausgerichteten Branding gewisse Grenzen gesetzt – und doch meine ich im Folgenden illustrieren zu können, dass textile Marken auch im Mittelalter bis zu einem gewissen Punkt als sogenannte »protobrands« gelten dürfen. Damit schließt dieser Beitrag an Überlegungen von Karl Moore und Susan Reid an, die argumentieren, dass Marken im Sinne von »brands« bereits in der Antike (beziehungsweise zu jeder Zeit) existierten. Dabei sollen »proto-brands« 1) immer der Übermittlung von Informationen zu Warenqualität und zur Produktherkunft dienen – analog zur erwähnten Einordnung textiler Markenzeichen als »Verkehrszeichen«; sie machen weiterhin 2) bereits in der Antike eine Entwicklung hin zu größerer Komplexität durch, insbesondere findet eine Erweiterung um ein Image der

75) https://euipo.europa.eu/ohimportal/en/trade-mark-definition [letzter Zugriff am 21.3.2023].
76) https://www.inta.org/topics/european-union-trademark-system-review/ [letzter Zugriff am 21.3.2023].
77) https://euipo.europa.eu/ohimportal/en/trade-mark-definition [letzter Zugriff am 21.3.2023].

Ware statt; 3) sie spielen eine kritische Rolle nicht nur für Endverbraucher, sondern für alle beteiligten Interessengruppen[78].

III.1. Webkanten, Tuchsiegel und Faltung als Markenzeichen

Wohl das bekannteste Markenzeichen mittelalterlicher Fernhandelstextilien ist das Tuchsiegel. Die Nutzung von Siegeln als Herkunftsnachweis geht bis in die Bronzezeit zurück[79]. Siegel oder (bei Leinwand oftmals) Stempel als Markenzeichen begleiteten dann seit dem 13. Jahrhundert die Ausdehnung der kommerziellen Textilherstellung in Italien, Frankreich, Flandern, England und Deutschland und wurden bis ins 17./18. Jahrhundert im Textilgewerbe und -handel genutzt[80]. Kaiser bezeichnet moderne Marken- und Gütezeichen gar als »Nachkommen des ausdifferenzierten Zeichenwesens des mittelalterlichen Tuchgewerbes«; die mit dem städtischen Zeichen versehenen Bleiplomben repräsentierten dabei »eine bestimmte Beschaffenheit von Waren«[81]. Die Funktion von Tuchsiegeln als Verkehrszeichen war es, »in knappester Form, gleichsam als Kürzel verwendet, Auskunft über die Eigenschaften des besiegelten Tuches, und zwar in Bezug auf Qualität und Quantität (auf Güte, Länge, Breite, Gewicht), auf den Ursprungsort und den individuell verantwortlichen Hersteller zu geben«[82]. Sie vertraten also die Stadt als standardisierende Instanz. Tuchsiegel sind in den letzten Jahrzehnten in wachsender Zahl archäologisch dokumentiert[83] und stellen für den vormodernen Tuchhandel eine wichtige ergänzende Quelle für die gehandelten Sortimente dar.

Das Zeichenwesen ist dabei Teil und Abschluss des Produktionsprozesses. Für Amsterdamer Laken sehen die Statuten von 1413 vor, dass die Siegelherren nur dann besiegeln (*bezeghelen*) sollten, wenn ein Zeichen (*teyken*) für jeden Produktionsschritt dem Tuch anhängig sei, ***een teyken, als ze gheweven zijn, ende een teyken als ze ghenoppet zijn,***

78) Karl MOORE/Susan REID, The Birth of Brand: 4000 Years of Branding History, in: Munich Personal RePEc Archive, Paper No. 10169, veröffentlicht am 26. August 2008, online abrufbar unter https://mpra.ub.uni-muenchen.de/10169/ [letzter Zugriff am 1.3.2023], hier S. 6.

79) MOORE/REID, Branding (wie Anm. 78), S. 8–9.

80) KAISER, Tuchplomben (wie Anm. 72), hier S. 377 f.

81) KAISER, Tuchplomben (wie Anm. 72), S. 375 f.

82) KAISER, Tuchplomben (wie Anm. 72), S. 377.

83) Wichtige Publikationen zu Funden für Nord- und Mitteleuropa sind etwa: Geoff EGAN, Lead cloth seals and related items in the British Museum, London 1994; Jette R. ORDUNA, Middelalderlinge klaedeplomber. Blyeplomber fra klaede importeret til Danmark indtil 1600, Magisterarbeit, Aarhus 1988; Dieter HITTINGER, Tuchplomben. Warenzeichen des späten Mittelalters und der Neuzeit aus dem norddeutschen Küstengebiet, Aachen 2008; Maxim MORDOVIN, Late Medieval and Early Modern Cloth Seals in the Collection of the Hungarian National Museum, in: Archaeologiai Értesítő 139 (2014), S. 193–237; John SULLIVAN, Russian Cloth Seals in Britain. Trade, Textiles and Origins, Oxford 2012; Raf VAN LAERE, Loden zegels en verzegelingen: Eerste hulp bij identificatie, Wijer 2019.

ende een teyken, als ze ghevullet zijn. Mar die lakene, die men bruyne verwen wil, zullen hebben noch een teyken, als ze geblaeut sijn, eer men se ziedet, of zy zullen onbezeghelt bliven[84]. Nach dem Weben, nach dem Rauhen (auch als Kardieren bezeichnet) und nach dem Walken sollte also jeweils ein Beschauzeichen angehängt werden, weiter, wenn für das Braunfärben ein bestimmter Schritt im Blaufärben vollzogen war. Lief der Besieglungsprozess nicht ab wie vorgegeben, wurden die Laken vom sogenannten Siegeler und den *wairdeyns* (Aufsehern) als *onzeghelbair* (unsiegelbar) befunden. Die Reihenfolge der Besehung und Besiegelung war strikt einzuhalten, sonst drohten Strafgelder. Nicht unüblich war die Praxis, dass unzureichende Produkte zerschnitten wurden und kein Siegel/Stempel bekamen, wie etwa Amsterdamer Laken, die bei Prüfung als zu leicht, schlecht kardiert oder geschoren befunden wurden[85]. Das große Siegel scheint den Produktionsprozess abgeschlossen zu haben; es sollte nur Laken mit der richtigen Länge und Breite angehängt werden, die zudem das richtige Gewicht hatten[86]. Interessant ist hier die sprachliche Unterscheidung zwischen *teyken* und *zeghele*, die darauf hinweist, dass die Zeichen als Beschauzeichen im Produktionsprozess relevant waren, dass aber das letztlich angehängte Siegel die Zeichen ersetzte und einen darüber hinausgehenden Bedeutungsumfang als städtisches Siegel hatte. Diese Frage bleibt allerdings zukünftig noch systematisch zu bearbeiten, ebenso wie die Frage, ob beziehungsweise in welchen Fällen die Beschauzeichen der Produktionsstufen nach der abschließenden Besehung und Besiegelung am Produkt verblieben[87].

Das Zeichenwesen mit schlussendlicher Besiegelung begleitete also den gesamten Produktionsprozess, der wegen der vielen beteiligten Akteure verschiedener Gewerbe innerhalb und außerhalb der Stadt nicht ohne Weiteres zu überschauen war. Marktfähige Ware wurde final besiegelt, wenn sie den vorgegebenen Produktions- und Prüfungsprozess fehlerfrei durchlaufen hatte. Das Kennzeichnen (*tekenen*) von Produktionsschritten und Produktqualität war ein hochregulierter Prozess, um festgesetzte Standards bei hohem Produktionsumfang zuverlässig sicherzustellen und im Handel zu kommunizieren – also Produkte zur Markenware zu machen. Die mit Ende des Produktionsprozesses angehängten Siegel trugen stets das Zeichen der die Statuten gebenden Obrigkeit – sie sind eine Variante städtischer Siegel (siehe Abbildung 5).

Das nach der Besehung angehängte Siegel repräsentiert die Einhaltung der Produktionsstandards und identifiziert die Stadt als markenrechtlichen Ansprechpartner. Dabei bestehen im Besieglungssystem verschiedener Gewebearten durchaus Unterschiede.

84) Rechtsbronnen (wie Anm. 28), LXIII.3, S. 45. Während die Webkante Markenzeichen war, sollte der Hersteller zusätzlich *zijn mercke doen weven in zijn lakene of dairop doen naeyen, eer men dat laken opt zeghelhuys bringhet van den weven,* also sein eigenes Herstellerzeichen an dem Webstück anbringen, ebd., LX.3, S. 43.

85) Rechtsbronnen (wie Anm. 28), LXIII.2, S. 45.

86) Ein halbes Laken sollte 13 Viertel (Ellen) Breite und 21 Ellen Länge haben und 20 Pfund oder mehr wiegen, s. Rechtsbronnen (wie Anm. 28), LXIII.1, S. 44.

87) So Kaiser, Tuchplomben (wie Anm. 72), S. 379.

Für die oft überwiegend im Umland der Städte produzierte Leinwand etablierte sich die sogenannte Schau, eine zentralisierte, städtische Einrichtung[88]. Die Schau war »eine differenzierte Behörde, die Rohleinwand nach verschiedenen Qualitäten klassifizierte und auch die Endverarbeitung kontrollierte«[89]. Die finale Warenprüfung und das Stempeln mit dem städtischen Zeichen (siehe Abbildung 6) fand im Normalfall durch städtisch eingesetzte Fachleute statt, die aus einer Webergilde rekrutiert werden konnten oder als städtische Beamte vereidigt wurden[90]. Bei der Barchentherstellung wurden in Italien und in Imitation der dortigen Produktion später in den oberdeutschen Zentren Güteklassenzeichen (Ochse-Löwe-Traube, Messer-Rad) in Verbindung mit Sortenmarkierung durch die Herkunftsbezeichnungen eingeführt.

Dabei können die Toponyme, die uns in den Schriftquellen begegnen, wie bereits bei der Vorstellung der Produktionsvorgaben deutlich wurde, verschiedene Produkte eines Herstellers bezeichnen, die auch verschieden besiegelt wurden. Die St. Gallener Schau führte bereits im 14. Jahrhundert ein kleines und ein großes Gütesiegel für verschiedene Produkte[91]. In Comines wurden den feinen breiten *Inghelsche lakenen*, also Laken aus englischer Wolle, *3 groote seighels gheprent metter grooter tanghe*, also drei große, mit der großen Zange geprägte Siegel angehängt; andere »feine englische Laken« sollten nur zwei große Siegel und die »feinen schmalen englischen Laken« sollten mit zwei Siegeln

88) In den Niederlanden wurden Leinenmärkte im Hennegau bereits im späten 14. Jahrhundert mit Ausweitung der dortigen exportorientierten Leinenherstellung errichtet und die Produktion im Territorium 1418 schließlich unter ein Statut gestellt. Ausgewiesen wurde die Markenware neben dem Siegel des Webers durch ein Doppelsiegel des Kontrolleurs, bestehend aus den Initialen des Marktes und dem hennegauschen Wappen, s. Etienne SABBÉ, De belgische vlasnijverheid. Deel I: De zuidnederlandsche Vlasnijverheid tot het verdrag van Utracht (1713), Brügge 1943, hier S. 95–106. Zur Schau in der westfälischen Leinenherstellung und hier vor allem Osnabrück und Münster s. Karl-Heinz KIRCHHOFF, Hinweise auf die Leinen-Legge zu Münster 1456–1569, in: Westfälische Forschungen 31 (1981), S. 119–123; Heinz POTTHOFF Die Leinenleggen in der Grafschaft Ravensberg, Dissertationsschrift, Bielefeld 1900; HUANG, Textilien (wie Anm. 4), S. 102–108; Christof Jeggle, Leinen aus Münster / Westfalen im 16. und 17. Jahrhundert, Dissertationsschrift, Berlin 2009, zur Entwicklung und Bedeutung der Legge in Münster insbesondere S. 131–151. Zum Barchentgewerbe s. KAISER, Imitationen (wie Anm. 21), S. 458.

89) https://hls-dhs-dss.ch/de/articles/043650/2007-08-07/ [letzter Zugriff am 3.3.2022]. Auch KAISER, Imitationen (wie Anm. 21), S. 464.

90) Ein Beispiel ist der Eid des städtischen Leinwandmessers zu Osnabrück von 1473: *Ton ersten dat he dat ergeste buten lecggen sal; item nyne twe stucke in eyn to lecggene, dat he tekene; item dat he nyn vromet lewant tekenen zole; item dat he nyn lewand umme lecggen sole, dat eyns getekent is; item sal he den stock by der eynen zyd tekenen nicht achter rucgge; item sal he de ende des lewandes besegelen; item nyn lewant lecggen unde tekenen, dat nyn kopmansgud en sy, unde dat ock nicht en tekenen; item sal he dat lewand meten by der kortesten zyd; item en sal he nemandes koep zetten; item sal he den kopmanne gelike wal gewegen wesen unde ok nemande vor, den anderen na wisen; item wes he des dages vordenet van lewant lecggene, dat in des stades bussen horet, dat sal he to des stades behoff des avendes in de bussen lecgen, unde nicht tosamende komen laten, tor stundt als idt entfengt in dat block leggen, oick aller leinnwandt und garens to kopen und to verkopen sich gentzlich entholden*, S. Die ältesten Osnabrücker Gildeurkunden (bis 1500), hg. von Friedrich PHILIPPI, Osnabrück 1890, hier Nr. 42, S. 49.

91) AMMANN, Leinenindustrie (wie Anm. 60), hier S. 260.

der großen Zange versehen werden, die scheinbar aber kleiner waren als die zuvor genannten[92].

Das finale Besiegeln oder Stempeln von Webstücken mit dem städtischen Zeichen markiert den Übergang vom lokalen Verbrauch zu einem weiträumigen Absatz. Das angehängte Markenzeichen richtete sich an die Abnehmer der Ware und die Kontrollinstanzen im Handelsnetzwerk – es macht die Ware »marktfähig«[93]. »Mit der Verleihung eines Tuchsiegels und dem Aufbau eines dazugehörigen Schausystems wurde das lokale Tuchprodukt zur verkehrsgängigen Fernhandelsware einer Tuchstadt mit reglementiertem Gewerbe«, was den Kaufleuten die schnelle Identifikation von Qualität und Herkunft gestattete[94]. Leidener Tuch wurde beispielsweise spätestens 1398 besiegelt und 1406 die Besehung aller Laken durch die *wairdeyns* und ihre anschließende Besiegelung in den Statuten explizit festgelegt[95]. Belege für eine Besiegelung setzen damit gemeinsam mit dem Erfolg von Leidener Tuch als europaweit abgesetzte Markenware ein[96].

Neben Siegeln gehörten auch die Webkanten (auch Selbstenden, Salbänder) zum System textiler Markenzeichen. Gewerblich gefertigte Stoffe hatten oft deutlich verstärkte Webkanten, deren Ausgestaltung selbst auch als Warenzeichen genutzt wurde (siehe auch Abbildung 7)[97]. »Mit den einfachsten Mitteln ließen sich hier Abzeichen und Merkmale herstellen, die sich dem Käufer leicht einprägten und deren Abänderung oder gänzliches Fehlen sofort bemerkt wurde. Das Sahlband wurde hierdurch zu einem wertvollen Verkehrszeichen und seine Form wurde bereits im 14. Jahrhundert gesetzlich geschützt«[98]. Heute noch werden entsprechende sogenannte Kennfadenmarken im Patentrecht als Markenzeichen genutzt[99].

Die Webkanten beziehungsweise Kennfäden als ein in das Produkt eingebrachtes Markenzeichen werden nicht selten in den Produktionsstatuten thematisiert. Frühe Be-

92) Siehe Recueil de documents relatifs à l'historie de l'industrie drapière en Flandre. Deuxième partie: Le sud-ouest de la Flandre depuis l'époque bourguignonne, hg. von Henri-E. DE SAGHER, Bd. 2, Brüssel 1961, Nr. 220.1, 2 und 4, S. 31 f.

93) AMMANN, Leinenindustrie (wie Anm. 60), S. 260 f.

94) KAISER, Imitationen (wie Anm. 21), S. 464.

95) De middeneeuwsche keurboeken van de stad Leiden, hg. von H. G. HAMAKER, Leiden 1873, hier zu ca. 1398 CXXVIII.23, S. 104; zu 1406 Nr. XXVII, S. 74.

96) Um 1360 war in Leiden eine hochwertige Wolltuchherstellung eingerichtet worden; um 1400 wurden hier bereits um die 10.000 Stück Tuch pro Jahr besiegelt, s. KAPTEIN, Textielnijverheid (wie Anm. 27), S. 51 f.

97) KANIA, Kleidung (wie Anm. 40), S. 52.

98) Rudolph EBERSTADT, Das französische Gewerberecht und die Schaffung staatlicher Gesetzgebung und Verwaltung in Frankreich vom dreizehnten Jahrhundert bis 1581, Leipzig 1899, hier S. 214.

99) Das Deutsche Patent- und Markenamt definiert Kennfadenmarken als »herkunftskennzeichnende Markierungen entlang der Länge von Waren, die nach Längeneinheiten verkauft und dazu regelmäßig abgeschnitten werden«, s. https://www.dpma.de/docs/marken/mf_kennfadenmarke.pdf [Zugriff am 28.04.2023]. Ich danke dem Ehepaar Garrels für den Hinweis.

lege aus Carcassonne gehen ins beginnende 14. Jahrhundert zurück[100], vermehrt befasst sich die Überlieferung aber erst seit der zweiten Hälfte des 14. Jahrhunderts mit diesem Markenzeichen. Für Amiens ist mit der Ordnung von 1346 ein Webkantensystem der Wolltuchherstellung nachvollziehbar: Waidfarbenes Tuch und Tuch aus weißem Kammgarn sollten dabei ein Salband von sechs Rieten Breite (zwölf Kettfäden) in der Farbe des Tuches haben; sogenannte Halbtuche sollten ein blaues Salband haben, das auf einer Seite durch zwei Garnfäden abgeteilt war. Die geringeren Stoffe aus Lammwolle hatten ein schwarzes Salband, das zu beiden Seiten des Tuches durch einen doppelten Faden geteilt war[101]. Für die »feinen englischen Laken« von Comines wurden 1451 mindestens sechs und höchstens acht *lystdraden* an jeder Seite festgesetzt; für die »feinen schmalen englischen Laken« wurden dahingegen 22–24 Fäden für die Webkanten je Seite bestimmt. Tuch aus anderer beziehungsweise minderwertiger Wolle war ebenfalls mit eigenen Webkanten versehen, so die schmalen schottischen Laken mit breiten Leisten von 12 *lystendraden*[102]. Die Gestaltung der Webkanten als Markenzeichen findet in diesen Beispielen durch eine unterschiedliche Anzahl von Fäden wohl aus einem anderen Garn statt, wobei die Farbe abweichen konnte, aber nicht musste.

Während die Amsterdamer Statuten von 1413 nur bestimmen, dass für die Besiegelung auch *haocgairne an beyden eynden* vorliegen müssen[103], sind die Leidener Statuten des 14. Jahrhunderts beredter – vermutlich, weil die Gestalt der Webkanten in beiden sich ähnlich entwickelnden Produktionsorten im 15. Jahrhundert bereits etabliert war. Für Leiden werden in den Statuten aus dem Zeitraum 1363 bis 1384 für die »besten Laken« rote, dunkelblaue, hellblaue, dunkelgrüne oder hellgrüne Webkanten festgesetzt, vermutlich bezogen auf die allgemeinen Färbungen, die für diese Sorte zugelassen waren. Die Leisten sollten hier aus der gleichen Wolle wie das Tuch gewebt werden und *an elken egghe zeven getwaerude drade* (sieben gezwirnte? Fäden) haben[104]. Für die »zweiten Laken« (*ander laken*) werden ebenfalls spezifische Farben genannt und ihre Leisten waren auch von der gleichen Wolle wie die Laken zu weben[105]. Die Gestalt der Webkanten folgt farblich hier also dem Produkt, bindet aber vom Haupttuch verschiedene Fäden in bestimmter Anzahl mit ein.

Hinweise auf Webkanten sind bei hochwertiger Ware häufiger und umfangreicher zu finden als bei einfacher Massenware. Aber auch hier werden diese Markenzeichen

100) Für Carcassonne schreiben Statuten von 1317 bereits spezielle Webkanten für Blanchets mit zwei blauen Fäden und sogar drei blaue Fäden für das Kopfende vor, s. EBERSTADT, Gewerberecht (wie Anm. 99), S. 214.

101) EBERSTADT, Gewerberecht (wie Anm. 99), S. 215 und Anm. 3.

102) Recueil de documents (wie Anm. 93), Nr. 220.1–2, 4, 10, S. 30–32.

103) Rechtsbronnen (wie Anm. 28), Nr. LXIII.3, S. 45.

104) Bronnen tot de geschiedenis van de Leidsche textilnijverheid. 1 Teil: 1333–1795, hg. von N. W. POSTHUMUS, s'Gravenhage 1910, Nr. 12, 147.1, S. 15–16.

105) Sie sollten *sangwijn, rode, partsen, dause* oder *sueroghe* gefärbt werden. POSTHUMUS, Leidsche textilnijverheid (wie Anm. 105), Nr. 12, 147.8, S. 16.

genutzt. In der Hamburger Wollenweberordnung aus dem 15. Jahrhundert wird festgesetzt, dass die Laken einen roten und einen weißen Rand haben sollten[106]. Die Lübecker Statuten von 1477 erwähnen die Webkante (*listen*, *lysten*) zwar bei den Vorgaben zum Aufbäumen des Webstuhls, äußern sich aber nicht zu ihrer spezifischen Ausgestaltung[107]. Allerdings werden die »roten Ecken« des Lübecker Tuchs in einer Auseinandersetzung mit Mölln im Jahre 1462 thematisiert. Um an den Fernhandelserfolg der Lübecker Laken anzuknüpfen, imitierten die Möllner Wollenweber die dortige Webkante, indem sie *ere Molensche laken mit roder egge gelijk de wullenweuer binnen Lubeke* anfertigten[108]. Auch hier liegt es nahe, dass ältere Statuten die Eigenheiten der Webkante bereits festgesetzt hatten. Es ist davon auszugehen, dass textile Markenware, egal welcher Qualitätsstufe, im Normalfall eine eigene Webkante führte. Die Webkante ist dabei eine Begleiterscheinung einer sich steigernden Handelsbedeutung von Markentuchen.

Einen speziellen Fall von Webkanten als Teil mittelalterlichen Markenrechts stellen verschiedene Produktionsorte dar, die sich von der französischen Krone ihre Herkunftszeichen schützen ließen. Brüssel etwa ließ sich bereits 1375 das genau beschriebene Muster des Salbandes als besonderes Herkunftszeichen bestätigen. Dabei ging es vor allem um die Eindeutigkeit beziehungsweise unzweifelhafte Lesbarkeit des Markenzeichens, damit »der einfache Mann« nicht betrogen würde. Karl V. bestätigte diese rechtliche Absicherung des Brüsseler Markenzeichens einige Jahre später, da Imitationen (weiterhin) stattfanden. Auch den Tuchherstellern von Rouen (1458) und Saint-Lô (1460) wurde ihr Salbandmuster durch königliches Privileg geschützt[109]. Diese französischen Beispiele unterstreichen, dass Webkanten als (rechtlich abgesicherte) Markenzeichen verstanden und gezielt (aus)genutzt wurden.

Webkanten als Markenzeichen beschäftigten auch die hansestädtische Wirtschaftspolitik, so die preußischen Städtetage im Laufe des Jahres 1391: Verschiedene Versammlungen fordern die beidseitige Webkante als Voraussetzung für den Verkauf von Importware[110]. Die Frage erreichte auch die höhere Ebene der Hansetage[111]. Im November 1392 beschloss schließlich ein preußischer Städtetag ein Verbot des Handels sämtlicher

106) *Unde de vorscreven lakene schullet hebben ene rode listen unde ene witte listen*, s. Hamburgische Zunftrollen (wie Anm. 45), Art. 13, S. 306.

107) Zunftrollen (wie Anm. 34), Nr. 65. S. 495 f.

108) Codex Diplomaticus Lubecensis – Lübeckisches Urkundenbuch. 1. Abteilung: Urkundenbuch der Stadt Lübeck, 10. Band (1461–1465), bearb. von Johann Friedrich Böhmer/Friedrich Techen, Lübeck 1898, Nr. 232.

109) Kaiser, Imitationen (wie Anm. 21), S. 466; Eberstadt, Gewerberecht (wie Anm. 99), S. 215–217.

110) Hanserecesse (wie Anm. 10), 1. Abteilung, Bd. 4, Nr. 18.2, S. 13; Nr. 26, S. 19.

111) Hanserecesse (wie Anm. 10), 1. Abteilung, Bd. 4, Nr. 28.3, S. 21.

Laken, die nicht an beiden Seiten eine Webkante besäßen[112]: *...wil her jummand bringen gancze lakene edder halve lakene, de solen hebben ere sulfende in beyden enden, bi vorlust der sulven lakene, si sin ute welkeme lande dat sie sin*[113]. Die Notwendigkeit von importiertem Tuch *beyde ende sulfende czu habin* wird über die Zeit hinweg immer wieder diskutiert und zeigt die fortwährende Beschäftigung mit und die Bedeutung von Markenzeichen im Textilhandel, insbesondere über weite Strecken[114].

Ein letztes Markenzeichen von textilen Handelsmarken ist die Faltung, die allerdings in den Quellen weniger präsent ist. Erneut liefert Amsterdam ein Beispiel: Neben der unterschiedlichen Besiegelung der Stoffe von Stadt und Umland wurden die Tuche, die außerhalb des Stadtgebiets gewebt worden waren, auch anders gefaltet. Man solle diese *vouden ende besten op al sulke voude ende bestinghe alse hair landwise is, dair ze ghemaect zijn*[115]. Die verschiedenen Landschaften scheinen also eine eigene Faltung entwickelt zu haben, die es neben der Siegelung erlaubte, die Ware räumlich näher zuzuordnen.

In der hansischen Handelspolitik wird auch die Faltung als Markenzeichen verschiedentlich diskutiert. Für 1385 ist etwa eine Klage die irischen Wolltuche betreffend überliefert, die gefärbt und gefaltet seien wie die Arrasstoffe von Ath. Gefordert wurde, *dat men de arras also volde, dat men dar underschede an hebben moghe, und dat nemant dar mede bedrogen werde*[116]. Hier wird die Nachahmung der Faltung als Markenbetrug dargestellt. Um solche Probleme zu vermeiden, wurde 1402 für den Wolltucheinkauf über den Brügger Stapel auch bestimmt, *dat me nene lakene kopen scolde, se en sin vor ogen gepiilt, gevoldet unde geloyet etc*[117]. Allein die Poperinger Laken wurden aus Gründen, die später noch zu behandeln sind, von dieser Regelung ausgenommen. Um ein Beispiel aus dem 15. Jahrhundert zu ergänzen, sei auf die Bestimmung eines Hansetags von 1454 verwiesen, die untersagt, englische Laken auf Zwischenhandelsplätzen wie Antwerpen auf den *Yperschen slach,* also nach der Art der Ypernen Wolltuche, zu färben und falten[118].

Die Faltung ergänzt die eingewobenen Kennfäden und die angehängten Siegel als ein drittes Merkmal von textilen Handelswaren, das erst nach Abschluss des Produktions- und Zertifikationsprozesses hinzugefügt wurde, um Markenware schnell und – bestenfalls – verlässlich erkennbar zu machen. Wie man sich die Faltung als weiteres Markenzeichen vorstellen könnte, mag die Leidener Tuchhalle andeuten, die Tuchballen in ihrer Gestaltung zeigt (Abbildung 8).

112) Danzig sollte dazu an Flandern, England, Holland, Seeland und die »Seestädte« schreiben, Hanserecesse (wie Anm. 10), 1. Abteilung, Bd. 4, Nr. 124.4, S. 98.

113) Hanserecesse (wie Anm. 10), 1. Abteilung, Bd. 4, Nr. 127, S. 101.

114) So auf Städtetagen 1393 und 1394, Hanserecesse (wie Anm. 10), 1. Abteilung, Bd. 4, Nr. 137.1, S. 111; Nr. 204.2, S. 182 f.

115) Rechtsbronnen (wie Anm. 28), Nr. LXIII.12, S. 46.

116) Hanserecesse (wie Anm. 10), 1. Abteilung, Bd. 2, Nr. 306.6, S. 362.

117) Hanserecesse (wie Anm. 10), 1. Abteilung, Bd. 5, Nr. 83, S. 59.

118) Hanserecesse (wie Anm. 10), 2. Abteilung, Bd. 4, Nr. 248.6, S. 185.

Abbildung 5: Tuchsiegel von Amsterdam (Holland), Vorderseite, 16.-17. Jahrhundert. Quelle/Foto: Archäologisches Museum in Danzig, MAG/MM/GD/255/20/46/24750.

Abbildung 6: Leinwand-Stoffprobe mit Osnabrücker Leggestempel, 1690. Quelle/Foto: Niedersächsisches Landesarchiv, Abteilung Osnabrück, Dep 3 b V, Nr. 997.

Abbildung 7: Stofffragment mit Webkante in Form eines Bandes aus groben Fäden, 14. Jahrhundert. Quelle/ Foto: Archäologische Sammlung, Stadtmuseum Tartu, TM A-169: 1542.

Abbildung 8: Gefaltetes Tuch mit Siegel in der Außengestaltung von De Lakenhal in Leiden. Foto: Maxim Mordovin.

III.2. Von der Ware zur Marke

Drei verschiedene Kennzeichnungen wiesen also Textilien als Markenware aus: Die Webkante als eingewobenes Markenzeichen zeigt, dass eine bestimmte Ware bereits im Produktionsprozess intendiert war; das Tuchsiegel steht für die richtige Einhaltung aller Produktionsschritte und abschließende Prüfung der Warenqualität und weist über das städtische Zeichen die verantwortliche Rechtsinstanz aus; die Faltung schließlich bildet ein drittes, einfach erkennbares Markenzeichen. Damit ist die Identifizierbarkeit der Marke institutionell mehrfach abgesichert.

Alle vorgestellten Markenzeichen können wir in städtischen Produktionsstatuten auffinden. Die Marke wurde rechtlich der Stadt als Hersteller zugeordnet und hier entwickelt. Die Markenzeichen waren darauf ausgelegt, gerade im Großhandel den markenrechtlich Verantwortlichen gut sichtbar auszuweisen, bei Stoffbahnen von umgerechnet oft über zwei Meter Breite und gerne zwischen 15 und 30 Metern Länge. Zentral für ein im Fernhandel funktionierendes Markenwesen ist dabei die mit der Besiegelung verbundene Warenkontrolle. Dieses institutionelle System eines textilen Markenwesens schuf die Voraussetzung für den Erfolg eines Produktes im Handel, das dezentral in zahlreichen Arbeitsschritten hergestellt wurde. Das Markenwesen erlaubte durch Erweiterung des Produktionsmarktes eine Steigerung vormoderner Produktion, so etwa eine Leidener Tuchherstellung mit um 1500 circa 25.000 besiegelten Stücken Tuch pro Jahr[119]. Über das Markenwesen konnten standardisierte Produkte in großer Menge bereitgestellt und vor allem auch weiträumig darüber kommuniziert werden. Durch Markenzeichen und Markennamen konnten Produkte eine europaweite Reputation aufbauen, welche die Produktionsorte teilweise jahrhundertelang auf den Märkten etablierte.

Mit der vorgestellten Markenzeichen-Trias, in den Schriftquellen ausgedrückt in Toponymen, garantierte und kommunizierte der Hersteller eine bestimmte Produktqualität. Kaiser fasst es kurz zusammen: »An die Stelle der Überprüfung des Warenwertes durch den Käufer persönlich und durch Augenschein trat die Kontrolle durch die Schaubeamten und die Haftungspflicht der Produzenten. Äußere Merkmale beider waren die Zeichen. Das Vertrauen in das gute Funktionieren des Schau- und Zeichenwesens war eine wesentliche Voraussetzung für den Aufschwung des spätmittelalterlichen Fernhandels mit standardisierten Massenwaren gewerblicher Fertigung«[120]. Gerade mit der Herstellung des Vertrauens in das Markenwesen setzte sich die hansische Handelspolitik, die im Folgenden tiefergehend zu behandeln ist, immer wieder auseinander.

119) Rosemary L. HOPCROFT, Regions, Institutions, and Agrarian Change in European History (Economics, Cognition, and Society), Ann Arbor 1999, S. 109.
120) KAISER, Imitationen (wie Anm. 21), S. 459–460.

IV. Der Wert der Marke: Zwischen Kommunikationsmedium und Marketing

In diesem letzten Abschnitt soll es darum gehen, die Funktion von Markenzeichen im Textilhandel näher zu beleuchten. Wie beeinflussten sie die Verkaufs- beziehungsweise Handelspraktiken beziehungsweise wie wurde mit ihnen umgegangen? Welchen Anspruch hatten Akteure an Marken? Welche konkreten Vorteile entstanden den Marktteilnehmern durch das Markenwesen und wie zuverlässig war es? Speziell befassen wir uns mit dem Markendiskurs im hansischen Handel beziehungsweise in der hansestädtischen Wirtschaftspolitik. Zuerst setzen wir uns mit Handelserleichterungen durch Marken auseinander, gefolgt von einer Auseinandersetzung mit dem Anspruch auf beziehungsweise Diskurs um die Eindeutigkeit von Marken. Gerade die anhaltenden Diskussionen um Imitationen von anerkannten Marken können uns – mangels aussagekräftiger Informationen zu Produktionskosten im Vergleich zu Verkaufspreisen – dazu dienen, auch Überlegungen dazu anzustellen, ob man »nur« von textilen Handelsmarken sprechen sollte oder textile Marken auch im Sinne eines »proto-brandings« beziehungsweise Marketings genutzt wurden. In anderen Worten: Generierte die Marke einen Mehrwert?

IV.1. Handelserleichterung durch Markenware: Der Wunsch nach Marken und Markenechtheit

In den hansischen Diskussionen und Beschlüssen um den Textilhandel wird – so haben es bereits im vorangegangenen Abschnitt Beispiele illustriert – schnell die Bedeutung von Tuchsiegeln und Webkanten als Teil einer Handelsmarke deutlich. Immer wieder wurde durch die hansischen Niederlassungen und die Hansestädte die Etablierung und Einhaltung von Markenzeichen aktiv gefordert und gefördert. Dieses handelspolitische Engagement soll nun aus Sicht der Adressaten des Markenwesens näher betrachtet werden.

Die primäre Funktion von Marken im Textilhandel war die allgemeine Erleichterung des Handels durch die Senkung von Transaktionskosten: Zuverlässige Markenzeichen erlaubten eine schnellere Identifikation von bestimmten Warentypen/Sorten im Großhandel und die Kommunikation über Ware im kaufmännischen Austausch – Marken reduzierten also institutionentheoretisch ausgedrückt die Such- und Messkosten[121]. Sie senkten zudem die Durchsetzungskosten durch das städtische Herstellerzeichen, das die Stadtregierung als Ansprechpartner bei Qualitätsmängeln auswies. Damit wurden

121) Zu Transaktionskosten knapp Douglass C. North, Transaction Costs, Institutions, and Economic Performance, San Francisco 1992, S. 6–8.

allgemein der Aufwand und die Unsicherheiten im Textilhandel reduziert und für einzelne Wirtschaftsakteure überschaubar gemacht. So verwundert es nicht, dass bereits 1348 Bestimmungen für den Tuchhandel nach Nowgorod den Handel mit *ungheloyede lakene* (ungesiegelten Tuchen) verboten[122].

Im hansischen Textilhandel geht der Vorteil von Markenware noch darüber hinaus. Für ihre Nowgoroder Niederlassung erwirkten die Hansekaufleute auch Privilegien dafür, dass bei bestimmten Sorten Gebühren für eine Warenprüfung entfielen, wenn die Tuche an beiden Enden ganz und besiegelt waren[123]. Diese Privilegien waren allerdings eng an die Zuverlässigkeit von Markenware und Markenechtheit geknüpft. Wegen der Kürze der flandrischen Tuche fordern die Nowgoroder beziehungsweise russischen Kaufleute etwa 1401, dass diese nachgemessen werden sollten, was nach hansischen Privilegien eben nicht nötig gewesen sei. Die damit befasste hansestädtische Versammlung beschloss deswegen, die Produzenten anzuhalten, die Produktionsvorgaben samt Besiegelung zuverlässig einzuhalten – *werit, dat se des nicht holden wolden, des wi jodoch nicht en hopen, so scolden unse coplude ere lakene nicht kopen*[124]. Das Markenzeichen sollte also zuverlässig für die Markeneigenschaften stehen – und damit konkrete Gebühren und Praktiken an den Handelsplätzen ersetzen. Der Umfang beziehungsweise die Bedeutung hansischen Textilhandels insbesondere mit flandrischem Tuch im östlichen Ostseeraum zu dieser Zeit[125] geben der Drohung der Kaufleute, andernfalls den Handel mit solch unzuverlässiger Markenware einzustellen, ein beachtliches Gewicht. So hatte Markenware ganz konkrete monetäre Vorteile für Hansekaufleute; zugleich war die Zuverlässigkeit von Marken von Seiten der Produzenten über längere Zeiträume keinesfalls garantiert, sondern vielmehr das Ergebnis eines Aushandlungsprozesses mit den kaufmännischen Interessenvertretungen.

122) Hansisches Urkundenbuch. Bd. 3, hg. von Konstantin Höhlbaum, Halle a.d. Saale 1882–1886, Nr. 594.

123) Dieses Privileg ist in der Diskussion darum belegt, als die Nowgoroder aufgrund der Mängel in den Maßen von importiertem Tuch eine Warenprüfung forderten, Hanserecesse (wie Anm. 10), 1. Abteilung, Bd. 5, Nr. 27.

124) Hanserecesse (wie Anm. 10), 1. Abteilung, Bd. 5, Nr. 28.

125) Diese besondere Stellung von Textilien zeigt sich etwa in den Handelsbüchern einzelner Kaufleute wie auch in den hansischen Pfundzollbüchern. Die Lübecker Pfundzollbücher 1368/69 geben zwar den West-Ost-Transithandel über Lübeck nicht vollständig wieder, geben aber einen Eindruck über die Handelsanteile verschiedener Waren, mit Tuchen v. a. aus Flandern mit einem Wertanteil von einem Drittel des dokumentierten Wertes aller Einfuhren. Im Lübecker Pfundzollbuch von 1492 macht die Tuchausfuhr 36 Prozent der Lübecker Ausfuhren aus, s. Philippe Dollinger, Die Hanse, Stuttgart 1998, S, 572; Simone Abraham-Thisse, Der Tuchhandel der Hanse am Ende des Mittelalters (14.–15. Jahrhundert), in: Vergleichende Ansätze in der hansischen Geschichtsforschung, hg. von Rolf Hammel-Kiesow (Hansische Studien 13), Trier 2002, S. 183–207, hier S. 183–186. Im Warenumsatz des Liegers des Königsberger Großschäffers des Deutschen Ordens in Brügge machen Wolltuche aus Flandern ebenfalls ein gutes Drittel aus und Renken betont die herausragende und strukturgebende Rolle dieser Warengruppe im Handel des Deutschen Ordens, s. Fritz Renken, Der Handel der Königsberger Großschäfferei des Deutsche Ordens mit Flandern um 1400, Weimar 1937, S. 95, 138.

In der Tat regulierte die Nowgoroder Niederlassung in ihrem Recht, der sogenannten Schra, welche Marken zum Handel dorthin überhaupt zugelassen waren[126]. Das betraf neben nordwesteuropäischen Wolltuchen auch die aus dem Hinterland der Hansestädte selbst, so die polnischen Wolltuche, die seit Mitte des 14. Jahrhunderts bereits nach Südosten gehandelt wurden[127]. Die preußischen Kaufleute wollten offenkundig diese ihnen regional zugängliche Ware als Importware im Russlandhandel nutzen. Die Zulassung polnischer Wolltuche zum Nowgorodhandel wurde innerhansisch zwischen 1382 und 1385 auch unter Einbeziehung des Hochmeisters als Landesherren der preußischen Städte intensiv diskutiert[128]. 1385 wurde jedoch der Import polnischen Tuches unter Berufung auf die Schra durch das Nowgoroder Kontor untersagt[129]. Auch für andere Zielmärkte des hansischen Handels wurde die Zulassung von bestimmten textilen Marken diskutiert, so für die schonischen Messen 1384, wohin keine *Borchveldische laken* gehandelt werden sollten[130].

Die Diskussion um die Zulassung polnischer Laken zum hansischen Nowgorodhandel zeigt beispielhaft, dass es hier neben der Konkurrenz hansischer Kaufleutegruppen um die Beherrschung bestimmter Märkte und um den Entwicklungsgrad textiler Marken ging. Denn das polnische Tuch war scheinbar zu diesem Zeitpunkt keinen Qualitätskontrollen unterworfen und wurde nicht besiegelt. Die Ähnlichkeiten zwischen dem standardisierten preußischen und dem polnischen Tuch wurden schließlich im 15. Jahrhundert zum Problem für die preußischen Kaufleute, die das Tuch andernorts absetzten. Nicht nur konnte preußische Markenware mit polnischer Ware verwechselt werden, auch häuften sich Fälschungen. In der Folge drängten die preußischen Kaufleute und ihre Städte auf eine Angleichung der polnischen Produktionsvorgaben auf Grundlage der preußischen Wollenweberrolle[131]. Markenware war für einen reibungslosen Handel unerlässlich, umso mehr, desto umfangreicher und regelmäßiger dieser Handel stattfand.

Insbesondere war man im 14. und 15. Jahrhundert daran interessiert, zuverlässige Markenware auf dem wichtigsten hansischen Einkaufsmarkt sicherzustellen: Flandern. Mit einigen flandrischen Tuchherstellungszentren schlossen die Hansekaufleute sogar

126) Hanserecesse (wie Anm. 10), 1. Abteilung, Bd. 2, Nr. 276.16, S. 336.

127) Jerzy Wyrozumski, The Textile Trade of Poland in the Middle Ages, in: Cloth and Clothing in Medieval Europe. Essays in Memory of Professor E.M. Carus-Wilson, hg. von N. B. Harte/K. G. Ponting (Pasold Studies in Textile History 2), London 1983, S. 248–258, hier S. 252–253.

128) Hanserecesse (wie Anm. 10), 1. Abteilung, Bd. 2, Nr. 254.14, S. 307; Nr. 266.17, S. 325; Nr. 305.9; Nr. 311.4. S. zur Auswertung des Falles auch Angela Huang, Die Hansestadt Elbing im preußischen Tuchhandel um 1400, in: Beiträge zur Handels- und Wirtschaftsgeschichte Elbings und Danzigs in Mittelalter und Neuzeit 36, S. 13–40, hier S. 28–30.

129) Hanserecesse (wie Anm. 10), 1. Abteilung, Bd. 2, Nr. 306.7, S. 362–363.

130) Kaufleute, die diese Sorte doch dorthin führten, hatten sie wieder auszuführen, s. Hanserecesse (wie Anm. 10), 1. Abteilung, Bd. 2, Nr. 276.16, S. 336.

131) Toeppen (wie Anm. 20), Nr. 332 (1424).

exklusive Abnahmeverträge. Das erlaubte den Hansekaufleuten beziehungsweise ihrer Organisation in Form der Brügger Niederlassung eine Einflussnahme auf die Produktion. Dies betrifft namentlich etwa das bereits erwähnte Poperinge – dort waren schon 1350 auf Wunsch der Hansekaufleute spezielle Qualitätsvorschriften und -kontrollen eingeführt worden[132]. Namentlich Poperinger Laken wurden um 1400 im Nowgorodhandel dann von Qualitätskontrollen ausgenommen[133].

Markenware wurde allerdings auch von den Produzenten weiterentwickelt beziehungsweise verändert, was im Fall von Poperinge Verhandlungen mit den hansischen Abnehmern um die veränderten Markeneigenschaften nach sich zog. Als 1412 die breiten Poperinger Laken nicht mehr ihre *olden listen unde loyen*, also ihre gewohnten Webkanten und Siegel, aufwiesen, informierte die Nowgoroder Niederlassung den Hansetag darüber, *dat men dee brede Popperschе nu maket myd breden listen, unde up gener anderer lakene toch gemaket werden*[134]. Die Nowgoroder Niederlassung informierte also die Hansestädte über diese Änderung des Markenzeichens in eine breite Webkante, allerdings ohne dass sonst eine andere Produktion imitiert würde – und schlägt dem Hansetag vor, diese (weiterhin) zum Russlandhandel zuzulassen. Solange also die neuen Markenzeichen eindeutig eine bestimmte Ware identifizierten, war der Handel mit den Tuchen letztlich nicht in Gefahr.

Wenige Jahre später setzten sich allerdings die Debatten um die Poperinger Marke fort, so 1417 in einem Beschluss des Hansetages an die Brügger Niederlassung:

> *... alzo dat se bestellen dar ummelanges in den steden, dar men lakene maket, de men uppe de Russe(n) plecht to vorende, dat en islik stad eren lakenen ere rechte(n) listen make und nyne listen uppe eyn gelik, alse men up anderer stede lakene maket, alze dat men Popescher Tomascher lakene listen maked, wente de copman van dem bedrege groten schaden genomen hefft, und ok, dat eyn islik der vorscreven stede ere lakene alzo beloyen late, alze sik dat gebored und alzo se des willen bekand wesen, alze dat men islik laken vorkope in dem namen, dar id ane gemaked is, und dat men id kenne by der listen, dat ene vor dem anderen*[135].

Die Städte, die flandrische Wolltuchmarken für den Nowgorodhandel fertigten, sollten also jeweils eine eigene Webkante haben und keine zwei Webkanten sollten sich gleichen, wie etwa die Poperinger Webkanten zu dieser Zeit die Salbänder von St. Omer

132) Mitte des 15. Jahrhunderts sind weiterhin auch besondere Vereinbarungen mit St. Omer, Tourcoing und Oudenaarde belegt. Siehe Rudolf HOLBACH, »...seulement pour les Oosterlincx«. Über die Beziehungen zwischen hansischen Kaufleuten und flandrischen Tuchproduzenten, in: Norwegen und die Hanse. Wirtschaftliche und kulturelle Aspekte im Vergleich, hg. von Volker HENN/Arnved NEDKVITNE (Kieler Werkstücke. Reihe A, Beiträge zur schleswig-holsteinischen und skandinavischen Geschichte; 11), Frankfurt am Main u.a. 1994, S. 73–94, hier S. 80–85, 90. Auch im 16. Jahrhundert bestanden Verträge des Deutschen Kaufmanns mit Städten und Herrschaften, die Tuche dann nur für die Osterlinge aus spanischer Wolle herstellten, ebd. S. 86–93.

133) Hanserecesse (wie Anm. 10), 1. Abteilung, Bd. 5, Nr. 83.

134) Hanserecesse (wie Anm. 10), 1. Abteilung, Bd. 6, Nr. 58, S. 42.

135) Hanserecesse (wie Anm. 10), 1. Abteilung, Bd. 6, Nr. 337.24, S. 316.

zum Schaden der Kaufleute nachahmten. Zudem sollten die Städte ihre Tuchherstellung wie gewohnt und bekannt besiegeln und in ihrem eigenen Namen verkaufen und die Marken sollten nach der Webkante zu unterscheiden sein.

Spätestens 1417 wurden also offenkundig die Poperinger Webkanten ähnlich oder entsprechend denen von St. Omer gestaltet. Das entwertete das Markenzeichen durch Probleme im Handel mit der Marke. Der Druck der Hansekaufleute auf Poperinge, ihre eigenen und eindeutigen Markenzeichen und speziell Webkanten zu verwenden, führte dann zum schnellen Einlenken der Stadt, *dat se gerne wolden ere lakene maken myt wat listen, dat se solden, in aller mannire, also dat den steden unde dem copmanne geleven solde, up dat se ok nerynghe mochten hebben*[136]. So wurde eine standardisierte Markenware durch hansische Organisationen konsequent gefordert und gefördert, um den hansischen Kaufleuten einen möglichst reibungslosen Handel zu erlauben.

Eine weitere interessante Fallstudie zur Förderung zuverlässiger Marken durch hansische Wirtschaftspolitik stellen die Beratungen um die Markentuche von Leiden, Amsterdam und Den Haag dar. In Holland und vor allem in diesen Zentren hatte sich seit um 1400 eine auf englischer Wolle aufbauende Produktionslandschaft entwickelt, die sich im 15. Jahrhundert fest auf den europäischen Märkten etablierte[137].

Die Tagfahrten der Hansestädte setzen sich im frühen 15. Jahrhundert speziell mit Leidener und Amsterdamer Markentuch auseinander. Dabei soll »die Hanse« einen deutlichen Einfluss auf die Ausgestaltung der holländischen Wolltuchherstellung gehabt haben: Nicht zuletzt die Vorliebe der Hansekaufleute für hochwertige Tuche und ihre strenge Qualitätskontrolle sollen Leiden und Amsterdam dazu veranlasst haben, sich auf Wolltücher aus Calais-Wolle zu konzentrieren[138]. Die Versammlungen der Hansestädte befassten sich zuerst 1417 explizit mit der zu verwendenden Wolle:

> *Item schal men schriven den steden Leyde und Amsterdamme, dat se anders nyne lakene maken en laten in eren steden denne van der ersten und der anderen wullen; unde de van der ersten wullen to bezegelende mit der groten loyen und de van der anderen wullen mit der cleynen loyen; und ok, dat se bestellen, dat de lakene alzo beloyed werden, alzo se dat vorantworden mogen; und dat se sik andere lakene, de van der ersten edder der anderen wullen nicht gemaket en sint, qwiit maken twischen hir und sunte Johannis dage baptisten to middenzomere erst to komende*[139].

Beide Hersteller sollten also nach Ablauf einer gesetzten Frist nur Wolltuche von englischer Wolle erster und zweiter Qualität herstellen und diese mit dem großen beziehungsweise kleinen Siegel besiegeln. Wenn sich die geforderten Vorgaben auch teilweise

136) Hanserecesse (wie Anm. 10), 1. Abteilung, Bd. 6, Nr. 400.12, S. 397.

137) AMMANN, Tuchindustrie (wie Anm. 1), S. 50–53; ausführlich zur Entwicklung der holländischen Wolltuchherstellung für den Handel s. KAPTEIN, Textielnijverheid (wie Anm. 27), S. 36–84.

138) KAPTEIN, Textielnijverheid (wie Anm. 27), S. 63.

139) Hanserecesse (wie Anm. 10), 1. Abteilung, Bd. 6, Nr. 337.25 (1417).

in bestehenden Statuten wiederfinden lassen[140], so geht dieser Beschluss der Städteversammlung seiner Art nach doch über die geforderte Einhaltung von selbst gesetzten Produktionsstandards oder die Etablierung eindeutiger Markenzeichen hinaus. Er schreibt den Herstellern explizit die konkrete Rohstoffverwendung und verbundene Besiegelung vor. Nur noch Tuche, die diesen Vorgaben folgten, sollten in den Hansestädten und infolgedessen auch im weiteren hansischen Wirtschaftsraum gehandelt werden[141]. Hier geht es also nicht nur um die Markengestaltung, sondern auch um die Ausrichtung der städtischen Produktion.

Dabei handelt es sich keinesfalls um die einzigen Eingriffe der kaufmännischen Interessenvertretung in die sich entwickelnde holländische Wolltuchindustrie. 1447 berieten die Hansestädte erneut wegen der holländischen Produzenten Amsterdam, Leiden und nun auch des in ähnlicher Qualität produzierenden Schiedam, denen man gestattet habe, Laken zu fertigen *uppe ene zekere manner unde zegel*, also auf eine sichere/eindeutige Art und Siegel[142]. Beratungen der Hansestädte 1452 und 1453 befassen sich weiter mit der Etablierung neuer Marken: Will eine Stadt, in der die Hansekaufleute eine Niederlassung haben, *eene nye draperye van lakenen begheerden to makende unde van deme vorscrevenen coopmanne begheerden, dat se sodane lakene by en mochten sliiten*, also eine Stadt eine neue Tuchherstellung aufbauen, die die Hansekaufleute in ihren Handel aufnehmen soll, so stimmen die Hansekaufleute dem zu, *soverne sodane lakener deme vorscrevenen coopmanne dunken nutte unde orbarlik siin*[143]. Die Etablierung neuer Tuchsorten wird hier an die Zustimmung der hansischen Niederlassungen beziehungsweise Städteversammlungen geknüpft, die im Folgejahr konkret eine Anfrage Bergen op Zooms bearbeitet[144]. Damit nehmen die hansischen Instanzen der Niederlassungen und des Hansetags unter Ausnutzung ihres Handelsmonopols im Ostseeraum deutlichen Einfluss auf die Gestaltung textiler Handelswaren. Sie reagierten also nicht nur auf Probleme von bestimmten Marken, sondern initiierten selbst Aushandlungsprozesse mit den Herstellern.

140) So sollte in Amsterdam nach der Ordnung von 1413 für besiegelte Laken nur englische Wolle verarbeitet werden; als Sorten werden Laken von der »besten Wolle« und von der »andern [zweitbesten] Wolle« benannt, darüber hinaus allerdings auch Laken von der »dritten Wolle«; Voraussetzungen für die Besieglung mit dem großen Siegel werden ebenfalls diskutiert. S. Rechtsbronnen (wie Anm. 28), LVI.1–4, S. 39; LIX.1, S. 41; LXIII.1, S. 44 f.

141) Hanserecesse (wie Anm. 10), 1. Abteilung, Bd. 6, Nr. 397.38 (1417), S. 375; Nr. 423, S. 416.

142) Hanserecesse (wie Anm. 10), 2. Abteilung, Bd. 3, Nr. 288.84, S. 194 (1447).

143) Hanserecesse (wie Anm. 10), 2. Abteilung, Bd. 4, Nr. 63.8.

144) Hanserecesse (wie Anm. 10), 2. Abteilung, Bd. 4, Nr. 196.13, S. 133.

IV.2. Mittelalterliches Marketing? Reputation und Imitation von textiler Markenware

Zentral im mittelalterlichen Umgang mit der Marke ist das Spannungsverhältnis zwischen dem kaufmännischen Anspruch auf Markenechtheit und der Imitation als gangbarem Weg, die Marktfähigkeit von vor allem neuen Produkten zu befördern.

Im Textilgewerbe und vor allem im Baumwoll- und Wolltuchgewerbe ist Imitation als Vermarktungsstrategie schon mit der Kommerziellen Revolution bekannt. Im späten 12. Jahrhundert ist sie etwa in der entstehenden Baumwollindustrie Italiens mit konkurrierenden Zentren als Marketinginstrument weit verbreitet. Kaiser stellte bereits fest, dass die »Imitation alter, im Fernhandel bestens eingeführter Zeichen und Marken ein wirtschaftspolitisches Mittel war, um neuen, aufstrebenden Gewerbegebieten einen Anteil am Fernhandelsmarkt und eine Erhöhung der Absatzchancen zu verschaffen«[145].

Dabei ist aber zu unterscheiden zwischen der im Prinzip legalen Nachahmung eines bestimmten Produktes in der Warenqualität beziehungsweise Machart und der Imitation von Markenzeichen. Ein Beschluss der hansestädtischen Versammlung in Lübeck 1418 demonstriert, wie man Imitationen gesehen hat, nämlich als legitim, solange man sie durch eindeutige Markenzeichen vom Original unterscheiden konnte:

> *... dat men den sulven lakenen gheve ere rechte zegel der stad, dar ze maket werden, und dat se ok andere listen hebben, alze breder edder smaler, wanne de lakene, dar se up gemaket siin, uppe dat men underschedelike kenne vor anderen lakenen, dar up dat se gemaket siin*[146].

Die Imitation auch der Beschauzeichen im Sinne von Verkehrszeichen war allerdings »ein äußerst häufig praktiziertes Mittel ..., einer lokalen Tuchproduktion Anschluß und Anteil am Fernhandel zu verschaffen und damit eine Absatzsteigerung und Absatzsicherung zu erreichen«[147]. Für die oberdeutsche Barchentherstellung hebt Kaiser hervor, dass »Markenpolitik und nicht technische Innovationen« dieser »innerhalb weniger Jahrzehnte zum Durchbruch verholfen« hatte, »und diese wiederum beruhte – wenigstens in ihrer Anfangsphase – auf der bewußten Markenimitation«[148]. Gerade diese Imitation auch der Markenzeichen ist allerdings aus Sicht der Kaufleute höchst problematisch. In Klagen wird darauf verwiesen, dass durch solche, teilweise auch als *contrafeyte laken* bezeichnete Ware der Kaufmann[149], *in groet unde ock de ghenne, de de lakenne bii der ellen kopen*[150], oder einfache Leute, die *ziik uppe draperie nicht en vors-*

145) Kaiser, Imitationen (wie Anm. 21), S. 459.

146) Hanserecesse (wie Anm. 10), 1. Abteilung, Bd. 6, Nr. 556.77 (1418).

147) Kaiser, Imitationen (wie Anm. 21), S. 469.

148) Kaiser, Imitationen (wie Anm. 21), S. 462 f.

149) Beispielsweise Hanserecesse (wie Anm. 10), 1. Abteilung, Bd. 2, Nr. 232.19, S. 283 (1381), Nr. 306.6, S. 362 (1385).

150) Hanserecesse (wie Anm. 10), 2. Abteilung, Bd. 5, Nr. 68.6, S. 31 (1461).

tan[151] (sich mit Wolltuchen nicht auskennen) beziehungsweise *up geloven de lakene kopen*[152] (auf guten Glauben in die Markenware) betrogen würden. Denn es ist eben Zweck der Marke, eine spezifische Handelsware zweifelsfrei zu identifizieren. Der Verweis auch auf »einfache Leute« spricht die Funktion der Markenzeichen nicht nur als Erkennungszeichen der Produkte, sondern auch als Reputationszeichen an: Sie identifizieren über die Markenzeichen, ohne dass die Kund:innen die Ware wirklich kennen, ein begehrtes Produkt.

Jede neue oder aufstrebende Marke etablierte sich also nicht in einen luftleeren Raum hinein, sondern ordnete sich in eine Markenlandschaft ein, die Neuankömmlingen gegenüber keinesfalls offen war. Leitmarken waren Vorbilder, neue Marken suchten diese nachzuahmen. Durch Imitation bildeten sich dadurch Markengruppen oder (wenn auch eher dysfunktionale) »Markenfamilien«. Mit dem 14. Jahrhundert gibt es unzählige Beispiele zum Umgang mit der Marke und der Diskussion um die Eindeutigkeit von Markenzeichen[153]. Die betroffenen Tuchzentren waren naheliegenderweise bemüht, gegen solche Praktiken vorzugehen. Als Gouda etwa um 1450 die Produktion nach Leiden ausrichten wollte, benutzte Leiden eine Erhöhung der Verbrauchssteuer auf Gouda-Bier als Druckmittel. Gouda sollte 1451 die Imitation Leidener Laken zurücknehmen[154]. Im Gegensatz dazu verzichtete Florenz 1438 (zeitweise) auf sein komplexes Zeichensystem mit der Feststellung, dass es Nachahmungen nicht verhindern konnte[155]. Der Erhalt der eigenen Marke stellte also für die Hersteller der Leitmarken eine nicht geringe Herausforderung dar, die nicht ohne Weiteres aus eigener Kraft bewältigt werden konnte.

Ein anschauliches Beispiel für die Diskussion um den Erhalt etablierter Marken liefert uns die Stadt Ypern. Ypern gehörte seit dem 13. Jahrhundert zu den alten und großen Produktionszentren Flanderns, die aus englischer Wolle hochwertige und schließlich Luxustuche fertigten, und zu den anerkannten Marken im hansischen und europaweiten Handel[156]. Im frühen 14. Jahrhundert soll das Tuchzentrum Höchstwerte von 2 Millionen Ellen Tuch hergestellt haben; 1356 waren es vermutlich noch

151) Hanserecesse (wie Anm. 10), 2. Abteilung, Bd. 5, Nr. 121.6, S. 65 (1461).

152) Hanserecesse (wie Anm. 10), 2. Abteilung, Bd. 3, Nr. 288.85, S. 195 (1447).

153) Einige Beispiele etwa bei Kaiser, Imitationen (wie Anm. 21), S. 465–469. Kaiser nennt etwa St. Omer, das sich mit der Konkurrenz des Umlandes auseinandersetzte, mit Ypern und Comines, Wervik und Bousbecque, Imitationen von Brüsseler Tuch, die Auseinandersetzung zwischen Leiden und Den Haag im frühen 15. Jahrhundert sowie Beispiele aus England und Frankreich.

154) Kaptein, Textielnijverheid (wie Anm. 27), S. 75.

155) Kaiser, Imitationen (wie Anm. 21), S. 460–1.

156) Im Überblick Peter Stabel, The Fabric of the City. A Social History of Cloth Manufacture in Medieval Ypres (Studies in Urban History 59), Turnhout 2022, S. 26–32; Munro, Merino Wools (wie Anm. 37), S. 432, 441 f.; zum Absatz siehe Ammann, Tuchindustrie (wie Anm. 1), S. 12.

etwa 791.000 Ellen[157]. Im 15. Jahrhundert war die Yperner Tuchherstellung weiter im Rückgang[158], die Tuche blieben aber im Fernhandel noch im 16. Jahrhundert präsent.

Ypern steht unter den Markentuchen für hochwertige Leitmarken, die stetig versuchten, Nachahmungen minderwertigerer Hersteller zu unterbinden. Und Nachahmung blieb nicht aus. Mit den ersten bekannten Statuten für eine Tuchproduktion in Comines 1359 imitierte diese neue Marke aktiv das Yperner Tuch. 1362–1367 hatte Comines dafür sogar ein königliches Privileg erwirken können. Ypern klagte vor dem Gericht in Lille dagegen und bekam Recht: Comines musste die Herstellung seines »großen Yperner Tuches« einstellen und beschränkte sich in der Folge auf leichtere, einfachere Tuche, bezeichnet als *slechte draperie*[159]. Dabei war es neben der Etablierung von Statuten eben die Imitation von Ypern, die den Laken von Comines die Tür öffnete, um sich auf den Märkten unter eigenem Namen zu etablieren[160]. Nachahmer fand Ypern 1373 weiterhin namentlich in Poperinge. Gegenüber den Beamten des Grafen von Flandern legte man die Beschwerde vor, dass »konterfeite Laken« (Faltung, Leisten, Maße) dazu führen, dass man im Fernhandel nicht mehr klar unterscheiden konnte. Aber auch Wervik Langemark, Nieuwkerk (Nueve-Église), Kortrijk, Diksmuide, Roulers, Warneton, Menen, Linselles, Bousbecque, Deinze, Dendermonde und Oudenaarde werden zu dieser Zeit als Städte der *Nouvelles Draperies* aufgezählt, einer neuen Wolltuchherstellung, die auf die Herstellung schwerer Wolltuche umgestellt hatten[161]. Die über die Jahrhunderte insgesamte Zunahme der Weberei auf dem Land[162] beziehungsweise in Dörfern mit Ähnlichkeiten zu bestehenden Marken versuchten Ypern und Poperinge gemeinsam zu verbieten[163]. Auch an ihre hansischen Abnehmer wandte sich die Stadt in der Verteidigung ihrer Marke. 1393 wird durch die Stadt beklagt, *wo dat men bynnen Ghend makede lakene uppe ere lakene, unde worden vor Yperschе lakene vorkoft,* und der Hansetag involviert, um die hansischen Kaufleute über den Umstand zu informieren[164]. Gerade hoch-

157) W. P. BLOCKMANS, The Formation of a Political Union 1300–1600, in: History of the Low Countries, hg. von Johan C. BLOM/Emiel LAMBERTS, New York 1999, S. 55–142, hier S. 77 f.

158) MUNRO, Merino Wools (wie Anm. 37), S. 466.

159) KAISER, Imitationen (wie Anm. 21), S. 466; EBERSTADT, Gewerberecht (wie Anm. 99), S. 222; Erki RUSSOW/Maxim MORDOVIN/Igor PROKHNENKO, Familiar yer unknown? Comines' Textile Industry in Flanders and its Cloth Seal Finds, in: Estonian journal of archaeology 26 (2022), S. 125–156, hier S. 137.

160) RUSSOW/MORDOVIN/PROKHNENKO, Comines (wie Anm. 160), S. 136–138.

161) MUNRO, Merino Wools (wie Anm. 37), S. 443.

162) Zu diesem auch für die dörfliche Gesellschaft Flanderns transformativen Prozess VAN DER MEULEN, Fabric (wie Anm. 39).

163) Tim SOENS/Peter STABEL/Tineke VAN DE WALLE, An Urbanised Countryside? A Regional Perspective on Rural Textile Production in the Flemish West-Quarter (1400–1600), in: Economies, Public Finances and the Impact of Instituional Changes in Interregional Perspective. The Low Countries and Neighboring German Territories (14th–17th centuries), hg. von R. VAN SCHAÏK (Studies in European Urban History; 36), Turnhout 2015, S. 35–60, hier S. 37.

164) Hanserecesse (wie Anm. 10), 1. Abteilung, Bd. 4, Nr. 134.34, S. 110.

wertige und wohl etablierte Marken konnten also eine breite Imitation kaum verhindern und waren auch auf die Unterstützung ihrer Abnehmer angewiesen, um ihre Marke zu schützen.

Nachahmung beschäftigt die hansischen Instanzen immer wieder. Teilweise waren sie Teil einer breiten Entwicklung wie der Entstehung zahlreicher neuer Tuchzentren im 15. und 16. Jahrhundert, die auch auf Imitation zurückgriffen, um sich zu etablieren. Eine solche Entwicklung wird von den Hansestädten in Holland und Seeland um die Mitte des 15. Jahrhunderts wahrgenommen, wo nun jenseits der etablierten Zentren *me nu almnme in Holland unde Zeelant maket in steden unde uppe dorperen vele unwantlike unde contrafeyte lakene, de men bringet in de stede van der hense unde aldar vorkopet.* Diese Tuche wurden vom Hansetag zunächst grundsätzlich vom Handel in die Hansestädte ausgeschlossen, *yd en were dat de vorschreven van Hollant unde Zeelant myt den sendeboden der gemenen stede unde deme copmanne in Flanderen vurder wes kunden overkamen*[165]. So bestand ein hansisches Gesprächsangebot gegenüber den nicht zuletzt durch Imitation aufsteigenden Tuchzentren, ihre Produktion auf eine volle eigene Marke umzustellen, um zum hansestädtischen Markt Zugang zu behalten. Zur Kontrolle des Handelsverbots gegen *contrafeidede laken van der nigen draperige* bestimmte der Hansetag 1454 auch, dass Kaufleute Zertifikate der Brügger Niederlassung mit sich führen sollten, die bestätigten, dass in ihren Warenladungen diese verbotenen Produkte nicht enthalten seien[166]. Hier wird also die Brügger Niederlassung in die Kontrolle des Markenwesens mit einbezogen und der Versuch unternommen, ein zusätzliches Kontrollsystem der Interessenvertretungen zu etablieren.

Besonderen Ärger gab es in der zweiten Hälfte des 15. Jahrhunderts um die Haager Laken, die die Leidener Laken imitierten. 1461 berichtet ein Hansetag, die Laken von Den Haag seien

> ... *geliik den Leydeschen lakenen gevoldet, geverweth unde beliistet werden, de ok desulven lenge unde brede hebben unde van Schotscher, Castelscher, inlandescher unde anderer teer wulle gemaket werden, in welken Leydeschen unde Hageschen lakenen kleyne underscheit unde differencie is, wenner de lode unde zegel affgetogen werden van den erscrevenen Hageschen lakenen unde also under de Leydeschen gemenget werden, darinne grot boesheid unde valscheid beschuet in kopende unde vorkopende, unde also dat unosel volk, de ziik uppe draperie nicht en vorstan, bedrogen werden vormiddelst dat men nyn Hagens laken aldus vor den Leydeschen lakenen erkennen kan*[167].

Die Laken wurden also nach dem Leidener Muster gewebt und gefärbt, sie hatten die gleichen Maße und Salbänder. Der Unterschied war, dass sie etwa mit schottischen, kastilischen, inländischen und anderen groben Wollarten gewebt wurden. Der Hansetag

165) Hanserecesse (wie Anm. 10), 2. Abteilung, Bd. 1, Nr. 288.85, S. 194–195.
166) Hanserecesse (wie Anm. 10), 2. Abteilung, Bd. 4, Nr. 249.3, S. 185.
167) Hanserecesse (wie Anm. 10), 2. Abteilung, Bd. 5, Nr. 121.6, S. 65–66.

beschließt *etlike gedeputerde in den Hagen to schickende, umme ze van der fraude unde bedrechlicheid clarlik to underwisende, umme beter differencie unde underscheit in den erscrevenen lakenen to makende.* Die Versammlung forderte dabei von Den Haag, doppelt so breite Leisten zu machen. Hier und erneut 1465 wurde beschlossen, die Laken in den Hansestädten nicht mehr zuzulassen, bis der Forderung nachgekommen werde. Beschwerden Leidens setzten sich allerdings bis 1470 fort[168)].

Solch eine umfassende Imitation einer Marke tritt uns aus den hansischen Verhandlungen allerdings selten entgegen. Fällen von Sortenimitation wie der Faltung irischer Laken nach Art von Ath 1385 oder der Imitation der breiten Poperinger Tuche durch Eisenacher Laken in den 1460ern wurde im Normalfall zunächst mit der Bitte begegnet, dass die Markenzeichen (wieder) in eindeutig unterscheidbarer Weise zu gestalten seien.[169)] Imitation gehörte also fest zum Textilhandel dazu und musste immer wieder zwischen den Produzenten und Kaufleuten verhandelt werden. Die Hansekaufleute beziehungsweise ihre Interessenvertretungen nutzten dabei ihre Bedeutung als Abnehmer aus, um Markenechtheit beziehungsweise unterscheidbare Markenkennzeichen einzufordern.

Die Imitation von Marken beschränkte sich keinesfalls auf andere Produktionszentren. Neben der Faltung beziehungsweise Verpackung wird in den 1450ern auch über *Engelsche lakene, de en anderen wech gevarwet edder wedder umme gevarwet sin* diskutiert, also über die nicht markentypische Färbung der englischen Laken auch nach Ypernscher Art und Weise[170)]. Diese Beschlüsse finden sich an anderer Stelle auch im Kontext mit anderen offenkundig nachlässigen bis betrügerischen Praktiken erwähnt[171)] und sprechen Imitation von sowohl Produkteigenschaften als auch Markenzeichen nicht durch Hersteller, sondern durch Kaufleute an. Dabei sind die Hansekaufleute in guter Gesellschaft: Amsterdamer Schiffer versuchten um 1400, die englischen Laken, die sie auf Schonen handelten, als Leidener Laken weiterzugeben, um den Preis zu erhöhen[172)]. Hierin ist mit dem willentlichen Betrug eine andere »Kunst des Verkaufens« zu beobachten, die für unseren Kontext insoweit von Interesse ist, als sie die Reputation und Wirksamkeit von Marken im Textilhandel auch als »proto-brands« unterstreicht: Mit Fakes war Geld zu machen, da der Ruf der Marken ihnen weit vorauseilte. Dieser Wert der Marke geht über eine Identifikation der Ware und Kommunikation ihrer Eigenschaften hinaus.

168) Kaptein, Textielnijverheid (wie Anm. 27), S. 80. Weitere Beschlüssen dazu s. Hanserecesse (wie Anm. 10), 2. Abteilung, Bd. 5, Nr. 161.5.

169) Hanserecesse (wie Anm. 10), 1. Abteilung, Bd. 2, Nr. 306.6, S. 362; 1. Abteilung, Bd. 6, Nr. 7, S. 7, auch Nr. 400.11, S. 395–397; 2. Abteilung, Bd. 6, Nr. 63.18, S. 47 (1468).

170) Hanserecesse (wie Anm. 10), 2. Abteilung, Bd. 4, Nr. 196.26, S. 135; Nr. 248.6, S. 185.

171) Hanserecesse (wie Anm. 10), 2. Abteilung, Bd. 2, Nr. 325, S. 269.

172) Kaptein, Textielnijverheid (wie Anm. 27), S. 49.

V. Die Marke vor der Marke: Bewertungen

Die vorgestellten Überlegungen setzten sich mit der »Kunst des Verkaufens« im mittelalterlichen Textilhandel auseinander. Speziell ging es um die »Marke vor der Marke« als verkaufsfördernde Praxis, die vor allem den reibungslosen Vertrieb von Stoffen über weite Strecken beförderte. Dabei wurden Textilien zunächst als stark differenzierbare Handelsware vorgestellt, wobei seit dem 14. Jahrhundert der massenhafte Handel mit einer breiten Vielfalt von Stoffen zunahm. Um die Erwartung der Zeitgenossen an die differenzierte textile Markenware einschätzen zu können, ist es wichtig, die Ware im weiten Spektrum der Nachfrage zwischen Alltagsgut und Luxusware zu verorten. Einfachere Stoffe erlauben in der Erwartung von Konsumenten eine größere Variabilität in der Qualität als hochwertige oder gar Luxuswaren, von denen eine höhere Verarbeitungsqualität erwartet wird[173]. Diese Unterschiede in der Erwartung an das Produkt zeigten sich etwa im Vergleich der Statuten einfacher Grautuche wie dem Hamburger und Lübecker Wolltuch und hochwertiger Wolltuche aus englischer Wolle wie das Amsterdamer und Leidener Tuch. Beide Produktgruppen bringen Marken in den Handel ein, wobei der Grad der Standardisierung beziehungsweise Regulierung sich allerdings deutlich unterscheidet. Das Material repräsentierte das hansische Wirtschaftsgebiet im späten Mittelalter mit Beispielen vor allem des 14. und 15. Jahrhunderts zu den verschiedenen Produktgruppen und produzierenden Regionen.

Diese Studie widmete sich nicht der einzelnen Handlung des Kaufens beziehungsweise Verkaufens, sondern dem institutionellen Rahmen: einem System an Praktiken, das eine weite Ausdehnung des Handels mit der vielfältigen Ware(ngruppe) Textilien über lange Zeit zuließ beziehungsweise möglich machte. Gerade mit zunehmender Reichweite des Handels ist das Bestehen eines verlässlichen Markenwesens zunehmend wertvoller, da die Risiken beziehungsweise Mehrkosten im Handel dadurch relativ gesehen mehr sinken als im regionalen Handel, in dem Probleme einfacher zu klären sind.

Textile Markenware begegnet uns im mittelalterlichen Schriftgut fast immer mit städtischen Toponymen bezeichnet. Die Produktionsvorgaben hinter diesen Toponymen thematisierten dabei insbesondere den verwendeten Rohstoff und die damit im Zusammenhang stehende Feinheit/Fadendichte, weiterhin den Grad der Veredlung durch Verdichtung und Färben der Stoffe und nicht zuletzt die Maße, die trotz gleicher technischer Rahmenbedingungen von Produktion zu Produktion Abweichungen zeigen. All diese Eigenheiten von marktgängiger Gewerbeproduktion waren im städtischen

173) Ein Modell von »Produktionswelten« zwischen generischen Massenprodukten und spezialisierter Herstellung stellt für den mittelalterlichen Textilhandel bereits Jeggle vor: Christof Jeggle, Pre-industrial Worlds of Production: Conventions, Institutions and Organizations, in: Historical Social Research 36 (2011), S. 125–149.

Recht festgeschrieben, die Stadt also markenrechtlich relevante Instanz, von der Kontrolle der Produktionsvorgaben bis zur Auseinandersetzung mit Klagen der Käufer.

Diese markenrechtliche Instanz wurde durch verschiedene Markenzeichen ausgewiesen, die im mittelalterlichen Textilhandel zunächst als Warenkennzeichnungen gelten dürfen – sie stehen für eine bestimmte, definierte Qualität und garantieren, dass diese Qualität in ausreichendem Maße regelmäßig gegeben ist. Die in Schriftquellen auftauchenden Toponyme waren dabei Stellvertreter für ein System physischer Markenzeichen. Die Trias von Markenzeichen, die in ihrer Kombination Markenware erkennbar machten, war – in der Reihenfolge ihrer Entstehung im Produktionsprozess – die speziell gestaltete Webkante, Tuchsiegel oder auch Tuchstempel und die ortsspezifische Faltung des Tuches. Diese Zeichen stehen für die städtische Autorität, die Standardisierung einführt und durchsetzt und repräsentieren also die hinter der Markenware stehende rechtlich relevante Instanz.

Was garantierte die Marke in der kaufmännischen Praxis? Ihre primäre Funktion im Textilhandel war die allgemeine Erleichterung des Handels. Das Markenwesen erlaubte die Identifikation von Markenware und Kommunikation darüber über weite Strecken. Marken sprechen weiterhin Wissensasymmetrien von Akteuren an, sie ersetzen Fachkenntnis und klären zudem Haftungsfragen. Dadurch verringerten sich allgemein die sogenannten Transaktionskosten, insbesondere die Kosten für die Bewertung der Warenqualität (Such- und Messkosten) und für die Durchsetzung eines Schadensausgleichs bei Mängeln (Durchsetzungskosten). Ein effizientes Markenwesen ersetzte weitestgehend ein aufwendiges und mit Kosten verbundenes Kontrollsystem entlang der Handelsroute. Kontrollen wurden damit aber nicht vollständig ersetzt, weil es sowohl in der gleichbleibenden Qualität von Markentuch als auch durch Imitationen und Betrug immer wieder Probleme im Handel gab. Grundsätzlich aber scheint das Markenwesen in seiner Identifikation von Handelsmarken zuverlässig funktioniert zu haben, betrachtet man die verzeichneten Klagen vor dem Hintergrund des Umfangs des Textilhandels, der etwa im Ostseehandel vermutlich dem Wert nach ein Drittel oder mehr der Importe ausmachte.

Ein zentraler Aspekt schon im mittelalterlichen Markenwesen ist die angestrebte beziehungsweise geforderte Einzigartigkeit und »Echtheit«. Sind Hersteller mit der Etablierung ihrer Produkte auf den Märkten erfolgreich, dann bauen sie eine Markenreputation auf, die sich positiv auf die Nachfrage auswirkt. Der Erfolg von Marken bringt allerding auch immer Imitationen mit sich. Die Nachahmung von Marken darf dabei als beliebte Marketingmaßnahme neuer Hersteller gelten. Teilweise wurde gar bewusst kommuniziert, dass man sich an etablierte Produkte anlehnte.

Das Phänomen der Imitation bringt uns zu der Einschätzung des Markenwesens vor dem Hintergrund moderner Konzepte. Die Markenerkennungszeichen waren zusätzliche Eigenschaften der Ware jenseits der Produktqualität und senkten die Handelskosten – aber erhöhten sie auch den Wert des Tuches im Sinne von »proto-brands«?

Hier ist Kaisers Feststellung zur Marketingfunktion der Besiegelung auf die Gesamtheit der Markenzeichen auszuweiten: »Garantie und Haftung gingen in dem Augenblick über die Absatzsicherung hinaus und zielten auf Absatzerweiterung, wo den Markenzeichen Reklamewirkung zukam«[174]. Der Ruf bestimmter Produkte strahlte mitunter über Jahrhunderte hinweg aus und bleibt den Herstellern auch bei Änderungen an den Produkten erhalten. Nur so konnten Hersteller wie das holländische Leiden über Jahrhunderte hinweg derart präsent auf den europäischen Märkten bleiben.

Die Nachahmung von Marken war die zentrale Marketingmaßnahme für neue Produkte beziehungsweise Hersteller. Imitation wurde gerade aufgrund des Wertes der Marke »bewusst verwandt, um den aufstrebenden, neuen Gewerbegebieten, die häufig auf dem Lande außerhalb der Reichweite zünftischer Regulierungen [...] gelegen waren, Anteil am Fernhandelsmarkt zu verschaffen, der von älteren ›Markenartikeln‹ beherrscht war«[175]. Der systematische Einsatz von Imitation zur Etablierung neuer Hersteller auf dem Markt wie auch Betrugsfälle zeugen davon, wie Marktakteure den Ruf der Marken auszunutzen suchten. Marken waren bekannt und wurden offenkundig auch von Endkonsumenten geschätzt – und das nutzten Nachahmer aus. Die Schattenseite der Imitation war der Schaden für den Ruf der Leitmarke, deren Absatz dadurch gestört werden konnte. Wenig überraschend also waren Hersteller aggressiv damit befasst, die Nachahmung ihrer Marke zu unterbinden. »Die heftigen Reaktionen auf Zeichenimitation lassen keinen Zweifel daran, dass man sich der kommerziellen Bedeutung der Beschau- und Warenzeichen bewusst war«[176]. Markenzeichen schufen nicht zuletzt einen Wiedererkennungswert und beförderten den Absatz der Ware. Textile Markenwaren sind also als »proto-brands« im Spektrum zwischen Handelsmarke (»trade mark«) und Marken im Verständnis eines modernen Marketings (»brands«) einzuordnen.

Dabei waren sich die Hersteller bewusst, dass der Monopolstellung einer Marke letztlich enge Grenzen gesteckt waren. Selbst königliche Privilegien zur Absicherung von Markenzeichen, wie sie für französische Städte ausgestellt wurden, konnten Imitationen nicht wirksam unterbinden. Hier zeigt sich die Bedeutung der Hanse als Institution, die sich fortwährend mit dem Markenwesen auseinandersetzte. Die hansischen Instanzen forderten dabei immer wieder nicht nur gleichbleibende Warenqualität, sondern mehr noch eindeutige und verlässliche Markenzeichen. Konnten oder wollten Hersteller ihre Markenware nicht ausreichend von anderen, vor allem höherwertigen Marken abgrenzen, so drohte der Marktausschluss. Diese Drohung war keine geringe, da die Hansestädte nicht nur den Zugang von Waren zu ihren eigenen städtischen Märkten und deren Hinterland sowie zu den hansischen Niederlassungen kontrollierten, sondern

174) Kaiser, Imitationen (wie Anm. 21), S. 477.
175) Kaiser, Imitationen (wie Anm. 21), S. 477.
176) Kaiser, Imitationen (wie Anm. 21), S. 477f.

effektiv bestimmten, welche Waren im Ostseehandel erfolgreich sein konnten. Aufgrund der englisch-hansischen Konflikte etwa konnte sich englisches Tuch erst später im Ostseeraum etablieren, während flandrisches Tuch durch die Hansekaufleute hier länger dominieren konnte als auf anderen Märkten. Insofern wurden Marken zwar durch die Hersteller etabliert und rechtlich garantiert; in der Praxis aber waren es die hansischen Instanzen, die nicht unwesentlich zum Funktionieren des Markenwesens beitrugen.

Im hansischen Handel ging der Vorteil bestimmter Marken sogar noch darüber hinaus: Poperinger Laken etwa waren nach hansischen Privilegien von bestimmten Warenkontrollen grundsätzlich ausgenommen, was für Kaufleute messbare monetäre Vorteile mit sich brachte. Der besondere Fall der Poperinger Tuche, für die die Hansekaufleute exklusive Abnahmeverträge hatten und auf deren Produktionsvorgaben sie aktiv einwirkten, bringt uns zur Frage der Zuverlässigkeit des Markenwesens. Durch die Hersteller allein war die gleichbleibende Qualität und Echtheit der Marken über längere Zeiträume keinesfalls garantiert.

Allerdings war für ein funktionierendes Markenwesen auch immer die Beteiligung kaufmännischer Interessengruppen erforderlich. Die Hanse als Kaufleutevertretung reagierte nicht nur auf Probleme, sondern initiierte Aushandlungsprozesse für die Ausgestaltung der Marke mit den Herstellern. Die hansischen Instanzen wirkten kurzfristig auf Hersteller ein und förderten langfristig die Etablierung bestimmter Markenzeichen und stützten damit die institutionelle Stabilität des Markenwesens. Auch für Westflandern stellt Jim van der Meulen fest: »Through a lack of enforced international standards and procedures in pre-industrial Europe, there was no guarantee that traded products would live up to standards [...]. To combat these and other problems, traders founded institutions such as merchant associations in the later Middle Ages. The public order institutions of cities or entire principalities increasingly contributed to solving these issues as well«[177]. Kaufmännische Interessenvertretungen haben derart nicht zuletzt darauf Einfluss genommen, dass sich das Markenwesen als institutioneller Rahmen der textilen »Kunst des Verkaufens« verfestigte.

Mit zunehmender Ausrichtung auf den Fernhandel und höherem Wert des Produktes wird die Marke als Mittel der Identifikation und Kommunikation wichtiger im Handel. Durch das Markenwesen war ein Fernabsatz von verschiedensten Webwaren überhaupt massenhaft möglich, insbesondere da qualitative Unterschiede im Handel über weitere Strecken praktisch kaum engmaschig überprüft werden konnten. Zudem war es möglich, auch Kaufleute, die nicht auf den Textilhandel spezialisiert waren, in den Vertrieb einzubinden. Die Ausgestaltung und Funktion von Marken sowie ihr Schutz werden deswegen auch fortlaufend zwischen Produzenten, Kaufmannschaft und Marktinstanzen beziehungsweise ihren Interessenvertretungen ausgehandelt. Auch von

177) van der Meulen, Fabric (wie Anm. 39), S. 108.

Seiten der Endverbraucher wurden Marken wahrgenommen und nachgefragt, was Anreize zum Marketing durch Imitation schuf. Marken waren für den mittelalterlichen Textilhandel nicht nur förderlich, sondern schlichtweg unverzichtbar.

Summary: Marketing Medieval Textiles: Between Trademark and Proto-Brand

Textiles were already one of the leading commodities in the Middle Ages: the development of the textile sector was central to the »Commercial Revolution« of the 10th to the 13th century. From the 14th century in particular, there was a remarkable increase in urban consumption of commercial textiles due to a post-pandemic rise in real wages. This article explores the »art of selling« in the developing European market economy, with a focus on the medieval marketing of textiles. First, it explores the standardised production behind medieval trademarks and how they functioned as identifying markers for specific qualities and reputations. In addition, cloth seals and selvages together with product-specific folding of the individual pieces of cloth created »proto-brands« that were recognised and in demand throughout Europe. These »proto-brands« went beyond identifying products and created an additional value that was used continuously in the marketing of textiles. A special focus of this study is the importance of the institutional framework in maintaining the quality and reputation of textiles as commodities. This included the role played by urban inspection systems in the production process, and of course the institutions established by merchant associations, most famously the German Hanse. »Protobrands« were created by manufacturers as standardised and branded products, but as this study highlights, it was mercantile interest groups that were instrumental in ensuring their effectiveness.

Mit allen Mitteln. Multimediale Werbung für Pilgerziele (13.–15. Jahrhundert)

Thomas Frank (Pavia)

I. Einleitung

I.1. Theologie und Dichtung

Einer der Hauptkritiker der Wallfahrt Wilsnack in der Mark Brandenburg, wo seit 1383 drei Hostien mit Blutflecken und weiteren Wunderleistungen verehrt wurden, war der Magdeburger Kanoniker und Theologe Heinrich Toke oder Tocke (circa 1390–1455). Er beschloss seine 1451 in Magdeburg gehaltene Rede über Wilsnack, für ihn ein durch und durch unseriöses Pilgerziel, mit folgenden Sätzen:

> *Wenn das Blut, das irgend einer gesehen zu haben vorgiebt, wunderbar sein soll, wie Vieles wäre dann göttlich zu verehren. Wäre z. B. von dem Blutstrom in den Plagen Ägyptens etwas zurückgeblieben, wie müßte es nun verehrt werden! Oder die greifbare dichte Finsterniß etc. Nein, großartige Bosheit ist in Wilsnack vollführt. Kamen einmal vernünftige Leute und sahen genauer zu, so heißt es: ›Mancher siehts, Mancher nicht; wer in einer Todsünde ist, der siehts nicht.‹ Deshalb wagten die Leute gar nicht zu sagen, sie sähen kein Blut, damit sie nicht in den Verdacht kamen, irgend ein schweres Verbrechen auf dem Gewissen zu haben*[1].

Auf die Debatten um Wilsnack kommt das Schlusskapitel dieses Beitrags zurück. Vorerst sei die in den letzten Sätzen der Passage beschriebene Situation herausgestellt. Sie lässt sich so paraphrasieren: Ein Objekt, das in Wahrheit gar nicht da ist – denn von den Blutflecken war nichts mehr, von den drei Hostien nach über 60 Jahren kaum noch etwas vorhanden – und von rational Denkenden daher nicht gesehen werden kann, wird von anderen Menschen sehr wohl gesehen. Diese anderen, insbesondere die lokalen Verfechter der Wallfahrt, behaupten ihrerseits, dass das heilige Objekt von vielen gar nicht gesehen werden *könne*, denn dazu sei nur fähig, so die Klausel, wer frei von Todsünden

1) Die deutsche Übersetzung stammt von Ernst Breest (1882). Ich zitiere sie mit leicht veränderten Satzzeichen nach dem Abdruck von Hartmut Kühne, Die Rede des Magdeburger Domherren Heinrich Tocke gegen das (Wilsnacker Wunder-)Blut, in: Andacht oder Abenteuer. Von der Wilsnackfahrt im Spätmittelalter zu Reiselust und Reisefrust in der Frühen Neuzeit, hg. von dems./Gunhild Roth (Jakobus-Studien 23), Tübingen 2020, S. 167–186, hier 186, der eine – bisher fehlende – vollständige Edition des lateinischen Textes vorbereitet.

sei. Deshalb, schließt Tocke, wagen es die eigentlich vernünftigen Zweifler nicht, ihr Nicht-Sehen zuzugeben und die Wahrheit zu sagen.

Man kennt diesen Plot: In Hans Christian Andersens Märchen ›Des Kaisers neue Kleider‹ wollte die Hofgesellschaft mitsamt dem Kaiser nicht wahrhaben, dass keine Kleider da waren, weil niemand für dumm oder amtsuntauglich gehalten werden wollte – das war die Klausel, mit der die betrügerischen Weber ein Nicht-Erkennen der Kleider verknüpft hatten[2]. Das Kind, das bei Andersen den Betrug am Ende aufdeckte, weil ihm die Klausel egal war, fehlt in der Wilsnacker Debatte. Heinrich Tocke versuchte zwar, sich zur Wahrheitsinstanz zu erheben, füllte diese Rolle aber nicht so effizient aus wie Andersens Kind: nicht wegen seines vorgerückten Alters, sondern weil in Wilsnack, wie oft in der historischen Realität und anders als im Märchen, Wahrheit und Lüge ungeschieden blieben, jedenfalls bis zur Reformation.

Andersen hat seinen Märchenstoff aus dem Mittelalter entlehnt. In ähnlicher Form findet er sich in der Exempelsammlung ›El Conde Lucanor‹ des kastilischen Infanten Juan Manuel (1335): Hier ist die Hauptfigur ein König, und die Klausel schließt nicht Dumme und Amtsuntaugliche, sondern unehelich Geborene vom Sehen der Kleider aus. Eine andere Variante der Erzählung, in der dieselbe Bedingung der Unehelichkeit, statt ungewebter Stoffe und ungenähter Kleider jedoch ungemalte Bilder und ein betrügerischer Maler im Mittelpunkt stehen, wurde Anfang des 16. Jahrhunderts in den ›Ulenspiegel‹ aufgenommen, geht aber auf eine Vorlage aus der ersten Hälfte des 13. Jahrhunderts zurück: auf den ersten deutschen Schwankroman, ›Der Pfaffe Amis‹, geschrieben von dem zwischen 1220 und 1250 im bayerisch-österreichischen Raum aktiven Hofdichter namens Der Stricker.

I.2. Dichtung und Wahrheit

Der Stricker behauptet an mehreren Stellen seines ›Pfaffen Amis‹, dass er eine Geschichte von Lug und Betrug im Sinn hat, eine Geschichte unaufrichtiger Redeweisen also, welche es in der guten alten Zeit an den Höfen nicht gegeben habe und deren Erfinder der englische Landpfarrer Amis sei[3]. Man kann viele der Schwänke um diesen egozentrischen, schamlos auf Gütererwerb erpichten, intelligenten, meist sympathischen Hochstapler so lesen, dass ihr Held genau das tut, was auch Werbung für eine Ware, eine Dienstleistung, eine Person, die ihre Arbeitskraft verkaufen will, leisten

2) Zum politischen Gehalt des Märchens und seiner mittelalterlichen Quellen vgl. Thomas FRANK/Albrecht KOSCHORKE/Susanne LÜDEMANN/Ethel MATALA DE MAZZA, Des Kaisers neue Kleider. Über das Imaginäre politischer Herrschaft. Texte, Bilder, Lektüren, Frankfurt am Main 2002. Dort auch alle nötigen Angaben zu den im Folgenden genannten mittelalterlichen Fassungen des Märchenstoffs.

3) Der Stricker, Der Pfaffe Amis (Reclam Universal-Bibliothek 658), Stuttgart 1999, S. 4–7 (Prolog), 78–79.

muss: das Angebotene erfolgreich an den Mann oder an die Frau bringen. Ganz gleich, ob Amis inexistente Bilder, seine ärztlichen Kenntnisse, die Wunderkraft seiner Reliquien, seine angeblichen prophetischen Gaben oder seinen Ruf als quasi-heiliger Priester zu Geld macht: Durch seine Beredsamkeit und durch die auf das jeweilige Publikum zugeschnittene, zwingende Logik seiner Verkaufsargumente ist er stets erfolgreich. Er verkörpert alle Qualitäten des trickreichen Werbefachmanns *avant la lettre*, nur dass das literarische Spiel die denkbaren Werbetricks ins Extrem steigert. In diesen fiktiven Szenarien gibt es kein Entrinnen für die Kunden, sie werden stets betrogen. Doch gerade indem die Literatur mit derlei scheinbar realitätsfremden Extremen spielt, macht sie Grenzlinien sichtbar, über die auch in der historischen Realität verhandelt werden musste. Die Grenze, um die sich im ›Pfaffen Amis‹ wie auch in vergleichbaren Fiktionen[4] alles dreht, ist die Scheidung von Wahrheit und Lüge. Einerseits betont der Stricker diese Grenze, andererseits stellt seine Figur Amis sie ständig in Frage; einerseits berichtet Chaucers *pardoner* in seinem Prolog mit entwaffnender Aufrichtigkeit von seinen Betrügereien bei Spendensammlung und Ablassverkauf, um dann andererseits eine Geschichte zu erzählen, deren in allerlei Todsünden verstrickte Protagonisten ihrer gerechten Strafe zugeführt werden (doch die märchenhaften Elemente in dieser Geschichte signalisieren, dass es sich um Fiktion in der Fiktion handelt).

Die starke Betonung dieser Grenzlinie muss mit der Beobachtung konfrontiert werden, dass das Mittelalter generell mit einem flexibleren Begriff von Wahrheit operierte als die Moderne. Alain Boureau hat die mittelalterlichen Bedingungen des Glaubens an die Wahrheit von Erzählungen in ein fünfstufiges Modell gefasst[5]: Es reicht von der durch die heilige Schrift verbürgte, unanfechtbare Wahrheit über die durch andere Autoritäten garantierte, die durch den Erzähler bezeugte und die von ihm als immerhin möglich hingestellte Wahrheit bis hin zur Fabel, die sich als Fiktion zu erkennen gab, aber doch einen wahren Kern haben konnte. Selbst wenn man dieses Modell für ergänzungsbedürftig hält, zeigt es doch, dass das simple Schwarz-Weiß-Raster Heinrich Tockes von vielen seiner Zeitgenossen differenzierter angewandt wurde. Doch ändert dies nichts daran, dass auch in der mittelalterlichen Diskussion um Werbung (und auch Werbung basiert auf Erzählung) die Unterscheidung zwischen Wahrheit und Lüge strukturbildend war, selbst wenn der dort geltende Wahrheitsbegriff eher auf Boureaus dritter

4) Dazu zähle ich zum Beispiel den ›Pardoner‹ in Geoffrey Chaucer, Canterbury Tales, hg. von Arthur C. Cawley, New York/Toronto 1958, ND 1992, S. 343–360. Siehe ferner die von Andrew Cowell, Advertising, Rhetoric, and Literature. A Medieval Response to Contemporary Theory, in: Poetics Today 22 (2001), S. 795–827, untersuchten französischen religiösen Spiele und Gedichte.

5) Alain Boureau, La papessa Giovanna. Storia di una leggenda medievale, Torino 1991 (französische Originalausgabe Paris 1988), S. 161–163; dazu auch Thomas Frank, Falso e verità nella politica medievale e moderna, in: Vere storie di medioevi falsi. Esempi, pretesti, metodologie, hg. von Marina Gazzini (Nuovi studi storici 129), Roma 2023, S. 191–211.

oder vierter Stufe anzusiedeln ist als auf den höchsten Ebenen der biblischen Wahrheit oder der patristischen Autorität.

Strukturbildend war diese Unterscheidung für die Werbung auf ›normalen‹ Warenmärkten, und zwar sowohl für deren literarische Darstellung[6] als auch für deren Realität, wie viele Beiträge in diesem Band zeigen[7]; strukturbildend aber auch für die Vermarktung eines immateriellen Gutes wie des Seelenheils und für die Beurteilung der rhetorischen Leistung von Personen, die dafür warben, dass man es bei ihnen kaufen möge. Der Markt für das Seelenheil verfügte im späteren Mittelalter über diverse Angebote, von denen im Folgenden das Pilgern im Zentrum stehen wird. Immateriell sind diese Angebote in einem noch stärkeren Sinn als etwa Bildungsangebote (wie Sprachkurse, für die auch schon im Mittelalter geworben wurde). Denn die von den Pilgernden erhoffte Besserung der Chancen auf Rettung der Seele und auf einen möglichst kurzen Aufenthalt im Fegefeuer war ein Versprechen, dessen tatsächliche Einlösung noch niemand (außer vielleicht einigen Visionären) gesehen hat. Um so naheliegender ist es, dass auch – und gerade – auf diesem Markt Literatur und Leben interagierten. Natürlich kannte Heinrich Tocke die eingangs geknüpfte Kette von literarischen Narrativen in dieser Form nicht, aber es ist davon auszugehen, dass der von ihm den Wilsnack-Befürwortern in den Mund gelegte Plot sowohl ihm als auch vielen anderen Menschen des 15. Jahrhunderts präsent war. Doch wie dem auch sei: Die Grenze zwischen Wahrheit und Lüge, die von der Literatur herauspräpariert und zugleich problematisiert wurde, ist das Rückgrat in Tockes Argumentation gegen Wilsnack und konditioniert spätestens seit Guibert von Nogent[8], also seit etwa 1100, auch Dispute über andere Heiligtümer.

Amis und vergleichbare literarische Figuren verdeutlichen, dass der Handel mit immateriellen Gütern noch stärker auf Mittler und sprachliche Vermittlung angewiesen ist als der mit konkreten Waren, deren Qualität leichter kontrolliert werden kann. Doch soll unser Streifzug durch die Literatur – um einem möglichen Missverständnis vorzubeugen – nicht bedeuten, dass dies ein literaturhistorischer Beitrag wird[9] oder gar ein Versuch, den historischen Realitätsgehalt literarischer Texte zu bestimmen. Vielmehr

6) Die literarischen Beispiele in COWELL, Advertising, Rhetoric, and Literature (wie Anm. 4), handeln überwiegend von materiellen Waren, vor allem Wein und Heilkräutern.

7) Dazu sei hier nur auf die Beispiele in der Einleitung von Thomas ERTL verwiesen.

8) Karin FUCHS, Zeichen und Wunder bei Guibert de Nogent. Kommunikation, Deutungen und Funktionalisierungen von Wundererzählungen im 12. Jahrhundert (Pariser Historische Studien 84), München 2008, S. 202 f., 205–207, 225. Zu Guibert auch Klaus SCHREINER, »Discrimen veri ac falsi«. Ansätze und Formen der Kritik in der Heiligen- und Reliquienverehrung des Mittelalters, in: Archiv für Kulturgeschichte 48 (1966), S. 1–53, hier 31–33; dort geht es darum, die Existenz kritischer Deutungsansätze schon im Frühmittelalter nachzuweisen, mithin um eine andere Zielsetzung als die hier verfolgte.

9) Literaturhistorisch ist hingegen der Zugriff von COWELL, Advertising, Rhetoric, and Literature (wie Anm. 4): Er möchte zeigen, dass die von der hochmittelalterlichen städtischen Wirtschaft erzeugte Rhetorik der Werbung das Kunstgenre Literatur überhaupt erst geschaffen und von der rhetorischen Tradition der Kirche emanzipiert hat.

dienen die literarischen Beispiele als ›Lupe‹, die den Blick für einige Eigenschaften spätmittelalterlichen Werbens schärft: erstens dafür, dass seit dem 12.–13. Jahrhundert spezifische Werbetechniken oder Techniken der Selbstvermarktung und ein klares Bewusstsein davon existierten, wie man Zuhörer und Zuhörerinnen zurichten musste, um sie zum Kauf zu bewegen. Zweitens dafür, dass die Scheidung von Wahrheit und Lüge, welche die Diskussion über zweifelhafte Wallfahrten strukturierte, ein zentrales Problem auch für die Werbung war. Drittens dafür, dass auch immaterielle, geistige ›Produkte‹ verkauft und beworben werden konnten, und viertens dafür, dass auf diesem ›Markt für Geistiges‹ ausgeklügelte Verfahren der Vermittlung und die Bindung an normative Bedingungen eine besonders große Rolle spielten. Ziel ist, anhand ausgewählter Beispiele einen Überblick über die Medien zu geben, die in der spätmittelalterlichen Wallfahrtswerbung eingesetzt wurden, und zu einer Hypothese darüber zu gelangen, was Werbung für das Seelenheil *qua* Pilgerfahrt von Werbung für Produkte der materiellen Ökonomie unterschied. Darüber gibt nicht nur Wallfahrtswerbung im eigentlichen Sinn, sondern auch Kritik an Wallfahrten Aufschluss, denn auch in derlei Gegenwerbung können (wie bei Heinrich Tocke) werberhetorische Elemente eingebettet sein.

II. Spätmittelalterliche Märkte für das Seelenheil, Wallfahrtswerbung und ihre Medien

Im Prinzip waren die kirchlichen Normen einer Vermarktung geistlicher Leistungen und Objekte abhold. Das gilt sowohl für die Kommerzialisierung kirchlicher Aufgaben und Besitzungen (Sakramente, Benefizien, Kirchengut) als auch für die Lebensgestaltung der Gläubigen. Die spätmittelalterlichen Prediger schärften ihrem Publikum tugendhaftes Verhalten gerade auch unter wirtschaftlichem Aspekt ein: Wucherverbot, Wohltätigkeit gegenüber den Armen, *avaritia* als schlimmste Todsünde[10]. Personen wie der Sieneser Kammmacher Pietro Pettinaio (†1289), der sich ostentativ marktwidrig

10) Das kirchenrechtlich strafbewehrte Vergehen der Simonie ist so bekannt, dass Nachweise sich erübrigen. Zu den spätantiken Rechtsgrundlagen des Verbots der Veräußerung von Kirchengut: Stefan Esders, Heilige als juristische Person? ›Transpersonale‹ Institutionalisierung im früheren Mittelalter, in: Der Wert des Heiligen. Spirituelle, materielle und ökonomische Verflechtungen, hg. von Andreas Bihrer/Miriam Czok/Uta Kleine (Beiträge zur Hagiographie 23), Stuttgart 2020, S. 91–104. Unter den spätmittelalterlichen Predigern bietet sich, wie so oft, Bernardino da Siena an, zu dem auf die Beispiele in der Einleitung zu diesem Band von Thomas Ertl verwiesen sei. Vgl. aber auch Pietro Delcorno, Lazzaro e il ricco epulone. Metamorfosi di una parabola fra Quattro e Cinquecento, Bologna 2014, S. 87–132, unter anderem zu Johannes Geiler von Kaysersberg. Dass die spätmittelalterliche Diskussion um die Sündhaftigkeit merkantiler Praktiken aber nicht auf einseitige Verurteilung, sondern im Gegenteil auf Rechtfertigung wohlverstandenen Marktverhaltens hinauslief, und das gerade bei franziskanischen Autoren, zeigt erneut Paolo Evangelisti, La pensée économique au Moyen Âge. Richesse, pauvreté, marchés et monnaie, Paris 2021 (ital. Originalausgabe Roma 2016), S. 113–133, 163–190, und zu Bernardino da Siena S. 215–219.

verhielt, indem er mit seinen Produkten die Marktpreise bewusst unterbot, galten als heilig[11].

Für diese theoretisch unkommerzielle Heilsökonomie war in Wirklichkeit jedoch noch etwas anderes kennzeichnend: eine unerschöpfliche Fülle auf der Angebotsseite. Gewiss, der Zugang zu ihren Gütern war nicht frei, da an zahlreiche Verhaltensvorschriften geknüpft; doch wenn man diese erfüllte, gab es keine Knappheit. Studien zu religiös motivierten Stiftungen in europäischen Städten zeigen das zur Genüge[12]. Messen und Sakramente waren massenhaft verfügbar (einmal abgesehen von lokalen Unterschieden in der Versorgung mit Priestern oder von Ausnahmephasen unter Interdikt); der Gnadenschatz, aus dem sich unter anderem die Ablässe speisten, war unendlich[13]. Wer es sich leisten konnte, erwarb Bruderschaftsbriefe von religiösen Orden[14]. Viele schlossen sich überregionalen Gebetsbünden oder lokalen Bruderschaften an[15]. Zusätzliche Verdienste vor Gott waren durch Wallfahrten zu erwerben, deren Zahl im Lauf des 13.–15. Jahrhunderts stark wuchs[16]. Man musste nicht einmal persönlich teilnehmen, denn die geistlichen Privilegien von manchen dieser Orte (zum Beispiel die Jubiläumsablässe von Rom) wurden nach 1350 auch auf andere Orte übertragen oder man konnte

11) Michele PELLEGRINI, Pietro Pettinaio, in: Dizionario biografico degli italiani 83 (2015), S. 536–539, https://www.treccani.it/enciclopedia/beato-pietro-pettinaio_(Dizionario-Biografico) (29.12.2022). Ausführliche Lektüre der hagiografischen Zeugnisse bei Mary H. DOYNO, The Lay Saint. Charity and Charismatic Authority in Medieval Italy, 1150–1350, Ithaca/London 2019, S. 83–123.

12) Brigitte KLOSTERBERG, Zur Ehre Gottes und zum Wohl der Familie. Kölner Testamente von Laien und Klerikern im Spätmittelalter (Kölner Schriften zur Geschichte und Kultur 22), Köln 1995; Birgit NOODT, Religion und Familie in der Hansestadt Lübeck anhand der Bürgertestamente, Lübeck 2000; Thomas FRANK, Bruderschaften im spätmittelalterlichen Kirchenstaat. Viterbo, Orvieto, Assisi (Bibliothek des Deutschen Historischen Instituts in Rom 100), Tübingen 2002; Eleonora RAVA, *Volens in testamento vivere* – testamenti a Pisa, 1240–1320 (Italia sacra. Nuova serie 2), Roma 2016, S. 165–211.

13) Neben dem Klassiker Nikolaus PAULUS, Geschichte des Ablasses im Mittelalter, 3 Bde., Darmstadt ²2000, siehe Etienne DOUBLIER, Ablass, Papsttum und Bettelorden im 13. Jahrhundert, Köln/Weimar/Wien 2017; für ein größeres Publikum schreibt Christiane LAUDAGE, Das Geschäft mit der Sünde. Ablass und Ablasswesen im Mittelalter, Freiburg/Basel/Wien 2016. Zum Gnadenschatz auch Uta KLEINE, Heilige Ökonomie. Schatzsemantik, Geldgebrauch und Güterzirkulation zwischen Himmel und Erde, in: Der Wert des Heiligen (wie Anm. 10), S. 31–61, bes. 53–60.

14) Zuletzt Marie-M. DE CEVINS, Confraternity, Mendicant Orders, and Salvation in the Middle Ages. The Contribution of the Hungarian Sources (c. 1270 – c. 1530) (Europa Sacra 23), Turnhout 2018, zwar beschränkt auf Ungarn, aber mit vielen Perspektiven von allgemeiner Bedeutung.

15) FRANK, Bruderschaften (wie Anm. 12); Mittelalterliche Bruderschaften in europäischen Städten/Medieval Confraternities in European Towns. Funktionen, Formen, Akteure/Functions, Forms, Protagonists, hg. von Monika ESCHER-APSNER (Inklusion/Exklusion 12), Frankfurt am Main 2009; A Companion to Medieval and Early Modern Confraternities, hg. von Konrad EISENBICHLER, Leiden/Boston 2019.

16) André VAUCHEZ, Culte des saints et pèlerinages aux derniers siècles du moyen âge (v. 1200 – v. 1500). Essai de bilan historiographique, in: Arbor ramosa. Studi per Antonio Rigon da allievi amici colleghi, hg. von Luciano BERTAZZO/Donato GALLO/Raimondo MICHETTI/Andrea TILATTI, Padova 2011, S. 49–66.

sie durch Nachbeten zu Hause erwerben oder man schickte Männer und Frauen vertretungsweise zum gewünschten Heiligtum.

Das war eine für das spätere Mittelalter eigentlich außergewöhnliche ökonomische Struktur: steigende Nachfrage gewiss, aber noch höheres Angebot. Die Angebotsseite wurde von einer Vielzahl oft rivalisierender geistlicher Vermittler zum Seelenheil getragen, eine Konkurrenzsituation, die nach Werbung geradezu verlangte. Dies gilt im Grunde bereits für den täglichen Markt frommer Stiftungen in jeder größeren Stadt, wo Bettelorden, Mönche und Nonnen, Kathedralen, Kollegiat- und Pfarrkirchen, Hospitäler und Bruderschaften um die Zuwendungen von Schenkern und Testatoren konkurrierten. Es gilt *a fortiori* für die Spendensammler der Orden und Hospitäler, die ›Stationierer‹ und italienischen *cerretani*, welche literarischen Figuren wie dem Pfaffen Amis, Boccaccios frate Cipolla, Chaucers *pardoner* oder Heinrich Bebels Priester Fysilin manchmal näher kamen, als es dem Ruf ihrer Auftraggeber zuträglich war[17]. Zu den Anbietern gehörten in einem gewissen Sinn auch die Armen, indem sie als Empfänger von Almosen *pro remedio animae* den Reichen Gelegenheit zur Förderung des Seelenheils verschafften; allerdings wurde diese Allokation von Spenden mit der wachsenden Ablehnung des Bettelns seit dem späteren 14. Jahrhundert nach und nach unattraktiv.

Anbieter waren nicht zuletzt auch die Wallfahrtsstätten. Das Pilgern war ganz überwiegend auf klerikale Vermittlung angewiesen. Nur eine geistliche Institution war berechtigt, die den Heiligtümern verliehenen Ablassprivilegien umzusetzen. Kleriker oder Religiosen waren am besten geeignet, Wundergeschehnisse am Schrein zu dokumentieren (nur in Italien erledigten das auch Laiennotare, vor allem wenn es galt, Wunder für einen bevorstehenden Kanonisationsprozess zu registrieren). Für die Pilger und Pilgerinnen ergaben sich damit gestufte Möglichkeiten der Potenzierung ihres Seelenheils. Das Mindeste, und seit dem 13. Jahrhundert von wachsender Bedeutung, war der Erwerb der am Heiligtum haftenden Ablässe. Die Reichweiten der Ablässe basierten aus Sicht der Gläubigen nicht auf kirchenrechtlich korrekten Daten, sondern auf dem, was einzelne Kirchen behaupteten, was allgemein gesagt wurde und was in Pilgerführern nachzulesen war[18]. Neben den messbaren Indulgenzen brachten die Beschwernisse der

17) Ich benutze folgende Ausgaben: Giovanni Boccaccio, Decameron, hg. von Antonio E. QUAGLIO, 2 Bde., Milano 1974, VI 10; Heinrich Bebels Schwänke, hg. von Albert WESELSKI, 2 Bde., München/Leipzig 1907, I 59 und 62–65. Siehe auch Andreas REHBERG, *Nuntii, questuarii, falsarii*. L'Ospedale di Santo Spirito in Sassia e la raccolta delle elemosine nel periodo avignonese, in: Mélanges de l'École française de Rome. Moyen Âge 115 (2003-1), S. 41–132; Raffaella VILLAMENA, I Cerretani come intermediari degli Antoniani (a proposito di due documenti del 1315 e del 1492), in: Gli ordini ospedalieri tra centro e periferia, hg. von Anna ESPOSITO/Andreas REHBERG, Roma 2007, S. 211–230.

18) Diana WEBB, Pardons and Pilgrims, in: Promissory Notes on the Treasury of Merits. Indulgences in Late Medieval Europe, hg. von Robert SWANSON, Leiden/Boston 2006, S. 241–275; Bernhard SCHIMMELPFENNIG, Römische Ablaßfälschungen aus der Mitte des 14. Jahrhunderts, in: Fälschungen im Mittelalter, 6 Bde., Hannover 1988–1990, Bd. V, S. 637–658. Zum Festhalten der Gläubigen an einem eigentlich ungültigen Plenarablass siehe auch den Beleg unten, Anm. 40 (Kanonisationsprozess Cölestins V.).

Reise und die frommen Handlungen am Schrein ein zusätzliches, wenn auch nicht quantifizierbares Verdienst vor Gott. Denkbar war außerdem, insbesondere bei neuen Heiligtümern, das Erleben von Wundern: sei es dass andere dankbar über Distanzwunder berichteten oder man vor Ort über solche Wunder las, sei es dass Pilgernde Zeugen eines Schreinwunders wurden, sei es dass sie es am eigenen Leib erfuhren.

Diese höchste Stufe der auf Erden zu erlangenden Gottesnähe war zugleich Erfüllung eines anderen Begehrens, der Wiederherstellung des körperlichen Wohlergehens. Wunderträchtige Wallfahrtsorte fungierten als Überbietung menschlicher Heilkunst: Was die Medizin nicht schaffte, schaffte der oder die Heilige (teils auch schon lebende Heilige, aber das kann hier beiseite bleiben). Mirakelbücher oder Heiltumsdrucke propagierten solches Wundergeschehen tausendfach. Dennoch sollte diese spektakulärste Eigenschaft der Heiligtümer – die Ebene, auf der die Suche nach dem Seelenheil vom Wunsch nach physischer oder psychischer Heilung überlagert wurde – nicht überschätzt werden. Wunder waren ein Erwartungshorizont für manche, sicher nicht alle Pilgernden, waren etwas, von dem alle gehört hatten, mit dem sie *realiter* aber eher selten in Kontakt kamen. Wichtiger wurden im Lauf des 14. und 15. Jahrhunderts die Wallfahrtsablässe. Dies legt nicht nur ein Zahlenvergleich nahe: Der Anteil der nachgewiesenen Wunderempfänger ist gering im Vergleich zur Gesamtzahl der Menschen, die zu einem gerade attraktiven Heiligtum pilgerten[19]. Es zeigt sich auch daran, dass seit dem 14. Jahrhundert zur Bezeichnung eines bestimmten Wallfahrtsziels der allgemeine Terminus *indulgentia* verwendet werden konnte. So sprachen Reisende, die zum Erzengel Michael auf dem Gargano zogen, schlicht von *ista indulgentia*, im Sinn von *diesem Heiligtum*[20], und gaben damit zu erkennen, was für sie das Wesentliche an einem Pilgerort war.

19) Messbar an der Zahl verkaufter Pilgerzeichen zum Beispiel in Einsiedeln oder bei der Schönen Maria von Regensburg: Berit WAGNER, Bilder ohne Auftraggeber. Der deutsche Kunsthandel im 15. und frühen 16. Jahrhundert. Mit Überlegungen zum Kulturtransfer, Petersberg 2014, S. 134–136 (der Verfasserin sei für die Übersendung ihres wichtigen Buches gedankt); Wolfgang SCHMID, Die Heiligen Drei Könige und ihre Verehrung in Stadt und Bistum Trier, in: Libri Pretiosi. Mitteilungen der Bibliophilen Gesellschaft Trier 19 (2016), S. 19–36. Was unter »nachgewiesenen« Wundern zu verstehen ist, wäre zu diskutieren: maximal das, was Mirakelbücher verzeichnen, minimal die in Kanonisationsprozessen anerkannten Wunder – in jedem Fall weit weniger als die Gesamtzahl der Ankömmlinge. Einen interessanten Beleg für die Selektion der glaubwürdigsten Wunder bietet ein Protokoll der Diskussion, die die Kardinäle 1313 vor der Kanonisation des Pietro del Morrone (Cölestin V.) führten: Il processo di canonizzazione di Celestino V, hg. von Alessandra BARTOLOMEI ROMAGNOLI/Alfonso MARINI, 2 Bde., Firenze 2015–2016 (Corpus Coelestinianum 1-1.2), Bd. I, S. 231–278.

20) So drückte sich ein Zeuge aus, der im ersten Kanonisationsprozess (1325) des Nicola von Tolentino beiläufig über seine Pilgerfahrt zum Gargano berichtete. Eine andere Zeugin brachte ihre Motivation, das Grab des (noch nicht kanonisierten) Nicola in Tolentino zu besuchen, auf die Formel: »propter indulgentiam et devotionem«, obwohl der Schrein in dieser Phase noch keinen offiziellen Ablass bot, aber durch intensive Wundertätigkeit in aller Munde war: Il processo per la canonizzazione di s. Nicola da Tolentino. Edizione critica, hg. von Nicola OCCHIONI O.S.A (Collection de l'Ecole française de Rome 74), Roma 1984, S. 249, 308.

Hinzu kam der nie ganz zu verdrängende Verdacht, dass die Wunder, mit denen man auf einer Wallfahrt in Kontakt kam, falsch sein könnten, zumindest aber übertrieben oder auf natürliche Weise zu erklären. Bei einem Großteil der in Wunderbüchern gesammelten[21], den Pilgern erzählten oder auf Votivbildern gezeigten Wunder fragte man besser nicht genauer nach. Nur wenige werden so offen auf der Wahrheit bestanden haben wie der Prager Bürger Petrziko de Ach, von dem Jan Hus in seiner Schrift (1405) gegen die Wilsnacker Hostienverehrung erzählt. Die blutbefleckten Hostien heilten die Armlähmung des Pragers trotz silberner Votivgabe auch nach dreitägigem Beten nicht. Das hielt einen Priester jedoch nicht davon ab, die silberne Armnachbildung in einer Predigt als Beweis für ein Heilungswunder anzupreisen. Als der Mann das hörte, protestierte er lautstark und zieh den Priester öffentlich der Lüge[22]. Kurz, mirakulöse Heilung von körperlichen Gebrechen war für manche eine Hoffnung, doch für viele dürfte sie eher fiktionalen Status gehabt haben. Die Hoffnung auf das *Seelen*heil war, obwohl auch sie ihre fiktionalen Elemente hatte, ein handfesteres Motiv zum Pilgern.

Den Titel dieses Beitrags (»Mit allen Mitteln«) könnte man auf den ersten Blick so verstehen, dass Werbung wie die soeben referierte Anpreisung einer Votivgabe in Wilsnack, und diese stellvertretend für Wallfahrtswerbung überhaupt, von vornherein als betrügerisch denunziert werden soll. Doch solche ›Entrüstung‹ (sozusagen der Heinrich Tocke-Blick) ist hier definitiv nicht intendiert. Vielmehr sind die »Mittel« wörtlich zu nehmen und meinen nichts anderes als die Medien der Werbung für das Seelenheil, ihre Kommunikationsmittel in einem weiten Sinn. Man kann unterscheiden zwischen Medien der mündlichen, schriftlichen, bildlichen und ›performativen‹ Kommunikation (letztere meint liturgische Aktionen, ferner potenziell wundertätige Reliquien und die Wunder selbst). Beispiele für schriftliche, bildliche und performative Kommunikation werden im Folgenden behandelt werden, weshalb an dieser Stelle eine Bemerkung zum mündlichen Informationsfluss genügen mag. Das Sprechen über Pilgerorte (in Predigten oder einfacher Mund-zu-Mund-Propaganda) ist in vielen historischen und literarischen Quellen bezeugt. Mündlicher Austausch unterfüttert alle anderen, elaborierteren Medien und wurde daher schon im Mittelalter systematisch untersucht: In jedem Kanonisationsprozess wurde nach der *fama publica* der zur Verhandlung stehenden Heiligen und ihrer Wunder gefragt, und manche Zeugen gaben

21) Als fast willkürlich ausgewähltes Beispiel mag das Mirakelbuch von Heiligenleichnam, einer seit 1434 aktiven Wallfahrt bei Altenburg, dienen. Es wurde 1498 bei Wolfgang Stöckel in Leipzig gedruckt und ist als Digitalisat der Berliner Staatsbibliothek einsehbar: https://digital.staatsbibliothek-berlin.de/werkansicht/?PPN=PPN731637100 (29.12.2022).

22) Johan Hus, De sanguine Christi, in: Mag. Io. Hus Opera omnia, tom. I, fasc. 3, hg. von Wenzel Flajshans, Praha 1903, ND Osnabrück 1966, S. 32 f.; Jan Hrdina, Wilsnack und die eucharistischen Wunder- und Wallfahrtskulte in Mitteleuropa, 1370 bis 1430. Ein Rückblick auf zwei Bücher nach einem guten Jahrzehnt, in: Andacht oder Abenteuer (wie Anm. 1), S. 97–116, hier 97.

genauere Auskunft darüber, auf welchen Wegen sie von ihnen erfahren hatten[23]. Dabei spielte ihre Wundertätigkeit eine wichtige Rolle, und wenn ein Wunder an einem Heiligengrab geschehen war, pflegten die Geistlichen der betreffenden Kirche die Glocken zu läuten, damit alle Anwohner das Ereignis zur Kenntnis nahmen und weitererzählen konnten[24]. Damit sei nicht behauptet, dass die für die Wallfahrtswerbung einsetzbaren Medien – seien sie mündlich (und akustisch), schriftlich, bildlich oder performativ – in der Werbefunktion restlos aufgehen. Mirakelbücher, Pilgerberichte, Glocken, Pilgerzeichen und vieles mehr *konnten* jedoch für diesen Zweck verwendet werden, auch wenn ihr Gehalt sich darin längst nicht erschöpft.

In erster Linie waren es die Vertreter der Wallfahrtsorte – Kleriker- oder Ordensgemeinschaften und die lokalen politischen Instanzen –, die ideellen und wirtschaftlichen Profit aus den Pilgerströmen zogen. Allerdings waren sie nicht die einzigen Nutznießer, denn eine erfolgreiche Wallfahrt ernährte auch eine Reihe von Zulieferern. Reklame machten zum Beispiel die Dienstleister in der Reiselogistik. Für das Heilige Jahr 1475 ließ die Zunft der römischen Gastwirte sich vom Papst das Recht bestätigen, Pilgern bis zu einer alten Station der Via Cassia (des letzten Teilstücks der Via Francigena), etwa eine Tagesreise nördlich der Stadt, entgegengehen zu dürfen, um schon dort für ihre Hotels zu werben[25]. Man kann sich die Szenen, die sich dort abgespielt haben mögen, lebhaft vorstellen. Oder in der venezianischen Terraferma: Dogenbriefe um die Mitte des 15. Jahrhunderts verraten, dass Reisende zwischen Deutschland und Venedig – darunter auch Rompilger – schon nördlich der Stadt Treviso von Boten der Wirte von Ferrara dazu angeleitet wurden, nicht über Treviso nach Venedig und dann mit dem Schiff bis Ravenna weiterzureisen, sondern die weiter westlich gelegene Landstraße über Padua und Ferrara zu wählen; dies auch mit falschen Behauptungen wie der, dass in Venedig und Ravenna die Pest wüte. Gegen solche Lügen (oder Gegenwerbung), so die

23) Im Prozess um Nicola von Tolentino (Il processo per la canonizzazione di s. Nicola, wie Anm. 20, S. 615–617) berichtete zum Beispiel der Bischof von Camerino, wie die Bewohner des Dorfes *Stacto* von zwei Augustinereremiten über die Wunder ihres Ordensbruders belehrt wurden.

24) So die Glocken der Augustinerkirche in Tolentino. Wer ein Wunder anzweifelte, konnte von Nicola bestraft werden (Il processo per la canonizzazione di s. Nicola, wie Anm. 20, S. 276–277). Allerdings strafte er auch eine Frau, deren Heilung vom Lektor des Konvents allzu rasch öffentlich gepredigt wurde, was sich anscheinend nicht mit Nicolas ausgeprägter Bescheidenheit vertrug (ebd., S. 576). Viele Zeugen berichteten, dass die *fama* des (künftigen) Heiligen von Tolentino zahlreiche Menschen anzog; ein Kanoniker aus Camerino bemühte für diesen Pilgerstrom einen starken Vergleich: *quemadmodum vadunt gentes Romam* (ebd., S. 208). Glockengeläut, *campanas sonari ad miraculum*, gab es auch in L'Aquila nach Wundern des Bernardino da Siena: Il processo di canonizzazione di Bernardino da Siena (1445–1450), hg. von Letizia Pellegrini, Quaracchi 2009, S. 66, 78.

25) Arnold Esch, Wege nach Rom. Annäherungen aus zehn Jahrhunderten, München 2003, S. 24; ders., Il giubileo di Sisto IV (1475), in: La Storia dei Giubilei, hg. von Gloria Fossi, Bd. II: 1450–1575, Roma 1998, S. 106–123, hier 119.

Order des Dogen, sollte der Gouverneur von Treviso vorgehen[26]. Ein schönes Beispiel für Werbung eines Reiseunternehmers, der im Jahr 1513 Pilger von Antwerpen nach Santiago, ins Heilige Land und nach Rom zu bringen versprach, hat vor einigen Jahren Hartmut Kühne in Wittenberg entdeckt. In einem mit Holzschnitten verzierten Einblattdruck informiert ein Antwerpener Reeder ausführlich und sachlich über sein Angebot und die Reisebedingungen auf seinen beiden nagelneuen Schiffen. Die gesamte Strecke mit Besuch der drei großen Pilgerziele kostete pauschal 80 ungarische Gulden, aber auch Teilstrecken mit entsprechendem Preisnachlass waren möglich[27].

Auf den Verkauf von Devotionalien wie Pilgerzeichen oder Einblattdrucken mit Abbildungen des oder der am Pilgerort verehrten Heiligen kommen wir noch zurück. Auch deren Hersteller und Händler werden für ihre Produkte geworben haben, mit den üblichen Mitteln der Inhaber von Ständen und Verkaufsbuden auf einem lokalen Markt (laute Anpreisung, Auslage der Waren) – in diesem Fall einem Markt für Bilder oder Gebrauchskunst, dessen Kontrolle die Betreiber der Wallfahrt in der Hand zu behalten suchten, aber nicht immer vermochten[28].

Es wäre zweifellos reizvoll, weitere Beispiele für die Vermarktung solcher Nebenprodukte des Pilgerns zu untersuchen und den Zusammenhang zwischen Wallfahrt und Werbung auch aus Sicht dieser ›sekundären‹ Märkte auszuleuchten. Doch dieser Ansatz soll hier nicht weiterverfolgt werden. Es geht mir nicht um Werbung für materielle Waren (Bilder) oder körperliche Dienstleistungen (Unterkunft, Transport), die mit dem Pilgerverkehr verbunden waren, denn derlei Waren oder Dienstleistungen unterscheiden sich nicht grundsätzlich von all jenen Produkten, von denen die anderen Beiträge in diesem Band handeln. Es geht vielmehr um Werbung (und Gegenwerbung) für die *religiösen* Aspekte des Pilgerns[29], also um den ›primären‹ Markt. Ihn sollen die nun folgenden Fallbeispiele illustrieren, selbst wenn die Grenze zwischen beiden Sphären, der materiellen und der religiösen, auch auf diesem Feld zugegebenermaßen nicht immer scharf zu ziehen ist, was schon daran zu erkennen ist, dass Wallfahrtsablässe nicht selten terminlich mit Jahrmärkten koordiniert wurden.

26) Giampaolo CAGNIN, Pellegrini e vie del pellegrinaggio a Treviso nel Medioevo (secoli XII–XV), Sommacampagna 2000, S. 346, 355.

27) Hartmut KÜHNE, Zwischen Totschlag und Tourismus. Spuren von Wallfahrt und Pilgerschaft im mitteldeutschen Umfeld Luthers, in: Luthers Lebenswelten, hg. von Harald MELLER/Stefan RHEIN/Hans-Georg STEPHAN, Halle 2008, S. 377–387.

28) Zu diesen Bildermärkten an Wallfahrtszentren siehe WAGNER, Bilder ohne Auftraggeber (wie Anm. 19), S. 127–131, und unten, Kap. IV.

29) Vgl. den Ansatz von Harry KÜHNEL, ›Werbung‹, Wunder und Wallfahrt, in: Wallfahrt und Alltag in Mittelalter und früher Neuzeit. Internationales Round-Table-Gespräch Krems an der Donau, 8. Oktober 1990, Wien 1992, S. 95–113, mit Beispielen von Mirakelbüchern, Bildern und Reliquien aus vorwiegend bayerischen Wallfahrtsorten.

III. Zwei Beispiele für peregrinationes maiores: Jerusalem und Rom

Das Heilige Land und Rom hatten, auf den ersten Blick, keine Werbung nötig. Die begehrten Reliquien, die sie beherbergten, dazu die konkurrenzlose Qualität der christlichen Erinnerungsorte in und um Jerusalem, zogen auch ohne besondere Werbemaßnahmen, und dies seit dem frühen Mittelalter, Pilger und Pilgerinnen an. Das Schrift- und Bildmaterial, das sie vom Frühmittelalter bis in die Frühe Neuzeit hervorgebracht oder angeregt haben, um religiös motivierte Reisende über die zu besuchenden Heiligtümer zu unterrichten, wird meist als Quelle für die historische Topografie der beiden Orte, die Geschichte der Frömmigkeit oder die Wahrnehmung des Fremden erforscht[30]. Einen neuen Ansatz hat kürzlich Michele Campopiano gewählt, mit einer Untersuchung sämtlicher von den Jerusalemer Franziskanern vom 14. bis zum 16. Jahrhundert verfassten und gesammelten Schriften über das Heilige Land. Deren zahlreiche intertextuelle Spuren in den Berichten westlicher Pilger legen es nahe, die 1333 auf dem Berg Zion gegründete franziskanische Custodia di Terrasanta als zentralen (lateinisch-christlichen) Speicher von Wissen über das Heilige Land zu deuten.[31] Im Vergleich zu dieser Frage nach dem kollektiven Gedächtnis nimmt das Thema der Werbung für Pilgerziele zweifellos eine reduzierte Perspektive ein, welche die Aussagekraft der aus Jerusalem und Rom überlieferten Ablasslisten, Pilgerführer oder Pilgerberichte gewiss nicht ausschöpft. Die Reduktion sei hier in Kauf genommen, denn abgesehen von der schwierigen Trennung von Information (zu speicherndem Wissen) und Werbung, auf die wir zurückkommen, gab es Konjunkturen, die Maßnahmen zur Belebung oder Steuerung des Pilgerstroms auch für die *peregrinationes maiores* erforderlich machten. Dass die dritte große Wallfahrt, Santiago de Compostela, hier nicht behandelt wird, rechtfertigt sich allein aus arbeitsökonomischen, nicht aus sachlichen Gründen, zumal es Anzeichen da-

30) Donatus Baldi, Enchiridion locorum sanctorum. Documenta S. Evangelii loca respicientia, ND Jerusalem 1982 (Jerusalem 1935, [2]1955); Aryeh Graboïs, Le pèlerin occidental en Terre sainte au Moyen Âge, Paris/Bruxelles 1998; Franco Cardini, In Terrasanta. Pellegrini italiani tra Medioevo e prima età moderna, Bologna 2002; Tra Roma e Gerusalemme nel medioevo. Paesaggi umani ed ambientali del pellegrinaggio meridionale, hg. von Massimo Oldoni, 3 Bde., Salerno 2005. Zu Rom: La storia dei giubilei, 2 Bde., hg. von Gloria Fossi, Roma 1997–1998; Stefania Tarquini, Pellegrinaggio e assetto urbano di Roma, in: Bullettino dell'Istituto storico italiano per il medioevo 107 (2005), pp. 1–133; Arnold Esch, Rom. Vom Mittelalter zur Renaissance, 1378–1484, München 2016, S. 116–169.

31) Michele Campopiano, Note sulla presenza francescana in Terrasanta: le descrizioni dei luoghi santi tra XIV e XVI secolo e il ruolo della Custodia di Terrasanta, in: Gli italiani e la Terrasanta, hg. von Antonio Musarra, Firenze 2014, S. 49–69; Michele Campopiano, Writing the Holy Land. The Franciscans of Mount Zion and the Construction of a Cultural Memory, 1300–1550, Cham 2020. Siehe zu diesem Buch auch die Diskussion: I francescani e la memoria culturale dei luoghi santi: una discussione di Michele Campopiano, Writing the Holy Land, hg. von Roberto Delle Donne, in: Reti Medievali Rivista 23 (2022-1), S. 3–78, http://www.serena.unina.it/index.php/rm/article/view/9081 (29.12.2022).

für gibt, dass die Kirchen von Jerusalem und Santiago den Kontakt miteinander suchten und aufeinander reagierten.[32)]

In der Ära der ›klassischen‹ Kreuzzüge, als die Kommunikation zwischen Ost und West intensiv war und Europa viele hochwertige Reliquien aus dem Orient bezog, hatten auch Fahrten unbewaffneter christlicher Pilger Hochkonjunktur[33)]. Dementsprechend bedeutete das Ende der Kreuzfahrerherrschaften 1291 einen Konjunktureinbruch, welcher, von wenigen Ausnahmen abgesehen, erst mit der Eröffnung der franziskanischen Custodia eine Wende erfuhr, denn erst durch sie wurden Pilgerbesuche in größerem Umfang wieder möglich. Die Minoritenkommunität am Zionsberg verfasste Ablasslisten, Führer und liturgische Broschüren, die manche Pilger nachweislich lasen, abschrieben und nicht selten als Grundlage für ihre späteren Reiseberichte verwendeten[34)]. Francesco Suriano, der ab 1493 Kustos in Jerusalem war, und der Minorit Paul Walther von Guglingen, der sich im späten 15. Jahrhundert länger an der Custodia aufhielt, redigierten Heilig-Land-Führer. Auch ein kurzer gedruckter Führer (um 1500), der sich in Treviso erhalten hat, ist franziskanischen Ursprungs, wie sich daran ablesen lässt, dass der Berg Zion dort auffällig detailliert dargestellt wird. Das (in der modernen Edition) nur sechs Druckseiten umfassende Heftchen ordnet jedem der insgesamt 108 erwähnten Gedenkorte einen Ablass von entweder sieben Jahren und sieben Quadragenen oder einen Plenarablass zu[35)].

Diese Angaben zu den Ablässen, die auf keinen Geringeren als Papst Silvester I. zurückgeführt wurden, finden sich bereits in einer an der Custodia di Terrasanta 1373 gefertigten Kompilation, die neben verschiedenen Texten zum Heiligen Land auch einen *Indulgenziario* enthält. Doch eigentlich muss man noch weiter zurückgehen, denn

32) So zumindest im 12. Jahrhundert: Nikolas JASPERT, Peregrinos gallegos a Palestina y las relaciones entre los cabildos de Compostela y Jerusalén en el siglo XII, in: Potestas. Religión, poder y monarquía 1 (2008), S. 149–169 (ich danke dem Verfasser für die Mitteilung dieses und seines in der nächsten Anmerkung genannten Beitrags).

33) Miriam TESSERA, Le donne e la traslazione delle reliquie di Oltremare in Occidente nel secolo XII, in: Reti medievali Rivista 21 (2020-2), S. 105–145, http://www.serena.unina.it/index.php/rm/article/view/7240 (29.12.2022). Nikolas JASPERT, Objetos jerosolimitanos medievales: actantes transmediterráneos, in: Imago & Mirabilia. Les formes del prodigi a la Mediterrània medieval, hg. von Anna ORRIOLS/Jordi CERDÀ/Joan DURAN-PORTA, Bellaterra 2020, S. 215–236. – Ich lege Wert auf die Unterscheidung unbewaffneter Pilger von bewaffneten Kreuzfahrern. Letztere wurden in den lateinischen kirchlichen Quellen zwar häufig *peregrini* genannt und haben sich auch selbst so bezeichnet, wurden jedoch von der Gegenseite gewiss nicht als solche wahrgenommen. Als geschichtswissenschaftlicher Begriff eignet sich der verharmlosende lateinisch-westliche Quellenterminus *peregrinus* daher nicht.

34) Zum Beispiel kopierte der Mailänder Kaufmann Bernardino Dinali, der 1492 ins Heilige Land fuhr, die an allen heiligen Stätten angestimmten Hymnen und Antiphonen akribisch in seinen Reisebericht: *La »Jerosolomitana Peregrinatione« del mercante milanese Bernardino Dinali (1492), dal codice della Biblioteca Statale di Lucca Ms. 1301, cc. 1r–37v*, hg. von Ilaria SABBATINI, Lucca 2009.

35) CAGNIN, Pellegrini (wie Anm. 26), S. 355–361; erwähnt auch bei CAMPOPIANO, Writing (wie Anm. 31), S. 281. Zu Paul Walther und Francesco Suriano siehe ebd., S. 226–231 und *passim*.

der erste, der die an den heiligen Orten Palästinas haftenden Indulgenzen systematisch auflistete, war ein auswärtiger Minorit: der toskanische frate Niccolò da Poggibonsi, der zwischen 1346 und 1350 eine Orientreise unternahm und kurz danach darüber berichtete. Vermutlich hatte er am Zionsberg, wo er länger logierte, eine Vorlage der 1373 in die Kompilation aufgenommenen Ablassliste gefunden[36]. Seine Angaben zu den Ablässen wechseln (ähnlich wie im oben erwähnten Kurzführer in Treviso) zwischen sieben Jahren Indulgenz für die weniger wichtigen Orte und Vollablässen von Strafe und Sünde für die bedeutenden Heiligtümer. Darüber zu informieren, gehörte ebenso zu den erklärten Zielen des Franziskaners wie die präzise Vermessung und zeichnerische Darstellung sämtlicher von ihm besuchten heiligen Stätten: dies um jenen Europäern, die es nicht nach Palästina schafften, eine präzise Vorstellung von den *loca sancta* zu vermitteln[37].

Das ist im Grunde eine widersprüchliche Botschaft: Einerseits informiert Niccolò über höchst großzügige Indulgenzen (welche Rechtsgrundlagen diese Angaben hatten, sagt er nicht), wie um die Sehnsucht aller Lesenden nach dem Gesamt-Heiligtum *Terrasanta* weiter zu steigern; andererseits eröffnet er den vielen, die nicht dorthin kommen konnten, durch seine Maßangaben und Zeichnungen die Möglichkeit, sich die Heiligtümer besser vorzustellen, vielleicht gar nachzubauen oder zumindest eine geistige, virtuelle Pilgerfahrt anzutreten. Letzteres brachte den orientalischen Kirchen keine ökonomischen Vorteile. Doch lassen sich auch solche sekundären Text- und Bildeffekte als Werbung deuten, wenn man bedenkt, dass das Prestige Jerusalems in Europa durch Imitationen weiter gefestigt und die Rezipienten zur meditativen Arbeit am Seelenheil angeregt wurden.

Die Aufzeichnungen des toskanischen Franziskaners verbinden den Charakter eines Pilgerführers mit dem eines individuellen Reiseberichts und enthalten – vor allem mit den Angaben zu den Ablässen – Elemente der Werbung für das Pilgern als Weg zum Seelenheil. Zahlreichen anderen Reiseberichten von Jerusalempilgern des 14. und 15. Jahrhunderts lässt sich freilich nicht pauschal die Absicht unterstellen, für ihr Ziel die Werbetrommel rühren zu wollen. Gewiss hatten manche eine präzise Botschaft an ihr Publikum, wie etwa der Mainzer Kanoniker Bernhard von Breydenbach, der mit

36) Ich benutze die bequem erreichbare Ausgabe: Niccolò da Poggibonsi, Libro d'Oltramare, in: Pellegrini scrittori. Viaggiatori toscani del Trecento in Terrasanta, hg. von Antonio LANZA/Marcellina TRONCARELLI, Firenze 1990, S. 31–158, in der der Text freilich unsachgemäß mit Holzschnitten aus den *Peregrinationes* des Bernhard von Breydenbach (siehe unten, Anm. 38) illustriert ist. Die plausible Hypothese einer nicht mehr erhaltenen Ablassliste in der Custodia, aus der Niccolò seine Daten übernahm, bei CAMPOPIANO, Writing (wie Anm. 31), S. 133–141, 311–313. Zur Text- und Editionsgeschichte und zu den illustrierten Handschriften siehe Kathryn B. MOORE, The Disappearance of an Author and the Emerging of a Genre: Niccolò of Poggibonsi and Pilgrimage Guidebooks between Manuscript and Print, in: Renaissance Quarterly 66 (2013), S. 357–411.

37) Niccolò da Poggibonsi, Libro d'Oltramare (wie Anm. 36), Kap. 13. Siehe auch MOORE, The Disappearance (wie Anm. 36), S. 370, 394.

seinen ab 1486 mehrfach gedruckten und die Vorteile des Druckmediums bewusst ausnutzenden *Peregrinationes* für einen neuen Kreuzzug gegen die Türken werben wollte[38], aber darum geht es hier nicht. Es kommt im Gegenteil sogar vor, dass ein Pilgerbericht negative Werbung kolportiert: Der Mailänder Kanoniker Pietro Casola war im Sommer 1494 mit seinen Leidensgenossen – immerhin 170 Pilger und Pilgerinnen auf einer gut 50 Meter langen Galeere – den unangenehmsten Anfeindungen durch die mamelukischen Behörden und die lokale Bevölkerung ausgesetzt, wie er nicht ohne Selbstironie berichtet. Vor der Rückreise bat der Kustos der Terrasanta, der erwähnte Francesco Suriano, die Passagiere des venezianischen Schiffes, in ihren Ländern zu melden, dass man in den nächsten zwei Jahren keine Fahrten mehr unternehmen solle, da die politische Situation zu schwierig geworden sei[39].

Kostengünstiger und nicht ganz so gefährlich wie eine Orientreise waren Wallfahrten nach Rom. Seit dem 14. und vor allem im 15. Jahrhundert kann die Stadt als Zentrum der Produktion von Pilgerführern bezeichnet werden. Auch hier ist, vergleichbar Jerusalem, von einem weit verbreiteten ›Drang nach Rom‹ auszugehen, der lateinische Christen schon immer dazu gebracht hat, den Papstsitz mit den Apostelgräbern aufzusuchen. Eine neue Konjunktur brach jedoch mit dem Jubiläum oder heiligen Jahr 1300 an.

Es sei zunächst daran erinnert, dass dieses erste Jubiläumsjahr, in dem Papst Bonifaz VIII. den Römern wie den Rompilgern ein mehrwöchiges Frequentieren der zwei Hauptkirchen St. Peter und St. Paul mit einem Plenarablass vergütete, nicht das Ergebnis einer Werbekampagne des Anbieters war. Vielmehr drängten die in Rom sich zahlreich aufhaltenden Pilger Bonifaz, ihre Erwartung ganz besonderer Gnaden zu diesem Jahrhundertwechsel zu erfüllen; im Februar 1300 erklärte der Juristenpapst sich rückwirkend dazu bereit, obwohl er noch wenige Jahre zuvor den Plenarablass, den sein Vorgänger Cölestin V. seiner Kirche in Collemaggio (L'Aquila) gewährt hatte, sofort nach seiner Wahl zurückgezogen hatte[40].

Der päpstliche Erlass, allgemein als Vollablass von Sündenstrafen *und* Sünden gedeutet, obwohl die Bulle Bonifaz' VIII. das nicht eindeutig formuliert, wurde ein voller Erfolg. Dennoch musste auch das nächste heilige Jahr, auf 1350 vorverlegt (statt 1400, wie ursprünglich geplant), dem inzwischen in Avignon residierenden Papst, Clemens VI., in zähen Verhandlungen von Gesandten der römischen Kommune abgerun-

38) Faksimile einer in Speyer 1490 gedruckten Inkunabel mit italienischer Übersetzung: Bernhard von Breydenbach, Peregrinationes: un viaggiatore del Quattrocento a Gerusalemme e in Egitto, ristampa anastatica dell'incunabolo, hg. von Gabriella BARTOLINI/Giulio CAPORALI, Manziana 2000. Zu diesem Bericht zuletzt Mary BOYLE, Writing the Jerusalem Pilgrimage in the Late Middle Ages, Cambridge 2021, S. 67–108.

39) Viaggio a Gerusalemme di Pietro Casola, hg. von Anna PAOLETTI, Alessandria 2001, S. 225.

40) Il processo di canonizzazione di Celestino V (wie Anm. 19), Bd. I, S. 23–26. WEBB, Pardons and Pilgrims (wie Anm. 18), S. 244–248; Agostino PARAVICINI BAGLIANI, Il giubileo di Bonifacio VIII, in: La Storia dei Giubilei (wie Anm. 30), Bd. I, S. 168–183.

gen werden und stand danach wegen der Vorkommnisse in Rom ab 1347 mehrmals in Gefahr[41]. Hieran zeigt sich deutlich, wer die Anbieter waren, die sich von einer solchen Aktivierung des Gesamtheiligtums Rom den größten Vorteil versprachen: die lokalen politischen und kirchlichen Institutionen, nicht der ferne Papst.

Clemens VI. war der erste, der den Romablass auch auf andere, weit entfernte Personen und Territorien übertrug[42]. Diese Praxis wurde von den römischen Schismapäpsten stark ausgebaut, und auch die Romjubiläen – die nächsten offiziell 1390 und inoffiziell 1400 – verdichteten sich; 1390 war noch von Papst Urban VI. initiiert worden, wurde von Bonifaz IX. durchgeführt und Jahr um Jahr verlängert, bis derselbe Bonifaz IX. 1403 die mittlerweile sogar von ihm als exzessiv empfundene Ablassinflation *en bloc* zurücknahm, insbesondere auch die Ablässe *a poena et culpa* und *ad instar Rome.*[43] Doch bestanden auch weiterhin erhebliche Unterschiede zwischen dem, was die Kurie einem Wallfahrtsort rechtsförmlich zugestand, und dem, was in interpolierten Abschriften der einschlägigen Papstbullen, in Pilgerführern und in der Vorstellung der Ablasssuchenden der Fall war[44]. Die in Rom zu erwerbenden Indulgenzen spielten jedenfalls gerade im 15. Jahrhundert eine erhebliche Rolle in der Pilgerliteratur, die handschriftlich dicht und vielsprachig überliefert ist und ab der zweiten Hälfte des 15. Jahrhunderts massenweise gedruckt wurde.

Das beste Hilfsmittel, sich hier einen Überblick zu verschaffen, sind die Arbeiten der Germanistin Nine Miedema, die in den Jahren um 2000 die deutschen und niederländischen Rompilgerführer systematisch erfasst hat. Der Gesamtkomplex dieser (nur ausnahmsweise illustrierten) Schriften[45] ist der klarste Fall von werbender Unterrichtung über ein Pilgerziel, der für das späte Mittelalter angeführt werden kann. Die beiden wichtigsten Stränge sind zum einen die ›Mirabilia Urbis Romae‹ und zum anderen die ›Indulgentiae ecclesiarum urbis Romae‹ und ›Stationes ecclesiarum urbis Romae‹ (Kurztitel künftig: ›Mirabilia‹, ›Indulgentiae‹, ›Stationes‹). Beide Stränge gehen auf Texte aus dem 12. Jahrhundert zurück. Die ›Mirabilia‹, eine fantasievolle Beschreibung

41) Wegen der Herrschaft des Cola di Rienzo (1347) und seiner Nachfolger stellte die Kurie das 1343 für 1350 in Aussicht gestellte Jubiläumsjahr zeitweise wieder in Frage: Konrad BURDACH/Paul PIUR, Vom Mittelalter zur Reformation, Bd. II: Briefwechsel des Cola di Rienzo, Teilbände 1–5, Berlin 1912–1929, hier Teilband II-4, Nr. 29, 52; II-5, Nr. 10.

42) WEBB, Pardons (wie Anm. 18), S. 252 f.

43) WEBB, Pardons (wie Am. 18), S. 255–258, 263. Arnold ESCH, I giubilei del 1390 e del 1400, in: La Storia dei Giubilei (wie Anm. 30), Bd. I, S. 278–293.

44) SCHIMMELPFENNIG, Römische Ablaßfälschungen (wie Anm. 18).

45) Nine R. MIEDEMA, Die ›Mirabilia Romae‹. Untersuchungen zu ihrer Überlieferung mit Edition der deutschen und niederländischen Texte (Münchener Texte und Untersuchungen zur deutschen Literatur des Mittelalters 108), Tübingen 1996; Nine R. MIEDEMA, Die römischen Kirchen im Spätmittelalter nach den ›Indulgentiae ecclesiarum urbis Romae‹ (Bibliothek des Deutschen Historischen Instituts in Rom 97), Tübingen 2001; Nine R. MIEDEMA, Rompilgerführer in Spätmittelalter und Früher Neuzeit. Die ›Indulgentiae ecclesiarum urbis Romae‹ (Deutsch/Niederländisch). Edition und Kommentar (Frühe Neuzeit 73), Tübingen 2003.

antiker römischer Monumente mit zugehörigen Legenden, seien hier ausgeblendet, da sie keine religiösen Stätten beschreiben – obwohl auch diese Seite des Faszinosums Rom ihre Wirkung auf potenzielle Rompilger hatte und obwohl die ›Mirabilia‹ nicht selten in kodikologischer Nachbarschaft mit den ›Indulgentiae‹ und ›Stationes‹ überliefert sind[46].

Die ›Indulgentiae‹ sind eine Auflistung der römischen Hauptkirchen und zahlreicher anderer Kirchen der Stadt; sie präsentieren sich je nach Entstehungszeit und Sprache der einzelnen Handschrift in verschiedener Anordnung und ganz unterschiedlicher Vollständigkeit. Sie ordnen jeder Kirche, für die oft auch die Reliquienausstattung und dort geschehene Wunder beschrieben werden, die Art und Dauer der in ihr zu erwerbenden Ablässe zu – diese variierten je nach Tag und Jahreszeit im Kalenderjahr. Die ›Stationes‹ hingegen sind kalendarisch geordnet und listen die Kirchen auf, an denen im Lauf des liturgischen Jahres in Rom die päpstlichen Stationsgottesdienste stattfanden; an diesen Tagen waren die an der betreffenden Kirche zu gewinnenden Indulgenzen höher, daher war eine solche Liste ein Service, der den Rombesuch für die Pilgernden effizienter machte. Beide Texte wurden zunächst unabhängig voneinander verbreitet und ab dem 14. Jahrhundert ins Deutsche, Niederländische und in diverse andere Sprachen übersetzt. Ab 1475 wurden sie zusammen mit einer historischen Einleitung als Ensemble gedruckt, und zwar zuerst in Nürnberg auf Deutsch, dann auf Lateinisch, dann vor allem auf Italienisch in Rom selbst (allein von diesen italienischen Übersetzungen gibt es 103 Editionen), aber auch in anderen Ländern und Sprachen (Französisch, Spanisch, Englisch)[47].

Diese reiche und schwer überblickbare Überlieferung – Hunderte von Handschriften und Hunderte von Druckausgaben in verschiedenen Sprachen – wirkte auch auf die Romberichte der Pilger ein (ähnlich wie dies oben auch für Berichte aus Jerusalem beobachtet wurde): Pilger wie zum Beispiel der englische Augustiner John Capgrave oder der Kölner Ritter Arnold von Harff, die zum Jubiläum 1450[48] beziehungsweise an Ostern 1497[49] in Rom waren, legten der Erzählung ihrer Kirchenbesuche gerne eine Ausgabe der ›Indulgentiae‹ zu Grunde, schrieben sie freilich nicht sklavisch ab, sondern fügten auch kritische Bemerkungen ein. Die Führer waren nicht nur für Jubiläumsjahre nützlich, sondern jederzeit, denn die Ablässe waren gegen Ende des 15. Jahrhunderts

46) So zum Beispiel in der Handschrift Coburg, Landesbibliothek, Ms. Sche. 16 (um 1427), wo auf f. 276v die ›Indulgentiae‹ enden und in der nächsten Zeile die ›Mirabilia‹ beginnen, beide ins Deutsche übersetzt: MIEDEMA, ›Mirabilia‹ (wie Anm. 45), S. 104 (Abbildung).

47) MIEDEMA, Rompilgerführer (wie Anm. 45), zusammenfassend S. 1–54; MIEDEMA, ›Mirabilia‹ (wie Anm. 45), S. 223–238, zu den römischen Drucken; ferner ESCH, Il giubileo di Sisto IV (wie Anm. 25), S. 114.

48) Rome 1450. Capgrave's Jubilee Guide *The Solace of Pilgrimes*, hg. von Peter J. LUCAS, Turnhout 2021.

49) Rom – Jerusalem – Santiago. Das Pilgertagebuch des Ritters Arnold von Harff (1496–1498). Nach dem Text der Ausgabe von Eberhard von Groote übersetzt, kommentiert und eingeleitet von Helmut BRALL-TUCHEL/ Folker REICHERT, Köln/Wien/Weimar 2007.

auch in normalen Jahren beträchtlich: Arnold von Harff spricht in mehreren Fällen von Tausenden von Jahren Straferlass, und in San Paolo fuori le mura, einer der sieben Hauptkirchen, erhielt man täglich 40.000 Jahre vom Fegefeuer abgezogen[50].

Neben diesem überwältigenden, in halb Europa publik gemachten Angebot an Indulgenzen verfügte Rom noch über viele andere Attraktionen für Pilger: die Präsenz der Kurie, ungeteilt wieder ab 1420; die Möglichkeit, hochkarätige, als authentisch geltende Reliquien zu erwerben; liturgische Darbietungen, die nur in Rom zu erleben waren (Prozessionen mit dem Papst, die Weisungen der Veronica in der Karwoche und am Ostersonntag). Doch auch in dieser besonderen Stadt eignet der Werbung um Pilger, *mutatis mutandis* vergleichbar mit Jerusalem, eine gewisse Ambivalenz: Auf der einen Seite musste Nachfrage nicht erst erzeugt werden, sie war immer schon da und konnte phasenweise (1300, 1350, 1400) sogar der entscheidende Faktor sein. Auf der anderen Seite wurde massiv geworben. Zugleich aber wurde die Singularität Roms dadurch ausgehöhlt, dass der Papst die typisch römischen Gnadenmittel auch nach auswärts vergab oder ihren Export wenigstens tolerierte, als Ablass *ad instar Rome* oder als eigenen Vollablass[51].

IV. Bildmedien am Beispiel von regionalen Wallfahrten

Das weitere Einzugsgebiet des Rheins zwischen Mainz und Maastricht ist für das späte Mittelalter zu Recht als Wallfahrtslandschaft oder System von Wallfahrten bezeichnet worden[52]. Seit dem 12. Jahrhundert bildeten sich dort Pilgerzentren heraus, mit den Schwerpunkten Trier, Köln und Aachen. Hinzu kamen nach und nach kleinere Orte im

50) Rom – Jerusalem – Santiago (wie Anm. 49), S. 52. Selbst diese Zahl war steigerungsfähig: Miedema, Die römischen Kirchen (wie Anm. 45), S. 150, 152, zu Santa Croce in Gerusalemme: 100 000 Jahre. John Capgraves Angaben sind noch etwas niedriger (Rome 1450, wie Anm. 48, S. 128 f.), teilweise ähnlich wie bei ihm schon die Ablassliste des 14. Jahrhunderts, die Schimmelpfennig, Römische Ablaßfälschungen (wie Anm. 18), S. 649–658, ediert. Zum Verhältnis von Pilgerberichten und ›Indulgentiae‹ siehe auch Miedema, Rompilgerführer (wie Anm. 45), S. 16.

51) Im 15. Jahrhundert beanspruchten auch Santiago und Canterbury einen Vollablass, Santiago offensichtlich als Reaktion auf die Vorgaben aus Jerusalem und Rom; schon im späteren 13. Jahrhundert war der Plenarablass der Porziuncola bei Assisi aufgekommen. Vgl. dazu nur Webb, Pardons and Pilgrims (wie Anm. 18), S. 245, 258 f., 261 f.

52) So Wolfgang Schmid in zahlreichen Aufsätzen, siehe hier nur: Reliquien, Wallfahrt und Wirtschaft in rheinischen Städten am Vorabend der Reformation: Beispiele aus Trier, Köln, Aachen und Düren, in: Von Goldenen Gebeinen. Wirtschaft und Reliquie im Mittelalter, hg. von Markus Mayr, Innsbruck/Wien/München 2001, S. 148–185; Wolfgang Schmid, Die Wallfahrtslandschaft Rheinland am Vorabend der Reformation. Studien zu Trierer und Kölner Heiltumsdrucken, in: Wallfahrt und Kommunikation. Kommunikation über Wallfahrt, hg. von Bernhard Schneider (Quellen und Abhandlungen zur mittelrheinischen Kirchengeschichte 109), Mainz 2004, S. 17–195.

Rhein-Mosel-Gebiet: im späten 13. Jahrhundert Bacharach am Rhein mit dem nicht kanonisierten, doch als angeblichem Ritualmordopfer verehrten Winzergehilfen Werner[53]; ab 1440 das wundertätige Marienbild von Eberhardsklausen, ebenfalls in der Diözese Trier, das sich rasch zu einem frequentierten Pilgerziel entwickelte[54]; dazu eine ganze Reihe weiterer Stätten, die hier nicht im Einzelnen genannt werden können.

Die beiden wichtigsten Zentren, Trier und Köln, verfügten über lokale Reliquienschätze, die seit dem 11. und 12. Jahrhundert in gegenseitiger Konkurrenz ausgebaut wurden. In Trier das Grab des hl. Simeon, ferner mit den Matthiasreliquien das einzige Grab eines Apostels nördlich der Alpen und erheblich später dann, aber besonders signifikant der Heilige Rock oder die *tunica Christi*, der zwar schon 1196 gefunden, aber erst ab 1512 öffentlich gezeigt wurde. Köln entdeckte im 12. Jahrhundert die Überreste der Märtyrerin Ursula mit ihren elftausend Jungfrauen und erhielt 1164 aus Mailand die Reliquien der heiligen drei Könige. Aachen wurde 1165 mit der Kanonisation Karls des Großen aufgewertet und baute bis zum 14. Jahrhundert eine Sammlung von marianischen Sekundärreliquien auf, die die Stadt zum Impulsgeber der rheinischen Wallfahrten machten. Seit 1349 wurden die Aachener Reliquien alle sieben Jahre gezeigt und zogen eine notorisch hohe Zahl von Pilgern vor allem aus Osteuropa an. An den Aachener Rhythmus passten sich die anderen rheinischen Pilgerzentren an, so Trier und kleinere Orte wie Düren, wo das Haupt der hl. Anna verehrt wurde, und Kornelimünster mit den Reliquien des Märtyrerpapstes Cornelius. Eine Perlenkette von Heiligtümern – alle mit Ablässen, wenn auch nicht Plenarablässen versehen –, aus denen sich ein stimmiges Itinerar zusammenstellen ließ, wie es zum Beispiel zum Aachen-Jahr 1510 der Metzer Bürger Philippe de Vigneulles in seinem ›Gedenkbuch‹ schildert[55]: Er zog von Metz, wohin 1509–1510 ein Romablass übertragen worden war, nach Maastricht zum hl. Servatius und dann nach Aachen, mit schöner Beschreibung des Gedränges um die Kleiderreliquien, von dort nach Kornelimünster, Düren, Köln, Eberhardsklausen und Trier, wo man im Sommer 1510 allerdings keine Reliquien zeigte, wie Philippe etwas enttäuscht vermerkt; von Trier kehrte er nach Metz zurück.

Vor allem Trier ließ sogenannte Heiltumsdrucke anfertigen, große Blätter oder kleinere Hefte, in denen die Reliquienschätze der Stadt abgebildet und beschrieben werden. Die Drucke für Trier (die allerdings zunächst nicht dort, sondern in Nürnberg hergestellt wurden) setzen 1512 mit der ersten Weisung des Heiligen Rocks ein. Allein zwischen

53) Thomas WETZSTEIN, »Ad informationem apostolicae sedis«. Die Verehrung des Werner von Oberwesel und die Kultuntersuchung von 1426, in: Wege zum Heil. Pilger und heilige Orte an Mosel und Rhein, hg. von Thomas FRANK/Michael MATHEUS/Sabine REICHERT (Geschichtliche Landeskunde 67), Stuttgart 2009, S. 97–134.

54) Bernhard SCHNEIDER, Wallfahrten und Wallfahrts-Prozessionen im frühneuzeitlichen Erzbistum Trier, in: Wege zum Heil (wie Anm. 53), S. 19–80, hier 70–75.

55) Gedenkbuch des Metzer Bürgers Philippe von Vigneulles aus den Jahren 1471–1522, nach der Handschrift des Verfassers hg. von Heinrich MICHELANT, Stuttgart 1852, S. 173–184.

Medulla Gestorū Treuerēſ.

Clärlich berichtung des hochwirdigen heyltūbs al-
ler stifft vnd Clöster inwendig dig vnd bey der statt
Tryer mit vilen anderen zů gesatzten (des altē vñ
neuwen testamentzs) geschichten ď selben statt/zů sa
men bracht durch den wirdigen herren meyster Jo-
hannē ď heyligen geschrifft baccalarius formatus pre
diger vñ vkunder des heyltūbs im thoem zů Tryer.

Abb. 1: Titelseite der ›Medulla gestorum Treverensium‹. Digitalisat wie in Anm. 56.

1512 und 1517 hat Wolfgang Schmid 57 solche Druckwerke nachgewiesen, davon die Mehrheit zur *tunica Christi* im Dom. Der bekannteste trug den Titel ›Medulla gestorum Treverensium‹ (1514), Verfasser war der Trierer Theologe und Prediger Johann Enen[56].

Das waren Medien der Massenpropaganda, die bis ins 17. Jahrhundert produziert wurden. Sie geben nicht nur über den Heiligen Rock Auskunft, sondern – wie die *Medulla* – auch über die Geschichte Triers, zumindest aber über die wichtigsten anderen Reliquien, die in Trier aufbewahrt und zusammen mit dem Rock gezeigt wurden: ein Nagel vom Kreuz Christi, eine Sandale des Apostels Andreas und vieles mehr. Neben der Werbung durch solche Broschüren wurde das Ereignis von 1512 auch gezielt durch Boten propagiert, die in anderen Städten Werbebriefe aufhingen. Und auch im französischsprachigen Westen wurde die rheinische Wallfahrtslandschaft wahrgenommen. Das zeigt nicht nur die erwähnte Rundreise des Metzers Philippe de Vigneulles, sondern insbesondere ein Druck von 1517, der in französischer Sprache über die sechs wichtigsten Ziele informiert, Maastricht, Aachen, Kornelimünster, Düren, Köln und Trier[57].

Die rheinischen Heiligtümer bieten auch zu einem anderen, bereits erwähnten Bildmedium, den Pilgerzeichen, gutes Anschauungsmaterial[58]. Pilgerzeichen reproduzieren den heiligen ›Kern‹ eines Schreins (oder ein Symbol, das für ihn steht) als Bild, dessen Träger kleine, an der Kleidung zu befestigende, meist metallische Plaketten waren (Abb. 2 und 3); sie sind seit dem 12. Jahrhundert bezeugt, aus Santiago auch als Jakobsmuscheln *in natura*. Aus Schriftquellen weiß man, dass sie, vor allem in Phasen besonderer Aktualität eines Heiligtums, massenhaft verkauft wurden: Bevor es gedruckte Bilder gab, waren Pilgerzeichen die am meisten verbreiteten Bilder in Europa. In Wilsnack kosteten sie in

56) SCHMID, Die Wallfahrtslandschaft Rheinland (wie Anm. 52), S. 55–114; Matthias SCHNEIDER, Die Medulla Gestorum Treverensium (1514) des Johan Enen als Reflexionsort zeitgenössischer Konflikte im Umfeld der Heilig Rock-Wallfahrt 1512, in: Libri Pretiosi. Mitteilungen der Bibliophilen Gesellschaft Trier 19 (2016), S. 58–76; Das hier reproduzierte Titelbild (Abb. 1) stammt aus dem Digitalisat https://www.digitale-sammlungen.de/de/view/bsb10985654?page=4,5 (29.12.2022). Weitere Abbildungen von Trierer Heiltumsdrucken bei KÜHNE, Zwischen Totschlag (wie Anm. 27), S. 384 (Einblattdruck von 1512); Wolfgang SCHMID, Bildpublizistik und katholische Reform. Die Trierer Heilig Rock-Wallfahrt von 1655 als Medienereignis, in: Wege zum Heil (wie Anm. 53), S. 81–96.

57) SCHMID, Die Wallfahrtslandschaft Rheinland (wie Anm. 52), S. 163; der französische Druck ist nur als Foto erhalten.

58) Harmut Kühne, der die 2002 eingerichtete Datenbank https://www.pilgerzeichen.de/ (2.12.2022) mitbetreut, hat sich große Verdienste um die Erforschung der Pilgerzeichen erworben; zum *relaunch* der Datenbank siehe die Ankündigung einer im Mai 2022 abgehaltenen Tagung in https://www.hsozkult.de/event/id/event-117145 (29.12.2022). Als Beispiel hier nur Hartmut KÜHNE/Jörg POETTGEN, Mittelalterliche Pilgerzeichen aus der Diözese Trier: Kurzkatalog und Befunde, in: Wege zum Heil (wie Anm. 53), S. 135–180. Weiterführend die beiden kunsthistorischen Dissertationen: WAGNER, Bilder ohne Auftraggeber (wie Anm. 19), vor allem S. 121–145, wo Pilgerzeichen und andere an Wallfahrtsstätten verkaufte Bilder als Motor des spätmittelalterlichen Kunstmarkts gedeutet werden; Carolin RINN, Zwischen Erinnerung und Heilsvermittlung. Visualität und Medialität der mittelalterlichen Pilgerzeichen aus Aachen und Canterbury (Europäische Wallfahrtsstudien 12), Berlin 2020, die eine »rezeptionsästhetische Untersuchung« (S. 23) vorlegt.

den 1440er Jahren einen Pfennig, in Einsiedeln 1466 zwei Pfennige[59], jedenfalls wenn sie aus einer Blei-Zinn-Legierung bestanden; Luxusausgaben aus Silber oder Gold waren entsprechend teurer. Sie sind in beachtlicher Zahl erhalten, entweder als Originale (archäologisch nachgewiesene Güsse oder Prägungen) oder als Abgüsse auf Glocken, was einen sicheren *terminus ante quem* und damit eine Datierung ergibt. Hinzu kommen Gemälde, in denen Personen, die solche Zeichen tragen, als Pilger oder Pilgerinnen markiert sind. Verzeichnet man die Fundorte von Zeichen eines bestimmten Wallfahrtsorts in einer Karte, ergeben sich wertvolle Indizien für dessen Einzugsgebiet.

Abb. 2: Pilgerzeichen aus dem Dom von Trier: Heiliger Rock, Original, 1512–1525, Fundort Nieuwlande (mit freundlicher Genehmigung der Privatsammlung Familie Van Beuningen, Langbroek, NL, Inventarnummer 1574). Vgl. auch https://database.kunera.nl/nl/collectie-object/4da179c9-a7ca-4996-8d84-0fcb-9da0eb0a (29.12.2022).

Der vielschichtige Gebrauch von Pilgerzeichen verbietet es, sie auf die Funktion eines Werbemittels für ein Heiligtum zu reduzieren. Der Aspekt ihres kommerziellen Nutzens sei aus den oben in Kapitel II genannten Gründen übergangen: Pilgerzeichen als Teil der von Berit Wagner untersuchten Welt von Bildern, die nicht auf Grund eines individuellen Auftrags, sondern für den Verkauf auf dem Markt geschaffen wurden. Aus dieser Perspektive ähnelt die Bewirtschaftung von (und Werbung für) Pilgerzeichen den anderen Sekundärmärkten, die sich rund um Wallfahrten bildeten. Hier hingegen geht es um die Frage, ob und wie Pilgerzeichen zu Werbeträgern für die religiöse Botschaft des von ihnen dargestellten Heiligtums wurden.

59) Hartmut KÜHNE/Martin SLADECZEK, Fürsten und Adlige in Wilsnack – sowie ein wiederaufgefundenes Gebet des Konrad von Weinsberg zum Heiligen Blut, in: Andacht oder Abenteuer (wie Anm. 1), S. 19–34, hier 26f.; WAGNER, Bilder ohne Auftraggeber (wie Anm. 19), S. 128.

Abb. 3: Spiegelpilgerzeichen aus dem Marienstift von Aachen: Kleid Mariens, Spiegel (mit Metallresten), Pietà (in den Guss eingesetzte Prägung), Original, zweite Hälfte 15. Jahrhundert, Fundort 's-Hertogenbosch (mit freundlicher Genehmigung der Privatsammlung Familie Van Beuningen, Langbroek, NL, Inventarnummer 3173). Vgl. auch Rinn, Zwischen Erinnerung und Heilsvermittlung (wie Anm. 58), S. 146–149 und Abb. 39.

Vordergründig wurden sie als Erinnerungs- und Beweisstück gekauft: Man wollte etwas mitnehmen vom Heiligtum und beweisen, dass man wirklich dort gewesen war. Zugleich aber sind verschiedene Verfahren bezeugt, mittels deren die Pilgerzeichen der Kraft des Schreines teilhaftig wurden und sich damit selbst in ein heiliges Objekt verwandelten. Man berührte mit ihnen das Heiligtum oder man fing es mit einem in das Pilgerzeichen integrierten Spiegel (Abb. 3) optisch ein; manchmal wurde der Kauf von Pilgerzeichen (oder gedruckten Heiligenbildern) durch einen Ablass belohnt[60]. Manche wurden später verschenkt, fast als ob sie Reliquien wären, oder in Gräber gelegt. Häufig wurden sie in Glocken eingegossen, wodurch ihre Kraft vom Sicht- und Berührbaren in die Sphäre des Hörbaren transferiert, aber zugleich auf Dauer gestellt wurde, denn es war klar, dass die dünnen Blei-Zinn-Plaketten nicht ewig halten würden. Doch sie wurden auch an der Kleidung getragen und öffentlich gezeigt, dienten geradezu als Nachweis für den Status einer Person als Pilger oder Pilgerin. Die Tatsache, dass Pilgerzeichen, denen neben ihrer Funktion als bildlicher Darstellung eines Heiligtums auch sakrale Qualitäten zugeschrieben wurden, von allen gesehen werden konnten, steigerte zweifellos das Begehren des Publikums nach dem Ort, an dem sie zu erwerben waren. Somit waren Pilgerzeichen *auch* ein Mittel der Werbung für den religiösen Kern einer Wallfahrtsstätte, für deren Beliebtheit umgekehrt die (aus Schriftquellen in einzelnen Fällen rekonstruierbare) Menge verkaufter Pilgerzeichen ein wichtiges Indiz ist.

Pilgerzeichen und Heiltumsdrucke waren die am weitesten verbreiteten, aber nicht die einzigen für Wallfahrten relevanten Bildmedien. Nicht selten war das Heiligtum selbst ein Bild, so zum Beispiel in Santa Maria della Quercia bei Viterbo. Solche – seit dem 15. Jahrhundert immer zahlreicheren – Wallfahrten[61] drehen sich um ein Bild, das selbst wieder Bilder erzeugt. Die Führung der Kommune Viterbo, Provinzhauptstadt im erstarkenden Kirchenstaat und an der Straße nach Rom gelegen, ergriff 1467 entschlossen die Initiative, eine seit Jahrzehnten an einer Eiche (*quercia*) im Nordosten der Stadt befestigte Marienikone zum Zentrum eines neuen Heiligtums zu machen. Die kleine Tafel war nach zweimaliger Entfernung von der Eiche selbständig wieder zurückgekehrt. Im Sommer 1467 intensivierten sich die Wunderereignisse und wurden im Auftrag der Kommune von Notaren dokumentiert. Auch das Ende einer Seuche, die in Viterbo und Umgebung wütete, schrieb man der Madonna zu. Als die Geschichte sich herumsprach, entsandten benachbarte Städte und Dörfer Vertreter zu dem Bild. Spenden gingen ein. Sogar die Sienesen waren überzeugt, dass die Anrufung der Viterbeser

60) WAGNER, Bilder ohne Auftraggeber (wie Anm. 19), S. 125. In der Pilgerzeichen-Datenbank ist ein Ablass (1446) für das Tragen von Mariazeller Pilgerzeichen dokumentiert: https://www.pilgerzeichen.de/item/0ac11f4a-6f0a-4fa0-8ad1-c4a53696fc48 (2.12.2022).

61) Zur Diözese Trier siehe SCHNEIDER, Wallfahrten und Wallfahrts-Prozessionen (wie Anm. 54), mit Eberhardsklausen als wichtigstem Fall. Besonders bekannt, wenn auch erst im frühen 16. Jahrhundert entstanden, ist die Wallfahrt zur Schönen Maria von Regensburg, die WAGNER, Bilder ohne Auftraggeber, S. 131–140, im Hinblick auf den Kunstmarkt untersucht hat, der sich um dieses erfolgreiche, aber kurzlebige Heiligtum bildete.

Madonna ihre Stadt vor Erdbebenschäden bewahrt habe, und schickten eine Delegation, die ein silbernes Stadtmodell deponierte. Die Chronik des Stadtrats und Augenzeugen Niccolò della Tuccia berichtet diese Details, die durch die Register der Stadtratsbeschlüsse und notarielle Urkunden ergänzt werden können[62].

In einer großen Prozession zogen am 20. September 1467 Bischof, Klerus und Bruderschaften, danach die Stadtregierung, die Zünfte, Männer, Frauen und Kinder aus Viterbo, aber auch aus anderen Städten zur Quercia. Jetzt fiel der Beschluss, eine Kirche zu bauen. Das Bauwerk, in dem sich spätgotische Formen und Renaissance-Elemente verbinden, sollte einer der bemerkenswertesten Sakralbauten des Latium werden[63]. Seine Errichtung wurde durch päpstliche Ablässe gefördert. Mehrere Orden wurden nacheinander mit der Betreuung des neuen *santuario* betraut: ab 1467 die Jesuaten, 1469 die Franziskanerobservanten, die aber sofort ablehnten, statt ihrer die Dominikaner und schließlich, nachdem man kurz an die Benediktiner gedacht hatte, einigte man sich 1494 mit den Dominikanerobservanten. Ungeachtet aller zwischen Kommune, Orden und Bischof grassierenden Streitigkeiten, wie sie in diesem raschen Wechsel ihrer geistlichen Diener zum Ausdruck kommen, vollbrachte die Madonna auch nach der Fertigstellung von Kirche und Konventsgebäuden (kurz nach 1500) weiterhin Wunder. Von dieser fortdauernden Wundertätigkeit zeugen Votivtafeln und Votivstatuen, die sich in beachtlicher Zahl in der Kirche ansammelten und dort präsentiert wurden. Von den Bildtafeln sind gut 200 noch heute erhalten (ein Beispiel in Abb. 4).

Zur Erinnerung an ein Wundererlebnis wurden der Madonna an der Eiche auch Skulpturen geweiht. Die Praxis, Heiligen eine dreidimensionale Nachbildung des geheilten Körperteils oder ein Ebenbild des Wunderempfängers aus Wachs, Silber oder anderen Materialien als Votivgabe zu schenken, ist erheblich älter als die gemalten ex voto-Tafeln[64]. Da die aus nur begrenzt haltbaren Materialien gefertigten Ganzkörper-

62) Niccolò della Tuccia, Cronaca, in: Cronache e statuti della città di Viterbo, hg. von Ignazio CIAMPI (Documenti di storia italiana 5), Firenze 1872, S. 91–93, 97, 99–100; Cesare PINZI, Memorie e documenti inediti sulla basilica di S. Maria della Quercia di Viterbo, monumento nazionale, ND Viterbo 1969 (ursprünglich in: Archivio dell'Arte 3 [1890]); Giuseppe SIGNORELLI, Viterbo nella storia della Chiesa, 3 Bde., Viterbo 1907–1969, Bd. II-1, S. 268–274; Attilio CAROSI/Gianfranco CIPRINI, Gli ex voto del santuario della Madonna della Quercia di Viterbo: Immagini e testimonianze di fede, Viterbo 1993, S. 1–6; FRANK, Bruderschaften (wie Anm. 12), S. 171 f., 181 f., 210 f. (mit Auswertung der älteren Literatur).

63) Andrea SCRIATTOLI, Viterbo nei suoi monumenti, Roma 1915–1920 (ND Viterbo 1988), S. 397–414; Simonetta VALTIERI/Enzo BENTIVOGLIO, Viterbo nel Rinascimento, Roma 2012, S. 324–339.

64) André VAUCHEZ, Prefazione, in: Il processo per la canonizzazione di s. Nicola (wie Anm. 20), identifiziert die »ymaginem seu figuram depictam«, die eine Frau und Hospitalinsassin 1324 für einen durch Nicola da Tolentino geheilten Tertiaren machen ließ (ebd., S. 299), als frühesten Beleg überhaupt für gemalte ex voto. Allerdings datiert Gabriel LLOMPART, Das Mirakelbuch des Abtes Pedro de Burgos und die Fahrten von Pilgern aus Mallorca zum Wallfahrtsort Santa Maria de Monserrat, in: Wallfahrt kennt keine Grenzen, hg. von Lorenz KRISS-RETTENBECK/Gerda MÖHLER, München/Zürich 1984, S. 473–482, hier 476, die erste der Madonna von Montserrat dargebrachte Votivtafel auf 1323. Die einem Schrein dargebrachten Wachsskulpturen von wie-

Abb. 4: Votivtafel in S. Maria della Quercia, wahrscheinlich 1506. Der Auftraggeber schrieb seine Rettung vor einem Wolf der Madonna della Quercia zu, wobei es von Nutzen gewesen sein mag, dass er eine Axt zur Hand hatte (aus: Carosi/Ciprini, Gli ex voto, wie Anm. 62, S. 24, Tav. 22).

figuren zu verfallen drohten (in der Tat sind sie nicht mehr erhalten), ließ der Konvent um 1620 einen Katalog anlegen, in dem die Votivskulpturen abgebildet und die zugehörigen Wunder beschrieben sind[65] (Abb. 5).

Somit kann man sich den Eindruck, den der Komplex um 1500 auf die Ankömmlinge gemacht haben muss, als eine von Bildern geleitete Annäherung an das wundertätige Marienbild vorstellen: Von Weitem lockte die schöne Renaissancefassade des Kir-

derhergestellten Körperteilen waren dagegen sowohl in Tolentino als auch in anderen Pilgerorten schon früher üblich. Zahlreiche Abbildungen in Lorenz Kriss-Rettenbeck, Ex voto. Zeichen, Bild und Abbild im christlichen Votivbrauchtum, Zürich-Freiburg im Breisgau 1972, unter anderem die Tafeln 1, 9, 11. Zur bis in die Antike zurückreichenden Geschichte der Votivstatuen siehe Luigi Canetti, Immagine e sacrificio. Un'antropologia storica della scultura votiva tra antichità e medioevo, in: Statue. Rituali, scienza e magia dalla Tarda Antichità al Rinascimento, hg. von dems., Firenze 2017, S. 365–401.

65) Jennifer Adams, *Il Libro dei Miracoli*. Intersections of Gender, Class and Portraiture in Italian Multimedia Votive Sculpture, Diss. Arizona State University 2012, https://core.ac.uk/download/pdf/79564861.pdf (20.12.2022). Die Handschrift mit diesen Zeichnungen ist heute im Besitz der Fondazione Marco Besso, Rom.

Abb. 5: Kolorierte Zeichnung (1620) einer Votivskulptur (nicht erhalten) in der Kirche S. Maria della Quercia bei Viterbo. Die Rettung eines von Räubern Verletzten und die Bestrafung der Räuber durch die Madonna ereignete sich 1497. Il Libro dei Miracoli di S. Maria della Quercia a Viterbo, p. 104 (Rom, ©Fondazione Marco Besso. Abdruck mit freundlicher Genehmigung der Stiftung).

chengebäudes, auf dem Vorplatz standen Buden, in denen – wahrscheinlich jedenfalls[66] – Kleinbilder wie Pilgerzeichen gekauft werden konnten. Nah bei der Marienikone, dem Zentrum des Heiligtums, erzählten Votivtafeln und Votivskulpturen von Heilungs- und besonders häufig von Rettungswundern, die frühere Pilgernde erfahren hatten. Wer es genauer wissen wollte, konnte diese Geschichten in Wunderbüchern nachlesen, die sicher vorhanden waren, da der um 1620 angelegte Figurenkatalog seine Wunderbeschreibungen schriftlichen Vorlagen entnommen haben muss.

Die Kommunalregierung und die nach und nach eingeschalteten geistlichen Instanzen (Bischof, Orden, Papst) taten alles, was nötig war, um dieser regionalen Wallfahrt zum Erfolg zu verhelfen: Sie griffen Gerüchte um Wunder durch eine bis dahin völlig unbedeutende Marienikone auf, organisierten den Besuch der ersten Neugierigen, setzten den Ort durch Prozessionen in Szene, dokumentierten die Wunder, bemühten sich (wenn auch oft im Streit) um transparente Verwaltung der Spenden und Geldeinnahmen, ließen sich Ablassprivilegien erteilen und finanzierten einen aufwändigen Kirchenbau, in dem die Bild- und Textzeugnisse dankbarer Wunderempfänger präsentiert wurden. Ein günstiger Kontext (geografische Lage der Stadt zwei Tagesreisen vor Rom, Verehrung von Marienbildern), der die Wahrhaftigkeit des Heiligtums als verbürgt erscheinen ließ, spielte hier mit angemessenen Werbemaßnahmen zusammen. Stolz auf ihren späten Ruhm, ließ die Kommune Viterbo im Lauf des 16. Jahrhunderts (bis 1581) Szenen aus der Geschichte der Wallfahrt in die *Sala della Madonna* ihres Kommunalpalasts im Stadtzentrum malen[67].

V. Wallfahrtswerbung und mittelalterliche ars vendendi

Ausgangspunkt war Wilsnack, weil die Polemik gegen das dortige Hostien- und seine Folgewunder Einblick in ein zentrales Bauprinzip mittelalterlicher Werbung gibt: Werbende Kommunikation musste auf der Achse zwischen den Polen Wahrheit und Lüge konstruiert und zugleich so gestaltet werden, dass – angesichts der behaupteten Attraktivität der beworbenen Güter – das Fenster zur Wahrheit und die Falltür zur Lüge möglichst aus dem Blickfeld der Rezipienten verschwanden. Für einen Gegner Wilsnacks wie den Theologen Heinrich Tocke war die Werbung für dieses Pilgerziel mit den

66) Zur Präsenz von Buden siehe Valtieri/Bentivoglio, Viterbo nel Rinascimento (wie Anm. 63), S. 332, aber ohne Angabe zu den dort angebotenen Waren. Pinzi, Memorie (wie Anm. 62), S. 61, ediert einen Ratsbeschluss von 1473, in dem vom Verkauf von *pannicelli* [Tüchlein?] *de dicta Madonna* die Rede ist. Carosi/Ciprini, Gli ex voto (wie Anm. 62), S. 7 f., resümieren Stadtratsbeschlüsse von 1468 zu einer *bottega* neben der Kirche, in der Votivgaben aus Wachs verkauft wurden.

67) Attilio Carosi, Note sul palazzo comunale di Viterbo, Viterbo 1988: Transkription der Inschriften zu den Bildern S. 82–84; Carosi/Ciprini, Gli ex voto (wie Anm. 62), S. 305–317.

schlimmsten Praktiken betrügerischer Reklame gleichzusetzen, Praktiken, für deren Beschreibung er auch auf literarische Topoi zurückgriff.

Dabei waren die Mittel, mit denen für Wilsnack geworben wurde, vergleichbar mit dem, was wir anderswo gesehen haben: Pilgerzeichen sind in Wilsnack schon bald nach den Anfängen 1383 schriftlich und bildlich bezeugt sowie anhand materieller Überbleibsel nachweisbar[68]. Wunderbücher werden erwähnt, sind aber nicht erhalten. Ablässe lockten auch all jene, die nicht auf Wunder zu hoffen wagten. Auffällig ist der offensichtlich durch die Einnahmen aus der Wallfahrt finanzierte Neubau der Kirche, die als Pfarrkirche eines märkischen Dorfes im späten 14. Jahrhundert völlig überdimensioniert gewesen wäre. Wilsnack war nur einer von vielen Fällen von Hostienwundern im spätmittelalterlichen Europa[69]. Dass ausgerechnet hier ein bedeutendes Pilgerziel entstand, erklärt sich kaum allein aus solchen Werbemaßnahmen, sondern auch daraus, dass das neue Heiligtum früh Interesse im Adel und bei Fürsten weckte: bei den Luxemburgern, dann den Kurfürsten von Brandenburg und den Wettinern. Die hohen Herrschaften dürften als Multiplikatoren gewirkt haben, allerdings – so neuere Forschungen – mit zeitlicher Verzögerung: Denn erzählende Quellen bezeugen erst ab der zweiten Hälfte des 15. Jahrhunderts, dass auch die kleinen Leute massenhaft nach Wilsnack pilgerten[70].

Wie immer man diesen Befund bewerten will (gegen ihn spräche, dass die Belege für den Verkauf von Wilsnacker Pilgerzeichen, das heißt für ein Massenprodukt, schon im späten 14. Jahrhundert einsetzen): Der Fall zeigt, dass Werbung für eine fromme Praxis wie das Pilgern eine komplexere Kommunikationsform ist als Werbung für ein materielles Produkt. Wallfahrtswerbung war immer mit der Theologie, einem der höchsten

68) WAGNER, Bilder ohne Auftraggeber (wie Anm. 19), S. 122, 299 (Anm. 793). Die Pilgerzeichen sind erfasst in https://www.pilgerzeichen.de/wallfahrtsorte (2.12.2022). Die Suche über den Ortsnamen Wilsnack wirft dort 162 Einträge aus, teilweise mit Abbildungen.

69) Caroline W. BYNUM, Wonderful Blood. Theology and Practice in Late Medieval Northern Germany and Beyond, Philadelphia 2007, S. 10–24, wo die Unterschiede zwischen Hostienwallfahrten und Heiligtümern mit Reliquien vom Blut Christi herausgearbeitet werden, und S. 47–72 zu Blut- und Hostienwallfahrten in Mecklenburg und Brandenburg. Zu Süddeutschland Mitchell B. MERBACK, Pilgrimage and Pogrom. Violence, Memory, and Visual Culture at the Host-Miracle Shrines of Germany and Austria, Chicago 2012, S. 155–178. Ein italienisches Beispiel ist das im Dom von Orvieto aufbewahrte blutbefleckte *corporale* von Bolsena: Emore PAOLI, Il miracolo di Bolsena e i miracoli eucaristici del medioevo latino fra scrittura e immagini, in: Il corpus domini. Teologia, antropologia e politica, hg. von Laura ANDREANI/Agostino PARAVICINI BAGLIANI, Tavernuzze 2015, S. 49–72.

70) KÜHNE/SLADECZEK, Fürsten und Adlige (wie Anm. 59); Enno BÜNZ/Hartmut KÜHNE, Die Wettiner und Wilsnack. Zur *praxis pietatis* von Fürsten im 15. und frühen 16. Jahrhundert, in: Andacht oder Abenteuer (wie Anm. 1), S. 65–95; Hartmut KÜHNE, Rom – Jerusalem – Wilsnack. Die Pilgerfahrt des Markgrafen Friedrich II. von Brandenburg und die Rettung der Wilsnacker Wallfahrt, ebd., S. 135–165; in der im Anschluss an diesen Aufsatz abgedruckten Übersetzung der Rede Heinrich Tockes auch der Hinweis auf Wunderbücher (ebd., S. 186). Zum frömmigkeitsgeschichtlichen Kontext vgl. aber auch BYNUM, Holy Blood (wie Anm. 69), und MERBACK, Pilgrimage and Pogrom (wie Anm. 69).

Wahrheit verpflichteten Diskurs, verflochten und konnte leicht mit dieser oder genauer: mit einer der verschiedenen theologischen Lehrmeinungen aneinandergeraten. Diese Gefahr bestand generell, da eine wallfahrtskritische Haltung unter Theologen und theologisch interessierten Laien im späteren Mittelalter keine Seltenheit war[71], und sie bestand speziell im Zusammenhang mit Wallfahrten zu Wunderhostien, die aus theologischen Erwägungen und wegen relativ leichter Fälschbarkeit unter Verdacht geraten konnten. Für Tocke war Wilsnack ein einziger Affront gegen die Wahrheit, das Agieren der Befürworter nichts als Betrug aus Geldgier. Die Opposition ›Wahrheit vs. Lüge‹ durchzieht seine gesamte 1451 gehaltene Rede. Es war ihm bitterernst damit. Dass gerade diese, so erfolgreiche Wallfahrt zur Zielscheibe massiver Angriffe wurde, ist, wie Hartmut Boockmann gezeigt hat, mit dem in jenen Jahrzehnten gesteigerten Bemühen um kirchliche Reform zu erklären[72]. Zunächst schienen sich die Gegner – einer der ersten war Jan Hus, später Tocke, die theologische Fakultät von Erfurt und andere mehr – mit dem Machtwort des Kardinallegaten Nikolaus von Kues durchgesetzt zu haben[73]. Doch schafften es die Befürworter – der Bischof von Havelberg, der Franziskanergeneral Matthias Döring und vor allem Kurfürst Friedrich II. von Brandenburg, der auf dem Weg nach Jerusalem eigens in Rom vorsprach –, 1453 beim Papst die Aufhebung des Verbots durchzusetzen. Damit blieb in Wilsnack bis zur Reformation, genauer bis 1552, alles beim Alten.

Mit diesem phasenweise sogar in Gewalttätigkeiten ausufernden theologischen Streit verlassen wir den Horizont dessen, was wir uns gemeinhin unter Werbung oder Gegenwerbung vorstellen. Sehen wir die vorgestellten Beispiele noch einmal durch, so lässt sich das Fazit ziehen, dass es sich bei Werbung, die den Gläubigen die Sicherung ihres See-

71) Auf die Wallfahrtsskepsis bestimmter theologischer Schulen, etwa der *Devotio moderna*, kann hier nicht eingegangen werden. Beispiele für kritische Laien sind der Florentiner Franco Sacchetti [† 1400], La battaglia delle belle donne. Le lettere. Le sposizioni dei vangeli, hg. von Alberto CHIARI (Scrittori d'Italia 166), Bari 1938, Brief Nr. XI, in dem er sich ablehnend über neue Kulte und deren Propagierung durch den Klerus äußert. Vgl. auch seine Novellen: Franco Sacchetti, Il Trecentonovelle, hg. von Antonio LANZA, Milano 1993, Nr. 157, 207; oder der Mailänder Mathematiklehrer Amedeo Landi, der nach Aussage von Zeugen in Auseinandersetzung mit Bernardino da Siena mehrfach über Indulgenzen, Bilderverehrung und weitere Praktiken ›äußerlicher‹ Religiosität schimpfte: Contro frate Bernardino da Siena. Processi al maestro Amedeo Landi (Milano 1437–1447), hg. von Marina BENEDETTI/Tiziana DANELLI, Milano 2021, bes. S. 247–250 (Zusammenfassung der Irrtümer Amedeos).

72) Hartmut BOOCKMANN, Der Streit um das Wilsnacker Blut. Zur Situation des deutschen Klerus in der Mitte des 15. Jahrhunderts, in: Zeitschrift für Historische Forschung 9 (1982), S. 385–408. Zur Debatte um Wilsnack als eucharistisches Blutheiligtum siehe auch BYNUM, Holy Blood (wie Anm. 69), S. 25–45.

73) Zu dem durch Wilsnack provozierten generellen Verbot der Verehrung blutender Hostien durch den Kardinallegaten Cusanus: Acta Cusana. Quellen zur Lebensgeschichte des Nikolaus von Kues, Bd. I, Lieferung 3b: 1451 Januar–September 5, hg. von Erich MEUTHEN, Münster 1996, Nr. 1454 S. 980 f. (vgl. zudem Nr. 1402, 1403, 1411 und 1439), verkündet in Halberstadt 1451 Juli 5 (zu den weiteren Publikationen des Dekrets ebd., S. 981 Anm. 4). Zur Rolle Friedrichs II. von Brandenburg: KÜHNE, Rom – Jerusalem – Wilsnack (wie Anm. 70).

lenheils durch den Besuch bestimmter Pilgerstätten schmackhaft machte, um eine Kommunikationsform handelt, die stark von Ambivalenzen geprägt ist (und Ähnliches ließe sich auch von der Werbung für das Seelenheil durch Kauf von Ablässen aussagen). Charakteristisch ist, erstens, die Vielzahl von Medien, mit denen für das Pilgern geworben wurde, Medien, die anderen auf Werbung angewiesenen Branchen nur partiell zur Verfügung standen. Die Wallfahrtswerbung konnte auf das Arsenal des religiösen Feldes zurückgreifen, neben mündlicher Rede und Schrift auf Bilder und Raumgestaltung, Rituale, heilige Objekte, auf das Versprechen spiritueller Gegenwerte vom Ablass bis hin zum Wunder. Doch war das damit implizierte Changieren zwischen Religion und Ökonomie ambivalent; es barg Risiken, die den Erfolg solcher Werbeaktionen auch konterkarieren konnten.

Damit hängt eine zweite Ambivalenz eng zusammen. Es war mehrfach von Gegenwerbung die Rede. Der Begriff ist eindeutig, solange er sich auf Beispiele wie die Maßnahmen des Dogen von Venedig gegen die Werbeinitiativen der Gastwirte von Ferrara[74], also auf Vorgänge im sekundären, weltlichen Markt der Pilger-Hotellerie bezieht: Werbung, die durch Gegenwerbung kompensiert werden sollte. Bei der Werbung für den religiösen Kern des Pilgerns hingegen schlugen Gegenargumente sehr rasch in theologischen Disput um und sind daher mit dem Begriff ›Gegenwerbung‹ nicht mehr adäquat zu fassen.

Eine dritte Serie von Ambivalenzen ist im Zusammenhang mit den großen Pilgerzielen zu beobachten. Solange die christliche Frömmigkeit am Pilgern als verdienstlicher Praxis festhielt, brauchten herausragende Ziele wie Jerusalem oder Rom keine Werbung. Dennoch rührten die Träger oder Nutznießer auch dieser Heiligtümer im Spätmittelalter die Werbetrommel. Dies geschah in Phasen ungünstiger (politisch-militärischer, frömmigkeitsgeschichtlicher) Konjunkturen oder auch nur mit dem Ziel, den Pilgernden die Organisation ihres Besuchs zu erleichtern; beliebte Medien waren Pilgerführer und Ablasslisten, eine Hauptattraktion waren die heiligen Jahre mit ihren Plenarablässen. Letztere, die nicht nur in Rom oder Jerusalem, sondern auch an anderen bedeutenden Heiligtümern erworben werden konnten (schon vor 1300 in Assisi und Collemaggio, später in Santiago und Canterbury) förderten zunächst den Zulauf zu den betroffenen Orten selbst. Seit der Mitte des 14. Jahrhunderts jedoch vergaben die Päpste Romablässe an andere Kirchen in halb Europa; Bücher mit geistlichen Pilgerfahrten ermöglichten es, die Verdienste einer Romfahrt zu Hause durch Gebet und Meditation zu erwerben. Solche virtuellen Fahrten wurden auch für das noch schwieriger zu erreichende Heilige Land angeboten, das zudem seit dem Hochmittelalter durch bauliche Nachbildungen der Grabkirche und anderer Stätten in Europa präsent war. Zwar tat diese Ambivalenz zwischen Aufwertung des Standorts einerseits und weiträumiger Verbreitung seines geistlichen Potenzials andererseits der Attraktivität der *peregrinationes*

74) S. oben, Anm. 26.

maiores keinen Abbruch; indirekt trug solche Omnipräsenz sogar zur Imagepflege bei. Für neu geschaffene, lokale oder regionale Heiligtümer hingegen – seien es Hostien (Wilsnack), Marienbilder (Viterbo) oder Sekundärreliquien der Gottesmutter (Aachen), seien es neue wundertätige Heilige (Nicola von Tolentino) oder wiederbelebte ältere Heilige (Werner von Bacharach, dessen Verehrung im 15. Jahrhundert erneut einsetzte) – kam eine solche Politik nicht in Frage; für deren Vertreter war es unerlässlich, für ihren Standort mit Texten, Bildern, Erzählungen und Gnadenleistungen zu werben und so zu versuchen, ihn zu einem überregional bekannten Pilgerziel zu machen.

Die im Zusammenhang mit dem Heiligen Land und Rom erwähnten Pilgerführer und Ablasslisten führen zu einer vierten Ambivalenz, der Gleichzeitigkeit von Werbung und Sachinformation. Auf dieser Ebene berührt sich die Wallfahrtswerbung mit den anderen Formen der Werbung, von denen in diesem Band gehandelt wird. Der spätmittelalterlichen Literatur ist zu entnehmen, dass die Grundstruktur von Werbung das Spiel mit der Scheidung von Wahrheit und Lüge ist. Während die Theologen das Spiel in Ernst überführen (schließlich haben sie es mit Boureaus höchster Stufe der Wahrhaftigkeit einer Erzählung zu tun[75]), treibt die Literatur es ins fiktionale Extrem. Auch in der literarischen Fiktion kann Werbung als schamlose Lüge denunziert werden, aber die Fiktion gibt Einblick in die Tatsache, dass der Mechanismus der Werbung gerade darin besteht, die Grenze zwischen Lüge und Wahrheit zu unterlaufen, während die Theologie auf ihrer messerscharfen Unterscheidung bestehen muss. Solche Unterscheidungen sind Setzungen, wie sie nicht nur von der Theologie, sondern je nach Bedarf auch von anderen Disziplinen (der Geschichte, der Philosophie) behauptet wurden. Im wirklichen Leben herrschte ein flexiblerer, verhandelbarer Wahrheitsbegriff, und dort, im ökonomischen und religiösen Alltag der Menschen (auf Boureaus niedrigeren Stufen der Wahrhaftigkeit), lag das Feld, auf dem Werbung und Wallfahrtswerbung operierten. Im wirklichen Leben tat man, wie es der Mailänder Kanoniker und Jerusalempilger Pietro Casola 1494 formulierte, gut daran, einen *Sack voll Glauben* bei sich zu haben[76]. Die Pole ›Wahr‹ und ›Falsch‹ blieben Leitsterne der mittelalterlichen Wissenschaften und waren das Hauptkriterium, wenn ein konkretes Werbeversprechen zu beurteilen war; doch unter der Bedingung flexibler Wahrheiten und angesichts der Fähigkeit von Werbung (gerade auch von Bildmedien), die Grenze zwischen Wahr und Falsch zu überspielen, waren Sachinformation und Werbung nur schwer auseinanderzuhalten.

Das Seelenheil war – wegen seiner ökonomischen Struktur, die quer zur Struktur der Realwirtschaft des Mittelalters stand – ein Feld des Wirtschaftens, auf dem es der Werbung bedurfte: Die Nachfrage war groß und wuchs im hier untersuchten Zeitraum tendenziell, aber das Angebot war stets größer und die Zahl der rivalisierenden Anbieter hoch. Wallfahrt war *ein* Weg, die Chancen auf das Seelenheil zu verbessern. Dass für das

75) Siehe oben, Anm. 5.

76) Viaggio a Gerusalemme di Pietro Casola (wie Anm. 39), S. 171 f., 191 und öfter: *el saco de la fede*.

Pilgern je nach Umständen »mit allen Mitteln« geworben wurde, legt den Schluss nahe, dass das religiöse Feld für die Entwicklung von Werbung generell von großer Bedeutung war. Das religiöse Feld bot ein Arsenal von Medien und Werbetechniken, deren sich dann auch jene bedienen mochten, die Gästezimmer, Schiffspassagen, Wein, Tuche oder andere Dienstleistungen anzubieten hatten. Auch wenn Letztere nicht mit Gnadenmitteln locken konnten, so wurden im religiösen Feld die rhetorischen Werkzeuge geschmiedet, die, zumindest teilweise, auch für die Vermarktung materieller Güter einsetzbar waren. Gerade weil sie zwei potenziell konfligierende Diskurse verbindet – Religion und Theologie auf der einen, literarische Rhetorik auf der anderen Seite –, ist Wallfahrtswerbung ein Beispiel, das die Untersuchung der mittelalterlichen *ars vendendi* voranbringen könnte.

Summary: Multimedia Advertising for Pilgrimages (13th–15th Century)

In his 1451 critique of the host sanctuary of Wilsnack, the theologian Heinrich Tocke drew on a narrative that strongly recalls an episode from the comic verse novel »Der Pfaffe Amis« (13th century) and thus a character who can be described as an advertising expert *ante litteram*. Tocke thus alluded to rhetorical techniques that were also used in medieval advertising. The main distinction in Tocke's critique of the pilgrimage of Wilsnack is that between truth and lies. This distinction also structures medieval advertising, though it must be remembered that the medieval concept of truth was not as simplistic as theologians claimed and poets pretended. Religious services and especially pilgrimages were also advertised, but this was an atypical market for the Middle Ages because it was one in which the supply was always higher than the demand. This article surveys the wide range of media used in the promotion of specific pilgrimage destinations, i.e. of their religious message, not of secondary markets such as the sale of devotional objects or gastronomy. Cases of oral, written, pictorial and performative communication that also, but not exclusively, had promotional functions are presented using the examples of the *peregrinationes maiores* Jerusalem and Rome, as well as regional pilgrimages in the Rhine-Moselle region, Viterbo and Wilsnack. It is shown that late medieval promotion of pilgrimages was characterised by ambivalence, due primarily to the fact that it brought together religion and economy, and secondly to the fact that it mixed factual information and advertising. The second ambivalence it has in common with other medieval forms of advertising, while the first is typical of pilgrimage advertising. This suggests that at least some of the rhetorical tools of medieval advertising were elaborated in the religious field and then used to market other products as well.

Drei Eier oder Gotteslohn. Das mittelalterliche Gesundheitswesen zwischen Wohltätigkeit und Marktorientierung

Gregor Rohmann (Rostock)

I. Zwischen Markt und Gemeinwohl

Bis heute ist das medizinische Feld geprägt durch eine Spannung zwischen dem Anspruch auf Wohltätigkeit einerseits und der Notwendigkeit materieller Reproduktion andererseits. Der latenten Polemik gegen den auf seinen gehobenen Lebensstandard bedachten Arzt steht die Idealisierung des selbstlosen Helfers gegenüber[1)]. Man könnte nun vermuten, dass es in der Medizin auch zwischen Marktorientierung und Werbung einen direkten Zusammenhang gäbe. Wie wir sehen werden, sind die Verhältnisse jedoch etwas komplexer, denn diese Ambivalenz ist sehr alt. Sie bis ins Mittelalter zurückzuverfolgen, trägt erheblich zu ihrem Verständnis bei. Das medizinische Feld stand und steht dabei *pars pro toto* für viel allgemeinere Fragen: Inwiefern Bereiche der gesellschaftlichen Grundversorgung marktförmig organisiert sein sollten und wie menschliches Handeln in der Gesellschaft überhaupt zwischen Eigennutz und Gemeinnutz austariert werden kann. Dabei ist fraglich, ob es den gern implizierten Urzustand eines Gesundheitswesens ohne jegliche Erwerbsorientierung, also auch ohne Werbung, jemals gegeben hat. Die Frage ist demnach nicht, ob es im Mittelalter Werbung gegeben habe, sondern: 1. wie sich Formen der kompetitiven Kommunikation entwickelt haben, 2. wie darüber zeitgenössisch diskutiert wurde, und 3. wie sich dies in Wechselwirkung mit der Marktförmigkeit des Austauschs von Gütern und Dienstleistungen entwickelt hat.

1) Der ehemalige Bundespräsident Johannes Rau fasst dieses Problem noch 2004 in die eher programmatische als realistische Aussage: »Gesundheit ist keine Ware, Ärzte sind keine Anbieter, und Patienten sind keine Kunden.«, zitiert nach: Klaus Bergdolt, Das Gewissen der Medizin. Ärztliche Moral von der Antike bis heute, München 2004, im Vorsatz. Bezeichnend ist, dass die beschriebenen Stereotype im Sprachgebrauch vornehmlich die männlichen Standesvertreter zu betreffen scheinen. Ebenso bezeichnend jedoch dürfte sein, dass die Bezahlung allen Polemiken zum Trotz in medizinethischen Debatten keine Rolle mehr spielt. Ein geläufiges Handbuch enthält im Sachregister nicht einmal mehr ein Lemma »Honorar«, »Bezahlung« oder dergleichen: Stefan Schulz/Klaus Steigleder/Heiner Fangerau/Norbert Paul, Geschichte, Theorie und Ethik der Medizin. Eine Einführung (Suhrkamp-Taschenbuch Wissenschaft, 1791), Frankfurt am Main 2006.

Im Folgenden wird (nach einem Ausblick in die Frühe Neuzeit) das medizinische Feld des Mittelalters als Markt und als Schauplatz von Konkurrenz konturiert. Im nächsten Schritt wird ein sehr knapper Überblick über die unterschiedlichen Akteursgruppen, ihre Angebote und ihre Entwicklung gegeben. Dann sollen die Formen der Werbung, hier verstanden als kompetitive Kommunikation, aufgefächert werden, wie sie sich im Längsschnitt zeigen. Schließlich wollen wir der Entstehung der Ambiguität von Wohltätigkeit und marktförmigem Verhalten im medizinischen Feld nachgehen, also der Frage, woher überhaupt unsere Vorstellung kommt, dass Erwerbsstreben und Konkurrenzverhalten in diesem Bereich ein Problem sein könnten.

Es handelt sich dabei nur auf den ersten Blick um ein im Kern wirtschaftsgeschichtliches Thema. Denn zwar stößt man neben der recht klassischen Ideengeschichte der Medizin, wie sie im heutigen Fach »Ethik und Geschichte der Medizin« betrieben wird, vor allem in der Tradition der Sozial- und Wirtschaftsgeschichte der 1970er Jahre auf einschlägige Veröffentlichungen. Das Bild wird aber deutlich vielschichtiger und letztlich auch klarer, wenn man kulturgeschichtliche Ansätze einbezieht und den Blick auf Literatur, Kunst, Hagiographie und vor allem Theater weitet.

II. Medizin, Zirkus und Theater

Am 15. Januar 1673 ereignete sich auf dem Haidplatz in Regensburg ein Aufsehen erregender Unfall[2)]: Der reisende Augenarzt und Chirurg Charles Bernoin und seine Kompanie hatten einige Tage zuvor in einer örtlichen Herberge Quartier genommen und vor dem heute noch bekannten Haus »Goldenes Kreuz« ihre Bühne aufgebaut. Die Entourage bestand aus Heilpraktikerinnen und Heilpraktikern verschiedener Fachrichtung, aber auch aus Akrobatinnen und Akrobaten, dazu weiterem Personal, wie es bei einer Schaustellertruppe gebraucht wurde. In der Stadt wurde für ein einzigartiges Schauspiel geworben: Von dem etwa 40 m hohen Turm des »Goldenen Kreuzes« wurde ein 90 m langes Seil zur Bühne gespannt, auf dem der berühmte *medicus* höchstpersönlich seine gewagteste Übung vorführen würde. In wassergetränkten Kleidern legte er sich auf einen kreuzförmigen Holzschlitten, um dann mit brennenden Feuerwerkskörpern an Armen und Beinen auf dem Seil vom Himmel herniederzufahren. Doch unterwegs versagte einer der Feuerwerkskörper, weshalb Bernoin aus dem Gleichgewicht geriet. Der Schlitten kippte, der Pilot hielt sich noch einige Sekunden am Seil fest, die Leute hörten ihn rufen: »*JESU! ma vie est perdvé* [!]«, dann stürzte er in den Tod.

Wie kaum anders zu erwarten, erweckte dieses Unglück schon unter den Zeitgenossen eine erhebliche Aufmerksamkeit. Flugblätter berichten von ihm. Literaten der Zeit

2) Vgl. zum Folgenden: M. A. Katritzky, Women, Medicine and Theatre. 1500–1750, London 2017, S. 285–289.

verarbeiten es in ihren Werken, in der Regel mit kritischen Untertönen gegen die unchristliche Selbstüberschätzung des »Scharlatans«. Nur war Charles Bernoin kein Betrüger, sondern ein hochqualifizierter Mediziner[3]: Selbst Sohn eines Wundarztes, hatte er es nach einer Ausbildung zum Augenarzt und Chirurgen zum Leibarzt des Herzogs von Lothringen und gutsituierten Bürger von Nancy gebracht. Er behielt auch sein großes Haus und das Bürgerrecht ebendort, ebenso seine jährlichen Bezüge aus ihm vom Herzog ausgesetzten Renten, als er ab 1666 mit seiner Kompanie auf Reisen ging. Gern stieg man in den besten Herbergen am Platz ab oder mietete gleich ganze Häuser. Auf dem örtlichen Markt errichtete man eine große Bühne, auf der Bernoin und sein medizinisches Team öffentliche Heilungen durchführten, unterbrochen vom Programm der Akrobatinnen und Schauspieler. Geworben wurde vor allem für ein von Bernoin erfundenes Medikament namens *Atavan*, welches gegen allerlei Leiden Abhilfe bieten sollte. Zumindest die von seinem Tod berichtende Flugschrift nennt den Urheber sogar *Marquis d'Atavan*, womit der Erfolg dieser Markenstrategie deutlich geworden sein dürfte. Und als Höhepunkt der großen Verkaufsshow kam der Heiler persönlich mit pyrotechnischer Verstärkung auf dem Seil vom Himmel herab.

Die Theaterwissenschaftlerin Katrin Kröll hat die semiotischen Dimensionen dieses Spektakels detailliert nachgezeichnet[4]. Da wurde kein Wunder evoziert, sondern dem Publikum der artifizielle Charakter des Geschehens bewusst vorgeführt. Wie etwa im Geistlichen Spiel die Bühnentechnik Engel vom Himmel nieder- oder Christus in den Himmel auffahren ließ, wurde nun auch der reisende Heiler in Bewegung gesetzt. Zeitgenössische Kritiker unterstellten, Bernoin habe sich als Phönix aus der Asche inszeniert, um so für sich die Herrschaft über Tod und Wiedergeburt zu beanspruchen. Wir haben es hier jedenfalls mit einer sehr elaborierten Werbestrategie zu tun. Ihr Urheber spielte in seinem *self-fashioning* deutlich erkennbar mit religiösen und mythischen Motiven, aber auch mit deren ironischer Brechung. Zugleich präsentierte er sich (und damit den Produzenten der beworbenen Arznei) als ingeniösen Erfinder.

Vielleicht hatte nur die lebhafte Konkurrenz Charles Bernoin zu immer gewagteren Kunststücken getrieben. Denn in der zweiten Hälfte des 17. Jahrhunderts war die Kooperation von reisenden Medizinern mit Schaustellertruppen ein häufiges Phänomen[5]. Das Begleitprogramm lockte die Leute auf den Marktplatz, damit sie dort den öffentlichen Heilungen des Arztes beiwohnten. Es erhöhte die Aufmerksamkeit, sodass die Behandlungen ihre spektakuläre Wirkung beim Publikum entfalteten. Der oft grobe,

3) Katrin KRÖLL, »Kurier die Leut auf meine Art ...«. Jahrmarktkünste und Medizin auf den Messen des 16. und 17. Jahrhunderts, in: Heilkunde und Krankheitserfahrung in der frühen Neuzeit. Studien am Grenzrain von Literaturgeschichte und Medizingeschichte, hg. von Udo BENZENHÖFER/Wilhelm KÜHLMANN, Tübingen 1992, S. 155–186, 165 ff., 172 ff.; Dieter HAURI, Die Steinschneider. Eine Kulturgeschichte menschlichen Leidens und ärztlicher Kunst, Berlin/Heidelberg 2013, S. 120–124.

4) KRÖLL, Jahrmarktskünste (wie Anm. 3), S. 177–184; vgl. KATRITZKY, Women (wie Anm. 2), S. 87–90, 99.

5) KRÖLL, Jahrmarktskünste (wie Anm. 3), 176 f.; KATRITZKY, Women (wie Anm. 2), S. 104–115.

groteske und sexualisierte Humor der Gauklerinnen und Gaukler rührte zum Lachen, was nach der Viersäftelehre die Gesundung verstärken sollte. Neben der Bühne bot angestelltes Heilpersonal alle möglichen Behandlungen zu erschwinglichen Preisen an. Und all dies zusammengenommen sollte dazu animieren, einen Tiegel *Atavan* mit nach Hause zu nehmen. Folgt man M. A. Katritzky, so sollte uns diese Form der Kommerzialisierung von Medizin und Körperpflege nicht allzu exotisch vorkommen, findet etwas ganz Ähnliches doch noch heute statt, nur eben nicht mehr auf dem Marktplatz, sondern im Vorabendprogramm des Fernsehens, wo die sprichwörtlichen *soap operas* ja auch nur produziert werden, um ein Werbeumfeld für Kosmetikprodukte zu bieten[6]. Man konnte es damit im 17. Jahrhundert jedenfalls zu erheblichem Vermögen und großem Ansehen in der Bevölkerung bringen, freilich um den Preis eines massiven Verlusts an Renommée in den Augen der akademischen Mediziner. Dabei ging es aber nicht um fachliche Qualifikation, denn diese war bei den reisenden Wundärzten nachweislich ebenso ausgeprägt wie bei den akademischen Medizinern und den stationären Chirurgen. Sondern es ging um die Form des Marketings. Der an der Universität ausgebildete Arzt lebte von Reputation und aristokratischem Habitus. Werbung wäre schlicht unter seiner Würde gewesen. Zu Beginn der Neuzeit aber wird ein neues, kommunikativ sehr modernes Modell sichtbar: der reisende Wundarzt, der offensiv und publikumswirksam für seine Leistungen warb, der seine Behandlungen in ein synästhetisch-performatives Gesamtkunstwerk integrierte und so popularisierte[7].

Nun sind die Behandlungserfolge eines Charles Bernoin nicht von der Hand zu weisen. Regelmäßig beauftragten die Stadträte ihre ansässigen Ärzte mit Gutachten über die reisende Konkurrenz, und jene kamen nicht umhin, die Qualität seiner Arbeit zu bestätigen. Diese Bestätigungen wiederum ließen sich die reisenden Ärzte dann gern in Urkundenform ausstellen, um sie in Zukunft vorzeigen zu können[8]. Bei Schadensersatzklagen wegen Kunstfehlern war es üblich, die Heimatstadt eines reisenden Arztes zu Zwangsmaßnahmen gegen diesen zu veranlassen[9]. Aber dies kam selten vor, offenbar einfach, weil es selten zu Klagen kam. Wir neigen dazu, der vormodernen Medizin Wirkungslosigkeit oder gar gefährliche Unkenntnis zu unterstellen. Aber der anthropologische Blick muss doch davon ausgehen, dass dieses Medizinsystem aus Sicht der Zeitgenossen schlicht funktionierte. Das galt für die gelehrte Medizin, aber auch für die Wundärzte, und erst recht für die reisenden Heiler. Der Unterschied lag im Grad der Kommerzialisierung, wenn man so will: im Grad der Modernität, konkurrierten hier doch ein ständisches und ein kapitalistisches Modell des *self-fashioning*. Denn aus Sicht der Universitätsmedizin wie auch der ansässigen Handwerksmediziner waren die mobi-

6) KATRITZKY, Women (wie Anm. 2), S. 119 f.
7) KATRITZKY, Women (wie Anm. 2), S. 88, 104–115.
8) KRÖLL, Jahrmarktskünste (wie Anm. 3), S. 167, 170.
9) KRÖLL, Jahrmarktskünste (wie Anm. 3), S. 171 f.

len Großanbieter gefährliche Konkurrenz, die sie als unseriös, und das heißt: sozial und habituell nicht satisfaktionsfähig, zu verdrängen trachteten. Darum führten sie einen mehrere Jahrhunderte währenden Kampf gegen die »Quacksalber« (von *quacken* = schreien)[10] und »Scharlatane« (von ital. *cerretano*)[11]. Diese Begriffe, an die wir sofort denken, wenn das Gespräch auf die Medizin des Mittelalters kommt, entstanden erst im 16. und 17. Jahrhundert. Sie zeugen von einem Konflikt der Frühen Neuzeit, weniger von einem Phänomen unseres Untersuchungszeitraumes im engeren Sinne[12]. In der Medizingeschichte spricht man für diesen Prozess, der gemeinhin ins 18. und 19. Jahrhundert datiert wird, bis heute von »Professionalisierung« und »Medikalisierung«[13]. Dass Charles Bernoin weniger professionell gewesen sei als seine Kritiker, bliebe nun zu beweisen. Wir sollten wohl besser von einer sukzessiven Akademisierung der Medizin sprechen, und von einer Aristokratisierung. Denn das kollektive *self-fashioning*, welches bis heute die Medizin prägt, ist im Kern ein ständisches: der gelehrte Arzt als Adeliger. Die Alternative, deren Entwicklung im 19. Jahrhundert abbricht, das Modell Bernoin, wäre von kapitalistischen *entrepeneurs* geprägt gewesen.

Wenn man darüber etwas erfahren will, wird man vor allem in der theaterwissenschaftlichen Forschung fündig. Selbst die wissenssoziologisch informierte Medizingeschichte blickt weiterhin vor allem auf die universitären Ärzte. In Jana Madlen Schüttes grundlegender Dissertation »Medizin im Konflikt« von 2017 etwa kommt Charles Bernoin nicht vor[14]. Nun lag er chronologisch auch schlicht außerhalb des darin avisierten Untersuchungszeitraumes. Doch es ist kein Zufall, dass als »Experten«, die eine »Kultur« ausbilden, hier wiederum in erster Linie die gelehrten Mediziner verhandelt werden. Auch Ärzte als Zirkusdirektoren bildeten jedoch eine vormoderne »Experten-

10) Deutsches Wörterbuch von Jacob GRIMM und Wilhelm GRIMM ([1]DWB), Lfg. 12 (1889), Bd. VII (1889), Sp. 2293: s.v. Quacksalber, URL: https://www.dwds.de/wb/dwb/quacksalber [13.03.2023].

11) Friedrich KLUGE/Alfred GÖTZE, Etymologisches Wörterbuch der deutschen Sprache. 20. Auflage, hg. von Walther MITZKA, Berlin/New York 1967 (ND 1975), S. 636; KRÖLL, Jahrmarktskünste (wie Anm. 3), S. 163 f.

12) Alison Klairmont LINGO, Empirics and Charlatans in Early Modern France. The Genesis of the Classification of the 'Other' in Medical Practice, in: Journal of Social History 19 (1986), S. 583–603.

13) Wolfgang Uwe ECKART/Robert JÜTTE, Medizingeschichte. Eine Einführung, Köln/Weimar/Wien 2007, S. 312–320; Michael STOLBERG, Heilkundige, Professionalisierung und Medikalisierung. In: Medizingeschichte. Aufgaben, Probleme, Perspektiven, hg. von Norbert Paul/Thomas Schlich, Frankfurt/New York 1998, S. 69–86.

14) Jana Madlen SCHÜTTE, Medizin im Konflikt. Fakultäten, Märkte und Experten in deutschen Universitätsstädten des 14. bis 16. Jahrhunderts (Education and Society in the Middle Ages and Renaissance, Bd. 53), Leiden 2017; die Konzeption von Medizin als Expertenkultur findet sich vorgezeichnet bereits bei: Roger Kenneth FRENCH, Medicine before Science. The Rational and Learned Doctor from the Middle Ages to the Enlightenment, Cambridge [u. a.] 2003, S. 118–122; vgl. weiterhin: Wolfgang Eric WAGNER, Doctores – Practicantes – Empirici. Die Durchsetzung der Medizinischen Fakultäten gegenüber anderen Heilergruppen in Paris und Wien im späten Mittelalter, in: Universität im öffentlichen Raum, hg. von Rainer Christoph SCHWINGES (Veröffentlichungen der Gesellschaft für Universitäts- und Wissenschaftsgeschichte, Bd. 10), Basel 2008, S. 15–43., hier: S. 22 f.

kultur«, die sich zudem erkennbar durch ein hohes Maß an Professionalität und vielleicht auch »Modernität« auszeichnete. Auch sie etablierten ein beim Publikum ausgesprochen erfolgreiches Wahrheitsregime – solange sie nicht vom Seil fielen. Als eine solche »Expertenkultur« sollte man sie untersuchen, nicht als kulturgeschichtliche Kuriosität. Nun ist das eigentlich eine Debatte, die man in der Frühneuzeitforschung führen sollte. Im Mittelalter hat es Multimedia-Medizinunternehmer wie Bernoin und Eisenbarth nach allem, was wir wissen, noch nicht gegeben. Man kann aber sehr genau die Genese dieses Modells nachvollziehen, und man kann zeigen, wie dabei immer wieder die eingangs angesprochene Grundambivalenz verhandelt wird. Wie lange gab es schon marktorientierte Anbieter im medizinischen Feld der Vormoderne? Und war der aristokratische, ausdrücklich anti-merkantile Habitus des universitären Mediziners nicht eigentlich eine Innovation des Spätmittelalters und insofern besonders erklärungsbedürftig?

III. Die Sache mit den drei Eiern

In der medizingeschichtlichen Literatur hat es sich seit den 1980er Jahren eingebürgert, von einem »medizinischen Markt« bzw. einem »Gesundheitsmarkt« der Vormoderne zu sprechen[15]. Ein Markt setzt ja voraus, dass es Angebot und Nachfrage gibt, Anbieter, die entsprechend ihre Waren oder Dienstleistungen gegen Bezahlung und in Konkurrenz zueinander anbieten, und Abnehmer, die vergleichen und auswählen. In der Praxis müssen, wie eingangs erwähnt, auch im medizinischen Feld die Akteure ihren Lebensunterhalt bestreiten. Irgendeine Form von materieller Kompensation muss es also geben. Man kann diese aber anders als marktförmig organisieren, oder man kann die Marktförmigkeit diskursiv oder semantisch verschleiern, womit wiederum die Frage der Kommunikation tangiert ist[16]. Schon die Ärzte der römischen und griechischen Antike hatten einerseits als Vertreter einer *ars* aus Ehrengründen vermieden, eine Bezahlung einzufordern. Sie hatten sie aber gern angenommen[17]. Aus Mittelalter und Früher Neuzeit kennen wir die vielfältigen Bemühungen des Adels, jede Marktabhängigkeit des eigenen Lebens habituell zu negieren, indem man hartnäckig leugnete, arbeiten zu müs-

15) Sehr instruktiv: Schütte, Medizin im Konflikt (wie Anm. 14), S. 16 f., 384–390; für die Frühneuzeit Mark S. Jenner/Patrick Wallis, Introduction: The Medical Marketplace, in: Medicine and the Market in England and its Colonies, c. 1450–c. 1850, hg. von Mark S. Jenner/Patrick Wallis, Basingstoke 2007, 1–23.; ebenso Robert Ralley, Medical Economy in 15th Century England, in: ebenda, S. 24–46, hier: S. 24–26.

16) Methodisch ist damit die Frage tangiert, ob soziale Austauschprozesse grundsätzlich immer einer ökonomischen oder marktförmigen Logik folgen, die allenfalls camoufliert werden kann, oder ob fundamental nicht-ökonomische Modi des Austauschs anthropologisch möglich sind. Diese Grundsatzfrage nach dem analytischen Beschreibungsmodus kann hier nicht beantwortet werden.

17) Friedolf Kudlien, Medicine as a Liberal Art and the Question of the Physician's Income, in: Journal of the History of Medicine and Allied Sciences 31 (1976), S. 448–459; Bergdolt, Gewissen (wie Anm. 1), S. 30 f., 45 f.

sen, obwohl man im Alltag natürlich ökonomisch agierte[18]. Jana Madlen Schütte hat gezeigt, dass auch auf dem »medizinischen Markt« in erheblichem Maße Faktoren eine Rolle spielten, die man eher als »soziales Kapital« im Sinne Bourdieus auffassen kann[19]: Ehre, Reputation, Status, all das also, was im ständischen Habitus des Adels mobilisiert wurde, um ökonomische Beziehungen zu negieren, was aber in der soziologischen Nomenklatur wiederum als im Kern ökonomisch konzipiert wird. Zumindest in der Frühen Neuzeit haben wir schon Akteure im medizinischen Feld kennengelernt, die dieses Primat des »sozialen Kapitals« sehr offensiv zugunsten einer sehr konkreten Marktorientierung attackierten.

Sie sollten freilich an der Persistenz des aristokratischen Modells scheitern. Das hat Gründe, jedoch wohl weniger im wirtschaftlichen als im religiösen Feld. Denn im christlichen Verständnis war die Sorge für kranke Mitmenschen bekanntlich eine der Kernaufgaben der Barmherzigkeit. Entsprechend erwartete man, dass diese Tätigkeiten unentgeltlich ausgeübt wurden. Die nicht wenigen heiligen Ärzte der Spätantike zeichneten sich gerade dadurch aus, dass sie *anargyroi* (»Geldverächter«) waren, also die Annahme von materiellen Gegenleistungen für ihre Behandlungen ablehnten[20]. Bei diesem lebensfernen Postulat blieb die Hagiographie freilich nicht stehen. In der Vita der Heiligen Cosmas und Damian wird das Problem direkt angesprochen: Eines Tages heilten die beiden eine vornehme Frau namens Palladia. Aus Dankbarkeit wollte diese Damian eine »Kleinigkeit« (*munusculum*) in die Hand drücken. Einzelne Handschriften sprechen hier auch von drei Eiern (*ova tria*) – eine Konkretisierung, die in der Ikonographie dann dankend aufgenommen wurde[21]. Als Damian ablehnte, verfluchte Palladia ihn auf gröbste Weise. Damit die arme Frau sich nicht weiter gegen Gott versündigte, nahm der Arzt die Gabe an. Als Cosmas dies hörte, sagte er sich von seinem Bruder los: Mit diesem Sünder wolle er nicht einmal gemeinsam bestattet werden! Jesus Christus persönlich musste intervenieren, indem er Cosmas im Traum erschien und um

18) Laurence FONTAINE, Bemerkungen zum Kaufen als soziale Praxis, in: Historische Anthropologie 14 (2006), S. 334–348., hier: S. 340; Barbara STOLLBERG-RILINGER, Handelsgeist und Adelsethos. Zur Diskussion um das Handelsverbot für den deutschen Adel vom 16. bis zum 18. Jahrhundert, in: Zeitschrift für Historische Forschung 15 (1988), S. 273–309.

19) SCHÜTTE, Medizin im Konflikt (wie Anm. 14), besonders S. 15 f.

20) Winfried BÜTTNER, Vom Arzt des Leibes zum Arzt der Seele. Heilige christliche Ärzte und Ärztinnen aus Spätantike und Frühmittelalter, Eichstätt 2009; Winfried BÜTTNER, Leib- und Seelenärzte. Die heiligen Mediziner der Alten Kirche (Eichstätter Beiträge zum Christlichen Orient, Bd. 4). Eichstätt 2015; Klaus BERGDOLT, Leib und Seele. Eine Kulturgeschichte des gesunden Lebens, München 1999, S. 120 f.; Lexikon der christlichen Ikonographie, 8 Bde., Sonderausgabe, Rom/Freiburg i. Br./Basel/Wien 1990, Bd. 5, Sp. 130: (Art.) Anargyren; ebd., Sp. 255–159: (Art.) Ärzte, heilige; ebd., Bd. 7, Sp. 344–352: (Art.) Kosmas und Damian.

21) Acta Sanctorum: Martyrium Cosmae et Damiani, AASS Sept VII, Sp. 0428A–0478B, hier: Sp. 0475A ff.; zur Überlieferung vgl. ebda., Sp. 0433C f.; Jacobus a Voragine: Legenda aurea, vulgo Historia Lombardica dicta. Recensuit Theodor GRAESSE, Breslau ^{3}1890 (ND Osnabrück 1969), S. 637; vgl. Kay Peter JANKRIFT, Krankheit und Heilkunde im Mittelalter. Darmstadt 2003, S. 34.

Verständnis für Damians Einlenken warb. Die beiden versöhnten sich, taten noch allerlei Wunder und konnten so zu den prominentesten Arztheiligen des christlichen Mittelalters aufsteigen, während die prinzipienfesteren »Geldverächter« heute nur noch Experten bekannt sind[22)].

Wohlgemerkt: Die Palladia-Episode wird etwa in der Legenda Aurea auffällig heruntergespielt. Auch in der Ikonographie des oft abgebildeten Brüderpaares hat sie keine hervorragende Rolle gespielt[23)]. Dabei bot sich hier theologisch ein pragmatischer Ausweg aus der Sackgasse der moralischen Prinzipientreue: Den Mitmenschen zuliebe konnte auch der Christ für seine guten Werke Gegengaben annehmen. Es ist vielleicht kein Zufall, dass ausgerechnet der Dominikaner Fra Angelico (1395–1455) diese Episode gleich mehrmals gemalt hat. Denn für die Bettelorden – mehr noch für die Franziskaner als für die Dominikaner – und ihr städtisches Publikum waren Fragen der Wirtschaftsethik ja bekanntlich zentral[24)].

Vielleicht ist es doch kein Zufall, dass in der spätmittelalterlichen westlichen Ikonographie Cosmas oft als gelehrter Arzt (mit Gelehrtenrock und Harnglas), Damian hingegen als Wundarzt (mit Wams und Salbentopf) oder als Apotheker abgebildet wird[25)]. Der Arzt darf kein Entgelt annehmen; dem Wundarzt kann man dies um der guten Sache Willen verzeihen; beim Apotheker ist es eine Selbstverständlichkeit. Damit wäre die von Christus persönlich dem Heiligen vorgeschlagene pragmatische Lösung des moralischen Dilemmas in eine Unterscheidung der Berufsgruppen übersetzt – aber es bliebe zu prüfen, ob diese Zuordnung verallgemeinerbar ist[26)]. Jedenfalls war die Frage der Bezahlung in der Verehrung der beiden Patrone ein Problem, wie man an einer Dar-

22) Wolfgang Eric WAGNER, Der Fakultätspatron als Experte. Zur rituellen und bildlichen Inanspruchnahme von Heiligen für die Herausbildung akademischen Berufsbewusstseins im Spätmittelalter, in: Experten, Wissen, Symbole. Performanz und Medialität Vormoderner Wissenskulturen, hg. von Frank REXROTH (Historische Zeitschrift, Beihefte N.F., Bd. 71) Berlin/München/Boston 2018, S. 201–226, hier: S. 216–224.

23) LCI (wie Anm. 20), Bd. 5, Sp. 256; ebda., Bd. 7, Sp. 349; eine Ausnahme: Cosmas, Damian und Palladia, Tafelbild, Südtirol um 1500, Stadtmuseum Bruneck, vgl. Alltag im Spätmittelalter, hg. von Harry KÜHNEL/Helmut HUNDSBICHLER, Graz 1996, Abb. 167, S. 144.

24) Giacomo TODESCHINI, Franciscan Wealth. From Voluntary Poverty to Market Society. Saint Bonaventure/New York 2009; Giacomo TODESCHINI, Come l'acqua e il sangue. Le origini medievali del pensiero economico (Frecce, Bd. 314), Roma 2021. Zu untersuchen wäre, ob Cosmas und Damian in den ökonomischen Reflexionen von Bettelordens-Theologen als Referenz eine Rolle spielten.

25) LCI (wie Anm. 20), Bd. 7, Sp. 348; Andrea VON HÜLSEN-ESCH, Gelehrte im Bild. Repräsentation, Darstellung und Wahrnehmung einer sozialen Gruppe im Mittelalter (Veröffentlichungen des Max-Planck-Instituts für Geschichte, Bd. 201), Göttingen 2006, S. 302 f.; zum Harnglas als Attribut des Arztes vgl. Kitti JURINA, Vom Quacksalber zum Doctor medicinae. Die Heilkunde in der deutschen Druckgraphik des 16. Jahrhunderts, Köln/Weimar/Wien 1985, S. 34–36.

26) JURINA, Quacksalber (wie Anm. 25), S. 136–140, weist darauf hin, dass diese Unterscheidung in der Druckgraphik wenig ausgeprägt ist. Hier dürfte aber im Vergleich zu anderen Gattungen die nivellierende Wirkung der Serialität und ikonographischen Verknappung ausschlaggebend sein.

Abb. 1: Die Sache mit den drei Eiern: Cosmas, Damian und Palladia. Simon und Veit von Taisten: Sonnenburger Altar, um 1490 (Werktagsseite), Stadtmuseum Bruneck (Abb.: Institut für Mittelalterliche Realienkunde, Krems a. d. Donau).

Abb. 2: Harnglas oder Geldbeutel? Matthäus de Bolderiis: Aggregatio simplicium medicinarum diversorum auctorum, 1464, Titelblatt, Bayerische Staatsbibliothek München, Clm 13, fol. 18r.

stellung in einer medizinischen Sammelhandschrift aus der Bibliothek des Hartmann Schedel sieht[27].

Die Beiden sind auf dem Titelbild – hier gleichermaßen als vornehme *physici* – gemeinsam mit dem Arzt und Evangelisten Lukas zu sehen, Cosmas mit einem Buch. In der Hand Damians hat Kitti Jurina ein Harnglas sehen wollen. Aber erstens trägt dieses normalerweise Cosmas, und zweitens erinnern die etwas verzerrte Form und auch die Handhaltung des Heiligen hier eher an einen Geldbeutel[28]. Vielleicht sollte dies hier aber auch uneindeutig bleiben: Damian war eben derjenige der heiligen Brüder, dem selbst Jesus zugestanden hatte, dass man als Arzt auch mal ein Auge zudrücken können muss.

IV. »Dum dolet accipe«

Schon in der Karolingerzeit finden wir wiederholt Zeugnisse für das Weiterwirken der alten Forderung nach Ablehnung jeder ärztlichen Erwerbstätigkeit. Alkuin etwa erwähnt in seiner Schilderung der Hofgesellschaft Karls des Großen beiläufig, dass die »*Hippocratica secta*« allen Menschen umsonst helfen solle, wenn sie sich Christi Wohlwollen erhalten wolle[29]. Und auch die im Bamberger *Codex medicinalis*, dem sogenannten »Lorscher Arzneibuch« (um 790)[30], enthaltene *Defensio medicinae* ermahnt die Ärzte, sich um Gottes Lohn zu bekümmern statt um irdischen Gewinn. Zugleich sollten die Patienten aber zahlen, solange sie krank seien[31].

27) Matthaei de Bolderiis: Aggregatio simplicium medicinarum diversorum auctorum (1464), Bayerische Staatsbibliothek München, Clm 13, fol. 18r; Jurina, Quacksalber (wie Anm. 25), S. 137, Abb. 171.

28) Ähnlich gegenübergestellt werden Harnglas und Geldbeutel auf einem Flugblatt von ca. 1570, welches den »armen, aber klugen« und den »reichen, aber unfähigen« Arzt gegenüberstellt, Jurina, Quacksalber (wie Anm. 25), S. 270, Abb. 377 a und b.

29) Alcuini Carmina, hg. von Ernst Dümmler, in: MGH Poet. lat. 1 (1881), S. 239–241, Nr. XXVI, S. 245 f., v. 15–17: *Et tamen, o medici, cunctis impendite gratis, / Ut manibus vestris adsit benedictio Christi: / Haec mihi cuncta placent, iste est laudabilis ordo.* Vgl. Achim Thomas Hack, Alter, Krankheit, Tod und Herrschaft im frühen Mittelalter. Das Beispiel der Karolinger (Monographien zur Geschichte des Mittelalters, Bd. 56), Stuttgart 2009, S. 335.

30) Marco Büttner, Das Lorscher Arzneibuch – Ein Zeugnis der karolingischen Renovatio? Überlegungen zum Entstehungskontext der Handschrift Msc. Med. 1 der Staatsbibliothek Bamberg, in: Hessisches Jahrbuch für Landesgeschichte 69 (2019), S. 257–266.; Klaus-Dietrich Fischer, Das Lorscher Arzneibuch im Widerstreit der Meinungen. Controversial Interpretations of the Lorsch Medical Codex, in: Medizinhistorisches Journal 45 (2010), S. 165–189; mit sehr weit reichenden Mutmaßungen: Gundolf Keil, (Art.) Lorscher Arzneibuch, in: Enzyklopädie Medizingeschichte, hg. von Werner Gerabek/Bernhard D. Haage/Gundolf Keil/Wolfgang Wegner, Berlin ^{2}2011, S. 865–867.

31) Ulrich Stoll, Das »Lorscher Arzneibuch«. Ein medizinisches Kompendium des 8. Jahrhunderts (Codex Bambergensis medicinalis 1). Text, Übers. und Fachglossar. Zugl.: Würzburg, Univ., Diss., 1989. (Sudhoffs Archiv Beihefte, Bd. 28), Stuttgart 1992, S. 61 ff., Übers: S. 62 ff.; vgl. dazu: Klaus Bergdolt, Die Kritik am Arzt

Eigentlich geht es in dieser *Defensio* um ein grundsätzlicheres Problem: um die Rechtfertigung der körperlichen Heilung überhaupt. Zwar war die oft unterstellte Ablehnung der ärztlichen Tätigkeit als Ablenkung von der Sorge um das Seelenheil in der christlichen Theologie nie mehrheitsfähig gewesen. Aber auch für einen Verfasser der Karolingerzeit schien es wohl sinnvoll, die einschlägigen Bibelstellen und Väterzitate noch einmal zusammenzustellen[32]. Die Vorstellung, dass Christus der eigentliche *medicus* bzw. *apothecarius* sei, war allgegenwärtig[33]. Doch hätte sich die Kirche nicht angemaßt, für jeden Schnupfen zuständig zu sein[34]. Aber an den Krankenbetten trafen zwei starke Akteure aufeinander, die je für sich Autorität beanspruchten. Die Ärzte mussten sich der Deutungshoheit des Klerus unterwerfen, indem sie etwa schwer erkrankte Patienten ermahnten zu beichten[35]. Im Zweifelsfall, etwa bei Heilungswundern in Mirakelberichten, mussten sie sich natürlich gegenüber spirituellen Angeboten regelmäßig auf eine Statistenrolle beschränken[36]. Und sie mussten sich eben dem Gebot der Barmherzigkeit beugen, so schwer es auch im Alltag fiel. Dass die Frage der Bezahlung für medizinische Hilfe ein Dauerproblem blieb, erkennt man daran, dass die Geldgier der Ärzte schon im Hochmittelalter zum literarischen Topos wurde, ebenso aber auch der Geiz der Rekonvaleszenten[37].

im Mittelalter. Beispiel und Tendenzen vom 6. bis zum 12. Jahrhundert, in: Gesnerus 48 (1991), S. 43–64, hier: S. 47–50; Loren C. MacKinney, Medical Ethics and Etiquette in the Early Middle Ages. The Persistance of Hippocratic Ideals, in: Bulletin of the History of Medicine 26 (1952), S. 1–31, hier: S. 5 f.

32) Vgl. Joel Agrimi/Chiara Crisciani, Wohltätigkeit und Beistand in der mittelalterlichen Kultur, in: Die Geschichte des medizinischen Denkens. Antike und Mittelalter, hg. von Mirko Dražen Grmek (Hrsg.), München 1996, S. 182–215, hier: S. 193 f.

33) Agrimi/Crisciani, Wohltätigkeit (wie Anm. 32), S. 186–190; Gerhard Fichtner, Christus als Arzt. Ursprünge und Wirkungen eines Motivs, in: Frühmittelalterliche Studien 16 (1982), S. 1–18; Markwart Herzog, Christus medicus, apothecarius, samaritanus, balneator, in: Geist und Leben 67 (1994), S. 414–434; Martin Honecker, Christus medicus, in: Der kranke Mensch in Mittelalter und Renaissance, hg. von Peter Wunderli (Studia Humaniora. Düsseldorfer Studien zu Mittelalter und Renaissance, Bd. 5) Düsseldorf 1986, S. 27–43; Hubertus Lutterbach, Der Christus medicus und die Sancti medici. Das wechselvolle Verhältnis zweier Grundmotive christlicher Frömmigkeit zwischen Spätantike und früher Neuzeit, in: Saeculum 47 (1996), S. 239–281.

34) Agrimi/Crisciani, Wohltätigkeit (wie Anm. 32), S. 195 f.

35) Zur seelsorglichen Verantwortung des Arztes vgl. Paul Diepgen, Die Theologie und der ärztliche Stand im Mittelalter, Berlin 1922, S. 49 ff.

36) Peter Assion, Geistliche und weltliche Heilkunst in Konkurrenz. Zur Interpretation der Heilslehren in der älteren Medizin- und Mirakelliteratur, in: Bayerisches Jahrbuch für Volkskunde (1976/77), S. 7–23; zu Medizinern als Gutachtern in Kanonisationsprozessen vgl.: Joseph Ziegler, Practitioners and Saints. Medical Men in Canonization Processes in the Thirteenth to Fifteenth Centuries, in: Social History of Medicine 12 (1999), H. 2, S. 191–226; Alessandra Foscati, Il ruolo del guaritore profano nell'identificazione del miracolo. I processi di canonizzazione tra XIV e XVI secolo (Italia e Francia), in: Miracolo! Emozione, spettacolo e potere nella storia dei secoli XIII–XVII, hg. von Laura Andreani/Agostino Paravicini Bagliani, Florenz 2019, S. 207–224.

37) Robert S. Gottfried, Doctors and Medicine in Medieval England, 1240–1520, Princeton 1986, S. 57–60; Nancy Siraisi, Medieval and Early Renaissance Medicine. An Introduction to Knowledge and Practice, Chi-

Spätestens ab dem Hochmittelalter zeichnet sich aber auch ein Aushandlungsmodus ab: Über die Bezahlung musste unter Veranschlagung des mutmaßlichen Aufwands und der materiellen Möglichkeiten des Patienten vor Behandlungsbeginn gesprochen werden. Bezahlt wurde aber erst nach Behandlungsende, wobei Nachforderungen des Arztes nicht gern gesehen wurden, die nachträgliche Minderung des versprochenen Salärs durch den Patienten aber ebenso wenig[38)]. Englische Wundärzte erhoben vor Behandlungsbeginn oft eine Kaution, um die anschließende Zahlung zu gewährleisten[39)]. Eine salernitanische Schrift *De adventu medici ad aegrotum* des 12. Jahrhunderts empfiehlt ausdrücklich, der Arzt solle den Puls erst messen, wenn er sich von den Anstrengungen des Weges und der Patient sich von der Honorarverhandlung erholt habe[40)]. Gern wird in diesem Zusammenhang die unnachahmlich knappe Formel zitiert: *Dum dolet accipe* (Nimm, solange er/sie leidet)[41)].

Bei alledem blieb der Anspruch, dass ein guter Arzt arme Leute umsonst behandeln solle, prinzipiell immer bestehen. Es war Verhandlungssache, wer materiell bedürftig war und wer angesichts seiner Möglichkeiten wieviel zu zahlen hatte[42)]. Zudem wurde der monetäre Charakter des Tausches verschleiert. Statt Geld nahmen auch die vornehmen städtischen Ärzte bis weit in die Neuzeit sehr gern Naturalien an[43)]. Diese hatten

cago 1990, S. 21 f.; French, Medicine (wie Anm. 14), S. 147; Michael STOLBERG, Learned Physicians and Everyday Medical Practice in the Renaissance, Berlin/Boston 2022, S. 463–466; Carole RAWCLIFFE, Medicine and Society in Later Medieval England, Stroud 1995, S. 115 f.

38) Martin KINTZINGER, Status medicorum. Mediziner in der städtischen Gesellschaft des 14. bis 16. Jahrhunderts, in: Städtisches Gesundheits- und Fürsorgewesen vor 1800, hg. von Peter JOHANEK (Städteforschung A, Bd. 50), Köln/Weimar/Wien 2000, S. 63–91, hier: 72.

39) RAWCLIFFE, Medicine (wie Anm. 37), S. 141 f.

40) *Et quia ex carne spiritus, in te moti sunt, et infirmus, quia in adventu tuo multum delectatur, vel quia tamquam avarus de munere cogitat, propter diversas complexiones tum tui tum infirmi multoties in pulsum cognitione deciperis. Data ergo securitate aegro interea jam spiritu quiescente pulsum consideres,* [...]; L. STROPPIANA, Il »De adventu medici ad aegrotum« di anonimo salernitano, in: Gesnerus 13 (1956), S. 85–96; Hermann GRENSEMANN, Die Schrift »De adventu medici ad aegrotum« nach dem Salernitaner Arzt Archimatheus, in: Würzburger Medizinhistorische Mitteilungen 14 (1996), S. 233–251, hier: S. 240 f; vgl.: Klaus BERGDOLT, Arzt, Krankheit und Therapie bei Petrarca. Die Kritik an Medizin und Naturwissenschaft im italienischen Frühhumanismus, Weinheim 1992, S. 186-188.

41) Heinrich SCHIPPERGES, Der Garten der Gesundheit. Medizin im Mittelalter, München 1990, S. 185; FRENCH, Medicine (wie Anm. 14), S. 146, Anm. 68; BERGDOLT, Kritik (wie Anm. 31), S. 54; ganz ähnlich sollte dies im arabischen Raum Rhazes formulieren, vgl. ebd., S. 52; zur Polemik gegen den geldgierigen Arzt vgl. auch die Bildnachweise bei JURINA, Quacksalber (wie Anm. 25), S. 268–270.

42) AGRIMI/CRISCIANI, Wohltätigkeit (wie Anm. 32), S. 194; SCHIPPERGES, Garten (wie Anm. 41), S. 189; Carole RAWCLIFFE, Urban Bodies. Communal Health in Late Medieval Towns, Woodbridge 2013, S. 300 f.; GOTTFRIED, Doctors (wie Anm. 37), S. 60 f., 228; DIEPGEN, Theologie (wie Anm. 39), S. 23–36; Paul DIEPGEN, Zur Frage der unentgeltlichen Behandlung des armen Kranken durch den mittelalterlichen Arzt, in: Historisches Jahrbuch 72 (1953), S. 171–176.

43) Johannes Tichtel's Tagebuch 1477–1495. Sigmunds von Herbenstein Selbstbiographie 1486–1593. Johann Cuspinian's Tagebuch 1507–1527. Georg Kirchmair's Denkwürdigkeiten 1519–1553, hg. von Theodor Georg

einen hohen Gebrauchswert, sie halfen aber auch, die Bezahlung als »Ehrengabe« zu kodieren. Im deutschen Sprachgebrauch bekommen Ärzte denn auch bis heute keinen Lohn, sondern ein »Honorar«, also eine »Verehrung«. Dies nähert beide Seiten des Geschäfts semantisch der adeligen Sphäre an, in der man eben nichts kauft oder verkauft, sondern allenfalls Ehrengaben verteilt und empfängt[44]. Deshalb kam für manche gelehrte Ärzte des Spätmittelalters eine vertragliche Erfolgsbindung ihrer Bezahlung nicht infrage, wohl aber für die handwerklichen Wundärzte, in deren Milieu es völlig selbstverständlich war, nur bezahlt zu werden, wenn das Werkstück etwas taugte[45]. Ein Beispiel aus Görlitz im Jahr 1412:

> *Schonberg der arczt resignavit Nicze, Lindeners son, von Mengelstorff eyn beyn zcuheilen; heilt er im des beynes nicht, so sal man im des 8 ½ fl. nicht gebin, vnd breche im das beyn wedir off im jare, dovor sal im der arzt wandel thun, vnd sals im heilen, ab das not wurde in den selbin jare.*[46]

Die semantische Verschiebung von »Kaufpreis« zu »Gabe« näherte den (gelehrten) Arzt nun zugleich wiederum den spirituellen Anbietern an, denn auch in der kirchlichen Seelenheilökonomie wurde ja mit mehr oder weniger verschleierten Austauschbeziehungen operiert. Der in Paris lehrende Chirurg Lanfranco de Milano (1245–1306) und sein Schüler Henri de Mondeville (1260–1325) sollten daraus die schulmäßige Rechtfertigung des ärztlichen Honorars entwickeln[47]: Der Arzt habe großzügig und barmherzig zu sein. Aber nur, wenn er von den Wohlhabenden eine angemessene Bezahlung bekomme, könne er überhaupt die Armen kostenlos behandeln. Wer also als Reicher den Arzt angemessen honoriere, der ermögliche diesem damit erst, gute Werke zu

KARAJAN (Fontes rerum Austriacarum, Scriptores, Bd. 1), Wien 1855, S. 2–66, passim; STOLBERG, Learned Physicians (wie Anm. 37), S. 465 f.

44) Zur Semantik von dt. »Honorar« und englisch *»fee«* vgl. KUDLIEN, Medicine (wie Anm. 17), S. 458 f.

45) GOTTFRIED, Doctors (wie Anm. 37), S. 228 f., dem zufolge die auf die innere Medizin spezialisierten *physicians* anders als die *surgeons* keine Erfolgsgarantie abgeben konnten; mit Beispielen aus Italien, Spanien und Frankreich im 14. und 15. Jahrhundert: Joseph SHATZMILLER, Doctors' Fees and their Medical Responsibility. Evidence from Notarial and Court Records, in: Sources of Social History. Private Acts of the Late Middle Ages, hg. von Paolo BREZZI/Egmont LEE (Papers in mediaeval studies, Bd. 5) Toronto 1984, S. 201–208; zur Erfolgsbindung bes. S. 203 f. (ohne klare Unterscheidung des Status); STOLBERG, Learned Physicians (wie Anm. 37), 465 f.; Gianna POMATA, Contracting a Cure. Patients, Healers, and the Law in Early Modern Bologna, Baltimore 1998.

46) Christian SPEER, Zwei mittelalterliche Heilverträge aus dem Ratsarchiv Görlitz (1409, 1412). In: Oberlausitzer Heimatblätter 8 (2006), S. 30 f.

47) GOTTFRIED, Doctors (wie Anm. 37), S. 60, 216; E. A. HAMMOND, Incomes of Medieval English Doctors, in: Journal of the History of Medicine 15 (1960), S. 154–169, hier: S. 155 f.; AGRIMI/CRISCIANI, Wohltätigkeit (wie Anm. 32), S. 194; zum philosophiegeschichtlichen Kontext vgl. eingehend: Luis García BALLESTER, Medical Ethics in Transition in the Latin Medicine of the Thirteenth and Fourteenth Centuries. New Perspectives on the Physician-Patient Relationship and the Doctor's Fee, in: Doctors and Ethics. The Earlier Historical Setting of Professional Ethics, hg. von Andrew WEAR/Johanna GEYER-KORDESCH/Roger Kenneth FRENCH, Amsterdam 1993, S. 38–71, hier: S. 47–59.

tun. Die Bezahlung des Arztes wurde so selbst zur Leistung für das Seelenheil, deren Wirkung sich wie eine Stiftung quasi potenzieren würde. Erst der Veronese Gabriele de Zerbi sollte in seinem *De cautelis medicorum opus perutile* von 1495 eine neue Lösung der Honorarfrage entwickeln: Der Arzt dürfe von den Zahlungsfähigen ein Entgelt erwarten, da sonst seine Leistung nicht gewürdigt und sein Ansehen geschmälert würde[48]. Die Bezahlung war damit aus dem Feld der Ökonomie in jenes der Ehre verschoben.

Die gelehrten Mediziner des Spätmittelalters waren nun (anders als die Wundärzte) noch vielfach selbst *clerici* und Pfründeninhaber[49]. Die Frage der Erwerbsarbeit stellte sich insofern nicht ganz so drängend, je nachdem, wie gut ihre Präbenden ausgestattet waren. Die *Reformatio Sigismundi*, darauf hat Martin Kintzinger hingewiesen, entwickelte daraus die Forderung, alle Reichsstädte sollten einen akademischen Arzt mit einer Pfründe ausstatten, damit er die Armen kostenlos behandeln könne[50]. Dies hätte die *physici* wiederum dem Klerus angeglichen. Als Zukunftsmodell setzte sich hingegen der in Italien, Frankreich und Spanien seit dem 13. Jahrhundert nachweisbare laikale Stadtarzt als besoldeter Amtsinhaber durch[51]. Es handelte sich dabei freilich nicht immer um universitär ausgebildete Ärzte, sondern oft auch um handwerkliche Chirurgen[52]. In England beispielsweise gab es bis zum Ende des 15. Jahrhunderts keine akademischen Stadtärzte[53].

Für mehrere Jahre mussten sich diese Stadtärzte vertraglich verpflichten, gegen ein fixes Salär als »Leibarzt« der Stadt den Armen und oft auch den Ratsherren und ihren Familien zur Verfügung zu stehen[54]. Die Bezahlung war im 15. und 16. Jahrhundert mit

48) García Ballester, Medical Ethics (wie Anm. 47), S. 76 f.; Roger Kenneth French, The Medical Ethics of Gabriele de Zerbi. In: Doctors and Ethics (wie Anm. 47), S. 72–97, hier: S. 76 f.; French, Medicine (wie Anm. 14), S. 145 f.

49) Siraisi, Medieval Medicine (wie Anm. 37), S. 25 f., 44; Rawcliffe, Medicine (wie Anm. 37), S. 110 (für England).

50) Kintzinger, Status (wie Anm. 38), S. 84 f.; Rudolf Schmitz, Geschichte der Pharmazie, Bd. 1, Eschborn 1998, S. 532.

51) García Ballester, Medical Ethics (wie Anm. 47), S. 53 f.; Siraisi, Medieval Medicine (wie Anm. 37), S. 38; Agrimi/Crisciani, Wohltätigkeit (wie Anm. 32), S. 208, Anm. 43.

52) Die sog. Wendischen (Hanse-)Städte, also Hamburg, Lübeck, Rostock, Wismar, Greifswald und Stralsund, hatten seit dem 15. Jh. jeweils einen »Ratsbarbier«, der u. a. für die wundärztliche Erstversorgung in Kriminalfällen zuständig war, Walter von Brunn, Von den Gilden der Barbiere und Chirurgen in den Hansestädten, Leipzig 1921, S. 8–10.

53) Rawcliffe, Urban Bodies (wie Anm. 38), S. 292 f.

54) Die Bezeichnung »Leibarzt« markierte hier wohl das dauerhafte Verhältnis bei regelmäßiger Besoldung, Kintzinger, Status (wie Anm. 38), S. 71 ff.; Stolberg, Learned Physicians (wie Anm. 37), S. 414–422; vgl. auch Jana Madlen Schütte, Kollegen oder Konkurrenten? Universitär und handwerklich ausgebildete Heiler auf dem medizinischen Markt im späten Mittelalter, in: Universitäten und ihr Umfeld. Südwesten und Reich in Mittelalter und Früher Neuzeit, hg. von Benjamin Müsegades/Ingo Runde (Heidelberger Schriften zur Universitätsgeschichte, Bd. 7), Heidelberg 2019, S. 123–138, hier: S. 132: Hieronymus Brunschwig unterscheidet 1497 den akademisch ausgebildeten *physicus* oder »Leibarzt« vom handwerklichen *chirurgus* oder »Wundarzt«.

zwischen 50 und 100 Gulden im Jahr plus individuellen Leistungen gut, aber nicht üppig[55]. Leibärzte von Adeligen und Fürsten konnten offenbar erheblich mehr verdienen. Zudem bot ihnen die Nähe zur Herrschaft auch andere Chancen für soziale Mobilität[56]. Erst durch zusätzliche Einkünfte aus Nebentätigkeiten konnte ein Stadtarzt ein seinem Status entsprechendes Leben finanzieren. Daher wurde genau geregelt, wie oft und wozu er die Stadt verlassen durfte, um etwa vornehme Patienten außerhalb zu behandeln[57].

Damit wurde die medizinische Leistung durch eine obrigkeitliche Finanzierung graduell dem Markt entzogen. Doch konnten die Stadtärzte nicht alle Kranken behandeln. Und natürlich gab es neben ihnen immer auch andere Heilerinnen und Heiler, die gegen Bezahlung arbeiteten. Das Gesundheitswesen blieb also ein Markt, auf dem allerdings die Obrigkeit mit einem regulierten Angebot für einen sozialen Ausgleich sorgte. Je mehr sich dieser Markt insgesamt ausdifferenzierte, desto mehr wurden die besoldeten Stadtärzte zu Aufsichtsbehörden über die anderen medizinischen Dienstleister und Anbieter[58].

V. Die Ausdifferenzierung des medizinischen Marktes

Bei alledem gab es wie heute nicht nur die akademisch ausgebildeten Ärzte, sondern eine große Vielfalt von Angeboten zur Erhaltung, Verbesserung und Wiederherstellung der Gesundheit. Abgesehen von dem bereits erwähnten Wechselverhältnis von spirituellen und biomedizinischen Angeboten entwickelte sich im Lauf des Mittelalters eine große Pluralität am »medizinischen Markt«, wobei auch hier die Anbieter nicht immer miteinander konkurrierten, sondern sich oft eher funktional ergänzten. Man wird nicht jede dieser Spezialisierungen unbesehen in die quellenärmere Zeit des Früh- und Hochmittelalters zurückprojizieren können. Was wir finden, ist doch sehr deutlich erst ein Produkt von Urbanisierung, Medienwandel und einer allgemeinen gesellschaftlichen Komplexitätssteigerung seit der Jahrtausendwende.

55) Jankrift, Krankheit (wie Anm. 21), S. 70, 73; Stolberg, Learned Physicians (wie Anm. 37), S. 420–422; Kintzinger, Status (wie Anm. 38), S. 68 f.; für England im 14./15. Jahrhundert vgl. Rawcliffe, Medicine (wie Anm. 37), S. 109–112; Tilmann Walter, Ärztehaushalte im 16. Jahrhundert. Einkünfte, Status und Praktiken der Repräsentation, in: Medizin, Gesellschaft und Geschichte 27 (2008), S. 31–73, hier: S. 36–39.

56) Carole Rawcliffe, The Profits of Practice. The Wealth and Social Status of Medical Men in Later Medieval England, in: Social History of Medicine 1 (1988), S. 61–78; Magnus Ulrich Ferber, Medizin und Humanismus. Das intellektuelle Profil der Augsburger Ärztefamilie Occo, in: Augsburg – Stadt der Medizin. Historische Forschungen und Perspektiven, hg. von Dietmar Schiersner, Regensburg 2021,174–185.

57) Stolberg, Learned Physicians (wie Anm. 37), S. 422.

58) Schütte, Medizin im Konflikt (wie Anm. 14), S. 267 ff.

In den Handbüchern liest man oft vom Frühmittelalter als dem »Zeitalter der Klostermedizin«[59]. Achim Thomas Hack hat aber darauf hingewiesen, dass es sich hierbei um ein Missverständnis handelt: Die Klöster dienten nicht als Krankenhäuser für die Bevölkerung und ebenso nicht in nennenswertem Ausmaß als medizinische Ausbildungsstätten (wenn auch vielfach als Orte der Überlieferung einschlägiger Texte)[60]. Die Ärzte, die in den Quellen erwähnt werden, waren in der Regel Laien oder Weltkleriker[61]. In den Gentilreichen des 6. bis 8. Jahrhunderts konnten diese *archiatri* noch auf römische Ausbildungsstrukturen zurückgreifen. Im 9. Jahrhundert sollte die Medizin dann auch Teil des Curriculums der neu entstehenden Kathedralschulen werden[62]. Einige dieser Ärzte waren offenbar sehr wohlhabend[63]. Schon aus den frühmittelalterlichen *Leges* kennen wir Versuche, die Honorarhöhen gesetzlich zu regeln, ebenso die Frage, wie mit ausbleibendem Behandlungserfolg umzugehen sei[64]. Und immerhin werden etwa in der *Lex Visigothorum* oder in der *Lex Salica* chirurgische Behandlungs-

59) Hans H. LAUER, (Art.) Klostermedizin, in: Enzyklopädie der Medizingeschichte (wie Anm. 30), S. 758–760;

60) HACK, Alter (wie Anm. 29), S. 378–392; ebenfalls kritisch: Kay Peter JANKRIFT, Heilkunde und Kranke im frühen Mittelalter, in: Heilkunde im Mittelalter, hg. von Ortrun RIHA (Das Mittelalter: Perspektiven mediävistischer Forschung, Bd. 10, H. 1), Berlin 2005, S. 35–42; Loren C. MACKINNEY, Early Medieval Medicine. With Special Reference to France and Chartres (Publications of the Institute of the History of Medicine. Series 3), Baltimore 1937, S. 54–60; materialreich abwägend: Daniel DE MOULIN, De heelkunde in de vrouge middeleeuwen (Diss. med.), Nijmwegen 1964, S. 3–8.

61) HACK, Alter (wie Anm. 29), S. 335–361; Valerie J. FLINT, The Early Medieval Medicus, the Saint, and the Enchanter, in: Social History of Medicine 2 (1989), S. 127–145; Gerhard BAADER, Gesellschaft, Wirtschaft und ärztlicher Stand im frühen und hohen Mittelalter, in: Medizinhistorisches Journal 14 (1979), S. 176–185, hier: S. 178–180, vgl. jedoch ebenda, S. 181–184, zur Klostermedizin; eine eindrückliche Kollektivbiographie bietet: Edward J. KEALEY, Medieval medicus. A Social History of Anglo-Norman Medicine, Baltimore 1981, S. 29–56; zu den Bezeichnungen für Mediziner (*archiater; apothecarius; medicus; physicus*) und ihren semantischen Unterschieden vgl.: Annette NIEDERHELLMANN, Arzt und Heilkunde in den frühmittelalterlichen Leges. Eine wort- und sachkundliche Untersuchung (Arbeiten zur Frühmittelalterforschung, 12: Die volkssprachigen Wörter der Leges Barbaorum, Teil III), Berlin/New York 1983, S. 44–46; abwägend: MACKINNEY, Early Medieval Medicine (wie Anm. 60), S. 48–63, aber mit reicher Evidenz für Laienärzte, ebda., S. 60–62; ebenso: Patricia SKINNER, Health and Medicine in Early Medieval Southern Italy (The Medieval Mediterranean, Bd. 11), Leiden 1997, S. 82–88 (erwähnt vor allem Kleriker und jüdische Ärzte).

62) Gerhard BAADER, Die Anfänge der medizinischen Ausbildung im Abendland bis 1100, in: La scuola nell'Occidente latino (Settimane di studio del Centro italiano di studi sull'alto medioevo, Bd. 19) Spoleto 1972, S. 669–718; NIEDERHELLMANN, Arzt und Heilkunde (wie Anm. 61), S. 69; SIRAISI, Medieval Medicine (wie Anm. 37), S. 10 f.; Benjamin Lee GORDON, Lay Medicine during the Early Middle Ages, in: Journal of the Michigan State Medical Society 57 (1958), S. 1001–1034; zum Weiterwirken der hippokratischen Deontologie im Frühmittelalter: MACKINNEY, Medical Ethics (wie Anm. 31), S. 1–31; DE MOULIN, Heelkunde (wie Anm. 60), S. 12–15.

63) BAADER, Gesellschaft (wie Anm. 61); DE MOULIN, Heelkunde (wie Anm. 60), S. 19–22.

64) Für das Westgotenreich: NIEDERHELLMANN, Arzt und Heilkunde (wie Anm. 61), S. 77–79; für das Langobardenreich: SKINNER, Health (wie Anm. 61), S. 79 f.

methoden aufgezählt, die also offenbar schon zu dieser Zeit Routine waren[65]. Wann sich diesbezüglich jene Spezialisierung der medizinischen Anbieter einstellte, die wir aus dem Spätmittelalter kennen, bliebe diachron und regional vergleichend zu untersuchen.

Ein weiterer klassischer Topos der Handbücher betrifft das angebliche kirchenrechtliche Verbot medizinischer Tätigkeiten für Klerus und Religiose seit dem Hochmittelalter. Begründet liegen soll es in einem mit der Kirchenreform aufgekommenen Reinheitsanspruch, dem zufolge Vertreter der Kirche spätestens ab dem 12. Jahrhundert nicht mehr mit Blut in Berührung hätten kommen dürfen (*Ecclesia abhorret a sanguine*). Vielfach wird auch angenommen, dieses Verbot habe zum Ende der »Klostermedizin« und zur Differenzierung der Heilberufe geführt, da in seiner Folge die handwerkliche Chirurgie von (gleichermaßen nicht-akademischen und nicht-klerikalen) Laien monopolisiert worden sei[66]. Jedoch hat Darrel W. Amundsen schon 1978 nachgewiesen, dass es ein solches allgemeines Verbot nie gegeben hat. Überliefert sind aus dem 12. und 13. Jahrhundert partikulare Bestimmungen von Provinzialsynoden, die insbesondere die medizinische Ausbildung und Tätigkeit von Mönchen und Regularkanonikern untersagen. Diese *canones* reagierten jedoch auf konkrete Problemlagen. Sie wollten entweder eine ärztliche Erwerbstätigkeit von Religiosen unterbinden, die von den Ordensregeln geforderte *stabilitas loci* einschärfen oder den Zulauf zum Medizinstudium zugunsten der Theologie limitieren. Ebenso sollten offenbar aus ärztlicher und gerichtsmedizinischer Tätigkeit erwachsene Gewissenskonflikte vermieden werden. Abgesehen von diesen spezifischen Bestimmungen waren Medizinstudium wie auch ärztliche Tätigkeit, zumal von Weltklerikern, offenbar bis in die Neuzeit nicht ungewöhnlich[67].

Und doch können wir schon im 13. Jahrhundert zunächst eine Ausdifferenzierung von Pharmazie und Medizin beobachten[68]. Die Apotheke als stationäre Verkaufsstelle für Arznei blieb freilich bis weit in die Neuzeit ein Phänomen der Städte, immer in Konkurrenz zum mobilen Handel und natürlich auch zur Selbstversorgung[69]. Die

65) Z.B. der Starstich: NIEDERHELLMANN, Arzt und Heilkunde (wie Anm. 61), S. 73–75; zur Honorarordnung für chirurgische Eingriffe in der Lex Salica vgl.: ebda., S. 77–79; allg.: Darrel W. AMUNDSEN, Visigothic Medical Legislation, in: Bulletin of the History of Medicine 45 (1971), S. 553–569; ähnlich differenzierend schon: DIEPGEN, Theologie (wie Anm. 39); vgl. JANKRIFT, Heilkunde und Kranke (wie Anm. 60).

66) JANKRIFT, Krankheit und Heilkunde (wie Anm. 21), S. 30 f.

67) Darrel W. AMUNDSEN, Medieval Canon Law on Medical and Surgical Practice by the Clergy, in: Bulletin of the History of Medicine 52 (1978), S. 22–44.

68) SCHÜTTE, Medizin im Konflikt (wie Anm. 14), S. 284; Hartmut BETTIN, Die Apotheke als medizinische und wirtschaftliche Einrichtung in norddeutschen Hansestädten, in: Hansische Geschichtsblätter 116 (1998), S. 83–115, hier S. 103 ff. (zu den Ausbildungswegen); Peter DILG, Über die Anfänge des mittelalterlichen Apothekenwesens, in: Der Dienst am Kranken. Krankenversorgung zwischen Caritas, Medizin und Ökonomie vom Mittelalter bis zur Neuzeit, hg. von Gerhard AUMÜLLER, Marburg 2007, S. 87–99.

69) SCHMITZ, Pharmazie (wie Anm. 50), Bd. 1, S. 460 ff.; ders., S. 473–477, weist auch darauf hin, dass die lateinischen Begriffe *apothecarius* und *apotheca* bis ins Spätmittelalter auch einfach den Krämer und seine Bude auf dem Markt meinen konnten. Zum Ausbildungsgang der Apotheker vgl. ebenda, S. 497 ff.

Städte versuchten seit dem späten 14. Jahrhundert, mit Apothekenordnungen und bald auch mit Arzneitaxen, also Preisregulierung, in diesen Markt einzugreifen[70]. Wirtschaftlich betrieben werden konnten Apotheken nur durch den zusätzlichen Handel mit Gewürzen, Genussmitteln, Alkoholika und Kosmetika[71]. Analog zum Stadtarzt wurde in manchen Städten ab dem 14. Jahrhundert eine Ratsapotheke eingerichtet, womit der *apothecarius* zum besoldeten und beeideten Beamten wurde, der nicht auf eigene Rechnung wirtschaftete[72]. Hier monopolisierte oft die städtische Oberschicht ein einträgliches Marktsegment für sich[73] – was die Pharmaziegeschichte dann hartnäckig als Professionalisierung missversteht.

Vor allem aber kam es mit der Entstehung der medizinischen Fakultäten an den Universitäten zur Ausdifferenzierung des Arztberufs in zwei Zweige, die bis zum 20. Jahrhundert getrennt bleiben sollten: die innere Medizin oder *Leibarzney*, für welche die gelehrten Absolventen der Universitäten zuständig wurden, und die Chirurgie (wörtlich: das »Handwerk«), also die äußere Medizin (*Wundarzney*), die Behandlung von äußeren Läsionen, Knochenbrüchen, Hautleiden etc.[74]. Während in Italien und Südfrankreich auch die Chirurgie an den Universitäten gelehrt wurde, wurde sie nördlich der Alpen zu einem Ausbildungsberuf, der von in Zünften organisierten Handwerkern ausgeübt wurde[75]. Diese Aufgabenteilung ermöglichte es der akademischen Medizin erst, sukzessive in den Kreis der Wissenschaften aufzusteigen, ein Status, der ihr von den anderen Fakultäten gern streitig gemacht wurde[76]. Diese Statuskonkurrenz beförderte wiederum die Abgrenzungsbedürfnisse der *physici*.

Nun blieb die Aufgabenteilung zwischen diesen beiden Professionen allzeit umstritten. Letztlich handelt es sich hier eher um eine sozial-ständische Unterscheidung: Kin-

70) SCHÜTTE, Medizin im Konflikt (wie Anm. 14), S. 306; Clemens STOLL, Der Apotheker in der deutschen Stadt des Mittelalters (Diss. rer. nat.) Marburg 1975, S. 67 mit Anm. 3, 166 f.; SCHMITZ, Pharmazie (wie Anm. 50), S. 507–531 (Apothekenordnungen), S. 565 ff. (Arzneitaxen).

71) GOTTFRIED, Doctors (wie Anm. 37), S. 79 f.; STOLL, Apotheker (wie Anm. 70), S. 70, 128 f.

72) STOLL, Apotheker (wie Anm. 70), S. 91–93, 141–144; BETTIN, Apotheke (wie Anm. 68), S. 89–91; SCHMITZ, Pharmazie (wie Anm. 50), S. 471–473, 543–545.

73) STOLL, Apotheker (wie Anm. 70), S. 173–193

74) GOTTFRIED, Doctors (wie Anm. 37), S. 279–311 (Zurückdrängung der Wundmedizin in England im 16. Jahrhundert als praktischer Rückschritt); SCHÜTTE, Medizin im Konflikt (wie Anm. 14), S. 277 f.; STOLBERG, Learned Physicians (wie Anm. 37), S. 524–531; Bernhard Dietrich HAAGE/Wolfgang WEGNER, (Art.) Chirurg/Chirurgie, in: Enzyklopädie der Medizingeschichte (wie 30), S. 251–254.

75) SCHÜTTE, Medizin im Konflikt (wie Anm. 14), S. 51; zur Einführung der Chirurgie als Lehrfach an deutschen Universitäten im späteren 16. Jh. vgl. ebenda, S. 272–274; Cornelius O'BOYLE, Surgical Texts and Surgical Contexts. Physicians and Surgeons in Paris, c. 1270–1340, in: Practical Medicine from Salerno to the Black Death, hg. von Luis GARCÍA BALLESTER, Cambridge 1994, S. 156–185, hier: S. 160 f.; zum Ausbildungsgang englischer *surgeons*: RAWCLIFFE, Medicine (wie Anm. 57), S. 126–129.

76) Im Unterschied zu den *artes liberales* und den beiden höheren *facultates* Jura und Theologie wurde die Medizin noch lange als eine der *artes mechanicae* gesehen, vgl. etwa Roberto Zamorensis, Spiegel des menschlichen Lebens (1479), dazu: JURINA, Quacksalber (wie Anm. 25), S. 25; BERGDOLT, Kritik (wie Anm. 31), S. 43–64.

der aus der Oberschicht absolvierten ein Studium und wurden dann *physicus* einer großen Stadt, um dort die Oberschichten und eventuell auch die Armen zu behandeln; Kinder aus der Mittelschicht lernten das Handwerk des Wundarztes und wurden *medicus* bzw. *chirurgus*. In beiden Fällen spielte sich Ausbildung und Berufsleben im Rahmen von genossenschaftlichen Korporationen ab, der Fakultät einerseits, der Zunft andererseits[77]. Akademische Mediziner blieben sogar lange Zeit bevorzugt in der Stadt, in der sie studiert hatten. Der gelehrte Arzt war also zu einem Gutteil ein Sonderfall, der sich auf die Oberschichten der Universitätsstädte beschränkte[78]. Was wir als Professionalisierung verhandeln, ist de facto die Durchsetzung des aristokratischen Modells gegen das »kapitalistische« der Mittelschichthandwerker.

Man sollte sich umgekehrt die handwerklichen Wundärzte nicht zu bodenständig vorstellen. Wir wissen, dass sie oft hochqualifiziert waren und im besten Fall ausgeprägte praktische Fähigkeiten mit tiefgehenden theoretischen und literarischen Kenntnissen verbanden[79]. Wie die medizinischen Fakultäten unterhielten die Zünfte der Wundärzte zum Teil eigene Bibliotheken[80]. Jedenfalls konnten die meisten Zeitgenossen gut ein Leben lang ohne einen akademischen Arzt auskommen. Doch selbst die höchsten Kreise legten Wert darauf, allzeit einen guten Wundarzt zur Hand zu haben[81].

Neben diesen beiden rivalisierenden Gruppen gab es nun noch eine dritte, nämlich die jüdischen Ärzte[82]. Sie verbanden oft die Kompetenzen von Internisten und Wundärzten, was sie auch für das christliche Publikum interessant machte. Auch unterlagen sie zumindest nicht im gleichen Maße der religiösen Tabuisierung der Erwerbsarbeit.

77) So schon: Siraisi, Medieval Medicine (wie Anm. 37), S. 18; Schütte, Medizin im Konflikt (wie Anm. 14), S. 202; Wagner, Doctores (wie Anm. 14), S. 21 f., 23 f.

78) Schütte, Medizin im Konflikt (wie Anm. 14), S. 391, 393; zu örtlich unterschiedlichen Zahlenverhältnissen medizinischer Anbieter vgl. Kintzinger, Status (wie Anm. 38), S. 67 f., S. 75.

79) Schütte, Medizin im Konflikt (wie Anm. 14), S. 204 f., 211 f. 239 f.; Rawcliffe, Urban Bodies (wie Anm. 42), S. 305 f.; O'Boyle, Surgical Texts (wie Anm. 75); auch die Ausbildung der Bader und Barbiere beruhte auf der Lektüre von Fachliteratur: Susanna Stolz, Die Handwerke des Körpers. Bader, Barbier, Perückenmacher, Friseur. Folge und Ausdruck historischen Körperverständnisses, Marburg 1992, S. mit 65 Anm. 86.

80) Für England: Gottfried, Doctors (wie Anm. 37), S. 243, 260 f.; Rawcliffe, Medicine (wie Anm. 37), S. 130 f.; zur Qualitätssicherung durch die Zünfte bei Badern, Barbieren und Wundärzten vgl. Schütte, Medizin im Konflikt (wie Anm. 14), S. 204–2015; Stolz, Handwerke (wie Anm. 79), S. 73.

81) O'Boyle, Surgical Texts (wie Anm. 75), S. 158 f., weist darauf hin, dass dies auch für Wundärzte und Bader/Barbiere galt. Umso größer war der Stellenwert der anderen Heilerinnen und Heiler.

82) Volker Zimmermann, (Art.) Jüdische Medizin, in: Enzyklopädie der Medizingeschichte (wie Anm. 30), S. 707–710; Schütte, Medizin im Konflikt (wie Anm. 14), S. 334–340, 349, 377 f., 385 f.; Jankrift, Krankheit und Heilkunde (wie Anm. 21), S. 69–71 (jeweils mit weiterer Literatur); Kay Peter Jankrift, Aufstieg auf Zeit. Jüdische Ärzte und Heilkundige in westfälischen Städten bis zur Reformation, in: Medizinische Bildung und Judentum, hg. von Albrecht Scholz/Caris Petra Heide (Medizin und Judentum, Bd. 4), Dresden 1998, S. 15–20; O'Boyle, Surgical Texts (wie Anm. 75), S. 159 f. (über Ausbildungswege der jüdischen Ärzte im Mittelmeerraum).

Dabei hatten sie freilich die übliche antisemitische Assoziation von Judentum und Geldgier auszuhalten.

Ab dem 14. Jahrhundert kennen wir dann die Bader und Barbiere als handwerklich ausgebildete und oft ebenfalls zünftisch organisierte Heilpraktiker, die nun das Angebot der handwerklichen *chirurgi* ergänzten, aber auch mit ihnen konkurrierten[83]. Ebenso gingen die Hebammen zumindest in den Städten einem regulierten Ausbildungsberuf nach, wurden aber oft auch von der Obrigkeit fest besoldet[84].

Im 15. Jahrhundert kam es dann zu einer weiteren Spezialisierung: Nun lassen sich (oft zur Vergrößerung des Einzugsgebiets mobile) Anbieter nachweisen, die auf bestimmten Gebieten besondere Expertise und besonderes Renommée entwickelten: Wundversorgung, Schienung von Knochenbrüchen, Aderlass, Starstich, Steinschnitt, Zahnbehandlung. Im Regelfall aber boten Bader, Barbiere und Wundärzte, zum Teil auch Apotheker, eine große Bandbreite dieser Behandlungen an[85]. Und dies gilt umso mehr in kleinen Städten oder im ländlichen Raum, wo man froh war, wenn man überhaupt einen qualifizierten Anbieter hatte. Dort fehlte zudem auch die Zunft als regulierende Instanz. Ab der Mitte des 15. Jahrhunderts sollte in größeren Städten der Henker als Anbieter medizinischer Behandlungen und vor allem als Produzent von Medikamenten hinzukommen[86].

Daneben eröffnete sich das weite Geschäftsfeld jener Männer und Frauen, die in den zumeist von gelehrten Ärzten verfassten Quellen seit dem 15. Jahrhundert abwertend *empirici* (»Empiriker«) genannt werden. Sie hatten ihr Wissen wohl oft in der Familie oder autodidaktisch erworben[87]. Auch ihnen mussten die sie begutachtenden *physici* oft eine erhebliche Kompetenz attestieren, auch wenn die obrigkeitliche Autorisierung

83) Gertrud WAGNER, Das Gewerbe der Bader und Barbiere im deutschen Mittelalter, Freiburg 1917; Alfred MARTIN, Deutsches Badewesen in vergangenen Tagen, Jena 1906, S. 98–101; STOLBERG, Learned Physicians (wie Anm. 37), S. 516; STOLZ, Handwerke (wie Anm. 79), S. 74f., 93f.; MACKINNEY, Medicine (wie Anm. 60), S. 40f., weist darauf hin, dass der Aderlass und andere typische Therapiemaßnahmen im Früh- und Hochmittelalter den *archiatri* vorbehalten gewesen seien. Eine Durchführung durch Barbiere und Bader sei noch nicht sicherbar.

84) RAWCLIFFE, Medicine (wie Anm. 37), S. 194-196; Kathy STUART, Unehrliche Berufe. Status und Stigma in der Frühen Neuzeit am Beispiel Augsburgs (Veröffentlichungen der Schwäbischen Forschungsgemeinschaft 1, Bd. 36), Augsburg 2008, S. 166; Annemarie KINZELBACH, »wahnsinnige Weyber betriegen den unverstendigen Poeffel«. Anerkennung und Diffamierung heilkundiger Frauen und Männer 1450 bis 1700, in: Medizinhistorisches Journal 32 (1997), S. 29–56, hier: S. 36f.

85) SCHÜTTE, Medizin im Konflikt (wie Anm. 14), S. 53–58; SIRAISI, Medieval Medicine (wie Anm. 37), S. 38, der zufolge die Generalisten ein höheres Prestige hatten als die Spezialisten.

86) Markwart HERZOG, Scharfrichterliche Medizin. Zu den Beziehungen zwischen Henker und Arzt, Schafott und Medizin, in: Medizinhistorisches Journal 29 (1994), S. 309–331; SCHÜTTE, Medizin im Konflikt (wie Anm. 14), S. 56f.; STUART, Unehrliche Berufe (wie Anm. 84), S. 169–206; Romedio SCHMITZ-ESSER, Der Leichnam im Mittelalter. Einbalsamierung, Verbrennung und die kulturelle Konstruktion des toten Körpers (Mittelalter-Forschungen), Ostfildern 2014, S. 609-630.

87) KINTZINGER, Status (wie Anm. 38), S. 86.; SCHÜTTE, Medizin im Konflikt (wie Anm. 14), S. 279–281.

fehlte. Viele dieser *empirici* praktizierten mobil, womit sie für große Teile der Bevölkerung abseits der Zentren die einzige qualifizierte medizinische Versorgung dargestellt haben dürften. Sie verstießen auch oft gegen die für die stationären Heilberufe in den Städten geltenden Restriktionen, was die pharmazeutische Betätigung anging.[88] In ihnen dürfen wir die Vorläufer der späteren reisenden Arzt-Unternehmer vermuten, wobei wir über vergleichbar elaborierte Vermarktungsstrategien noch nichts hören.

Gerade im ländlichen Raum gab es aber auch stationäre Akteure, die oft quasi nebenberuflich medizinische Hilfe anboten. Hier haben wir uns die notorischen »weisen Frauen« oder Kräuterkundigen vorzustellen[89], aber auch männliche Anbieter, über deren Ausbildungsweg wir wenig wissen. In England sind sie seit angelsächsischer Zeit als *leeches* bekannt[90]. Auch diese informellen Heilerinnen und Heiler konnten praktisch wie theoretisch sehr kompetent sein. Oft handelte es sich wohl einfach um Honoratioren, deren Bildungshorizont sie auch für medizinische Hilfe qualifizierte. Bekannt ist etwa der Fall des John Crophill (ca. 1450 – ca. 1480), Amtmann, Eichmeister und Heiler in Wix Manor, Essex, dessen Notizbuch mit Abrechnungen und Fallbeschreibungen sich erhalten hat[91]. Er konnte Latein und besaß offenbar die gängigen medizinischen Handbücher. Durch seine Amtstätigkeit im Umfeld der Gasthäuser kam er mit vielen Patienten in Berührung, die er gegen geringes Entgelt behandelte, offenbar eher aus Gefälligkeit denn aus Erwerbsstreben.

Schließlich bedurften Kranke und Verletzte nicht nur der Diagnose und Therapie, sondern auch der alltäglichen Versorgung und Pflege. Soweit diese nicht durch Angehörige zuhause gewährleistet werden konnte, boten offenbar auch Bader entsprechende Dienste an[92]. Zumindest in größeren Städten wie Nürnberg und Straßburg lässt sich zudem schon im 15. Jahrhundert ein florierender Markt für häusliche Pflegedienstleistungen nachweisen. Anbieter und Auftraggeber fanden hier oft durch private Kontakte zueinander, aber auch durch professionelle Vermittlung[93].

88) Siraisi, Medieval Medicine (wie Anm. 37), S. 18–20; Katritzky, Women (wie Anm. 2), S. 120f.; Schütte, Medizin im Konflikt (wie Anm. 14), S. 53–58; Stolberg, Learned Physicians (wie Anm. 37), S. 520–522.

89) Rawcliffe, Medicine (wie Anm. 37), S. 186f.; Kinzelbach, Anerkennung (wie Anm. 84), S. 29f.

90) Gottfried, Doctors (wie Anm. 37), S. 84f., 250f.; Hammond, Incomes (wie Anm. 30), S. 167f.

91) Gottfried, Doctors (wie Anm. 37), S. 86; James K. Mustain, A Rural Practitioner in Fifteenth Century England. In: Bulletin of the History of Medicine 46 (1972), S. 469–476; E. W. Talbert, The Notebook of a Fifteenth Century Practicing Physician, in: Studies in English 21 (1942), S. 5–30.

92) Speer, Heilverträge (wie Anm. 46).

93) Bianca Frohne, Leben mit »kranckhait«. Der gebrechliche Körper in der häuslichen Überlieferung des 15. und 16. Jahrhunderts. Überlegungen zu einer Disability History der Vormoderne (Studien und Texte zur Geistes- und Sozialgeschichte des Mittelalters, Bd. 5), Affalterbach 2014, S. 256–279; Eva-Maria Cersovsky, Pflege, Stadt und Geschlecht. Zur Organisation häuslicher Krankenpflege im Straßburg des 16. Jahrhunderts, in: Archiv für Kulturgeschichte 101 (2019), S. 401–427; Stolberg. Learned Physicians (wie Anm. 37), S. 491 f.

All diese verschiedenen Anbieter am Gesundheitsmarkt wurden nun im 15. Jahrhundert zumindest in den Städten mehr und mehr der Kontrolle der Obrigkeiten unterworfen[94]. Oft konkurrierten dabei die zünftischen Wundärzte mit den gelehrten *physici* um das Approbationsrecht[95]. Bis dahin hatten all diese Heilprofessionen für ihr Marketing in erster Linie von Reputation gelebt, von der *fama*, die man sich erwarb, und von Netzwerken, in denen man weiterempfohlen wurde. Nun kamen das genossenschaftliche und/oder obrigkeitliche Qualitätsmanagement hinzu. Und es etablierte sich, was die Marktförmigkeit der Geschäftspraxis anging, eine Grunddifferenz: Die meisten Heilprofessionen arbeiteten – quasi als Nachkommen des Damian – mehr oder weniger deutlich für einen Markt und entwickelten auch Strategien der kompetitiven Kommunikation, also der Werbung. Die gelehrten Ärzte hingegen folgten dem Cosmas, indem sie für sich eine Position außerhalb, oder besser: oberhalb des Marktes beanspruchten. Sie entwickelten damit ein nicht mehr klerikales oder monastisches, sondern im Kern aristokratisches Modell[96]. Ihr ganzer Habitus strebte nach ständischer Abgrenzung, nach Würde und einem adelsgleichen Status. Damit wurden Werbung und ihre Legitimität zum Kernproblem in der Aushandlung von Deutungskompetenz und Partizipationsmöglichkeiten am medizinischen Markt. Zugleich wurden die sozial schwächsten Akteursgruppen, Empiriker und Empirikerinnen ohne regulären Ausbildungsweg und die entsprechende Reputation, aber auch etwa Bader und Henker, ab dem 15. Jahrhundert sukzessive in die Unehrlichkeit gedrängt[97]. Das medizinische Feld wurde zu Beginn der Neuzeit also nach einer ständischen Logik neu sortiert.

VI. Formen der kommerziellen Kommunikation am mittelalterlichen Gesundheitsmarkt

Im Alltag konnten diese unterschiedlichen Anbieter oft sehr gut nebeneinander existieren. Sie kooperierten, steckten ihre Geschäftsfelder ab und arbeiteten einander zu[98]. Die Überlappung der Kompetenzen führte aber natürlich zu Konflikten, die dann in Pole-

94) Kröll, Jahrmarktskünste (wie Anm. 3), S. 171 f.; Schütte, Medizin im Konflikt (wie Anm. 14), S. 267–270.

95) Siraisi, Medieval Medicine (wie Anm. 37), S. 20 f.

96) Zur Gelehrtenkleidung des akademischen Arztes im Bild vgl.: Jurina, Quacksalber (wie Anm. 25), S. 38 f.; von Hülsen-Esch, Gelehrte (wie Anm. 25), S. 292–319.

97) Martin, Badewesen (wie Anm. 83), S. 92–96, mit Belegen für das 14.–17. Jahrhundert; Schütte, Medizin im Konflikt (wie Anm. 14), S. 216 f. (skeptisch); Richard van Dülmen, Der ehrlose Mensch. Unehrlichkeit und soziale Ausgrenzung in der frühen Neuzeit, Köln/Weimar/Wien 1999; Stuart, Unehrliche Berufe (wie Anm. 84).

98) Stolberg, Learned Physicians (wie Anm. 37), S. 517 f., 524–531 (für das 16. Jh.); Schütte, Kollegen (wie Anm. 54).

miken, politischen Kampagnen und Negativwerbung aller Art ausgetragen wurde. Diese richtete sich vor allem gegen drei Gruppen: einerseits die jüdischen Ärzte, die wie erwähnt quer zum sonstigen System lagen und gegen die von Seiten der christlichen Mediziner oft sehr aggressiv polemisiert wurde[99]; dann gegen die mobilen und informellen *empirici*, die gegenüber den stationären Anbietern erhebliche Preisvorteile boten, weil sie eine schlankere Kostenstruktur hatten; und drittens gegen Frauen, die mit ihren Heilkünsten auch in den Städten auf spezifische Nachfrage etwa in der Gynäkologie stießen. Mobile Empirikerinnen wurden oft stark angegriffen, während die Witwen von Wundärzten wie in anderen Handwerksberufen gelegentlich toleriert wurden[100].

1382 etwa wurde in London ein falscher Arzt entdeckt, der Pergamentstreifen als Amulett verkauft hatte[101]. Auf Befehl des *Lord Mayors* wurde er, wie Thomas Walsingham berichtet, umgekehrt auf ein Pferd ohne Sattel gesetzt und mit einem Schleifstein und zwei Harngläsern um den Hals unter Trompetenklängen durch die Stadt geführt. Ganz ähnliches beobachtete Felix Platter Mitte des 16. Jahrhunderts in Montpellier, wo Studenten der medizinischen Fakultät einen gefassten Laienheiler rückwärts auf einen Esel setzten und unter Schlägen mit brennenden Ruten durch die Straßen trieben[102]. Hier wurde also ein typisches Umkehrungsritual für die Entehrung und Bestrafung von delegitimierten Anbietern verwendet. Damit war aber die Grenze zwischen vergleichender Werbung und Justiznutzung wohl deutlich überschritten.

VI.1. Performanz und körperliche Zeichen

Blicken wir auf die Werbestrategien im engeren Sinn, können wir als Faustregel festhalten: Je stärker ein Akteur institutionell im Markt integriert war, desto mehr konnte er sich für sein »Marketing« auf Mechanismen des sozialen Kapitals verlassen, also auf Reputation, Ehre, Netzwerke. Je ungebundener seine Position im sozialen Feld, desto mehr war er auf aggressive Werbung angewiesen. Das heißt aber nicht, dass nicht auch die Praxis der etablierten Ärzte im Kern eine *performance* gewesen wäre: Auch sie zele-

99) Robert Jütte, Zur Funktion und sozialen Stellung jüdischer »gelehrter« Ärzte im spätmittelalterlichen und frühneuzeitlichen Deutschland. In: Gelehrte im Reich, hg. von Rainer Christoph Schwinges (Zeitschrift für historische Forschung. Beihefte, Bd. 18), Berlin 1996, S. 159–179, hier: S. 169–171.

100) Bernhard Dietrich Haage, (Art.) Frauen, heilkundige, in. Enzyklopädie der Medizingeschichte (wie Anm. 30), S. 421 f.; Rawcliffe, Medicine (wie Anm. 37), S. 184–186; für das 16. Jh.: Kinzelbach, Anerkennung (wie Anm. 84), S. 33 f.; allg.: Annemarie Kinzelbach, Konstruktion und konkretes Handeln: Heilkundige Frauen im oberdeutschen Raum, 1450–1750, in: Historische Anthropologie 7 (1999), S. 165–190.

101) Gottfried, Doctors (wie Anm. 37), S. 61 f.

102) Stolberg, Learned Physicians (wie Anm. 37), S. 519 f.

Abb. 3: Der Bader bläst ins Horn: Konrad Kyeser, Bellifortis (um 1460), Staats- und Universitätsbibliothek Frankfurt am Main, Ms. germ. qu. 15 – Bellifortis, fol. 130 r.

brierten in erster Linie einen gruppenspezifischen Habitus[103)]. Aber während das *self-fashioning* der nicht-universitären Anbieter eher expressiv auf Werbung ausgelegt war, entsprach jenes der akademischen Ärzte dem kulturellen Mäßigungsgebot des mittelalterlichen Elitenhabitus[104)].

Der Bader hingegen warb auch akustisch: Wenn der Ofen für das Schwitzbad angefeuert war, wurde mit dem Horn Signal gegeben[105)]. Ähnliches ließ Heinrich Steinhöwel (1410/11–1479), selbst Stadtarzt von Ulm, den Apollonius von Tyrus auf seiner Irrfahrt erleben:

> [...] *da sach er ainen nackenden knaben mit ainem beckin durch die stat klopffen vnd schrijen mit lutter stim*
> *»Hört, rich vnd arm,*
> *das bad ist warm!*
> *Wer sich wöl wäschen vnd salben*
> *Am hobt vnd allenthalben.*
> *Er sij herr, knecht, frow oder man,*
> *dem wirt gewartet schon.«*[106)]

Der »Quacksalber« (Schrei-Salber), also der mobile Pharmaziehändler, trägt die für ihn konstitutive akustische Werbung seit dem 16. Jahrhundert ja schon im Namen. Es war der Umstand, dass er sich auf den Markt stellte und mit lauter Stimme für seine Produkte warb, der ihn aus Sicht der etablierten Anbieter und der literaten Eliten disqualifizierte. Diese akustische Werbung sind wir geneigt auch für frühere Zeiten und weniger komplexe Siedlungsstrukturen anzunehmen. Warum sollten reisende Arzneihändler, Barbiere oder Inhaber einer Badestube nicht auch schon im Früh- oder Hochmittelalter mit Ausrufen und Trompetensignalen auf sich aufmerksam gemacht haben? Allerdings

103) Für das 16. Jahrhundert: Michael STOLBERG, »Do můßt ich Künst an wenden, wolt ich mich mit der Practic erneeren«. Die Inszenierung ärztlicher Expertise in der Frühen Neuzeit, in: Experten, Wissen, Symbole (wie Anm. 22), S. 177–201.

104) Vgl. die quellengesättigte Studie von: Danielle JACQUART, Les gestes des médecins (à la cour ou ailleurs) à la fin du Moyen Âge, in: Les gestes à la cour, hg. von Agostino PARAVICINI BAGLIANI (Conférences transculturelles de l'Union académique internationale, Bd. 5), Florenz 2022, S. 295–313.

105) Vgl. z. B. Konrad KYESER, Bellifortis (um 1460), Staats- und Universitätsbibliothek Frankfurt am Main, Ms. germ. qu. 15 – Bellifortis, fol. 130 r; Abb. in: (Kat.) Ärzte, Bader und Barbiere. Die medizinische Versorgung vom Mittelalter bis zum Ende des Alten Reichs, hg. von Herta BEUTTER, Schwäbisch Hall 2011; ähnlich: Thomas MURNER, Ein andechtig geistliche Badenfart, Straßburg 1514, [S. 8]: Christus als Bader, der mit dem Horn bläst; Staatsbibliothek Berlin, Sign. an: Yg 6435; PURL: http://resolver.staatsbibliothek-berlin.de/SBB0001B58800000000 (ohne Pag.) [13.03.2023]; vgl. STOLZ, Handwerke (wie Anm. 79), S. 82; MARTIN, Badewesen (wie Anm. 83), S. 124-127.

106) Heinrich Steinhöwels Apollonius. Edition und Studien, hg. von Tina TERRAHE (Frühe Neuzeit, Bd. 179), Berlin 2013, S. 181, V. 527–531; vgl. MARTIN, Badewesen (wie Anm. 83), S. 145, STOLZ, Handwerke (wie Anm. 79), S. 82.

werden diese Phänomene meistenteils erst im 15. Jahrhundert quellennotorisch, und dies zumeist indirekt durch literarische und bildliche Quellen, deren konkreten Aussagwert man jeweils spezifisch eruieren müsste.

Der Bader, der solchermaßen auf seine Dienste aufmerksam machte, stand zudem nicht unbedingt in Konkurrenz. Denn zumindest seit dem 14. Jahrhundert waren Badehäuser oft »ehehaft«, hatten also wie etwa auch Müller landes- oder grundherrliche Monopolprivilegien. Zumindest außerhalb großer Städte durfte demnach in der Gemeinde kein zweites Badehaus eingerichtet werden. Manchmal blieb die Badestube auch im Eigentum der Stadt oder eines Grundherrn und wurde an den Bader nur verpachtet. In anderen Fällen war dieser wie etwa der Apotheker ein städtischer Bediensteter[107]. Die Werbung war also nicht kompetitiv, sondern diente vornehmlich der Kundeninformation.

Die Salbenkrämer warben freilich auch durch eine spezifische Selbstinszenierung, in der wir *in nuce* schon den Medizin-Unternehmer des 17. Jahrhunderts erkennen: Da ihre Waren aus fernen Ländern importiert waren (oder sie dies zumindest behaupteten), gaben sie sich ein exotisches Äußeres, sprachen mit entsprechendem Akzent und gaben den Produkten fremdländisch klingende Namen: Arabisch autorisierte ihre Produkte als besonders wirksam, Französisch oder Italienisch ließen sie als gelehrte Leute erscheinen, die in Montpellier studiert oder ihre Arznei direkt beim Fabrikanten in Venedig eingekauft hatten[108]. Schon im 15. Jahrhundert führten die mobilen Pharmazeuten auch exotische Tiere mit sich und benutzten diese für spektakuläre Selbstversuche auf offener Bühne, mit denen sie die Wirkung ihrer Antidote gegen allerlei Gifte bewiesen[109].

VI.2. Gegenständliche und bildliche Zeichen

Als Marktstand und Bühne dienten, folgt man den entsprechenden Abbildungen, einfache Tische oder Bänke, die man freilich entsprechend mit Werbematerial ausstatten konnte. Typisch waren offenbar schon im 15. Jahrhundert Plakate mit medizinischen Illustrationen oder auch Tafeln mit Originalstücken von Operationen: Der Zahnbrecher zeigte gezogene Zähne, der Steinschneider operativ entfernte Blasen- oder Nierensteine[110]. Hinzukommen konnten Fahnen der angeblichen Heimatstadt, wenn diese werblich interessant war, etwa wiederum Venedig als berühmter Produktionsort für Pharmazeutika wie den Theriak. Und wie eingangs erwähnt, ließ man sich Heilerfolge

107) MARTIN, Badewesen (wie Anm. 83), S. 64–68.

108) KATRITZKY, Women (wie Anm. 2), S. 125–128.

109) KATRITZKY, Women (wie Anm. 2), S. 79–82, 92–96; KRÖLL, Jahrmarktskünste (wie Anm. 3), 162 f.; Thomas HOLSTE, Der Theriakkrämer. Ein Beitrag zur Frühgeschichte der Arzneimittelwerbung (Würzburger Medizinhistorische Forschungen, Bd. 5), Pattensen 1976, S. 78–85.

110) JURINA, Quacksalber (wie Anm. 25), S. 130–133, S. 254.

gern mit Brief und Siegel bestätigen. Die entsprechenden echten oder gefälschten Urkunden wurden dann am Stand sichtbar aufgehängt[111]. Der prominente Wundarzt Hans von Toggenburg sollte 1477 gegen dieses Marketing durch Berufung auf Autoritäten polemisieren:

> *Eß hat auch mancher meyster vil brife auf gehanghen; duncket mich, wann ich eynen krancken gesundt mache, das seyn die besten brieffe; wann die brieff machen nymant gesunt.*[112]

All dies näherte den Verkaufsstand des Salbenkrämers phänotypisch jenem des Ablasspredigers an, der ja vielleicht gleich nebenan aufgebaut war[113]. Ähnliches kennen wir aus dem 15. Jahrhundert von den Behandlungsräumen stationärer Wundärzte, die offenbar ihre städtischen Patente oder ihre Zunftbriefe ausstellten, um ihre Kompetenz zu zeigen[114]. Aus England im Jahr 1623 ist dann auch das fein geschnitzte Ladenschild eines Wundarztes überliefert[115].

An den humoralpathologisch für einen Aderlass günstigen Tagen hingen Bader und Barbiere Leinenbinden (zum Abbinden der Gliedmaßen) und Messingbecken vor die Tür[116]. Ebenso dienten Barbierbecken als fest installiertes Ladenzeichen[117]. Im englischen York konnte schon Anfang des 14. Jahrhunderts unqualifizierten Barbieren das Aufhängen solcher Zeichen durch die Stadtverwaltung untersagt werden[118]. All diese mehr oder weniger ephemeren Zeichen richteten sich erkennbar in erster Linie an eine

111) JURINA, Quacksalber (wie Anm. 25), S. 127–129; KRÖLL, Jahrmarktskünste (wie Anm. 3), S. 162f., 167, 170; KATRITZKY, Women (wie Anm. 2), S. 87.

112) Ahmed MALAK, Drei wundärztliche Niederlassungsankündigungen des 15. Jahrhunderts. Untersuchungen zur Frühgeschichte des medizinischen Werbeformulars in Deutschland, Würzburg 1985, S. 49; SCHÜTTE, Medizin im Konflikt (wie Anm. 14), S. 257. Er tat dies freilich in seiner eigenen plakatierten Niederlassungsankündigung; zur Person vgl. Wolfgang WEGNER, Johann von Toggenburg, in: Enzyklopädie Medizingeschichte (wie Anm. 30), S. 700.

113) Volker HONEMANN, Vorformen des Einblattdruckes. Urkunden – Schrifttafeln – Textierte Tafelbilder – Anschläge – Einblatthandschriften, in: Einblattdrucke des 15. und frühen 16. Jahrhunderts. Probleme, Perspektiven, Fallstudien, hg. von Volker HONEMANN/Falk EISERMANN, Tübingen 2000, S. 1–43, hier: S. 7; vgl. den Beitrag von Thomas FRANK in diesem Band.

114) So etwa im Hausbuch der Nürnberger Zwölfbrüderstiftung (Mendel I, 1436), Abb.: Ärzte, Bader und Barbiere (wie Anm. 105), S. 163.

115) Abb. bei Robert JÜTTE, Ärzte, Heiler und Patienten. Medizinischer Alltag in der frühen Neuzeit, München 1991, S. 110; ebenso in: Curt PROSKAUER, Kulturgeschichte der Zahnheilkunde in Einzeldarstellungen, Berlin 1926, Abb. 32, S. 30.

116) MARTIN, Badewesen (wie Anm. 83), S. 146; STOLZ, Handwerke (wie Anm. 79), S. 82, 88; SCHÜTTE, Medizin im Konflikt (wie Anm. 14), S. 206f. (für Leipzig 1476).

117) MARTIN, Badewesen (wie Anm. 83), Abb. 38, S. 85: Hans Sebald Beham (1500–1550), Kinder des Planeten Luna (1531); JURINA, Quacksalber (wie Anm. 25), S. 135 (Abb. 170); vgl. auch: Straßenszene mit Apotheke, Aegidius Romanus: De regimine prinicipum (15. Jh.), BNF Ms 01 ARS 5062; dazu: RAWCLIFFE, Medicine (wie Anm. 37), S. 156.

118) RAWCLIFFE, Medicine (wie Anm. 37), S. 136f.

semi-orale Gesellschaft, in der der Kunde auf dem städtischen Markt schnell anhand visueller und akustischer Zeichen erkennen wollte, wo er was kaufen konnte. Wie wir wissen, entspricht die Entwicklung im medizinischen Feld diesbezüglich zeitlich jener in anderen Bereichen, zumindest in den urbanen Zentren. Demnach waren Ladenschilder wohl ein allgemeineres Phänomen des städtischen Marktes seit dem späten 14. Jahrhundert[119].

Abbildungen von Apotheken hingegen zeigen seltener spezifische Außenkennzeichnungen[120]. Hier haben wir jedoch eine sehr ikonische Innenausstattung mit der Theke und Regalen, in denen exotisch ausgeschmückte Gefäße für die pharmazeutische Ware zu sehen waren[121]. Da solche »Alborellos« auch als Realien überliefert sind, handelt es sich hier zumindest ab dem 15. Jahrhundert nicht nur um eine Bildformel[122]. Auch der Apotheker warb im Übrigen gern mit exotischen Tieren, etwa einem ausgestopften Krokodil über dem Tresen oder dergleichen[123]. Schließlich gehörte zu seiner Werbung auch der eigene Auftritt: Er war an sich ein Handwerker und Krämer, und entsprechend wird er oft dargestellt. Besonders dort, wo er sich den Eliten der Stadt zugehörig fühlen konnte, trat er aber eher wie ein gelehrter Arzt auf – mit dem ihn manchmal ja auch das Studium verband.

VI.3. Werbetexte und ihre Verwendung

Quellenkritisch auf weniger dünnem Eis bewegen wir uns bei der seit dem späteren 14. Jahrhundert entstehenden schriftlichen Produktwerbung im Bereich der Pharmazie. Anders als bei medizinischen Dienstleistungen konnte hier früh eine materielle Warenform entstehen[124]. Freilich ließ sich durch die Verarbeitung von minderwertigen Zuta-

119) Hanns BUCHLI, 6000 Jahre Werbung. Geschichte der Wirtschaftswerbung und der Propaganda. Band 1: Altertum und Mittelalter, Berlin 1962, S. 324f.; Martha CARLIN, The Senses in the Marketplace. Markets, Shops, and Shopping in Medieval Towns, in: A Cultural History of the Senses in the Middle Ages, hg. von Richard NEWHAUSER (A Cultural History of the Senses, Bd. 2), London 2014, S. 67–87, hier: S. 85–87.

120) Vgl. etwa: Brunetto Latini, Livre du Trésor, Bibliothèque de Genève, Ms. fr. 160, ca. 1450–1480, fol. 82 r.: eine Apotheke ohne Ladenzeichen, aber mit Warenauslage, und ein Bader/Barbier mit mehreren Becken als Ladenzeichen.

121) Vgl. die Abb. bei: JURINA, Quacksalber (wie Anm. 25), S. 33, 57–59; Kay Peter JANKRIFT, Mit Gott und schwarzer Magie. Medizin im Mittelalter, Darmstadt 2005, S. 44; Ärzte, Bader und Barbiere (wie Anm. 105), S. 109.

122) Abb.: Medicus. Die Macht des Wissens, hg, von Alexander SCHUBERT/Wolfgang LEITMEYER/Sebastian ZANKE, Darmstadt 2019, S. 110, 210, 213.

123) Monika WINKLER-KAUFMANN, Kunst- und Wunderkammer Apotheke. Ein Beitrag zum Sammlungswesen des 16.–18. Jahrhunderts, Universität Wien 2002.

124) Vgl. Andrew COWELL, Advertising, Rhetoric, and Literature. A Medieval Response to Contemporary Theory, in: Poetics Today 22 (2001), S. 795–827, hier: S. 823.

ten unter falscher Bezeichnung auch betrügerisch von dieser Markenbildung profitieren[125]. Dem versuchte man durch schriftliche Autorisierungen abzuhelfen. Vor allem aber informierten solche Beipackzettel über die möglichen Anwendungsgebiete des Präparats. Da werden Kapitel aus gängigen pharmazeutischen Handbüchern zu Kurztraktaten ausgekoppelt, in denen die Wirkung und die Indikationen bestimmter Medikamente beschrieben werden. Diese Texte werden dann in die Volkssprache übersetzt, sie werden werbesprachlich zugespitzt und auch als Einzelblatt abgeschrieben[126]. Solche pharmazeutischen Werbeblätter und Beipackzettel gehören zu jenen Textgattungen, die in der zweiten Hälfte des 15. Jahrhunderts sehr schnell als Einblattdruck vertrieben werden, ähnlich wie Pesttraktate und Aderlass-Anleitungen.

Das betrifft etwa den Theriak, der wie erwähnt aus Venedig eingeführt wurde und bei dem man entsprechend früh Strukturen einer Markenbildung beobachten kann[127]. Es betrifft den Branntwein, der bis ins 16. Jahrhundert ein Apothekenprodukt war (*aqua ardens*; *aqua vitae*),[128] oder auch das Petroleum, für welches bis weit in die Neuzeit dasselbe gilt[129]. Dieses wurde seit dem 15. Jahrhundert auch nördlich der Alpen als *oleum de Modena* geographisch verortet, oder auch als »Sankt Katharinen-Öl« mit einer Heiligen verknüpft[130].

> *Petroliu*[m] *ist ein öll, das von den gnaden gottes schwitzet ausz einem steinen pergk, durch wurcku*[n]*g der sunnen. In dem landt Tussia auff eine*[m] *hohen perg gena*[n]*t Sibia vn*[d] *ist nicht gemacht als essliche spreche*[n]. *darumb wirt es durch seiner grossen tuge*[n]*t willen von vil lewtten Balsam gena*[n]*t: auch wirt es genant sant Katherinen ol: daru*[m]*b pleibt keyn gifftiger wurm noch Schlange an dem perge, welches gewurmbe in den landen ser gemeyn sein*[131].

125) Peter Dilg, »artzeny« und »valschery«. Arzneimittelsubstitution im Mittelalter, in: Fälschungen im Mittelalter. Internationaler Kongreß der Monumenta Germaniae Historica München, 16.–19. September 1986. (Monumenta Germaniae Historica. Schriften, Bd. 33, 1–5) Hannover 1988, Bd. 5, S. 703–722.
126) Holste, Theriakkrämer (wie Anm. 109), S. 10–17.
127) Holste, Theriakkrämer (wie Anm. 109), S. 55–59; zu Venedigs Rolle im Handel mit Pharmazeutika vgl. Schmitz, Pharmazie (wie Anm. 50), S. 553–555, zum Theriak ebda., S. 558–561; allg.: Gundolf Keil, (Art.) Theriak, in: Enzyklopädie der Medizingeschichte (wie Anm. 30), S. 1353–1356.
128) Gundolf Keil, Der deutsche Branntweintraktat des Mittelalters. In: Centaurus 7 (1960), S. 53–100; Gundolf Keil, Das ‚costelic laxatijf' Meister Peters van Dordt. Untersuchungen zum Drogen-Einblattdruck des Spätmittelalters, in: Sudhoffs Archiv 50 (1966), S. 113–135, hier: S. 115; Holste, Theriakkärmer, S. 79 f.
129) Incunabula Short Title Catalogue: ip00421500; URL: https://data.cerl.org/istc/ip00421500?style=expanded [04.01.2023]; Robert James Forbes, Studies in Early Petroleum History, Leiden 1958, S. 98–114 mit Abb. 21, S. 105, dazu Tafel 12 nach S. 94 und Tafel XIII nach S. 112 mit weiteren Beispielen um 1500; vgl. ebenda, S. 115–122: Appendices mit Edition der Texte der frühesten Öl-Flugblätter; Arnold C. Klebs, Une annonce médicale de petrole en 1480, in: Bulletin de la société française d'histoire de la médecine 16 (1922), S. 391–396.
130) Forbes, Petroleum (wie Anm. 129), S. 84–91.
131) Zitat aus dem Nürnberger Blatt (um 1500): Forbes, Petroleum (wie Anm. 129), S. 118.

Ähnliches gilt für das Öl der Speik-Pflanze, das als »Sankt Magdalenen-Balsam« bekannt war[132], oder für einen Extrakt aus Eichenmisteln, welcher mit König David assoziiert wurde[133]. Hier bildeten sich Handelsmarken heraus, die entweder auf geographischen Referenzen beruhten oder aber auf der Querverbindung zur Heiligen- und Reliquienverehrung.

Diese Handzettel für den fliegenden Verkauf von Pharmazeutika wurden offenbar auf dem Markt verteilt und an öffentlichen Plätzen aufgehängt. Oft enthalten sie am Ende des Blattes einen Freiraum, auf dem von Hand die Herberge eingetragen werden konnte, in welcher der reisende Händler anzutreffen war. Gundolf Keil hat darauf hingewiesen, dass diese Zettel auch tatsächlich Käufern als Gebrauchsanweisung zur Ware hinzugegeben wurden. Bei ausbleibender Wirkung konnten sie sogar als schriftliche Garantieerklärung für Regressansprüche dienen[134]. Es bildete sich dafür ein wiederkehrendes Formular heraus, welches die erwähnten pharmazeutischen Hinweise mit Bestandteilen einer Urkunde kombinierte, eine Synthese aus werblicher Akklamation, Produktinformation und diplomatischer Autorisierung also[135]. In der Textstruktur wie im Gebrauchskontext erinnern diese Einblattdrucke an die gleichzeitig auftretenden Ablasszettel. Solche pharmazeutischen Werbezettel kennen wir dann aus der Frühen Neuzeit in immer größerer Zahl[136]. Ein sicheres Zeichen für die Verbreitung der Gattung ist die derb humoristische Inversion, etwa ein Nürnberger Flugblatt, das schon um 1500 satirische Empfehlungen für den Aderlass mit der Anpreisung von Affenschmalz als Breitbandtherapeutikum verbindet[137].

132) *Die eygenschafft des edlen Balsam oeles genannt Balsam marie Magdalene*, [Augsburg, um 1490], Bayerische Staatsbibliothek München, Einbl. VIII,16; urn:nbn:de:bvb:12-bsb00101676-4 BSB-Ink B-22 – GW 3213. Weitere Nachweise: Gesamtkatalog der Wiegendrucke, Nr. 03212, 0321205N, 0321210N, 03213; URL: https://www.gesamtkatalogderwiegendrucke.de/docs/BALSAMU.htm [04.01.2023]; Karl SUDHOFF, Die heilsamen Eigenschaften des Magdalenenbalsams. Ein Einblattdruck aus den letzten Jahren des 15. Jahrhunderts, in: Archiv für Geschichte der Medizin 1 (1908), S. 388–390.

133) Allgemein: KEIL, Meister Peter (wie Anm. 128), S. 114–116; Karl SUDHOFF, Zwei deutsche Reklamezettel zur Empfehlung von Arzneimitteln: Petroleum und Eichenmistel – gedruckt um 1500, in: Archiv für Geschichte der Medizin 3 (1910), S. 397–402, hier: S. 401 f.

134) KEIL, Meister Peter (wie Anm. 128), S. 120 f., der sich hier freilich vor allem auf eine entsprechende Passage in Grimmelshausens »Simplicissimus« (1668/69) stützt.

135) KEIL, Meister Peter (wie Anm. 128), S. 119–125; HOLSTE, Theriakkrämer (wie Anm. 109), S. 52–54.

136) KATRITZKY, Women (wie Anm. 2), S. 128–131, mit vielen Beispielen.

137) Bayerische Staatsbibliothek München, Einbl.Kal. zm: *Affenschmalz. Dyser laßzedel ist gemacht nach der Welt lauff vnd alle Jar recht zu dem kauff.* [Nürnberg: c. 1500?], GW 447. ISTC ia00157150. VE15 A-101.

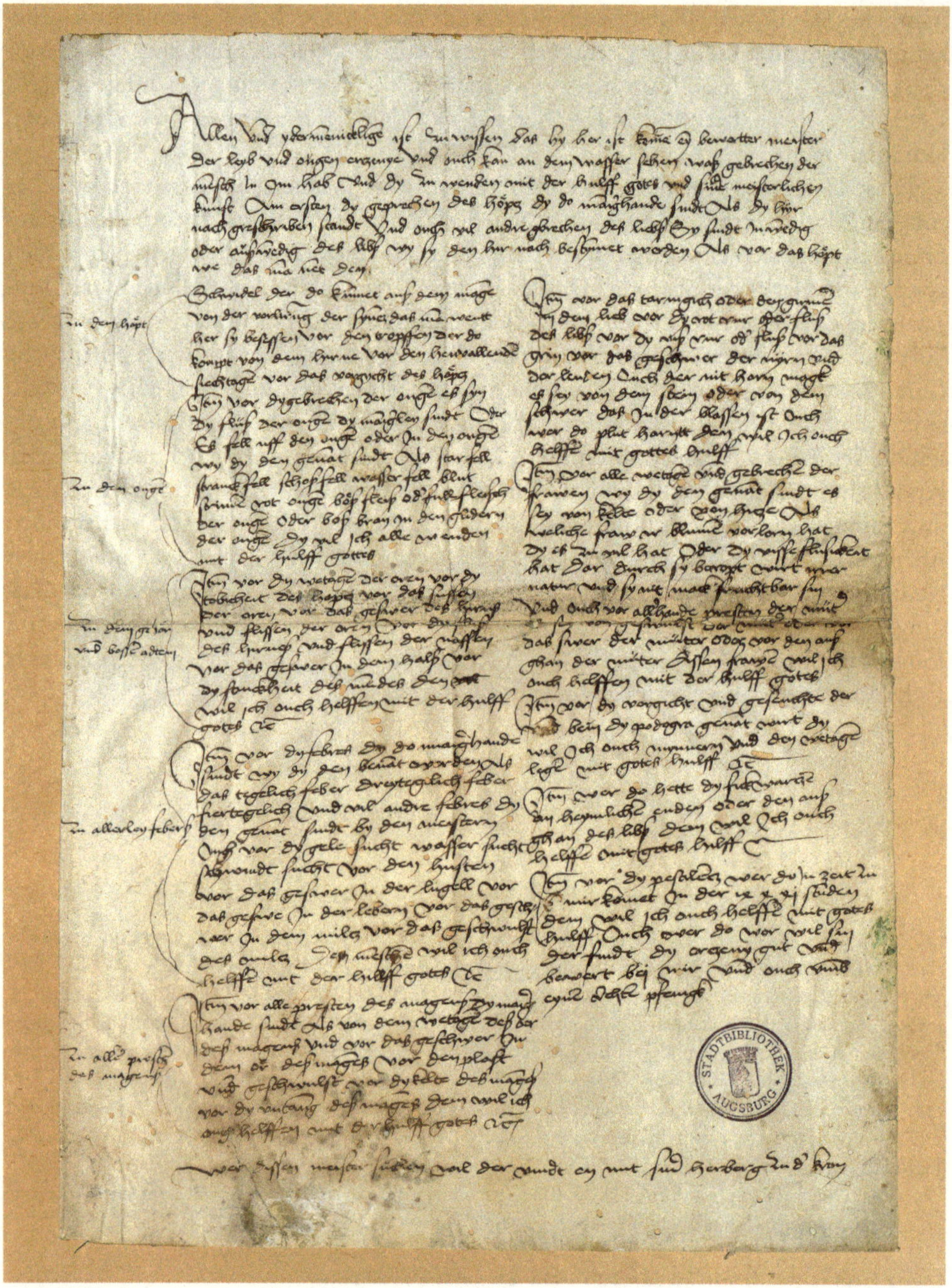

Abb. 4: Die Niederlassungsankündigung eines reisenden Arztes (um 1450), Staats- und Stadtbibliothek Augsburg, Fragm. germ. 28 r.

Immer häufiger wird nun auch eine andere Textgattung, die wir ebenso bis in die Zeit um 1400 zurückverfolgen können: die ärztliche Niederlassungsankündigung[138].

Allen und yder men[n]*icklige*[n] *ist zu wissen das hy her ist kom*[m]*e*[n] *ey*[n] *bewertter meister / der leyb vnd ougen ertzenye vnd ouch kann an dem wasser sehen waß gebrechen der / me*[n]*sch in im hab vnd dy zu wenden mit der hulff gotes vnd sine*[r] *meisterlichen kunst* [...] *Wer dißen meister suchen will der vindt en mit sin*[er] *herberg zu d*[er] *kron.*[139]

Auch reisende Ärzte und Heiler dürften für ihre Dienste akustisch geworben haben, indem sie in jeder neuen Stadt ihre Ankunft ausrufen ließen. Zu diesem Zweck wurde ein Text vorformuliert, in dem die möglichst prestigeträchtige Herkunft und Ausbildung des Arztes und seine besonderen Qualifikationen erläutert wurden[140]. Dieses Skript für die Akklamation wurde dann aber auch vervielfältigt, um es etwa an Kirchentüren oder am Rathaus aufhängen zu können. Und sehr früh ließen reisende Mediziner solche Niederlassungsankündigungen auch drucken, wiederum mit einigen leeren Zeilen am Ende, um die Herberge vermerken zu können, in welcher man logierte und praktizierte[141]. Manche dieser Werbezettel nutzen in Umfang und Gestaltung die Möglichkeiten des Einblattdrucks voll aus, mit langen Erläuterungen zu Kompetenzen und Erfahrungen und im 17. Jahrhundert sogar mit Porträts der Beworbenen. Zumeist sind sie aber knapp auf wenige Zeilen beschränkt, sodass auch einfache Konsumenten die Botschaft schnell erfassen konnten. Doch selten vergessen sie darauf hinzuweisen, dass der Beworbene Bedürftige selbstverständlich umsonst behandeln, mit den Wohlhabenden hingegen ein angemessenes Entgelt aushandeln werde[142].

138) Schütte, Medizin im Konflikt (wie Anm. 14), S. 257–259; Honemann, Vorformen (wie Anm. 113), S. 30–32; Karl Sudhoff, Vier Niederlassungsankündigungen von Ärzten aus dem 15. Jahrhundert. In: Archiv für Geschichte der Medizin 6 (1912/13), H. 4, S. 309–312; Gundolf Keil, Die Niederlassungsankündigung eines Wundarztes aus dem 15. Jahrhundert. Untersuchungen zum ärztlichen Werbe-Formular, in: Beiträge zur Geschichte der deutschen Sprache und Literatur 89 (1967), S. 302–318; Malak, Niederlassungsankündigungen (wie Anm. 112).

139) Staats- und Stadtbibliothek Augsburg, Fragm germ 28, recto; vgl. dazu Wolf Gehrt, Die Handschriften der Staats- und Stadtbibliothek Augsburg, 2° Cod. 401-575, Wiesbaden 1973, S. 145; Ellen Hönncher, Maueranschlag eines reisenden Arztes um 1450, in: Sudhoffs Archiv 34 (1941), S. 129–132, hier: S. 130, 132 (ausgelassen die lange Aufzählung der angebotenen Indikationen).

140) Egon Schmitz-Cliever, Ein seltener medizinischer Einblattdruck aus der ersten Häfte des 16. Jahrhunderts, in: Medizingeschichte im Spektrum. Festschrift Johannes Steudel (Sudhoffs Archiv Beihefte, Bd. 7), Wiesbaden 1966, S. 178–186, hier: S. 182.

141) Witlich sy eynem ydermane nach synem Stande dat hyr iß gekomen eyn guder Artzt ... Her Johan Pistoris Arczt und lyd tho der Herberge/Pistoris, Johann. Faksimile des Einblattdrucks Magdeburg ca. 1510. In: Jahresgabe für den Verein der Freunde der Königlichen Bibliothek Berlin 1915; vgl. dazu: [Julius Schwalbe], Die Ankündigung des wandernden Arztes ›Herr Jakob Pistoris‹ aus Magdeburg, in: Deutsche Medizinische Wochenschrift 43 (25) (1917), S. 791 f.; zur Aufhängung vgl. Ralley, Medical Economy (wie Anm. 15), S. 35.

142) Karl Sudhoff, Entwurf zu Reklamezetteln des Meisters Pancratius Sommer aus Hirschberg, in: Archiv für Geschichte der Medizin 4 (1910), S. 157.

Solche schriftlichen Mitteilungen konnten sich nur an ein Publikum richten, welches lesen oder sich zumindest etwas vorlesen lassen konnte. Sie setzen also ein Mindestmaß an Alphabetisierung voraus. Interessanterweise sind diese Werbezettel oft zweisprachig: Latein und Deutsch.[143] Nur vereinzelt kann man daraus auf eine universitäre Ausbildung des Anbieters schließen. Akademische Mediziner hoben in ihrer Werbung eher auf die umfassende internistische Kompetenz *a capite ad calcem* ab, während handwerkliche Chirurgen ihre Expertise detailliert beschrieben[144]. Auch sie zeigten aber gern ihre gediegene Latinität, um von den lokal ansässigen *physici* anerkannt zu werden. Denn mit solchen Werbezetteln kommunizierten reisende Ärzte nicht nur mit ihren potenziellen Patienten, sondern auch mit den ortsansässigen Kollegen, mit denen man als mobiler Spezialanbieter ja ein Auskommen finden musste. Aus der überregionalen Mobilität dieser medizinischen Dienstleister ergaben sich beinahe zwangsläufig Defizite für das Selbstmarketing in den lokalen Beziehungsnetzen. Wo der lokale Anbieter sich auf seinen guten Ruf verlassen konnte, musste der reisende Arzt zunächst aktiv auf sich aufmerksam machen, bevor ihn irgendjemand weiterempfehlen konnte[145].

VI.4. Fama vs. Reklame

Demgegenüber zeichneten sich die stationären (und vor allem die akademischen) Ärzte wie erwähnt dadurch aus, dass sie solche Formen der öffentlichen Werbung für ihre Dienste als nicht standesgemäß ablehnten. Umso wichtiger war bei ihnen die Reproduktion eines bestimmten Habitus, welcher den *physicus* den städtischen wie feudalen Eliten anglich, um seine *fama*, seine Reputation zu mehren[146]. Die frühen »deontologischen« Traktate (also Abhandlungen darüber, wie ein Arzt sich zu verhalten habe) befassen sich denn auch weniger mit jenen komplexen Problemen, die wir heute als Medizinethik verstehen. Es sind in erster Linie Anleitungen zur Aufrechterhaltung der ärztlichen Autorität, in denen der performative Charakter der Behandlung ganz offen verhandelt wird, bis hin zur ausdrücklichen Aufforderung zur Vorspiegelung falscher Tatsachen gegenüber dem Patienten und seinem Umfeld[147].

Der Generierung von Reputation vor allem innerhalb des Faches, also in den Netzwerken der Mediziner, dienten wohl auch die sich seit dem 15. Jahrhundert schnell verbreitenden neuen Gattungen der Fachliteratur, sowohl von Wundärzten als auch von

143) Ebenda.

144) KEIL, Niederlassungsankündigung (wie Anm. 138), S. 306f.

145) SCHÜTTE, Medizin im Konflikt (wie Anm. 14), S. 60.

146) KATRITZKY, Women (wie Anm. 2), S. 87; Schütte, Medizin im Konflikt (wie Anm. 14), S. 382f.; SIRAISI, Medieval Medicine (wie Anm. 37), S. 17.

147) SCHÜTTE, Medizin im Konflikt (wie Anm. 14), S. 75–81; STOLBERG, Learned Physicians (wie Anm. 37), S. 447, 468; BERGDOLT, Petrarca (wie Anm. 40), S. 184–187.

akademischen Medizinern[148]. Gelehrte Ärzte wie Chirurgen mit besonderer Expertise in bestimmten Feldern hielten ihr Wissen nun schriftlich und bildlich fest[149]. Dabei handelte es sich zunächst noch um Handschriften, die (wie die zeitgenössischen Familienbücher) wohl eher der innerhäuslichen Kommunikation dienten[150]. Bald wurden solche Werke jedoch auch gedruckt und so einem weiteren Rezipientenkreis zugänglich[151].

Mit Bartholomäus Mettlingers *Regiment der jungen Kinder* (1497), der *Chirurgia* des Straßburger Stadtarztes Hieronymus Brunschwig (1497), Hans von Gerstorffs *Feldtbuch der Wundtartzney* (1517) oder Lorenz Fries' *Spiegel der Arznei* (1518) bildete sich so ein neuer Kanon volkssprachlicher Handbücher heraus[152]. Im späten 16. Jahrhundert sollten immer mehr vor allem akademische Ärzte ihre Erfahrungen in systematisch gesammelten (lateinischen) Fallberichten veröffentlichen[153]. Diese beruhten oft auf brieflicher Kommunikation von Medizinern untereinander[154]. Solche standesgemäßen Techniken der Reproduktion von fachlicher Reputation standen freilich nur jenen offen, die sozial schon entsprechend positioniert waren. Außerhalb dieser Vernetzungen musste man zu offensiveren, aus unserer Sicht aber auch moderneren, Formen der Selbstvermarktung greifen.

Wir können, was die Werbestrategien am medizinischen Markt angeht, also vier Formen des gruppenspezifischen *self-fashioning* unterscheiden: Der *empiricus* und der reisende Arzt und Pharmaziehändler mussten sich mit populären und sensorisch unmittelbaren Formen der Werbung aggressiv am Markt in Stellung bringen. Der stationäre Wundarzt, der örtliche Bader und Barbier verwendeten solche Formen eventuell auch, konnten sich ansonsten aber als Handwerker auf die indirekten Mechanismen des Marketings in einer zünftisch strukturierten Stadtwirtschaft verlassen. Prominente Wundärzte setzten auf fachliche Reputation auch in medizinischen Netzwerken. Der gelehrte

148) WALTER, Ärztehaushalte (wie Anm. 55), S. 55–62, weist darauf hin, dass diese Publikationen für die Verfasser oft kostspielige Zuschussgeschäfte blieben.

149) SCHÜTTE, Medizin im Konflikt (wie Anm. 14), S. 259 ff., 266 ff.

150) SCHÜTTE, Medizin im Konflikt (wie Anm. 14), S. 250–253, 259; Michael STOLBERG, Accounting, Religion, and the Economics of Medical Care in Sixteenth-century Germany. Hiob Finzel's Rationarium praxeos medicae, 1565–89, in: Accounting for Health. Calculation, Paperwork, and Medicine, 1500–2000, hg. von Axel HÜNTELMANN/Oliver FALK, Manchester 2021, S. 35–55.

151) GOTTFRIED, Doctors (wie Anm. 37), S. 55 f., 69 f.; JÜTTE, Ärzte (wie Anm. 115), S. 32; SCHÜTTE, Medizin im Konflikt (wie Anm. 14), S. 264.

152) SCHÜTTE, Medizin im Konflikt (wie Anm. 14), S. 261–265.

153) Sarah-Maria SCHOBER, Gesellschaft im Exzess. Mediziner in Basel um 1600 (Campus historische Studien, Bd. 77), Frankfurt 2019, S. 205–274.

154) Michael STOLBERG, Frühneuzeitliche Ärztebriefe des deutschsprachigen Raums, 1500–1700. [Projekt 2014/15]. Online verfügbar unter http://hsozkult.geschichte.hu-berlin.de/tagungsberichte/id=5571 [13.03.2023].

Arzt musste eine Erwerbsorientierung noch konsequenter verschleiern zugunsten eines aristokratischen Habitus, der auf seine *fama* abhob.

Einen Schauplatz, auf dem diese Gruppen zusammentrafen, bildeten, wie Jana Madlen Schütte gezeigt hat, die im 15. Jahrhundert aufkommenden öffentlichen Schausektionen in den Universitätsstädten[155]. Hierbei ging es weniger darum, anatomisches Wissen zu vermitteln, sondern darum, dass vor den Augen der Stadtbevölkerung die medizinische Fakultät ihre Deutungshoheit vorführte: Während der Professor dozierte, führten Chirurgen als Hilfspersonal die Sektion durch, und im Publikum schauten die Bader und Barbiere sowie andere medizinisch Interessierte zu.

Das »Anatomische Theater« der Frühen Neuzeit hieß nicht zufällig so, denn es bildete die akademische Entsprechung zu den ebenfalls als *theatrum* bezeichneten Bühnen der kommerziellen Medizin-Unternehmer auf den Marktplätzen[156]. Wo diese ein sprichwörtliches Feuerwerk der Attraktionen abbrannten, da zelebrierte die Schausektion am exemplarischen Leichnam die soziale Überlegenheit der universitären Gelehrsamkeit über das handwerkliche Erfahrungswissen.

VII. Ambiguität der Quellen und Ambiguität der Werbung

Über die akustischen und visuellen Formen der Werbung erfahren wir dabei noch am ehesten aus Quellen, die den Aktivitäten der *empirici* und anderer nicht-ärztlicher Heiler tendenziell polemisch gegenüberstehen. Die geschriebenen und gedruckten Werbemittel lassen sich als solche anhand der Überlieferung nachweisen. Ausrufer, Marktschreier, Ladenzeichen und Behandlungen *coram publico* kennen wir hingegen eigentlich nur aus schriftlichen oder bildlichen Satiren über sie, und diese prägen bis heute auch unser negatives Bild von ihnen. Man muss also direkte Zeugnisse für Werbung unterscheiden von der Darstellung von Werbung in Medien, die etwas ganz anderes intendierten.

Ein Beispiel sind die bekannten Abbildungen typischer mittelalterlicher (und frühneuzeitlicher) Zahnbrecher[157]: Wir sehen da etwa einen vornehm gekleideten Mann, der das Gebiss einer Frau untersucht, an einem Tisch, auf dem sich diverse Utensilien befinden: ein besiegeltes Patent, ein Aufsteller mit einer Art Werbebild und einer Kette, an der kleine Gegenstände hängen. Aber handelt es sich bei diesem Sujet um Alltagsszenen? Tatsächlich wurde es zumindest auch in größere Bildzusammenhänge eingebettet, etwa in Hieronymus Boschs »Der Heuwagen« (um 1490), der Mitteltafel eines Trypti-

155) Schütte, Medizin im Konflikt (wie Anm. 14), S. 83–91; Rawcliffe, Medicine (wie Anm. 37), S. 128-130; zur Bildtradition: von Hülsen-Esch, Gelehrte (wie Anm. 25), S. 306–309.

156) Kröll, Jahrmarktskünste (wie Anm. 3), S. 176 f.

157) Vgl. die zahlreichen Belege in: Proskauer, Kulturgeschichte (wie Anm. 115).

Abb. 5: Der Zahnbrecher im Kontext (Bildmitte unten): Hieronymus Bosch: Der Heuwagen, um 1480, El Escorial, Madrid.

chons, zu welchem links das Paradies und rechts die Hölle gehört. Der Zahnarzt mit seinen ikonographisch stereotypen Werbemitteln wird also als eine von vielen Figuren erkennbar, die den »Heuwagen« als Abbild des sündigen Lebens auf Erden bevölkern. Es ist im Übrigen das Martyrium der Heiligen Apollonia, das hier in die profane Ikonographie übertragen wird[158].

Der Medizinhistoriker Roger King hat darum annehmen wollen, diese Bilder von Zahnbrechern auf dem Markt zeigten gar nicht die reale Praxis spätmittelalterlicher Dentisten. Vielmehr würden hier Gaukler abgebildet, die im Rahmen ihrer satirischen und grotesk überzeichneten Farcen Zahnärzte gespielt hätten[159]. Da wir den Zahnbrecher als Figur auf dem *theatrum* jedoch ebenfalls erst aus dem 17. Jahrhundert kennen, könnte freilich auch dies eine anachronistische Rückprojektion sein. In jedem Fall wird man bei der ikonographischen Interpretation die Wechselwirkung zwischen öffentlicher Heilbehandlung, satirischer Bühnenperformance und religiöser Ausdeutung immer mitbedenken müssen.

Ähnliches gilt für die oben beschriebenen Ladenzeichen etwa der Badehäuser: Wir finden über den Türen gelegentlich auch die charakteristischen Strohhüte, welche man im Schwitzbad zu tragen pflegte, oder die aus Ästen gebundenen Badequasten, mit denen man sich abrieb, um die Haut zu reinigen[160]. Der Badewedel wurde jedoch häufiger auch als Allusion auf Adam und Eva verwendet, wenn es darum ging, die Nacktheit zu thematisieren[161]. Die Bezeichnung »Quastenbinderin« wurde sogar als moralisch diskreditierende Invektive gebraucht[162].

Dass es in den Badehäusern der Vormoderne fröhlich zugegangen sei, ist ja ein seit den notorischen »Sittengeschichten« des 19. Jahrhunderts gern diskutiertes Phänomen[163]. Wegen der Hitze waren Angestellte wie Gäste nur knapp bekleidet, in der Regel nur mit einer »Badeehre« (weiblich) bzw. einem »Bruch« (männlich), die lediglich die Schambereiche leidlich bedeckten[164]. Zudem war es humoralpathologisch angezeigt, vor dem Bad Wein oder Branntwein zu trinken, um den Schweißfluss zu befördern[165], und nach bzw. bei der Behandlung ordentlich zu essen, um die Körperkräfte zu stärken.

158) Katritzky, Women (wie Anm. 2), S. 40, 62 f.; vgl. allgemein: Jurina, Quacksalber (wie Anm. 25), S. 125–127.

159) Roger King, The Making of the Dentiste, 1650–1760, Aldershot 1998, S. 11–33.

160) Stolz, Handwerke (wie Anm. 79), S. 114; Murner, Geistliche Badenfahrt (wie Anm. 105), [S. 28] Christus als Bader, der einen Gast/Mönch begrüßt, im Hintergrund an einem Stecken ein Badequast und eine Badehaube als Geschäftszeichen, dazu Stolz, Handwerke (wie Anm. 79), S. 82.

161) Martin, Badewesen (wie Anm. 83), S. 165 f.

162) Martin, Badewesen (wie Anm. 83), S. 86.

163) Abb.: Martin Widmann/Christoph Mörgeli, Bader und Wundarzt. Medizinisches Handwerk in vergangenen Tagen, Zürich 1998, S. 33, 37; Stolz, Handwerke (wie Anm. 79), S. 104–110; Hans Peter Duerr, Nacktheit und Scham (Der Mythos vom Zivilisationsprozess, Bd. 1), Frankfurt am Main 1988, S. 49–55.

164) Martin, Badewesen (wie Anm. 83), S. 168 f.

165) Keil, Branntweintraktat (wie Anm. 128), S. 68 f.

Zumindest in den städtischen Badehäusern des Spätmittelalters wurde dabei freilich, soweit wir wissen, streng auf Geschlechtertrennung geachtet (wohlgemerkt: unter den Gästen, nicht unbedingt beim Personal)[166]. Dennoch gelten die Bademägde der Vormoderne bis heute als de facto-Prostituierte, und die Bader entsprechend als Bordellwirte[167]. Dieser Vorwurf diente aber in der Konkurrenz zwischen den zünftischen Heilberufen (Barbiere vs. Bader vs. Wundärzte) zumindest auch dazu, die Bader moralisch zu diskreditieren. Umgekehrt dürften knapp bekleidete Bademädchen in der Praxis wie in der Imagination auch ein Lockmittel gewesen sein, welches ein geschickter Geschäftsinhaber einsetzen konnte, ohne dass damit gleich sexuelle Dienstleistungen verbunden sein mussten. Im Alltag werden die Lohnarbeiterinnen in den Badehäusern den gut betuchten Kunden oft genug mehr oder weniger ausgeliefert gewesen sein[168]. Auch hier dürfen wir freilich nicht vergessen, dass die zahlreichen bildlichen Umsetzungen dieses Themas auf einen religiös imprägnierten moralischen Diskurs referenzieren: Gerade in der erotischen Aufladung sollten Darstellungen von Nacktheit die Sündigkeit des Betrachters somatisch erfahrbar und so reflektierbar machen[169]. Nur so ergeben etwa die gern reproduzierten Marginalien-Zeichnungen von Bademägden aus der berühmten Bibel des Königs Wenzel (1390–1400) einen Sinn[170].

Wie erwähnt wissen wir über das Gesundheitswesen abseits der größeren Städte so wenig, dass die Forschung nach jeder Kleinigkeit sucht. In der Bauarchäologie etwa hat man auf eine Skizze hingewiesen, die ein ländliches Badehaus zeigen soll[171]. Man sieht eine Hütte, an deren rechter Außenwand ein Ofen zu erkennen ist, dazu ein Brunnen. Durch das (bei einem beheizbaren Raum unrealistisch große) offene Tor sehen wir zwei Badezuber, in denen Leute sitzen. In einem Teich vor dem Gebäude baden ebenfalls

166) STOLZ, Handwerke (wie Anm. 79), S. 72, 80; MARTIN, Badewesen (wie Anm. 83), S. 86; entsprechend zeigt etwa auch das bekannte Bild eines Badehauses in der Göttinger Handschrift von Konrad Kyesers ›Bellifortis‹ getrennte Räume für Männer und Frauen, vgl. z. B. Hartmut BOOCKMANN, Die Stadt im späten Mittelalter, München 1986, Abb. 141, S. 92.

167) MARTIN, Badewesen (wie Anm. 83), S. 85–91; zur ambivalenten Wahrnehmung der Bader und Barbiere seit dem Spätmittelalter vgl. JURINA, Quacksalber (wie Anm. 25), S. 227–239.

168) Über Badehaus und Wildbad als Orte der männlich konnotierten Transgression sozialer Normen: SCHOBER, Gesellschaft im Exzess (wie Anm. 153), S. 41–120.

169) Robert W. SCRIBNER, Vom Sakralbild zur sinnlichen Schau. Sinnliche Wahrnehmung und das Visuelle bei der Objektivierung des Frauenkörpers im 16. Jahrhundert, in: Robert W. SCRIBNER, Religion und Kultur in Deutschland, hg. von Lyndal ROPER (Veröffentlichungen des Max-Planck-Instituts für Geschichte, Bd. 175) Göttingen 2002, S. 147–175; Ulrich PFISTERER, Kunst-Geburten. Kreativität, Erotik, Körper in der Frühen Neuzeit (Kleine kulturwissenschaftliche Bibliothek), Berlin 2014.

170) MARTIN, Badewesen (wie Anm. 83), S. 164, 167, Ärzte, Bader und Barbiere (wie Anm. 105), S. 213; JURINA, Quacksalber (wie Anm. 25), S. 114 f.; zum Kontext vgl. Thomas KRZENCK, Sophie von Wittelsbach – eine Böhmenkönigin im Spätmittelalter, in: Fürstinnen und Städterinnen. Frauen im Mittelalter, hg. von Gerald BEYREUTHER/Barbara PÄTZOLD/Erika UITZ, Freiburg/Basel/Wien 1993, S. 65–87, hier: S. 69 f.

171) Johannes CRAMER, Badhäuser – ein städtischer Bautyp, in: Hausbau im Mittelalter, hg. von Konrad BEDAL, Sobernheim/Bad Windsheim 1985, S. 9–59, hier: S. 36; STOLZ, Handwerke (wie Anm. 79), S. 75.

Personen. Links über der Tür ist an einem langen Stock ein Fassreifen aufgehängt, ein schon seit dem frühen 13. Jahrhundert nachweisbares Zeichen für einen Weinausschank[172]. Badehaus und Gasthaus waren also nicht streng geschieden. Es handelt sich allerdings um einen Ausschnitt aus einer Federzeichnung in Jakob Murers Weißenauer Chronik des Bauernkrieges von 1525[173]. Und so ist diese Quelle ebenfalls nicht ohne interpretatorische Fallstricke: Während die Dörfler da im Bade sitzen und zechen, nähert sich schon das Heer der Fürsten, um gegen die Bauernhaufen in die Schlacht zu ziehen. Das Badehaus steht hier also für eine irdische Welt, die der göttlichen Ordnung zuwiderläuft und folglich dem Untergang geweiht ist.

Abb. 6: Badehaus und Gastwirtschaft im Kontext (obere Bildmitte): Jacob Murers Weißenauer Chronik des Bauernkrieges von 1525, Fürstlich-Waldburg-Zeil'sches Gesamtarchiv, Leutkirch, ZA Ms 54, [fol. 15 v.].

172) Carlin, Senses (wie Anm. 119), Abb.3.6., S. 78, dazu S. 84: Chartres, Kathedrale, Glasfenster mit Bild einer Taverne mit Fassreifen als Zeichen (um 1215); vgl. Deutsches Wörterbuch (wie Anm. 10), Lfg. 4 (1890), Bd. VIII (1893), Sp. 619 f, Nr. 3 c; URL: https://www.dwds.de/wb/dwb/reif [05.01.2023].

173) Jacob Murers Weißenauer Chronik des Bauernkrieges von 1525, hg. von Günther Franz, 2 Bde., Sigmaringen 1977, ohne Pag., [fol. 15 v., S. 30 f.].

Den Fassreifen finden wir auch in anderen Badebildern. So zeigt ein Holzschnitt aus der *Margarita philosophica* (1503) des Gregor Reisch (ca. 1470–1525) eine (anhand der Haube erkennbar) verheiratete Frau mit einem Flötenspieler und zwei weiteren Männern in einem Badebecken. Im Hintergrund ist wiederum ein mit einem Fassreif werbendes Gasthaus erkennbar[174)]. Ebenso zeigt der Titelholzschnitt von Hans Foltz' »Büchlein von den naturheißen Bädern« (1480/1508) im Hintergrund eines Heilbades ein Gasthaus mit aufgestecktem Fassreifen[175)].

Der Nürnberger Barbier und Dichter steht mit dieser Schrift am Anfang einer ganzen literarischen Gattung, der Bäderliteratur. Diese Werbeschriften für beliebte Heilbäder weisen voraus auf die moderne Tourismus-Reklame[176)]. Schon die »Geistliche Badenfahrt« (1514) des franziskanischen Moralisten und antireformatorischen Polemikers Thomas Murner (1475–1537) reagiert dann moralisierend auf das neue Genre, indem sie Christus als Bademeister den Vergnügungen des Kurbetriebs gegenüberstellt[177)]. Die Assoziation von Weinausschank und Bad war wie erwähnt auch praktisch naheliegend. Zugleich wurde damit aber der ganze Konnotationshorizont von Badehaus und Gasthaus als Orte des Lasters und Kontrafaktur der *ecclesia* aufgerufen. Der in den Himmel ragende Fassreif war eben auch Konkurrenz für den Kirchturm und insofern der Inbegriff moralisch verwerflicher Werbung[178)]. Ausformuliert ist dies wiederum bei Thomas Murner, in seiner »Schelmenzunft«:

der steckt den reiff vergebens ausz,
der keyn weyn hat in seym hausz [...]
wiltu han eyn erbren schein,
so zühe den schelmen reiff doch ein[179)].

Der Fassreifen als Schelmenstück wird so zum Inbegriff irreführender Werbung – womit wir auch wieder an die erotischen Verlockungen des Badehauses denken können: Die bildliche Kombination aus Fassreif und Badeszene wird als Kritik an der Weckung

174) Ulrich P. ECKER, Bettelvolk, Aussätzige und Spitalpfründner. Armut und Krankheit als zentrales Aufgabenfeld der Stadtverwaltung, in: Geschichte der Stadt Freiburg im Breisgau, hg. von Heiko HAUMANN/Hans SCHADEK, Stuttgart ²2001, S. 468–500, 672–676, hier: Abb. 139, S. 484.

175) MARTIN, Badewesen (wie Anm. 83), Abb. 114, S. 266.

176) MARTIN, Badewesen (wie Anm. 83), S. 268–270, 272–275.

177) MURNER, Geistliche Badenfahrt (wie Anm. 105), dazu: Simone LOLEIT, Wahrheit, Lüge, Fiktion. Das Bad in der deutschsprachigen Literatur des 16. Jahrhunderts (Kultur- und Medientheorie), Bielefeld 2015, S. 197-252.

178) So ragt der Fassreif über einer für das Element Erde stehenden Siedlung übergroß in den Himmel: Francesco PETRARCA, Von der Artzney bayder glück, Augsburg 1532 (ohne Pag.), I.3: »Von glückseliger gesundtheit«, URL: https://www.digitale-sammlungen.de/de/view/bsb11200493?page=32 [14.03.2023].

179) Thomas Murner, Die Schelmenzunft, hg. von M. SPANIER (Thomas Murners deutsche Schriften, Bd. 3), Berlin 1925, S. 46; Deutsches Wörterbuch (wie Anm. 10), Lfg. 14 (1893), Bd. VIII (1893), Sp. 2515, Z. 23. URL: https://www.dwds.de/wb/dwb/schelmenreif#GS06689 [05.01.2023].

falscher Erwartungen unter den Kunden der Badehäuser lesbar[180]. Allgemein wird der Fassreif als Verheißung weltlicher Freuden und so als eitle und zwecklose Inversion der kirchlichen Heilsvermittlung markiert. Damit ist im Grunde wieder nur der Primat der spirituellen Sorge um das Seelenheil gegenüber der irdischen Pflege von Körper und Gesundheit aufgerufen: Christus als der wahre *balnearius* eben. Alle weltlichen Heilberufe mussten sich gefallen lassen, immer wieder als irdisches Gegenbild zum »Heiland« auf die Plätze verwiesen zu werden.

So ist etwa in einer prächtigen Pariser Handschrift des Fürstenspiegels *De regimine principum* des Aegidius Romanus (1243–1316; Handschrift des 15. Jahrhunderts) eine Straßenszene mit einer Apotheke zu finden, die ein beschriftetes Ladenschild aufweist: *bo*[n] *Ipocras*[181]. *Ipocras* ist Hippokrates, ein Name, dessen autorisierende Wirkung schon Gundolf Keil herausgestellt hat[182]. Carole Rawcliffe zufolge wurden unter diesem Namen auch Medikamente vertrieben[183]. Es bliebe im Detail zu untersuchen, ob solche Straßenszenen in prächtig illuminierten Handschriften didaktischen Inhalts vordergründig realienkundlich auszuwerten sind. Vielleicht diente die Darstellung einer Apotheke oder eines Bader- bzw. Barbiergeschäfts auch als Folie für einen religiös-moralischen Inhalt? *Ipocras* oder *Ypokras* war nämlich auch eine bekannte Figur aus Passionsspielen des 15. und 16. Jahrhunderts. Denn so lautet in mehreren Spielrollen reichlich plakativ der Name jenes Krämers, bei dem die Frauen »wohlriechende Öle« gekauft hatten, bevor sie am dritten Tag das Grab Jesu besuchten, welches sie dann leer auffanden (Mk 16,1 ff.)[184]. Diese kurze Vorgeschichte der *Visitatio Sepulchri* war schon in ganz frühen Geistlichen Spielen des 11. Jahrhunderts angelegt. Sie wurde dann sukzessive immer weiter ausgebaut, bis sie im Spätmittelalter regelmäßig als Zwischenspiel auftaucht, in dem ein Salbenhändler (der *medicus* oder *mercator*), seine Frau und sein Diener in einem oft improvisierten Dialog eine groteske Überzeichnung des Geschehens auf einem mittelalterlichen Markt abliefern.

180) Zur ambivalenten, die Fluidität (Wasser, Wein, Körperflüssigkeiten) betonenden Bildsemiotik von Badeszenen in der Bäderliteratur des 16. Jahrhunderts vgl. SCHOBER, Gesellschaft im Exzess (wie Anm. 153), S. 56–63.

181) BNF Paris, Ms. 01 ARS 5062, fol. 149 v.; https://archivesetmanuscrits.bnf.fr/ark:/12148/cc85274d [13.03.2023]; vgl. RAWCLIFFE, Medicine (wie Anm. 37), S. 156.

182) Gundolf KEIL, Ipokras: Personalautoritative Legitimation in der mittelalterlichen Medizin, in: Herkunft und Ursprung. Historische und mythische Formen der Legitimation, hg. von Peter WUNDERLI, Sigmaringen 1994, S. 157–177.

183) RAWCLIFFE, Medicine (wie Anm. 37), S. 156.

184) KRÖLL, Jahrmarktskünste (wie Anm. 3), S. 159–162; KATRITZKY, Women (wie Anm. 2), S. 31–40; Phyllis ABRAHAMS, The Mercator-Scenes in Medieval French Passion Plays, in: Medium Aevum 3 (1934), S. 112–123; Martin W. WALSH, Rubin and Mercator. Grotesque Comedy in the German Easter Play, in: Comparative Drama 36 (2002), S. 187–202.

Abb. 7: Straßenszene mit Apotheke und Barbiergeschäft: Aegidius Romanus (um 1243–1316): De regimine principum (1501–1525), Bibliothèque nationale de France, Paris, Ms-5062, fol. 149 v.

dye blinden macht er sprechen
die stummen macht er essen
her quam czue erstige alzo vil
alzo eyn esel czue seyten spil[185)]

Um den *risus paschalis* auszulösen, war jede Transgression erlaubt[186)]. Die drei Jüngerinnen müssen lange mit dem Medicus über den Preis seiner Salben feilschen. *Medicus* und *medica* als reisendes Arzt-Ehepaar liefern sich Wortgefechte, wessen mirakulöse Heilmethoden wirksamer seien. Der *famulus* (oft namens Rubinus) preist die selbst hergestellten Arzneien an, all dies mit obszönen Anspielungen gewürzt. Am Ende brennen *famulus* und *medica* gemeinsam durch und lassen den *medicus* als gescheiterte Existenz zurück. An keiner anderen Stelle überschreiten die Passionsspiele so deutlich den durch den biblischen Text vorgegebenen Rahmen[187)]. Der *medicus* oder *mercator* war zum archetypischen Gegenspieler des Erlösers und seines kirchlichen Personals geworden.

Die Skripte für Passionsspiele enthalten für das Salbenkrämer-*interludium* manchmal nur die Anweisung, dass die Figuren auftreten sollten. Alles weitere blieb also den Laienschauspielerinnen und -schauspielern überlassen. Wo man Hinweise auf den Inhalt hat, kamen dabei offenbar all jene fiktiven oder realen Werbemedien zum Einsatz, von denen wir schon gehört haben. Passionsspiele wurden unter Beteiligung der Gemeinde im Straßenraum auf wechselnden Bühnen aufgeführt. Hier reflektierte eine Stadtgesellschaft am realen Schauplatz des Marktgeschehens über die Heilsgeschichte und ihre Hindernisse – und in diesem Zusammenhang stand ausgerechnet der reisende Arzt und Arzneihändler als Inbegriff irdischen Erwerbsstrebens im Mittelpunkt. Wenn dann etwa beim Bozener Passionsspiel von 1514 *medicus*, *medica* und *famulus* von Mitgliedern örtlicher Bader- und Barbierfamilien gespielt wurden, dann wird daraus eine komplexe Selbstreflexion: Hier stellten sich ortsansässige Anbieter am Gesundheitsmarkt demütig als Angehörige einer sündigen Profession dar, machten sich zugleich aber über die ungeliebte reisende Konkurrenz lustig und disqualifizierten diese als lasterhaft und unchristlich[188)].

Im 15. Jahrhundert sollte dieses Sujet sogar als Hauptthema von Fastnachtsspielen verselbständigt werden. Der Salbenkrämer wurde nun eindeutig zum *arzet*, dessen Ei-

185) So im aus Thüringen stammenden sog. Innsbrucker Osterspiel (Anf. 14. Jh.), zitiert nach: KRÖLL, Jahrmarktskünste (wie Anm. 3), S. 160.
186) Werner RÖCKE, Ostergelächter: Körpersprache und rituelle Komik in Inszenierungen des »risus paschalis«, in: Körperinszenierungen in mittelalterlicher Literatur, hg. von Klaus RIDDER/Otto LANGER (Körper, Zeichen, Kultur, Bd. 11), Berlin 2002, S. 335–350.
187) Hans-Jürgen LINKE, Unstimmige Opposition. »Geistlich« und »Weltlich« als Ordnungskategorien der mittelalterlichen Dramatik, in: Leuvense Bijdragen 90 (2001), S. 75–126, hier S. 78-80.
188) KATRITZKY, Women (wie Anm. 2), S. 22, 29–31, 35 f.

genwerbung nurmehr aus drastisch burlesken Motivumkehrungen bestand[189]. Schon früh verselbständigte sich dieses »Salbenkrämer«-Zwischenspiel außerhalb des Kontextes der Passionsspiele als eigenes satirisches Sujet[190]. Rutebeufs *Dit de l'herberie* etwa, der um 1280 in Paris entstandene Monolog eines Arzneihändlers auf dem Markt, steht in dieser Tradition[191]. Diese Satire auf einen reisenden *medicus* könnte aus einem konkreten Konflikt heraus entstanden sein: 1258 hatten sich die Pariser Wundärzte in einer Gilde zusammengeschlossen, 1270 sollte die medizinische Fakultät der Universität folgen[192]. Dass die *chirurgi* sich den heiligen Cosmas als Patron wählten, zeugt von ihrem Geltungsanspruch gegenüber den universitären *physici*[193]. Hier standen sich zwei konkurrierende Korporationen im gleichen Geschäftsfeld gegenüber – umso anschlussfähiger beim Publikum vielleicht die Polemik gegen die mobilen Mitbewerber. Rutebeufs *Dit* wird in der Geschichte des Marketings bis heute als frühes Beispiel für die Entstehung der Warenwerbung als Gattung herangezogen[194]. Dabei handelt es sich aber offenkundig um eine religiös grundierte Satire, deren sprachliche Struktur sich zudem eng an die Vorgaben zeitgenössischer Predigthandbücher anlehnt[195]. Wenn, dann handelt es sich dabei also um einen Fall von negativer Werbung im Sinn einer Polemik gegen die reisenden Verkäufer von medizinischen wie spirituellen Heilmitteln, wie sie etwa auch in den mehrfach überlieferten Schwankdialogen von Ablass- und Theriakhändlern in

189) Carl I. HAMMER, The Doctor in the Late Medieval ‚Arztspiel', in: German Life and Letters 24 (1971), S. 242–256; LINKE, Unstimmige Opposition (wie Anm. 187), S. 101 f.

190) KATRITZKY, Women (wie Anm. 2), S. 152–155; M.A. KATRITZKY, The Itinerant Healer as a Stage Role. Its Origins in Religious Drama, in: Enacting the Bible in Medieval and Early Modern Drama, hg. von Eva VON CONTZEN und Chanita GOODBLATT, Manchester 2000, S. 81–103; KRÖLL, Jahrmarktskünste (wie Anm. 3), S. 161 f. mit Anm. 22.

191) KRÖLL, Jahrmarktskünste (wie Anm. 3), S. 160; KATRITZKY, Women (wie Anm. 2), S. 35.

192) GOTTFRIED, Doctors (wie Anm. 37), S. 242; WAGNER, Doctores (wie Anm. 14), S. 25 f.; SCHÜTTE, Medizin im Konflikt (wie Anm. 14), S. 33 f.; O'BOYLE, Surgical Texts (wie Anm. 75), S. 172–175; im 14. Jahrhundert sollten sich beide Korporationen im Auftreten immer mehr annähern, vgl. ebenda, S. 180 f.; John Block FRIEDMAN, Chaucer's Pardoner, Rutebeuf's ›Dit de l'herberie‹, the ›Dit du Mercier‹ and Cultural History, in: Viator 38 (2007), S. 289–319, hier: S. 300.

193) WAGNER, Fakultätspatrone (wie Anm. 22), S. 220.

194) Œuvres complètes de Rutebeuf, hg. von Michel ZINK (Les classiques médiévaux), 2 Bde., Paris 1959, Bd. 2, S. 239–251; englische Übersetzung: Edward B. HAM, The Rutebeuf Guide for Medieval Salescraft, in: Studies in Philology 47/1 (1950), S. 20–34, hier: S. 21–25; zur weiteren Rezeption vgl. FRIEDMAN, Chaucer's Pardoner (wie Anm. 192); Cowell, Advertising (wie Anm. 124), S. 819–822.

195) COWELL, Advertising (wie Anm. 124), S. 815–817, der die Marktschreier-Satiren als Inversion religiöser Persuasionstechniken interpretiert, also als Polemik gegen das Predigtwesen. Doch kann man profane »Werbung« und religiöse Kultpropaganda als persuasive Formen funktional gleichsetzen? Und wird dies der zugrundeliegenden Ambiguität gerecht? Wenn ein geistliches Spiel die Rhetorik eines Gastwirts karikiert, ist das wohl weniger Kritik am Predigtbetrieb, sondern eben ein Spiel mit den Ambivalenzen von Rhetorik und Persuasion.

der Gastwirtschaft anklingt[196]. Hier wird der meditative Kontext moralischer Reflexion evoziert, selbst wenn dabei zugleich auf reales Alltagsgeschehen rekurriert wurde.

Im *Medicus*-Interludium der spätmittelalterlichen Passionsspiele können wir demnach der uns bekannten frühneuzeitlichen Figur des »Quacksalbers«, des »Scharlatans«, des »Kurpfuschers« bei der Entstehung zusehen. Die entsprechenden Bilder und erst recht die entsprechenden literarischen Verarbeitungen des Motivs seit dem 16. Jahrhundert verweisen vielleicht auch auf reale Zustände, sicherlich aber auf einen Topos, der seit dem Hochmittelalter mit einem der wirksamsten Medien religiöser Unterweisung, dem Geistlichen Spiel, im Imaginationshorizont verankert worden war. Aus diesem Fundus konnten sich dann die oft von Medizin-Unternehmern geleiteten Theatertruppen des 17./18. Jahrhunderts bedienen, als sie aus dieser Szene ihre Schaustücke entwickelten. Auch ein Charles Bernoin griff noch auf die Figur des übergeschnappten *Medicus* zurück, wenn er sich selbst als vom Himmel herabfahrender Heilsbringer stilisierte. Die darin enthaltene, für uns irritierende Kontrafaktur der Heilsgeschichte war in den Improvisationen der *Medicus*-Episode schon seit Jahrhunderten angelegt.

Der Salbenkrämer ist also als literarische Figur schon im 12. Jahrhundert präsent, während wir seiner in realgeschichtlichen Quellen erst im Spätmittelalter habhaft werden. Man wird also annehmen können, dass es Pharmazie-Anbieter, die außerhalb der regulierten Marktstrukturen der Städte agierten und dabei ihre Produkte recht aggressiv bewarben, schon vor dem 15. Jahrhundert gegeben haben dürfte. Wo entsprechend komplexe soziale Verhältnisse dies notwendig machten, wird dies wohl auch zuvor schon der Fall gewesen sein. Wir erfahren von der werblichen Marktorientierung im medizinischen Feld aber für Jahrhunderte nur aus der christlich geprägten Polemik gegen sie. Und umgekehrt: Die Werbung der Anbieter am Gesundheitsmarkt bediente sich bis in die Frühneuzeit ausdrücklich der transgressiven Narrative dieser Polemik.

VIII. Schlussfolgerungen: Zwischen Cosmas und Damian entsteht der Markt

Die »Expertenkulturen« im medizinischen Feld bekommen eine größere Tiefenschärfe, sobald man die akademischen Ärzte nurmehr als eine von vielen Akteursgruppen begreift, die sich selbst habituell in bewusster Distinktion zur marktorientierten Konkurrenz konstituierte[197]. Es zeichnet sich ab, dass neben der Pluralität der Heilberufe auch eine Pluralität der Strategien des *self-fashioning* und der kompetitiven Kom-

196) Le pardonneur, le triacler, et la tavernière (1510), in: Recueil de farces (1450–1550), hg. von André Tissier, 13 Bde., Genf 1986–2000, Bd. 5, S. 230–273; Katritzky, Women (wie Anm. 2), S. 151 f.; Friedman, Chaucers Pardoner (wie Anm. 192), S. 299.

197) Kröll, Jahrmarktskünste (wie Anm. 3), S. 185.

munikation festzustellen ist. Die Heilprofessionen unterschieden sich weniger in ihren Aufgabenfeldern und Kompetenzen, die allemal überlappten, als vielmehr in ihren sozial sehr spezifischen Formen des Marketings.

Je komplexer ein gesellschaftliches Setting, desto eher wird das medizinische Feld Marktstrukturen entwickeln und desto eher wird dabei mit autonomen Formen der Werbung zu rechnen sein. Je besser eine Gruppe sozial integriert war, desto weniger musste sie offensiv marktförmig agieren; und umgekehrt: Je offener marktförmig man agierte, desto weniger »soziales Kapital« konnte man aus der Sicht der Eliten generieren. Dabei diente letztlich auch der aristokratische Habitus der gelehrten Ärzte ihrer Positionierung auf einem Markt. Dies gelang aber gerade durch eine Negation der Marktorientierung.

Zudem bedingten die unterschiedlichen Berufsfelder unterschiedliche Formen von Marketing: Der Warenhandel der Pharmazie konnte besonders aggressiv werblich sein oder aber auch einer aristokratischen Reputationslogik folgen, graduell abgestuft ebenso das Angebot körpernaher Dienstleistungen durch Ärzte und Heiler. Der Gebrauch von Anlagen und Immobilien wie bei Badern und Barbieren bedingte Werbestrategien analog zum Verkaufsladen. Je klarer diese Ausprägungen in einem Geschäftsmodell distinkt blieben, desto mehr Prestige konnte dieses offenbar generieren.

Alle Formen von Werbung blieben aber latent umstritten, da sie dem christlichen Anspruch der Wohltätigkeit widersprachen. Werbung wird daher quellenmäßig erst greifbar in der polemischen Auseinandersetzung mit ihr. Deshalb inszenierten sich die gelehrten Ärzte nach einem aristokratischen Modell. Dieses wurde dann im 19. Jahrhundert für das gesamte höhere Medizinalwesen verabsolutiert. Folgt man Joseph Morsel, so ist die Systematisierung der aristokratischen Standeslogik des Adels allgemein erst ein Phänomen des 15. und 16. Jahrhunderts[198)]. Demnach stand hier nicht ein traditionales gegen ein modernes Modell, sondern zwei gleichermaßen neu entstandene Konzepte konkurrierten. Marktorientierung und ständische Exklusivität wären so gleichermaßen Ergebnisse der Komplexitätssteigerung an der Wende zur Neuzeit.

Jedenfalls konnten die akademischen Ärzte durch die Annahme eines aristokratischen Habitus' dem durch das religiös bedingte Postulat der Wohltätigkeit gestellten Dilemma nicht entkommen. Im Gegenteil: Mit der Angleichung an den Adel handelten sie sich Ansprüche an repräsentativen Konsum ein, die die Fallhöhe zwischen Ethik und Ökonomie eher vergrößerten – ebenfalls mit Folgen bis heute.

Man könnte also fragen, inwieweit die Ausdifferenzierung des Gesundheitsmarktes selbst weniger durch funktionale Differenzierung als vielmehr durch das religiös grundierte (und materiell unrealistische) Ideal des marktfernen Wohltäters determiniert ge-

198) Joseph MORSEL, Inventing a Social Category. The Sociogenesis of the Nobility at the End of the Middle Ages, in: Ordering Medieval Society, hg. von Bernhard JUSSEN (The Middle Ages Series), Philadelphia 2001, S. 200–240.

wesen sein könnte. In dem Moment, in dem der gelehrte Arzt als quasi-Adeliger vom Anspruch her dem Erwerbsleben entzogen war[199], ergab sich ein breites Feld von medizinischen Behandlungsformen, die im Alltag kaum von Heiligen erledigt werden konnten. In der Praxis blieb der aristokratische Anspruch für die gelehrten Ärzte allemal unerreichbar, sobald sie bei einer Be-*handlung* praktische *Hand*-arbeit leisteten. Dies war ja auch der Grund, weshalb Theologen und Juristen an den Universitäten ihnen latent den Status als Wissenschaft absprachen. Umgekehrt näherten sich die prominenteren Wundärzte wie die Apotheker gern habituell dem gelehrten Modell an. Beide Berufsgruppen überschnitten sich auch in der praktischen Werbung für ihre Angebote, etwa bei den Niederlassungsankündigungen. Hinzu kam das Dilemma der Erwerbstätigkeit. Während also die *physici* ihre Würde pflegten, entstand unterhalb ihrer Kunst bei den körpernahen Dienstleistungen der medizinische Markt, zwischen den beiden Modellen, für die in der Legende die heiligen Patrone Cosmas und Damian stehen mögen.

Diese Spannung ist denn auch bis in die Gegenwart virulent: Noch Anfang des 20. Jahrhunderts gab es Ladengeschäfte von Chirurgen, die ähnlich wie heute etwa Friseure ihre Dienste anboten[200]. Der letzte handwerkliche Wundarzt in Württemberg verstarb 1931[201]. Das ärztliche Werbeverbot wurde in Deutschland erst im Jahr 2002 aufgehoben[202]. Aber nur langsam müssen wir uns an den Anblick von Plakatwerbung für Arztpraxen gewöhnen. Die Zurückhaltung hat vielleicht weniger mit aktuellen Debatten über die Kommerzialisierung des Gesundheitswesens zu tun als damit, dass »Werbung« seit der Entstehung des Passionsspiels im 12. Jahrhundert eindeutig als Verstoß gegen den aristokratischen Habitus des Arztes markiert ist. Dabei verdienen Ärzte natürlich mit ihrer Arbeit Geld. Das widerspricht aber unserem Konzept des Heilers als Helfer. Diese ungelöste Ambivalenz muss im *self-fashioning* von Heilberufen bis heute immer neu ausgehandelt werden: Modell Cosmas vs. Modell Damian.

199) Mit Schwerpunkt auf der Rechtswissenschaft: Hermann LANGE, Vom Adel des doctor, in: Das Profil des Juristen in der europäischen Tradition. Symposion aus Anlaß des 70. Geburtstags von Franz Wieacker, hg. von Klaus LUIG/Detlef LIEBS, Ebelsbach 1980, S. 279–294.

200) Vgl. die Fotografie des Ladens eines Chirurgen und Coiffeurs, Schaffhausen (1904), in: WIDMANN/MÖRGELI, Bader und Wundarzt (wie Anm. 163), Abb. 22, S. 174.

201) Sabine SANDER, Handwerkschirurgen. Zur Sozialgeschichte einer verdrängten Berufsgruppe, Göttingen 1989, S. 11.

202) Bundesärztekammer, Deutsches Ärzteblatt 2017, S. 1–7; DOI: 10.3238/arztebl.2017.baek.arzt_werbung_oeffentlichkeit01 [05.01.2023].

Summary: The Medieval Health Care System Between Charity and Market Orientation

In Christian societies, medicine and health care are marked by a basic ambiguity between charity and economy. On the one hand, medical staff had to make a living; on the other, Christian ethics called for helping others without remuneration. For example, from late antique times, all vitae of physician saints comprise the fact that these had refused payment from patients – except for Cosmas and Damian, the most venerated medical saints of the Middle Ages. Damian was said to have once taken a gift from a grateful patient, and Cosmas to have accepted this, even if only after Jesus Christ's personal intervention. Since Damian was regularly depicted as a surgeon and Cosmas as a physician, these two saints came to be perceived as pre-figurations of the aforementioned ambiguity, transferred into a differentiation of medical occupations: while all artisan healers like surgeons, barbers, midwives, etc. were said to be allowed to operate economically, the academic physicians adopted a habitus marked by an aristocratic denial of gainful employment. From the 14th century onwards, we can thus trace the development of different forms of promotion used primarily by non-academic healers, from written advertisements and shop signs to puffery and elaborate spectacles. But right from the start these forms of market orientation inspired polemical and satirical criticism, culminating in such literary figures as the quack and the greedy *medicus* of religious drama. Meanwhile, the physicians maintained their aristocratic self-fashioning, abstaining from any form of promotion as dishonourable. This in fact did not solve the problem posed by Christian ethics but helped the doctors to gain a hegemonic position in the medical field from the 17th century onwards.

Mittelalterliche Künstlersignaturen als Werbestrategie?

*Rebecca Müller (Heidelberg)**

Welchen Beitrag kann die Kunstgeschichte zu der Erforschung einer »Kunst des Verkaufens« leisten? Für die seit den 1960er Jahren intensivierte Untersuchung einer »Kunst im Kontext« spielten die Rahmenbedingungen der Kunstproduktion, von den Zünften über die soziale Stellung von Künstlern und bis zu den Erwartungen der Auftraggeber, eine zunehmende Rolle. Nach einzelnen Pionierarbeiten wie jener von Hans Huth zu ›Künstler und Werkstatt der Spätgotik‹ von 1923 ist allerdings erst in den letzten Jahrzehnten in der mediävistischen und frühneuzeitlichen Kunstgeschichte häufiger und in engem Austausch mit der Geschichtswissenschaft die Frage nach Kunst als einer Ware neben anderen gestellt worden. Damit wurden verstärkt auch Zwischenhändler, Künstler als Unternehmer, das Kaufverhalten, Preise, lokalen Märkte, Export und Vermarktung in den Blick genommen[1]. Eine zunehmende Bedeutung wird dabei

* Für Hinweise und Korrekturen danke ich Ralf Behrwald, Thomas Ertl und Berit Wagner, für die Durchsicht Isabella Schnürle und Katharina Stauch. Peter Cornelius Claussen verdanke ich die Aufnahme der Portikus von Santa Maria Maggiore in Civita Castellana, Claudio Canonici danke ich für die Möglichkeit, eigene Photographien vor Ort zu aufzunehmen. – Dieser Beitrag entstand im Rahmen des von der DFG finanzierten SFB 933 »Materiale Textkulturen. Materialität und Präsenz des Geschriebenen in non-typographischen Gesellschaften«, Teilprojekt »Präsenz des Künstlers. Mittelalterliche Artefakte mit Künstlerinschriften«.

1) Hans Huth, Künstler und Werkstatt der Spätgotik, Augsburg 1923, Darmstadt [2]1967. Neben den vier Monographien von Schmid, O'Malley, Kubersky-Piredda und Wagner sind mehrere Sammelbände zu nennen, die freilich oft erst mit dem 15. Jahrhundert einsetzen. Wolfgang Schmid, Dürer als Unternehmer. Kunst, Humanismus und Ökonomie in Nürnberg um 1500, Trier 2003; Michelle O'Malley, The Business of Art. Contracts and the Commissioning Process in Renaissance Italy, New Haven/London 2005; dies., Painting under Pressure. Fame, Reputation and Demand in Renaissance Florence, New Haven/London 2013 (Kap. 4 Value Systems); Susanne Kubersky-Piredda, Kunstwerke – Kunstwerte. Die Florentiner Maler der Renaissance und der Kunstmarkt ihrer Zeit, Norderstedt 2005; Berit Wagner, Bilder ohne Auftraggeber. Der deutsche Kunsthandel im 15. und frühen 16. Jahrhundert, mit Überlegungen zum Kulturtransfer, Petersberg 2014; Economic History and the Arts, hg. von Michael North, Köln/Weimar/Wien 1996; Art Markets in Europe, 1400–1800, hg. von Micheal North und David Ormrod, Aldershot 1998; Kunst voor de markt, 1500–1700, hg. von Jan de Jong, Zwolle 1999; Economia e arte, secc. XIII–XVIII; Atti della »Trentatreesima Settimana di Studi« 30 aprile–4 maggio 2000, hg. von Simonetta Cavaciocchi, Florenz 2002; Mapping Markets for Paintings in Europe 1450–1750, hg. von Neil De Marchi/Hans J. Van Miegroet, Turnhout 2006; Luxusgegenstände und Kunstwerke

den Materialien der Werke auch unter den genannten Gesichtspunkten beigemessen – wenn etwa gefragt wird, inwieweit im Bild dargestellte Gegenstände oder die verwendeten Pigmente den zeitgenössischen Handel mit diesen reflektieren, oder wenn der Goldgrund Florentiner Gemälde mit dem Florentiner Dukaten verbunden wird, aus dem er hergestellt werden konnte[2)].

Auch bei der folgenden Betrachtung von Künstlersignaturen stehen die Werke selbst als »Produkte« im Zentrum, die auf ein Bewusstsein von Konkurrenz hin befragt werden und auf bestimmte, anpreisende und verkaufsfördernde Strategien[3)]. Es geht dabei nicht um die Frage, ob spezifische funktionale, materiale und ästhetische Qualitäten in diesem Sinn wirken sollten oder konnten, sondern es wird die explizite Nennung, die Namen von Künstlerinnen oder Künstlern in Form von Schrift, oft versehen mit weiteren Angaben, auf ihre mögliche Funktion als Werbung untersucht[4)].

Während Jacob Burckhardt und, unter anderem Vorzeichen, Künstlerbilder der Romantik der Vorstellung Vorschub leisteten, »der« mittelalterliche Künstler sei anonym geblieben, und sich diese Vorstellung in populärwissenschaftlicher Literatur hartnäckig hält, machten Beiträge der 1980er und 90er Jahre zu Signaturen auf die schiere Menge mittelalterlicher Namensnennungen an Kunstwerken und auf ihren kunstsoziologischen Quellenwert aufmerksam[5)]. Mittlerweile liegt eine Vielzahl von Publikationen zu

vom Mittelalter bis zur Gegenwart. Produktion, Handel, Formen der Aneignung, hg. von Christof JEGGLE, Konstanz/München 2015; Kunstmärkte zwischen Stadt und Hof. Prozesse der Preisbildung in der europäischen Vormoderne, hg. von Andreas TACKE, Petersberg 2017. Seit 2017 erscheint das »Journal for Art Market Studies«. – Diese Folge von Titeln soll in aller Ausschnitthaftigkeit zumindest die Intensität der Forschungen zu dem Themenbereich deutlich machen.

2) Diese Themen sind angesprochen in Beiträgen der Bände: Trade in Artists' Materials Markets and Commerce in Europe to 1700, hg. von Jo KIRBY/Susie NASH/Joanna CANNON, London 2010; The Matter of Art. Materials, Practices, Cultural Logics, c. 1250–1750, hg. von Christy ANDERSON/Anne DUNLOP/Pamela H. SMITH, Manchester 2015; The Materiality of Color. The Production, Circulation, and Application of Dyes and Pigments, 1400–1800, hg. von Andrea FEESER/Maureen Daly GOGGIN/Beth FOWKES TOBIN, Farnham 2012; siehe auch Miquel Àngel HERRERO-CORTELL, Las colores de un imperio. Hispanic Production and International Trade of Pigments and Pictorial Materials in the Sixteenth Century, in: Journal for Art Market Studies 3, 2 (2019), S. 1–16.

3) Zu Konkurrenz und Wettbewerbsvorteilen bereits in der Vormoderne siehe die Einleitung von Thomas ERTL, S. 10.

4) Bei den hier gewählten Beispielen handelt es sich um kürzere oder längere Texte, aber als Signaturen können auch Zeichen jenseits von Schrift gelten, wie etwa die geflügelte Schlange, die Lukas Cranach der Ältere meist prominent auf seine Gemälde setzte, oder ein Selbstporträt. Ich folge darin Chastel, der als Signatur definiert: »[...] toute indication sur l'auteur de l'œuvre fournie par un procédé signalétique autre que les ressources mêmes de l'art« André CHASTEL, I. Signature et signe, in: Revue de l'art (1974), S. 8–14, S. 11. – Zu »Werbetechniken und Warenzeichen« siehe ebenfalls die Einleitung von Thomas ERTL, S. 55 ff.

5) Peter Cornelius CLAUSSEN, Früher Künstlerstolz. Mittelalterliche Signaturen als Quelle der Kunstsoziologie, in: Bauwerk und Bildwerk im Hochmittelalter. Anschauliche Beiträge zur Kultur- und Sozialgeschichte, hg. von Karl CLAUSBERG u.a., Gießen 1981, S. 7–34; Albert DIETL, In arte peritus. Zur Topik mittelalterlicher Künstlerinschriften in Italien bis zur Zeit Giovanni Pisanos, in: Römische Historische Mitteilungen 29 (1987), S. 75–125.

mittelalterlichen Signaturen vor. Die Überblicksdarstellungen besonders von Peter Cornelius Claussen (1981, 1992), Tobias Burg (2007), Albert Dietl (2009) und Bruno Reudenbach (2020) haben eine breite Materialbasis von der Architektur über die Malerei bis zur Buchmalerei gelegt[6]; in zahlreichen Aufsätzen wurden neben Einzelfällen auch Gruppen von Signaturen nach Kunstgattungen oder übereinstimmendem Wortlaut untersucht, also etwa Signaturen, in denen das Kunstwerk selbst spricht[7]. Ging es in den älteren Beiträgen auch darum, das Klischee des anonymen mittelalterlichen Künstlers als ein solches offenzulegen und das Gesamtbild zu differenzieren, so rückte zunehmend die Analyse der rhetorischen und visuellen Strategien der Namensnennung in das Zentrum: als Form der Selbstdarstellung des Künstlers und als die eigene Tätigkeit nobilitierende Geste. Jüngere Beiträge argumentieren bereits gegen eine Überbewertung von Künstlerstolz und individueller Aussage und betonen erneut die Topik von Formulierungen und die Nennung des eigenen Namens als Jenseitsfürsorge[8].

Signaturen reflektieren unmittelbar die Produktion der Werke, indem sie die Person oder die Personen nennen, die ein Produkt hergestellt haben oder, im Wortsinn, »in deren Namen« es hergestellt wurde. Dieser zweite Punkt ist insofern wichtig, als Signaturen nicht zwingend »Eigenhändigkeit« bedeuten. Dies ist offensichtlich bei Werken, die ohnehin arbeitsteilig entstehen und die Beteiligung einer größeren Werkstatt voraussetzen. Aber auch bei kleinformatigen Werken ist zu beobachten, dass Namen auf Werke gesetzt wurden, die aller kunsthistorischen, genauer stilkritischen Plausibilität nach nicht dem Meister – und damit ist hier gemeint: dem Werkstattleiter – zuzuschreiben sind[9]. Die üblicherweise mit Signaturen verbundene Frage der »Echtheit« ist an dieser Stelle nicht Thema. Wenn aber eine Signatur nicht für eine Eigenhändigkeit ste-

6) Heinrich KLOTZ, Formen der Anonymität und des Individualismus in der Kunst des Mittelalters und der Renaissance, in: Gesta 15 (1976), S. 303–312, Peter Cornelius CLAUSSEN, Nachrichten von den Antipoden oder der mittelalterliche Künstler über sich selbst, in: Der Künstler über sich in seinem Werk, hg. von Matthias WINNER, Weinheim 1992, S. 19–54; Le opere e i nomi. Prospettive sulla »firma« medievale in margine ai lavori per il Corpus delle opere firmate del medioevo italiano, hg. von Maria Monica DONATO, Pisa 2000; Tobias BURG, Die Signatur. Formen und Funktionen vom Mittelalter bis zum 17. Jahrhundert, Münster 2007; Anton LEGNER, Der Artifex. Künstler im Mittelalter und ihre Selbstdarstellung. Eine illustrierte Anthologie, Köln 2009; Albert DIETL, Die Sprache der Signatur. Die mittelalterlichen Künstlerinschriften Italiens. 4 Bde., Berlin/München 2009; Entre la letra y el pincel. El artista medieval. Leyenda, identidad y estatus, hg. von Manuel CASTIÑEIRAS GONZÁLEZ, Almería 2017; Bruno REUDENBACH, »Künstlermönche« und die Last des Schreibens. Schreiber- und Malervermerke in Handschriften des frühen Mittelalters, in: Vom Wort zur Kunst. Künstlerzeugnisse vom frühen Mittelalter bis zur Gegenwart, hg. von Helen Barr u. a., Emsdetten/Berlin 2020, S. 169–189.

7) Horst BREDEKAMP, Die Ich-Werdung des Werkes im Mittelalter, in: Künstlersignaturen von der Antike bis zur Gegenwart, hg. von Nicole HEGENER, Petersberg 2013, S. 90–99.

8) REUDENBACH, »Künstlermönche« (wie Anm. 6), S. 171.

9) Ein Reflex darauf findet sich bereits in Giorgio Vasaris Vita der venezianischen Malerfamilie Bellini (1568): Das Gemälde eines »Toten Christus« in San Francesco della Vigna sei »col nome del medesimo Giovanni« gekennzeichnet, aber weder so schön noch so gut ausgeführt wie ein Werk dieses Malers, und daher glaubten einige, dass es von einem Schüler Bellinis gemalt worden sei; siehe Giorgio Vasari, Le vite de' più eccelenti pittori, scultori

hen muss, sondern grundsätzlich zunächst die Entstehung in einer bestimmten Werkstatt bedeutet, dann liegt es nahe, ihr die Funktion eines Firmennamens oder einer Marke zuzuschreiben. Tatsächlich fallen in der Literatur zu Signaturen Begriffe wie »Firmenschild«, »Marke«, »Warenzeichen«, und »werbende Funktion«. Hervorzuheben ist hier der grundlegende Beitrag von Louisa C. Matthew zur Signierpraxis venezianischer Maler des Spätmittelalters und der Renaissance, in dem sie von einer »commercial signature« spricht, eine Funktion, die sie mit kurzen Inschriften in einer bestimmten Gestaltung verbindet, worauf unten zurückzukommen ist[10]. In einem zeitlich und räumlich stärker übergreifenden Ansatz und ausgerichtet auf spezifische Kriterien für das, was Werbung im Mittelalter sein könnte, wurde die Funktion der Signatur als verkaufsfördernde Strategie bislang aber offenbar nicht diskutiert. Auch wenn dazu zahlreiche interessante Einzelfälle anzusprechen wären, sollen im Folgenden nicht viele Beispiele aneinandergereiht, sondern zwei historische Kontexte in das Zentrum gestellt werden – Rom und Latium im 12. und 13. Jahrhundert mit einer Gruppe von Steinmetzen, den sogenannten Cosmaten, und Tafelmalerei im Venedig des 14. und 15. Jahrhunderts. In diesen geographisch und chronologisch eingegrenzten Gruppen finden wir jeweils eine vergleichsweise große Dichte von Signaturen, anhand derer einige Kriterien für Werbung in der Vormoderne diskutiert werden können. Ein weiteres, nicht in dieser Weise kontextualisierbares Einzelbeispiel wurde von mir bereits unter anderer Fragestellung diskutiert; dabei wurde auch eine Funktion als Werbung vorgeschlagen, was jedoch in Diskussionen mit Historikern auf Skepsis stieß. Daher soll auch dieses Werk, eine Grabplatte des frühen 14. Jahrhunderts, an dieser Stelle angesprochen werden.

Als Prämisse ist voranzustellen, dass es sich bei den im Folgenden diskutierten Werken ganz überwiegend um Auftragswerke handelt. Diese Werke rufen also nicht »Kauf mich!«, und sie werden auch nicht in einer eindeutig erkennbaren Marktsituation angeboten (etwa an einem Marktstand)[11], sondern Werbung meint hier die Werbung für die nächsten, die Folgeaufträge. Erst im Rahmen der venezianischen Tafelmalerei, und hier zu bestimmten Bildtypen, kann sinnvoll auch überlegt werden, inwieweit diese für einen

e architettori nelle redazioni del 1550 e 1568, hg. von Roberta Bettarini/Paola Barocchi, Florenz 1966–1997, hier Bd. III, S. 434.

10) Louisa C. Matthew, The painter's Presence. Signatures in Venetian Renaissance Pictures, in: The Art Bulletin 80 (1998), S. 616–648. Auf anderer Materialgrundlage, Bronzewerken aus Chorasan und Transoxanien (bes. 12. Jh.) und ihren Erwähnungen in juristischen Texten, geht Kana'an der Frage nach einer wirtschaftshistorischen Bedeutung von Signaturen nach, Ruba Kann'an, The de Jure ‚Artist' of the Bobrinski Bucket: Production and Patronage of Metalwork in pre-Mongol Khurasan and Transoxiana, in: Islamic Law and Society 16 (2009), S. 175–201.

11) Dabei kann das Nebeneinander von Werken an und in einem Kirchenbau durchaus als eine Konkurrenzsituation verstanden werden, in der potentiellen Auftraggebern verschiedene Produkte für eine Aufgabe – etwa: ein Retabel – vor Augen gestellt werden. Für Hinweise dazu danke ich Berit Wagner; siehe Wagner, Bilder (wie Anm. 1), S. 95 zu Vermarktung von »Marktbildern« an Kirchen (15. und 16. Jahrhundert), bei der sich Bilderverkäufer offenbar im Marktgeschrei zu übertrumpfen suchten.

Markt ohne Auftraggeber entstanden sind und was sich daraus für die Signaturen schließen lässt.

I. Magistri doctissimi Romani

Die erste Signaturengruppe ist mit mehreren Familien verbunden, die vom frühen 12. Jahrhundert bis um 1300 primär in Rom und Latium tätig waren, deren Werke wir aber auch in Amalfi, Genua und in der Westminster Abbey finden[12)]. Eine dieser Familien trug das Patronym »Cosmatus«, und davon leitet sich die unzutreffende, aber verbreitete Bezeichnung für alle diese Künstler als »Cosmaten« ab. In Quellen erscheinen sie als *marmorarii*, und tatsächlich sind sie durch ihr gemeinsames Arbeitsgebiet und damit gemeinsame Techniken und Materialien verbunden, die Marmorver- und -bearbeitung. Sie sind als »Architekten« nicht zutreffend charakterisiert, waren aber auch keine »Bildhauer«, wenn man damit primär vollplastische Skulpturen verbindet: Sie schufen Fußböden, liturgische Ausstattungsgegenstände wie Chorschranken, Ziborien, Osterleuchter; unter den größeren Aufträgen sind Kreuzgänge, Portiken und Portale zu nennen. Kennzeichnend für ihre Tätigkeit sind die Materialien, oft als Spolienmarmor gewonnen, die sie in Inkrustationsarbeiten mit farbigen Glasflüssen und goldenen Glasmosaiken verbanden: Vor allem weißer und Buntmarmor, darunter so schwer zu bearbeitende Steinarten wie ägyptischer Porphyr. Grundlage dieser Tätigkeit waren die in Rom und Umgebung vorhandenen antiken Bauten, die sie ausbeuteten, und die Herkunft aus Rom ist dementsprechend auch ein die Familien verbindender Zug.

Claussen hat anhand urkundlicher Erwähnungen und der rund 80 Künstlersignaturen knapp 50 *marmorarii* identifiziert und ihre Familien rekonstruiert, die sich über mehrere Generationen nachweisen lassen[13)]. Im Folgenden steht die Laurentius-Familie im Zentrum, deren Mitglieder besonders häufig signierten[14)]: Von Jacobus, Sohn des Laurentius, sind allein 14 Signaturen überliefert. Der folgende Abschnitt stellt zunächst Signaturen an einem einzigen Bau vor, den die Laurentius-Familie über vier Generationen hinweg mit ihren Namen »besetzte«, um dann anhand einzelner Kriterien der Frage nachzugehen, ob hierbei von Werbung gesprochen werden kann.

Die Kathedrale von Civita Castellana nördlich von Rom wurde wohl in den 1180er Jahren begonnen und mit den Portalen um die Jahre 1190/1200 abgeschlossen; in einer

12) Grundlegend Peter Cornelius Claussen, Magistri Doctissimi Romani. Die römischen Marmorkünstler des Mittelalters (Corpus Cosmatorum I), Wiesbaden 1987; Taf. 1 zur geographischen Verbreitung.

13) Claussen, Magistri (wie Anm. 12), siehe Taf. 2 mit einer genealogischen Übersicht.

14) Claussen, Magistri (wie Anm. 12), S. 57–101. Dieser produktiven Familie ist auch eine Monographie gewidmet: Luca Creti, In marmoris arte periti. La bottega cosmatesca di Lorenzo tra il XII e il XIII secolo, Rom 2009, siehe S. 44–54, S. 106–142, S. 177–205 zu den hier besprochenen Werken in Civita Castellana.

Abb. 1: Civita Castellana, Dom Santa Maria Maggiore (Photo: Croberto68, commons.wikimedia.org/wiki/File:Duomo_di_Civita_Castellana_01)

zweiten Bauphase folgte die Vorhalle, die das Datum 1210 trägt (Abb. 1)[15]. Unter den von den *marmorarii* ausgeführten und signierten Bauteilen und Baudekorationen ist zunächst das Hauptportal zu nennen. Als Stufenportal mit eingestellten, teils von Löwen getragenen Säulen und einer Pilastergliederung an den Stirnflächen stellt es ein innovatives, antikisierende wie nordalpine Züge verbindendes Werk dar (Abb. 2)[16]. Es blieb das aufwendigste unter den Kirchenportalen der *marmorarii*, auch im Vergleich mit Rom selbst (und dies auch noch ohne die äußeren Wandvorlagen, die nachträglich, offenbar bei der folgenden Errichtung der Vorhalle, hinzugesetzt wurden). In seinem kostbaren und in der Bearbeitung aufwendigen Material, seiner Polychromie und schieren Größe stellt das Portal virtuose Steinbearbeitung und hohen finanziellen Einsatz zur Schau. Auf dem Gesimsabschnitt oberhalb eines reich inkrustierten Bandes und direkt unter der halben Fensterrose, also dort, wo der Aufwand kulminiert und wo auch eine Stifterinschrift zu erwarten wäre, ist stattdessen eine Signatur eingemeißelt: *+346LAURENTIUS.CUMIACOBO FILIOSUO MAGISTRI DOCTISSIMI*

15) Zu dem Bau CLAUSSEN, Magistri (wie Anm. 12), S. 67 f., und Silvia BOSCOLO/Luca CRETI/Consuelo MASTELLONI, La Cattedrale di Civita Castellana, Rom 1993; siehe auch Anm. 29.
16) Zur Charakterisierung des Portals CLAUSSEN, Magistri (wie Anm. 12), S. 67–69.

Abb. 2: Civita Castellana, Dom Santa Maria Maggiore, Hauptportal mit der Signatur des Laurentius und seines Sohnes Jacobus (Photo: Verf.)

ROMANI.H(OC) OPUS.FECERUNT [17]. Hier begegnen uns die erste und die zweite Generation der Laurentiusfamilie, Laurentius mit seinem Sohn Jacobus.

Wohl um 1200, nach dem Hauptportal, ist das rechte Seitenportal ausgestattet worden. Dem Rang entsprechend wurde es kleiner angelegt, ist mit seiner reichen Inkrustationsdekoration und einem Mosaik des Pantokrators eine rare Ausnahme im zeitgenössischen Kirchenbau an dieser Stelle, gleichwohl bemerkenswert anspruchsvoll (Abb. 3)[18]. Wie das Hauptportal sticht es vor dem hellbraunen Mauerwerk heraus. Das Portal trägt zwischen zwei inkrustierten Bändern die Signatur des Jacobus: *Magister Iacobus me fecit*. Der Wortlaut ist kurz und scheint unprätentiös, aber die Raffinesse liegt hier in der Umrahmung der Stifterinschrift – die Inschrift lautet als Ganzes: *MA(GISTER). IACO + RAINERIUS PETRI RODULVI FIERI FECIT.BUS M(E).FECIT.* Die Inschrift beginnt also mit dem Künstlernamen, dann folgt unvermittelt jener des Stifters, eines ortsansässigen Adeligen, und sie endet mit einem Verb des Schaffens; als Marker der Trennungen fungieren die roten Tondi unter der Inschrift. Soweit ich sehe, ist nie bezweifelt worden, dass die Inschrift in einem Zug entstanden ist, in jedem Fall wird ein

17) Zitiert nach DIETL, Sprache (wie Anm. 6), S. 722 f.

18) CLAUSSEN, Magistri (wie Anm. 12), S. 70 f., die Signatur nach DIETL, Sprache (wie Anm. 6), S. 766 f.

Abb. 3: Civita Castellana, Dom Santa Maria Maggiore, rechtes Seitenportal mit der Signatur des Jacobus (Photo: Verf.)

Spielen mit dem Layout deutlich, das Künstler und Stifter als gleichrangig erscheinen lässt.

1210 schließlich hatten Jacobus und sein Sohn Cosmas die Vorhalle der Kathedrale errichtet (Abb. 4). Die als Säulenhalle mit Pultdach gestaltete Portikus übertrifft das Kirchengebäude an Breite, und während der Bautyp an sich zuvor bereits in Rom verwendet worden war, ist der monumentale erhöhte Mittelbogen mit architektonisch gegliederter Stirnmauer wohl ein Novum. Als Triumphbogenmotiv orientiert er sich an dem antiken Gallienusbogen in Rom[19]. Es handelt sich nach Größe und Materialaufwand um eines der Hauptwerke dieser Zeit in Latium. Im bekrönenden Gesims finden wir die Signatur mit dem Wortlaut + *MAGISTER IACOBUS.CIVIS ROMANUS. CUM.COSMA FILIO + SUO CARISIMO.FECIT OHC (sic) OPUS.ANNO D(OMI) NI M.C.C.X*[20]. In den eingesetzten Materialien und ihrem Layout übertrifft diese Signatur an Prominenz andere Signaturen von *marmorarii* bei weitem. Sie verläuft entsprechend der Breite der Bogenarchitektur über rund fünf Meter Länge auf dem Gesimsstreifen, ebendort, wo am Gallienusbogen die Ehreninschrift für den Kaiser angebracht ist. Die Buchstaben sind in antikisierenden Majuskeln aus goldenen Mosaiksteinchen gebildet und auf rotem und in der Mitte blauem Grund gesetzt. Damit ist die Signatur mit demselben Aufwand inszeniert wie die Inschrift darunter, die über das Bogengesims verläuft und passend zu dem Triumphbogenmotiv den Jubel- und Friedensruf aus dem

19) Claussen, Magistri (wie Anm. 12), S. 82–91, S. 89 zum Gallienusbogen, die in einen Ehrenbogen umgewandelte Porta Esquilina.

20) Zitiert nach Dietl, Sprache (wie Anm. 6), S. 769–771.

Abb. 4: Civita Castellana, Dom Santa Maria Maggiore, Portikus mit der Signatur des Jacobus und seines Sohnes Cosmas (Photo: Peter Cornelius Claussen)

Messtext für das Weihnachtsfest enthält (*Gloria in excelsis deo* [...])[21]. Eine weitere, weitgehend verlorene Mosaikinschrift, die wohl den Eintretenden ansprach, verlief über dem Architrav, eine zweite Signatur mit dem Namen wohl des Jacobus möglicherweise auf einem Kämpfer des nördlichen Arkadenpfeilers am Eingangsbogen[22]; der Stifter wurde offenbar nicht genannt.

Über das Layout der Signatur wird auch ein Bezug des Textes zu dem figürlichen Schmuck der Fassade hergestellt. Die Inschrift ist in der Mitte durch ein Kreuz getrennt,

21) Dietl, Sprache (wie Anm. 6), S. 771.

22) Claussen, Magistri (wie Anm. 12), S. 85 f.; Dietl, Sprache (wie Anm. 6), S. 768 f. (*([FI]LIUS LAU[RE] NTII / [.]XXVIII*; wohl auf Jacobus zu beziehen).

Abb. 5: Civita Castellana, Dom Santa Maria Maggiore, Sakristei, ehem. Chorschranken mit der Signatur des Lucas und des Drudus (Photo: Verf.)

und dieser Hiat wird durch die Unterbrechung des ornamentalen Schlaufenmotivs auf dem Fries darüber durch ein weiteres, inkrustiertes Kreuz betont. Das Kreuz der Inschrift trennt, inhaltlich willkürlich, als Invokationskreuz *COSMA FILIO + SUO CARISIMO*, und dieser Abschnitt ist noch betont, da die Hintergrundfarbe der Goldbuchstaben hier zu blau wechselt. Direkt darunter ist das Relief eines Agnus Dei eingesetzt. Es ist naheliegend, mit diesem Bild-Schrift-Ensemble die Stimme aus den Wolken des Markusevangeliums zur Verklärung Christi auf dem Berg Tabor zu assoziieren (9, 6): *hic est Filius meus carissimus*; gleichzeitig kann man ihn, wie von mehreren Autoren unternommen, mit dem Pauluswort verbinden (Galaterbrief 6, 14): *Mihi absit gloriari – nisi in cruce domini nostri*, das Klotz im Zusammenhang mit Signaturen ins Spiel gebracht hat[23)]; in jedem Fall ist Cosmas, wie Claussen unterstrichen hat, auf ewig mit der göttlichen Botschaft verbunden. Um 1230 schließlich signierte Lucas, Urenkel des Laurentius, zusammen mit Drudus, der einer anderen *marmorarii*-Familie angehörte, die Chorschranken der Kathedrale (Abb. 5)[24)].

23) Klotz, Formen der Anonymität (wie Anm. 6), passim; Claussen, Magistri (wie Anm. 12), S. 85.
24) Die Chorschranken befinden sich heute im Oratorio del Sacro Cuore und tragen die Signatur von Drudo di Trivio und Luca, Sohn des Cosmas: + *DRUD(US) ET LUCAS CIVES ROMANI MAG(IST)RI DOCTISSIMI*

Bevor einzelne Begriffe der Signaturen herausgegriffen und analysiert werden, ist die soziale Stellung der so Genannten zu umreißen. Es handelte sich, wie es viele Signaturen angeben, um »Bürger Roms«. Rechtlich waren die *marmorarii* Handwerker wie andere auch, aber, wie Claussen plausibel rekonstruiert, leiteten sie große Firmen mit Dutzenden von Mitarbeitern: Es lässt sich die Tätigkeit einzelner *magistri* auf mehreren Großbaustellen parallel beobachten, und umfangreiche Aufträge wie die Vorhalle der Kathedrale von Civita Castellana oder große Kreuzgänge wie jene des Lateran verlangten ein arbeitsteilig vorgehendes und gut organisiertes Unternehmen[25]. Von Jacobus, dem an der Vorhalle erwähnten Vater des Cosmas, ist bekannt, dass er in einem Zeitraum von rund 35 Jahren mindestens an sechs Kirchenbauten in Rom mitarbeitete und an fünf Kirchen in Latium, darunter Civita Castellana; in der Literatur wurde er als »der bedeutendste Kunstunternehmer aller römischen Marmorari« bezeichnet[26]. Da die Auftraggeber der Kirchenbauten oft an der Kurie saßen, ist nicht von einer Beschränkung durch städtische Zünfte auszugehen. Jacobus war, wie Claussen erkannt hat, Mitglied in der *schola addestratorum, mappulariorum et cubiculorum* und leistete in dieser Funktion 1207 zusammen mit Patriziern und Kurienbeamten einen Eid[27]. Jeweils vier Personen aus der Schola hatten dem Papst bei Zeremonien und Prozessionen zu assistieren, etwa seine Füße zu waschen; es handelt sich offenbar um ein prestigeträchtiges Ehrenamt. Jacobus ist unter 20 Mitgliedern das einzige eindeutig als Handwerker ausgewiesene; im Jahr 1255 ist sein Enkel Lucas, der in der Kathedrale namentlich auf den Chorschranken begegnet, wiederum der einzige als solcher erwähnte Handwerker unter 18 Genannten[28].

Vor diesem Hintergrund verstehe ich die Signaturen als Teil eines Kommunikationsprozesses zwischen der Firma und potentiellen Auftraggebern. Civita Castellana, gelegen an der Via Flaminia und damit der Haupteinfallsstraße nach Rom von nördlicher Richtung, erlangte Bedeutung vor allem im Pontifikat Innozenz' III., der 1214 hierher zu einer Synode einlud. Erst 1195 waren die Rechte über den Ort an das Papsttum gefallen[29]. Claussen sieht die besondere Ausstattung der Kirche und vor allem die weithin sichtbare Fassade als »Zeichen dieses römisch-päpstlichen Besitzanspruchs«[30]. Als »Zielgruppe« der Signaturen erscheinen vor diesem Hintergrund die Kurie, der hohe

HOC OPUS FECERUNT, zitiert nach Dietl, Sprache (wie Anm. 6), S. 764–766, Claussen, Magistri (wie Anm. 12), S. 100 f.

25) Claussen, Magistri (wie Anm. 12), S. 69 f.

26) Claussen, Magistri (wie Anm. 12), S. 69.

27) Claussen, Magistri (wie Anm. 12), S. 70.

28) Claussen, Magistri (wie Anm. 12), S. 70.

29) Massimo Miglio, Civita Castellana nel Patrimonium del primo Duecento, in: La cattedrale cosmatesca di Civita Castellana. Atti del convegno internazionale di studi Civica Castellana, 18–19 settembre 2010, hg. von Luca Creti, Rom 2012, S. 41–45.

30) Claussen, Magistri (wie Anm. 12), S. 86.

Klerus und andere hochrangige Reisende auf dem Weg nach Rom, denen an dieser Stelle der erste große »römische« Kirchenbau begegnete.

Unter den Kategorien für die Untersuchung eines derartigen Kommunikationsprozesses, die auch im vorliegenden Band thematisiert werden[31)], ist in unserem Zusammenhang an erster Stelle die der Aufmerksamkeitsökonomie zu nennen. Die Signaturen der Laurentiusfamilie wurden mit zunehmendem Fortschritt der Ausstattung omnipräsent und standen jenen vor Augen, die sich vor der Kirche aufhielten, jenen, die in der Vorhalle standen, und dann auch jenen, die sich im Kirchenraum im Bereich der Chorschranken befanden. Wenige andere Inschriften konkurrierten mit den Signaturen, die Monopolstellung der Familie wird »ablesbar«, und dazu genügen die Namen. Die mediale Inszenierung findet ihren Höhepunkt in der Inschrift des Jacobus über der Vorhalle. Als bloße Information kann man diese Inschrift nicht ansehen. Die Signaturen sind auf in Qualität und Materialien herausragenden Produkten angebracht, und dort teilweise sehr prominent und meist in gut lesbarer Schrift ausgeführt. Man kann auch die Werke selbst als Werbung auffassen, zumal es aus späteren Jahrhunderten belegt ist, dass sich Auftraggeber vorbereitend verschiedene Werke ansahen, um zu einer Entscheidung zu gelangen, und nicht selten wurden diese Werke dann auch als zu übertreffendes Vorbild dem Künstler gegenüber vertraglich festgehalten[32)]. Aber angesichts mehrerer gleichzeitig in derselben Region agierender Firmen mit weitgehend übereinstimmender Produktpalette – und damit einer Konkurrenzsituation – dürfte dem Namen eine Bedeutung zugekommen sein.

Als zweiter Aspekt ist die Vertrauensbildung zu nennen, auf die mit einigen Formulierungen abgezielt ist. Mehrfach sind Familienzusammenhänge benannt, und hier ließen sich viele andere *marmorarii*-Signaturen erwähnen[33)]. Der Vater hat es mit dem Sohn zusammen gemacht, der Sohn führt dann das noch grandiosere Werk aus und macht es ebenfalls mit seinem Sohn. Warum ist das relevant? Eine der größten Sorgen eines Auftraggebers musste sein, dass er seine Stiftung vor seinem Tod nicht vollendet sah und damit der unmittelbare Stiftungszweck nicht erreicht wurde. Ein Familienunternehmen garantiert dafür, dass sogar der Tod des Meisters die Arbeiten nicht unterbrechen würde, und die Signaturen stehen dafür, dass die Söhne in gleicher Qualität arbeiteten[34)]. Ein langfristig verlässliches Unternehmen also warb hier für sich, wenn sich ein Auftraggeber nach vergleichbaren Werken umsah und auf die Namen stieß. In

31) Siehe u. a. in diesem Band den Beitrag von JASER, S. 152.

32) O'MALLEY, Business of Art (wie Anm. 1), S. 223–250.

33) Grundsätzlich zu Mehrfachsignaturen (und hier besonders zu den kunsttheoretischen Implikationen, die an dieser Stelle außen vor bleiben) Henrike HAUG, (K)ein Thema: zum Motiv der Zusammenarbeit in mittelalterlichen Künstlerinschriften, in: Geteilte Arbeit, hg. von Magdalena BUSHART/Henrike HAUG, unter Mitarbeit von Stefanie STALLSCHUS, Wien/Köln/Weimar 2020, S. 29–54.

34) Siehe auch HAUG, Zusammenarbeit (wie Anm. 33), S. 39, die im Kontext einer anderen Signatur den Namen des Vaters überzeugend als bewusst eingesetzt sieht, »um eine Werkstatttradition zu behaupten und damit auch

diese Richtung scheint mir auch die Signatur eines anderen *marmorarius* zu weisen, der sich mit zweien seiner Söhne in einer Signatur nennt. Sie gemeinsam geben an: [...] *HOC INCIPIMUS ET CO(M)PLEVIMUS*[35].

Vertrauensbildend im Sinne eines Qualitätsversprechens dürfte auch die Erwähnung gemeint sein, dass man römischer Bürger war. Andere Signaturen sprechen von xy *de urbe*, gemeint ist auch hier natürlich Rom. Rom bot mit seinen antiken »Steinbrüchen« die entscheidende Materialgrundlage für die *marmorarii*, und Rom war als Sitz der Kurie und mit den zahlreichen Neubauten im 12. und 13. Jahrhundert ein Zentrum, das ein »made in Rome« zu einem Qualitätszeichen werden ließ[36]. Dass die Ortsnennung wichtiger war als der Umstand der Bürgerschaft, der ja auch wiederum vertrauensbildend wirken kann, wird dadurch nahegelegt, dass sich fast alle *civis Romanus*-Inschriften außerhalb Roms befinden – es handelt sich also um das, was im heutigen Marketing als »country of origin effect« bezeichnet wird, und auch für die venezianische Malerei kann ein solcher nachgezeichnet werden. In Sassovivo bei Foligno lesen wir in einer Signatur, ein Kreuzgang sei *romano opere et mastria* (sic) gefertigt, auch dies ein Hinweis darauf, dass »Rom« Qualität versprach[37]. Dietl hat das Phänomen der Ortsangaben in Signaturen von Bildhauern (in Italien generell) überregional untersucht und folgende Beobachtung gemacht: 80–90 % der Inschriften, die einen Herkunftsort nennen, finden sich auf Werken außerhalb dieses Ortes[38]. Die Ortsnennung lässt sich meines Erachtens als Qualitätsversprechen lesen, das sich allgemein verständlich mit dem Ort, in den genannten Beispielen auch der Herkunft eines hochwertigen Materials, verband.

Signaturen können auch als Werbung funktionieren, indem sie die Qualität der Meister und die Qualität der Arbeit hervorheben – eigentlich unnötig, sollte man denken, da der Leser das Resultat ohnehin vor sich sieht. Geläufig ist dabei die Selbstbezeichnung als *mag(ist)ri doctissimi*. Sah Claussen hierin einen »neuartigen Anspruch, eine *ars*« zu vertreten, »eine lehrbare Wissenschaft innerhalb der [...] jetzt [...] aufgewerteten *artes mechanicae*«, so verweist Dietl auf den topischen Charakter des seit der Antike geläufigen Künstlerattributs[39]. Der topische Charakter des *doctus* ist offensicht-

die Tradierung der Qualität und des Kunsthandwerks über die Generationen hinweg zu garantieren«; der Adressatenkreis und die Frage, inwieweit explizit von Werbung zu sprechen sei, wird nicht thematisiert.

35) Die heute verlorene Signatur des Rainerius und seiner Söhne Nicolaus und Petrus in Rom, San Silvestro in Capite, verlief auf einem Gesims, zitiert nach Dietl, Sprache (wie Anm. 6), S. 1469 f.

36) Dietl diskutiert ausführlich die Nennung des Bürgerstatus und spezifisch des römischen Bürgerstatus, siehe DIETL, Sprache (wie Anm. 6), S. 163–170.

37) Und dies jenseits der »unvergleichlichen(n), antikische(n) Aura [...] im Spannungsfeld zwischen imperialer, päpstlicher und [...] kommunaler Romerneuerung, zwischen universaler und stadtrömischer Romidee« Dietl, Sprache (wie Anm. 6), S. 168; die Inschrift zitiert nach S. 1574 f.

38) Dietl, Sprache (wie Anm. 6), S. 155. Dietl bewertet dies an der Stelle unter dem Gesichtspunkt der Migration, aber von tatsächlichen Wohnortwechseln ist nicht grundsätzlich auszugehen.

39) Claussen, Künstlerstolz (wie Anm. 5), S. 27.; Dietl, Sprache (wie Anm. 6), besonders S. 102, in feiner Abwägung zwischen »für unterschiedliche Aussageintentionen nutzbare(n) Facette(n) des rhetorisch-sprachli-

lich, aber es gab auch andere Topoi, und eben dieser ist hier aufgerufen; insofern werden die Künstler ihn als nobilitierend verstanden und eingesetzt haben – auch wenn sich die Frage aufdrängt, ob nicht der eine oder andere Gelehrte über das *doctissimi* der *marmorarii* geschmunzelt hat. Werbung muss jedenfalls nicht originell sein.

Betrachtet man das Lob auf das eigene Werk, so war die Laurentiuswerkstatt in Civita Castellana sogar vergleichsweise bescheiden, denn vielfach haben die Signaturen der *magistri* einen dem Wortlaut nach stärker rühmenden Charakter. Die Inschrift des Portals einer Kirche in Tarquinia etwa belegt Künstler und Werk mit den Begriffen *merus*, *mirus* und *optimus*[40)], an einem Osterleuchter in Rom hat sich der Künstler als zutreffend mit *vir probus* und *doctus* bezeichnet; er habe sein höchstes *studium* in die Ausführung des Leuchters gelegt[41)]. Als stärker auf die Praxis ausgerichtet – jedenfalls dem Anspruch nach – ist eine Signatur anzuführen, die nicht von *marmorarii* selbst, aber aus ihrer Zeit und ebenfalls aus Italien stammt. Einige Signaturen erwähnen den Zeitraum, in dem das natürlich großartige Werk vollendet worden ist. Der Künstler Bonanno rühmt sich in der Inschrift der verlorenen Bronzetür des Pisaner Doms: [...] *mea arte / hanc portam uno anno perfeci* [...][42)]. Man kann das als bloße Information bezeichnen – aber warum sollte sie als solche hier stehen? Vielmehr ist ein Jahr als Produktionszeitraum für eine großformatige, wohl bildlich geschmückte Bronzetür nach allem, was wir wissen, tatsächlich eine überraschend kurze Zeit. Insofern ist sie durchaus werbend zu verstehen: Als ein Versprechen an potentielle Auftraggeber, dass eine von ihnen in Auftrag gegebene Tür ähnlich rasch vollendet würde. Dass es sich auch um ein Wortspiel mit dem Künstlernamen »Bon annus« handelt, tut dieser Interpretation keinen Abbruch.

II. Made in Venice

Eine Gattung, für die sich vor allem im 14. und 15. Jahrhundert eine intensive Signierpraxis nachzeichnen lässt, ist das Tafel- und Leinwandbild. Die jüngsten Studien, die

chen Rollenbildes ›Künstler‹« und der »[...] im Grund austauschbare(n) Brechung der immer gleichen Grundabsicht, ein Lob zu konturieren.«

40) Das Portal von Santa Maria di Castello in Tarquinia, entstanden um 1143, trägt die Signatur: *RA//NUCII //PE//TR//US.LA//(P)IDUM IN D//O//GM//A//TE M//E//RUS./ISTU//D O//PUS MI//RE S(TR)//U//XIT QU//O//Q(U)//E FE//CI//T OP(T)IME.*; zitiert nach Dietl, Sprache (wie Anm. 6), S. 1652.

41) Die Signatur an dem Osterleuchter in Santa Maria in Cosmedin, um 1250, lautet *VIR P(RO)/BUS ET / DOCT(US) / PASCA/LIS RI/TE VO/CAT(UR). / SUM(M)O / CUM STUDIO / CO(N)DIDIT / HU(N)C CEREU/M*, zitiert nach Dietl, Sprache (wie Anm. 6), S. 1463.

42) *Janua perficitur vario constructa decore / Ex quo virgineum Christus descendit in alvum / Anno MCLXXX ego Bonannus Pisanus mea arte / Hanc portam uno anno perfeci tempore domini / Benedicti operarii istius ecclesie*, Dietl, Sprache (wie Anm. 6), S. 1229.

einen Überblick über Signaturen von Malern bieten, erlauben jenseits der Problematik von verlorenen oder gefälschten Signaturen die Aussage, dass in diesem Medium im 15. Jahrhundert am häufigsten die Venezianer oder in Venedig tätige Maler signierten[43]. Venedig, religiöses Zentrum mit zahlreichen Kirchen, Klöstern, Oratorien und somit Altarstellen und internationales Handelszentrum mit einem florierenden Export auch von Gemälden,[44] lässt sich in unserem Kontext als ein Markt mit großem Angebot und mit großer Binnen- und Exportnachfrage beschreiben. Angesichts dieser hier nur umrissenen Konstellation ist es besonders lohnend, die Signaturen venezianischer Maler auf ihr Potential als Werbung zu befragen.

Bereits anlässlich der Ausstellung »Simone Martini e *chompagni*« von 1985 verglich Giovanni Previtali die Funktion der Signatur des Sieneser Malers mit der eines Siegels und sprach von einem »marchio di fabbrica«, und Stefano Riccioni hielt diese Begrifflichkeit, wiewohl anachronistisch, auch für die venezianischen Malerwerkstätten des Trecento geeigneter als die Vorstellung, eine Signatur unterstreiche die Autographie eines Gemäldes[45]. Louisa Matthew sprach aber den Signaturen venezianischer Maler erst ab rund den 1440er Jahren, beginnend mit den Werkstätten von Jacopo Bellini und Antonio Vivarini, eine Funktion zu als »means of selling pictures and the reputation of the workshop in an expanding and competitive market«[46]. Burg schließlich folgte in seinem breit angelegten Überblick zur Signaturpraxis des Mittelalters und der Frühen

43) MATTHEW, Painter's Presence (wie Anm. 10), S. 616; BURG, Signatur (wie Anm. 6), S. 285. Es liegt offenbar keine Untersuchung spezifisch zur Signierpraxis anderer Zentren der Gemäldeproduktion des 14. Jahrhunderts samt statistischer Auswertung vor, etwa für Florenz oder Siena, so dass die Frage, ob bereits in diesem Jahrhundert in Venedig häufiger signiert wurde als anderorts, (noch) nicht zu beantworten ist. Siehe Burg S. 280, der auf eine schmalere Überlieferung und fehlende Werkverzeichnisse generell für Maler vor 1400 verweist, die eine »quantitative Analyse« bislang nicht erlaubten, so dass auch bei ihm »das 14. Jahrhundert [...] den blinden Fleck« bildet. – Der folgende Abschnitt greift unter anderer Fragestellung ein Unterkapitel meiner Habilitationsschrift auf, dem einzelne Passagen entnommen sind (Rebecca MÜLLER, Die Vivarini. Bildproduktion 1440 bis um 1505, Regensburg 2023). – Hinzuweisen ist auf den Ende 2023 erschienenen Band: Signaturen, Auktoriale Präsenz zwischen Schrift und Bild, 1400–1700, hg. von Alessandro DELLA LATTA/Karin GLUDOVATZ, Berlin, der an dieser Stelle nicht mehr berücksichtigt werden konnte.

44) Zu den zahlreichen und im Laufe des 15. Jahrhunderts noch zunehmenden Altären siehe Peter HUMFREY, The Altarpiece in Renaissance Venice, Yale 1993, besonders S. 5, S. 21 (mit dem Hinweis, dass Venedig und die Lagune mit ihren 137 im Jahr 1493 durch Marin Sanudo gezählten Kirchen wohl nur Rom nachstanden); für den Exportmarkt S. 126–135, siehe dazu besonders Nathaniel SILVER, ›magna ars de talibus tabulis et figuris‹. Reframing Panel Painting as Venetian Commodity (14th–15th centuries), in: Typical Venice? The Art of Commodities, 13th–16th Centuries, hg. von Ella BEAUCAMP/Philippe CORDEZ, Turnhout 2020, S. 69–85, sowie im Folgenden.

45) Giovanni PREVITALI, Introduzione, in: Simone Martini e 'chompagni', Catalogo della mostra, Florenz 1985, S. 11–32, S. 12; Stefano RICCIONI, Per un progetto sui dipinti firmati di Venezia in età gotica e tardogotica, in: La »firma« nell'arte. Autorialità, autocoscienza, identità e memoria degli artisti, hg. von dems./Giovanni Maria FARA/Nico STRINGA (Venezia Arti), Venedig 2017, S. 65–69, S. 65.

46) MATTHEW, Painter's Presence (wie Anm. 10), S. 629.

Neuzeit Matthews Argumentation zugunsten einer ökonomisch motivierten Signatur in der venezianischen Malerei des 15. Jahrhunderts, denn »ähnlich prägende ökonomische Bedingungen scheint es zur gleichen Zeit im übrigen Italien – einschließlich Florenz – kein zweites Mal gegeben zu haben«[47]. Charakteristisch seien eine beginnende »Massenproduktion« (etwa von Marientafeln), die Konzentration von Signaturen einzelner Maler auf bestimmte Bildtypen und eine Standardisierung der Signaturformen innerhalb der Werkstätten. Diesen letzten beiden Punkten zu den Signaturen wird man nur bedingt zustimmen: Die zu den Bildtypen angeführten statistischen Werte sind wenig aussagekräftig,[48] und das in den Bildraum eingefügte »Zettelchen« (der *cartellino*) als in Venedig besonders häufig verwendete Signierform wird von vielen Werkstätten verwendet und gleichzeitig zu anderen Gestaltungsformen (etwa der aufgeschriebenen oder wie eingraviert wirkenden Inschrift) eingesetzt. Gleichwohl lässt sich die Funktion der Signaturen *auch* als Werbung unterstreichen, und zwar nicht erst für das fortgeschrittene 15. Jahrhundert, sondern bereits für die älteren Gemälde, die bislang daraufhin nicht analysiert wurden. Dazu werden im Folgenden die Kriterien herangezogen, die oben auch für die *marmorarii* genannt wurden, wobei sich aufgrund der Unterschiede der historischen Kontexte wie der Kunstgattungen und damit der medialen Bedingungen die Argumente anders entwickeln lassen.

Gemälde wurden für unterschiedliche Kontexte produziert, die die Funktion und die Rezeption auch der Signaturen, ihre Zugänglichkeit und Sichtbarkeit bestimmten. Die Ausstattung von Altären spielte eine wichtige Rolle, und Altarwerke konnten verschiedene Formen annehmen. Zu nennen sind Antependien für eine Anbringung vor der Stipes und vor allem Altaraufsätze, die sich wiederum in ihrem Aufbau unterschieden. Neben Retabeln, die aus kleinen Tafeln oft mit erzählender Malerei zusammengesetzt waren, meist aus der Vita Christi oder seiner Heiligen, wurden Triptychen, Polyptychen und aus einem vereinheitlichten Bildfeld bestehende Altarbilder unterschiedlicher Größe in Auftrag gegeben. Kirchen, Bruderschaftsgebäude und Amtsräume wurden aber auch mit Tafel- und Leinwandbildern unabhängig von Altarstellen ausgestattet. Viele dieser Werke sind aus ihrem ursprünglichen Zusammenhang gerissen und nur fragmentarisch überliefert, so dass nicht zu belegen ist, ob sie tatsächlich auf oder hinter einem Altar gestanden haben, ob mit einem Haupt- oder Nebenaltar zur rechnen ist und wie das Patrozinium lautete; dies lässt sich oft nur aus Quellen erschließen oder mit Blick auf die Ikonographie plausibel machen. Grundsätzlich sind aber auch zahlreiche als solche gesicherte Altarwerke signiert. Gegen Ende des hier interessierenden Zeit-

47) Burg, Signatur (wie Anm. 6), S. 291, der Begriff der »Massenproduktion« S. 287.

48) Burg, Signatur (wie Anm. 6), S. 289 führt etwa zu Bartolomeo Vivarini an, dieser habe 53 % seiner halbfigurigen Marientafeln und 83 % der sonstigen Gemälde (Altarbilder) signiert. Er räumt ein, dass einige der unsignierten Marientafeln aus Altarwerken stammen könnten, womit sich das Verhältnis zugunsten der signierten Madonnen verschieben würde. Damit kommt dem angesichts der anzunehmenden Verlustrate ohnehin wenig prägnanten prozentualen Unterschied keine Aussagekraft zu.

raums nahmen, zumindest am erhaltenen Bestand gemessen, die kleinformatigen Tafeln zu, die meist mit der privaten Devotion verbunden werden, vor allem halbfigurige Marien- und Christustafeln, ebenso Hieronymusdarstellungen. Tatsächlich war der Bildgebrauch aber variabel, und auch solche Tafeln können von Altären stammen beziehungsweise aus einem privaten Kontext heraus auf sie gestiftet werden[49]. Daneben sind Historienbilder für den Dogenpalast und Räumlichkeiten der Scuole, Orgelflügel sowie Porträts anzuführen, die wegen des sehr schmalen erhaltenen Bestandes bis zur Mitte des Quattrocento an dieser Stelle nur am Rande erwähnt werden, wobei vor allem erstere vergleichsweise häufig signiert wurden[50].

Die Signaturen venezianischer Maler des 14. und 15. Jahrhunderts sind ihrem Wortlaut nur in einigen Ausnahmen ähnlich ruhmrednerisch und lang wie die der *marmorarii* rund zwei Jahrhunderte zuvor[51]. Üblich sind die Formeln xy *pinxit*, xy *pinxit hoc opus* (auch im Plural mit zwei oder drei Namen), seltener (und eher im 14. Jahrhundert in Gebrauch) xy *me pinxit* oder *fecit*, im Quattrocento dann mehrfach *Opus* xy (im Genitiv); nicht selten liest man eine Ortsangabe, daneben werden Verwandtschaftsverhältnisse oder der Beruf mehrfach erwähnt. In der Gestaltung der Signatur hatten die Maler aufgrund der einheitlichen Technik, der oft geringeren Maße und der stärker festgelegten Bildmotive, -kompositionen und -proportionen einerseits weniger Möglichkeiten als die *marmorarii*, andererseits gingen sie mit dem Potential der Schrift im Bild und als Bild kreativ um, so dass sich zwar bestimmte Konventionen benennen lassen, sich aber auch ein breites Spektrum an Möglichkeiten ergab, den Blick auf die Signatur zu lenken.

Wie zogen die Maler die Aufmerksamkeit auf sich selbst als Produzenten eines Gemäldes beziehungsweise als Leiter der Werkstatt, in der es entstanden war? Im Trecento und frühen Quattrocento setzten die Maler ihre Namenszüge mehrfach so, dass sie auf den ersten Blick keinen Bezug zu den Bildmotiven zu haben scheinen und als frei auf der

49) Siehe dazu Margaret MORSE, From Chiesa to Casa and back. The Exchange of Public and Private in Domestic Devotional Art, in: Reflections on Renaissance Venice. A Celebration of Patricia Fortini Brown, hg. von Blake DE MARIA/Mary Engel FRANK, Mailand 2013, S. 142–153. Catarina SCHMIDT ARCANGELI, Giovanni Bellini's Private Devotional Images. A Boom around 1500, in: Examining Giovanni Bellini. An »Art more Human and more Divine«, hg. von Carolyn WILSON, Turnhout 2015, S. 203–225, S. 215–218.

50) So trägt jede der großen Leinwände des Gemäldezyklus zur Vita der hl. Ursula (ca. 1490/1500) die Signatur des Vittore Carpaccio, und aus dem Zyklus, der für die Scuola Grande di San Giovanni Evangelista entstand (ca. 1494–1510), ist die Mehrzahl der Leinwände ebenfalls signiert; siehe zu beiden Zyklen Patricia Fortini BROWN, Venetian Narrative Painting in the Age of Carpaccio, New Haven 1988, S. 279–286. Zu signierten Orgelflügeln siehe MÜLLER, Vivarini (wie Anm. 43), S. 69–72.

51) Dies gilt generell bereits für die Malerei vor 1300, siehe BURG, Signatur (wie Anm. 6), S. 272, und S. 300–304 für Italien insgesamt. Siehe für Signaturen in Venedig den Überblick bei Marco TAGLIAPIETRA, La firma di scuola veneziana dal XIV al XVI secolo, Diss. Venedig 2013–2014, Venedig 2015 (hdl.handle.net/10579/5608, letzter Zugriff 09109.2022), S. 145–189.

Bildoberfläche schwimmend beschrieben wurden[52]. Anhand der Signatur des Paolo Veneziano auf der ›pala feriale‹ in San Marco lässt sich exemplarisch zeigen, dass auch bei diesen vermeintlich ortlosen Signaturen die Künstler visuelle Strategien entwickelten, mit denen die Aufmerksamkeit auf den Namen gezogen wurde (Abb. 6).[53] Der Maler hat meines Erachtens bewusst unter den 14 Einzelbildern, aus denen die ›pala feriale‹ besteht, mit der ›Überführung der Reliquien des hl. Markus nach Venedig‹ die einzige weitgehend ein- und dunkelfarbige Fläche des gesamten Altarbildes genutzt – die Meeresfläche –, um darauf mit kostbarem Muschelgold zu signieren[54]. Eine Angabe des Datums, die man aufgrund des hier ebenfalls verwendeten Goldes als ersten Teil der Signatur lesen kann, ist auf der ganz links positionierten, als Eingangsbild zur Vita des Heiligen konzipierten ›Weihe des hl. Markus‹ in einen schmaleren dunklen Streifen gesetzt und fällt damit weniger ins Auge. Von den weiteren Inschriften der Pala, den Namenszügen des Heiligen und des Schusters Anianus, ist die Signatur zudem durch das kostbare Material und die größere Schrift abgesetzt. Größe und Material zeichnen Paolos Signatur besonders aus; der Farbkontrast wird auch von anderen Malern eingesetzt, wenn etwa auf Catarinos Marienkrönung die schwarze Signatur auf hellrosa Grund hervorsticht[55].

In einigen der Gemälde, die eine nicht in die Bildrealität integrierte Signatur tragen, steigern Maler die Ambivalenz der Signatur noch, indem sie über Motive im Bild die Aufmerksamkeit auf den Namen lenken, der selbst jedoch keinem Illusionismus unterworfen ist. In der ersten Szene der ›Sebastiansvita‹, in der drei Heilige zwei kaiserlichen Richtern vorgeführt werden, hat Nicolò Semitecolo in dem spannungsgeladenen Raum zwischen den auf beiden Seiten gestikulierenden Figuren und unterhalb eines goldenen Idols einen kleinen weißen Hund eingefügt (Abb. 7)[56]. Er steht ohne inhaltlichen Zu-

52) U.a. Rona Goffen, Signatures. Inscribing Identity in Italian Renaissance Art, in: Viator 32 (2001), S. 303–370, S. 312. Burg spricht bei seiner Typologisierung der Signaturen hierzu von »nichtintegrierten Signaturen auf der Bildfläche« (hier S. 323 zur ›pala feriale‹), die er von »Signaturen außerhalb der bemalten Bildfläche«, »schwach illusionistischen« und »illusionistischen« Signaturen trennt. Er folgt in dieser Einteilung weitgehend Jean-Claude Lebensztejn, Esquisse d'une typologie, in: Revue de l'Art 26 (1974), S. 48–56.

53) *MAG(ISTE)R PAULUS CU(M) LUCA ET IOH(ANN)E FILIIS SUIS PINXERUNT / HOC OPUS*, zit. nach Filippo Pedrocco, Paolo Veneziano, Mailand 2003, S. 170, hier besonders S. 170–173 zur ›pala feriale‹, die auf dem Hauptaltar von San Marco als klappbares Altarbild und Abdeckung der ›pala d'oro‹ fungierte.

54) Goffen, Inscribing Identity (wie Anm. 52), S. 312 ist insofern zuzustimmen, dass Paolos Signatur und die Bilderzählung hier getrennt sind, allerdings ist die Wahl genau dieses Bildfeldes keine beliebige, denn das »Gemachte« des Gemäldes, das Goffen als Aussage unterstreicht, würde bei einer Signatur an einem beliebigen Ort erkennbar.

55) Catarino, ›Marienkrönung‹, 89x58 cm, datiert 1375, Venedig, Gallerie dell'Accademia, MCCCLXXV D(E) MEXE D(E) MARÇO CHATARINUS / PINXIT, siehe für eine Abbildung Giovanna Scirè Nepi, I capolavori dell'arte veneziana. Le gallerie dell'Accademia, Venedig 1991, ^{2}1999, S. 36.

56) Die Tafel (54x61.5 cm, Padua, Museo Diocesano; *nicholeto simitecholo daveniexia inpe[n]se*) gehört zu einem auf das Jahr 1367 datierten Altarwerk(?), dessen Rekonstruktion und genaue Funktion diskutiert werden; siehe

Abb. 6: Paolo Veneziano und Söhne, ›Der hl. Markus rettet das Schiff mit seinen Reliquien aus einem Sturm‹, Szene der ›pala feriale‹, 1345, Venedig, Basilica di San Marco, Museo Marciano (Photo: Wikimedia Commons, https://de.m.wikipedia.org/wiki/Datei:Paolo_Veneziano_-_A_Scene_from_the_Life_of_St_Mark_-_WGA16999)

Abb. 7: Nicolò Semitecolo, ›Der Heilige und seine Begleiter vor den Kaisern Diokletian und Maximian‹, Padua, Museo Diocesano (Photo aus: Arte Veneta 73, 2016)

sammenhang mittig in der freien Fläche, die die beiden Gruppen trennt und scheint an der Signatur zu schnuppern, die ihrerseits aber nicht in die Bildrealität eingebunden ist. Einer plausiblen Rekonstruktion zufolge war die Tafel mit der Signatur, die die Szenenfolge einleitet, auf der äußeren, nach unten zu klappenden Bildwand eines Reliquienschranks über einem Altar angebracht und somit den Blicken nur entzogen, wenn die dahinter aufbewahrten Reliquien präsentiert wurden.

Auf zahlreichen Gemälden, zumal Altarbildern, sind Signaturen zu Füßen der Heiligen, etwa vor oder auf dem Thron Mariens platziert, wobei die Inschrift als auf der Thronplatte eingraviert visuelle Plausibilität gewinnen kann. Dies weist auf einen devotionalen Charakter der Signatur hin, mit der sich der demütige Maler der Muttergottes überantwortet. Sofern das signierte Werk als Altardekoration diente und über dem Altartisch hing, erhielt sein Name so Präsenz in engster Nähe zu den Reliquien im Altar. Mit dieser Platzierung erhielt die Signatur zugleich eine besonders prominente Position im Bild, denn sie kam so mehr oder weniger direkt auf Augenhöhe zu stehen[57]. Je nach Funktion und Aufstellungsort fiel damit der Blick des Zelebranten auf sie, aber auf ihn beschränkte sich die Zugänglichkeit zu Altarbildern meist nicht.

Seit dem 14. Jahrhundert erfanden die Künstler (auch) für Tafelbilder Schriftträger im Bild, die zu nichts anderem dienen, als die Signatur zu tragen[58]. Die illusionistisch gemalte Schriftrolle in Zanino di Pietros Triptychon in Rieti liegt wie zufällig zu Füßen der Franziskanerheiligen (Abb. 8, Abb. 9). Sie ist im Bild vor der niedrigen, rosafarbenen Sockelplatte positioniert, auf der die Heiligen stehen, und sie kommt direkt neben der Krone des hl. Ludwig zu liegen. Der horizontale Schriftverlauf macht die Signatur lesefreundlich und unterscheidet sie auch darin von der übrigen reich ins Bild gesetzten, aber kleiner gegebenen Schrift[59]. Nah zum Betrachter und das Bild gleichsam kommentierend kann sie als Scharnier zwischen Bildraum und Betrachterraum beschrieben werden. Unter den zahlreichen möglichen Beispielen sei als ähnlich auf-

für eine überzeugende Rekonstruktion und weitere Literatur zuletzt Ashley ELSTON, Pain, Plague, and Power in Niccolò Semitecolo's Reliquary Cupboard for Padua Cathedral, in: Gesta 51 (2012), 2, S. 111–127 sowie Cristina GUARNIERI, Una pala ribaltabile per l'esposizione delle reliquie. Le ›storie di Santa Lucia‹ di Jacobello del Fiore a Fermo, in: Arte Veneta 73 (2016), S. 9–35, S. 23–26.

57) Dies betont BURG, Signatur, S. 276–279, der demgegenüber eine religiöse Aussage der so platzierten Signaturen ablehnt, da diese in den Formulierungen meist nicht zum Ausdruck kommt. M.E. weist aber bereits die Nähe zu den Heiligen darauf hin, dass die devotionale Sinnebene als Möglichkeit enthalten ist, siehe ähnlich Amanda HILLIAM, Set in Stone. Signing Carlo Crivelli of Venice, in: La 'firma' (wie Anm. 45), S. 137–156, S. 155.

58) Siehe für Beispiele die Tabelle bei BURG, Signatur (wie Anm. 6), S. 604f. In der Buchmalerei dienten die üblichen Schriftbänder schon zuvor auch als Träger der Schreiber- oder Malernamen.

59) Der Text auf der rechten: Tafel des Kreuzigungstriptychons aus Fonte Colombo (um 1410, Rieti, Museo Civico, Inv. MCR 333 SA). Seitentafel 94x44 cm) lautet: *HOC OPUS DEPINXIT ZANI / N(US) PETRI H(AB) ITATOR VE(N)ECIIS I(N) (CON)TRA / TA SA(NC)TE APOLI(N)ARIS*, siehe Valentina BARADEL, Zanino di Pietro. Un protagonista della pittura veneziana fra Tre e Quattrocento, Padua 2019, besonders S. 185–188.

Abb. 8: Zanino di Pietro, Kreuzigungs-Triptychon, Rieti, Museo Civico, Pinacoteca (Photo: Rieti, Museo Civico, Sezione Storico-Artistica)

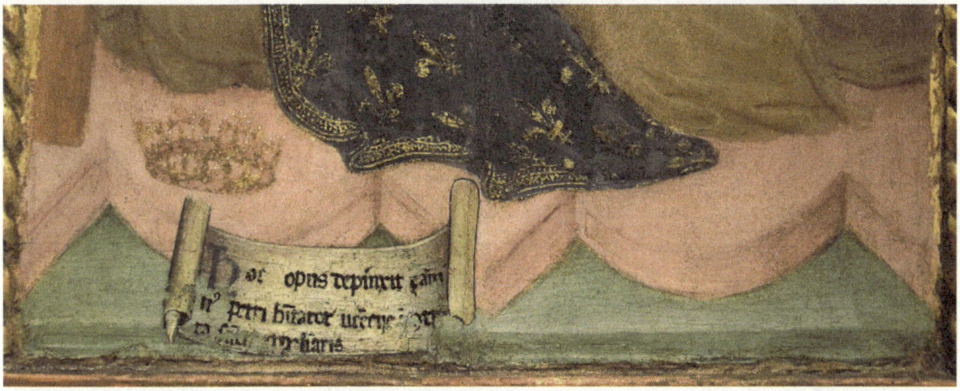

Abb. 9: Zanino di Pietro, Kreuzigungs-Triptychon, Rieti, Museo Civico, Pinacoteca (Photo: Rieti, Museo Civico, Sezione Storico-Artistica/Verf.)

merksamkeitserheischend, aber in rezeptionsästhetischer Hinsicht noch raffinierter, die Signatur auf einer Marientafel Michele Giambonos angeführt (Abb. 10)[60]. Proportio-

60) Michele Bono, Maria mit Kind, um 1435/40, 57x39 cm, Rom, Palazzo Barberini; *MICHAELI.IOHANNIS.BONO.VENETVS.PINXIT*; siehe Sabine ENGEL, Veil and Signature. Giambono's Madonna Barberini, in: Marian Devotion in the Late Middle Ages. Image and Performance, hg. von Andrea-Bianka ZNOROVSZKY/ Gerhard JARITZ, London/New York 2022, S. 87–105, mit weiteren Überlegungen zur visuellen und textlichen Strategie dieser Signatur.

Abb. 10: Michele Giambono, ›Maria mit Kind‹, Rom, Gallerie Nazionali di Arte Antica (Photo: Gallerie Nazionali di Arte Antica, Roma (MiC) – Bibliotheca Hertziana, Istituto Max Planck per la storia dell'arte/ Enrico Fontolan)

nal zu den Figuren nimmt die Schrift bemerkenswert viel Raum auf der Bildfläche ein. Der materiale Bestand dessen, was hier in der Funktion einer Brüstung die Signatur trägt, ist nicht eindeutig zu benennen[61], aber der Farbkontrast und die von dem weißen Untergrund schwarz abgesetzten Buchstaben in Kapitalis machen die Signatur auf den ersten Blick erfassbar. In der Bildrealität war der Name des Malers, wie der den Schriftzug überlappende Mantel Mariens zeigt, schon da, bevor die Muttergottes an die Brüstung trat, um uns ihr Kind zu präsentieren.

Neben den hier nur exemplarisch vorgestellten visuellen Strategien, mit denen die Aufmerksamkeit auf die Produzenten der Gemälde gezogen wird, kann auch der Wortlaut einer Signatur einen werbenden Charakter verleihen. Wie bei den *marmorarii* zie-

61) Engel, Veil and Signature (wie Anm. 60), bezeichnet den Träger als »white band« (S. 80).

len einige offenbar darauf ab, vertrauensbildend mit Blick auf potentielle Auftraggeber zu wirken. Mehrfach sind wiederum Familienzusammenhänge benannt. Als Paolo die ›pala feriale‹ signierte, hatte er rund fünfzehn, vielleicht auch über zwanzig Jahre Tätigkeit als erfolgreicher Maler hinter sich, und es ist bekannt, dass drei Söhne ihm in dem Beruf als Maler folgten. In ihrem Beitrag zur ›pala feriale‹ nimmt Rona Goffen daher an, dass die Söhne hier genannt sind, um sie – unter Hinweis auf die aktuelle Hierarchie[62] – als Nachfolger in der Werkstatt zu propagieren, als Empfehlung für zukünftige Auftraggeber, dass hier eine erfolgreiche Werkstatt fortgeführt wird[63]. Gerade die große Prominenz des Auftrags für die Kapelle des Dogen macht dies plausibel – eine bessere Werbung für die Söhne kann man sich kaum denken. Vereinzelt werden in Signaturen der Vater, aber nicht die Söhne namentlich genannt, ein Umstand, der nahelegt, dass es hierbei zumindest nicht primär um das über die Namensnennung erhoffte Seelenheil geht. Mehrfach sind Signaturen von Brüdern überliefert, etwa den *fratres* Antonio und Bartolomeo Vivarini, die mehrere Werke gemeinsam signierten[64]. Ebenso finden wir Doppelsignaturen, die zwei zu einer Sozietät zusammengeschlossene Maler nennen[65]. So führt das großformatige Leinwandtriptychon mit der Madonna und den Kirchenvätern von Giovanni d'Alemagna und Antonio Vivarini, entstanden für den *albergo* der Scuola grande di Santa Maria della Carità, die Namen beider hintereinander an[66]. Andrea De Marchi hat eine vergleichbare Doppelsignatur als »marchio societario« verstanden, unter der die beiden Maler ihre Aufträge als von ihnen beziehungsweise unter ihrer Verantwortung ausgeführt garantierten[67]. Diese Garantie der Quali-

62) GOFFEN, Inscribing Identity (wie Anm. 52), S. 303, betont die Verwendung von *cum* anstelle des *et*. Siehe oben für den Wortlaut.

63) Rona GOFFEN, Paolo Veneziano e Doge Andrea Dandolo. Una nuova lettura della Pala Feriale, in: La Pala d'Oro, hg. von Hans R. HAHNLOSER/Renato POLACCO, Venice 1994, S. 173–184.

64) So lautet die Signatur auf dem Marienpolyptychon für die Certosa in Bologna: AN(n)O D(om)INI MCCCCL. HOC OP(us) INCEPTUM FUIT ET PERFECTUM VENETIIS AB ANTONIO / ET BARTOLOMEO FR(atr)IB(us) DE MURANO [...], zit. nach Pinacoteca Nazionale di Bologna. Catalogo generale. Dal Duecento a Francesco Francia, hg. von Jadranka BENTINI u. a., Venedig 2004 (Giorgio FOSSALUZZA), S. 224.

65) Zu der Organisationsform der *societas* siehe MÜLLER, Vivarini (wie Anm. 43), S. 254–257.

66) Giovanni d'Alemagna und Antonio Vivarini, Kirchenvätertriptychon, datiert 1446, Venedig, Gallerie dell'Accademia: M.4.46.IOHANES.ALAMANUS / ANTONIUS.D.MURIANO P, siehe für eine Abbildung Matteo CERIANA, »Paradisi« veneziani. Michele Giambono, Giovanni d'Alemagna e Antonio Vivarini, in: Il Paradiso riconquistato. Trame d'oro e colore nella pittura di Michele Giambono, hg. von Matteo CERIANA/Valeria POLETTO, Venedig 2016, S. 39 –88, S. 54f. Ob die Maler zu diesem Zeitpunkt bereits auch verschwägert waren, wie es in einer Quelle des Jahres 1450 festgehalten wird, ist unklar.

67) Die Maler Donato und Catarino signierten mehrfach gemeinsam, siehe exemplarisch die ›Marienkrönung‹ der Pinacoteca Querini Stampalia, Venedig: MCCCLXXII M(e)XE A(u)GVSTI DONATVS ET CATARINVS PICXIT; Siehe Andrea DE MARCHI, Il vero Donato Veneziano, in: Arte in Friuli-Arte a Trieste 21/22 (2003), S. 63–72, der S. 63 von einer »firma di ›compagnia‹« spricht; Cristina GUARNIERI, Per un corpus della pittura veneziana del Trecento al tempo di Lorenzo, in: Saggi e Memorie di storia dell'arte 30 (2006), S. 1–132, hier S. 27, sieht in den Signaturen dieser beiden Maler »più che un indizio di simbiosi stilistica un marchio socie-

tät lässt sich gleichzeitig als auf die Zukunft hin formuliert lesen, eben als Werbung[68]. Zusätzlich setzten auf einigen Werken die Schnitzer ihre Namen voran – oder ließen sie voransetzen –[69], was unterstrichen haben mag, dass in beiden für ein venezianisches Retabel wichtigen Gewerken, Schnitzerei und Malerei, »namhafte« Meister verantwortlich zeichneten – und dies auch in Zukunft tun würden[70]. Mehrfachsignaturen konnten grundsätzlich als Hinweis darauf gelesen werden, dass eine Werkstatt groß und damit zuverlässig war: Die Unwägbarkeiten des menschlichen Lebens – in Verträgen wurde mehrfach explizit festgehalten, dass sich die Frist zur Vollendung eines Werks im Falle von Krankheit verlängerte[71] – wurden damit für einen Auftraggeber kalkulierbarer, der selbst eine Stiftung vor seinem Ableben vollendet sehen wollte.

Zu der erwähnten Signatur des Kirchenvätertriptychons ist noch auf die explizite Bezeichnung des Giovanni als *Alamanus* hinzuweisen: Bemerkenswerterweise ändert sich mit diesem Werk der Wortlaut der Doppelsignaturen von Giovanni d'Alemagna, dessen Herkunft auch in einem Vertrag erwähnt wird, und Antonio Vivarini. Lauten die frühen Signaturen dieser Sozietät zunächst schlicht *IOHANES ET ANTONIUS DE MURIANO* (oder vergleichbar), so wird ab 1445 stets auf den nordalpinen Ursprung dieses Johannes hingewiesen, wie es dann auch an dem Kirchenvätertriptychon der Fall ist. Gerade in diesen Jahren werden die ersten niederländischen Gemälde nach Venedig eingeführt, – oder besser: aus diesen Jahren stammen die ersten Belege dafür –, so dass die Zugehörigkeit eines eingewanderten Malers durchaus auch zu einem Werbefaktor für die Werkstatt geworden sein könnte[72].

Wie bei den Namenszügen der *marmorarii* war auch bei jenen der venezianischen Maler die Ortsangabe offenbar wichtig, da sie häufig einbezogen wurde[73]. Auffällig ist,

tario, sotto il cui segno i due pittori garantivano le commissioni«, hält aber auch einen Hinweis auf eine Aufteilung der Ausführung (nach zentraler Tafel und Seitentafeln) für möglich – letzteres reduziert die Signatur implizit wieder auf den Aspekt der Eigenhändigkeit.

68) Hier folge ich Anselmi, der den »marchio societario« stärker bewertet als etwas »grazie al quale dovettero ottenere le commissioni«, siehe Valentino Anselmi, Jacobello del Fiore o della pittura a Venezia tra il neogiottismo di fine Trecento e la »rivoluzione« gentiliana, Diss. Florenz 2012–2014 (https://flore.unifi.it/handle/2158/1001575 [letzter Zugriff 28.12.2022]), S. 157.

69) Sowohl aufgemalte Signaturen als auch geschnitzte Signaturen sind erhalten.

70) Siehe etwa die ›Marienkrönung‹ in S. Pantalon, Venedig, von Cristoforo da Ferrara, Giovanni d'Alemagna und Antonio Vivarini: xpofol de ferara itaia . zuane e / antonio de muran pnse . 1444 (Cristoforo da Ferrara hat [es] geschnitzt, Giovanni und Antonio da Murano haben [es] gemalt. 1444). Zit. nach Pietro Paoletti/Gustav Ludwig, Neue archivalische Beiträge zur Geschichte der venezianischen Malerei, in: Repertorium für Kunstwissenschaft 22 (1899), S. 87–93, S. 255–278, S. 427–457, S. 428.

71) Siehe etwa den Vertrag mit Giambono für ein Altarbild in Sant'Agnese, Ceriana, »Paradisi« (wie Anm. 66), S. 80.

72) Siehe zu Importen aus den Niederlanden Bernard Aikema, Netherlandish Painting and Early Renaissance Italy. Artistic Rapports in a Historiographical Perspective, in: Cultural Exchange in Early Modern Europe, Bd. IV: Forging European Identities, 1400–1700, hg. von Herman Roodenburg, Cambridge 2007, S. 100–137.

73) Für Beispiele siehe Tagliapietra, Firma (wie Anm. 51), S. 150–153.

dass die Gemälde, auf denen sich die Maler *de Venetiis* nennen oder das Werk als *factum Venetiis* kennzeichnen, ganz überwiegend nicht für Venedig in Auftrag gegeben wurden, sondern in den Export gingen[74]. Das Phänomen der Ortskennzeichnung ist auch aus anderen Städten bekannt (zu denken ist etwa an die Signaturen im spätmittelalterlichen Ulm)[75], und es ist – wie oben zu den *marmorarii* deutlich wurde – gattungsübergreifend. Offenbar sind es eher Zentren der Produktion bestimmter Handwerke, die in den Signaturen aufgerufen werden[76].

Venezianische Gemälde waren das, was man heute einen Exportschlager nennen würde[77]. Sie wurden – im Verhältnis zu anderen Produktionszentren – in großer Zahl exportiert, und die Destinationen konnten in großer Entfernung liegen. Peter Humfrey hat dies für Altarwerke beginnend rund um 1450 kartiert und unterstrich damit, wie breit gestreut die Orte lagen, von den kleinen Tälern hinter Bergamo bis zu den Seestädten der Adria hinunter nach Apulien und Calabrien[78]. Auch Maler des Trecento wie Paolo und dann Lorenzo Veneziano und des frühen 14. Jahrhunderts wie Zanino di Pietro und Jacobello del Fiore exportierten in das venezianische Hinterland, in die Marken und nach Istrien und Dalmatien[79]. Der Maler, aus dessen Werkstatt die meisten Tafeln exportiert wurden, war Bartolomeo Vivarini, und man wird es nicht als Zufall betrachten, dass er auch derjenige war, der im 15. Jahrhundert die meisten Werke signierte; beides gilt im gesamtitalienischen Vergleich. Mit Blick auf die Nennung von Or-

74) Der Argumentation Stefano Riccionis, dass eines der Gemälde Lorenzo Venezianos mit dem Toponym nicht für Venedig bestimmt gewesen sei, kann ich nicht folgen: Sein »Beleg« dafür ist lediglich die Wahl des Volgare in der Signatur dieses Gemäldes, denn seine Provenienz ist bislang nicht über eine venezianische Sammlung hinaus zurückgeführt. Die Gründe und Motivationen für die Wahl: Latein oder Volgare sind mit Blick auf das Material in seiner Breite allerdings wesentlich schwieriger nachzuvollziehen (und in den umliegenden Orten dürfte venezianischer Dialekt verstanden worden sein), ein Argument lässt sich daraus m. E. nicht ableiten. Es handelt sich um Lorenzos ›sposalizio mistico‹ in den Gallerie dell'Accademia, vgl. RICCIONI, Progetto (wie Anm. 45), S. 67, siehe dagegen Cristina GUARNIERI, Lorenzo Veneziano, Cinisello Balsamo 2006, S. 186, derzufolge die Signatur für eine auswärtige Provenienz spricht (siehe aber die übernächste Anmerkung).

75) Gerhard WEILANDT, Künstlerinschriften auf Ulmer Retabeln, in: Meisterwerke massenhaft. Die Bildhauerwerkstatt des Nikolaus Weckmann und die Malerei in Ulm um 1500, hg. von demselben, Stuttgart 1993, S. 317–327.

76) Einschränkend ist festzuhalten, dass der umgekehrte Schluss, dass also Werke mit Signaturen *ohne* einen Verweis auf die Provenienz immer für Venedig entstanden seien, nicht zulässig ist. Außerdem kommt es leicht zu Zirkelschlüssen, denn mittlerweile wird die Nennung des Toponyms bei Werken unbekannter Destination grundsätzlich als Beleg für einen Export herangezogen.

77) Siehe dazu besonders HUMFREY, Altarpiece (Anm. 44), S. 126–135; MÜLLER, Vivarini (wie Anm. 43), S. 126–129, S. 133 f., S. 188 f..

78) HUMFREY, Altarpiece (wie Anm. 44), S. 128.

79) Siehe dazu Il Trecento adriatico. Paolo Veneziano e la pittura tra Oriente e Occidente, hg. von Francesca FLORES D'ARCAIS/Giovanni GENTILI, Mailand 2002; Arte per mare. Dalmazia, Titano e Montefeltro dal primo Cristianesimo al Rinascimento, hg. von Giovanni GENTILI/Alessandro MARCHI, Cinisello Balsamo 2007; SILVER, Panel Painting (wie Anm. 44).

ten ist für die Malerfamilie der Vivarini eine Besonderheit festzustellen: Bartolomeo verbindet wie sein älterer Bruder Antonio und, seltener, auch später sein Neffe Alvise seinen Namen mit einem *de Muriano*, und zwar zusätzlich zu dem Namen »Vivarini«. Werke für den Export werden also als in Venedig gemacht bezeichnet, aber zusätzlich ist noch die Herkunft Murano angegeben, so etwa auf einem Retabel in Almenno bei Bergamo: FACTUM VENETIIS PER BARTHOLOMEUM / VIVARINUM DE MURIANO PINXIT 1.4.8.5[80]. Auch wenn in der Sekundärliteratur häufig von einer »Scuola di Murano« die Rede ist, so ist Bartolomeo auf Murano höchstens geboren, denn schon sein älterer Bruder wird nie als in Murano wohnend oder arbeitend erwähnt, sondern immer als im Sprengel Santa Maria Formosa in Venedig beheimatet bezeichnet, und Bartolomeos Werkstatt lag ebenfalls immer in dieser Pfarrei. Alvise wird in einer Quelle als der Pfarre San Samuele zugehörig genannt und später mit einem Haus in Santa Martha, beides in Venedig[81]. Tagliapietra führte die Bemühungen Muranos um eine Eigenständigkeit gegenüber Venedig als möglichen Grund für die Nennung Muranos an[82], aber für individuelle Künstler dürfte das keine Motivation gewesen sein. Gleichzeitig lässt sich festhalten, dass für den Export die ursprüngliche Herkunft der Familie aus Murano als Qualitätskriterium nicht ausreichend war: Die Retabel, die Bartolomeo von Istrien bis nach Bari lieferte, bedurften zusätzlich des »made in Venice«.

Zwei Altarbilder sind mir bekannt, auf denen Maler über die bloße Ortsnennung hinausgingen und ihren Wohnort in Venedig präzisierten. Auf dem bereits genannten Kreuzigungstriptychon von Zanino di Pietro für die Einsiedelei Fonte Colombo nennt sich der Maler, der möglicherweise französischstämmig war, rund 20 Jahre in Bologna wohnte und arbeitete und schließlich nach Venedig zog, Bewohner von Venedig und gibt darüber hinaus die Pfarrei an, in der er lebt[83]. Der Maler Nicolò di Pietro nennt auf einer Madonnentafel von 1394 sogar seine Adresse, die Paradiesbrücke, an deren Kopf er wohnte (Abb. 11)[84]. Tagliapietra zufolge richtet sich diese Signatur an Venezianer, denn nur für diese sei dieser Hinweis hilfreich. Aber auch dieses Gemälde war für den Export, nach Zadar, bestimmt[85]. Dort sollten Betrachter offenbar darüber informiert

80) Francesco Rossi, Presenze venete, in: I pittori bergamaschi dal XIII al XIX secolo. Il Quattrocento, hg. von Franco Mazzini, Bd. II, Bergamo 1994, S. 99–157, S. 125.

81) Siehe zu den Wohn- und Werkstattorten der Vivarini Müller, Vivarini (wie Anm. 43), S. 240–245.

82) Tagliapietra, Firma (wie Anm. 51), S. 152 f., hier auch der Hinweis, dass auch die Maler Quirizio und Andrea mit *da Murano* signierten, die – wenngleich weniger dicht – auch als in Venedig wohnend belegt sind.

83) Zu dem Maler siehe Baradel, Zanino (wie Anm. 59), S. 185, für den Wortlaut der Signatur siehe Anm. 59.

84) *Hoc / opus / fecit fie(r)i / d(omi)n(u)s Vulcia(nus) / Belgarçone / civis Ya/driensis/ MCCCLXXXXIIII Nichola / filius m(agist)ri Petri pictoris de Vene / ciis . pinxit hoc opus qui mo / ratur in chapite pontis paradixi*; zitiert nach Sandra Moschini Marconi, Gallerie dell'Accadmia di Venezia. Opere d'arte dei secoli XIV e XV, Rom 1955, S. 14.

85) Tagliapietra, Firma (wie Anm. 51), S. 152. Die Tafel wurde von Vulciano Belgarzone aus Zadar für die Dominikanerkirche in seiner Heimatstadt in Auftrag gegeben und gelangte erst im späten 18. Jahrhundert über

Abb. 11: Nicolò di Pietro, ›Maria mit Kind und Stifter‹, Venedig, Gallerie dell'Accademia (Photo: Wikimedia Commons, https://commons.wikimedia.org/wiki/File:1_Nicolo_di_Pietro._Belgarzone_Madonna._1394._Galleria_dell%27Accademia_Venice)

sein, bei wem und wo genau sie ein vergleichbares Werk in Auftrag geben könnten[86]. Wie ist der Export von Tafelmalerei vor dem zeitgenössischen Horizont einzuordnen?

die Sammlung Manfrin nach Venedig, wie De Marchi nachwies; siehe Andrea DE MARCHI, Ritorno a Nicolò di Pietro, in: Nuovi Studi 2 (1997), S. 5–24, S. 5 f.

86) Mit der hier unterstrichenen Aussage der Herkunftsangabe in Signaturen sollen andere Bedeutungsebenen nicht ausgeschlossen werden, wie sie etwa Hilliam im Falle Vittore Crivellis und hier für seine späteren, nicht in Venedig entstandenen Werke plausibel machen konnte: »Initially, Crivelli's Venetian origins may have served as a mark of quality for prospective patrons, who would have associated them with Venice's prestigious cultural heritage. But his insistence on signing as a Venetian long after he had left his native city, when he had achieved considerable fame in Le Marche, suggests that Crivelli's origins were inseparable from his identity as an artist.«

Sind schlicht mehr Gemälde aus Venedig exportiert worden als etwa aus Florenz, oder hatte diese Ausfuhr bereits für die Zeitgenossen einen besonderen Stellenwert? Für die Auftraggeber, die sich von außerhalb an venezianische Werkstatten wandten, lassen sich hauptsächlich zwei Motivationen vermuten. Bei den von Venedig aus belieferten Destinationen handelt es sich offenbar um Städte und Gemeinden, die keine eigene Kunstproduktion aufwiesen, die den Ansprüchen der Auftraggeber so entsprach, dass nicht ein Import aus Venedig mit seinen zusätzlichen Kosten und den mit der Entfernung verbundenen Unsicherheiten erstrebenswerter war. Gleichzeitig und unabhängig vom Angebot vor Ort kann sich mit dem Importprodukt ein besonderes Prestige verbunden haben, das gerade durch den Aufwand des Imports ein höheres Anspruchsniveau signalisierte[87)]. Neben der Rolle Venedigs als Zentrum der Tafelmalerei (die natürlich nur ein Produkt unter anderen war[88)], für das in einem Spektrum zwischen standardisiertem Marienbild und großformatigem Retabel sowie qualitativ zu differenzieren ist) dürfte gegenüber anderen Städten vor allem ins Gewicht gefallen sein, dass die Serenissima die Rolle des Handelszentrums mit jener einer politischen Großmacht verband. Venedigs Vormachtstellung in der Adria sicherte hier Handelsfreiheit, seine Lage in der Lagune und seine Handelsflotte garantierten einen raschen und ungestörten Transport eines Altarwerks zum Aufstellungsort, aber schon bereits des Holzes für die Werkstätten. Tafelgemälde wurden von der venezianischen Regierung dezidiert als Handelsware angesehen: Die Zunftordnung der Maler legte bereits in den Statuten des 13. beziehungsweise 14. Jahrhunderts fest, dass auch an den Festtagen gearbeitet werden dürfe, sofern ein Werk für den Export bestimmt war[89)]. Diese Regelung begegnet in Zunftordnungen anderer Städte, soweit ich sehe, nicht. Ein auf 1440 datierter Vertrag zweier Maler zur Gründung einer *societas*, der keine künstlerischen Anliegen formuliert, sondern wie andere derartige Vereinbarungen auf Risikominimierung abzielte, nennt explizit auch Regelungen für Aufträge von außerhalb Venedigs[90)]. Der Export war damit ein von vorn-

Sie schließt: »[...] his Venezianità was a touchstone from which to cultivate his artistic persona«. HILLIAM, Set in Stone (wie Anm. 57), Zitate S. 138, S. 154.

87) Siehe dazu die Quelle bei SILVER, Panel Painting (wie Anm. 44), S. 70.

88) Siehe HUMFREY, Altarpiece (Anm. 44), besonders S. 157–159; zu Venedig als Zentrum von Luxusgütern, darunter »Kunst«: Typical Venice? The Art of Commodities, 13th–16th Centuries, hg. von Ella BEAUCAMP/Philippe CORDEZ, Turnhout 2020, und, zeitlich früher einsetzend, aber weniger auf die ökonomischen Faktoren ausgerichtet, A Hub of Art. In, out, and around Venice, 1177–1499, hg. von Herbert L. KESSLER (Convivium 7, 1), Brno 2020.

89) Dazu musste die Erlaubnis beim Zunftvorsteher eingeholt werden, der Meister verpflichtete sich, an diesen Tagen keine anderen Arbeiten auszuführen; Elena FAVARO, L'arte dei pittori in Venezia e i suoi statuti, Florenz 1975, S. 25, S. 75. Siehe zum Folgenden auch Rebecca MÜLLER, La corporazione dei pittori a Venezia nel Quattrocento. Costrizioni e libertà d'azione in una comunita professionale, in: Comunità e società nel Commonwealth veneziano, hg. von Gherardo ORTALLI/Oliver Jens SCHMITT/Ermanno ORLANDO, Venedig 2018, S. 177–198.

90) Der zwischen Jacopo Bellini und Donato Bragadin zu schließende Vertrag hält für die Maler fest: [...] *fecerunt societatem et mutuam utilitatem de omnibus et singulis picturis et magisterio picturarum cuiuscumque sortis et*

herein einkalkulierter Faktor, keine Ausnahme. Ein direkter Preisvergleich für ein und dasselbe Produkt ist aus heutiger Perspektive nicht möglich. Daher ist die Frage kaum zu beantworten, ob diese Förderung zugunsten einer gleichmäßigen Auslastung der Werkstätten, dazu der einfache Transport, der Pigmenthandel vor Ort und das Vorhandensein mehrerer Maler- und Schnitzerwerkstätten nebeneinander in Venedig sich nicht so weit als preissenkend auswirken konnten, dass die Kosten für ein etwa in Teramo oder Bari gefertigtes Retabel nicht wesentlich unter dem eines Importstücks aus Venedig lagen. Matthew stellte den Charakter der Signaturen der Maler in Venedig als eine »commercial signature« heraus, die aufgrund der besonderen Bedeutung des Exports venezianischer Gemälde und ausgeweiteter Märkte zu einem verbreiteten, standardisierten und damit leicht wiedererkennbaren Qualitätssiegel wurden, das im Wortlaut oder zumindest in der Form – dies bezieht sich auf den *cartellino*, der seit rund den 1460er Jahren zunehmend und in ähnlicher Form auf venezianischen Gemälden als Träger von Signaturen eingesetzt wurde – auf die Herkunft des Produkts verwies. Den Höhepunkt dieser Entwicklung sah Matthew in der zweiten Hälfte des Quattrocento. Aber bereits für das 14. und frühe 15. Jahrhundert kann man in Verbindung mit dem Zunftstatut und der Exportpraxis erkennen, dass sich die Künstler mit ihren Signaturen auf einen Exportmarkt hin orientieren. Mit Paolo Veneziano lässt sich dazu bereits der erste in Venedig tätige Maler nennen, für den sich eine Biographie und ein umfangreiches Œuvre zumindest skizzieren lassen: Der vor 1362 verstorbene Maler arbeitete für Venedig, Vicenza, Bologna, die italienische Adriaküste, Istrien und Dalmatien, und bereits bei ihm finden sich einige der Elemente, die als Kriterium für eine werbende Signatur benannt wurden.

Es ist naheliegend, bei einem Verständnis der Künstlersignatur als Werbung auch danach zu fragen, ob es in dem hier interessierenden Kontext Werke ohne Auftraggeber gab, Werke, die in Auslagen der Werkstätten selbst oder auf Märkten und eventuell durch Zwischenhändler feilgeboten wurden[91]. Signaturen der als solche identifizierten

conditionis, quas facient et evenient sorte cuilibet eorum ad appothecas et stationes suas. Ita hic Venetiis quam alibi ubicumque extra Venetias ita quod quicquid lucrabuntur [...] *ex picturis et lucro picturarum provenientibus sibi hic Venetiis et utrique parti eorum dividatur equaliter sine ulla exceptione et contraditione, exceptis laboreriis, que sibi et cuilibet eorum pervenirent extra Venetias, que sint cuiuslibet ipsarum partium spectanti*, zitiert nach Manuela Barausse, Giovanni Bellini. I documenti, in: Giovanni Bellini, hg. von Mauro Lucco/Giovanni C.F. Villa, Mailand 2008, S. 327–359, S. 332. Es ist unklar, ob mit *laboreria* Halbfertigprodukte gemeint waren, die eingeführt wurden, oder Aufträge von außerhalb Venedigs (sowohl Werke selbst als auch »Arbeiten« können so bezeichnet sein), jedenfalls ist für sie jeder Maler selbst verantwortlich, während Gewinne aus dem Verkauf von Gemälden und dem *magisterium picturarum* (ebenfalls ein unterschiedlich verwendeter Begriff, gemeint dürfte hier nicht die Leitung o.ä. sein, sondern die Lehr- oder Gutachtertätigkeit) in und außerhalb Venedigs geteilt werden sollten. Der Vertrag wurde vermutlich nie umgesetzt, da er mit einem Federstrich durchgestrichen ist und keine Zeugen genannt sind, siehe ebenda.

91) Siehe oben für die jüngere Literatur zum Kunsthandel des Spätmittelalters und der Frühen Neuzeit; grundlegend für die Frage nach einem Markt für Tafelbilder in Venedig Louisa Chevalier Matthew, Were there Open

Werke wären dann mit jenen zu vergleichen, die auf gesicherten Auftragswerken stehen. Geht man der Frage nach einem Markt für Bilder jenseits von spezifischen Aufträgen und einem Bilderhandel in Venedig nach, so ist zunächst festzuhalten, dass die Existenz eines solchen Kunsthandels für das venezianische Quattrocento umstritten ist, weil eindeutige Quellen fehlen. Für das 15. Jahrhundert kann sicher gesagt werden, dass es in Venedig keinen festen Ort, keine Einrichtung jenseits der Werkstätten gab, in der durchgängig Gemälde zum Verkauf angeboten wurden[92]. Der normative Rahmen war durch die Zunftregeln gegeben, die sich freilich nicht als Beschreibung eines Zustandes lesen lassen, sondern aufgrund ihrer ständigen Wiederholungen und Verschärfungen Verstöße und gegenteilige Usancen nahelegen[93]. Die Bestimmungen, mit denen die Malerzunft (und damit die Signoria) den Verkauf von *ancone*, das heißt generell Gemälde religiösen Inhalts, zu regulieren suchte, sind widersprüchlich. 1322 wurde von den Giustizieri festgelegt, dass niemand, sei er Venezianer, sei er Ausländer, eine *anchona impenta* verkaufen dürfe – außer Maler selbst und außerdem ausschließlich auf der jährlichen Messe, die an Christi Himmelfahrt auf dem Markusplatz stattfand und *la sensa* genannt wurde; hier sei es erlaubt *zaschun de vender anchone infin chel durera la festa*[94]. Die *sensa* hatte überregionalen Charakter, da sie auch über die Jerusalempilger hinaus zunehmend ausländische Handelstreibende und Käufer anzog. Bedeutet dies, dass bereits im 14. Jahrhundert ein – wenn auch auf sieben beziehungsweise später fünfzehn Tage eingeschränkter – internationaler Handel mit derartigen Werken bestand? Offenbar kassierte man diese Vorschrift implizit wieder, als man 1409 festlegte und 1436 bestätigte, dass generell *ancone* nur in der *bottega* verkauft werden durften – die bis dahin offenbar gültige Konzession für jedermann die *sensa* betreffend wurde nicht wiederholt[95]. Einheimischen Meistern wurde es 1441 gestattet, mittwochs bei San Polo und

Markets for Pictures in Renaissance Venice?, in: The Art Market in Italy 15th–17th Centuries, hg. von Marcello FANTONI/Louisa Chevalier MATTHEW/Sara F. MATTHEWS-GRIECO, Modena 2003, S. 253–261; siehe auch James E. SHAW, Institutional Controls and the Retail of Paintings, The Painters' Guild of Early Modern Venice, in: Mapping Markets for Paintings in Europe 1450–1750, hg. von Neil DE MARCHI und Hans J. Van MIEGROET, Turnhout 2006, S. 107–122, mit einem Schwerpunkt auf die Zeit nach 1500.

92) Damit lässt sich für diese Zeit in Venedig noch nicht die Etablierung eines lokal konzentrierten Kunstmarktes feststellen, wie sie die »panden« in den Niederlanden, besonders in Antwerpen, darstellen. Zu diesen Märkten für Kunst- und Luxuswaren, die seit dem späten 15. Jahrhundert zunächst zeitlich begrenzt, dann ganzjährig an spezifischen Orten stattfanden, zuletzt WAGNER, Bilder (wie Anm. 1), S. 224 f.

93) Zu der Malerzunft in Venedig jüngst Valentina SAPIENZA, L'Arte dei pittori a Venezia tra Quattro e Cinquecento. Una comunità? Alla ricerca di un'identità tra pratiche di mestiere e apprendistato, in: Comunità e società nel Commonwealth veneziano, hg. von Gherardo ORTALLI/Oliver Jens SCHMITT/Ermanno ORLANDO, Venedig 2018, S. 199–224.

94) Zitiert nach Antonio Maria ZANETTI, Della pittura veneziana e delle opere pubbliche de' veneziani maestri. Libri V, Venedig 1771, ND Venedig 1972, S. 4, zu der Einschätzung der nur dort überlieferten Quelle FAVARO, L'Arte (wie Anm. 89), S. 28; zur *sensa* MATTHEW, Open Markets (wie Anm. 91), 256 f.

95) FAVARO, L'Arte (wie Anm. 89), S. 73.

samstags bei San Marco Arbeiten mit Pinsel, gedruckt auf Leinwand oder Papier, anzubieten[96]. Konkurrierende auswärtige Künstler und Händler der so spezifisch benannten künstlerischen Produkte wurden damit vom Markt ferngehalten, eine Verteuerung der Produkte durch Zwischenhändler verhindert[97]. Erst im frühen 16. Jahrhundert lässt sich ein von den Statuten erlaubter, professionalisierter Zwischenhandel erkennen, wobei auch hier die Bestimmungen rasch wechselten[98]. Zu erwähnen ist ein Vertragsdokument, allerdings auch bereits aus dem Jahr 1459, das die spekulative Investition in ein Gemälde mit der Hoffnung auf Gewinn belegt. Der Maler Stefan Zornea [=Stjepan Ugrinović] erhielt demnach von einem gewissen Bositcho Miomanouich eine geschnitzte Tafel, die er in den kommenden drei Monaten bemalen und vergolden sollte; der Kontext spricht dafür, das der Verkäufer nicht der Schnitzer, sondern ein Zwischenhändler war.[99]. Wenn der Verkauf dann über 12 Dukaten brächte, würden sich beide den Gewinn teilen, falls weniger, hatten beide ebenso den Verlust zu tragen. Mehrfach werden in Ragusiner Verträgen die Preise mit denen in Venedig verglichen oder es findet sich die Klausel, dass sich Auftraggeber bei verspäteter Lieferung an Künstler in Venedig wenden könnten[100]. Dies weist ebenso wie die Exporte aus der Lagunenstadt darauf hin, dass für bestimmte Produkte ein gemeinsamer Markt bestand, die Verhältnisse aus Ragusa also übertragbar sind. Nichts im Wortlaut des Dokumentes lässt darauf schließen, dass es sich um einen Einzelfall handelte. Aus alldem wird man die Folgerung ziehen können, dass in Venedig (auch) Gemälde in der Werkstatt, auf wöchentlichen Märkten und zumindest einmal im Jahr auf der *sensa* regulär einer Kundschaft angeboten wurden. Allerdings bleibt unklar, inwieweit sich diese Verhältnisse auf den Gebrauch von Signaturen auswirkten, denn für kein vor dem späten 15. Jahrhundert in Venedig angefertigtes Gemälde, dessen Signatur uns überliefert ist, kann eine Entstehung für den Handel belegt werden, und frühe Marienbilder waren offenbar nicht häufiger als Altarbilder signiert.

Freilich gibt es auch ein Dazwischen: Gemälde, die weder für konkrete Auftraggeber noch für einen freien Handel gedacht waren, sondern selbst als Werbung fungierend eingesetzt wurden. Hier lassen sich die wenig beachteten Entstehungsumstände des Hochaltarretabels im Dom von Salò am Gardasee anführen[101]. In seinem langwierigen Entstehungsprozess ist für 1488 dokumentiert, dass ein Vertreter der Stadt sich mit gewissen Malern aus Venedig, die er nach Salò begleitet hatte, einigen solle, mit Malern, *qui sunt magistri excellentes in arte pingendi, ut clare videre omnes potuerunt per eorum*

96) Favaro, L'Arte (wie Anm. 89), S. 73.

97) Vgl. Wagner, Bilder (wie Anm. 1), S. 223

98) Favaro, L'Arte (wie Anm. 89), S. 70 f.

99) Monumenta res pictorias ragusinas illustrantia a XIII ad XVI saec. Bd. I, Građa o slikarskoj školi u Dubrovniku XIII–XVI v. 1284–1499, hg. von Jorjo Tadić, Belgrad 1951, S. 211, Dok. 442.

100) Monumenta res pictorias ragusinas (wie Anm. 99), S. 127, Dok. 275.

101) Für das Folgende einschließlich der Quellen siehe Monica Ibsen, Il Duomo di Salò, Salò 1999, S. 75–79.

picturas, quas secum aduxerant. Damit ist bezeugt, dass Maler aus Venedig zur Auftragsakquise größere Entfernungen auf sich nahmen und dabei Werke zu Werbezwecken mitführten. Aber auch diese *picturae* lassen sich nicht mit bestimmten erhaltenen Werken verbinden, und natürlich ist unbekannt, ob und wie sie gegebenenfalls signiert waren.

Aus dem Gesagten lässt sich insgesamt schließen, dass die Anfänge einer Bildproduktion ohne spezifische Auftraggeber in Venedig möglicherweise schon in das 14. Jahrhundert zurückreichen. Die Quellen bleiben jedoch spärlich und die Regelungen widersprüchlich, zudem wird nicht immer deutlich, welche Arten von »Bildern« gemeint sind, und es ergeben sich für die Signaturen keine weiterführenden Aussagen. Die Überlegungen zu einer werbenden Funktion der Signaturen sind damit aber nicht weniger plausibel.

III. Werbung am Grab?

Abschließend soll ein Werk angesprochen werden, das aus keinem der beiden hier näher analysierten Kontexten stammt und für das bereits an anderer Stelle die Funktion der Signatur als Werbung erwogen wurde[102]. Dabei handelt es sich um eine andere Gattung und um gänzlich andere produktionsästhetische und rezeptionsästhetische Voraussetzungen und Bedingungen.

Die Grabplatte für den 1302 verstorbenen Bischof Wolfhard von Roth im Augsburger Dom ist in den meisten Einführungen zu mittelalterlichen Grabmälern aufgrund ihres bemerkenswerten Grabbildes vertreten: Es zeigt den Verstorbenen nicht im blühenden Leben, aber auch nicht als Schlafenden, sondern als Toten, mit den Anzeichen von Alter und Verfall, und es zeigt ihn liegend, aufgebahrt entsprechend der Totenmesse eines Bischofs als Leiche in liturgischen Gewändern, deren Schwere ebenso anschaulich wird wie jene des toten Körpers (Abb. 12). Das sind ungewöhnliche ästhetische Strategien eines Grabbildes in Nordeuropa um 1300, ein »äußerstes Wagnis«, wie Kurt Bauch in seinem Überblickswerk zum mittelalterlichen Grabbild schrieb, und ein Problem für die Stilkritik, ein Punkt, dem an dieser Stelle aber nicht nachzugehen ist[103]. Die Platte wurde geschaffen aus dem ebenso traditionsreichen wie in der technischen

102) Siehe Rebecca Müller, Der Name am Grab. Die Künstlersignatur auf dem Grabmal des Wolfhard von Roth, in: Die Bronze, der Tod und die Erinnerung. Das Grabmal des Wolfhard von Roth im Augsburger Dom, hg. von Gerhard Lutz/Rebecca Müller, Passau 2020, S. 199 –221, S. 213. Auf dem Augsburger Studientag, der der Publikation vorausging, wurde eine mögliche werbende Funktion kritisch diskutiert, daher sollen die Überlegungen im vorliegenden Kontext näher ausgeführt und präzisiert werden.

103) Kurt Bauch, Das mittelalterliche Grabbild. Figürliche Grabmäler des 11. bis 15. Jahrhunderts in Europa, Berlin 1976, S. 98; siehe dazu die Überlegungen bei Gerhard Lutz, Die Grabplatte des Wolfhard von Roth. Eine kunsthistorische Versuchsanordnung, in: Die Bronze, der Tod und die Erinnerung (wie Anm. 102), S. 131–149.

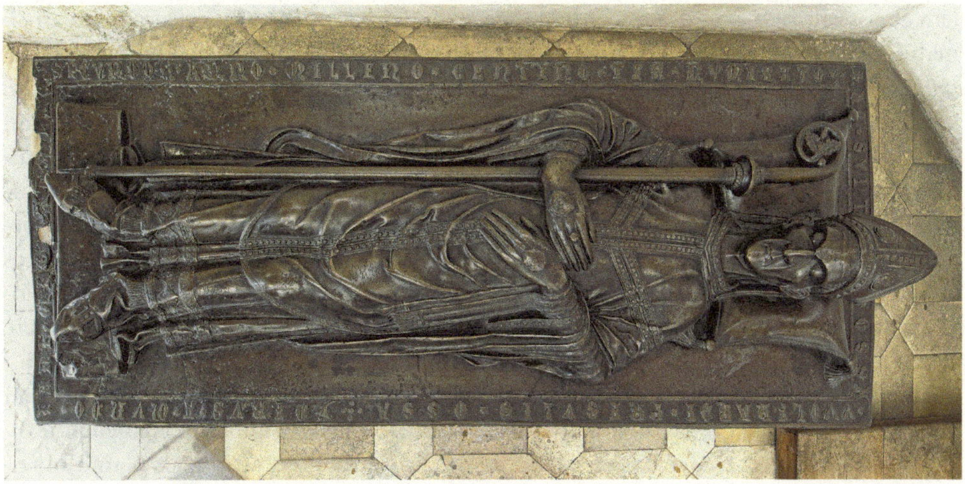

Abb. 12: Otto und Konrad, Grabplatte des Bischofs Wolfhard von Roth, Augsburg, Dom (Photo © Bildarchiv Foto Marburg/Uwe Gaasch)

Abb. 13: Otto und Konrad, Grabplatte des Bischofs Wolfhard von Roth, Ausschnitt mit der Signatur, Augsburg, Dom (Photo © Bildarchiv Foto Marburg/Uwe Gaasch)

Ausführung riskanten Material Bronze. Die Verwendung dieses Materials ist unter den Grabmälern in Augsburg für diese Zeit ohne Parallele und blieb generell auch bei Gräbern für hochrangige Kleriker und Herrscher eine Ausnahme. Ebenso ungewöhnlich ist die Künstlersignatur, die das Grabmal neben der eigentlichen Grabinschrift trägt: .OTTO.ME.CERA.FECIT.CVONRATQ(VE).PER.E[RA] (Abb. 13)[104]. Sie überrascht zunächst dadurch, dass sie zwei Künstler erwähnt, die beide das Werk nicht einfach zusammen gemacht haben: über die verwendeten Materialien wird vielmehr die Arbeitsteilung im Entstehungsprozess des Wachsausschmelzverfahrens betont. Vor al-

104) Zit. nach Franz-Albrecht BORNSCHLEGEL, Die Inschriften auf dem Hochgrab des Bischofs Wolfhard von Roth, in: Die Bronze, der Tod und die Erinnerung (wie Anm. 102), S. 101–116.

lem aber stellt sich grundsätzlich die Frage nach dem Status der Künstlernamen an einem Grab, also einem Monument, dessen Funktion üblicherweise im Kontext der *memoria* der bestatteten Person gesehen wird. Es gibt bislang keine Untersuchung dazu, wie häufig Grabmäler signiert wurden, man liegt aber wohl nicht falsch mit der Vermutung, dass Signaturen auf Gräbern – im Vergleich etwa zu liturgischen Ausstattungsstücken oder Glocken – zumindest im deutschsprachigen Raum selten sind. Hier sind mir neben der Augsburger Grabplatte für das Mittelalter nur zwei signierte Grabmäler bekannt, darunter keines aus Bronze[105]. Dies fällt um so mehr auf, als Bronzen keineswegs seltener als Werke aus Stein oder Holz signiert sind. Namen finden sich häufig auf Glocken, aber auch auf bronzenen Weihrauchfässern, Taufbecken, Türziehern und Türen. Die signierten Artefakte sind auch bei den Bronzen auf das Ganze gesehen in der Minderzahl, aber tendenziell scheinen – wieder mit Blick auf den deutschsprachigen Raum – Bronzehandwerker sogar eher häufiger als etwa Steinmetze signiert zu haben. Die Signatur in Augsburg findet damit aus der Perspektive der Produktion, als Name auf einem Gusswerk, nicht wenige Vergleiche, bleibt aber im Grabkontext eine Ausnahme im deutschsprachigen Umfeld.

Besonders auffällig ist die Platzierung der Signatur auf der Grabplatte, ihr Verhältnis zu Grabinschrift und zum Grabbild. Die ringsum umlaufende Grabinschrift für Wolfhard ist von dessen Bild aus zu lesen, steht also für den Betrachter, der vor dem Grab innehält, auf der ihm nächsten Seite immer auf dem Kopf. Demgegenüber sind die Künstlernamen so notiert, dass sie für Betrachter, die davorstehen, lesbar sind und damit auf sie ausgerichtet erscheinen (Abb. 13). Eine Künstlersignatur musste ein für den am Grab Stehenden unerwarteter Text sein. In Augsburg ist sie allein für den am Fußende des Grabes Innehaltenden erfassbar und aufgrund der Kürze und der einfachen Wortstellung leicht verständlich. Das Grabbild und diese Inschrift müssen gleichwohl in engem Zusammenhang gesehen werden, auch aus einem nur scheinbar banalen Grund: Die vergleichsweise breite Platte, auf der die Füße des Verstorbenen ruhen, wurde offenbar nur deshalb so breit angelegt, damit die weitgehend ohne Abkürzung auskommende Signatur genügend Platz findet; die Absicht der Signatursetzung bestimmt das Erscheinungsbild dieses Motivs.

Wer las diese Signatur? Die heutige Aufstellung des Grabes in einer Chorkapelle des Doms ergab sich erst nach einigen Umsetzungen. Als einen von mehreren möglichen ursprünglichen Orten konnte Dorothea Diemer den Ostchor des Doms plausibel machen[106]. Die inschriftliche Nennung eines Namens an einem Grab, zumal an einem

105) Es handelt sich um die von einem Gerbod signierte Grabplatte der *fundatrix* Geva in der ehemaligen Stiftskirche im münsterländischen Freckenhorst (Mitte 13. Jahrhundert) und um die ebenfalls steinerne Grabplatte des Landgrafen Friedrich I. (†1323) aus dem Katharinenkloster in Eisenach, die die Signatur eines Meister Berthold trug, siehe MÜLLER, Name am Grab (wie Anm. 102), S. 207 f.

106) Dorothea DIEMER, Das Grabmal des Wolfhard von Roth. Überlegungen zu seiner ursprünglichen Aufstellung und zu einem Atrium des Domes, in: Die Bronze, der Tod und die Erinnerung (wie Anm. 102), S. 55–76.

Bischofsgrab, das dann mindestens an einigen Tagen im Jahr, vermutlich aber häufiger direkt in die Liturgie einbezogen war, scheint mir grundsätzlich mit einer Funktion der Bitte um Fürbitte verbunden. Über die Signatur hatten sich die Künstler die Präsenz an einem Ort gesichert, der für sie – treffen Diemers Überlegungen zu – ansonsten unerreichbar gewesen wäre. Daneben sehe ich eine Motivation der Signatur, die sie mir in unserem Zusammenhang erwähnenswert macht: Ein plastisch gearbeitetes Grabmal aus Bronze, wie es vor und nach Wolfhard offenbar kein Augsburger Bischof erhalten hat und mit dem im Reich zuvor wohl nur zwei Erzbischöfe in Magdeburg und Köln geehrt worden waren, wird in Augsburg als eine Neuheit bewundert worden sein, die auch nach ihren Schöpfern fragen ließ. Meine Vermutung ist, dass Otto und Konrad sich als Urheber präsentierten, um sich mit einem prestigeträchtigen Werk zu rühmen, wobei – jenseits eines schwer zu fassenden Stolzes auf die Leistung und einer profanen Memoria – die Hoffnung auf Folgeaufträge wichtig gewesen sein kann, sie also für sich werben wollten. Gießer signierten nicht selten, es wäre daher für Konrad – zumal, wenn es sich um den gleichnamigen Glockengießer, der sich auf einer Glocke in Sankt Moritz in Augsburg nennt, handelte – naheliegend gewesen, auch an dem Grabmal seinen Namen anzubringen, das einen außergewöhnlichen Auftrag bildete. Die Herstellung dieser Grabplatte »aus einem Guss« war, wie Martin Mach in seiner Materialanalyse betonte, eine riskante, herausragende Leistung. Dass auch der Wachs-Modelleur signierte, mag darauf hindeuten, dass der Auftrag auch für ihn nicht das Übliche war. Dorothea Diemer konnte plausibel machen, dass Otto eine Art Puppe aus ephemeren Materialien gefertigt hatte, von der er dann die Gussform abnahm[107]. Die ungewöhnlich fließende Faltenbildung und die schiefe Körperposition finden so eine Erklärung. Otto hätte diese Technik rund 200 Jahre vor der Nürnberger Gießerwerkstatt der Vischer angewandt, für die Diemer ebenfalls diesbezügliche Hinweise herausgearbeitet hat. Also eine – auch – werbende Signatur an einem bischöflichen Grabmal im Augsburger Dom?

Weitere historische Kontexte ließen sich hier gewinnbringend untersuchen, etwa die norddeutschen Gusswerkstätten des 14. Jahrhunderts im Umkreis des »mobilen Bronzekünstlers« Hans Apengeter, ebenso die frühen Monogramme in der Druckgraphik wie jene Schongauers und der seine Blätter rezipierenden Kupferstecher, oder die bemerkenswerte Dichte an Signaturen quer durch die Gattungen in Nürnberg um 1500[108]. An dieser Stelle ging es aber zunächst darum, über Einzelbeispiele hinaus die These einer potentiell werbenden Funktion von Künstlerinschriften zu verfolgen.

107) Siehe Martin MACH, Überlegungen zur Gusstechnik, in: ebenda, S. 85–100, und Dorothea DIEMER, *Otto me cera fecit*. Überlegungen zur Entstehung des Bildhauermodells für das Grabmal des Wolfhard von Roth, in: ebenda, S. 119–130.

108) Das Zitat nach Anna Kajsa HILL, Zur (Re)Konstruktion eines mittelalterlichen Bronzegießers. Forschungsstand und Zuschreibungsdiskurse im Werk von Hans Apengeter, in: Hans Apengeter, hg. von Klaus Gereon BEUCKERS/Jochen Hermann VENNEBUSCH/Anna Kajsa HILL, Regensburg 2022, S. 12–25, S. 13.

IV. Fazit

Die Funktion von Werbung, so lautet mein Fazit, konnten Signaturen übernehmen, wenn sie Aufmerksamkeit erheischten und geeignet waren, die Zuverlässigkeit und Langlebigkeit der produzierenden Werkstatt zu unterstreichen. Darüber hinaus weisen einige Signaturen auf Qualitätsmerkmale eines Werks hin oder besondere, über die unmittelbare handwerkliche Tätigkeit hinausgehende Qualitäten des Künstlers. Die entsprechenden Formulierungen haben oft topischen Charakter, was aber einer möglichen werbenden Wirkung nicht entgegensteht, denn in jedem Einzelfall können sie die Auftrags- und Kaufentscheidung beeinflusst haben und als Anspruch auf Wahrheit, als Manipulation verstanden werden. Produktions- und Rezeptionsbedingungen müssen jeweils als solche analysiert werden, denn eine angestrebte Werbung kann unter bestimmten Umständen nicht so gewirkt haben (wenn etwa ein Werk nicht an den geplanten Aufstellungsort gelangte). Über die Einbettung in den historischen Kontext kann eine Ausrichtung von Signaturen(gruppen) auf Werbung hin als eine Funktion unter mehreren plausibel gemacht werden, wenn etwa eine starke Konkurrenzsituation und eine besondere Konstellation eines Marktes gegeben ist, wie es die große Bedeutung des Exports in Venedig darstellt[109)]. Der gute Name – das konnte auch in der Vormoderne mehr als eine bloße Information sein.

Summary: Medieval Artists' Signatures as an Advertising Strategy?

Artists' signatures are inscriptions and notes on works of visual art and architecture that name their producers. Signatures range from monograms and the mere mention of names to longer texts. Manuscripts, treasure objects and panel paintings bear signatures, as do bells, sculptures and church portals; accordingly, signatures were executed in very different materials and techniques. Over the last two decades in particular, research has clearly shown that marking with one's own name is not just a phenomenon of the early modern period and, by collecting hundreds of medieval signatures, has created a broad corpus of relevant material. It has thus shed light on the tense relationship between the artist's pride, humility and interest in the afterlife, as well aspects of social history. The question of to what extent signatures were also used for marketing purposes, and the possible criteria for answering this question, have barely been touched upon. This con-

109) Eine generelle »Entwicklung« über die Jahrhunderte hinweg, etwa hin zu einer stärkeren Bedeutung der Künstlersignatur als Werbung, lässt sich aus meiner Sicht für den hier in den Blick genommenen Zeitraum nicht erkennen. Dazu wären systematisch die Signaturen einer Kunstgattung und eines lokalen Kontextes in der longue durée auf diese Fragestellung hin zu untersuchen.

tribution explores these questions on the basis of signatures on artworks from two different chronological and geographical contexts: those of the *marmorarii Romani,* stonemasons working first and foremost in Rome and Latium in the 12th and 13th century, and those of Venetian painters of the 14th and 15th century. Based on the analysis of their visual and textual strategies and of the conditions of perception, as well as of the artists' social and artistic background (social position, constellations of competition, patron, audience, etc.), I argue that signatures took on functions beyond merely informing the viewer who created an artefact or a building: explicitly or implicitly, they referred to artists' and workshops' activities beyond their region of origin, quality standards, reliability, speed and virtuosity, attracting the attention of potential clients and customers as well as inducing them to make a purchase or place follow-up orders.

Unterkäufer als Makler des Vertrauens

Sabine von Heusinger (Köln)

I. Das Phänomen und der methodische Zugriff

In den Wirtschaftsquellen der mittelalterlichen Städte finden sich immer wieder Unterkäufer, die *underköufer* oder auch *unterkäufel* genannt werden und die wir heute Makler nennen würden. Im Konstanzer Eidbuch aus den 1430er Jahren findet sich eine eindrucksvolle Liste: Hier wurden Eide für Unterkäufer festgehalten, die für so unterschiedliche Produkte wie Wein, Leinwand, Kramwaren und Eisen, aber auch für Pferde und sogar Häuser zuständig waren[1)]. Für die folgenden Ausführungen steht der Südwesten des Deutschen Reiches im 14. und 15. Jahrhundert im Zentrum. Dort lagen im Mittelalter viele Städte mit einem besonders aktiven Wirtschaftsleben, so war beispielsweise Frankfurt mit seiner Messe ein Knotenpunkt für ganz Zentraleuropa. Der älteste Beleg für Unterkäufer stammt im Untersuchungsraum aus Augsburg, wo sie bereits im Jahr 1267 im Stadtrecht Erwähnung fanden[2)]. Unterkäufer waren kein rein christliches Phänomen: Auch Juden und eventuell auch Jüdinnen übernahmen in der mittelalterlichen Wirtschaft diese Aufgabe. Für einen systematischen Vergleich zwischen Christen und Juden fehlt bisher allerdings noch die notwendige Forschung[3)].

1) Das Eidbuch wurde zwischen 1433 und 1437 niedergeschrieben und um 1500 mit Nachträgen versehen, dazu Das Rote Buch, hg. von Otto Feger, Konstanz 1949; zur Entstehung der Handschrift siehe die Einleitung von Feger, S. 29–50, und die Edition des Eidbuchs in Kapitel IV, S. 100–136, hier Nr. 24, 26, 27, 28, 38, 49, 50, 63.

2) Eine umfassende Auswertung älterer Regelungen zu Unterkäufern, nämlich das Augsburger Stadtrecht von 1267, nahm Eberhard Schmieder vor, siehe ders., Unterkäufer im Mittelalter. Ein Beitrag zur Handels- und Wirtschaftsgeschichte vornehmlich Süddeutschlands, in: Vierteljahrschrift für Sozial- und Wirtschaftsgeschichte 30 (1937), S. 229–260; ihm ist damals ein sehr interessanter Beitrag mit vielen sehr guten Beobachtungen gelungen, aber im Detail gibt es sehr viele Fehler, die es mühsam machen, seine Aussagen zu überprüfen, zum Beispiel S. 247, Anm. 5; S. 249, Anm. 4 usf. Vgl. auch Wolfgang Sellert, Makler, in: HRG, 2. Aufl., Bd. 3, Sp. 1203–1209: Die von mir behandelten Unterkäufer stimmen aber nur zum Teil mit seiner Definition von »Maklern« überein; so konnte ich seine postulierte »Kontrolle der Maße und Gewichte« im Untersuchungsraum nicht finden.

3) Andreas Lehnertz, Universität Trier, verdanke ich die beiden folgenden Hinweise: Im Frankfurter Gerichtsbuch wird für das Jahr 1342 eine Jüdin als *die kleine underkaufern* erwähnt, die freilich auch die Frau oder Tochter eines jüdischen Unterkäufers gewesen sein könnte, und für 1341 wird der Jude *Sannel undirkaufir* genannt. Beide Belege stammen aus David Schnur, Die Juden in Frankfurt am Main und in der Wetterau im

Bevor ich im Detail auf die Tätigkeit der Unterkäufer im folgenden Abschnitt eingehe, möchte ich zuerst meine zentrale These erläutern: Die Funktion der Unterkäufer bestand darin, das Vertrauen in die städtische Wirtschaft zu stärken. Den Zusammenhang zwischen Vertrauen und Wirtschaftswachstum hat bereits Francis Fukuyma in den späten 1990er Jahren hergestellt[4]. Seine These, dass Wettbewerbsfähigkeit und Wohlstand einer Gesellschaft vom Grad des Vertrauens zwischen den Menschen bestimmt werden, fand breite Zustimmung. Die Wirtschaftswissenschaft geht davon aus, dass Märkte nur funktionieren können, wenn die Marktteilnehmer kooperationswillig und -fähig sind[5]. Vertrauen ist eine Voraussetzung für eine arbeitsteilige Gesellschaft, da sonst die Marktteilnehmer nicht miteinander in Austausch treten. Je größer das Vertrauen zwischen ihnen ist, umso geringer sind die Transaktionskosten, was Kooperationen fördert und Wirtschaftswachstum ermöglicht[6]. Hartmut Berghoff brachte dies auf den Punkt: »Ohne ein Mindestmaß an Vertrauen käme die Wirtschaft zum Erliegen«[7].

Im Folgenden beziehe ich mich auf die theoretischen Überlegungen von Sheilagh C. Ogilvie zu Vertrauen im Kontext der Zünfte. Sie definiert Zünfte als diejenigen Institutionen mit dem höchsten sozialen Kapital[8]. Ihre Mitglieder teilten ökonomische Nor-

Mittelalter. Christlich-jüdische Beziehungen, Gemeinden, Recht und Wirtschaft von den Anfängen bis um 1400, Wiesbaden 2017, S. 609.

4) Francis FUKUYAMA, Trust: The Social Virtues and the Creation of Prosperity, New York 1995. JÄSCHKE/STOCKHUSEN/SEIER vermuten für die Unterkäufer im Hanseraum, dass ihnen »möglicherweise [das] zweifelhafte und mindere Ansehen der Makler« entgegenschlug, siehe Julia JÄSCHKE/Sabrina STOCKHUSEN/Maria SEIER, Makler im hansisch-niederdeutschen Handelsgebiet, in: Hansische Geschichtsblätter 133 (2015), S. 183–206, hier S. 191 und öfters; ob die Makler tatsächlich eine schlechte Reputation hatten, müsste erst noch belegt werden. Das Verhältnis zwischen Vertrauen und Netzwerken von Marktteilnehmern hat Michael ROTHMANN untersucht in: ders., Marktnetze und Netzwerke im spätmittelalterlichen oberdeutschen Wirtschaftsraum, in: Netzwerke im europäischen Handel des Mittelalters, hg. von Gerhard FOUQUET/Hans-Jörg GILOMEN, Ostfildern 2010, S. 135–188, bes. S. 139–141; er betont in seinem Fazit zudem den Wert von Transparenz: »Markteinrichtungen wie öffentliche Warenschau, Unterkauf, Stadtwaage, Wechselkurse schufen für alle Teilnehmer eine adäquate Transparenz« (S. 188).

5) Zum Folgenden siehe Hartmut BERGHOFF, Vertrauen als ökonomische Schlüsselvariable. Zur Theorie des Vertrauens und der Geschichte seiner privatwirtschaftlichen Produktion, in: Die Wirtschaftsgeschichte vor der Herausforderung durch die New Institutional Economics, hg. von Karl-Peter ELLERBROCK/Clemens WISCHERMANN, Dortmund 2004, S. 58–71, bes. S. 58 f.

6) Siehe dazu auch Ulla KYPTA, Rules and Norms of the Market, in: Methods in Premodern Economic History. Case studies from the Holy Roman Empire, c.1300–c.1600, hg. von dies./Julia BRUCH/Tanja SKAMBRAKS, London 2019, S. 120–124.

7) BERGHOFF, Vertrauen (wie Anm. 5), S. 59.

8) Sheilagh C. OGILVIE, The Use and Abuse of Trust: Social Capital and its Deployment by Early Modern Guilds, in: Jahrbuch für Wirtschaftsgeschichte 1 (2005), S. 15–52, hier zum Beispiel S. 50–52. Gerhard FOUQUET warnt davor, den Begriff »Vertrauen« per se als Gegenentwurf zum Risiko zu setzen, vor allem, wenn es um wirtschaftsgeschichtliche Zusammenhänge geht, siehe Gerhard FOUQUET, Risiko-Kulturen – ein Schlusskommentar, in: Kulturen des Risikos im Mittelalter und in der Frühen Neuzeit, hg. von Benjamin SCHELLER, Berlin 2019, S. 251–263, hier S. 257. Siehe auch die Kritik von Dorothea WELTECKE, dass sozialhistorische

men, Informationen, Sanktionen und folgten gemeinsamen Maßnahmen und Praktiken. Einschränkend möchte ich darauf hinweisen, dass Ogilvie in ihrem Artikel aus dem Jahr 2005 ein viel zu statisches Bild der Zünfte in vormodernen Gesellschaften entwarf, das nicht mit meinen eigenen Befunden zu mittelalterlichen Zünften übereinstimmt[9]. Sie ging beispielsweise davon aus, dass Frauen von den Zünften ausgeschlossen waren, und sie beschränkt sich auf die gewerblichen Zünfte[10]. Damit übersieht sie den kulturhistorischen Beitrag, den Zünfte zur vormodernen Gesellschaft leisteten: Dank ihrer Bruderschaften übernahmen sie religiöse und soziale Aufgaben, dank ihrer Beteiligung am Rat nahmen sie maßgeblich Einfluss auf die städtische Politik. In vielen Städten sicherten sie auch den Fortbestand des Gemeinwesens, indem sie die täglichen Feuerwachen und die militärische Verteidigung im Kriegsfall organisierten.

Dennoch sind Ogilvies Überlegungen zur Bedeutung von »Vertrauen« für die vormoderne Wirtschaft äußerst erkenntnisfördernd in Bezug auf Makler. Unter »Vertrauen« versteht sie das Zutrauen in oder das sich Verlassen auf eine bestimmte Eigenschaft einer Person oder Sache[11]. Ohne Vertrauen würden ökonomische Agenten keine Handelsgeschäfte mit bestimmten Personen, Institutionen oder Genossenschaften eingehen. Vertrauen kann sich auf Personen oder Institutionen beziehen. Bei den Institutionen denkt sie an Zünfte, Märkte, Staaten, Kartelle und so fort. Sie unterscheidet zwischen einem differentiellen Vertrauen (*differential trust*) in Institutionen, denen vor allem durch ihre Mitglieder vertraut wird, und einem einheitlichen Vertrauen (*uniform trust*), dass die Institution für alle bessere Rechte und Privilegien durchsetzt. Aber auch das Vertrauen in Personen lässt sich unterteilen in ein partikulares Vertrauen in Personen, die bestimmte Attribute oder Affiliationen vorweisen (*particularized trust in persons with known attributes or affiliations*), also beispielsweise demselben Handwerk angehören. Davon abzugrenzen ist ein generalisiertes Vertrauen (*generalized trust*), das jeder Person und damit auch völlig Fremden entgegengebracht wird.

Diese verschiedenen Formen von Vertrauen werde ich im Folgenden immer wieder aufgreifen. Schon jetzt kann festgehalten werden, dass es sich bei den Unterkäufern um ein Phänomen handelt, an dem die Bedeutung von Vertrauen im vormodernen Wirt-

Theorien des Vertrauens pseudohistorisch fundiert sind – so etwa in Niklas Luhmanns Essay »Vertrauen« aus dem Jahr 1968, dazu dies., Gab es »Vertrauen« im Mittelalter? Methodische Überlegungen, in: Vertrauen: Historische Annäherungen, hg. von Ute Frevert, Göttingen 2003, S. 67–89, hier S. 67 f. und 73.

9) Sabine von Heusinger, Die Zunft im Mittelalter. Zur Verflechtung von Politik, Wirtschaft und Gesellschaft in Straßburg, Stuttgart 2009, zum Beispiel S. 335–346.

10) Einige dieser Fehlurteile, zum Beispiel zu Frauen, hat sie in ihrer späteren Forschung korrigiert, siehe Sheilagh C. Ogilvie, The European Guilds. An Economic Analysis, Princeton 2019, S. 232–283. Die Begrenzung auf gewerbliche Zünfte behält sie aber bei.

11) Ogilvie, Use (wie Anm. 8), S. 17: »*ordinary-language definition of trust as confidence in or reliance on some quality of attribute of a person or thing*«; zum Folgenden ebd., S. 17–20.

schaftsleben untersucht werden kann und das einen differenzierten Einblick in die städtische Wirtschaft im Spätmittelalter erlaubt.

II. Die »Aufgabenbeschreibung«

Makler erfüllten im Mittelalter vielfältige Aufgaben – allerdings gehörte die *ars vendendi* mit ihren Praktiken des Verkaufs und der Warenwerbung nicht zu ihrem Wirkungsfeld. So riefen sie beispielsweise beim Weinhandel in Straßburg weder die Preise aus wie die Weinrufer, noch priesen sie die Qualität ausgewählter Produkte an. Obwohl sie wichtige Marktteilnehmer waren, gehörte die Werbung definitiv nicht zu ihren Pflichten[12]. Was waren stattdessen ihre Aufgaben?

Unterkäufer waren als gewerbsmäßige Vermittler von Handelsabschlüssen tätig und vermittelten zwischen Käufer und Verkäufer[13]. In der Regel waren sie amtlich bestellt und vereidigt, dies konnte durch den Stadtherrn oder die Zünfte erfolgen[14]. Sie waren an allen wichtigen Handelsorten vertreten und waren zuständig, wenn fremde und einheimische Kaufleute miteinander Handel trieben[15]. Als Lohn erhielten sie vom Käufer

12) In Frankfurt wird beispielsweise den Weinknechten 1349/52 explizit untersagt, den Wein »anzusagen«, also zu bewerben, siehe Die Gesetze der Stadt Frankfurt am Main im Mittelalter, hg. und eingel. von Armin Wolf, Frankfurt am Main 1969, Nr. A 4 (= S. 84–86). So wertvoll die Edition von Wolf ist: Es gilt zu bedenken, dass er die Gesetze in eine chronologische Reihenfolge gebracht hat, die nicht immer den Aufbau der zugrunde liegenden Handschriften beachtet, ebd., S. 9–11.

13) Die Definition folgt dem Deutschen Rechtswörterbuch zum Artikel »Makler«, https://drw-www.adw.uni-heidelberg.de/drw-cgi/zeige?index=lemmata&term=makler (13.09.2023). Einen guten Überblick für die Tätigkeit der Makler im Hanseraum, an den beiden Fallbeispielen Lübeck und Braunschweig, geben Jäschke/Stockhusen/Seier, Makler (wie Anm. 4). Diese Makler waren für hansische und nicht-hansische Kaufleute tätig. Für das Mittelalter ist unklar, wie die Qualifikation für die Übernahme dieser Tätigkeit aussah, eine geregelte Ausbildung gab es nicht. Für die Frühe Neuzeit sind hingegen mehr Informationen überliefert. Zur Ausbildung von Maklern im 18. Jahrhundert zeigt Markus A. Denzel am Beispiel der Bozner Messen, dass es noch keinen Maklerzwang gab und deshalb auch sogenannte »Pfuschmakler« unterwegs waren; er kann ab den 1720er Jahren »Bewerbungen« auf Maklerstellen nachweisen, denen Empfehlungsschreiben beilagen, da die Stellen als krisensicher galten, siehe ders., Das Maklerwesen auf den Bozner Messen im 18. Jahrhundert, in: VSWG 96 (2009), S. 297–319, bes. S. 305–309.

14) Bis heute sind die Beiträge von Jan A. van Houtte maßgeblich, der einen Schwerpunkt auf Brügge gelegt hat, wo es sogar Makler-Zünfte gab; siehe ders., Les courtiers au Moyen Age, in: Revue historique de droit français et étranger Ser. 4,15 (1936), S. 105–141 [ND in: ders.: Essays on Medieval and Early Modern Economy and Society, Leiden 1977, S. 19–47]; siehe auch ders.: Makler, in LexMA 6 (1993), Sp. 156. Brügge stellt aber mit seiner Gilde der Makler, der auch Wirte angehörten, einen Sonderfall dar; siehe dazu auch den Überblick bei Anke Greve, Herberge, Wirte und Handel in Brügge im Spätmittelalter, in: Vergleichende Ansätze in der hansischen Geschichtsforschung, bearb. von Wolfgang Frischmann, hg. von Rolf Hammel-Kiesow, Trier 2002, S. 223–235.

15) Zum Folgenden vgl. van Houtte, courtiers (wie Anm. 14); er geht davon aus, dass die erste Erwähnung der Makler aus dem Jahr 1154 aus Genua stammt.

und Verkäufer Geld, das sie fast immer mit dem Stadtherrn teilen mussten. Um ihre Tätigkeit ausüben zu können, mussten Makler urteilsfähig, unbestechlich und objektiv sein. Diese kurze Charakterisierung möchte ich für den untersuchten Raum näher ausführen.

Das Vertrauen in die Unterkäufer sollte maßgeblich über den Eid abgesichert werden: Jede Unterkäuferordnung betont mehrfach, dass Unterkäufer mit ihrem Eid schwören, sich an die Vorgaben zu halten[16]. Olivier Richard hat in seiner Forschung herausgearbeitet, dass jeder Eid immer einen Verweis auf Gott enthält[17]. Ohne diesen Verweis kann der Eid nicht wirkmächtig sein. Im Verständnis der Zeitgenossen waren die Unterkäufer also in letzter Instanz Gott gegenüber rechenschaftspflichtig. Dazu passt auch eine nicht-datierte Unterkäuferordnung aus Straßburg, gemäß derer die Makler weder Ware selbst handeln noch an Geschäften beteiligt sein durften[18]. Außerdem mussten sie Verstöße gegen die Kaufhausordnung melden, je nachdem beim Zoller, dem Kaufhausmeister oder seinem Schreiber. Die Unterkäufer sollten darüber hinaus schwören, die Leute freundlich zu empfangen und sie in ihren Geschäften zu fördern und von niemandem mehr Gebühren zu fordern, als die Ordnung dies vorschreibe. In Frankfurt erhielten die Unterkäufer nach ihrer Eidesleistung ein eigenes Zeichen, an dem sie zu erkennen waren[19]. In einer Unterkäuferordnung von 1478 aus Straßburg wurde von den Maklern gefordert: Sie durften von niemandem Geschenke oder eine Belohnung oder Belohnungsgelder annehmen (*deheine schenck, myet oder myetelon von nyemans nemen*); dies hätten sie auch in ihrem Eid bestätigt[20]. Eine vergleichbare Regelung findet sich

16) Andreas Lehnertz hat mich darauf aufmerksam gemacht, dass dies auch für die jüdischen Unterkäufer galt. So hielt im Jahr 1442 der Regensburger Stadtrat auf Veranlassung des Hansgerichts fest: *Anno etc. XLII° sind mein herren vom rat mitsambt meinen herren von der hannse uberain worden und verpieten allen Juden ernstlich, daz ir kainer an kainem feyrtag hinfür gar nichtz vail haben sol wenig noch vil, alslanng uncz sy zwen underkeuffl aüs in setzen, dy der hannse sweren und verporgen auf alles, daz in gesetzt und eingepünden ist*, zitiert nach Moritz Stern, Die israelitische Bevölkerung der deutschen Städte. Ein Beitrag zur deutschen Städtegeschichte. Mit Benutzung archivalischer Quellen, Bd. 5: Regensburg im Mittelalter, Heft 1, Berlin 1932, S. 6.

17) Olivier Richard, Serment et gouvernement dans les villes du Rhin supérieur à la fin du Moyen Âge. Mémoire inédit [Habil. masch.], Paris 2015, chapitre 5: Sermement et sacralisation du pouvoir, S. 219–244; siehe auch die Zusammenfassung von ders., Position d'habilitation: Serment et gouvernement dans les villes du Rhin supérieur à la fin du Moyen Âge, in: Revue d'Alsace 142 (2016), S. 391–397.

18) Archives de la Ville et de l'Eurométropole de Strasbourg (im Folgenden zitiert als AVES), V 127/7. Dieses Verbot findet sich auch in anderen Städten, so in Frankfurt für die Unterkäufer im Weinhandel, siehe Wolf, Gesetze (wie Anm. 12), A 4 (= S. 84–86).

19) Leider verrät die Schriftquelle nicht, wie es aussah, siehe Wolf, Gesetze (wie Anm. 12), Nr. 114 (= S. 205–207) von 1406 Aug. 20. Zur Bedeutung des Eides für Frankfurter Unterkäufer siehe Hartmut Schubert, Unterkauf und Unterkäufer in Frankfurt am Main im Mittelalter. Ein Beitrag zur Geschichte des Maklerrechts, Diss. phil. Frankfurt a. M. 1962, S. 40–43.

20) AVES (wie Anm. 18), 1MR 1, fol. 188–190, inhaltsgleich wird dies schon in einer Weinsticher-Ordnung aus dem 15. Jahrhundert genannt, ediert bei Jean-Charles Brucker, Strassburger Zunft- und Polizeiverordnungen des 14. und 15. Jahrhunderts, Straßburg 1889 (ND 2017), S. 523 f.

auch im Eid der Unterkäufer für Leinwand in Konstanz[21]. Das heißt im Klartext: Sie durften nicht bestechlich sein, und da hier so detailliert dieses Verbot ausgesprochen wurde, müssen wir annehmen, dass dies in der Vergangenheit schon eingetreten war.

Ähnliche Ordnungen aus Schlettstadt und Basel schrieben vor, dass Unterkäufer allen potentiellen Käufern jede verfügbare Information über mögliche Waren zukommen ließen[22]. In Konstanz umfasst der Eid der Krämer-Unterkäufer auch das Versprechen, keine Hehlerware zu handeln[23]. Für den Fall, dass ein Unterkäufer seinen Eid breche, ordnete in Frankfurt der Rat im Jahr 1357 an, er müsse die Stadt verlassen und könne nie mehr dieses Amt annehmen[24]. Dies war eine äußerst drastische Strafe, die sowohl die wirtschaftliche als auch die soziale Existenz des Täters bedrohte. In allen von Richard untersuchten elsässischen Städten mussten Unterkäufer, Zoller und Ungelter alle eingenommenen Abgaben im Beisein des Zahlmeisters oder anderer Zeugen in die dafür bestimmte Kasse werfen, denn dies hatten sie bei ihren Eiden geschworen[25].

In seltenen Fällen durften die Unterkäufer die gesamten Gebühren behalten. Dies scheint aber nur unter bestimmten Bedingungen passiert zu sein. So gab es für die Haus-Unterkäufer in Konstanz für die 1430er Jahre die Regelung, dass sie den ganzen Unterkauf behalten durften, wenn sie sowohl beim Kauf als auch beim Verkauf anwesend waren[26]. Später wurde hinzugefügt: Wenn der Unterkäufer nicht beim Kauf anwesend ist, erhält er auch nur die Hälfte der Abgaben. In Straßburg durften die Unterkäufer der

21) FEGER, Buch (wie Anm. 1), Kap. IV, Nr. 24, bes. § 4. Am Beispiel des legendären Bankrotts von Ulrich Imholz in den 1430er Jahren fächert Barbara FRENZ die Bedeutung der Leinenweberzunft für die Wirtschaftspolitik des Konstanzer Rates in dieser Zeit auf, siehe dies., Ulrich Imholz, die Leinenweber und der Rat von Konstanz. Ein Beitrag zur Neubewertung des alteuropäischen Nahrungsdenkens, in: ZGO 148 (2000), S. 41–66.

22) Olivier RICHARD, Zur Multifunktionalität der Kaufhäuser im spätmittelalterlichen Elsass, in: Kaufhäuser an Mittel- und Oberrhein im Spätmittelalter. Funktionen und Funktionalisierungen, hg. von Heidrun OCHS/Gabriel ZEILINGER, Ostfildern 2019, S. 27–48, hier S. 45 f., bes. Anm. 85.

23) FEGER, Buch (wie Anm. 1), Kap. IV, Nr. 27, § 3.

24) WOLF, Gesetze (wie Anm. 12), A 52 (= S. 111 f.); ebenfalls aus der Zeit von 1349/52 die Verbannung für ein Jahr ebd., A 4 (= S. 84–86). Etwas weniger drastisch ist die Strafe in Straßburg, bei Verkauf *auf merschatz* zwei Jahre lang keinen Unterkauf betreiben zu dürfen, siehe Karl Theodor EHEBERG, Urkunden und Akten, Strassburg 1899, Nr. 7, S. 4–10, hier S. 6; inhaltsgleich für Tucher siehe Gustav SCHMOLLER, Die Straßburger Tucher- und Weberzunft. Urkunden und Darstellung nebst Regesten und Glossar, Straßburg 1879 (ND 2017), Nr. 49, S. 103 f. (= AVES (wie Anm. 18) 1MR 13, S. 367 f. oder fol. 193).

25) RICHARD, Multifunktionalität (wie Anm. 22), S. 46; RICHARD ordnet die Unruhen von 1424 in Colmar in diesen Kontext ein: Die Aufständischen beklagten eine intransparente Rechnungslegung im Kaufhaus. Im anschließenden Tumult brachten sie das Stadtsiegel und die Schlüssel des Kaufhauses in ihre Gewalt. Schlussendlich hatten sie erreicht, dass die Kontrollkommission von zuvor vier Ratsherren auf sieben Personen vergrößert wurde und in Zukunft vierteljährlich und nicht nur einmal im Jahr abgerechnet wurde.

26) FEGER, Buch (wie Anm. 1), Kap. IV, Nr. 50. In Konstanz durften die Weinunterkäufer nur die Hälfte der Gebühr einziehen, wenn sie gar nicht persönlich anwesend gewesen waren, siehe ebd., Kap. IV Nr. 28, § 5.

Metzger beim Handel mit lebenden Tieren alle Abgaben behalten[27]. Ebenfalls durften die Straßburger Unterkäufer das gesamte Geld behalten, wenn die Einkünfte in Frankfurt auf der Messe erzielt worden waren, so explizit für den Tuchhandel oder für die Kürschner beim Handel mit Fellen und Häuten[28]. Bereits Karl Bücher hat darauf hingewiesen, dass zu Messezeiten auch fremde Unterkäufer nach Frankfurt strömten[29]. Diese erhielten 1419 eigene Zeichen für die Zeit der Messe, die sie beim Verlassen der Stadt wieder abgeben mussten. Meist stammten die Makler aus Städten nördlich von Frankfurt wie Köln, Aachen, Brügge oder Mecheln. Sie konnten aber auch südlich aus Nürnberg oder Zürich stammen[30] – oder eben Straßburg.

II.1. Die Aufgabe der Qualitätskontrolle

Die Unterkäufer waren auch für die Qualitätskontrolle und die Zufriedenheit der Käufer und Käuferinnen zuständig: In Straßburg wurden 1322 im 6. Stadtrecht explizit Unterkäufer erwähnt. Dort wurden Fürkauf und *blettsch*, also überstürzter Kauf oder Verkauf, verboten und mit zwei Jahren Verbannung belegt. Falls ein Unterkäufer daran beteiligt war, dann wurde auch er ein Jahr lang verbannt und mit einer Geldbuße belegt[31]. Vor allem *bletsch kauf* wurde im Stadtrecht öfters thematisiert: So mussten alle Unterkäufer der Zünfte, alle Schneider und Tuchscherer, aber auch im Kaufhaus der Hausherr, der Schreiber und der dortige Unterkäufer schwören, solche Käufe zu ahnden[32]. Dies bedeutete einen Schutz der Käufer vor übereilten Kaufabschlüssen. Aber auch der Kauf von verdorbener Ware sollte verhindert werden. So wurden in Straßburg bei den Kramwaren alle Dinge vom Unterkauf ausgenommen, die nicht ordentlich verkauft oder geliefert worden waren – vermutlich sind damit beschädigte Güter gemeint[33]. Klarer regelte diese Kontrolle eine Unterkäuferordnung aus Frankfurt von 1384 in Bezug auf gesalzenen Fisch. Die Makler mussten sicherstellen, dass kein *bose fule gud*, also

27) AVES (wie Anm. 18), V 127/7, [fol. 6v]: *Aber was underkouffs sie von dem lebenden vyhe verdienen, das sol inen allein bliben und zúgehören, wie das harkommen ist.*

28) AVES (wie Anm. 18), V 127/7 [fol. 4v] Tuchhandel, oder fol. [6 v] für die Unterkäufer der Kürschner: *Item von dem underkouff sol ouch der statt der vierde pfennig werden, es sy in da* [sic!] *messe oder usserthalben, aber was sie zú Franckfort verdienen, das sol inen allein bliben, wie das harkommen ist.*

29) Karl Bücher, Die Bevölkerung von Frankfurt am Main im 14. und 15. Jahrhundert, Tübingen 1886, S. 254; Hartmut Schubert kritisiert scharf die Gleichsetzung von Unterkäufern mit Handelsmaklern bei Bücher, dazu ders., Unterkauf (wie Anm. 19), S. 17.

30) Schmieder, Unterkäufer (wie Anm. 2), S. 251, Anm. 5, nennt dazu eindeutige Frankfurter Urkunden.

31) Urkundenbuch der Stadt Straßburg, bearb. von Wilhelm Wiegand u. a. 7 Bde. in 9 Teilbdn., Straßburg 1879–1900 (Urkunden und Akten der Stadt Straßburg, Abt. 1), im Folgenden zitiert als UBS, hier IV,2, Nr. 3 [6. Stadtrecht], hier S. 136, § 361; vgl. auch S. 141, § 3.

32) UBS (wie Anm. 31), IV,2, Nr. 3 [6. Stadtrecht], hier S. 140, § 372.

33) Zum Beispiel AVES (wie Anm. 18), V 127/7, [fol. 4v; 5v].

verdorbener Fisch, verkauft wurde[34]. Wenn sie vergammelte Ware entdeckten, mussten sie diese beim zuständigen Richter anzeigen. Gemeinsam konfiszierten sie dann den Fisch und warfen ihn in den Main. Prinzipiell durfte gar kein Fisch angeboten werden, der nicht von einem Unterkäufer besehen worden war.

Die Qualitätskontrolle sollte nicht nur vor verdorbenen Lebensmitteln schützen, sondern auch vor Fälschungen. Im Roten Buch von Ulm ist eine undatierte Ordnung des Rates enthalten, die nach 1420 entstanden war[35]. Darin wurden verbotene Zusätze aufgezählt, die nicht im Wein enthalten sein durften, wie beispielsweise Weidasche, Kalk und Senf. Weinsticher und Unterkäufer mussten den Wein kontrollieren und eventuell die Fässer ausschütten. Wenn gepanschter Wein einem fremden Kaufmann gehörte, durfte er ein Jahr lang keinen weiteren Wein nach Ulm liefern. Wenn er einem Bürger gehörte, musste dieser eine Strafe bezahlen und die Stadt einen Monat lang verlassen. Dies war für alle, die tagtäglich von Handel und Gewerbe lebten, eine spürbare Strafe.

Unterkäufer waren also Wirtschaftsteilnehmer, die für die Qualitätssicherung und in begrenztem Maße für eine Risikominimierung zuständig waren. Dies umfasste den Schutz vor verdorbenem Fisch, gepanschtem Wein, gefälschten Gewürzen oder dem Erwerb von Hehlerware. Dies zeigt, dass es in der vormodernen Wirtschaft durchaus auf Qualitätsprodukte ankam und die einzelnen Produzenten miteinander in Konkurrenz standen.

II.2. Arbeitsplätze für Unterkäufer

Unterkäufer waren auf öffentlichen Märkten zu finden, wie sich am Weinhandel in Straßburg zeigen lässt. Aus einem Streit zwischen Weinstichern und Unterkäufern geht hervor, dass Wein mindestens auf drei Märkten gehandelt wurde, nämlich auf dem Weinmarkt, dem »Markt am Kran« und dem Rossmarkt[36]. Zudem waren Weinkeller wichtige Orte, zu denen die Unterkäufer gerufen wurden. Da in Straßburg alle Bürger

34) Wolf, Gesetze (wie Anm. 12), Nr. 28 (= S. 145 f.). Aus Konstanz ist ebenfalls aus dem Jahr 1384 die vermutlich erste Unterkäuferordnung überliefert, dazu Kimmig in seiner Einleitung, siehe Das Konstanzer Kaufhaus. Ein Beitrag zu seiner mittelalterlichen Rechtsgeschichte, bearb. von Heinz Kimmig/Peter Rüster, Konstanz 1954, S. 26.

35) Das Rote Buch der Stadt Ulm, hg. von Carl Mollwo, Stuttgart 1904, Nr. 387.

36) AVES (wie Anm. 18), 1MR 13, fol. 45r (= S. 95), der Text wurde gestrichen, es fehlt ein Datum, er stammt wohl aus dem letzten Drittel des 15. Jahrhunderts. Zum Markt am Kran siehe Michael Matheus, Hafenkrane: Zur Geschichte einer mittelalterlichen Maschine am Rhein und seinen Nebenflüssen von Straßburg bis Düsseldorf, Trier 1985, S. 16 mit Anm. 16; er macht darauf aufmerksam, dass Jakob Twinger von Königshofen von zwei Kranen berichtet, die in der Nähe des Kaufhauses und des Salzhofes lagen; vielleicht ist dies der in der Quelle erwähnte Markt am Kran.

Wein handeln durften, können dies private oder kommerzielle Weinkeller gewesen sein[37]. Und schließlich müssen auch die Ladeplätze für Schiffe am Wasser berücksichtigt werden; in den Quellen werden diese Orte nur *an den wassern* genannt. Für Straßburg ist dies die Ill, die in den Rhein fließt und damit die Stadt mit einer der wichtigsten Handelsstraßen des Reiches verbunden hat. Bulkware wie Weinfässer wurden bevorzugt auf diesen Wasserwegen transportiert[38]. Eine Ordnung aus Straßburg nennt für die Unterkäufer der Metzger einen weiteren Ort: die städtische Waage – konkret für Straßburg die Frauenwaage – auf der Fett und Unschlitt gewogen wurden[39]. Es kann also festgehalten werden, dass die Unterkäufer hauptsächlich an öffentlichen Orten wie den Marktplätzen oder an den Anlegestellen für Schiffe tätig waren, also dort, wo die Waren gelagert und verkauft wurden oder für die jeweilige Stadt eintrafen. Ein weiterer, zentraler Arbeitsplatz für Unterkäufer war das Kaufhaus, das ich in Abschnitt IV eigens behandeln werde. Parallel gingen die Makler ihren Aufgaben auch an privaten Orten wie in Weinkellern oder in Privathäusern nach.

Wendet man die Beobachtungen von Olivier Richard[40] auf die Unterkäufer an, dann bewegten sie sich täglich an den Orten, an denen in wirtschaftlicher Hinsicht die meisten Informationen ausgetauscht wurden. Ihre Amtseide enthielten das Versprechen, keine Informationen für sich zu behalten, sondern eigene und fremde Kaufleute gleichermaßen zu informieren[41]. Damit sie ihre Informationen nicht für eigene Zwecke nutzten, durften sie selbst nichts kaufen oder verkaufen. Die Ordnungen in Straßburg, Schlettstadt und Basel schrieben vor, dass Unterkäufer allen potentiellen Käufern jede verfügbare Information über mögliche Waren zukommen ließen[42].

37) BRUCKER, Zunft- und Polizeiverordnungen (wie Anm. 20), S. 523f.; die Weinsticherordnung aus dem 14. Jahrhundert nennt *win in dem keller oder anderswo, wo daz ist*; ebd. S. 547–550, hier S. 547f. in einer Weinzapferordnung von 1457: *das ein jeglich burger zů Strasburg, wer do wil, win zům zapfen schencken mag.* In Konstanz werden im Eid der Weinunterkäufer eigens der Abt von Petershausen und der Abt von Kreuzlingen genannt, die vom Zwang ausgenommen werden, dass ein Unterkäufer anwesend sein muss, wenn Wein vor der Stadt an Fremde verkauft wird, vgl. FEGER, Buch (wie Anm. 1), Kap. IV, Nr. 28, § 1.

38) AVES (wie Anm. 18), 1MR 13, fol. 47r (= S. 99): Stück von 1473, das neben dem Weinmarkt auch den Handel *an dem wasser* nennt. Zum Weinhandel auf dem Rhein siehe auch Klaus MILITZER, Handel und Vertrieb rheinischer und elsässischer Weine über Köln im Spätmittelalter, in: Weinbau, Weinhandel und Weinkultur, hg. von Alois GERLICH, Stuttgart 1993, S. 165–185; und Friedrich PFEIFFER, Rheinische Transitzölle im Mittelalter, Berlin 1997.

39) AVES (wie Anm. 18), V 127/7, [fol. 6v]: *Und sollent ouch die underköyffer sweren, wo sie sehen oder befunden das smaltz, smer oder unslit usserthalben der frou wagen, es sÿ under der metzigen oder anderswo gewogen oder gelifert wurt* [...].

40) RICHARD, Multifunktionalität (wie Anm. 22).

41) Ebenso RICHARD, Multifunktionalität (wie Anm. 22), S. 45f.

42) RICHARD, Multifunktionalität (wie Anm. 22), S. 45f., bes. Anm. 85. Auch im Mainzer Kaufhaus galt das Verbot für Unterkäufer, sich an Geschäften zu beteiligen, dazu »[...] *daz sall man nyrgent anderst wiegen dan in dem kauffhuß*« – Die Mainzer Kaufhausordnung aus dem 15. Jahrhundert, hg. von Stefan GRATHOFF/Elmar RETTINGER, Mainz 2013, S. 72.

Die Frage des Bürgerrechts für Unterkäufer ist unklar. Nur in Frankfurt findet sich aus der Zeit um 1349/52 die Vorgabe, sie sollten Bürger sein[43]. Der wiederholte Hinweis auf den Kauf des Bürgerrechts, der sich in allen Städten im Untersuchungsraum für Handel- und Gewerbetreibende regelmäßig finden lässt, deutet wohl eher darauf hin, dass diese Personen nachlässig mit dieser Vorgabe umgingen und den Kauf hinauszögerten[44]. Im selben Stück aus Frankfurt findet sich auch der Hinweis, sie dürften nicht mehr als zwei Gesellen haben[45]. Dies gilt dort ebenfalls für die Weinunterkäufer. Bisher habe ich auch nur für die dortigen Unterkäufer die Vorgabe gefunden, dass sie nach der Eidesleistung alle ein eigenes Zeichen erhielten, um erkannt zu werden[46]. Wie diese aussahen, verrät die Quelle nicht.

Zusammenfassend lässt sich festhalten, dass die Unterkäufer an einer Schnittstelle der mittelalterlichen Wirtschaft saßen, an der Angebot, Nachfrage und Preis maßgeblich bestimmt wurden. Eine »Konsumgeschichte der Vormoderne«, wie sie Thomas Ertl in der Einleitung angesprochen hat, kann ohne sie nicht geschrieben werden.

III. Zünftige Unterkäufer

Im Folgenden möchte ich das Verhältnis der Unterkäufer zu den Zünften und zur Stadt getrennt untersuchen – soweit dies möglich ist. Es gab einerseits Unterkäufer, die im Auftrag der Zunft tätig waren, und andererseits Unterkäufer, die im Auftrag der Stadt ihrer Tätigkeit nachgingen. Nicht in allen Fällen lässt sich nachträglich eindeutig klären, ob es sich um einen zünftigen oder städtischen Unterkäufer handelte. Denkbar wäre auch, dass ein und dieselbe Person im Laufe eines Lebens zünftiger und städtischer Unterkäufer war, jedoch nicht zur selben Zeit. Die Quellen behandeln diesen Punkt nicht, es gibt nicht einmal ein Verbot dazu. Da kaum Namen von Unterkäufern überliefert sind – auf diese Problematik werde ich weiter unten näher eingehen –, kann diese Frage noch nicht abschließend beantwortet werden.

Sicher ist, dass es in Straßburg keine Zunft der Unterkäufer gab, und auch in den anderen Städten im Untersuchungsraum wird diese nie erwähnt. Die überlieferten Unterkäuferordnungen behandeln das Verhältnis zu den Zünften nicht explizit: Nur einzelne, verstreute Hinweise sind dazu in den Quellen zu finden. Dies erklärt, warum bis heute die Forschung in diesem Punkt uneins ist[47]. In Straßburg gab es spätestens seit

43) Wolf, Gesetze (wie Anm. 12), Nr. A 4 (S. 84–86), zu Weinhandel und Weinschank.

44) Siehe dazu von Heusinger, Zunft (wie Anm. 9), zum Beispiel S. 57–64, 90–99.

45) Wolf, Gesetze (wie Anm. 12), Nr. A 4 (S. 84–86), zu Weinhandel und Weinschank; identisch mit der älteren Edition der Frankfurter Amtsurkunden, hg. und eingel. von Karl Bücher, Frankfurt a. M. 1915, Nr. 215.

46) Wolf, Gesetze (wie Anm. 12), Nr. 114 (= S. 205–207), von 1406 Aug. 20.

47) Dazu hat vor allem die ältere Forschung in den ersten Jahrzehnten des 20. Jahrhunderts beigetragen, die bei Eberhard Schmieder zusammengefasst wird. Den einen galten sie als Gewerbetreibende, den anderen als Be-

Beginn des 14. Jahrhunderts zünftige Unterkäufer: Dies offenbart ein Ratsentscheid aus dem Jahr 1383, der auf diese frühere Zeit verweist. Die Weber hatten sich hilfesuchend an den Rat gewandt und vorgebracht, dass Wollschläger und andere Handwerke Unterkäufer hätten, und die Weber diese auch für ihren Einkauf von Wolle und Tuch sowie für den Verkauf ihrer Produkte benötigten[48]. Die Wollschläger entgegneten, vor über 80 Jahren (also zu Beginn des 14. Jahrhunderts) habe man sich geeinigt, die Wollschläger-Zunft solle 13 Unterkäufer, die Weber jedoch keine Unterkäufer haben. Der Rat entschied 1383 im Sinne dieser sehr viel älteren Regelung, die Wollschläger sollten immer mindestens zwölf, die Weber jedoch keine eigenen Unterkäufer haben. Entscheidend war die Neuerung, dass diese Unterkäufer nun auch für die Weber tätig werden sollten, und zwar in gleicher Weise wie für die Wollschläger. Wenn sie beispielsweise Wolle zu verkaufen hatten, sollten sie die Weber genauso wie die Wollschläger informieren.

Beinahe hundert Jahre später ging es erneut um den Handel mit Wolle. Aus dem Jahr 1465 ist ein Vertrag überliefert, der vom Streit zwischen den Zünften der Tucher und Weber auf der einen und der Zunft der Gerber auf der anderen Seite berichtet[49]. Als Lösung wurde festgehalten: Lieferten die Wollunterkäufer einem Kaufmann Wolle, so musste er die Unterkäufer auch bezahlen. Wenn die Unterkäufer den Kontakt zu einem Verkäufer von Wolle herstellten und sich dann der Käufer nicht zum Kauf entschied, aber diesen später doch tätigte, muss er dennoch die Gebühren bezahlen, so als ob ein Unterkäufer dabei gewesen wäre. Die Unterkäufer mussten zudem helfen, die Wolle, die sie verkauft hatten, einzupacken und zur Waage zu fahren, wie dies schon früher üblich war[50].

Weitere interessante Details zur Beziehung zwischen Zünften und Unterkäufern lassen sich in Frankfurt finden. Aus der Zeit von 1349/52 stammt die Regelung, dass ein Unterkäufer, der als Handwerksmann ein Handwerk ausüben wollte, den Unterkauf aufgeben musste[51]. In der Ordnung der Gewandschneider aus dem Jahr 1355 wurde

amte. SCHMIEDER unterscheidet zwischen den »geschworenen Beamten« und den »ungeschworenen Unterkäufern« (so seine Diktion), die zum Gewerbe gehörten, siehe ebd., Unterkäufer (wie Anm. 2), bes. S. 260. Ebenso konnte eine Fokussierung auf das Kaufhaus zu dem Bild führen, dass alle Unterkäufer im städtischen Dienst standen, so beispielsweise Heinz KIMMIG in: ders./RÜSTER, Kaufhaus (wie Anm. 34), hier S. 26–29. JÄSCHKE/STOCKHUSEN/SEIER, Makler (wie Anm. 4), zeigten für den Hanseraum, dass es hier auch keine »Zunft der Makler« gab, ganz anders als in Brügge.

48) SCHMOLLER, Tucher- und Weberzunft (wie Anm. 24), Nr. 14 (= UBS (wie Anm. 31), VI, Nr. 172).

49) SCHMOLLER, Tucher- und Weberzunft (wie Anm. 24), Nr. 34, S. 78. Leider erschließt sich mir aus der Quelle nicht, welche Rolle die Gerber in diesem Streit hatten.

50) SCHMIEDER, Unterkäufer (wie Anm. 2), S. 246, liest die Quelle anschließend so, dass die Unterkäufer auch die Abgaben erhalten würden, wenn sie an der Waage halfen; das stimmt aber nicht: *Und wie es der underköufere und des underkoufs halb in der Strassburger messe bishar gehalten worden ist, nemlich wann sie by der wogen sint und helfent die wolle abewegen, das inen dann der underkouf verfallen ist, doby sol es auch fürbass bliben* [...].

51) WOLF, Gesetze (wie Anm. 12), A 6 (= S. 86 f.).

festgehalten[52]: Ein Unterkäufer, der außerhalb der Messe einen Unterkauf tätigte, und zudem Gewand herstellte, musste eine Mark Buße bezahlen. Diese Fälle belegen, dass es in Frankfurt Unterkäufer gab, die auch Handwerker waren; sie durften aber nicht beide Tätigkeiten gleichzeitig ausführen.

In Straßburg zeigt ein Abschnitt aus der Zeit um 1400, der im ältesten (oder ersten) Tucherbuch enthalten ist, weitere Hinweise, wie das Verhältnis zwischen Unterkäufern und Zunft zu Beginn des 15. Jahrhunderts definiert worden war[53]. Dort werden Unterkäufer für Tuch und für Wolle unterschieden. Wenn einer von ihnen krank würde, dann sollten die anderen aus seiner Gruppe mit ihm die Einkünfte teilen. Wer aber »treulos« (*ungetruwelich*), also betrügerisch, handle, der solle sowohl seine Zunftzugehörigkeit als auch seine Position als Unterkäufer verlieren[54]. Weiter unten wurde ins Tucherbuch eingetragen, dass jeder, der Unterkäufer werden wollte, der gewerblichen Zunft 10 Schilling bezahlen und für die Trinkstubengesellen eine große Flasche Wein ausgeben musste[55]. Dieser Eintrag muss nach 1400 und vor 1408 erfolgt sein, denn direkt darauf folgt ein datierter Abschnitt aus dem letztgenannten Jahr, der diejenigen Unterkäufer behandelt, die zwischenzeitlich den Unterkauf aufgegeben hatten, nun jedoch wieder dazu zurückkehren wollten. Sie mussten die Gebühr von 10 Schilling nicht noch einmal bezahlen, sondern nur erneut den Wein für die Trinkstubengesellen spendieren. Das zünftige Amt des Unterkäufers wurde in diesem Fall also genauso käuflich erworben wie andere Rechte und Privilegien im Mittelalter.

Das zweite Tucherbuch aus der Mitte des 15. Jahrhunderts bietet weitere Informationen über die Unterkäufer, die für die Zunft tätig waren. In diesem Abschnitt geht es um die Einkünfte der Makler. Sie kamen sonntags bei der Minoritenkirche zusammen, während die Glocken läuteten, um ihre gesamten wöchentlichen Einnahmen zusammenzulegen und jeder sollte sagen, was er in der vergangenen Woche verdient hatte[56]. Wer bei dieser Abrechnung zu spät kam, musste 4 Pfennig Strafe bezahlen, wenn die Anwesenden seine Entschuldigung nicht anerkannten. Wer nicht mit den anderen teilen wollte, wurde dem Zunftgericht gemeldet, das sich dann um den Fall kümmern sollte. Dies zeigt, dass die Unterkäufer zu diesem Zeitpunkt der Zunft angehörten und sich deren Gerichtsbarkeit unterordnen mussten. Auch in der Krämerordnung von 1470 wurden die Unterkäufer angewiesen, Zunftmeister und Zunftgericht zu melden, wenn

52) Ediert bei Benno SCHMIDT, Frankfurter Zunfturkunden bis zum Jahre 1612. 2 Bde. in 3 Teilbd., Frankfurt a. M. 1914–1915, Bd. 1, S. 225–230, hier S. 228: *Auch willich underkouffer underkouff nymet uzwendig den meszen, und der gewand machet, der sal geben eyne mark zu buzse, als dicke als man in fyndet.*

53) SCHMOLLER, Tucher- und Weberzunft (wie Anm. 24), Nr. 23, hier S. 25, § 8.

54) SCHMOLLER, Tucher- und Weberzunft (wie Anm. 24), Nr. 23, hier S. 25, § 8: *Und wer der ouch were, der ungetruwelich dete, von wellem daz fürkeme, der sol daz antwerk und den underkof verloren han.*

55) SCHMOLLER, Tucher- und Weberzunft (wie Anm. 24), Nr. 23, hier S. 27 § 13, es wird eigens festgehalten, dass das Geld der Zunft und nicht den Fünfmann bezahlt wird; mit Datierung 1408 der folgende Abschnitt § 14.

56) SCHMOLLER, Tucher- und Weberzunft (wie Anm. 24), Nr. 29, S. 65, § 84.

sie gefälschte oder verdorbene Gewürze bei den Krämern entdeckt hatten[57]. Sie waren also der Zunft unterstellt und an deren Weisungen gebunden. Dies änderte sich am Ende des 15. Jahrhunderts, wie ich im folgenden Abschnitt zeigen werde.

An dieser Stelle möchte ich noch eine Quelle zu den Weinstichern heranziehen, die zwei Elemente enthält, die noch nicht angesprochen wurden[58]. Verhandelt wurde ein Streit vor dem Zunftgericht unter der Beteiligung von Schöffen. Als erstes ging es um Unterkäufer, die in dem Moment nicht verfügbar waren, an dem die Weinsticher ihre Abschlüsse machen wollten. Die Händler klagten, dass sich häufig alle Unterkäufer gleichzeitig auf dem Rossmarkt aufhielten, vermutlich weil sie dort auf bessere Geschäfte hofften (*also ieren nutz und underkouff gesůcht*). Auf den beiden anderen Marktplätzen, dem »Markt am Kran« und dem Weinmarkt, waren dadurch für den Weinhandel keine Unterkäufer greifbar, weshalb die Weinsticher keine Verkäufe abschließen konnten.

In diesem Schriftstück wird ein weiterer Aspekt der Beziehung zwischen der Zunft und den Unterkäufern angesprochen, der zu Auseinandersetzungen führte. Die Zunftgenossen klagten, dass diejenigen Unterkäufer, die auf dem Rossmarkt tätig waren, dort keine Abgabe in die Kasse für die Liebe Frau bezahlen wollten. Es sei aber traditionell üblich gewesen, dass an allen Markttagen in diese Kasse eingezahlt wurde und von diesem Geld die Kerze im Münster vor dem Altar der Lieben Frau, an dem die Weinsticher opferten, sowie weitere Kerzen bezahlt wurden. Hier wird fassbar, dass die Unterkäufer traditionell auch der Zunft-Bruderschaft der Weinsticher angehört hatten und die gewerbliche Zunft von ihnen weiterhin ein finanzielles Engagement für den Altar ihrer Zunft im Münster forderten. Das Zunftgericht urteilte recht vage, dass alle drei Marktplätze notwendig seien und sich alle so verhalten sollten, dass sie gütlich miteinander auskämen und so sollten alle Beteiligten ihre eingenommenen Gelder unter sich aufteilen[59].

Zum Schluss möchte ich noch eine weitere Beobachtung teilen: Vielleicht kam es Anfang des 16. Jahrhunderts zu einer weiteren Neuerung, bei der die Position des Unterkäufers mit der Position des Wirtes der Trinkstube zusammengeführt wurde. Traditionell mussten die Zunftgenossen reihum die Aufgabe des Trinkstubenwirtes übernehmen, was nicht immer eine begehrte Aufgabe war, da sie einen großen Zeitaufwand und

57) Brucker, Zunft- und Polizeiverordnungen (wie Anm. 20), S. 308–311, hier S. 308 f.

58) AVES (wie Anm. 18), 1MR 13, fol. 45r (= S. 95), der Text wurde später gestrichen, was bedeuten kann, dass die Entscheidung umgesetzt worden war.

59) AVES (wie Anm. 18), 1MR 13, fol. 45r (= S. 95), Text wurde gestrichen: *Und so nuon die meisterschafft mit sampt den schöffeln und ierme gericht sollich obbestimpte unordenung, wider wertigkeit und zwytracht gesehen und gehört, und öch vil gericht sollicher spennen halb gehebt haben. So sind sie des über ein kommen und ein gemein rotslag geton, wie sie alle und ein jeder, der die mergkt bruchen will, sich hallten soll, uff das solliche widerwertigkeit hien geleyt würde. Und ier* [sic!] *gellt gütlich und fruontlich mitenander verdienten und öch menglichem rych und arm geschee, das imme gescheen soll. So soll es fuorter gehallten werden, als harnoch volget.* [= Ende des Eintrags].

das regelmäßige Schlichten von Konflikten unter den Gästen beinhaltete[60]. Die Tucherzunft hielt 1504 in einer Ordnung für den Wirt ihrer Trinkstube fest, dieser solle in Zukunft zugleich das Amt des Unterkäufers ausüben, um Wirt der Trinkstube bleiben zu können[61]. Aus Mangel an weiteren Quellen ist unklar, ob diese Idee jemals zur Anwendung kam. Der Text legt aber nahe, dass die Position des Wirtes zu diesem Zeitpunkt begehrter war als die Funktion des Unterkäufers.

IV. Städtische Unterkäufer

Ich möchte nun die Annahmen von Ogilvie zu den Unterkäufern im Südwesten des Reichs überprüfen. Dazu kehre ich zu ihren Überlegungen zu Institutionen zurück, für die sie differenzielles Vertrauen annimmt[62]. In diesem Fall vertraut das einzelne Mitglied der Institution, der es angehört. In unserem Fall vertrauen also die einzelnen Wirtschaftsakteure den Repräsentanten des Wirtschaftsraumes, den Unterkäufern. Ob die Unterkäufer von Anfang an im Dienst der Stadt standen, ist unklar. Bereits Eberhard Schmieder hat in seiner Untersuchung zu Augsburg darauf hingewiesen, dass unklar ist, ob die ersten erwähnten Unterkäufer dort 1267 ihr Amt haupt- oder nebenberuflich ausübten[63]. Eine Reihe von städtischen Ämtern wie beispielsweise Boten wurden so gut wie immer nur im Nebenberuf ausgeübt[64]. In Frankfurt waren die Makler in der Mitte des 14. Jahrhunderts eindeutig Amtsträger, deren Namen für den Rat schriftlich festgehalten wurden[65]. Wie alle Amtsträger mussten sie zuerst den Eid leisten, um ihr Amt ausüben zu dürfen. In Konstanz mussten sie selbst Buch über ihre Verkäufe führen und einmal in der Woche mit der städtischen Obrigkeit abrechnen[66].

Die Städte hielten meistens die genauen Taxen in Listen fest, die für einzelne Produkte zu bezahlen waren. Aus Frankfurt ist eine detaillierte Liste überliefert, die vermutlich aus dem Jahr 1406 stammt, und die aufzählt, was an den Makler für »Speze-

60) Von Heusinger, Zunft (wie Anm. 9), 136–142.

61) Schmoller, Tucher- und Weberzunft (wie Anm. 24), Nr. 55, hier S. 108.

62) Ogilvie, Use (wie Anm. 8), S. 17–20.

63) Schmieder, Unterkäufer (wie Anm. 2), S. 236. Wolfgang Sellert geht immer davon aus, dass sie städtische »Beamte« waren, siehe ders., Makler (wie Anm. 2).

64) Klara Hübner, Im Dienste ihrer Stadt: Boten- und Nachrichtenorganisationen in den schweizerisch-oberdeutschen Städten des späten Mittelalters, Ostfildern 2010, S. 51 f., S. 67–89.

65) Wolf, Gesetze (wie Anm. 12), A 52, S. 111 f. Das Stück trägt den Titel »Aufsicht über die Unterkäufer« und entstand vor 1357 Sept. 17.

66) Feger, Buch (wie Anm. 1), Kap. IV, Nr. 28, § 8–10. Schubert, Unterkauf (wie Anm. 19), S. 23, deutet die Buchführung durch die Frankfurter Unterkäufer so: »[...] der Grund für die Einführung der Buchführungspflicht war nicht der Gedanke der Beweissicherung; dem Rat ging es vielmehr darum, eine bessere Kontrollmöglichkeit über die abgeführten und noch abzuführenden städtischen Abgaben zu haben.«

reien« zu bezahlen war[67]. Diese Aufzählung ist sehr eindrücklich, da neben weit verbreiteten Gewürzen wie Pfeffer, Ingwer und Muskat auch kostbare Waren wie Safran, Galgant, aber auch Gold und Hermelin oder Materialien wie Reusengarn, Papier, Samt oder einfaches Wachs aufgezählt werden. Weitere Warengruppen, für die Unterkäufer zuständig sein konnten, nennt das eingangs schon erwähnte Konstanzer Eidbuch, etwa Wein, Leinwand, Kramwaren und Eisen, aber auch Pferde und Häuser[68]. Vor allem die Weinunterkäufer sind in allen untersuchten Orten gut belegt: Das entspricht der regionalen Bedeutung des Produktes, da im Südwesten Wein im großen Stil produziert und gehandelt wurde. Allen städtischen Verordnungen zum Unterkauf, die ich ausgewertet habe, war gemein, dass sie unkontrollierten Weinhandel unterbinden wollten. So betonte auch der Konstanzer Rat 1447, dass bei jedem Weinverkauf von Konstanzer Bürgern an Fremde der städtisch vereidigte Unterkäufer anwesend sein musste[69].

Um das Verhältnis zwischen Institution und Vertrauen, auf das Ogilvie hinwies, besser verstehen zu können, ziehe ich eine undatierte Unterkäuferordnung aus Straßburg aus der 2. Hälfte des 15. Jahrhunderts heran, die in Form eines Hefts überliefert ist[70]. Schlägt man das Heft auf, dann findet man die zeitgenössische Überschrift: »Ordnung der Unterkäufer«. Im 19. oder 20. Jahrhundert wurde auf dem Umschlag der Titel hinzugefügt: »Ordnung der Zunft der Unterkäufer«. Dieser Titel ist falsch, da es niemals eine »Zunft der Unterkäufer« in Straßburg gab. Die hier vorliegende Ordnung umfasst die gewerblichen Zünfte der Krämer, Metzger, Salzhändler, Schuster, Gerber, Tucher, Kürschner und Seilmacher.

Die Ordnung wurde vom Rat der Stadt erlassen, genannt werden *stettmeister und rat*, also die beiden zentralen Organe. Als wichtige Vorgabe wird ausgeführt, die Unterkäufer sollten ihren Geschäften rechtmäßig nachgehen und niemanden als besonders ansehen – sie sollten also alle gleich behandeln[71]. Der Text fährt fort, es sollen auch alle Unterkäufer bei ihren Eiden ihre Einkünfte fleißig zusammentragen und in eine ver-

67) Wolf, Gesetze (wie Anm. 12), Nr. 115 (= S. 207 f.); eine vergleichbare Liste mit Preistaxen von 1384, siehe ebd. Nr. 28 (= S. 145 f.); für Straßburg enthält die Unterkäuferordnung eine detaillierte Auflistung von verschiedenen Tuchsorten, vgl. AVES (wie Anm. 18), V 127/7 [fol. 3v]; ebd. auf [fol. 4r] werden die Produkte der Krämer aufgezählt.

68) Feger, Buch (wie Anm. 1), Kap. IV, S. 100–136. Eine umfassende Auswertung älterer Regelungen zu Unterkäufern, nämlich das Augsburger Stadtrecht von 1267, nahm Eberhard Schmieder vor, siehe ders., Unterkäufer (wie Anm. 2).

69) Feger, Buch (wie Anm. 1), Nr. 53 § 18 (= S. 90); zur Entstehung der Handschrift siehe die Einleitung von Feger, S. 29–50, hier S. 42.

70) AMS V 127/7, ohne Foliozählung, die ich im Folgenden in eckigen Klammern ergänzt habe, um die Stellen leichter auffindbar zu machen.

71) AMS V 127/7, [fol. 1r]: *Es sollent furbas hin die underköyffer und kouffhus knecht von unsern herren meister und rat gesatz und erkant werden,* [...] *umb das die underköyffer iren sachen deste uffrechtlicher nochgangen und niemans dar Inne ansehen,* [...].

schlossene Kasse tun, die einmal im Vierteljahr in der städtischen Finanzbehörde *auf dem Pfennigturm* abgerechnet werde, damit die Stadt an Abgaben erhalte, was ihr zustehe[72]. Die handelnde Institution war also der Rat der Stadt Straßburg, er setzte die Unterkäufer ein und er wollte sichergehen, dass diese als städtische Repräsentanten rechtmäßig handelten. So sollte das Vertrauen in die Institution bestärkt werden. Die Makler wurden vereidigt, damit sichergestellt wurde, dass sie ihren Dienst korrekt ausführten und die eingesammelten Gelder rechtmäßig verwaltet wurden.

Am Beispiel der Metzger erfahren wir in diesem Heft genau, wie die Abgaben, die bei einem Kaufakt fällig wurden, eingenommen und anschließend verteilt wurden. Käufer und Verkäufer bezahlten jeweils die Hälfte der Gebühren in die gemeinsame Kasse. Diese wurde vierteljährlich geöffnet. Daraus erhielt die Stadt ein Viertel, dem Unterkäufer blieben also drei Viertel der Abgaben als Einkünfte[73]. Diese Aufteilung der Gelder war aber nicht für alle Waren zu allen Zeiten gleich: In derselben Ordnung wird festgehalten, dass die Stadt bei »gesalzenem Gut« wie gepökeltem Fleisch oder Hering ab jetzt nur noch ein Drittel der Gebühren erhalten sollte, dem Unterkäufer blieben in diesem Fall zwei Drittel der Abgaben[74].

Die Ordnung enthält auch detaillierte Listen für die Abgabenhöhe jedes einzelnen Produktes der verschiedenen Zünfte. Für Gerber und Schuhmacher wurden beispielsweise detailliert die notwendigen Rohstoffe und die fälligen Abgaben genannt. Für hundert Stück Ziegenfell mussten Käufer und Verkäufer je einen Schilling bezahlen, für hundert Kalbfelle zahlte jede Seite sechs Pfennig und so fort[75]. Immer wieder lässt sich in Straßburg eine Vorgabe finden, wie sie hier exemplarisch für die Krämer-Unterkäufer festgehalten wurde: Diese sollten die Abgaben sammeln, an den Fronfastenterminen (also viermal jährlich) unter sich aufteilen und »den vierten Pfennig«, also ein Viertel davon, an die Stadt abführen[76].

72) AMS V 127/7, [fol. 1r]: [...] *und daruff sollent ouch alle underköffer by iren eyden iren underkouff flissiclichen Inbringen und zůsamen In ein beslossen buchs thůn und die alle viertel Jors uff den pfennigturm antwurtten, das der statt werde das ir zůgehöret.* [...]. Zu Beginn des 15. Jahrhunderts erfolgte in Straßburg eine Verwaltungsreform, in deren Kontext 1405 eine neue Ordnung erlassen wurde. Auch diese mahnt zur Zahlung der Abgaben durch die Unterkäufer, siehe EHEBERG, Urkunden (wie Anm. 24), Nr. 10, S. 11–59, hier S. 52, Nr. 172.

73) AVES (wie Anm. 18), V 127/7, [fol. 6v]: *Und von sollichem irem underkouff sol der statt werden der vierd pfennig und daruff sollent sie den underkouff zesamen in ein beshlossen buchs stossen und die alle fronvast uff den pfennigturm antwurtten, das der statt unde das ir zú gehöret.*

74) AVES (wie Anm. 18), V 127/7, [fol. 5v]: *Und also der statt biß har der halb underkouff zůgehöret hat umb das er nú gelichtert und abgesetst wurden ist, und sich dann die underköyffer deste basß do bij erneren mögent. So sol die statt furbas nit me dann den dritten pfennig haben, doch uff ein versůchen zů myndern und zů meren je noch gestalt der sachen.*

75) AVES (wie Anm. 18), V 127/7, [fol. 6r] [von zweiter Hand]: *Gerber und schůchmachn underkouff,* von dritter Hand: *hab nit] Item ein hundert geiß vell git jede hant j ß. Item ein hundert kalp fell git jede hant vj d.*

76) AVES (wie Anm. 18), V 127/7 [fol. 4v]: *Und was gelts also gefellet das sol zusammen in die [?] beslossen buchsse geton und zů den fronvasten geteilt und der statt davon werden der virde pfenning, es sÿ in der messe oder unsserthal-*

Im vorliegenden Stück wird auch der Fall behandelt, wenn vor dem Kaufakt die Zollabgabe nicht ordnungsgemäß bezahlt worden war. Da dieses Vergehen auch in anderen Quellen immer wieder thematisiert wird, muss es regelmäßig vorgekommen sein. Die Quelle hält fest: Wenn die Unterkäufer erfahren sollten, dass jemand beim Kauf oder Verkauf sein Gut nicht verzollt hatte, dann sollten sie das Vergehen dem Kaufhausmeister oder -schreiber anzeigen[77]. In diesem Fall erhielt der Unterkäufer von Käufer und Verkäufer die Abgaben, so als ob er bei dem Kauf anwesend gewesen wäre, auch wenn er hintergangen worden war. Durch die Kontrollfunktion, welche die Unterkäufer in Kooperation mit anderen städtischen Ämtern wie dem Zoller ausübten, trugen sie also zur Einhaltung der städtischen Vorschriften bei. Damit stärkten sie das Vertrauen in den Rat und dessen Gesetzgebung als städtische Institution. Wenn der betroffene Unterkäufer den Regelverstoß anzeigte, wurde er dafür belohnt: Er erhielt die ihm zustehende Abgabe, obwohl er keinen Arbeitsaufwand hatte.

Das Umgehen der Unterkäufer war anscheinend ein verbreitetes Phänomen. Eine Unterkäuferordnung von 1478 aus Straßburg trägt als Überschrift (von späterer Hand): *Von heimlich keuffen, die ohn beisein der underkeuffer vorgen*, also von heimlichen Käufen, die ohne Anwesenheit der Unterkäufer vorgenommen werden[78]. Die Ordnung statuiert, dass Unterkäufer weder einem fremden noch einem einheimischen Kaufmann Geld leihen durften. Sie durften auch kein Gut mit Profit (*uff merschatz*) kaufen oder verkaufen. Sehr wichtig war auch die Vorschrift, dass sie keine Bestechungsgelder und kein Trinkgeld annehmen durften – es folgte der Verweis auf ihre Eide[79]. Prinzipiell

ben, doch was sie zů Franckfort verdienen, das sol inen allein bliben und zůgehören wie das harkommen ist. Ebenfalls den »vierten Pfennig« mussten die Unterkäufer in Frankfurt zu Beginn des 15. Jahrhunderts abführen, siehe Wolf, Gesetze (wie Anm. 12), Nr. 114 (= S. 205–207), hier S. 205, von 1406; und bereits 1373 für die Unterkäufer an der Wolle siehe Bücher, Frankfurter Amtsurkunden (wie Anm. 45), Nr. 205.

77) AMS V 127/7, [fol. 1r]: *Sie sollent ouch Sweren an den heiligen wo sie befunden oder erfaren, das Jemandt handelt wider der kouffhuser ordenung oder sin gůt In kouffen oder verkouffen nit verzollet, Inhalt der ordenung oder des einichen frevelen widdersatz täte und den zolle understunde zů vertrucken oder zů verswigen, sollichs alles sunderlich dem husmeister oder sinem schriber anzůbringen und zůsagen, die sollent dann schaffen und bestellen, das die selben darum gerechtfertiget werden noch besage Ir ordenung. Und darumb sol ouch den underköyffern vor allen dingen Ir underkouff von beyden handen werden und zůgehören Inn allen mossen, also obe sie by den köyffen gewesen werent. Wo sie ouch befindent heimlich köyffe, do zů sie nit gezogen werden, das sollent sie ouch dem hußherren oder dem schriber im kouffhus oder dem zoller, dem das zůstot, sagen und zů wissen thůn, und wo dann ein sollicher kouff aht tag gestanden were wenn er zollet, da von sol Inen der underkouff ouch gefallen sin. Wo aber sollicher kouff vor verzollet were, da von sol innen nutzit werden.*
Auch in anderen Städten mussten die Makler melden, wenn Zoll hinterzogen wurde, so war dies in Konstanz explizit im Eid der Wein-Unterkäufer enthalten, siehe Feger, Buch (wie Anm. 1), Kap. IV. Nr. 28 § 7 (= S. 116); ebenso im Eid der Pferdeunterkäufer bzw. Rossmakler, ebd., Kap. IV. Nr. 49 (= S. 126f.).

78) AVES (wie Anm. 18), 1MR 1, fol. 188–190, hier auf S. 188 [alt fol. 137r] Überschrift von späterer Hand: *Anno 1478: von heimlich keuffen die ohn beisein der underkeuffer vorgen.*

79) AVES (wie Anm. 18), 1MR 1, fol. 189 [alt fol. 138r]: *Sie sollent ouch deheynem gaste noch kouffman gelt lihen uff die kouffmanschafft des sie underkouffer sint, und ouch dehein hande kouffmanschatz Ine selbs uff merschatz*

war es ihnen außerdem verboten, selbst Handel zu betreiben. Der Ausschluss der Unterkäufer vom Handel basierte wohl auf der Furcht, über zu viel »Insiderwissen« zu verfügen und damit einen strategischen Vorteil gegenüber Konkurrenten zu erlangen. Alle diese einzelnen Regelungen sollten das Vertrauen in die städtische Kontrolle des Marktes mit Hilfe der Unterkäufer bestärken. Es darf auch nicht unterschätzt werden, dass die »Makler des Vertrauens« ebenfalls erheblich zu den Einnahmen der Stadt beitrugen wie vergleichbare städtische Beamte am Zoll oder im Kaufhaus. In Konstanz findet sich noch eine weitere Regelung, die ich noch nicht erwähnt habe. Unterkäufer wurden dort verpflichtet, nur diejenigen Warengruppen zu kaufen und zu verkaufen, für die sie bestellt worden waren[80]. Zudem wird hier explizit die Ehefrau des Unterkäufers für Leinwand erwähnt: Auch für sie galt das Verbot, Handel zu treiben[81]!

Im nächsten Abschnitt möchte ich der Frage nachgehen, ob auch Frauen dieses Amt ausübten? In Konstanz ist die Quelle eindeutig: Es handelt sich um die Ehefrau, nicht um eine Unterkäuferin. Wenn man mit den mittelalterlichen Quellen zu Handel und Gewerbe arbeitet, ist es beeindruckend, wie korrekt diese in der Regel in Bezug auf *gender* sind. So werden in den Straßburger Quellen *kornkoufere und kornkouferin* ebenso gender-gerecht benannt wie *gremper und gremperin* (damit sind KleinhändlerInnen gemeint)[82]. Gleiches gilt für Frankfurt: Dort gab es die Formel *bierbruwer und birbruwerschen* oder *gadenman und gadenvrouwe* für die BesitzerInnen einer Verkaufsbude[83]. In Bezug auf die Unterkäufer fällt auf, dass ich keine einzige »Unterkäuferin« gefunden habe[84]. Dabei konnte eine Tätigkeit, bei der Güter vermittelt wurden oder deren Wert bestimmt wurde, sehr gut von Frauen ausgeführt werden, wie die zahlreichen Jüdinnen in der Pfandleihe belegen[85]. Vermutlich geht es bei den fehlenden Unterkäuferinnen

[SvH Gewinn, Profit] *kouffen oder verkouffen noch ouch deheine schenck, myet* [SvH Belohnung, Bestechung] *oder myetellon* [SvH Trinkgeld] *von nyemans nemen sie noch nyemant von Iren wegen by dem eide.* Das Verbot von *merschatz* und weitere ähnliche Regelungen finden sich immer wieder in Straßburger Quellen, zum Beispiel bei EHEBERG, Urkunden (wie Anm. 24), Nr. 7, S. 4–10, hier S. 6 mit einer ganzen Liste von Verboten.

80) Zum Beispiel FEGER, Buch (wie Anm. 1), Kap. IV, Nr. 24, § 7.

81) FEGER, Buch (wie Anm. 1), Kap. IV, Nr. 24 § 3.

82) Zum Beispiel BRUCKER, Zunft- und Polizeiverordnungen (wie Anm. 20), S. 304 *kornkoufere und kornkouferin*; oder S. 252 und 253, 263: *grempen noch gremperin*.

83) Zum Beispiel Karl BÜCHER, Die Berufe der Stadt Frankfurt a. M. im Mittelalter, Leipzig 1914, S. 29; 48 f.

84) BÜCHER, Frankfurter Amtsurkunden (wie Anm. 45), hier S. 216, Zeile 5: In Frankfurt findet sich unter den Ratsbeschlüssen ab 1406 anscheinend die einzige Unterkäuferin überhaupt (*darby man der underkeufferyn bedorffende wurde*); ich vermute hier aber eher einen Schreib- oder Lesefehler für *underkeufferey* oder eine ähnliche Form, vgl. Deutsches Wörterbuch, *unterkäufelei/unterkäuffeley*. Bei SCHMIEDER, Unterkäufer (wie Anm. 2), S. 252, gibt es die Verwechselung zwischen Unterkäufer und Käuflerinnen für Frankfurt, die auf BÜCHER, Berufe (wie Anm. 83), S. 127 zurückgeht; dies belegt, dass hier noch weitere Forschung erfolgen muss.

85) Zu den Jüdinnen in der Pfandleihe siehe jüngst Birgit WIEDL, Pfänder in Bewegung. Aspekte des jüdischen Pfandwesens als Beitrag zur Geschichte mobiler Dinge, in: Jüdische Geschichte ist uns anvertraut. Festschrift für Martha Keil, hg. von Sabine HÖDL, Innsbruck 2023, S. 78–90; dies., Von essenden, liegenden und fahrenden Pfändern. Das Pfand als mobiles Objekt im Rahmen jüdisch-christlicher Kontakte im Mittelalter, in: Dinge

aber gar nicht um ihre Tätigkeit, sondern um ihr Rechtsverhältnis in Bezug auf den Stadtherren. Die Unterkäufer übernahmen Dienstaufgaben für den Stadtherrn; ihre Stellung ist mit anderen städtischen Ämtern wie dem Zoller oder dem Ungelter vergleichbar. Und auch innerhalb der Zünfte waren Ämter wie der Zunftmeister oder die Gerichtsherren immer Männern vorbehalten. Alle diese städtischen und zünftigen Ämter wurden nur von Männern ausgeübt – deshalb fehlen Frauen in diesem Zusammenhang.

Im Kontext des Spitalwesens in Straßburg konnte Eva Cersovsky zeigen, dass es im 16. Jahrhundert auch Frauen gab, die in den städtischen Pflegeeinrichtungen Ämter ausübten – aber diese waren immer Witwen oder Ehefrauen von Amtsträgern. Hier finden sich neben den so genannten Käuflern auch Käuflerinnen, die für das Gemeine Almosen als Zwischenhändlerinnen aktiv waren. Ihre Tätigkeit ähnelte aber eher der gewerblichen Zunft der Altgewänder, deren Angehörige (Männer und Frauen) gebrauchte Kleidung reinigten, reparierten und dann wieder zum Verkauf anboten[86]. Bei den so genannten Feilträgerinnen, die im Konstanzer Eidbuch einen eigenen Eintrag haben, handelt es sich ziemlich sicher um dieselbe Personengruppe, die dort für die 1430er Jahre genannt wird[87]. Sie mussten schwören, aus den Gütern, die ihnen zum Verkauf übergeben worden waren, den besten Preis zu lösen und an den Meistbietenden zu verkaufen. Wenn sie den Verdacht hatten, Hehlerware angeboten bekommen zu haben, mussten sie den Bürgermeister informieren. Der Eid enthält auch eine Taxenliste,

bewegen. Mobile Menschen, Objekte und Erinnerung in der jüdischen Geschichte Österreichs, hg. vom Institut für jüdische Geschichte Österreichs, Wien 2022, S. 22–31, hier S. 27; und Andreas LEHNERTZ: Margarete, Reynette and Meide. Three Jewish Women from Koblenz in the 14th Century, in: Jewish Studies Quarterly 28 (2021), S. 388–405, bes. S. 400.

86) Eva-Maria CERSOVSKY, Geschlechterverhältnisse in der Krankenfürsorge. Straßburg im 15. und 16. Jahrhundert, Ostfildern 2023, zum Beispiel S. 178–188, 388 f., 400. Bereits Merry E. WIESNER hat auf die Käuflerinnen in Straßburg hingewiesen, allerdings ohne konkrete Daten zu nennen, ab wann diese in den Quellen genannt werden, und ohne ausreichende Differenzierung der Quellenbegriffe, siehe dies., Working Women in Renaissance Germany, New Brunswick /NJ 1986, S. 134–142 (unter der Überschrift »*Market Women*«). EHEBERG, Urkunden (wie Anm. 24), Nr. 177, S. 405 f., hat eine Ordnung für Käufler und Käuferlinnen aus der 1. Hälfte des 15. Jahrhunderts ediert: Diese besagt, dass Käufler und Käuflerinnen, ihre Kinder, ihre Mägde und Knechte und ihr Gesinde, alle einen Eid schwören müssen, dass sie für ihre gekauften und verkauften Waren Zoll bezahlen. Vgl. auch das 6. Stadtrecht von 1322 aus Straßburg: hier werden *underkouffer und kouffelerin* genannt, dies ist ein weiterer Beleg für den gender-gerechten Gebrauch der Begriffe, UBS (wie Anm. 31), IV,2, Nr. 3 [6. Stadtrecht], hier S. 152, § 433. SCHMIEDER, Unterkäufer (wie Anm. 2), S. 239, setzt fälschlicherweise Käufler und Unterkäufer für Frankfurt gleich. Julia EXARCHOS, RWTH Aachen, beschäftigt sich aktuell mit diesem Personenkreis in ihrem Projekt zu »Makler*innen der arbeitenden Armen im spätmittelalterlichen Rheinland«, eine erste Publikation ist erschienen unter Julia EXARCHOS/Monika GUSSONE, TaxatorInnen, Geschäftsleute und ArmutsverwalterInnen. Die Käuflerinnen und Käufler im Straßburg des 15. und 16. Jahrhunderts, in: Archiv für Kulturgeschichte 105 (2023), S. 47–90.

87) FEGER, Buch (wie Anm. 1), Kap. IV, Nr. 45: *Aid der vailtragerin.*

die Einblick in die Güter erlaubt, die sie verkauften: Dies waren Hausrat und Kleider, Silbergeschirr und Kleinodien.

Aber nicht nur die »Unterkäuferinnen« fehlen in den Quellen, sondern auch die Namen für Unterkäufer. Für die Straßburger Zunftgenossen habe ich eine prosopographische Datenbank aufgebaut, die inzwischen über 6.200 Personen umfasst. Darin befinden sich nur sieben Namen von Unterkäufern, was auch mich überrascht hat. Dies hängt vermutlich damit zusammen, dass für Straßburg keine kontinuierlichen Listen mit den Namen von Amtsträgern überliefert sind. Falls doch einmal zufälligerweise eine solche Liste überliefert ist, fehlen dort die Unterkäufer: Eine undatierte Liste aus dem 15. Jahrhundert aus Straßburg nennt städtische Amtsträger und Diener, die jährlich von der Stadt Tuch für Kleidung erhielten, und zählt als Handwerker je einen Zimmermann, Schmied, Maurer, Estricher und Koch auf, sowie Ratsboten und laufende Boten, Wächter, Schreiber, den Ungelterknecht, und je einen Mitarbeiter am Ziegelofen und im Zollkeller[88]. Es fehlen jedoch die Unterkäufer. Da einige Personen in der Liste mit ihrem Namen und ohne Amtsbezeichnung aufgeschrieben wurden, könnten sie sich eventuell unter diesen Männern befinden; dies ist aber reine Spekulation. Etwas ergiebiger ist die Überlieferung in anderen Städten. Aus Frankfurt ist eine Zeugenliste mit Namen am Ende einer Wein-Unterkäuferordnung aus der Zeit um 1350 überliefert[89]. Aus dem Jahr 1380 gibt es aus Konstanz eine Namensliste mit den Unterkäufern für Liegenschaften, Wein, Gewand, Felle und Leinwand[90]. Aber ohne entsprechende weitere prosopographische Forschung zur jeweiligen Stadt sind diese Listen weitgehend nutzlos, da sie nur die Namen nennen und wir keine weiteren Informationen über die Personen haben.

IV.1. Wandel in Strassburg

Im letzten Drittel des 15. Jahrhunderts muss es in Straßburg zu grundlegenden Änderungen im Unterkäuferwesen gekommen sein. Ausgangpunkt für die folgenden Überlegungen ist eine Nachricht aus dem Jahr 1474, aus der hervorgeht, dass die Kommission der Fünfzehner »in ihrem Buch« zuvor Unterkäufer prinzipiell verboten hatten; leider fehlt eine genauere Zeitangabe in dem Stück und das erwähnte Buch ließ sich nicht identifizieren[91]. Die Quelle führt aus, im Laufe der Zeit hätten die Kommissionsmit-

88) Eheberg, Urkunden (wie Anm. 24), Nr. 6, S. 3f., die Ordnung ist undatiert und nennt einige Personen nur mit Namen (zum Beispiel *Item dem Heger*), andere jedoch mit ihrem Amt, (zum Beispiel *Item dem estericher*); eine ähnliche Liste, die Namen oder Amtsbezeichnung nennt, vor 1405, ebd., Nr. 9, S. 10f.

89) Bücher, Frankfurter Amtsurkunden (wie Anm. 45), Nr. 215, hier S. 325.

90) Das Konstanzer Leinengewerbe, bearb. von Friedrich Wielandt, 2 Bde., Konstanz 1950–1953, hier Bd. 2, Nr. 8d, S. 7 mit weiterführenden Hinweisen; siehe ebd., Nr. 8q, S. 11, mit dem Hinweis auf die beiden Leinwandunterkäufer Peter Banwart und Conrat Vogel, die 1389 schwören, sich an die Vorgaben des Rates zu halten.

91) Eheberg, Urkunden (wie Anm. 24), S. 266, Abschnitt Nr. 32.

glieder bemerkt, dass dieses Verbot nicht eingehalten wurde und deshalb die Unterkäufer nun wieder auf ihre Ordnung einen Eid schwören sollten vor der Finanzbehörde, den so genannten Dreiern auf dem Pfennigturm.

Drei Jahre später, im Jahr 1477, musste sich die Kommission der Fünfzehn erneut mit der Frage nach den Unterkäufern beschäftigen[92]. Aus einer kurzen Notiz erfahren wir, dass zwischenzeitlich die Dreier auf dem Pfennigturm die Unterkäufer für Tuch (*über das gůt gewand)* bestimmt und anschließend die Fünfzehner darüber informiert hatten. Auslöser für die hier dokumentierte Neuregelung war das Ausscheiden von Friedrich Sost (oder Soest?) als städtischer Unterkäufer für Tuch. Nachdem er das Amt aufgegeben hatte, wandten sich viele Personen direkt an die Fünfzehner, was diese für unangemessen hielten. Aus der Quelle geht nicht hervor, ob sie sich als Bewerber um das Amt oder als Kritiker an der bestehenden Praxis an die Kommission gewandt hatten – auf jeden Fall fühlten sich die Kommissionsmitglieder gestört. Die Fünfzehner verwiesen darauf, dass das Amt des Unterkäufers für Tuch wie andere Ämter besetzt würde, nämlich redlich und zum gemeinen Nutzen, und es nicht darum ginge, dass jeder seinen Kandidaten beliebig in die Position schieben könne. Deshalb legten die Fünfzehner fest, wie in Zukunft die Besetzung des Unterkäuferamtes erfolgen sollte: Die Räte und die Einundzwanzig (also die zuständigen Machthaber) sollten das Amt, wenn es frei war, neu besetzen und abklären, ob schon jemand angesprochen worden war, der das Amt übernehmen könnte. Die beiden Stücke von 1474 und 1477 offenbaren also, dass die Unterkäufer zuerst abgeschafft worden waren, dies auf Widerstand gestoßen war und sie deshalb wieder eingeführt wurden.

Diese Chronologie bestätigt auch die Straßburger Unterkäuferordnung von 1478 in drei Fassungen, die ich schon weiter oben in diesem Kapitel ausgewertet habe und die noch weitere Details bietet. Besonders interessant ist ein Abschnitt aus der ersten Ordnung, der gestrichen und in den beiden folgenden Abschriften nicht mehr abgeschrieben wurde[93]. Hier erfahren wir, wie in Straßburg die Unterkäufer bestimmt wurden: Zuvor (also vor 1478) hatten die gewerblichen Zünfte die Unterkäufer eingesetzt und

92) Ediert bei SCHMOLLER, Tucher- und Weberzunft (wie Anm. 24), Nr. 38, S. 81 f.: Ihm ist leider ein maßgeblicher Lesefehler unterlaufen, der seinen gedruckten Text unverständlich macht. Richtig ist: [...] *das do von etwieviel personen vil nochlouffens und bittens desselben amptz halb an sie bescheen sy, daran die XV* [statt: *go*] *keyn gefallen habent,* [SvH: folgt gestrichen: *und sie unbillich bedunket*]. *Nochdem sollich oder andere ampt billich noch gemeynem nutz ungeverlich besetzt werdent und nit also understanden* ÿglicher *den sinen für zů schieben* [...]; korrigiert nach AVES (wie Anm. 18), 1MR 29, fol. 53r (= S. 107).

93) Die folgende Passage wurde in der Handschrift gestrichen, siehe AVES (wie Anm. 18), 1MR 1, fol. 188 [alt fol. 137r]: *Und als die antwerck bishar underköuffer gesetzt und entsetzt habent, do zů besorgen ist das ettwan dar Inne vorteil gesůcht werden möhtent etc. do beduhte die herren gereten sin, das unser herren meister und Rät und die XXI sollich underköuffer furter setzen sollent und doch die nemen* [über der Zeile eingefügt: *ye*] *von den antwercken des sie underköuffer sin sollent. Und sollent die antwerck nit maht haben, die selben underkouffer zů entsetzen, dann obe ein underköuffer sich anders hielte dann ein antwerck meynte billich were, daramb* [statt: *darumb*] *sol das antwerck Ine vor unser herren meister und Rat furnemen, was die darInne erkennent, dem sol nochgegangen werden.*

abberufen. Dann beschlossen der Rat und die Kommission der Einundzwanzig, dass sie selbst die Unterkäufer auswählen wollten, und zwar jeweils aus derjenigen Zunft, für die sie zukünftig als Unterkäufer tätig sein sollten. Damit wurde garantiert, dass die Unterkäufer die Produkte oder Rohstoffe, die sie im städtischen Auftrag zum Verkauf vermittelten, auch tatsächlich kannten und mit den Qualitätsstandards der jeweiligen gewerblichen Zunft vertraut waren. Der Text fährt fort, dass die Zünfte zwar in Zukunft keine Unterkäufer mehr absetzen konnten, aber wenn sie der Meinung seien, ein Unterkäufer würde sich nicht angemessen verhalten, sollten sie das dem Rat melden, der sich darum kümmern werde. Damit behielten die Zünfte immerhin ein Mitspracherecht im Konfliktfall. Ich interpretiere die Streichung so, dass diese Änderung umgesetzt worden war und deshalb in Zukunft nicht mehr vorgelesen oder kopiert werden sollte. In den beiden späteren Fassungen des Stücks fehlt sie tatsächlich. Die Ordnung enthält aber, versteckt im gestrichenen Text, den Hinweis auf einen Wechsel in der Organisation der Makler: Früher waren sie Teil der Zünfte, nun kamen sie stärker unter die Kontrolle des Rates!

Im selben Jahr 1478 befassten sich die Fünfzehner auch mit zwei gewerblichen Zünften im Weinhandel, den Weinschenken und den Weinstichern[94]. Die Weinsticher forderten, in den Weinkellern wieder Unterkäufer zuzulassen, was aber die Fünfzehner ablehnten[95]. Da die Fünfzehner nicht wollten, dass die Zünfte alles nur intern regelten (*das sie alle mit einander gemeyn habent*), legte die Kommission fest, dass von Zunftseite zehn Männer bestimmt werden sollten, die am besten als Unterkäufer geeignet wären, und diese sich immer zu zweit zusammentun sollten. Welches dieser Paare dann als erstes in Kontakt mit einem Händler käme, sollte diesem beim Weinkauf helfen. Die anderen dürften sich aber auf keinen Fall einmischen, sonst drohe ihnen ein Bußgeld. Somit hatte die städtische Obrigkeit der Forderung nachgegeben, wieder Unterkäufer zuzulassen und den Zünften die Auswahl der Kandidaten zu überlassen.

In diesen Zeitraum des Wandels gehört auch eine Ratsentscheidung für die Ölleute. Sie ist nicht datiert und wurde von Jean-Charles Brucker in seiner Edition nur grob ins 15. Jahrhundert eingeordnet. Da sie einen Ratsbeauftragten mit Namen nennt, kann ich das Stück für den Zeitraum vom Ende der 1450er Jahre bis zur Mitte der 1480er Jahre datieren. Es handelt sich um Sifrid Bütenheim (oder Bietenheim), der in diesen Jahren mehrfach im Auftrag des Rates handelte[96]. In besagtem Stück legten Rat und die Ein-

94) Weinschenke zählen in Straßburg zu den Einzelhändlern mit Wein, Weinsticher verkauften den Wein gegen feste Kommission, dazu von Heusinger, Zunft (wie Anm. 9), S. 355.

95) Brucker, Zunft- und Polizeiverordnungen (wie Anm. 20), S. 528 f. (= 1MR 13, S. 577 oder fol. 319): *Sodann der winsticher halb, als die begert habent inen den underkouf in den kelren wider zůzelossen, etc.; solichs beduncket die herren nit nütze oder gůt sin* [...].

96) Von Heusinger, Zunft (wie Anm. 9), Personendatei Nr. 489 mit Quellenbelegen: er war [um 1450] ein Kornkäufer, der mehrfach im Auftrag des Rates handelte; er war kein armer Mann, denn im Kriegsfall konnte er 1467 ein Pferd stellen und gehörte der Trinkstube der Kornkäufer, Zur Luzerne genannt, an. Im Kontext der Burgunderkriege erlaubte er im städtischen Auftrag, gemeinsam mit Peter Rebstock und Husenhans, im Jahr

undzwanzig fest, dass die Ölleute ein anerkanntes Zunftmitglied (*ein erbern gesellen*) zum Unterkäufer wählen sollten[97]. Dieser zünftige Unterkäufer wurde gemeinsam mit zwei städtischen Maklern für Öl vor dem Rat vereidigt. Es gab also sowohl städtische und zünftige Unterkäufer für dieselben Produkte, die zeitgleich agierten. Dies legt nahe, dass das Stück eher in den frühen 1480er Jahren entstand, als der Rat zwangsweise wieder zünftige Unterkäufer zulassen musste. Die Makler wurden in diesem Entscheid an ihren Schwur erinnert, die Öle unvermischt zu verkaufen. Wer dagegen verstieß, musste 30 Schilling Strafe bezahlen, von denen die Stadt zwei Drittel und die gewerbliche Zunft ein Drittel erhielt[98]. Sowohl der Zunftmeister als auch das Zunftgericht waren für die Vollstreckung der Strafe zuständig. Jedes Ölfass sollte das Stadtwappen tragen und eine genaue Bezeichnung, um welches Öl es sich handelte. Ein »N« stand beispielsweise für Nussöl, ein »H« für Hanföl. Wir erfahren auch, dass zuvor allein die städtischen Unterkäufer im Ölverkauf tätig gewesen waren, inzwischen aber auch der zünftige Unterkäufer der Ölleute tätig sein durfte. Er musste aber seine beiden städtischen Kollegen über Käufe und Verkäufe benachrichtigen[99]. Diese Bestimmungen passen zu meiner wiederholten Beobachtung, dass es im letzten Drittel des 15. Jahrhunderts Änderungen im Unterkäufertum gegeben haben muss. Laut dem Ratsentscheid zu den Ölleuten sollten die Einkünfte aus den Ölverkäufen halbiert werden: Der zünftige Unterkäufer erhielt eine Hälfte, die beiden städtischen Unterkäufer erhielten die andere Hälfte, die sie an die Stadt abführen mussten.

Es hat sich also gezeigt, dass das Verhältnis zwischen Zünften, dem Stadtregiment und den Unterkäufern wechselvoll war: Zu Beginn des 14. Jahrhunderts bestimmten die Zünfte in Straßburg häufig selbst ihre Unterkäufer; an diese Regelungen erinnerten sie später immer wieder die städtische Obrigkeit, oft ohne Erfolg. Je mehr Einfluss der Rat im 15. Jahrhundert gewann, desto stärker zog er das Tätigkeitsfeld der Unterkäufer an sich und installierte städtische Amtsleute, die einen Amtseid ablegten und regelmäßig die Gebühren in die städtische Kasse abführten. In Straßburg versuchte die städtische Obrigkeit in der Zeit um 1470, die Institution der Unterkäufer ganz zu verbieten, was aber auf den Widerstand von Seiten der Zünfte stieß. Folglich musste die Stadt spätes-

1477 nach Straßburg Geflohenen, innerhalb der Ringmauer von Straßburg zu siedeln; 1484 vermittelte er gemeinsam mit Hans Vendenheim als Ratsherr der Kornkäufer im Streit zwischen den Schmieden und der Bruderschaft der Schlosser- und Sporerknechte.

97) Brucker, Zunft- und Polizeiverordnungen (wie Anm. 20), S. 403–406; er wählte die irreführende Überschrift »Oelmüller-Ordnung« für dieses Stück.

98) Brucker, Zunft- und Polizeiverordnungen (wie Anm. 20), hier S. 403: die Stadt erhielt 1 Pfund, also 240 Pfennig, die Zunft 10 Schilling, also 120 Pfennig.

99) Brucker, Zunft- und Polizeiverordnungen (wie Anm. 20), S. 403: [...] *und sol doch der olüte underköifer kein ole sammenthaft verkoufen, es sy dan mit wissen und willen der stat underköifere, den sollichs vormals allein entpholhen was, oder derselben eim, uf das man wisse das der stat ir zoll davon werde, und sol im der halbe underkouf werden, und den andern zwein underköifern der ander halb über das, das der stat zůgehört, als das harkommen ist* [...].

tens ab 1478 die Unterkäufer wieder zulassen und versuchte, sie direkt ihrer Finanzbehörde zu unterstellen. Die Zünfte sollten sich nur dann an den Rat wenden, wenn sie mit den Unterkäufern nicht einverstanden waren. Gegen diese Neuerung setzten sich die Zünfte jedoch zur Wehr: Am Beispiel der Weinsticher wurde fassbar, wie ein Vorschlagsrecht für zehn Männer durchgesetzt werden konnte, die anschließend wieder als Unterkäufer tätig waren. Einen Kompromiss scheinen Zünfte und Rat um 1480 bei den Ölleuten gefunden zu haben: Ein zünftiger Unterkäufer und zwei städtische Unterkäufer teilten sich das Wirtschaftsfeld des Ölhandels. Am Beispiel der Unterkäufer in Straßburg, die im Spannungsfeld von Zünften und städtischer Obrigkeit standen, kann also das Ringen um die Kontrollinstanzen in der städtischen Wirtschaft beobachtet werden.

Zum Schluss möchte ich noch einmal das Modell von Ogilvie heranziehen. Demnach kann einzelnen Personen ein generalisiertes Vertrauen entgegengebracht werden, das auch völlig Fremden gilt. Im mittelalterlichen Handel waren dies die fremden Kaufleute, die als Händler gewisse Privilegien in Anspruch nehmen konnten. So durften sie als Fremde die Stadt betreten, sie durften ihre Waren über längere Zeit dort lagern (zum Beispiel Weinfässer im Keller von Bürgern) und sie durften mit den Bürgern Verkäufe tätigen. Verboten waren jedoch Handelsabschlüsse zwischen zwei fremden Kaufleuten: Immer sollten die einheimischen Bewohner der Stadt an den Transaktionen beteiligt werden, damit nicht Fremde den gesamten Gewinn einstrichen. Bei allem Vertrauen, das den fremden Kaufleuten entgegengebracht wurde, so wurden doch die Interessen der einheimischen Bevölkerung nicht vergessen.

V. Kaufhausordnungen

V.1. In Mainz

In den mittelalterlichen Quellen werden immer wieder die Orte thematisiert, an denen die Unterkäufer tätig sein sollten. Am häufigsten taucht in der Überlieferung das Kaufhaus als Ort auf, an dem Unterkäufer aktiv waren. Dies kann aber einfach der Tatsache geschuldet sein, dass relativ oft Kaufhausordnungen aufbewahrt wurden und dadurch Kaufhäuser als Wirtschaftsorte in den Schriftquellen überrepräsentiert sind. Dadurch lassen sich in den Kaufhausordnungen wichtige Informationen zu Unterkäufern finden, vor allem zu ihren Aufgaben.

Durch das Projekt zum »Kaufhaus am Brand« haben wir für Mainz einen besonders guten Einblick; die Mainzer Kaufhausordnung wurde in diesem Rahmen jüngst ediert und umfassend ausgewertet[100]. Die Mainzer Ordnung unterschied zwischen Mainzer

100) Für die Edition der Quelle siehe GRATHOFF/RETTINGER, Kaufhausordnung (wie Anm. 42); eine gute Zusammenfassung des Projektes gibt der Überblicksartikel von Stefan GRATHOFF, Mainzer Kaufhausordnung

Bürgern, Bewohnern der näheren Umgebung und stadtfremden Gästen. Bei allen Verkäufen im Kaufhaus musste ein Unterkäufer hinzugezogen werden: Stefan Grathoff charakterisierte ihn als »Warenmarkler und Verbindungsmann zwischen Käufer und Verkäufer«[101]. Im Mainzer Kaufhaus waren mehrere Unterkäufer und Kaufhausknechte beschäftigt sowie zwei Kaufhausherren, die in Mainz Hausmeister genannt wurden[102]. Diese waren für das Kaufhaus gegenüber dem Stadtrat verantwortlich, sie führten die Bücher und mussten für die Einnahmen und Ausgaben Rechenschaft ablegen. Zudem waren sie weisungsbefugt gegenüber den anderen Bediensteten und durften sogar Dienstvergehen bestrafen. Die Unterkäufer mussten das so genannte Unterkaufgeld, das sie für ihre Dienste erhielten, in die Kaufhauskasse abführen. Ihre Dienste mussten bei jedem Kaufhausgeschäft in Anspruch genommen werden. Grathoff nimmt an, dass die Unterkäufer wie die Hausmeister und die Kaufhausknechte eigene Bereiche im Kaufhaus hatten, in denen sie sich aufhalten konnten – genauer lokalisieren konnte auch das umfassende Mainzer Projekt diese Räume innerhalb des Kaufhauses nicht. Grathoff betont zu Recht, dass das Kaufhaus der Ort des Großhandels war[103]. Im Kaufhaus fand nur sehr beschränkt Kleinverkauf statt; vor dem Kaufhaus gab es Krambuden, die an Händler verpachtet wurden, die ihrerseits Detailhandel betreiben durften.

Kaufhausbedienstete wie die Unterkäufer durften im Kaufhaus keine Geschäfte tätigen, sie durften aber Waren für den Privatgebrauch erwerben. Wie wir schon oben bei den städtischen und zünftigen Unterkäufern gesehen haben, gab es auch im Mainzer Kaufhaus ein festes Taxensystem, das durch die Mengen, Gewichte und die Art der Waren bestimmt wurde[104]. Zudem unterschied die Mainzer Ordnung zwischen Bürgern, Bewohnern der näheren Umgebung und stadtfremden Gästen, die am Handel beteiligt waren. Bei den meisten Waren zahlten Mainzer geringere Gebühren als Ortsfremde. Auch in Konstanz wurde eine Gebührenordnung aus dem Jahr 1431 überliefert,

aus dem 15. Jahrhundert, in: Mittelalterliche Kaufhäuser im europäischen Vergleich, hg. von Franz Josef FELTEN, Stuttgart 2015, S. 55–78, zum Folgenden bes. S. 69–74; leider ist der Beitrag ohne Fußnoten, die Belegstellen kann man aber in der Edition finden. Zur Bedeutung von Mainz siehe auch im selben Sammelband Wolfgang DOBRAS, Verfassung, Gesellschaft und Wirtschaft in Mainz im 14. Jahrhundert. Ludwig Falck zum 85. Geburtstag, S. 31–54.

101) GRATHOFF/RETTINGER, Kaufhausordnung (wie Anm. 42), S. 69.

102) Nina GALLION, Vom Breisgau bis zum Bodensee. Kaufhäuser als Zentren von Handel und Profit, in: Kaufhäuser an Mittel- und Oberrhein im Spätmittelalter. Funktionen und Funktionalisierungen, hg. von Heidrun OCHS/Gabriel ZEILINGER, Ostfildern 2019, S. 9–25, hier S. 22 f., weist darauf hin, dass die Hausherren »stets einer Ratskommission unterstellt [waren], deren Zusammensetzung je nach Stadt variierte«, in Freiburg waren dies 1390 zum Beispiel sechs Personen, die aus je zwei Adligen, zwei Kaufleuten und zwei Zunftgenossen bestand; in Konstanz waren die Hausherren zwei Ratsherren; in Meersburg ein Altbürgermeister und ein Ratsherr. RICHARD, Multifunktionalität (wie Anm. 22), S. 41, zeigt, dass in Straßburg der Vorsteher des Kaufhauses »Kaufhausmeister« genannt wurde und 1405 einen jährlichen Lohn von 20 Pfund erhielt.

103) GRATHOFF/RETTINGER, Kaufhausordnung (wie Anm. 42), S. 70.

104) Zum Folgenden GRATHOFF/RETTINGER, Kaufhausordnung (wie Anm. 42), S. 69 f.

die so unterschiedliche Güter wie Nüsse, Salz, Bier, Weinstein, Schafwolle, Eisen, Stahl und andere Metalle, Öl und Unschlitt umfasste[105].

Nina Gallion hat die Kaufhäuser im Breisgau und am Bodensee vergleichend untersucht und darauf hingewiesen, dass in Konstanz immer ein Unterkäufer bei Großhandelsgeschäften anwesend sein musste, unabhängig von der Ware, so wie es auch in Mainz festgehalten wurde[106]. Dies war aber nicht überall so: In Meersburg musste ein Unterkäufer nur beim Weinhandel und in Überlingen anscheinend nur im Kornhandel anwesend sein. Hier müsste noch systematisch untersucht werden, welche Rolle die Größe der Stadt spielte: Wurden die Kontrollen durch die Unterkäufer in kleinen Städten nur für bestimmte Produkte gefordert, da eine Spezialisierung der Unterkäufer durch mangelndes Handelsvolumen keinen Sinn machte?

Vergleicht man die Kaufhausordnungen weiterer Städte, dann findet man auch hier viele Überschneidungen mit Regelungen, die prinzipiell für den Unterkauf galten. In Konstanz hielt die Kaufhausordnung fest, dass sich die Kaufleute keinen bestimmten Unterkäufer aussuchen durften; falls solche Absprachen bekannt wurden, mussten sowohl der Händler – ganz gleich ob Bürger oder Gast – als auch der Unterkäufer eine Strafe bezahlen[107]. Ebenfalls aus Konstanz stammt der Eintrag im Ratsbuch von 1430 zu einem Unterkäufer, der die eingenommenen Gelder unterschlagen hatte[108]. Er wurde aus dem Amt entfernt, zu weiteren Strafmaßnahmen schweigt die Quelle. In einer Unterkäuferordnung für das Kaufhaus in Straßburg vom Ende des 15. Jahrhunderts findet sich das bereits erwähnte Verbot, auf Mehrschatz zu verkaufen; wer dessen überführt wurde, konnte zwei Jahre lang kein Unterkäufer sein. Hier findet sich auch das Verbot, in Wirtshäusern Käufe zu vermitteln[109]. Die vermutlich detaillierteste Liste zu den Ämtern im Kaufhaus wurde wohl 1457 in Konstanz aufgezeichnet[110]. Darunter finden sich je zwei Unterkäufer für Wein, für Eisen und für Kramwaren; was genau mit dem einen Unterkäufer für Kaufleute und einem für Zins und Güter gemeint ist, ist nicht ganz klar[111].

Bisher gibt es nur wenige Hinweise, wie man in das Unterkäuferamt eingesetzt werden konnte. Aus Konstanz erfahren wir, dass der Rat 1432 Groß Geryen Vilinger als

105) Kimmig/Rüster, Kaufhaus (wie Anm. 34), Nr. 25, S. 57 f.

106) Gallion, Breisgau (wie Anm. 102), S. 21.

107) Kimmig/Rüster, Kaufhaus (wie Anm. 34), hier Kimmig in der Einleitung S. 27.

108) Kimmig/Rüster, Kaufhaus (wie Anm. 34), Nr. 23, S. 57.

109) Schmoller, Tucher- und Weberzunft (wie Anm. 24), Nr. 49, S. 103 f. (= AVES (wie Anm. 18), 1MR 13, S. 367 f. oder fol. 193).

110) Kimmig/Rüster, Kaufhaus (wie Anm. 34), Nr. 37, S. 61: *1 koflüt underköfer, 1 underkofer der zins und güter;* einschränkend muss erwähnt werden, dass die Liste in der Edition [so die Überschrift] nicht vollständig ediert wurde.

111) Kimmig/Rüster, Kaufhaus (wie Anm. 34), Nr. 125, S. 111: Hier bezeichnen die *underkoufer der guter* die Grundstücksunterkäufer.

Unterkäufer für Eisen, Salz und Stahl einsetzte[112]. Er musste für ein Jahr 12 Pfund Pfennig Pachtzins bezahlen, die erste Hälfte war nach sechs Monaten fällig. Nach einem Jahr hatte der Rat schon zwei anderen Personen das Amt versprochen, die dieselben Zahlfristen einhalten mussten. Nur ein Viertel des genannten Zinses bezahlten hingegen die beiden Pächter des Leinwandunterkäuferamtes im selben Jahr: Sie mussten nur 3 Pfund Pfennig bezahlen, ebenfalls aufgeteilt in zwei Teilzahlungen[113].

V.2. Im Elsass

Zu den Kaufhäusern im Elsass konnte Olivier Richard viele wichtige Beobachtungen beisteuern[114]. In Colmar übernahm der wichtigste Zollbeamte (der »Zoller«) die Aufgaben des Kaufhausmeisters. Es gab insgesamt nur zwei Unterkäufer und einen Kaufhausknecht, die alle vereidigt waren. In Schlettstadt gab es zwei Zoller, einen Ungelter und einen Makler. Wichtig ist Richards Befund zur Kontrolle der Amtleute im Kaufhaus. In Straßburg wurden sie durch die »Dreier auf dem Pfennigturm«, dem höchsten Finanzorgan der Stadt, beaufsichtigt; in Colmar gab es bis 1424 eine Kontrollkommission aus Ratsherren, danach aus Zunftmeistern; in Schlettstadt überwachten drei »Lohnherren« die Amtleute im Kaufhaus, die aus der Gruppe der Altmeister, Ratsherren und Zunftmeistern stammten. Das Fazit von Richard lautet, dass die Amtleute des Kaufhauses immer von Ratsausschüssen kontrolliert wurden, und damit der Rat die Kontrolle des Kaufhauses in seinen Händen behielt.

Olivier Richard betonte auch, dass die Kaufhäuser öffentliche Orte waren, vor allem in Klein- und Mittelstädten. Hier kam der größte der Teil der Stadtbevölkerung vorbei. Am Beispiel von Colmar zeigte er eindrücklich, wie um 1400 täglich die Amts- und die Kaufleute im Kaufhaus ein- und ausgingen, aber auch die Mitglieder der städtischen Kontrollkommission – die den Führungseliten angehörten – kamen ebenso wie der im königlichen Auftrag handelnde Ungeldeinnehmer vorbei. Zudem verkehrten dort Müller, die Kennzeichen aus Messing oder Blei zurückbrachten, die sich an Getreidesäcken befunden hatten, aber auch der Stadtschreiber, der in Colmar das Kaufhausbuch führte. Richards Fazit lautet: »So war das Kaufhaus ein wichtiger Knotenpunkt der Beziehungen zwischen Stadtgemeinde, Zünften, Kaufleute(n) und Königtum«[115]. In Schlettstadt kamen zusätzlich zum genannten Personenkreis auch noch sonntags die Torwächter vorbei, um ihre Kassen den Zollern zu geben, und auch Salzleute und Weinrufer

112) Kimmig/Rüster, Kaufhaus (wie Anm. 34), Nr. 28, S. 59.

113) Wielandt, Leinengewerbe (wie Anm. 90), Nr. 18, S. 30.

114) Zum Folgenden siehe Richard, Multifunktionalität (wie Anm. 22), hier S. 42 f.

115) Richard, Multifunktionalität (wie Anm. 22), S. 43. Schmieder, Unterkäufer (wie Anm. 2), S. 244, bes. Anm. 4, übersetzt die »Wortzeichen« als »Wahrzeichen«, während ich »Kennzeichen« benutzt habe; er gibt aber zu, dass er nicht herausfinden konnte, um was es sich genau gehandelt hat.

mussten dort erscheinen. In Schlettstadt wurde das Kaufhaus zum wichtigsten Treffpunkt der Gemeinde, da alle Bürger zum jährlichen Schwörtag dort erscheinen mussten. Ebenso mussten alle Gewerbetreibenden, die diesen Termin verpasst hatten, ihren Eid vor den Zollern im Kaufhaus nachholen[116].

VI. Fazit

Bei meinen Überlegungen zu den Unterkäufern in den untersuchten Städten war ich von Sheilagh C. Ogilvies Überlegungen zu Vertrauen ausgegangen. Ihr Ansatz, der zwischen verschiedenen Formen von Vertrauen in Personen und Institutionen unterscheidet, ließ sich sehr fruchtbar auf die Unterkäufer anwenden und zeigte sie als Agenten des Vertrauens. Zum einen wurde ihnen als Amtsinhabern Vertrauen entgegengebracht, zum anderen stärkten sie das Vertrauen von Käufern und Verkäufern in die Wirtschaft des Mittelalters. Das Vertrauen in die Unterkäufer wurde maßgeblich über ihren Eid abgesichert: Deshalb enthielt auch jede Unterkäuferordnung wiederholt mahnende Erinnerungen an den geleisteten Schwur. Schon damals galt, dass das Vertrauen zu Personen und zu Institutionen in der Regel miteinander verbunden ist: Wer einer Institution misstraut, wird auch den Personen misstrauen, die in deren Namen handeln. Vertrauen war und ist eine Voraussetzung für eine arbeitsteilige Gesellschaft, denn nur dann treten die Marktteilnehmer miteinander in Austausch. Je größer das Vertrauen zwischen ihnen ist, umso geringer sind die Transaktionskosten, und Kooperationen und Wirtschaftswachstum können gedeihen. Schlussendlich bestand also die Funktion der Unterkäufer darin, das Vertrauen in die städtische Wirtschaft zu stärken.

Als wichtigste Aufgabe der Unterkäufer erbrachte die Auswertung der Quellen die Qualitätssicherung der Produkte, so etwa den Schutz vor verdorbenem Fisch oder gepanschtem Wein, sowie eine Risikominimierung für die Marktteilnehmer. Damit waren sie wichtige Wirtschaftsakteure, die zu einer funktionierenden *ars vendendi* beitrugen. Gemeinsam mit weiteren städtischen Amtsträgern wie dem Zoller übten die Makler eine Kontrollfunktion aus, damit die städtischen Vorschriften eingehalten wurden. Darüber hinaus sorgten sie dafür, dass die bei den Käufen fälligen Abgaben ordnungsgemäß an die Stadt abgeführt wurden. Insgesamt stärkten sie also das Vertrauen in den Rat als städtische Institution und dessen Gesetzgebung und sie trugen zur Konsolidierung der städtischen Finanzen bei.

Die Quellen verraten nicht immer eindeutig, ob Unterkäufer zünftige oder städtische Amtsträger waren. Tatsächlich konnte ich sie in beiden Dienstverhältnissen finden,

116) Richard, Multifunktionalität (wie Anm. 22), S. 43. In seinem Schlussfazit auf S. 46 f. stellt er die bedenkenswerte These auf, dass Dom und Rathaus exklusive Orte der mittelalterlichen Stadt waren, jedoch die Bettelordenskirchen und das Kaufhaus für viel breitere Bevölkerungsgruppen offenstanden.

vermutlich konnte sogar ein und dieselbe Person zu verschiedenen Zeiten einmal als zünftiger, ein anderes Mal als städtischer Unterkäufer tätig sein. Gegen Ende des Mittelalters war es möglich, dass zünftige und städtische Unterkäufer Seite an Seite agierten. In jedem Fall handelte es sich um ein Amt – dies erklärt, warum ich keine Unterkäuferinnen in den Quellen gefunden habe, da Frauen von Ämtern innerhalb der Stadt und der Zunft ausgeschlossen waren.

Am Beispiel von Straßburg konnte ich zeigen, wie sich die Zuordnung der Unterkäufer zu Zünften oder zu den städtischen Amtsträgern am Ende des Mittelalters wandelte. Zu Beginn des 14. Jahrhunderts hatten die Zünfte häufig alleine die Unterkäufer bestimmt. Daran erinnerten sie im 15. Jahrhundert wiederholt den Rat – ohne Erfolg. In den 1470er Jahren scheiterte der Rat daran, das Unterkäufertum komplett abzuschaffen. Der Rat und die zuständigen Kommissionen versuchten schließlich, die Unterkäufer unter ihre Kontrolle zu bringen; dies stieß auf deutlichen Widerstand auf Zunftseite. Spätestens ab 1478 ließ der Rat die Unterkäufer wieder zu, er hatte aber in dem zähen Ringen mit den Zünften seine eigene Position gestärkt und unterstellte die Unterkäufer stärker der Finanzbehörde. Dies passt gut zu der Beobachtung, dass am Ende des Mittelalters ein Transformationsprozess begann, der den Rat schließlich in eine städtische Obrigkeit verwandelte. Dieser Prozess wurde von wachsenden Kontrollmechanismen und der Etablierung neuer städtischer Strukturen und Institutionen begleitet.

Unterkäufer waren also die Makler des Vertrauens in der städtischen Wirtschaft. Diese Aufgabe kam ihnen durchgehend zu – ganz gleich ob sie von den Zünften oder vom Rat bestellt wurden. Die Idee eines kenntnisreichen Vermittlers eines Kaufgeschäfts hat sich bis heute erhalten – sei es in der Finanzbranche, dem Versicherungswesen oder im Immobilienmarkt. Und bis heute ist Vertrauen eine zentrale Kategorie für die Tätigkeit von Maklern.

Summary: Brokers as Agents of Trust

My starting point in respect to brokers is Sheilagh C. Ogilvie's reflection on trust. Her approach, which distinguishes between different forms of trust in persons and institutions, could be applied productively to brokers, showing them to be agents of trust. On the one hand, they were trusted as officeholders, and on the other they strengthened the trust of buyers and sellers in the economy. Trust is a prerequisite for a society based on the division of labour, because market participants only enter into an exchange with each other if there is trust. Ultimately, the function of brokers was to increase trust in the economy. My study shows that the brokers' most important task was quality management, such as protection against spoiled fish or adulterated wine, and risk reduction for the market participants. Together with other municipal officials, they exercised a control function by ensuring that municipal regulations were observed. In addition, they helped to ensure that fees were properly paid to the city. The sources do not always clearly reveal whether brokers were guild officials or city officials. In fact, they were found in both services; it is likely that the same person could be a guild broker and a city broker at different times. In any case, the broker held an office – this explains why female brokers are lacking in the sources, since women were excluded from offices within the city and the guilds. Using Strasbourg as an example, I show that the assignment of brokers changed at the end of the Middle Ages. At the beginning of the 14th century, the guilds often appointed the brokers on their own. In the 1470s, the city council eventually tried to bring the brokers completely under its control; this met with significant resistance from the guilds. From 1478 at the latest, the council had strengthened its own position in the conflict with the guilds and placed the brokers more under the control of the tax authorities. This fits well with the observation that a transformation process was taking place at the end of the Middle Ages that eventually transformed the council into a municipal authority. The idea of a skilful broker has survived to this day – and to this day, trust is of central importance in the work of brokers.

Das Suchen, Finden und Vermitteln von Arbeit in der spätmittelalterlichen und frühneuzeitlichen Stadt

Julia Exarchos (Aachen)

I. Einleitung

In den letzten Jahrzehnten wurde von der Forschung die Diversität und Dynamik spätmittelalterlicher und frühneuzeitlicher Märkte und Wirtschaft betont[1]. Es wurden die Verflechtungen zwischen lokalen Wirtschaftsregionen herausgestellt, diese in einen globalen Kontext eingeordnet sowie die Dynamiken und Abhängigkeiten untersucht, die sich daraus ergaben[2]. Die spätmittelalterlichen Städte, die seit dem 11. Jahrhundert zunehmend zu wichtigen Wirtschaftsstandorten und damit zu einem Ziel vieler Menschen aus verschiedenen Regionen und sozialen Kontexten wurden[3], waren eng sowohl mit dem ländlichen Raum als auch mit anderen Städten vernetzt. Dies zeigte sich nicht nur im Handel mit Gütern, Materialien und Produkten, sondern auch in dem Austausch von Arbeitskräften.

Die Dynamik der Wirtschaft des Mittelalters und der Frühen Neuzeit hatte Auswirkungen auf die Situation auf dem städtischen Arbeitsmarkt. Nachfrage und Angebot bestimmten und bestimmen auch noch heute die Regeln und Konditionen der Vermittlung von Arbeit. Wenn wir über die »Kunst des Verkaufens« sprechen, und in gewisser Weise ist die Vermittlung von Arbeit und Arbeitskraft nichts Anderes, so ist diese im-

1) Nur als kleine Auswahl: Markets and Their Actors in the Late Middle Ages, hg. von Tanja Skambraks/Julia Bruch/Ulla Kypta, Berlin 2021; Philipp R. Rössner, Im Sog der Städte? Bäuerliche Marktbeziehungen, Handel und die Rolle des Geldes, in: Landwirtschaft und Dorfgesellschaft im ausgehenden Mittelalter, hg. von Enno Bünz (VuF 89), Ostfildern 2020, S. 167–209; Thomas Ertl, Bauern und Banker. Wirtschaft im Mittelalter, Darmstadt 2021; Evelyn S. Welch, Shopping in the Renaissance. Consumer Cultures in Italy 1400–1600, New Haven 2005; Martha Carlin, The Senses in the Marketplace. Markets, Shops, and Shopping in Medieval Towns, in: A Cultural History of the Senses in the Middle Ages, hg. von Richard G. Newhauser/Constance Classen, London 2014, S. 67–87.

2) Ertl, Bauern (wie Anm. 1), S. 227–244; Ronald E. Seavoy, Origins and Growth of the Global Economy. From the Fifteenth Century Onward, Westport (Conn.) 2003, S. 3–56.

3) Werner Rösener, Bauern in der Salierzeit, in: Die Salier und das Reich, hg. von Stefan Weinfurter, 3 Bde., Sigmaringen 1991, Bd. 3, S. 51–74, bes. S. 66–69; Wilhelm Abel, Geschichte der deutschen Landwirtschaft vom frühen Mittelalter bis zum 19. Jahrhundert (Deutsche Agrargeschichte 2), Stuttgart 1978, S. 28–60; Jacques Le Goff, Das Hochmittelalter (Weltbild Weltgeschichte 11), Augsburg 1998, S. 51–66; Edith Ennen, Die europäische Stadt des Mittelalters, Göttingen ^{4}1987, bes. S. 111–154; siehe auch Ertl, Bauern (wie Anm. 1), S. 62–85.

mer von aktuellen Gegebenheiten bestimmt. Je nach wirtschaftlicher Lage kann Arbeit zu einem Konkurrenzobjekt potenzieller Arbeitskräfte werden oder die Arbeitskraft selbst zu einem umworbenen Gut, um das Arbeitgeberinnen und Arbeitgeber gegebenenfalls konkurrieren müssen. Diese einfache Gleichung ist sowohl heute wie auch im Spätmittelalter und zu Beginn der Frühen Neuzeit gültig.

Arbeit war für den Großteil der Menschen im späten Mittelalter überlebensnotwendig. In den letzten Jahren wurden Fragestellungen bezüglich der Arbeit von Randgruppen, Arbeitszwang und Freiheit von Arbeit sowie nicht zuletzt Arbeit und Gender vermehrt in den Blick genommen[4)]. Das zunehmende Verständnis der Vielfalt mittelalterlicher Arbeitsrealitäten öffnete den Blick für die Diversität der Arbeitswelten und ihrer Protagonistinnen und Protagonisten. Fragen nach Mehrfachbeschäftigung, nach bezahlter und unbezahlter Arbeit und den Grenzen zwischen Heimarbeit und externen Arbeitsstätten wurden in der Vergangenheit in verschiedenen Studien gestellt[5)]. Von besonderer Bedeutung sind die in den letzten Jahrzehnten stärker werdende Anerkennung von Frauenarbeit als essenzieller Bestandteil der mittelalterlichen Wirtschaft und die Sensibilität für die Konkurrenz zwischen männlicher und weiblicher Arbeit, von denen normative Quellen im spätmittelalterlichen Reich zeugen[6)]. Ähnli-

4) Stellvertretend hierfür sei auf die Projektgruppe *Forms of Labour: Gender, Freedom and Experience of Work in the Preindustrial Economy* (Jane Whittle; ERC Grant; University of Exeter) und die Nachwuchsforschungsgruppe *Between Patronage, Social Mobility, and Technical Innovation: The Laboring Poor and Their Networks in the Middle Ages* (Julia Exarchos, Junior Principal Investigator Fellowship, RWTH Aachen) verwiesen; siehe zudem (nur als Auswahl): Frank Rexroth, Das Milieu der Nacht. Obrigkeit und Randgruppen im spätmittelalterlichen London (Veröffentlichungen des Max-Planck-Instituts für Geschichte 153), Göttingen 1999; Jamie Page, Prostitution and Subjectivity in Late Medieval Germany (Studies in German History), Oxford 2021; Mediterranean Slavery Revisited (500–1800). Neue Perspektiven auf mediterrane Sklaverei, hg. von Stefan Hanss/Juliane Schiel unter redaktioneller Mitarbeit von Claudia Schmid, Zürich 2014; Eva Cersovsky, Pflege, Stadt und Geschlecht. Zur Organisation häuslicher Krankenpflege im Straßburg des 16. Jahrhunderts, in: AKG 101/2 (2019), S. 401–427; siehe auch zu Überlegungen bezüglich Arbeit und Willensfreiheit besonders im Früh- und Hochmittelalter: Verena Postel, Arbeit und Willensfreiheit im Mittelalter (VSWG-Beihefte 207), Stuttgart 2009; Arbeit im Mittelalter. Vorstellungen und Wirklichkeiten, hg. von ders., Berlin 2006.

5) Beispielsweise Karin Hausen, Wirtschaften mit der Geschlechterordnung. Ein Essay, in: Geschlechterhierarchie und Arbeitsteilung. Zur Geschichte ungleicher Erwerbschancen, hg. von ders., Göttingen 1993, S. 40–67; Valentin Groebner, Angebote, die man nicht ablehnen kann. Institution, Verwaltung und die Definition von Korruption am Ende des Mittelalters, in: Institutionen und Ereignisse. Über historische Praktiken und Vorstellungen gesellschaftlichen Ordnens (Veröffentlichungen des Max-Planck-Instituts für Geschichte 138), hg. von Reinhard Blänkner/Bernhard Jussen, Göttingen 1998, S. 164–184, bes. S. 174 f.; Jane C. Whittle, Enterprising Widows and Active Wives. Women's Unpaid Work in the Household Economy of Early Modern England, in: The History of the Family 19/2 (2014), S. 283–300.

6) Zum Beispiel Dorothee Rippmann, Weibliche Schattenarbeit im Spätmittelalter, in: Schweizerische Zeitschrift für Geschichte 34 (1984), S. 332–345; dies., »Frauenwerk« und Männerarbeit. Gesinde, Tagelöhner und Tagelöhnerinnen in der spätmittelalterlichen Stadt, in: Basler Zeitschrift für Geschichte und Altertumskunde 95 (1995), S. 5–42; dies., Frauenarbeit im Wandel. Untersuchungen zu Arbeitsteilung, Arbeitsorganisation und Entlöhnung im Weinbau am Oberrhein (15./16. Jh.), in: »Weiber, Menscher, Frauenzimmer«. Frauen in der

ches gilt für Kinderarbeit, die für das Verständnis der mittelalterlichen Arbeitsrealitäten und -konditionen wichtig ist, bisher aber nur wenig erforscht wurde[7)].

In spätmittelalterlichen und frühneuzeitlichen Städten war eine große Anzahl von nicht einheimischen Arbeitskräften präsent[8)]. Diese Ortsfremden boten ihre Arbeitskraft in verschiedenen Branchen und unter unterschiedlichen Bedingungen an. Sowohl gut ausgebildete Personen, die ein Handwerk erlernt hatten, als auch Tagelöhnerinnen und Tagelöhner sowie ungelernte Arbeiterinnen und Arbeiter erhofften sich in den Städten kurz- oder längerfristige Beschäftigung. Gerade die unteren sozialen Schichten weisen eine hohe Mobilität auf. Arbeitsmigration war für viele, besonders im Hinblick auf die Dynamik von Wirtschafts- und Arbeitsmarktentwicklungen, ein fester Bestand-

ländlichen Gesellschaft, 1500–1800, hg. von Heide WUNDER/Christina VANJA, Göttingen 1996, S. 26–59; siehe zudem die Beiträge in: »Was nützt die Schusterin dem Schmied?«. Frauen und Handwerk vor der Industrialisierung, hg. von Katharina SIMON-MUSCHEID (Studien zur historischen Sozialwissenschaft), Frankfurt am Main 1998; Peter J. P. GOLDBERG, Women, Work, and Life-Cycle in a Medieval Economy. Women in York and Yorkshire c. 1300–1520, Oxford 1992.

7) Katharina SIMON-MUSCHEID, Formen der Kinderarbeit in Spätmittelalter und Renaissance. Diskurse und Alltag, in: Arbeit im Wandel. Deutung, Organisation und Herrschaft vom Mittelalter bis zur Gegenwart, hg. von Ulrich PFISTER/Brigitte STUDER/Jakob TANNER (Schweizerische Gesellschaft für Wirtschafts- und Sozialgeschichte 14), Zürich 1996, S. 107–126; siehe zudem Francine MICHAUD, From Apprentice to Waged-Earner. Child Labour before and after the Black Death, in: Essays on Medieval Childhood. Responses to Recent Debates, hg. von Joel T. ROSENTHAL, Donington 2007, S. 73–90; David M. NICHOLAS, Child and Adolescent Labour in the Late Medieval City. A Flemish Model in Regional Perspective, in EHR 110 (1995), S. 1103–1131.

8) Zum Beispiel die Wandergesellen. Aus den zahlreichen Veröffentlichungen hier nur als Auswahl: Knut SCHULZ, Handwerksgesellen und Lohnarbeiter. Untersuchungen zur oberrheinischen und oberdeutschen Stadtgeschichte des 14. bis 17. Jahrhunderts, Sigmaringen 1985, S. 265–315; DERS., Die Handwerksgesellen, in: Unterwegssein im Spätmittelalter, hg. von Peter MORAW (Zeitschrift für historische Forschung. Beihefte 1), Berlin 1985, S. 71–92; siehe auch Helmut BRÄUER, Zur Wanderungsmotivation sächsischer Handwerksgesellen im 15./16. Jahrhundert. Quellenbefund – theoretische Erörterungen – Hypothesen, in: Migration in der Feudalgesellschaft, hg. von Gerhard JARITZ/Albert MÜLLER (Studien zur Historischen Sozialwissenschaft 8/Medium aevum quotidianum 11–12), Frankfurt am Main 1988, S. 217–231; Anne-Marie DUBLER, Fremde Handwerksgesellen in der Stadt Luzern des 15. Jahrhunderts, in: Jahrbuch der Historischen Gesellschaft Luzern 9 (1991), S. 41–76; für die Mobilität von Randgruppen: František GRAUS, Die Randständigen, in: Unterwegssein (siehe diese Anm. weiter oben), S. 93–104; speziell zu Stadt-Land-Migration: Regina SCHÄFER, Land-Stadt-Migration, in: Migration im Mittelalter. Ein Handbuch, hg. von Michael BORGOLTE, Berlin 2014, S. 311–318; Volker STAMM, Gab es eine bäuerliche Landflucht im Hochmittelalter? Land-Stadt-Bewegungen als Auflösungsfaktor der klassischen Grundherrschaft, in: HZ 276 (2003), S. 305–322; siehe auch: Neubürger im späten Mittelalter. Migration und Austausch in der Städtelandschaft des Alten Reiches (1250–1550), hg. von Rainer C. SCHWINGES (Zeitschrift für historische Forschung. Beihefte 30), Berlin 2002; siehe speziell zur Migration von Gesinde und Tagelöhnerinnen und Tagelöhnern: Dorothee RIPPMANN, Bauern und Städter. Stadt-Land-Beziehungen im 15. Jahrhundert. Das Beispiel Basel, unter besonderer Berücksichtigung der Nahmarktbeziehungen und der sozialen Verhältnisse im Umland (Basler Beiträge zur Geschichtswissenschaft 159), Basel 1990, bes. S. 63–65, 82–84, 129–131; DIES., »Frauenwerk« (wie Anm. 6), S. 5–42, bes. S. 26 f.; siehe auch Wolfgang L. GOMBOCZ, Marriage, Migration, Servanthood and Life-Cycle in Yorkshire Towns of the Late Middle Ages. Some York Cause Paper Evidence, in: Continuity and Change 1 (1986), S. 141–169.

teil ihrer Arbeits- und Lebensrealität und dies häufig schon seit dem Kindes- und Jugendalter[9]. Einheimische und von außen kommende Arbeitskräfte mussten an Arbeitgeberinnen und Arbeitgeber entweder durch Eigeninitiative, private Kontakte oder professionelle Hilfe vermittelt werden. Oder andersherum: Arbeitgeberinnen und Arbeitgeber mussten an Arbeitskräfte gelangen, teilweise aktiv um sie werben.

Obwohl zahlreiche Untersuchungen zur Beschäftigung in einzelnen Arbeitsbereichen und der Entlohnung von Arbeitskräften existieren[10], hat der eigentliche Vorgang der Vermittlung von Arbeit weitaus weniger die Aufmerksamkeit der Forschung gefunden[11]. Dabei ist gerade die Vermittlung von Arbeit zentral, um das ökonomische Potenzial und die Arbeitsrealität vieler Arbeitender im Spätmittelalter und zu Beginn der Frühen Neuzeit zu erfassen. Wie zu sehen sein wird, sind die Strukturen und die Praktiken dieser Vermittlungen vielseitig. Der Beitrag möchte einen Einblick in diese Diversität der Arbeitsvermittlung im späten und ausgehenden Mittelalter geben und dabei der Bandbreite der Vermittlungen in Form von Einzelbeispielen nachgehen. Eine zentrale Frage ist hierbei, was die unterschiedlichen Grade der Organisation und Professionalisierung der Arbeitsvermittlung in verschiedenen Tätigkeitsbereichen über dieselbigen aussagen und inwieweit sie Aufschluss über die Freiheit des städtischen Arbeitsmarktes geben können. Zudem soll die Wirksamkeit städtischer Maßnahmen zur Regulierung des Arbeitsmarktes in ihrer praktischen Umsetzung analysiert werden. Ein sich durch den Beitrag ziehender Fokus liegt auf genderspezifischen Aspekten der Vermittlung, soweit die Quellenlage dies zulässt.

9) Siehe dazu: Nicholas D. Brodie, Work and Mobility, in: A Cultural History of Work in the Medieval Age, hg. von Valerie L. Garver, London 2019, S. 115–130; John L. Leland, Leaving Town to Work for the Family. The Counter-Migration of Teenaged Servants in Fourteenth-Century England, in: The Premodern Teenager. Youth in Society 1150–1650, hg. von Konrad Eisenbichler (Essays and Studies 1), Toronto 2002, S. 323–336.

10) Nur als Auswahl: Ulf Dirlmeier, Untersuchungen zu Einkommensverhältnissen und Lebenshaltungskosten in oberdeutschen Städten des Spätmittelalters. Mitte 14. bis Anfang 16. Jahrhundert (Abhandlungen der Heidelberger Akademie der Wissenschaften, Philosophisch-Historische Klasse 1978/1), Heidelberg 1978; ders., Zu den Bedingungen der Lohnarbeit im spätmittelalterlichen Deutschland, in: Forme ed evoluzione del lavoro in Europa XIII–XVIII secc. Atti della »Tredicesima Settimana di Studio« 2–7 maggio 1981, hg. von Annalisa Guarducci (Pubblicazioni. Instituto Internazionale di Storia Economica F. Datini. Prato 2/13), Florenz 1991, S. 521–558; Valentin Groebner, Ökonomie ohne Haus. Zum Wirtschaften armer Leute in Nürnberg am Ende des 15. Jahrhunderts (Veröffentlichungen des Max-Planck-Instituts für Geschichte 108), Göttingen 1993.

11) In einzelnen (besonders älteren) Studien wird zum Beispiel die Gesindevermittlung gestreift, vor allem bei Johann Kamann, Alt-Nürnberger Gesindewesen. Kultur- und Wirtschaftsgeschichtliches aus vier Jahrhunderten, in: Mitteilungen des Vereins für Geschichte der Stadt Nürnberg 14 (1901), S. 65–157, hier S. 69–74, und Otto Könnecke, Rechtsgeschichte des Gesindes in West- und Süddeutschland (Arbeiten zum Handels-, Gewerbe- und Landwirtschaftsrecht 12), Marburg 1912, bes. S. 404–413.

Anhand von vier Bereichen sollen die genannten Aspekte untersucht werden. Zunächst wird das Suchen und Finden von Arbeit durch Eigeninitiative der Arbeitskräfte, private Vermittlungen oder durch aktives Anwerben vonseiten der Arbeitgeberinnen und Arbeitgeber selbst betrachtet. Anschließend werden die obrigkeitlichen Rahmenbedingungen für die Vermittlung von Arbeitskräften in den Blick genommen. Im Zentrum stehen dabei die Orte der Vermittlung von Arbeit und Arbeitskräften, die Abläufe und Bedingungen der Anwerbungen sowie eine Untersuchung der Arbeitskräftevermittlung zwischen ländlichem und städtischem Raum. In einem dritten Abschnitt werden die professionalisierten Formen der Arbeitsvermittlung durch dafür speziell bestellte Agentinnen und Agenten in spätmittelalterlichen und frühneuzeitlichen Städten analysiert. Insbesondere anhand der Gesindevermittlung wird der Frage nach den obrigkeitlichen Regulationen, ihrer praktischen Umsetzung sowie möglichen Missbräuchen in der professionalisierten Arbeitsvermittlung nachgegangen. Der letzte Teil widmet sich schließlich den Städten selbst als Vermittlerinnen von Arbeit und Arbeitskräften und der Frage, inwieweit Arbeitsbeschaffungsmaßnahmen, die im Rahmen des städtischen Fürsorgewesens initiiert wurden, als Arbeitszwangsmaßnahmen interpretiert werden können.

Der regionale Fokus der Untersuchung liegt auf den Städten des Reichs vom 14. bis 16. Jahrhundert, besonders auf dem süddeutschen Raum und dem Rheinland. Die Quellen, die einen tieferen Einblick in die Vermittlungen am städtischen Arbeitsmarkt gewähren, sind rar. Viele Dokumente geben Auskunft über einzelne Aspekte, jedoch lässt sich aus ihnen kaum ein auch nur annähernd vollständiges Bild ermitteln. Ein großer Teil des Quellenkorpus besteht aus normativen Texten, insbesondere Verordnungen und Regularien, die von der städtischen Obrigkeit oder Zünften und anderen Kooperationen erlassen wurden. Sie spiegeln in erster Linie die obrigkeitlichen Rahmenbedingungen wider, können jedoch auch Hinweise auf die tatsächliche Praxis enthalten. Quellen, die direkt über die Praktiken der Arbeitsvermittlung Auskunft geben oder sogar überlieferte Schriftstücke derselbigen sind, wie Zulassungsbitten, Bewerbungsschreiben, Empfehlungsschreiben oder Verträge zwischen Arbeitskräften und Arbeitgebern, sind nur vereinzelt vorhanden. Des Weiteren geben historiographische Texte, besonders alltagsnahe Beschreibungen in Gedenkbüchern wie bei Hermann von Weinsberg, Einblicke in die Praxis der Anstellung von Knechten, Mägden und Lehrlingen. Eine eher abseitige Quellengruppe für diese Thematik sind Verhörprotokolle, die zumindest teilweise über einzelne Personen, ihre Verfehlungen, ihre Anstellungen und ihre Vermittlung Aufschluss geben. Hinzu treten als ergänzende Quellen Verwaltungsschriften, zum Beispiel Ratsprotokolle oder Rechnungsbücher.

II. Suchen, werben, finden: Eigeninitiative und Vermittlung durch private Kontakte und Arbeitgeberinnen und Arbeitgeber

Im Jahr 1547 bewarb sich ein gewisser Hans Godel um ein Landpflegebotenamt beim Nürnberger Rat. In seiner Bitte und Bewerbung um das Amt führt er aus:

> *Fursichtig, erber unnd weyse, gonstig, gepietend, lieb Herrenn. Dieweil verschuner Tag Euer erber Weyßheit verordneter Landtpflegbott mit Tod abganngen unnd Euer erber Weyßheit ein andern on Zweiffel werden auffnemen an des Verstorbnen Statt, ist mein ganntz unthertanig, vleyssig Bitt an Euer erber, fursichtige Weyßheit, die wollen mich zu solchem dienstlichen* Ämptlein *gunstig verordnen und auffnemen. Ich will allen möglichen Vleis furwenden, allen Bevelch auffs Getreulichst außrichten unnd mit allem gehorsamen Dienst Tag unnd Nacht, frue und spatt, als sich gepurt, des Diennsts warten, darob Euer erber Weyßheit Wolgefallen sollen spuren unnd kein Mangel (mit Gottes Hulff) ob mir tragen, dann ich des Synns, mit allenn Trewen dienstlich zu sein und mein Bevelch verwalten, Euer erber Weyßheit wollen ditz, mein Ansuechen, gunstig bedenncken,* [...].[12)]

Hans Godel bezieht sich in dieser Supplik darauf, dass das Amt durch den Tod des vorherigen Landpflegebotens vakant sei und er nun um die Einsetzung in dieses bitte. Er unterstreicht, dass er fleißig, treu und gehorsam die Aufgaben erfüllen wolle. Das Schreiben endet mit der Bitte um wohlwollende Prüfung seines Anliegens.

Eine Reihe solcher Bewerbungsschreiben, in der sich Interessenten für Ämter selbst empfahlen oder zu vermitteln suchten, sind aus verschiedenen Städten vor allem aus dem 16. Jahrhundert erhalten. Indirekt geben schon vorher Ratsprotokolle Einblicke in die Bewerbungen von Personen, deren Wunsch nach Dienstanstellung – zum Teil mit Argumenten und Motivation – darin vermerkt wurde[13)]. Persönliche Bewerbungsschreiben hingegen sind meist ausführlicher und als Schriftstücke aus der Hand der Bewerberinnen und Bewerber selbst besonders wertvolle Egodokumente.

Diese Schreiben zeichnen sich durch eine große Diversität aus, sowohl hinsichtlich der Ämter als auch der Gruppen, die sie verfassten. Eingesessene und Bürger bewarben sich genauso um Ämter wie Migranten, darunter gerade im 16. Jahrhundert viele Konfessionsflüchtlinge[14)] oder zurückkehrende Nürnberger Bürger, die einige Zeit außerhalb der Stadt tätig gewesen waren. In einer Supplik aus dem Jahr 1547 bittet beispiels-

12) Staatsarchiv Nürnberg (im Folgenden StAN), Reichsstadt Nürnberg, Landpflegamt, Gemeinakten, 1547/5.

13) Aus den Straßburger Ratsprotokollen soll hier nur eines von zahlreichen Beispielen genannt werden: Simon Lieb, der 1551 um Zulassung zum Käufleramt bat, Archives de la ville et de l'Eurométropole de Strasbourg (im Folgenden AVES) 1 R 14 (1551), fol. 181v.

14) Zu Konfessionsmigration: Heinz Schilling, Die frühneuzeitliche Konfessionsmigration, in: Migration in der europäischen Geschichte seit dem späten Mittelalter. Vorträge auf dem Deutschen Historikertag in Halle an der Saale. 11. September 2002, hg. von Klaus J. Bade (IMIS-Beiträge. Themenheft 7), Osnabrück 2002, S. 67–90; siehe zur Arbeitssuche von lutherischen Klerikern (vor allem mit Beispielen aus dem 17. Jahrhundert): Maciej Ptaszyński, How to Find a Job? Work-Related Mobility of the Lutheran Clergy in Germany, in: Acta Poloniae historica 108 (2013), S. 45–70.

weise ein gewisser Hans Görinnger, der nach sechsjährigem Aufenthalt in Dänemark und weiteren Orten außerhalb des Reichs in seine Heimatstadt Nürnberg zurückkehrte, um einen Dienst als Stadtschreiber. In seinem Bittschreiben erklärt er zunächst, warum er seine Heimatstadt verlassen habe (unter anderem um seiner *Jugenndt unndt gerinngenn Verstanntz willen*)[15], und fügt dann die Bewerbung um das Stadtschreiberamt an. Dabei greift er auf eine Argumentationsstrategie zurück, die auch in anderen Bewerbungsschreiben zu finden ist. Er verweist zunächst auf seinen verstorbenen Vater, der ebenfalls im Dienst der Stadt tätig war, bevor er schließlich seine unbedingte Loyalität zur Stadt Nürnberg und ihrer Obrigkeit betont[16]. Der Verweis auf verstorbene Verwandte ist eine gängige Vorgehensweise bei Bewerbungen um Ämter[17]. Die Loyalität zur Stadt bildete eine Voraussetzung, um ein städtisches Amt zu erhalten und war daher ein fester Bestandteil der Bewerbungsschreiben[18]. Des Weiteren werden häufig die eigene Not und Armut betont, in denen sich die Bewerberinnen und Bewerber befanden. So bat der evangelische Schulmeister Konrad Weber 1560 um eine Stelle in Nürnberg, da er aus seiner vorherigen, nun rekatholisierten Pfarrei in Hochstadt in der Pfalz vertrieben worden war. Eindringlich schildert er in seinem Schreiben die ökonomisch

15) StAN, Reichsstadt Nürnberg, Landpflegamt, Gemeinakten, 1547/3: *Do ich aber meiner Jugenndt unndt geringgenn Verstanntz willen dieser Orttenn lenngers nicht bleibenn inn Bedennckunng, dieses, mein Anheimbsbleibenn, werde mir in konnfftiger Zeitt zue keiner Befuerderunng gereichenn, hab ich mich durch Rath meines Bruedern, Görgenn Görinngers, dieser Zeitt Euer Herrlichkeiten Stadtschreibers zue Allttdorff, unndt anderer meiner guetenn Freunndt inn frembde Lanndt begeben unndt bei 6 Jar lanng ausser Lanndtz, furnemlich aber inn Dennemarckt unndt annderenn, daselbsten benachbartenn Ortthenn, unnter denn Frembdenn auffgehallten, letzlich unndt nun vor unngeverlichen 4 Wochenn mich wiederumb inn meinn Vatterlanndt begebenn, in Meinunng, bei meiner grossgunnstigenn Oberherrschafft zu bliebenn unndt denselbigenn eusserstem meinem Vermögen nach zu dienen unndt mich also dero Orttenn unndt Enndten (als mein lieber Vatter seligen unndt meine Bruedere gethann) nidertzulassenn.*

16) StAN, Reichsstadt Nürnberg, Landpflegamt, Gemeinakten, 1547/3: [...] *Zweiffellt mir nicht, Euer Ehrnvesten unndt Herrlichkeiten werdenn inn Bedennckunng meines liebenn Vatters seligen lanngenn Diennsts, auch meiner itzertzellten Gelegennheit nach, mich ditzmals auch vätterlich bedenncken unndt (darumb ich unnterthenigs Vleiss bittenn thue) mich mit einem Diennst inn dero Gebiett bei furfallennder Gelegenheit gönnstigen versehen unndt mich vor annderenn dartzu zu gebrauchen, dann ich vonn Jugent auff dahinn geneigt gewesen, bei meiner grossgunstigen, liebenn Oberherrschafft zu bleibenn unndt denselbenn meine gerinngfugige Diennst unnterthenig antzubieten, will ich mich dagegen also verhalltenn, darob Euer Ehrnvesten und Herrlichkeiten alss meinn grossgunnstige, gebietennde Oberherrschafft content unnd ohne Klag sein unnd bleibenn sollenn, auch solches eusserstem, meinem gerinngen Vermögenn unndt Diennsten nach umb Euer Ehrnvesten unndt Herrlichkeiten zu verschullden unndt, umb dero gluckseligenn Regierunng, Wollfarth unndt lannges Lebenn Gott dem Allmechtigenn mit meinem gerinngenn, einfelltigenn Gebett zu erbittenn, nimmer vergessen. Thue hierauff Euer Ehrnvesten unndt Herrlichkeiten mich inn dero Gunnsten unndt zue gewiriger, gueten Bescheidt ganntz unnterthenig unnd treulich bevelhendt.*

17) Siehe beispielsweise auch das Bittschreiben des Konrad Schartenfelder, der sich um ein Stadtknechtsamt bewirbt: StAN, Reichsstadt Nürnberg, Landpflegamt, Gemeinakten, 1542/12.

18) Zum Beispiel StAN, Reichsstadt Nürnberg, Landpflegamt, Gemeinakten, 1543/2.

schwierige Lage, in der er und seine Familie sich befanden[19]. Einige gingen auch so weit, gegen mögliche Konkurrenten direkt zu argumentieren. Christoph Serang, ursprünglich ein Kammmacher, bat 1542 um den Dienst eines Turmwächters. In seiner Bitte verweist auch er auf seinen Vater, der bereits als Turmwächter gedient hatte und mittlerweile verstorben war. Er selbst habe das Turmwächterhandwerk gelernt, so das Schreiben weiter. Des Weiteren argumentiert er, dass der Turmwächter Christoph Adelberger seinen Sohn zu sich auf den Turm genommen habe, obwohl dieser noch Geselle und unverheiratet sei. Er hingegen, ein armer Mitbürger, *der Weyb und Khindt hat*, sei nicht berücksichtigt worden. Deshalb erbitte er seine Anstellung anstatt des Sohnes von Christoph Adelberger oder auf die nächste freie Position[20].

Diese Auswahl an Bewerbungs- beziehungsweise Bittschreiben zeigt, wie Menschen eigeninitiativ an Dienste und Ämter zu gelangen suchten. Besonders prominent sind die Werbe- oder Niederlassungsschreiben, die von studierten Ärzten sowie von handwerklich ausgebildeten Wundärzten überliefert sind. Solche Dokumente enthalten genaue Angaben über ihr Können und ihr Repertoire an Behandlungsmethoden. Sie dienten dazu, für sich zu werben und die Erlaubnis zur Niederlassung und zum Praktizieren zu erhalten[21].

In vielen Fällen erhielten Bewerberinnen und Bewerber Hilfe von ihren ehemaligen Arbeitgeberinnen und Arbeitgebern, die für sie als Fürsprecher und Fürsprecherinnen auftraten. Viele der Gesellen hatten sogenannte Führungs-, Gesellen- und Echtzeugnisse bei sich, die von ihren Arbeitgebern oder öffentlichen Vertretern ihrer Heimatorte ausgestellt wurden[22]. Diese Zeugnisse – besonders das Echtzeugnis, das zur Bestätigung der ehelichen Geburt des Gesellen diente – waren unerlässlich, um Aufnahme in den Zünften und im Handwerksgewerbe zu finden.

19) StAN, Reichsstadt Nürnberg, Landpflegamt, Gemeinakten, 1560/3: *Firsichtige, erbere, weiße, gebietenten, lieben Hern. Ich bin nun vier Jar lang einer Gemein der Stadt Hochstadt Schulmeister gewesen (itzundt aber, weil sie Gottes Wordt haben fallen lassen undt die Bapisterey angenomen), hadt mann mich unndt den Pfarhern geurlaubt. Der Pfarherr ist gleichwoll versehen, den er hadt die Pfar zuu Bommerßfelden ahngenomen (ich aber, wen mich Ewere firsichtige, erbere Weißheidt nicht meines treuen Dienstes, den ich zu Aldorff mit der Jugent in der Schul erzeigt habe, genießen lest), besorge ich mich, ich muesse von Weib unndt Kinden in dem Elendt mich erhalden.*

20) StAN, Reichsstadt Nürnberg, Landpflegamt, Gemeinakten, 1542/10.

21) Siehe dazu genauer: Ahmed MALAK, Drei wundärztliche Niederlassungsankündigungen des 15. Jahrhunderts. Untersuchungen zu Frühgeschichte des medizinischen Werbeformulars in Deutschland, Diss. masch. Würzburg 1985.

22) Schon um 1350 ist für einige Zünfte in der Gegend um Braunschweig, Lüneburg und Hildesheim belegt, dass Bewerber um das Gilderecht Zeugen oder Briefe benannten und vorzeigten, die bewiesen, dass sie ehelich, ehrlich, deutsch und frei waren, siehe dazu: Knut SCHULZ, Solidarität im Handwerk? Anwerbung oder Abgrenzung. Integration oder Sonderstatus der wandernden Gesellen vom Hochmittelalter bis zum Dreißigjährigen Krieg, in: Migration als soziale Herausforderung, hg. von Joachim BAHLCKE/Rainer LENG/Peter SCHOLZ (Stuttgarter Beiträge zur historischen Migrationsforschung 8), Stuttgart 2011, S. 161–182, hier S. 164.

In Zeugnissen empfahlen die ehemaligen Arbeitgeber oder Ausbilder der Gesellen ihre vormaligen Arbeitskräfte und Lehrlinge und baten für sie um Hilfe, Aufnahme und Unterstützung bei ihren auswärtigen Zunftgenossen. So stellte beispielsweise das Goldschmiedeamt in Lüneburg im Jahr 1466 Albrecht Grymme ein Gesellenzeugnis für das Kölner Goldschmiedeamt aus. Albrecht gedachte, sich in Köln als Goldschmied niederzulassen. Gherd Louwe und Ludeke Brunswijg, die geschworenen Werkmeister, bezeugen in dem Schreiben Albrechts Dienstjahre bei dem Meister Hinrick vanme Hove und loben seine Tüchtigkeit, Frömmigkeit und Ehrbarkeit. Sie hätten ihn auch in Lüneburg in das Goldschmiedeamt zugelassen, wenn er dortgeblieben wäre. Deshalb bitten sie die Kölner Kollegen freundlich, ihn als Amtsbruder aufzunehmen[23]. Die Empfehlung der Lüneburger Kollegen trug augenscheinlich Früchte. Albrecht wurde als Goldschmied in Köln zugelassen, zumindest ist er für das Jahr 1496 in einem Testament als Zeuge erwähnt: *Ailbrecht Grymme, Goldschmied, eingesessen zu Köln*[24]. Im Jahr 1391 stellten Konrad Offelin, Hans Zotman, Konrad Peutinger und Konrad Kunlin, alle vom Goldschmiedeamt in Augsburg, ein Führungs- und Echtzeugnis für den Goldschmiedegesellen Jost Holle aus, in dem sie darum baten, dass er durch die Amtsbrüder in Köln in allen seinen Belangen unterstützt würde[25]. Dieser Bitte wurde auch augenscheinlich nachgekommen, so ist Jost für das Jahr 1395 als Goldschmied in der Auflistung des Goldschmiedeamtes in Köln vermerkt[26]. Es sind viele solcher Zeugnisse in Archiven erhalten, diese Liste wäre endlos fortzusetzen[27].

Empfehlungsschreiben von ehemaligen Arbeitgebern und Ausbildern waren äußerst wichtig, zum einen, da sie die eheliche Geburt bestätigten, zum anderen, da sie dezidiert Gesellen und Lehrlinge für Aufnahme und Dienst empfahlen. Andererseits konnten von ehemaligen Arbeitgebern auch Warnungen an potenziell neue Arbeitgeber ausge-

23) Heinrich von Loesch, Die Kölner Zunfturkunden nebst anderen Kölner Gewerbeurkunden bis zum Jahre 1500 (Publikationen der Gesellschaft für Rheinische Geschichtskunde 22), 2 Bde., Bonn 1907, ND Düsseldorf 1984, Bd. 2, S. 246: [...] *Bidden wij jw degher fruntliken, gij deme genanten Albrechte Grymme siner fromicheid und erliken handelinge laten geneten und one gunstigen tostaden und entfangen willen vor einen medebroder juwes amptes, dat willen wij inme geliken efte groteren umme jw gerne vordenen, wůr wij jummer mogen.*

24) Historisches Archiv der Stadt Köln (im Folgenden HAStK), Best. 110, Testamente U K/32 (13. Februar 1496).

25) von Loesch, Zunfturkunden (wie Anm. 23), Bd. 2, S. 217 f.: [...] *Und darumb so pitten wir ewch alle und ewer ieglichen besunder mit ganzem, vleissigem ernste, wa daz sie, daz der obgenante Jos Holle ewers rates, hilf oder fuderungen in sinen sachen und besunderlich an dem ampt iedret begerend, můtend oder nodůrftig werde, wie sich daz fůgti, daz ir im dann durch unseren willen getrůclichen, beigestendig, hilflich, fudrig und beraten sein wellent, alz wir ewer frůntschaft dez sunder wol getruwen.*

26) Ebd., Bd. 1, S. 240; ein Jahr später schwört er mit sechs weiteren Goldschmieden der Stadt Köln Urfehde: HAStK, HUA U 1/5846 (10. November 1396); siehe auch: Quellen zur Geschichte der Stadt Köln, hg. von Leonard Ennen/Gottfried Eckertz, 6 Bde., Köln 1860–1879, Bd. 6, Nr. 284, S. 448.

27) Siehe beispielsweise: HAStK, Best. 95 (Z), Urkunden (5. Oktober 1405); von Loesch, Zunfturkunden (wie Anm. 23), Bd. 2, S. 222.

sprochen werden. Laufbriefe oder Laufschreiben, in denen Meister vor ihren ehemaligen Gesellen warnten und baten, sie nicht aufzunehmen und zu fördern, bis sie beispielsweise ihre Schulden beglichen hatten, zeugen von dieser Praxis[28)].

Referenzschreiben waren im Mittelalter nichts Ungewöhnliches und auch in anderen Berufsgruppen verbreitet. Der Unterkäufer Girlich aus Köln zum Beispiel bat 1523 den Rat von Köln, ihm ein Empfehlungsschreiben für den Herzog von Kleve zu gewähren. Dieser Bitte kam der Rat nach[29)]. Auch das Gesinde führte bei einem Arbeitsplatzwechsel häufig Schreiben mit sich. Diese waren ab dem 16. Jahrhundert immer öfter vorgeschrieben und dienten in erster Linie dazu, dem neuen Arbeitgeber oder der neuen Arbeitgeberin zu beweisen, dass die Dienstbotin oder der Dienstbote nicht mehr in Diensten stand und deshalb neu vermittelt werden konnte[30)]. Gleichzeitig scheinen solche Schriftstücke durchaus auch als Empfehlungsschreiben gedient zu haben. Die noch später genauer zu besprechende Sophia Stoißer, eine Magd aus Frankfurt, gibt selbst an, dass sie bei Verlassen ihres Dienstes in Frankfurt einen Brief ihrer Dienstherrin für deren Schwester mitführte, welche ihr helfen sollte, in Köln eine neue Anstellung zu finden[31)].

Daneben versuchten viele Menschen im Spätmittelalter und in der Frühen Neuzeit, über informelle Vermittlung durch Privatpersonen, meist durch Familie oder Bekannte, an Arbeit zu gelangen. Familienangehörige, vor allem Eltern und ältere Geschwister, suchten für ihre Kinder oder Geschwister nach Anstellungen. Bei Minderjährigkeit der Kinder war es notwendig, dass die Eltern oder bei Tod der Eltern ältere Geschwister die Kinder als Arbeitskräfte anboten und sie auch vermittelten. Der Kölner Ratsherr Hermann von Weinsberg (1518–1597) beschreibt, wie seine Frau 1568 einen Jungen namens Jürgen von dessen Mutter, einer Fassbinderin, für drei Jahre für jährlich 5 Gulden dingte[32)].

28) Siehe dazu Bruno SCHOENLANK, Zur Geschichte altnürnbergischen Gesellenwesens, in: Jahrbücher für Nationalökonomie und Statistik 53/1 (1889), S. 337–395, 588–615, hier S. 375 f.

29) HAStK, Best. 10B Ratsprotokolle, A5, fol. 15 (20. Februar 1523).

30) Siehe zu den Arbeitszeugnissen der Dienstboten: KÖNNECKE, Rechtsgeschichte (wie Anm. 11), S. 857–863.

31) HAStK, Best. 30 G Verfassung und Verwaltung G 232, fol. 308r: *Sie, Deponentin, hett 4 Jhar alda zu Franckfurt bei einem Niderlender, Heinrich genant, gedienet, neben dem Brunefeltz, und Brenaet gemacht, und sei ihr Zeitt zu Pfingsten außgewest. So hett die Fraw, dabei sie gedienet, weill sie sich anhero begeben wollen, einen Brieff mittgeben an ire Schwester, damitt sie desto palder ihn Dienst underkommen mochte.*

32) Siehe das abgeschlossene Projekt (Manfred Groten) *Digitale Erfassung sowie historische und sprachgeschichtliche Auswertung der Aufzeichnungen des Kölner Bürgers Hermann Weinsberg (1518–1597)*, das eine Online-Edition des »Buchs Weinsberg« zur Verfügung stellt: https://weinsberg.uni-bonn.de/ (10.11.2022). Aus dieser Online-Edition werden die künftigen Quellenpassagen aus dem Buch zitiert. Hermann von Weinsberg, Die autobiographischen Aufzeichnungen Hermann von Weinsbergs – Digitale Gesamtausgabe Hermann von Weinsberg, Liber Iuventutis, 1. März 1568, https://www.weinsberg.uni-bonn.de/Edition/Liber_Iuventutis/LI6.HTM: *anno 1568 den 1. marcii hat min hausfrau den jongen Jurgen van Titz vur sant Mattheiß burdich van siner moder einer Faßbenderschn drei jar lanck gemeit jarlichs vur 5 gulden cur.. 2 par schoin 1 hoit, daß dan am*

Wenn es zu einer Nicht-Erfüllung des Mietvertrages kam, konnten die Eltern dementsprechend belangt werden. Der Oberhof von Dortmund sprach für Wesel im 15. Jahrhundert beispielsweise ein Urteil gegen eine Mutter, die ihre Tochter zuvor an eine Frau vermittelt hatte. In dem Urteil heißt es:

> *Eirsame bysonder gude vrynde, als gy ons schryvet, dat een man vor gerichte hebet an gespraiken ene vrouwe, dat sy oer dochter synen wyve vermyedt heb to dienen ind is dair op in oeren dienst gegain ind hevet dair op een tyt gedient, des die vrouwe bekant hevet, ind die dochter weder uytter vrouwen dienst ontgain is sonder oirloff ind sy oer dochter weder in oer huys ontfangen hebbe, dair die vrouwe myt rechte in verwonnen is etc.: na onser stads rechte so is die vrouwe, die oir dochter vermyedet hefft, der vrouwen, die sy gemyedt hadde, so vele schuldich to geven, als die vrouwe oerre dochter to loen gelavet hadde*[33].

Die Tochter hatte die Anstellung ohne Begründung vor dem vereinbarten Dienstende verlassen und war zur Mutter zurückgekehrt, die sie wieder aufnahm. Der Ehemann der ehemaligen Arbeitgeberin klagte gegen die Mutter, die dieses Arbeitsverhältnis vermittelt hatte, und bekam vor Gericht recht. Die Mutter musste an die geschädigte Arbeitgeberin den Betrag zahlen, der dem ihrer Tochter versprochenen Lohn entsprach.

Auch bei der Einstellung von Lehrlingen waren es häufig die Eltern, die zumindest in den Verträgen als Vermittlerinnen und Vermittler oder Ansprechpartnerinnen und Ansprechpartner auftraten. Im Jahr 1404 vermittelte Johann Toynburch dem Goldschmied Ailf Bruwer seinen Sohn Toenis als Lehrling für acht Jahre. Im Falle, dass Toenis dem Meister entlaufen sollte, verpflichtete sich derselbige, eine Buße von 42 Gulden zu zahlen[34].

Bei Handwerkern und Zünften hatten Kinder von Zunftmitgliedern besondere Vorrechte, als Mitglieder aufgenommen zu werden, und erhielten darüber hinaus Vergünstigungen[35]. Andere Berufe wurden wiederum vererbt. Dies traf nicht nur auf soge-

mantel oder sunst verlacht wird sol da von abgain und abgekurtzst werden. Biß herzu ist er in mineß sonß deinst gewest, heudt geit sin zit mit unß an. (15.11.2022).

33) Dortmunder Statuten und Urtheile, hg. von Ferdinand FRENSDORFF (Hansische Geschichtsquellen 3), Halle an der Saale 1882, S. 284.

34) VON LOESCH, Zunfturkunden, (wie Anm. 23), Bd. 2, S. 221 f.: *Ich Johan Toynburch der alde burger zo Coelne doin kunt allen luden, dat ich vermeit hain dem bescheidenen manne meister Ailfve Bruwer dem goeltsmede minen elichen soen Toenis, die sinen eigenen willen darzo gegeven hait, dat goltsmedeampt binnen Coelne zo leren ind eme daan truwelichen zo dienen eicht jair lank,* [...]. *Vort weir't sache, dat ich Toenis vurg. dem vurg. Ailff minen meister inbinnen desen vurg. eicht jaren intrůnne of intluffe ind mich sette up einge stat, dat vurg. ampt zo oeven, mine vurg. eicht jair en weren z'eirst usgedeint ind van mir volendt, so sall ich in eine pene van zwenindvierzich gl. dem vurg. meister Ailff ervallen sin.* Siehe dazu auch die von Hektor Ammann edierten Lehrlingsverträge aus Freiburg im Üechtland: Hektor AMMANN, Mittelalterliche Wirtschaft im Alltag. Quellen zur Geschichte von Gewerbe, Industrie und Handel des 14. und 15. Jahrhunderts aus den Notariatsregistern von Freiburg i. Ü., 2 Bde., Aarau 1942–1954.

35) Siehe zum Beispiel Michael MITTERAUER, Zur familienbetrieblichen Struktur im zünftischen Handwerk, in: Wirtschafts- und sozialhistorische Beiträge. Festschrift für Alfred Hoffmann zum 75. Geburtstag, hg. von

nannte unehrliche Berufe zu, wie zum Beispiel dem eines Scharfrichters[36], sondern auch auf andere Berufsgruppen und Amtspositionen. Dabei handelte es sich oft um fließende Übergänge. Christian van Monheim erfragte beispielsweise im Januar 1459 beim Rat von Köln, ob sein Sohn Johann ihm zur Hand gehen und später seine Position übernehmen könne, da er aus Altersschwäche seinen Aufgaben im Ratskeller nicht mehr allein nachkommen konnte. Im August 1459 bat Christian schließlich aus Altersgründen um Entlassung und darum, dass sein Sohn seine Position, wie abgesprochen, übernehmen dürfe, was vom Rat gestattet wurde[37]. Dies ist nur ein Beispiel von vielen.

Aber nicht nur Arbeitskräfte suchten auf dem spätmittelalterlichen Arbeitsmarkt nach Anstellung beziehungsweise entlohnter Tätigkeit, sondern auch Arbeitgeberinnen und Arbeitgeber nach Personal. Hermann von Weinsberg beschreibt in seinem Gedenkbuch[38], wie er oder besser seine Frau Hausgesinde mietete. So stellte Hermann 1561 einen gewissen Thomas Veriß als Knecht ein. Dieser war schon relativ alt und hatte eine alte Frau. Hermann hätte lieber einen jungen Knecht gehabt, aber seine Frau mochte Thomas, und so wurde er eingestellt[39]. Diese Beschreibung gibt keinen Aufschluss über

Herbert KNITTLER (Sozial- und wirtschaftshistorische Studien. Sonderband), Wien 1979, S. 190–219, hier S. 203; vgl. dazu Sabine VON HEUSINGER, Die Zunft im Mittelalter. Zur Verflechtung von Politik, Wirtschaft und Gesellschaft in Straßburg (VSWG-Beihefte 206), Stuttgart 2009, S. 227.

36) Jutta NOWOSADTKO, Scharfrichter und Abdecker. Der Alltag zweier »unehrlicher Berufe« in der Frühen Neuzeit, Paderborn/München/Wien/Zürich 1994, bes. S. 195 f.; zu unehrlichen Berufen siehe allgemein: Kathy STUART, Unehrliche Berufe. Status und Stigma in der Frühen Neuzeit am Beispiel Augsburgs (Veröffentlichungen der Schwäbischen Forschungsgemeinschaft 1/36), Augsburg 2008.

37) HAStK, Ratsprotokolle, 1459/4 und 1459/27; Kerstin SEIDEL, Freunde und Verwandte. Soziale Beziehungen in einer spätmittelalterlichen Stadt (Campus Historische Studien 49), Frankfurt am Main 2009, S. 255.

38) Das Buch besteht eigentlich aus drei Büchern (*liber Iuventutis*, *liber Senectutis* und *liber Decrepitudinis*) und umfasst chronologisch geordnete Notizen, in denen er denkwürdige Erlebnisse und Nachrichten zu seiner Gegenwart eintrug. Hermann von Weinsberg intendierte nie, diese Sammlung zu veröffentlichen, sondern sie war als Hilfe für seinen Nachfolger gedacht. Zu Hermann von Weinsberg siehe die frühere Edition: Das Buch Weinsberg, hg. von Konstantin HÖHLBAUM/Friedrich LAU (Publikationen der Gesellschaft für Rheinische Geschichtskunde 2, 4, 16), 5 Bde., Leipzig 1886–1926; nur als Auswahl: Birgit STUDT, Der Hausvater. Haus und Gedächtnis bei Hermann von Weinsberg, in: Rheinische Vierteljahrsblätter 61 (1997), S. 135–160; und aktuell: Krisztina PETER, Hermann Weinsberg and the Others, in: Die Stadt und die Anderen. Fremdheit in Selbstzeugnissen und Chroniken des Spätmittelalters und der Frühen Neuzeit, hg. von Andreas RUTZ (Städteforschung A/101), Wien 2021, S. 145–158; siehe auch das Projekt Manfred Grotens (wie Anm. 32).

39) Hermann von Weinsberg, Liber Iuventutis (wie Anm. 32), 26. Juni 1561, https://www.weinsberg.uni-bonn.de/Edition/Liber_Iuventutis/LI5.HTM: *Anno 1561 den 26. junii haben ich Thomam Veriß in stadt Derichs vur einen knecht gemeit jarlichs vur 5 gl. und im zu laissen waß im sunst alß einem dener under dem Rhaithauß zusteit. Es war bestadt hat ein alte frawe moist doch al nachtzs under dem Raithus sclaffen. Min hausfrau moicht in domalß wol leiden ich het liber einen jongen knecht gehat. Er ist den 29 junii eirst zu unß komen und hat geboder gethain.* (10.11.2022).

die Arbeitsvermittlung selbst. Gut möglich ist, dass die Anstellung zufällig erfolgte. Dieser Eindruck wird auch durch andere Passagen bekräftigt[40].

Einige Arbeitgeberinnen und Arbeitgeber warben um Arbeiter, Gesellen, Dienstboten oder Lehrlinge. Die mittelalterlichen Zunft- und Handwerksordnungen und weitere normative Quellen verfügen über eine große Anzahl von Bestimmungen, die das Abwerben von Arbeiterinnen und Arbeitern, Hausgesinde, Lehrlingen oder Gesellen durch andere Arbeitgeberinnen und Arbeitgeber unter Strafe stellten[41]. In dem Amtsbrief der Beutelmacher von Köln aus dem Jahr 1397 heißt es: *Vort sowilch man of wijf deme anderen sinen knecht of mait understunde afzomieden, ee dan ire zijt us were, de si irme meister of vroûwen dienen sûlde, die solen eiklich asdûcke ses s. zo boissen gelden, asmanichen dach si den knecht of mait hilten, darachter dat si in verboeden wurden*[42]. Die normativen Quellen erwecken den Eindruck, dass die Abwerbung von Arbeitskräften durch Kolleginnen und Kollegen beziehungsweise Konkurrentinnen und Konkurrenten ein Problem darstellte, gegen das vorgegangen werden musste. Ergänzende Quellen, die in der Praxis auf eine derartige Problematik hinweisen, gibt es allerdings kaum, was eine Einschätzung über die tatsächliche Häufigkeit solcher Abmietungen erschwert[43].

Je nach ökonomischer Situation und Arbeitsmarktlage bemühten sich Arbeitgeberinnen und Arbeitgeber speziell um gut ausgebildete Arbeitskräfte. Wie bereits oben ausgeführt, gab es im Mittelalter eine große Mobilität von Arbeitskräften. Dies galt insbesondere für die unteren sozialen Schichten wie Tagelöhnerinnen und Tagelöhner, Saisonarbeiterinnen und -arbeiter, Gesinde, aber auch für qualifizierte Arbeitskräfte wie Zunft- und Handwerksgesellen[44]. Einige Meister warben mit einer Selbstbeschrei-

40) Zum Beispiel ebd., 24. Februar 1560, https://www.weinsberg.uni-bonn.de/Edition/Liber_Iuventutis/LI5.HTM: *Anno 1560 den 24. februarii ist die magt Trein zemlich alters zu unß komen wilche min husfrau gemeit hat. Sei mach wissen wie, und waß loen sei haben soll.* (10.11.2022); oder der Eintrag ebd., 7. September 1550, https://www.weinsberg.uni-bonn.de/Edition/Liber_Iuventutis/LI3.HTM: *Anno 1550 den 27. septembris hab ich einen jongen Derich van Urdingen gemeit, ist aber umb siner leckerei willen nit lang bei mir verpleiben; er war mit ein schroder.* (10.11.2022); oder ebd., 25. Juli 1571, https://www.weinsberg.uni-bonn.de/Edition/Liber_Iuventutis/LI7.HTM: *Anno 1571 den 25. julii hat min hausfrau widder ein magt Elß genant gemeit und inß hauß genomen. Aber dieweil sei ir nit wol swigen kont worden sei der sachen balde uneinich.* (10.11.2022).

41) Dafür sind unzählige Beispiele vorhanden, hier nur eine Auswahl aus Köln: Amtsbrief der Altschuhmacher von 1483 § 9: von Loesch, Zunfturkunden (wie Anm. 23), Bd. 1, S. 5: *Vort en sal niemant dem andern sinen knecht undermeden, it en sij sache, dat hei mit lieve van im gescheiden sij*; ähnlich der Amtsbrief der Barbiere von 1397 (ebd., S. 9); der Amtsbrief der Färber von 1392 (ebd., S. 41); der Amtsbrief der Maler, Glaser und Bildschnitzer von 1449 (ebd., S. 139).

42) Ebd., S. 11.

43) Otto Könnecke erweckt den Eindruck, dass solche Abmietungen an der Tagesordnung waren, verweist aber ausschließlich auf normative Quellen, siehe: Könnecke, Rechtsgeschichte (wie Anm. 11), bes. S. 209–211, 213, 216. Um die Häufigkeit und Praxis solcher Abmietungen zu beleuchten, müsste eine systematische Untersuchung von Gerichtsakten und Protokollen, Ratsprotokollen und sonstigen Quellen erfolgen.

44) Schulz, Handwerksgesellen (wie Anm. 8), S. 71–92; Bräuer, Wanderungsmotivation (wie Anm. 8), S. 217–231; Graus, Randständige (wie Anm. 8), S. 93–104; Rippmann, »Frauenwerk« (wie Anm. 6), bes.

bung für sich. Sie »beschrieben« sich potenziellen Arbeitskräften von außen, um mögliche Gesellen in die Stadt zu locken. Allerdings weisen normative Quellen darauf hin, dass die Meister die so in die Stadt gelockten Personen nicht annehmen mussten, wenn sie beispielsweise zwischenzeitlich einen geeigneten Lehrling oder Gesellen gefunden hatten[45]. In Nürnberg scheint es Meistern in der Regel verboten gewesen zu sein, sich die Gesellen selbst auszusuchen und anzustellen, die Vermittlung musste über damit speziell beauftragte Gesellen erfolgen[46]. Lediglich einzelnen Branchen, wie beispielsweise der Leinenweberzunft, die gemessen an ihrem Bedarf stets zu wenig Gesellen hatten, war es gestattet, fremde Gesellen anzuschreiben[47].

Dieses »Beschreiben« von Arbeitgeberinnen und Arbeitgebern lockte so manche Arbeitskraft in die Städte. In Straßburg geben die Ratsprotokolle für 1541 den Fall einer Frau wieder, die ihr Kind ins Waisenhaus geben wollte. Da ihr Mann krank im Spital lag, bat sie darum, ebenfalls dort arbeiten zu können, bis er wieder gesund sei. Nach eigenen Angaben war sie eine Bortenmacherin, die von einem Straßburger Bürger angeworben worden war. Nun sei ihr Arbeitgeber verstorben, ihr Mann krank und sie in einer fremden Stadt mittellos[48]. Dieser Fall unterstreicht die Bedeutung von zugezogenen Arbeitskräften und veranschaulicht, dass ganze Familien der jeweiligen Arbeitskraft, in diesem Beispiel der Frau und Mutter, in fremde Städte folgten.

S. 26 f.; GOMBOCZ, Marriage (wie Anm. 8), S. 141–169.

45) Alt-Nürnberger Handwerksrecht und seine Beziehungen zu anderen, hg. von August JEGEL, Neustadt an der Aisch 1965, S. 14; siehe beispielsweise die Ordnung der Leinweber aus dem 16. Jahrhundert (ebd., S. 540): *Wann ein Meister eines Gesellen nottürftig ist und keines hieher Kommenden, einwerbenden Gesellens erwartten kondt, sondern einem, den er außwendig wüste, schreiben und ihne hieher bringen wolte, soll er solches zu tun Macht haben; aber den geschwornen Meistern zuvor anzeigen und es mit ihrem Wissen tun. Und so alßdann hernach derselben Gesell kommen würde, soll er demselben Meister, der nach ihme geschrieben, zugelassen werden. Begebe sich aber, daß mitler Zeit, ehe der Gesell hieher kombt, der Meister ein andern bekommen hette, so soll der Gesell, so hieher beschrieben worden, nach der Ordnung des Zettels bei einem andern Meister einwerben und einsizen.*

46) Siehe zum Beispiel die Ordnung der Schreiner in Nürnberg von 1573: Alt-Nürnberger Handwerksrecht (wie Anm. 45), S. 307; siehe zu diesen «»Zuschickgesellen« genauer weiter unten in diesem Beitrag.

47) Jacob STOCKBAUER, Nürnbergisches Handwerksrecht des XVI. Jahrhunderts. Schilderungen aus dem Nürnberger Gewerbeleben, Nürnberg 1879, S. 29; die Ordnung der Leinweber aus dem 16. Jahrhundert: Alt-Nürnberger Handwerksrecht (wie Anm. 45), S. 540.

48) Straßburger Ratsprotokollen, AVES, 1 R 3, fol. 441r: *Herr Claus Kniebis zeigt an, es sey ein arme fraw daussen, zeig an, wie sy von einem burger alhie, so ein boretlin gemacher gewesen, beschriben worden, do sy ober alher khome, so sey der selbig gestorben vnnd jr man kranncku worden, lig also jm spitel. Nun bitte, man welle jr khindt versehen, so wolle sy dieweil jm spital dienen, bis jr man gesundt werde. Erkhanndt, das khindt jn das weisenhaus nemen vnnd sy dieweil jm spital dienen lassen,* [...]; der Fall wird beschrieben bei Eva-Maria CERSOVSKY, Geschlechterverhältnisse in der Krankenfürsorge. Straßburg im 15. und 16. Jahrhundert (Mittelalter-Forschungen 69), Ostfildern 2023, S. 126 f., von dort ist auch die Transkription übernommen.

III. Orte der Vermittlung von Arbeit und Arbeitskräften: Die Mietstätten

Die Orte der Arbeitsvermittlung sind nicht klar zu definieren. Theoretisch konnten Arbeitskräfte von der Straße weg »gemietet« werden. Dennoch ist in einigen Städten schon sehr früh der obrigkeitliche Wille erkennbar, spezielle Plätze und Orte einzurichten, um die Arbeitsvermittlung und den Arbeitsmarkt zu strukturieren und zu regulieren. Auf den sogenannten Mietstätten[49] standen Tagelöhnerinnen und Tagelöhner genauso wie Saisonarbeiterinnen und -arbeiter und warteten auf Arbeitgeberinnen und Arbeitgeber. An dieser Stelle sei angemerkt, dass die normativen Quellen für die Arbeitskräfte auf den Mietstätten lediglich die männliche Form verwenden. Ob dies die Realität widerspiegelt, ist fraglich. Viele Studien verweisen darauf, dass Tagelöhnerinnen als Arbeitskräfte sowohl in der Landwirtschaft[50] als auch im Bauwesen[51] eine essenzielle Rolle spielten. Frauen- wie auch Kinderarbeit war für die mittelalterliche Wirtschaft überlebensnotwendig.

Für einige Städte sind Mietstätten im Mittelalter gut belegt. Als Herzog Rudolf IV. von Österreich in der Weingartenordnung von 1364 die Auflösung aller Weingärten verfügte, wurde angeordnet, dass die Arbeiterinnen und Arbeiter der Weingärten auf die Mietstatt gehen und sich dort neu verdingen sollten[52]. In Wien befanden sich die Mietstätten bei den Stadttoren[53]. Die Wiener Weingartenordnung von 1400/1412 schrieb vor, dass der Tagelohn von vier Geschworenen festgesetzt und auf allen Mietstätten Wiens gezahlt werden sollte[54]. Personen aus den Dörfern um Wien durften auf den städtischen Mietstätten Arbeitskräfte anwerben, allerdings zu denselben Tagessätzen

49) Ein früher Beleg für die Mietstatt: Gerichtsbrief (14. Juni 1279), in: Urkunden des Cistercienser-Stiftes Heiligenkreuz im Wiener Walde, hg. von Johann N. Weis (Fontes rerum Austriacarum 1/11 u. 16.), 2 Bde., Wien 1856–1859, Bd. 1, S. 218: [...], *quod in communi loco in Gundramsdorf, in quo operarii conducuntur, qui vulgariter mietstat dicitur, nullus ipsum et suos in aliquo deinceps debeat impedire.*

50) Rippmann, Frauenarbeit (wie Anm. 6), S. 26–59; dies., Schattenarbeit (wie Anm. 6), S. 332–345; dies., »Frauenwerk« (wie Anm. 6), S. 5–42.

51) Wolfgang Schöller, Frauenarbeit in der mittelalterlichen Bauwirtschaft, in: AKG 76 (1994), S. 305–320.

52) Rechte und Freiheiten der Stadt Wien, hg. von Johann A. Tomaschek (Geschichtsquellen der Stadt Wien, 1. Abt.), 2 Bde., Wien 1877–1879, Bd. 1, S. 157.

53) Michael Mitterauer, Die Wirtschaftspolitik der österreichischen Landesfürsten im Spätmittelalter und ihre Auswirkungen auf den Arbeitsmarkt, in: Wirtschaftspolitik und Arbeitsmarkt, hg. von Hermann Kellenbenz (Sozial- und wirtschaftshistorische Studien 7), Wien 1974, S. 15–46, hier S. 37.

54) Rechte und Freiheiten (wie Anm. 52), Bd. 2, S. 6: *Von den vierern. Item es sullen auf iegleicher mietstat vor den tören vier gesworen man gesatzt werden, die das lon setzen und orden, des der herr und der arbaiter zuekomen mügen, und gleichen lon vor allen toren an den mietsteten geben: vor ainem tor als vor dem andern, weder minner noch mer. Wer darüber ausspricht, der sol der peen vervallen sein, als hernach geschriben steet*; siehe dazu Mitterauer, Wirtschaftspolitik (wie Anm. 53), S. 15–47, hier S. 37.

wie die Stadtbewohnerinnen und -bewohner[55]. Die Stadt war ein Ort, an dem Arbeitskräfte auch für den agrarischen Sektor, besonders in landwirtschaftlich intensiven Jahreszeiten, gesucht und gefunden werden konnten – vor allem Tagelöhnerinnen und Tagelöhner. Bei Wien sind Mietstätten unter anderem für Grinzing, Nussdorf, Döbling, Neustift und Salmannsdorf belegt[56]. Für gewöhnlich erfolgte die Anwerbung oder Mietung der Arbeitskräfte vor Sonnenaufgang, damit sie zum Sonnenaufgang in den Weingärten waren. Der sogenannte Weinzierl sollte die Arbeiterinnen und Arbeiter in die Weingärten begleiten und sie bei der Arbeit beaufsichtigen[57].

In München wurden die Tagelöhnerinnen und Tagelöhner laut dem Stadtrecht des 14. Jahrhunderts angewiesen, möglichst schnell auf der Mietstatt Arbeit zu finden, den Lohn festzusetzen und sich an den jeweiligen Arbeitsplätzen einzufinden. Es wurde sogar bestimmt, dass sie bis zum Läuten der Frühmesse die Mietstätten verlassen haben mussten, sonst drohte eine Strafe von 24 Pfennigen, die dem Richter zu zahlen waren, und von 36 Pfennigen, die der Stadt zu entrichten waren[58]. In anderen Städten gab es ähnliche Regelungen[59]. Diese Festschreibungen setzten die Arbeitskräfte unter zeitlichen Druck, eine Arbeit zu finden und führten dazu, dass sie gezwungen waren, auch für einen unvorteilhaften Lohn zu arbeiten. Insbesondere in Zeiten eines Abreitskräfteüberschusses bedeutete dies ein stetiges Fallen der bereits niedrigen Löhne für ungelernte Arbeit.

Solche Regelungen stärkten diejenigen, die Tagelöhnerinnen und Tagelöhner anwarben. Die Arbeitgeberinnen und Arbeitgeber wussten, dass die Arbeiterinnen und Arbeiter gezwungen waren, zu einem bestimmten Zeitpunkt eine Tagesarbeit gefunden und auch einen Lohn festgelegt zu haben. Die Maßnahmen dokumentieren die Bemühun-

55) Rechte und Freiheiten (wie Anm. 52), Bd. 2, S. 6: *Von den leuten, wie man hie in die dörfer gewinnen sol. Item die leut aus den dörfern die mügen hie an den mietstetten wol volk gewinnen, ob in es durft geschieht, doch also daz man denselben leuten den lon geb, den man hier an der mietstat desselben tages gibt.*

56) Ebd.

57) Ebd., S. 7.

58) Münchner Stadtrechtsbuch aus dem 14. Jahrhundert, in: Denkmäler des Münchner Stadtrechts. 1158–1403, hg. von Pius DIRR (Bayerische Rechtsquellen 1), 2 Bde., München 1934–1936, Bd. 1, Nr. 241, S. 384 f.: *Ez gepietent auch die gesworen, swer an die mietstat get durch arbait, der sol zeitleichew lon nemen und sol an sein arbait gen. Und sol chainer lenger an der mietstat beleyben, hintz daz man zesammen frumess lawtet, oder dem richter 24 pfenning, der stat 36 pfenning. Und swer der puzz nicht hat ze geben, den vaecht man und lat in hintz dem schergen, pis er der purger huld gewinnet*; ähnlich auch Artikel 24 aus dem Satzungsbuch 1310/1312: ebd., Bd. 1, S. 186.

59) Zum Beispiel in Würzburg: Die Sätze von 1376 (Gerhard von Schwarzburg), in: Würzburger Polizeisätze. Ausgewählte Texte. Gebote und Ordnungen des Mittelalters 1125 bis 1495, hg. von Hermann HOFFMANN (Veröffentlichungen der Gesellschaft für fränkische Geschichte 10/5), Würzburg 1955, Art. 114, S. 77: *Man sol auch die erbeyter gewinne des morgens fru vor der glocken, die man zum tuͤmme dorzu luten sol, uff den mytsteten, die von alter her kumen sint und anders nyergent*; oder ebd. Art. 209, S. 90: *Man sol auch eyn glocken luͤten czwirunt dez morgens fruͤ zuͤm tuͤm zuͤ W., duͤ man duͤ rotglocken nennet. Und sol ouch ein yglicher arbeiter gewinnen und bestellen an den vorgenanten mitsteten zwischen den zwein gloken und nicht dornach one als geverde.*

gen der Städte, die Zuordnung von Arbeitskräften möglichst schnell und arbeitgeberfreundlich vorzunehmen. So sinnvoll diese Bestimmungen aus deren Sicht für die rasche Abwicklung der Arbeitsvermittlung waren, in Zeiten von Mangel an Arbeitskräften, beispielsweise nach Pandemien[60], konnten sie gegenteilige Wirkung entfalten, da sich die Tagelöhnerinnen und Tagelöhner ihre Löhne und Arbeit aussuchen konnten und es ihnen freistand, bei zu regulatorischen Einschränkungen in andere Städte abzuwandern[61].

Die Festsetzung des Tagelohns auf den Mietstätten war ebenfalls essenziell. Personen, die eine Arbeitskraft suchten, war es unter Strafe verboten, einen anderen Tagelohn festzusetzen als den vorgegebenen. Die Einrichtung von zentralen Plätzen der Arbeitsvermittlung war für die Obrigkeit der Städte in mehrfacher Hinsicht sinnvoll, zum einen war die Arbeitsanwerbung und auch die Zahl der Arbeitskräfte einfacher zu beaufsichtigen und zu kontrollieren, zum anderen konnten auch die festgesetzten Tagessätze für die Tagelöhnerinnen und Tagelöhner überprüft werden. Die Mietstätten oder andere Orte der Anwerbung unterstützten die Organisation der Arbeitsvermittlung in den Städten und auf dem Land. Im Gegensatz zu Dienstboten, die sich für eine bestimmte Zeit an einen Arbeitgeber oder eine Arbeitgeberin verdingten, war bei anderen Arbeiterinnen und Arbeitern eine ungleich höhere Fluktuation charakteristisch. Diese arbeiteten auf Tagelohn-Basis und waren wesentlich flexibler, einen Ort beispielsweise bei mangelndem Arbeitsangebot zu verlassen. Die Sammlung dieser Personen auf zentralen Plätzen, auf denen Arbeit und Arbeitskräfte zusammengeführt werden konnten, erleichterte zum einen die Suche nach Arbeitskräften, zum anderen aber auch das Finden von Arbeit. Viele Städte forcierten die Mietstätten als Orte der Arbeitsvermittlung für Tagelöhnerinnen und Tagelöhner und verboten es, Arbeiterinnen und Arbeiter außerhalb dieser Mietstätten anzusprechen und zu mieten[62]. Gleichzeitig war es Personen, die für den Tag Arbeit gefunden hatten, beispielsweise in Nürnberg, nicht erlaubt, erneut auf die Mietstatt zu gehen und nach weiterer Beschäftigung für den Tag zu suchen. Diese Regelung findet sich im Satzungsbuch der fränkischen Reichsstadt von 1320–

60) An dieser Stelle sei an die vielen Verordnungen und obrigkeitlichen Reglementierungen in Bezug auf Arbeitskräftemangel und -überangebot verwiesen, siehe dazu mit einzelnen Beispielen aus dem gesamten Reichsgebiet: Mathilde SCHLEMMER, Arbeitszwang für freie Menschen in der deutschen Geschichte seit dem 14. Jahrhundert, Diss. masch. Bonn 1957, bes. S. 99–128.

61) Vgl. dazu Julius BUNZEL, Die Landarbeiterfrage, in: Archiv für Sozialwissenschaft und Sozialpolitik 24 (1907), S. 680–709, hier S. 682 f.

62) Der Satz vom 7. März 1434 (Johann [II.] von Brunn), in: Würzburger Polizeisätze, (wie Anm. 59), Art. 292, S. 119: *Unser herren von reten verbieten allermeniclich, daz nymant keinen arbeter anderswo gewinnen sol dann dez morgens an den rechten mitsteten.* [...] *Und wissent, das vil lute darüber gesetzt sein und gesworen haben, eins sulchen zu warten und dem rat furbrengen, wo daz geschee, die dann ein sulchs heftig straffen wollen, da wissen sich ydermeniclich nach zu richten etc.*

1323 – ca. 1360, das den Lohn und die Bedingungen für das Bauhandwerk angibt[63]. Im Knappenbrief (der Ordnung der Tuchmachergesellen) Berlins und Cöllns von 1331 wird ebenfalls vorgeschrieben, dass kein Tuchmachergeselle zu der Mietstatt, in Berlin *ples* genannt, gehen soll, solange er seine vorherige Arbeit bis zu einem bestimmten Punkt (*havel reke* genannt) nicht beendet hat[64]. Auch die Wollschläger durften sich laut der Ordnung nicht auf dem *ples* verdingen, solange sie mehr als einen *lapis lane (ein Stein Wolle)* übrig hatten[65]. In Berlin und Cölln setzte die Obrigkeit auf Regulierungen des Arbeitsmarktes und sorgte dafür, dass Arbeiten weitgehend ausgeführt sein mussten, bevor die eigenen Dienste wieder auf der Mietstatt angeboten werden konnten.

Mietstätten existierten nicht nur in den Städten, sondern auch im ländlichen Bereich, in Dörfern oder Gemeinden. Die Regularien für den ländlichen Raum scheinen sich nicht grundlegend von denen in den Städten unterschieden zu haben. Auch dort sollten sich, laut den Verordnungen und Weistümern, die Arbeitskräfte auf der Mietstatt einfinden und zu festgesetzten Löhnen vermittelt werden. Auch hier wurden Strafen für die Missachtung der vorgegebenen Löhne angedroht[66]. Im ländlichen Raum war die Obrigkeit also auch um eine Organisation der Vermittlung von Arbeitskräften bemüht.

63) Satzungsbücher und Satzungen der Reichsstadt Nürnberg aus dem 14. Jahrhundert, hg. von Werner SCHULTHEISS (Quellen zur Geschichte und Kultur der Stadt Nürnberg 3), Nürnberg 1965, S. 171: [...] *Unde swelher ain werch hat, der sol dezselben tages an die mietestat niht sten.*

64) Knut SCHULZ, Der *Knapenbriff* oder die Ordnung der Tuchmachergesellen Berlins und Cöllns von 1331, in: 100 Schlüsselquellen zur Geschichte von Berlin, Brandenburg und Preußen, URL: www.hiko-berlin.de/Knappenbrief-1331 (zuletzt aufgerufen 30.11.2022): [19.] *Item quod nullus eorum vadat ad locum in Berlin, qui dicitur ples, locando se alteri, nisi opus, quod habuerit pre manibus, usque ad talem partem totaliter, que vocatur eyn havel reke, et istud pertinet ad textores;* Übersetzung ebd.: [19.] *Auch soll keiner von ihnen zu dem Platz in Berlin gehen, der Ples genannt wird, um sich zu verdingen, sofern seine bereits übernommene Arbeit nicht schon bis zu dem Punkt gelangt ist, den man Havelreke (?) nennt, was die Wollweber betrifft.*

65) Ebd.: [20.] *lanifices vero non vadant ad predictum locum locando se aliis, nisi superfuerit eis unus lapis lane, quod eyn stein wulle dicitur in vulgari, ad percuciendum tantum, id est tu gherwende; qui vero contra fecerit, dabit libram cere.* Übersetzung ebd.: [20.] *Die Wollschläger (lanifices) aber gehen nicht zu dem vorher genannten Platz, um sich bei anderen zu verdingen, es sei denn, dass ihnen (nur noch) ein Stein Wolle, was volkssprachlich eyn stein wulle genannt wird,* übrig geblieben *ist, um eine solche Menge zu schlagen, das heißt tu gherwende* (»zu gerben« bzw. zu säubern), bei Strafe von einem Pfund Wachs.

66) Siehe zum Beispiel: Weistümer zum Banntaiding von Unterdöbling von 1512, in: Niederösterreichische Weisthümer, hg. von Gustav WINTER (Österreichische Weistümer 7–10), 4 Bde., Wien 1886–1930, Bd. 1, S. 889: *Die nachpaurn sollen alle wochen dreimalln, nämlich am phinztag und montag geen auf die mietstat und der gemain nutz betrachten und den lon setzen; und wie der lon gesetzt wirdt, den sol ieder und nicht mer geben seinen arbaitern. Wer aber uber den gesetzten lon gibt, der ist zu wandl nach iedem arbaiter umb 12 ₰. ob auch ainer auf die mietstat nit gieng und wolt seinen aigen nutz betrachten, der ist zu wandl umb 12 ₰, läst er sich aber beclagen so ist er umb 72 ₰*; Banntaidingsbuch von 1560, in: ebd., S. 552: *Es sollen dann die lön gesetzt werden auf der müetstatt von den die der richter, rath und gemain darzu gesetzt hat, das ainer nit mer lann geb aim arbaiter dann der ander von ains gemain nutz wegen.*

Die Mietstätten gehörten zum Alltagsleben vieler städtischer und ländlicher Bewohnerinnen und Bewohner. So ist es auch nicht verwunderlich, dass sie Eingang in die Dichtung fanden. In den Schwänken des *Pfaffen von Kahlenberg* aus dem 14. oder 15. Jahrhundert[67] wird beschrieben, wie ein Pfarrer auf einer Mietstatt Tagelöhner anmietet, zur Arbeit anhält und ihnen letztendlich den Lohn kürzt, da sie nicht richtig gearbeitet hätten. Dort heißt es:

> *Eins tags do mußt er hawer* [Weinhauer] *han* [holen], */ Die im do hawtten umb den lan [Lohn] / Do kam er do an die mietstat / Etlich er do zu hawen pat. / Manicher was im do bereit / Er weist sie hin zu der arbeit / Und befall in do das hawen; / Er sprach: »ich muß hin haime schawen, / Und laßt euchs die weil sein bevolhen /* [...] *Einer arbeit so, der ander sust [sonstwie], / Sie thetten ganz nach yrem lust, / Bis das do kam die abendzeit, / Und man yedem seinen lon geit; / Sie komen all hyn haimgegan, / Und wolten haben yren lan. / Do het er mit yn ein geding, / Und brach yedem ab ein pfenning. / Das daucht sie alle gar zu schwer, / Und sprachen do zu dem pfarrer: / »Ey her, es dunket unß nit gut, / Das ir unß den lan abprechen thut, / Wir thun euch ganz noch eurem willen.« / Der Pfarrer thet ir red do stillen, / Und warff in do das gelt nider, / Und sprach: »kumpt morgen allher wider*[68]*.«*

Diese volksnahe Erzählung gibt überspitzt Einblick in das Anmieten und Bezahlen von Tagelöhnern auf Mietstätten. Sie sollte nicht den Blick darauf versperren, dass die mittelalterlichen Arbeitgeberinnen und Arbeitgeber und Arbeiterinnen und Arbeiter auf solche Orte des Zusammenkommens angewiesen waren.

IV. Vermitteln gegen Gebühr: Professionelle Arbeitsvermittlung in den Städten des 15. und 16. Jahrhunderts

Mietstätten und andere zentrale Plätze der Arbeitsvermittlung waren ein städtisches Instrument der Strukturierung und teilweise Regulierung des Arbeitsmarktes. Ein weiterer Versuch der Kontrolle stellte das obrigkeitliche Einsetzen von professionellen Arbeits(-kraft)vermittlerinnen und -vermittlern in bestimmten Branchen dar. Personen, die Aufträge oder Arbeit vermittelten, existierten in verschiedenen Bereichen. Die meisten von ihnen übernahmen diese Funktionen, ohne speziell dafür eingesetzt

67) Die Schwänke des Pfaffen von Kahlenberg wurden von Philipp Frankfurter (1450–1511) gesammelt und herausgegeben. Historisches Vorbild soll Weigand von Theben, ein Hofnarr aus dem 14. Jahrhundert gewesen sein. Siehe dazu: Die Geschichte des Pfarrers von Kalenberg, hg. von Viktor Dollmayr, Halle 1906; Friedrich W. Ebeling, Die Kahlenberger. Zur Geschichte der Hofnarren, Berlin 1890, S. 8–32; siehe auch die Untersuchung von Eva Wodarz-Eichner, Narrenweisheit im Priestergewand. Zur Interpretation des spätmittelalterlichen Schwankromans »Die geschicht und histori des pfaffen von Kalenberg« (Kulturgeschichtliche Forschungen 27), München 2007.

68) Der Pfaffe von Kahlenberg, zitiert nach: Pfarrer von Kalenberg (wie Anm. 67), S. 15 f.; siehe auch mit wenigen Abweichungen: Ebeling, Kahlenberger (wie Anm. 67), S. 50–53.

worden zu sein. Unterkäufer vermittelten in erster Linie Geschäfte zwischen sowohl einheimischen als auch auswärtigen Händlern und Kundinnen oder Kunden und kontrollierten die Qualität der Waren. Unter ihre Aufgabenbereiche fielen aber auch weitere Dienstleistungen, neben der Arbeitskräftevermittlung beispielsweise die Organisation und Koordination von Liefertätigkeiten[69].

Ähnliche Funktionen konnten Werkmeister im Bauwesen übernehmen. Neben der Bauleitung als Baumeister entschieden sie, welche Arbeiter eingestellt wurden. Belege oder Hinweise auf Machtmissbrauch sind für einzelne Städte, beispielsweise Basel oder Nürnberg, erhalten. Ordnungen verpflichteten die Werkmeister, nur im Einvernehmen mit den Lohnherren und Bauherren, Arbeitskräfte zu mieten[70]. In Basel wurde 1494 dem Rat gemeldet, dass ein Werkmeister von den Arbeitern für die Beschaffung von Arbeit eine Gebühr verlangte, was nicht erlaubt war und den Rat besorgte[71]. Die Arbeitsvermittlung war auf vielen Wegen möglich und Personen verschiedener Berufsgruppen konnten sich inoffiziell als Arbeitsvermittlerinnen oder -vermittler betätigen.

Während sich diese Vermittlungen in einem Graubereich zwischen hauptberuflicher Vermittlung und inoffizieller Tätigkeit befanden, stellen die obrigkeitlich beauftragten und beaufsichtigten Gesindevermittlerinnen und -vermittler eine professionalisierte Form der Arbeitsvermittlung dar. Die Vermittlung von weiblichem und männlichem Gesinde war für den städtischen Arbeitsmarkt essenziell. Ein großer Teil des Gesindes stammte nicht aus den Städten, in denen es nach Arbeit suchte, sondern kam entweder aus dem Umland oder legte weite Strecken auf der Suche nach einer Anstellung zurück. Für die Städte war es wichtig, Mägde und Knechte möglichst effizient an die städtische Wirtschaft und private Haushalte zu vermitteln.

69) Zu den Unterkäufern siehe: Hartmut Schubert, Unterkauf und Unterkäufer in Frankfurt am Main im Mittelalter. Ein Beitrag zur Geschichte des Maklerrechts, Frankfurt am Main 1962; Eberhard Schmieder, Unterkäufer im Mittelalter. Ein Beitrag zur Handels- und Wirtschaftsgeschichte vornehmlich Süddeutschlands, in: VSWG 30 (1937), S. 229–260; aus diesem Band: Sabine von Heusinger, Vermittler zwischen Produzenten und Kunden. Die Unterkäufer; und bald: Julia Exarchos, Im Dienst der Stadt und der (armen) Menschen. Funktionsträger und Mittelspersonen in der wirtschaftlichen Organisationsstruktur der Städte Wesel, Kalkar und Dinslaken vom 14. bis 16. Jahrhundert, in: Leben und Überleben am Niederrhein im Spätmittelalter und in der Frühen Neuzeit, hg. von Monika Gussone und Hiram Kümper (Schriften der Heresbach-Stiftung Kalkar) [in Druckvorbereitung].

70) Siehe zum Beispiel Basel: StA Basel Bauakten A 2 bei Gerhard Fouquet, Bauen für die Stadt. Finanzen, Organisation und Arbeit in kommunalen Baubetrieben des Spätmittelalters. Eine vergleichende Studie vornehmlich zwischen den Städten Basel und Marburg (Städteforschung A/48), Köln 1999, S. 184; oder Nürnberg: Endres Tuchers Baumeisterbuch der Stadt Nürnberg (1464–1575), hg. von Matthias Lexer (Bibliothek des Literarischen Vereins in Stuttgart 64), Stuttgart 1862, ND Amsterdam 1968, S. 34, 37.

71) Siehe zu dem Fall Fouquet, Bauen (wie Anm. 70), S. 184.

Für die Gesindevermittlerinnen und -vermittler sind einige wertvolle Quellen erhalten. Das gilt vor allem für Nürnberg und seine Vorstädte Wöhrd und Gostenhof, wo Gesindezubringerinnen und Kanzleiboten für die Vermittlung von Dienstboten zuständig waren und von der Obrigkeit beauftragt und kontrolliert wurden. Johann Kamann hat in seinem 1901 erschienenen Beitrag zum Nürnberger Gesindewesen einige dieser Quellen aus den Nürnberger Archiven erfasst und teilweise interpretiert. Allerdings gibt es weitere Quellen, die in Nürnberg Aufschluss über diesen Tätigkeitsbereich geben. In anderen Städten ist keine vergleichbar gute Quellenlage für die Gesindevermittlung vorhanden. Für Köln sind offizielle Gesindezubringerinnen und -zubringer, zumindest in den normativen Quellen, nicht belegt. Dieser Tätigkeitsbereich ist aber durch andere Quellen dokumentiert.

Die normativen Quellen in Nürnberg zeichnen ein aufschlussreiches Bild der Arbeitsvermittlung des Gesindes im 16. Jahrhundert, zumindest was den normativ festgelegten Rahmen betrifft. Für das 15. Jahrhundert sind keine Ordnungen erhalten, doch existierte das Amt der Zubringer bereits im 15. Jahrhundert. Die Ämterbücher der Stadt Nürnberg führen für die Jahre 1417 bis 1423 Zubringer von Knechten und Mägden auf[72]. Zunächst scheint es keine Ausdifferenzierung zwischen Vermittlerinnen und Vermittlern von Mägden und Knechten gegeben zu haben. Das Ämterbuch nennt schlichtweg Zubringer für Mägde und Knechte zusammen. Erst ab Anfang des 16. Jahrhunderts werden Zubringerinnen für Mägde explizit in den Ämterbüchern erwähnt und ab 1563 separat die Zubringer der Hausknechte[73]. Das Amt existierte vermutlich aber früher[74].

Im 16. Jahrhundert wird das Tätigkeitsfeld der Gesindevermittlung durch vier Verordnungen bis 1579 aufschlussreich beschrieben: die Verordnungen von 1521, 1525, 1547 und 1579[75]. Zudem treten additionale allgemeine Ordnungen zum Gesindewesen hinzu, in denen die Funktionen und Tätigkeitsbereiche der Zubringerinnen und Kanzleiboten oder Aufbieter[76] ebenfalls umrissen werden und die die Verordnungen teilweise ergänzen. Daneben existieren einzelne Ratsverlässe entweder zu den Zubringerin-

72) Siehe dazu das Ämterbuch Nr. 2 (1417–1423): StAN, Reichsstadt Nürnberg, Ämterbüchlein, Nr. 2.

73) Das Ämterbuch Nr. 26 für das Jahr 1504 führt die Zubringerinnen auf. Im Ämterbuch Nr. 82 von 1563 werden dann davon separat die Zubringer der Hausknechte aufgelistet, ab Ämterbuch Nr. 96 von 1577 findet sich diese Auflistungsweise dann regelmäßig. Die Zubringer sind höchstwahrscheinlich Kanzleiboten gewesen, auch wenn sie als solche in den Ämterbüchern nicht erscheinen.

74) Kamann geht von einer Existenz dieses Amtes seit Ende des 14. Jahrhunderts aus (ohne Quellen zu nennen): Kamann, Gesindewesen (wie Anm. 11), S. 69 f.

75) Stadtarchiv Nürnberg, A 6, Nr. 364; StAN, Reichsstadt Nürnberg, Amts- und Standbücher, Nr. 100 und Nr. 101.

76) In Ordnungen werden sie manchmal auch als Aufbieter bezeichnet.

nen oder Kanzleiboten selbst oder zu den Ehehalten[77], die ebenfalls Themenbereiche der Gesindevermittlung betreffen[78].

Der Markt für Gesinde scheint auf den ersten Blick weniger dynamisch gewesen zu sein als anzunehmen wäre. So gab es feste Termine, zu denen Dienstboten eingestellt werden konnten. Traditionell waren Mariä Lichtmess (2. Februar), Walpurgis (1. Mai), St. Laurentii (10. August) und Allerheiligen (1. November) die Tage, zu denen Dienstboten gedingt werden konnten[79]. Die Magd oder der Knecht verpflichteten sich für eine bestimmte Zeit, zum Beispiel für ein Jahr, später auch für kürzere Abstände, der Herrschaft fleißig und ehrlich zu dienen[80]. Aus dem Dienst vor dieser Zeit auszutreten, war verboten und wurde hart bestraft. Es sei denn, massive Gründe lagen vor, die einen solchen Austritt oder Entlassung aus den Diensten zuließen oder rechtfertigten[81]. Reguläre Kündigungen, entweder seitens des Gesindes oder des Arbeitgebers oder der Arbeitgeberin, mussten in den Städten sechs Wochen[82] vor dem vereinbarten Auslaufen des Arbeitsvertrages erfolgen[83].

Laut den Ordnungen waren die Zubringerinnen und Kanzleiboten in der Vermittlung dieser notwendigen Arbeitskräfte unerlässlich. Die Kanzleiboten waren städtische Bedienstete, die in erster Linie für Botendienste eingesetzt wurden. Erst ab dem 16. Jahrhundert ist nachweisbar, dass der Rat in Nürnberg den Kanzleiboten als Nebenerwerb erlaubte, Knechte zu vermitteln[84]. Allerdings konnte dieser Nebenerwerb einzelnen Personen wieder entzogen werden, wenn sie beispielsweise die Kanzleitätigkeit durch ihre Vermittlertätigkeit vernachlässigten[85]. Das Amt der Zubringerin umfasste hingegen ausschließlich die Vermittlung weiblichen Gesindes. Die Zubringerinnen waren ebenfalls im weitesten Sinne städtische Bedienstete. Sie wurden vom Rugamt, der obers-

77) Ehehalte (Ehehalt), manchmal auch Ehalte, ist eine Bezeichnung für einen Dienstboten, siehe dazu: ehehalte, in: Deutsches Wörterbuch von Jacob Grimm und Wilhelm Grimm, Erstbearbeitung (1854–1960), digitalisierte Version im Digitalen Wörterbuch der deutschen Sprache, https://www.dwds.de/wb/dwb/ehehalte (15.01.2023).

78) Zum Beispiel: Stadtarchiv Nürnberg, A 6, Nr. 364; Stadtarchiv Nürnberg, B 31 (1. Januar 1555); Stadtarchiv Nürnberg, A 6, Nr. 170 (1. Januar 1547).

79) Britta-Juliane Kruse, Witwen. Kulturgeschichte eines Standes in Spätmittelalter und Früher Neuzeit, Berlin/Boston 2007, S. 337; Kamann, Gesindewesen (wie Anm. 11), S. 72.

80) Kamann, Gesindewesen (wie Anm. 11), S. 72.

81) Beispielsweise bei Heirat, Tod oder Zahlungsunfähigkeit der Herrschaft: Kamann, Gesindewesen (wie Anm. 11), S. 72.

82) In der Ordnung für die Zubringerinnen und Kanzleiboten von 1579 sind es acht Wochen: Stadtarchiv Nürnberg, A 6, Nr. 364, fol. 2v; in der für die Ehehalten aus dem gleichen Jahr sechs Wochen: Stadtarchiv Nürnberg, A 6, Nr. 365, fol. 1r.

83) Auf dem Land sogar drei Monate, siehe dazu Kruse, Witwen (wie Anm. 79), S. 337; Kamann, Gesindewesen (wie Anm. 11), S. 72.

84) Kamann, Gesindewesen (wie Anm. 11), S. 70.

85) Ebd.

ten gerichts- und gewerbepolizeilichen Institution in Nürnberg, zugelassen und überprüft, und erhielten ihren Lohn über eine festgesetzte Makler-Gebühr, ähnlich den Unterkäufern oder Käuflerinnen und Käuflern[86)].

Der Ablauf der Gesindevermittlung gestaltete sich klar reguliert. Gesinde, entweder von außerhalb oder innerhalb der Stadt, das eine Anstellung suchte, wandte sich an eine Zubringerin oder an einen Kanzleiboten. Die Zubringerinnen hatten eigene *Gaden*, Buden, in denen sie anzutreffen waren. Für das 17. Jahrhundert ist anhand von Zeichnungen belegt, dass die Buden mit Aushängeschildern gekennzeichnet waren[87)]. Ob es auch schon im 15. oder 16. Jahrhundert solche Schilder gab, ist anzunehmen, aber nicht belegbar. Die Buden werden jedoch höchstwahrscheinlich in irgendeiner Form gekennzeichnet gewesen sein.

Der Ablauf der Vermittlung war recht simpel. Die Magd oder der Knecht stellte sich der Zubringerin oder dem Kanzleiboten vor. Diese mussten überprüfen, ob die Magd oder der Knecht nicht noch bei einer Herrschaft in Dienst stand. Zudem begutachteten sie die Tauglichkeit des zukünftigen Gesindes. Eindringlich wird in den Ordnungen darauf hingewiesen, dass die Gesindevermittlerinnen und -vermittler, sobald sie ein Gebrechen oder schlechte Absicht, gar Gefährlichkeit, bei einer Magd oder einem Knecht erkannten, dies den zukünftigen Herrschaften mitzuteilen hatten[88)]. Gab es keine Bedenken, wurde der Dienstvertrag zwischen Herrschaft und Dienstboten geschlossen.

Die Entlohnung wird ebenfalls in den Ordnungen geregelt, allerdings nur für die Zubringerinnen. Die Kanzleiboten und Aufbieter werden in den Texten immer miterwähnt und aufgeführt, die Festlegung der Entlohnung scheint sich jedoch nur auf die Zubringerinnen zu beziehen. Ein Vergleich zwischen den Gebühren der Vermittlung eines Knechtes und der einer Magd ist deshalb auf Basis der Ordnungen nicht möglich. Ein Grund für das Ausklammern der Kanzleiboten bei der Festlegung der Makler-Gebühr könnte sein, dass die Vermittlungstätigkeit Bestandteil der Kanzleibotentätigkeit war und die Ordnungen für die Knechtsvermittlung keine festgelegte Entlohnung vorsahen. Eventuell wurden die Tarife einzeln ausgehandelt. Allerdings erscheint es unwahrscheinlich, dass für die Knechtsvermittlung keine Gebührenhöhe festgesetzt

86) KRUSE, Witwen (wie Anm. 79), S. 337; KAMANN, Gesindewesen (wie Anm. 11), S. 70.

87) Die Bönerschen Radierungen (1689/1690): Zubringerin mit Magd, abgebildet in: KRUSE, Witwen (wie Anm. 79), S. 336, 338; siehe auch: KAMANN, Gesindewesen (wie Anm. 11), S. 70.

88) Stadtarchiv Nürnberg, A 6, Nr. 364, fol. 6v–7r: *Es sollen die Cantzley-Potten, Auffpietter und Zuepringerin, die von Raths wegen darzue gesetzt werden, die Ehehaltten, die zu inen kommen, es sey Knecht, Jung oder Maidt, und Diensts hie begern, Reichen und Armen, der obverleibten Ordnung gemes und ohne Gevehr, zuepringen und zuweissen; und sollen gegen den Ehehaltten keinen Dienst hie insonderheit oder gevehrlich loben noch ergern. Und, ob sy ichtwas auf ihren angekehrtten Vleis, so sie derhalben fürwennden sollen, gebrechen oder Gefehrlichkait an einem Ehehaltten erführen, wüssten oder verstündten, daß sie daz eines jeden Herrschafft, dem sy den zuepringen wöllen, zu wissen thun*; fast wortgleich: Stadtarchiv Nürnberg, A 6, Nr. 365, fol. 3r–v.

wurde. Möglicherweise waren sie der Entlohnung einer Zubringerin gleichgesetzt, eventuell niedriger oder höher.

Die Bezahlung der Zubringerin erfolgte nach einer festgesetzten Taxe (Gebühr). Laut der Verordnung von 1547 erhielt die Zubringerin von der Herrschaft 15 und von der Magd 12 Pfennige für eine erfolgreiche Vermittlung[89]. Allerdings konnte die Zubringerin bei besonders schweren Vermittlungsfällen, wenn sie besonders viel Mühe gehabt hatte, zusätzlich von der Herrschaft 5 Pfennige erhalten und von der Magd 4[90]. Diese Entlohnung wird auch in einer undatierten Ordnung zu den Ehehalten der Nürnberger Vorstädte Wöhrd und Gostenhof festgeschrieben[91]. In der Ordnung der Zubringerinnen und Kanzleiboten von 1579 werden hingegen andere Beträge genannt: Dort sollen der Zubringerin 36 Pfennige von der Herrschaft und 24 Pfennige von der erfolgreich vermittelten Magd gezahlt werden. Wie auch in den anderen Ordnungen soll bei besonderen Mühen der Zubringerin die Herrschaft zusätzlich 6 Pfennige und die Magd 4 Pfennige zahlen[92].

Die Regelung der »Bonuszahlung« für besonders schwere Vermittlungsfälle scheint vor allem dem Schutz der Magd und der Herrschaft vor überzogenen Forderungen der

89) Vgl. hier die Ordnung von 1521, da sind es für die Zubringerin nur 10 Pfennige von der Herrschaft und 5 von der Magd: StAN, Reichsstadt Nürnberg, Amts- und Standbücher, Nr. 101, fol. 558r.

90) Ebd., fol. 561r: [...] *so hat ein erber Rate verordennt unnd wollen, das hinfuro ein jede Herrschafft einer Zubrinngerin, von einer Maidt zu verdinngen, nitt mer dann funfftzehen Pfenning unnd ein Maid zwolff Pfenning zu geben schuldig, doch soll den Herrschafften, auch den Maiden, zugelassen sein, wo ein Zuprinngerin inn solchem Verdinngen mit Hin- und Widerlauffen unnd -schicken etwas mer, dann sonnst gemainlich beschicht, Muhe gehabt, das alßdann inn der Frauen unnd der Maydt Wilkur steen soll, der Zuprinngerin, nemblich die Frau uber die funfftzehen Pfenning noch funff Pfenning unnd die Maidt uber die zwolff Pfenning noch vier Pfenning, zu geben*; siehe dazu auch KAMANN, Gesindewesen (wie Anm. 11), S. 73.

91) Stadtarchiv Nürnberg, A 6, Nr. 365, fol. 3v: [...] *Unnd nachdem ein erbarnn Rath statlich angelangt hat, das die Zupringerin, so den Herschafften alhie die Hausmaigt zupringen unnd verdingen, dieselben Herschafften, auch die Ehalten, von wegen irer Muhe unnd Besoldung uber die hievor zugelasne Tax mit Schennckhung und in ander Wege etwas zuvil beschweren und ubernemen – demselben aber etlicher Massen zu begegnen, so hat ein erbar Rath verordert und wollen, das hinfuro ein yede Herschafft einer Zupringerin, von einer Maigt zu verdingen, nit mher dann 15 ₰ und ein Maigt 12 ₰ zu geben schueldig. Doch sol den Herschafften, auch den Maigten, zugelassen sein, wo ein Zupringerin in solchem Verdingen mit Hinn- und Widerlauffn etwas mher, dan sonst gemeingklich beschicht, Muhe gehabt, das alsdan in der Frauen und Meide Wilkhur steen solle, der Zupringerin, nemlich die Fraue uber die 15 ₰ noch 5 ₰ und die Maigt uber die 12 ₰ noch 4 ₰ zu geben, doch sollen bede Theil zu solchem nit verpflicht sein, sonder, wie vorsteet, inn irem gutten Willen stehen, alles bei Peen, so ein Zupringerin uber erstbestimpte Satzung von einer Herschafft oder Dienst-Ehalten mher foderte oder zu haben begert, von einer jeden funff Pfundt neur Heller, welche die Zupringerin ane Gnad, zu Straff zu entrichten, pflichtig sein sollen.*

92) Stadtarchiv Nürnberg, A 6, Nr. 364, fol. 7v: [...] *und wöllen, das hinfüro ein jede Herrschafft ainer Zuepringerin, von einer Maidt zu verdingen, nit mehr dann 36 ₰ und ein Maidt 24 ₰ zu geben schuldtig, doch soll den Herrschafften, auch den Maidten, zuegelassen sein, wo ein Zuepringerin in solchen Verdingen mit Hin- und Widerlauffen etwas mehr, dann sonnsten gemainigclich beschicht, Müehe gehabt, das alßdann in der Frawen und Maidt Willkhür stehen soll, der Zuepringerin, nemblich die Fraw noch 6 ₰ und die Maidt 4 ₰, über die gesetzte Tax zu geben.*

Zubringerinnen gedient zu haben, von denen immer wieder in den normativen Quellen die Rede ist[93]. Die Entscheidung, ob der Zubringerin eine höhere Taxe im Rahmen einer fest abgesteckten »Bonusregelung« gezahlt wurde, lag allein bei der Herrschaft und der Magd[94].

Die exponierte Stellung, die den Gesindevermittlerinnen und -vermittlern zukam, spiegelt sich in ihrer Kontrollfunktion gegenüber dem Gesinde wider. So sollten sie Gesinde nicht vermitteln, wenn dieses vorzeitig den Dienst bei seiner alten Herrschaft gekündigt hatte[95]. Ehehalten, die vorher in keinem Dienst gestanden hatten, durften den gerade aufgenommenen Dienst nicht einfach kündigen. Wenn Gesinde aus diesem Grund verklagt und bestraft wurde, durften die Zubringerinnen und Kanzleiboten es für vier Jahre nicht neu vermitteln[96]. Zusätzlich sollten die Zubringerinnen und Kanzleiboten dem Rugamt anzeigen, wenn Gesinde einen zu hohen Lohn, Trinkgeld oder Kuchengeld forderte und/oder sich nicht vermitteln ließ. Solche Dienstboten sollten infolgedessen bestraft werden[97]. Generell sollten die Zubringerinnen und Kanzleiboten darauf achten, dass auch das sogenannte Drangeld[98], auch Lei(t)kauf genannt, das dem Gesinde zum Abschluss des Vertrages gezahlt wurde und es zur Aufnahme des Dienstes motivieren sollte, auf 72 oder höchstens 84 Pfennige begrenzt blieb[99]. Der Rat begründete diese Regelung damit, dass ihm zu Ohren gekommen sei, dass das Gesinde ein immer höheres Drangeld fordere[100].

Die Zubringerinnen und Kanzleiboten erhielten durch die Ordnungen nicht nur Kontrollfunktionen, sondern wurden auch selbst reglementiert. Ihnen war es auf das strengste verboten, jemanden zu bevorteilen oder gar Gesinde von Dienstherrschaften

93) So zum Beispiel bei der Ordnung von 1521, StAN, Reichsstadt Nürnberg, Amts- und Standbücher, Nr. 101, fol. 558r: *Unnd das auch die Zupringerin noch yemanndts von iren wegen dieses, ires Ambts, halben uber den vorbestimbten, iren gesatzten Lone von yemanndt einich Gabe oder Schanckung nicht fordern oder nemen sollen noch wollen, ungeverlich. Doch ist dem Ehallten hierinnen gelufft, das er, ob er will, biß inn zehen Pfenning, unnd daruber nitt, geben mag.*

94) Das wird auch noch einmal deutlich festgeschrieben, Stadtarchiv Nürnberg, A 6, Nr. 364, fol. 7v: *Doch sollen beede Thaill zu solchem nit verpflicht sein, sondern, wie vorstehet, zu ihrem guten Willen steen, alles bey Peen, so ain Zuepringerin über erstbestimpte Satzung von einer Herrschafft oder Dienst-Eehalten mehr erforderte oder zu haben begerte, von einer jeden Farth fünff Pfundt neüer Heller, welche die Zuepringerin ohne Gnadt, zur Straff zu entrichten, schuldtig sein sollen.*

95) Stadtarchiv Nürnberg, A 6, Nr. 364, fol. 6r–v.

96) Ebd., fol. 3v–4r.

97) Ebd., fol. 9r–v.

98) Teilweise auch Darangeld geschrieben, siehe Eberhard VON KÜNSSBERG, Darangeld, in: DRW 2 (1932–1935), Sp. 697.

99) Stadtarchiv Nürnberg, A 6, Nr. 364, fol. 8r–v: *Deßgleichen auch, dieweil der Leickauff halben bißhero ein Übermaß gebraucht worden, setzt und ordnet ein erber Rath, das hinfüro keinem Ehehaltten über 72 ₰ oder zum meinsten 84 ₰ soll gegeben werden, bey Straff 4 lb neüer Heller, welches der Geber und Nemer zu betzahlen schuldtig sein sollen*; KAMANN, Gesindewesen (wie Anm. 11), S. 73 f.

100) Ebd., fol. 8r.

abzuwerben, um dieses dann erneut gegen eine weitere Gebühr zu vermitteln. Deswegen beschloss der Rat, dass die Kanzleiboten und Zubringerinnen jede Person nur einmal im Jahr vermitteln durften, vom Rat genehmigte Ausnahmen ausgenommen[101]. Auffallend ist, dass nur die Zubringerinnen in den Ordnungen als diejenigen genannt werden, die sich Vorteile mit einer Abwerbung erschleichen wollten. In der Tat sind einige Beschwerden in den Quellen des Rates der Stadt Nürnberg über Zubringerinnen erhalten, in denen sie unter Androhung von Strafen dazu aufgefordert werden, alle Dienstboten gleich zu behandeln und nicht zum eigenen Vorteil zu agieren[102]. Laut der Ordnung von 1579 galten die Regularien zur Eindämmung dieser Praxis aber für beide, Zubringerinnen und Kanzleiboten[103].

Trotz dieser Beschwerden dokumentieren die Verordnungen und Ordnungen, dass die Zubringerinnen und Kanzleiboten als fester Bestandteil der Gesindevermittlung betrachtet wurden. In der Ordnung von 1579 wurde festgeschrieben, dass die Vermittlung von Gesinde nur durch eine geschworene Zubringerin oder einen Kanzleiboten beziehungsweise Aufbieter vorgenommen werden durfte, die oder der auch Buch führen musste[104]. Arbeitsvermittlung durch ungeschworene und nicht zugelassene Mittlerinnen und Mittler gegen Bezahlung war verboten. Dennoch wurden Mägde und Knechte auch von Privatpersonen vermittelt. Dieses Problem war den städtischen Behörden durchaus bewusst. In den Ordnungen für die Zubringerinnen und Kanzleiboten sowie

101) Ebd., fol. 4r–v; sehr ähnlich die Ordnung von 1525, StAN, Reichsstadt Nürnberg, Amts- und Standbücher, Nr. 101, fol. 559v–560r; siehe auch das Verbot, dass Zubringerinnen ihre Mägde schicken, um eine Magd zu vermitteln. Die Vermittlung musste immer durch die Zubringerin selbst erfolgen: Stadtarchiv Nürnberg, A 6, Nr. 364, fol. 5v–6r.

102) Kamann, Gesindewesen (wie Anm. 11), S. 71 f.

103) Stadtarchiv Nürnberg, A 6, Nr. 364, fol. 4r–v: *Item, dieweil sich auch die Zuebringerin understannden, umb ihres aigen Nutz und Vortaills willen, wann sie je zu Zeitten ein Magdt an einen Dienst zu einer Herrschafft verdingt und darumb ihr Belohnung empfangen haben, nachvolgendts zu den verdingten Ehehaltten gesagt, wann sy, die Maidt, yetzo nit einen versprochenen Dienst hette, so wollte sy woll ir ein bessern und andern Dienst zuweissen, mit welchem die Zuebringerin verursacht, das die Dienstmagdt zu vielmahlen der Herrschafft ihre Dienst widerumb ohn alle Uhrsachen aufgesagt und die Zuebringerin dardurch ein neüe Belohnung empfangen: Solchem zue begegnen, setzt und gebeüt ein erber Rath hiemit, das nun hinfüro ingemain kein Cantzley-Pott oder Zuepringerin ainichen Knecht, Jungen oder Maidt in einem Jar nit mer dann einmahl verdingen,*[…]; fast wortgleich die Ordnung von 1525, StAN, Reichsstadt Nürnberg, Amts- und Standbücher, Nr. 101, fol. 559v–560r.

104) Stadtarchiv Nürnberg, A 6, Nr. 364, fol. 2r: *Es gebietten unsere Herren vom Rathe, das nun fürobas niemandt mehr den andern ainichen Ehehaltten hie zupringen oder -weißen soll, der darumben Müeth, Gab oder Lohn nemen oder maint zu nemmen, dann allein, sovil die Magdt belangt, die geschworen Zuepringerin, die vom Rath gesetzt werden und darumb jerlich vor dem Ampt Buchpflicht thun. Aber die Knecht unnd Jungen niemandt anders dann die geschwornen Cantzley-Potten und Auffpietter, denen es ein erber Rath hiemit aus beweglichen Uhrsachen allein, unnd sonnsten niemand andern, eingeraumbt und zuegelassen haben will. Dann wer das überführe, der müest einem erbern Rath von jeder überfahrrnen Farth one alle Gnadt vier Pfundt novi zu Pues geben*; siehe fast wortgleich: Stadtarchiv Nürnberg, A 6, Nr. 365, fol. 1v.

auch in der Gesindeordnung von Wöhrd und Gostenhof wird darauf verwiesen, dass das Gesinde, das von privaten Personen, zum Beispiel aus dem Bekannten- oder Nachbarschaftskreis, unentgeltlich vermittelt wurde, genauso an seinen Diensteid gebunden sei wie Gesinde, das von Zubringerinnen und Kanzleiboten vermittelt werde[105)]. Die Vermittlung durch Privatpersonen war demnach möglich und rechtens, aber nur ohne Vermittlungsgebühr erlaubt.

Die Anzahl der Gesindezubringerinnen und -zubringer scheint in Nürnberg mit den Jahren stetig gewachsen zu sein. Durch die Ämterbücher lässt sich diese Entwicklung gut nachzeichnen. Zwischen 1481 und 1548 wuchs die Zahl von sieben auf 16 an[106)]. Diese Entwicklung kann mit einer Bevölkerungszunahme und einem Wirtschaftswachstum bei einhergehendem erhöhtem Bedarf an Arbeitskräften erklärt werden.[107)] Gleichzeitig kann es aber auch als ein Hinweis auf eine immer stärkere Regulierung und Organisation des Arbeitsmarktes für Gesinde interpretiert werden.

Das Zahlenverhältnis zwischen Vermittlerinnen für Mägde und Vermittlern für Knechte scheint ausgeglichen gewesen zu sein. Im Ämterbuch Nr. 99 von 1580 sind beispielsweise 11 Knechtszubringer und 13 Zubringerinnen vermerkt[108)]. In diesem Kontext ist es aufschlussreich, auf die Zulassung und die Personen einzugehen, die sich um dieses Amt bewarben. Es scheinen vor allem, wenn auch nicht ausschließlich[109)], Witwen gewesen zu sein, die sich um das Zubringerinnen-Amt bemühten. In Nürnberg bat die Witwe und sechsfache Mutter Katharina Gerstnerin um das freigewordene Ver-

105) Ebd., fol. 8r: *Doch, wo ainicher Dienst-Ehehalt durch andere Personen ausserhalb der verordtneten Zuepringerin yemandt umbsonst, one ainiche Belohnung, aus freündtlichen Willen oder guter Nachtbarschafft zuegebracht oder zuegeweist würde, derselb Dienst-Ehehalt soll aller Massen zu den obgemeltten Gesetzen, das Verdingen der Ehehaltten betreffendt, verpflicht und verpunden sein, alls were solch Zuepringen oder Verdingen durch die verordtenten Zuepringerin beschehen. Die Personen aber, die, wie oben gemeldt, umbsonnst, ohne ainiche Belohnung, aus freündtlichem Willen oder guter Nachtbarschafft yemandt ainen oder mehr Ehehaltten zuwisen, die sollen, dessen ungeacht, schuldtig sein, dem Gesetz, von der Verweißung der Ehehalten vermeldten, sich allerding gemes zu hallten, und darwider ainichs Wegs nit handlen, alles bey den Straffen, dem gedachten Gesetze zu Ende angehanngen*; fast der gleiche Wortlaut: Stadtarchiv Nürnberg, A 6, Nr. 365, fol. 3v–4r.

106) Siehe die »Ämterbüchlein«: StAN, Reichsstadt Nürnberg, Ämterbüchlein, Nr. 8 (1481), Nr. 68 (1548); siehe auch: KRUSE, Witwen (wie Anm. 79), S. 337.

107) Siehe zu der wirtschaftlichen Blüte Nürnbergs im 16. Jahrhundert: Michael DIEFENBACHER/Horst-Dieter BEYERSTEDT/Martina BAUERNFEIND, Kleine Nürnberger Stadtgeschichte, Regensburg 2012, bes. S. 51–72.

108) StAN, Reichsstadt Nürnberg, Ämterbüchlein, Nr. 99.

109) Hier sind die Ratsverlässe vom 13. September 1504 anzuführen, in denen eine Frau zugelassen wird, die augenscheinlich nicht verwitwet ist (StAN, Reichsstadt Nürnberg, Rep. 60b, Ratsbuch Nr. 7, fol. 287v; ediert in: Die Henker von Nürnberg und ihre Opfer. Folter und Hinrichtungen in den Nürnberger Ratsverlässen 1501 bis 1806, hg. von Michael DIEFENBACHER (Quellen und Forschungen zur Geschichte und Kultur der Stadt Nürnberg 35), Nürnberg 2010, S. 15: *Des lochhuters Sons weib der Dapfheimerin ist das Zupringer ampt verlihen Sexta post Kunigundis*. Siehe auch ebd., S. 14.

mittlerinnen-Amt[110]. Die Supplik ist leider nicht exakt datiert, sie wird aber auf nach 1400 geschätzt.[111]

Die Zulassungsbitte zeigt, dass die Ämter in der Regel nur beim Ausscheiden einer Amtsinhaberin neu besetzt wurden. Es wurden also nicht wahllos viele Zubringerinnen zugelassen. Ausführlicher als die Zulassungsbitte der Katharina Gerstnerin ist die einer gewissen Barbara aus dem Jahr 1522. In dieser führt die Bewerberin an, dass sie die Witwe des Nürnberger Boten Caspar Schwertfeger sei, der zehn Jahre zuvor in Würzburg getötet worden war[112]. Ihr Mann, der in Abrechnungen nachweisbar ist[113], war ein städtischer Bediensteter. Nun sei sie mit ihren fünf Kindern ganz allein, sei bisher einigermaßen zurechtgekommen, habe aber nun Schwierigkeiten, ihre Kinder auf ehrenhafte Weise großzuziehen. Wie bei Katharina wurde auch in Barbaras Fall ein Amt frei und deshalb empfahl sie sich als Neubesetzung. Sie verweist innerhalb dieser Bitte noch einmal auf ihren Mann oder konkreter auf dessen im Dienst der Stadt erlittenen Schaden, um ihrem Wunsch Nachdruck zu verleihen[114].

Anders als bei Katharina wird bei Barbara der Ehemann aufgrund seiner ehemaligen dienstlichen Stellung prominent hervorgehoben. Es wird damit an die Fürsorgepflicht

110) Stadtarchiv Nürnberg, A 1, Nr. 1400/2: *Fursichtigen, erbern, weiß liebe Herren. Nachdem das Frawen-Zupringerambt ytzo ledig ist, so bin ich ein arme Wittwe und hab sechs kleiner Kinder und bitt Ewr aller Weisheit demutiglichen, mich mit sol[c]hem Ampt zu begnaden. Das will ich untter[te]niglichen umb Ewr Weishait verdienen. Katherina Gerstnerin.*

111) Stadtarchiv Nürnberg, A 1, Nr. 1400/2.

112) StAN, Reichsstadt Nürnberg, Landpflegamt, Gemeinakten, 1522/1: *Fursichtig, erber unnd weise, gunstig, lieb Herren. Ewer erber Weisheit habenn sünder Zweifel in güter Gedechtnuß, welicher Gestalt Caspar Swertfeger, Bote, mein lieber Haußwirt seliger, vor X Jarenn bey Würtzburg von Ewer fürsichtigen Weisheit unnd gemeiner Stat Nuremberg wegen Schaden genomen unnd entleibt wordenn, wie auch in Ewer fürsichtigen Weisheit Cantzley datzumal noch der Leng verzeichent worden.*

113) Siehe zum Beispiel das Schreiben von Nürnberg an Konrad Imhof, Wilibald Pirckheimer und Leonhard Groland, in: Die Reichstage zu Augsburg und Trier/Köln 1512, bearb. von Reinhard Seyboth (Deutsche Reichstagsakten Mittlere Reihe 11/3), Oldenbourg 2017, Nr. 1754, S. 2436–2440, hier S. 2439: *Item so ist uns bey Casparn Schwertfeger heut, dato [31.7.12], euer schreyben [liegt nicht vor] sampt ainer copy erlangter commission zukomen*; oder die Abrechnung des Nürnberger Ratsdieners Jörg Winkler über Ausgaben anlässlich seiner Reise an den kaiserlichen Hof, ebd., Nr. 1844, S. 2589 f., hier S. 2590: *3 fl. dem Caspar Schwertfeger, boten, von dem pfert, das ich hinabgeritten und schadhaft ist worden, heraufzufuren, zu zerung.*

114) StAN, Reichsstadt Nürnberg, Landpflegamt-Gemeinakten, 1522/1: *Derselb, mein Haußwirt seliger, mir alßdann 5 unerzogner Kinder verlassenn, mit den ich mich bißhere swerlich beholffenn, aber nünmalß, ye lenger, ye minder vermügend, die unversehne, meine Kinder, mit Eren hinzebringen. So aber nün das Zubringer-Emptlein, durch Abganng N. Gailerin ledig wordenn, damit ich dann mich unnd gedachte meine Kindere lenger mit Eren mugen erhalten, so ist an Ewer fürsichtigen Weisheit mein ganntz diemutig Bite, Ewer fürsichtigen Weisheit wollen mich, in Ansehung gedachts meins lieben Haüßwirt Sched-Nemens, gunstiglich bedenncken unnd mit gedachtem Emptlein versehenn. Das will ich, umb Ewer fürsichtigen Weisheit gluckselig Regiment gegen Got zu erbiten, mit allem Vleiß schuldig sein, zu verdienen. Ewer erber Weisheit diemutige unterthenige Barbara, Caspar Swertfegers, Poten seligen, verlassne Wittib.*

des Rates für die Witwe eines ihrer Bediensteten appelliert, die nun in Not geraten war. Dieser Zusammenhang zwischen der möglichen Gewährung des Amtes und einer persönlichen Verbundenheit mit der Stadt, in diesem Fall durch den verstorbenen Gatten, ist wichtig und muss in einen weiteren Kontext eingeordnet werden[115)]. Wie oben gezeigt, betonten auch Männer ihre persönliche Beziehung zu der Stadt, beispielsweise durch das Hervorheben von in Diensten der Stadt stehenden Vätern oder Brüdern. Bei Frauen scheint dies nicht anders gewesen zu sein. Es ist nicht ersichtlich, ob das Zubringerinnen-Amt als Haupterwerb diente oder die Frauen noch anderweitig tätig waren und das Amt eher als eine weitere Erwerbsmöglichkeit, ähnlich wie die Kanzleiboten, nutzten. In letzterem Fall wäre die Tätigkeit eher als ein von der Stadt gewährtes Privileg zu verstehen.

Was an der Existenz dieser Ämter deutlich wird, ist, dass der Bereich der Gesindevermittlung in einigen Städten obrigkeitlich reguliert war. Diese Kontrolle scheint weniger auf die Freiheit des Arbeitsmarktes abgezielt zu haben, denn jeder konnte sich ohne professionelle Vermittlerinnen und Vermittler einen Knecht oder eine Magd für das eigene Geschäft oder den eigenen Haushalt suchen. Sobald jedoch Dienstboten über eine dritte Person an Herrschaften gegen Gebühr vermittelt wurden, durfte es sich hierbei nicht um eine Privatperson handeln, sondern es musste eine offizielle Zubringerin oder ein Kanzeleibote sein. Bei dieser Maßnahme ging es also eher um eine Regulation und Strukturierung der Vermittlertätigkeiten bezüglich des Gesindes als um ein aktives Eingreifen in den Gesindemarkt an sich. Allerdings hatten solche Steuerungsversuche im Bereich der Vermittlung auch Auswirkungen auf den Arbeitsmarkt des Gesindes, da der Zugang zu Gesinde und dessen Dingung – mit Ausnahme von Freundschaftshilfe – aktiv reglementiert wurde.

Die Ordnungen entwerfen ein durchaus detailliertes Bild der obrigkeitlichen Vorstellungen über die Gesindevermittlung in Nürnberg. Wie die Vermittlungen in der Praxis vonstattengingen, ist hingegen schwer nachzuzeichnen. Anstellungsverträge sind selten überliefert und beschreiben meist nicht die Umstände der Vermittlung der Angestellten[116)]. In Ehehalten- oder Haushaltsbüchern, in denen die Anstellung, der Lohn und der Abgang des Gesindes vermerkt wurden, werden ebenfalls für gewöhnlich keine Details zur Gesindevermittlung genannt. Im Haushaltsbuch des Nürnberger Baumeisters Hans Behaim jedoch wird für das Jahr 1563 die Bezahlung einer Zubringerin erwähnt: *Adi 18. Augusto zalt mein weib der zupringerin, das sy 3 maid gedingt und verert*

115) Es sind aber auch Witwen von Pfarrern oder Diakonen in den Amtsbüchern aufgeführt, siehe dazu KRUSE, Witwen (wie Anm. 79), S. 337.

116) Siehe beispielsweise den oft zitierten Vertrag zwischen dem Kölner Professor Adolf Eichholtz und Hilla von Hattingen aus dem Jahr 1545: Hermann KEUSSEN, Vertrag des Kölner Professors Adolf Eichholtz mit seiner Dienstmagd Hilla von Hattingen vom Jahre 1545, in: AKG 10/1 (1912), S. 317–319.

hat, zu ainzig 6lb 4₰[117]. Interessanterweise stimmt die hier genannte Bezahlung nicht mit den für diese Zeit geltenden normativen Regularien in Nürnberg überein.

Wie dieser Eintrag zeigt, ist die Praxis der Vermittlung von Gesinde nur durch Einzelfälle nachzuzeichnen. Der Bericht der Magd Sophia aus Frankfurt, die im Jahr 1600 als Zeugin in Köln verhört wurde, ist ein solcher Fall, der Einblicke in die Praxis der Gesindevermittlung gewährt[118]. Ihre Aussagen sind in den Verhörprotokollen dokumentiert. Der Fall der Sophia ist recht kompliziert, da sie in dem über einige Tage andauernden Verhör mehrfach log, sie gab sogar einen falschen Namen an. Diese Lügen wurden nach und nach von den Verhörmeistern aufgedeckt. Im ersten Verhör berichtet sie, wie sie als Magd in Frankfurt arbeitete und sich schließlich nach ihrer Dienstzeit nach Köln begeben wollte. Warum sie gerade nach Köln gehen wollte, begründet sie nicht. Es ist eine abenteuerliche Geschichte, die sie über ihre Reise von Frankfurt nach Köln erzählt, in der Mord und Totschlag vorkommen. Ihre Geschichte enthält sehr viele interessante Details, gerade über das gemeinsame Reisen von Gesinde oder über sprachliche Barrieren, die in der Kommunikation zwischen Einheimischen und Fremden aufkommen konnten[119]. Nachdem ihre Lügen aufgedeckt, ihr echter Name herausgefunden und darüber hinaus bekannt geworden war, dass sie in Frankfurt gestohlen und deshalb die Stadt verlassen hatte, wurde sie gefragt, wo sie in Köln eine Unterkunft gefunden habe. Sie gab zur Antwort, dass sie zunächst acht Tage in der Herberge Alter Turm gewohnt habe, die ihr ein Schiffer empfohlen hatte. Die Magd in der Herberge habe ihr dann gesagt, sie solle in die Loergasse zu einer Frau gehen, die sie zur Magd bestellen würde. Dort habe sie eine Nacht geschlafen[120]. Sie nennt in dieser Passage eine Frau, die ihr eine Anstellung vermittelte[121]. Jene Frau scheint eine Zubringerin, in Köln *Werfersche/Werbersche* genannt, gewesen zu sein. Eine ähnliche Beschreibung ist für

117) Johann Kamann, Aus Nürnberger Haushaltungs- und Rechnungsbüchern des 15. und 16. Jahrhunderts, in: Mitteilungen des Vereins für Geschichte der Stadt Nürnberg 7 (1888), S. 39–168, hier S. 90.

118) Der gesamte Bericht: HAStK, Best. 30 Verfassung und Verwaltung G (Türme) 232, fol. 308r–311r, 313r, 318r–v. Arnold Lassotta erwähnt diesen Fall kurz in einer Fußnote: Arnold Lassotta, Formen der Armut im späten Mittelalter und zu Beginn der Neuzeit. Untersuchungen vornehmlich an Kölner Quellen des 14. bis 17. Jahrhunderts, 2 Bde., Köln 1993, Bd. 2, S. 266, Anm. 2019.

119) Sophia berichtet beispielsweise, dass eine Frau sie nicht ins Haus gelassen hat und nicht beherbergen wollte, weil diese sie nicht verstand. Erst als deren Mann kam und verstand, was sie sagte, wurde sie hineingelassen, HAStK, Best. 30 Verfassung und Verwaltung G (Türme) 232, fol. 310r: *Eß hetten drei kleine Heuser ihn der Nahe gestanden, derowegen der ander sie verlaßen und wider zurugkgekehrt. Sie aber hett ihn eins derselben Heuserger gangen, die Fraw hett sie nicht wollen einnhemmen, weill sie die Sprache nicht verstanden. Darnach sei der Man haimkommen, welchem sie vertzaltt, wie eß ihr ergangen. So hett derselb sie endtlich eingenommen und geherberget.*

120) HAStK, Best. 30 Verfassung und Verwaltung G (Türme) 232, fol. 318v: *Die Magdt ihm Alten Thurn hett sie folgentz gewiesen ihn die Loergaß bei eine Fraw, so Magdte bestellet, da sie eine Nacht geschlaffen. Ein Barmechers Jung, gegen dem Altten Thurn uber, hett ihr daß Haus gewiesen*; Lassotta, Formen der Armut (wie Anm. 118), Bd. 2, S. 266, Anm. 2019.

121) Lassotta, Formen der Armut (wie Anm. 118), Bd. 1, S. 353.

1612 erhalten, dort beschreibt eine Magd, wie sie zunächst in Köln keine Anstellung gefunden hatte, dann erst in ihre Heimatstadt zurückgekehrt war, um es später erneut in Köln zu versuchen und schließlich, nach dreiwöchigem Warten, zu Lichtmess von einer *Werberschen* vermittelt wurde[122)].

Neben diesen *Werferschen* oder *Werberschen* sind in Köln auch sogenannte *Knechtz-Makeler* nachweisbar, die Knechte oder Gesellen an Handwerker vermittelten[123)]. Diese Personen waren einer bestimmten Zunft zugeordnet und vermittelten Arbeitskräfte an Handwerksmeister. Einer dieser Knechtsmakler, ein gewisser Packoy Destuir, der für die Caffa- und Borat-Zunft arbeitete, ist in einem Verhörprotokoll der Gefängnistürme belegt[124)]. Er wurde 1611 befragt, weil er ein Reformierter war. In den Protokollen gibt er Auskunft über sein Leben und seine Tätigkeit. Zum Zeitpunkt des Verhörs war er 70 Jahre alt, stammte aus Lille, hatte eine Zeit lang in Wesel gelebt und war nun seit 24 Jahren, also etwa seit 1587, in Köln ansässig. Zuerst arbeitete er nach eigenen Angaben als Posamentmacher, nun als *Knechtz-Makeler.* Seine Lebensumstände beschreibt er als äußerst bescheiden. In dem Verhör gibt er verschiedene Adressen an. Zunächst habe er in der *Kehmergaße,* dann in der *Sternegaße,* irgendwann auch einmal in der *Spilmansgaße*[125)] gewohnt und aktuell wohne er bei einem Schneider in der *Beckergaffel.* Er habe stets bei den Knechten geschlafen und war zeitlebens ein Junggeselle[126)]. Im Verhör behauptet er, die deutsche Sprache nicht gut zu beherrschen[127)].

122) HAStK, Best. 30 Verfassung und Verwaltung G (Türme) 240, fol. 85v/86r; LASSOTTA, Formen der Armut (wie Anm. 118), Bd. 1, S. 353.

123) Eine Unterscheidung zwischen Knechten und Gesellen ist häufig schwer zu treffen, da die Begriffe oft synonym Verwendung fanden. In Köln wurden beispielsweise die Gesellen als *knappen, dienline, (dinst)knechte* oder *famuli* bezeichnet. Die Erklärung hierfür bei VON LOESCH, Zunfturkunden (wie Anm. 23), Bd. 2, S. 635.

124) HAStK, Best. 30 Verfassung und Verwaltung G (Türme) 239, fol. 131r–133r.

125) Dort habe er bei einem Zimmermann gewohnt. Diesem habe er für Miete und Befreiung von der Bürgerwacht acht Albus gezahlt. Der Zimmermann sei aber an der Pest gestorben, HAStK, Best. 30 Verfassung und Verwaltung G (Türme) 239, fol. 131v.

126) HAStK, Best. 30 Verfassung und Verwaltung G (Türme) 239, fol. 131r–133r, hier bes. fol. 131v: *Uff waß Gaffell ehr veraidet? Andtwordt, ehr sei uff keiner Gaffell veraidet, hab auch noch keine eigne Haußhaltungh gehalten, sonder sei ein altt Jungkgesell von 70 Jharen. Who ehr dan sein Losement gehatt? Andtwordt: Anfangs ihn der Kehmergaßen, folgentz ihn der Sternegaßen, wohne jetzo bei der Beckergaffeln, bei einem Schneider, Thomas genant. Hab jederzeitt, so langh ehr hie gewont, uff einer Cammer bei Knechten geschlaffen. Gefragt, ob ehr auch woll mitt auff die Burgerwacht getzogen und sonderlich uff der letzter gehaltener Generall-Musterungh? Andtwordt, ehr hett sich jederzeitt alß ein junger Gesell gehalten, sei auff die Wacht nicht gefordert worden, hett hiebevor ihn der Spilmansgaßen gewont, bei einem Zimmerman, so an der Pest gestorben; mitt demselben hett ehr accordiert, das ehr der Wacht mochte gefreiet sein, und derowegen wochentlich fur Losement und Wacht acht Albus gegeben*; siehe auch LASSOTTA, Formen der Armut (wie Anm. 118), Bd. 1, S. 340.

127) HAStK, Best. 30 Verfassung und Verwaltung G (Türme) 239, fol. 133r: *Ob ehr nicht mehrmaln daselbsten zu Mulheim ihn der Predig gewest? Andtwordt, ehr sei noch einmaln da gewest, sei der teutscher Sprach unerfahren und nicht viell davon verstehen konnen, gleichwoll soviell davon verstanden, das man alda fur die Hern alhie gepetten.*

Das mag eine Lüge und Teil seiner Verteidigungsstrategie gewesen sein, denn seine Aussagen müssen im Kontext des Verhörs gesehen werden, in dem ihm vorgeworfen wurde, dass er reformierte Predigten hörte, und versucht wurde, Informationen über weitere Reformierte zu erlangen. Allerdings ist es durchaus möglich, dass er als Knechtsmakler im Caffa- und Borat-Amt Deutschkenntnisse nicht benötigte. Diese erst 1552 gegründete Zunft war von Niederländern und Flamen dominiert[128], wie aus dem Verzeichnis der Meister und Gesellen hervorgeht[129]. Deutschkenntnisse waren daher für einen Arbeitsvermittler in dieser Branche möglicherweise nicht notwendig.

Die Arbeitsvermittlung im Handwerks- und Zunftbereich weist ähnlich der Gesindevermittlung einen gewissen Grad an Professionalisierung auf. Zwar waren die Vermittler in diesen Bereichen nicht wie die Gesindezubringerinnen und Kanzleiboten direkt obrigkeitlich beauftragt, aber sie und ihr Tätigkeitsbereich waren reglementiert, vor allem durch Ordnungen die einzelnen Handwerksbranchen betreffend. Ihre Tätigkeit ist für einige Städte gut belegt[130]. Für die jeweiligen Handwerksgewerbe oder die jeweilige Zunft übernahmen speziell dazu bestellte Gesellen die Arbeitsvermittlung[131]. Die sogenannten Zuschickmeister[132] oder auch Zuschickgesellen, wie sie in Nürnberg genannt wurden, vermittelten fremde Gesellen an Meister eines bestimmten Handwerks. Besonders durch die sich ab dem 14. Jahrhundert nach und nach durchsetzende Gesellenwanderung wurde die professionelle Vermittlung immer bedeutender. Gesellenordnungen, Handwerks- und Zunftakten sowie administrative Dokumente zeichnen ein detailliertes Bild der Strukturen dieser Vermittlung. Wenn fremde Gesellen in die Stadt kamen, kamen sie in ihrem Handwerk zugeordneten Herbergen unter, wie die Gesellenordnung von Nürnberg aus dem Jahr 1573 angibt. Dort war es ihnen aufgetragen, nach dem Zuschickmeister zu fragen, der für sie nach Arbeit und einem Meister suchen sollte[133].

128) Muriel GONZÁLES ATHENAS, Kölner Zunfthandwerkerinnen 1650–1750. Arbeit und Geschlecht, Kassel 2014, S. 135.

129) Siehe dazu das Verzeichnis der 745 Amtsangehörigen der Zunft von 1591 (nicht ganz vollständig): HAStK, Best. 95 (Zunft), A 446 Amtsbuch der Caffa- und Boratmacher, bes. fol. 4r–14v.

130) Beispielsweise in Nürnberg und Frankfurt: für Nürnberg siehe: Alt-Nürnberger Handwerksrecht (wie Anm. 45), S. 14, S. 35 f.; für Frankfurt: Frankfurter Amts- und Zunfturkunden bis zum Jahre 1612, hg. von Karl BÜCHER/Benno SCHMIDT (Veröffentlichungen der Frankfurter Historischen Kommission 6, 1–2), 2 Bde., Frankfurt am Main 1914–1915, Bd. 1: Frankfurter Zunfturkunden bis zum Jahre 1612, S. 329 (1565).

131) Siehe dazu generell SCHULZ, Handwerksgesellen (wie Anm. 8), bes. S. 131; zu Streitfällen ebd., bes. S. 134.

132) Dieser Beruf ist bis in die Moderne belegt, zum Beispiel im 19. Jahrhundert. Siehe dazu die Ordnung der Gesellen für das Schreinerhandwerk vom 18. Oktober und 22. November 1803, in: Sammlung der Verordnungen der Reichsstadt Frankfurt, hg. von Johann C. BEYERBACHER, 11 Bde., Frankfurt am Main 1798–1818, Bd. 11, S. 3220.

133) So beschrieben in der Gesellenordnung von 1573 aus Nürnberg, Alt-Nürnberger Handwerksrecht (wie Anm. 45), S. 35: *Und fürs Erste (so) mögen die hieherkommenden, gewandterten Handwerksgesellen uf jedem Handwerk ein Herberg und gewiesen Einzueg haben. Und wann ein Gesell eines jeden Handwerks uf solche Herberg kombt,*

In einigen Gewerben war es üblich, in den Herbergen oder beim ältesten Zunftmeister oder Vorgeher eine Tafel auszulegen, auf der jeder Meister, der einen Gesellen benötigte, sich eintragen konnte. Dem oben auf der Liste stehenden Meister sollte der erste fremde Geselle zugeteilt werden. Die Meister waren verpflichtet, dieses »First-Come-First-Serve-Prinzip« zu akzeptieren und sich daran zu halten. Eine eigene Wahl der Gesellen oder gar eine eigenständige Anwerbung war ihnen, mit einigen Ausnahmen, nicht gestattet[134]. In Freiburg durften Schlossergesellen im 16. Jahrhundert immerhin zwei Meister benennen, bei denen zuerst nachgefragt werden sollte[135].

Das Amt eines Zuschickmeisters oder Zuschickgesellen scheint zumindest in einigen Branchen alterniert zu haben, um die Bevorteilung beziehungsweise Benachteiligung bestimmter Meister zu vermeiden[136]. Der Zuschickmeister sollte die Gesellen auf ihre eheliche Geburt und ihre vorherige Anstellung überprüfen. Er hatte somit ähnlich den Gesindezubringerinnen und -zubringern eine Kontrollfunktion.[137] Inwieweit diese Reglementierungen sich in der Praxis niederschlugen, ist schwer zu fassen. Einige Belege für Basel zeigen, dass es durchaus Versuche von Meistern gab, die Vermittlung zu umgehen[138]. Gleichzeitig konnten die zur Arbeitsvermittlung herangezogenen Gesellen oder Zuschickmeister Meister, die Arbeitskräfte benötigten, übergehen. So verklagte ein Basler Schmiedemeister einen mit der Arbeitsvermittlung betrauten Gesellen, der zuvor erklärt habe, er würde sich bei allen Meistern nach Arbeit umsehen, nur bei dem Kläger nicht, da die beiden zerstritten seien[139]. Die Praxis der Vermittlung konnte also deutlich von ihren normativen Vorgaben abweichen.

V. Unterstützung oder Zwang?
Die Städte als Arbeitsvermittlerinnen und -beschafferinnen

Arbeitszwang war ein zentraler Aspekt des mittelalterlichen und frühneuzeitlichen Arbeitsmarktes und besaß verschiedene Formen und Strukturen. Durch das System der

mag er nach den Zuschickmeistern schicken, ihme umb einen Meister und Arbeit schauen zu lassen. Doch soll einige Schenk oder Zech derowegen nicht gebrauchet werden.

134) Zum Beispiel in Nürnberg: Nürnbergisches Handwerksrecht (wie Anm. 47), S. 28 f.; siehe auch: Alt-Nürnberger Handwerksrecht (wie Anm. 45), S. 14; siehe beispielsweise die Ordnung der Leinwerber aus dem 16. Jahrhundert (ebd., S. 540): *Zum Dreizehenden. So soll ein jeder Meister, der zu oberst im Einwerbzettel stehet, schuldig sein, den nechsten Gesellen, der zum Tor hereinkombt, er sei jung oder alt, klein oder groß, anzunehmen, und damit seine oberste Statt in Einwerbzettel abgetan werden.*

135) Schulz, Handwerksgesellen (wie Anm. 8), S. 138.

136) Nürnbergisches Handwerksrecht (wie Anm. 47), S. 29.

137) Christine Schweikert, »Gott zu Ehre und der Kirchen zur Zierde …«. Studien zu Leben und Werk der fränkischen Bildschnitzerfamilie Brenck im 17. Jahrhundert, Diss. masch. Nürnberg 2005, S. 81.

138) Schulz, Handwerksgesellen (wie Anm. 8), S. 134.

139) Ebd.

Grundherrschaft und die damit verbundene Verpflichtung zu Frondiensten war die Unfreiheit vieler Menschen im ländlichen Bereich zementiert[140]. Sie wurden zu Diensten und Arbeiten für den Grundherrn gezwungen. Ihre gesamte soziale Verfasstheit war von diesen Herrschaftsverhältnissen abhängig. Diese soziale und wirtschaftlich strukturelle Verankerung des Dienst- und Arbeitszwangs war bis zur Abschaffung der Grundherrschaft im 19. Jahrhundert die prägende Erfahrung vieler Menschen. Fernab des ländlichen Raumes existierten ebenfalls Dienst- und Arbeitszwänge – sehr prominent, wenn auch in extremer Form, vertreten durch die Sklaverei. Vor allem südlich der Alpen, in den Kaufmannsrepubliken und auf der Iberischen Halbinsel, wurden im Spätmittelalter und der Frühen Neuzeit Sklavinnen und Sklaven gehandelt und als Arbeitskräfte in private Haushalte oder Betriebe erzwungenermaßen vermittelt[141].

Beides, die Unfreiheit durch die Grundherrschaft im ländlichen Bereich sowie die Sklaverei, sind extreme Formen von Arbeitszwang. Auch freie Menschen in den Städten konnten zu bestimmten Tätigkeiten gezwungen werden. Besonders in zwielichtigen Arbeitsbereichen wie der Prostitution und Kuppelei waren und sind noch heute die Grenzen zwischen Freiwilligkeit und Zwang fließend[142]. Doch nicht nur auf dem »freien Arbeitsmarkt« war Arbeitszwang präsent. Die Städte selbst agierten als Arbeitsbeschafferinnen sowie Rekrutiererinnen und konnten als Arbeitsvermittlerinnen Druck auf ihre Bewohnerinnen und Bewohner ausüben, bestimmte Arbeiten zu verrichten[143].

Die städtische Obrigkeit hatte ein Interesse daran, arbeitslose Personen, die arbeitsfähig waren, zu identifizieren und ihnen Arbeit zu vermitteln beziehungsweise sie zur Arbeit anzuhalten. Zum einen wollte die Obrigkeit damit verhindern, dass sich arbeitslose Arbeiterinnen und Arbeiter in großer Zahl in der Stadt aufhielten. Zum anderen

140) Zur Grundherrschaft siehe nur als Überblick: Marc BLOCH, La société féodale (L'évolution de l'humanité: au format de poche 8), Paris 1968; Die Grundherrschaft im späten Mittelalter, hg. von Hans PATZE (VuF 27), 2 Bde., Sigmaringen 1983; RÖSENER, Bauern (wie Anm. 3), München ^{4}1991; DERS., Argrarwirtschaft, Agrarverfassung und ländliche Gesellschaft (Enzyklopädie deutscher Geschichte 13), München 1992; Steffen PATZOLD, Das Lehnswesen (Beck'sche Reihe 2745), München 2012; Landwirtschaft und Dorfgesellschaft im ausgehenden Mittelalter, hg. von Enno BÜNZ (VuF 89), Ostfildern 2020.

141) Siehe zum Beispiel: Juliane SCHIEL, Göttliches Geschöpf oder menschliche Ware? Christliche Sklavinnen in Venedig (14.–16. Jahrhundert), Zürich 2014–2015; Slavery and the Slave Trade in the Eastern Mediterranean (c. 1000–1500), hg. von Reven AMITAI/Christoph CLUSE (Mediterranean Nexus 1100–1700 5), Turnhout 2018; Incarceration and Slavery in the Middle Ages and the Early Modern Age. A Cultural-Historical Investigation of the Dark Side in the Pre-Modern World, hg. von Albrecht CLASSEN (Studies in Mediaeval Literature), Lanhan 2021; Mediterranean Slavery Revisited (wie Anm. 4).

142) Darunter viele Migrantinnen und Migranten, siehe für solche Fälle und generell zur Prostitution in Venedig: Joanne M. FERRARO, Making a Living. The Sex Trade in Early Modern Venice, in: The American Historical Review 123 (2018), S. 30–59; siehe auch: Christopher PAOLELLA, Human Trafficking in Medieval Europe. Slavery, Sexual Exploitation, and Prostitution (Social Worlds between Late Antiquity and the Early Middle Ages), Amsterdam 2020.

143) Siehe dazu, wenn auch mit teilweise zweifelhaften Schlussfolgerungen: SCHLEMMER, Arbeitszwang (wie Anm. 60), bes. S. 19–83, 99–128.

sind diese Arbeitsbeschaffungsmaßnahmen in Beziehung zum Fürsorgewesen und seinen Bezugsberechtigten zu sehen[144]. Diskussionen, welche Personengruppen vom städtischen Fürsorgewesen berücksichtigt werden sollten und welche nicht, stehen wiederum im Zusammenhang mit der Frage nach dem Umgang mit fremden und einheimischen Armen und Hilfsbedürftigen[145]. Forschende wie Otto Gerhard Oexle haben darauf hingewiesen, dass seit dem 14. Jahrhundert die Auffassung bestand, dass Armut mit Arbeit bekämpft werden könne, das heißt, dass Armut mit »Nicht-Arbeit« verbunden wurde[146]. Der Begriff Armut sei folglich explizit mit den Personen verknüpft worden, die keiner Arbeit nachgingen. Diese Vorstellung wird durch Quellen gestützt, vor allem durch normative Quellen wie Bettelordnungen. Die Nicht-Anwendung des Armutsbegriffes auf die arbeitende Bevölkerung scheint jedoch nicht flächendeckend gewesen zu sein. Robert Jütte, Sven Rabeler und Valentin Groebner wiesen darauf hin, dass der Begriff Armut vor allem seit dem 15. Jahrhundert sehr wohl mit der arbeitenden Bevölkerung in Verbindung gebracht wurde[147]. Diese Untersuchungen zeichnen ein

144) Otto Gerhard OEXLE, Arbeit, Armut, »Stand« im Mittelalter, in: Geschichte und Zukunft der Arbeit, hg. von Jürgen KOCKA/Claus OFFE, Frankfurt am Main 2000, S. 67–79, vor allem S. 78 f.; siehe dazu auch: DERS., Armut, Armutsbegriff und Armenfürsorge im Mittelalter, in: Soziale Sicherheit und soziale Disziplinierung. Beiträge zu einer historischen Theorie der Sozialpolitik, hg. von Christoph SACHSSE (Edition Suhrkamp 1323), Frankfurt am Main 1986, S. 73–101, bes. S. 91; Josef EHMER, Discourses on Work and Labour in Fifteenth- and Sixteenth-Century Germany, in: Work in a Modern Society, hg. von Jürgen KOCKA, New York/ Oxford 2010, S. 17–36, hier S. 27 f.; Katharina SIMON-MUSCHEID, Missbrauchte Gaben. Überlegungen zum Wandel des obrigkeitlichen Armutsdiskurses vom 14. bis 16. Jahrhundert, in: Von der Barmherzigkeit zur Sozialversicherung. Umbrüche und Kontinuitäten vom Spätmittelalter bis zum 20. Jahrhundert/De l'assistance à l'assurance sociale. Ruptures et continuités du Moyen Age au XXe siècle, hg. von Hans-Jörg GILOMEN/Sebastian GUEX/Brigitte STUDER (Schweizerische Gesellschaft für Wirtschafts- und Sozialgeschichte 18), Zürich 2002, S. 153–165; Sven RABELER, Pauperismus in der Vormoderne? Beobachtungen zur Existenz und Wahrnehmung der » «labouring poor« in Städten des 14. bis 16. Jahrhunderts, in: Arm und Reich. Zur gesellschaftlichen und wirtschaftlichen Ungleichheit in der Geschichte. Erträge der 24. Arbeitstagung der Gesellschaft für Sozial- und Wirtschaftsgeschichte vom 16. bis 19. März 2011 in Bonn, hg. von Günther SCHULZ (VSWG-BEIHEFTE 229), Stuttgart 2015, S. 75–105, hier S. 76.

145) Siehe zum Beispiel für Nürnberg: Willi RÜGER, Mittelalterliches Almosenwesen. Die Almosenordnungen der Reichsstadt Nürnberg (Nürnberger Beiträge zu den Wirtschafts- und Sozialwissenschaften 31), Nürnberg 1932, S. 68 f.; für Wien: Thomas JUST/Susanne C. PILS, Die Entstehung der Unbarmherzigkeit. Randgruppen und Außenseiter in Wien vom Mittelalter bis ins 20. Jahrhundert (Wiener Geschichtsblätter, Beihefte 1997/1), S. 7; für Augsburg: Max BISLE, Die öffentliche Armenpflege in der Reichsstadt Augsburg. Mit Berücksichtigung der einschlägigen Verhältnisse in anderen Reichsstädten Süddeutschlands. Ein Beitrag zur christlichen Kulturgeschichte, Paderborn 1904, S. 162–166; für Straßburg: Otto WINCKELMANN, Das Fürsorgewesen der Stadt Straßburg. Vor und nach der Reformation bis zum Ausgang des sechzehnten Jahrhunderts. Ein Beitrag zur deutschen Kultur- und Wirtschaftsgeschichte (Quellen und Forschungen zur Reformationsgeschichte 5), 2 Bde., Leipzig 1922, hier Bd. 2, Nr. 38, S. 83–87; RABELER, Pauperismus (wie Anm. 144), S. 76, 79.

146) Oexle, Arbeit (wie Anm. 144), S. 67–79, vor allem S. 78 f.

147) Robert JÜTTE, Obrigkeitliche Armenfürsorge in deutschen Reichsstädten der frühen Neuzeit. Städtisches Armenwesen in Frankfurt am Main und Köln (Kölner historische Abhandlungen 31), Köln 1984, S. 13 f.; siehe

deutlich differenzierteres Bild und deuten darauf hin, dass Armut auch im Spätmittelalter und in der Frühen Neuzeit nicht ausschließlich mit der Abwesenheit von Arbeit definiert wurde.

Die Auffassung, dass Armut mit Arbeit Einhalt geboten werden könne, war dennoch verbreitet. Bauprogramme, die gezielt für arme Bevölkerungsteile in Krisenjahren aufgelegt wurden, zeugen von dieser Vorstellung[148]. Partiell gingen solche Maßnahmen mit einer Abgrenzung nach außen einher, indem auswärtige Tagelöhnerinnen und Tagelöhner von solchen Baumaßnahmen ausgeschlossen wurden[149]. Der Arbeitsmarkt in den Städten des 14. bis 16. Jahrhunderts war nicht frei zugänglich für jede und jeden. Schon der Zugang zu den Städten war reglementiert, der Aufenthalt von fremden Arbeitskräften konnte somit reguliert werden[150]. Die Arbeitsbeschaffungsmaßnahmen dienten allerdings nicht ausschließlich der Bekämpfung von Armut. Es war ein schmaler Grat zwischen Maßnahmen zur Arbeitsbeschaffung und einem Arbeitszwang, der es Städten erlaubte, Baumaßnahmen oder auch andere Tätigkeiten mit billigen Arbeitskräften durchführen zu lassen[151].

In den Armenordnungen des 16. Jahrhunderts lassen sich beide Aspekte, Maßnahmen zur Arbeitsbeschaffung und zum Arbeitszwang, finden. So sollten in Straßburg alle gesunden und jungen Menschen einer Beschäftigung nachgehen und die Stadt ihnen Arbeit zuteilen[152]. Wer sich weigere zu arbeiten, *den möcht man on alle erbärmbd der statt verwisen und sin also ledig werden*[153]. In der niederrheinischen Stadt Wesel schreibt

zum Beispiel die Schilderungen eines anonymen Pariser Klerikers, der über den großen Hunger in Paris im Jahr 1420/1421 schreibt und vor allem die arbeitenden Armen in den Vordergrund stellt: Journal d'un bourgeois de Paris. 1405–1449, hg. von Alexandre Tuetey (Publié d'après les manuscrits de Rome et de Paris), Paris 1881, § 294, S. 146, oder Alexander Berners Anmerkungen zu Nürnberg: Winckelmann, Fürsorgewesen (wie Anm. 145), Bd. 2, Nr. 204, S. 266; Rabeler, Pauperismus (wie Anm. 144), S. 94 f.; siehe auch: Heinrich Deichslers Chronik, 1477–1506, in: Die Chroniken der fränkischen Städte, Nürnberg, Bd. 5, hg. von Carl Hegel (Die Chroniken der deutschen Städte vom 14. bis ins 16. Jahrhundert 11), Leipzig 1874, S. 535–706, hier S. 634; Groebner, Ökonomie (wie Anm. 10), S. 114.

148) Siehe die Beispiele bei Fouquet, Bauen (wie Anm. 70), S. 42: Besonders der Bau des Chores von St. Lorenz in Nürnberg 1439 kann als eine Antwort auf die Hungerkrisen zwischen 1437 und 1439 verstanden werden.

149) Beispielsweise der Bericht Alexander Berners von 1531 während seiner Enquête über das Armenwesen in Ulm, siehe dazu: Winckelmann, Fürsorgewesen (wie Anm. 145), Bd. 2, Nr. 204, S. 273; Fouquet, Bauen (wie Anm. 70), S. 42.

150) Siehe dazu die Beiträge in: Gated Communities? Regulating Migration in Early Modern Cities, hg. von Bert De Munck/Anne Winter, Farnham 2012.

151) Beispiele bei Fouquet, Bauen (wie Anm. 70), S. 43; zum Beispiel Straßburg 1529: Winckelmann, Fürsorgewesen (wie Anm. 145), Bd. 2, Nr. 87, S. 128, Anm. 1.

152) Winckelmann, Fürsorgewesen (wie Anm. 145), Bd. 2, Nr. 87, S. 128: [...] *was junger gesunder manspersonen von frembden und heimschen hie befunden werden, das denen ufs fürderlichst durch uch, unsere herren, ein arbeit, zu graben, grund oder leimen zu tragen, höhe zu schleifen und dergliche n verordnet würde* [...]; Fouquet, Bauen (wie Anm. 70), S. 43.

153) Winckelmann, Fürsorgewesen (wie Anm. 145), Bd. 2, Nr. 87, S. 128.

die Armenordnung von 1580 vor: *Arme dachhurerr: Ingeleichen sall den armen daghhuereren, so geinen Arbeytt hebben und doch gern arbeyden wollen, gegen gepuerlicher daeghuerr entwedder durch dieser statt rentmeister oder der armen provisoren arbeytt gegevenn werdenn*[154]. Armen Tagelöhnern, die keine Arbeit hatten, aber gerne arbeiten würden, sollten die Rentmeister der Stadt und die Armenprovisoren Arbeit geben und sie angemessen bezahlen. Ähnliches ist in der gleichen Ordnung für arme Handwerker vermerkt. Wenn Personen, die von den Provisoren als arm eingestuft wurden, ein Handwerk erlernt hatten, das sie wegen des Verlagswesens nicht ausüben konnten, sollte ihnen von den Diakonen und mithilfe der Zunftmeister Arbeitsmaterial für einen Monat gekauft werden. Die Diakone sollten ihnen anschließend die hergestellte Ware zum üblichen Preis abkaufen und dafür neues Material beschaffen. Auch in dieser Ordnung ist ein Arbeitszwang impliziert, denn falls jemand nachlässig oder faul sein sollte, solle man ihm keine Unterstützung mehr zukommen lassen[155].

In den Urkunden und Akten des Straßburger Gemeinen Almosens, der seit der Reformation bestehenden zentralen Armenverwaltung Straßburgs, sind Arbeitsbeschaffungsmaßnahmen für Bezieher des Almosens bezeugt. Im Jahr 1525 wurde ein Spinnwerk eingerichtet, in dem arme Männer und Frauen arbeiten sollten[156]. Die Vermittlung und Aufsicht über das Spinnwerk und seine Arbeiterinnen und Arbeiter sollte eine gewisse Merg Bouerin, die Käuflerin des Almosens[157], und eine Margred Zörnin übernehmen[158].

Noch deutlicher wird die Rolle der Stadt als Arbeitsbeschafferin bei Kindern und speziell bei Waisen. Die Weseler Waisenordnung um 1580[159] nennt explizit die Verpflichtung des Waisenmeisters, den Waisen behilflich zu sein, einen Beruf zu erlernen. In weiteren Bestimmungen aus dem Jahr 1591 wird darauf hingewiesen, dass die Waisenkinder ein Handwerk erlernen müssen, sobald sie ein entsprechendes Alter erreicht

154) Die Armenordnung der Stadt Wesel von 1580, in: Weseler Edikte 1324–1600, hg. von Martin W. Roelen/Erich Wolsing, 2 Bde.,Wesel 2005, Bd. 2, S. 624–630, hier S. 626.

155) Ebd., S. 625 f.: *Armen materialia toe bestellen: Unnd want dan befunden, datt sy gude empter gelertt, und deß verlegs halven datt amptt nit gebrueckenn konnen, so sall ihnen durch die diaconis mit raett der amptsmeisteren die materialia von der einer monatt in die ander gekofft unnd vorgestreckt, und wanner datt werck ferdigh, sullen die diaconi solches na gemeinen marckganck an betaelungh nehmen, und itzgehorterr gestallt wydderumb die materialia daerstellen, im pfall averst jemandt hieraver in faulheytt oder nachleßycheitt befonden, demselben sullen die almoesenn untoegen werden.*

156) Winckelmann, Fürsorgewesen (wie Anm. 145), Bd. 2, Nr. 58, S. 109 f.

157) Sie war vom 24. November 1526 bis zum 25. März 1528 Käuflerin des Almosens, siehe dazu das Verzeichnis des Almosens: AVES 1 AH 1193 IV, fol. 14r; siehe dazu auch Cersovsky, Geschlechterverhältnisse (wie Anm. 48), S. 178 f., S. 186–188.

158) Winckelmann, Fürsorgewesen (wie Anm. 145), Bd. 2, Nr. 58, S. 110.

159) Waisenordnung um 1580, in: Weseler Edikte (wie Anm. 154), Bd. 2, S. 640–645, hier S. 643: *Item die weeßkindere sall menn lherenn lesenn und schrievenn redelich und so vill moiglich, und die alßdann an einn ampt helpenn, allet na discretio der weeßmeistere und na einer jederenn gestalt.*

haben[160]. Ähnliche Bestimmungen wie in Wesel finden sich auch in anderen Städten[161]. In der Armenordnung für Jülich vom 5. Oktober 1546 wird erklärt[162], dass sogenannte Fürstender für die Waisen eingesetzt wurden, welche die Kinder dabei unterstützen sollten, eine Lehre, einen Dienst oder eine Arbeit zu finden, damit jedes in »eines jeden Gestalt gefördert« werden solle. Die Fürstender waren nicht nur für Waisen zuständig; ähnlich wie die Provisoren sollten sie die Bedürftigkeit von Personen überprüfen und auch dafür sorgen, dass Kinder von Armen Arbeit fanden[163]. Sie sollten folglich aktiv die Arbeitsvermittlung unterstützen. Bei den hier genannten Armen und ihren Kindern handelte es sich unweigerlich um Bürgerinnen und Bürger und ihre Kinder, sonst hätten sie keinen Anspruch auf Unterstützung gehabt.

Ähnliche Hilfs- oder Zwangsmaßnahmen lassen sich auch in Straßburg finden. Dort wurden im 16. Jahrhundert vom Armenamt Käuflerinnen eingesetzt, um heranwachsende Bürgerstöchter in einen ehrlichen Dienst zu vermitteln. Die Bürgerstöchter sollten dafür lediglich mit Nahrung versorgt und mit Kleidung und Schuhen ausgestattet werden[164]. Hintergrund der Maßnahme scheinen Beschwerden von Handwerksleuten gewesen zu sein, die gerne arme Bürgerskinder in den Dienst genommen oder auch angelernt hätten, aber keine finden konnten – eine Klage, die auch für andere Städte belegt ist[165]. Käuflerinnen, die normalerweise als Taxatorinnen und Pfandleiherinnen teilweise in eigenen Läden arbeiteten, übernahmen in Straßburg Aufgaben von Arbeitsvermittlerinnen, die den Handwerkern weibliches Gesinde und Auszubildende zu-

160) Bestimmung für das Waisenhaus, 14. März 1591, in: Weseler Edikte (wie Anm. 154), Bd. 2, S. 795: *Item die angewassene kinder an handtwercken to stellen und die andere in die Mathenascher scholen to brengen unnd daselbst instituirenn.*

161) Zum Beispiel in Köln: LASSOTTA, Formen der Armut (wie Anm. 118), Bd. 1, S. 290–312.

162) Sammlung der Gesetze und Verordnungen, welche in den ehemaligen Herzogthümern Jülich, Cleve und Berg und in dem vormaligen Großherzogthum Berg über Gegenstände der Landeshoheit, Verfassung, Verwaltung und Rechtspflege ergangen sind. Vom Jahre 1475 bis zu der am 15. April 1815 eingetretenen Königlich Preußischen Landes-Regierung, hg. von Johann J. SCOTTI, 4 Bde., Düsseldorf 1821–1822, Bd. 1, S. 36: *Gleichsfals sollen die F ůrstend[er] sich der armen Weisen annemen, und jnen behůlfflich sein, das sie zů d[er]lehre, dienst, oder arbeit, nach eines jederen gestalt gefůrdert werden.*

163) Ebd.: *Aber welche ire kinder gern wůlten leren, dienen, oder arbeyden lassen, und kein behůlff haben, das sie darzů komen, Denen sall durch die Fůrstender darzu anweisung geschehen, unnd stuer gethan werden.*

164) WINCKELMANN, Fürsorgewesen (wie Anm. 145), Bd. 2, Nr. 184, S. 220: *Desgleichen die arme herwachsende burgerstöchter von einer besondern hierzu bestelten und verordneten käuflerin an ehrliche ort und dienst undergebracht und ohne lohn, allein umb den costen und irgent umb ein geringes kleidlein und geschüch verdinget würden;* […].

165) Beispielsweise beschwert sich Hermann von Weinsberg über die Schwierigkeit, Arbeiter zu finden: Hermann von Weinsberg, Liber Iuventutis (wie Anm. 32), 27. Oktober 1551: https://www.weinsberg.uni-bonn.de/Edition/Liber_Iuventutis/LI3.HTM: *Nach dem jar aber, do es eine sterbde war, fillicht das die armen an den spenden fil hatten, kunt man gein lude zu sulcher arbeit mehe bekomen, darumb moist man der rader gebruchen, wilcher bruch noch heutiges tags ist; zu Cronenberg aber kunt man nit wol rader bruchen.* (15.11.2022).

führten[166]. Dieser Aspekt illustriert, wie fluide die Strukturen und Praktiken der Arbeitsvermittlung in den einzelnen Städten waren.

Auch wenn die präsentierten Beispiele nur einen kleinen Ausschnitt der städtischen Arbeitsmaßnahmen wiedergeben, zeigen sie, dass der Grat zwischen der Stadt als Arbeitsvermittlerin und einem implizierten Arbeitszwang für bestimmte Bevölkerungsgruppen schmal war.

VI. Fazit

Die Vermittlungen am städtischen Arbeitsmarkt vom 14. bis 16. Jahrhundert waren von einer großen Dynamik und unterschiedlichen Faktoren geprägt. Diese Dynamik zeigt sich an den unterschiedlichen Wegen, Arbeitskräfte zu vermitteln. Der Einsatz professioneller Arbeitsvermittlerinnen und -vermittler zeugt von den Bemühungen der Obrigkeit, die Arbeitsvermittlung zumindest in bestimmten Bereichen zu organisieren, zu kontrollieren und mehr und mehr zu professionalisieren. Im Bereich der Gesindevermittlung ist dies gut nachzuzeichnen. Zubringerinnen und Kanzleiboten in Nürnberg waren städtische Bedienstete und unterstanden somit obrigkeitlicher Kontrolle. Die Zubringerinnen scheinen vorwiegend Witwen gewesen zu sein, einige von ihnen anscheinend auch Hinterbliebene von ehemaligen städtischen Bediensteten. Die normativen Regularien beschreiben ihre Tätigkeit und Bezahlung wesentlich ausführlicher als die der Makler für männliches Gesinde. Dies kann zum einen dadurch erklärbar sein, dass die Zubringerinnentätigkeit ein eigenständiges Amt war, während die Kanzleiboten Knechte als Nebentätigkeit vermittelten. Zum anderen kann es auch ein Indiz dafür sein, dass die für Mägde ausformulierten Regeln festgeschrieben werden mussten, vielleicht, da es, wie Kamann feststellt, im Nürnberg des 16. Jahrhunderts einen stärkeren Bedarf an weiblichem als an männlichem Gesinde gab[167], oder eventuell, da bei Mägden ein höheres Missbrauchspotenzial bestand. Die Zubringer und Zubringerinnen hatten jedoch kein reines Monopol auf die Vermittlung von Gesinde. In Nürnberg blieb es für Privatpersonen möglich, ihr Gesinde selbst zu suchen. Beauftragte man jemanden jedoch mit der Vermittlung, mussten der- oder diejenige, laut den Ordnungen, zugelassener Zubringer oder zugelassene Zubringerin sein. Im Bereich des Handwerks organisierten Zuschickmeister oder Zuschickgesellen die Vermittlung und Verteilung von Gesellen. Anders als die Zubringerinnen und Zubringer waren sie nicht von der Stadt bestellt, sondern Teil ihrer Zunft oder des Handwerksgewerbes.

166) In anderen Städten ist dies nicht nachzuweisen.

167) Kamann, Gesindewesen (wie Anm. 11), S. 69.

Der Arbeitsmarkt im Mittelalter und in der Frühen Neuzeit war geprägt von Reglementierungen. Das wohl prägnanteste Beispiel hierfür ist der Zunftzwang[168]. Doch auch jenseits der ständischen Organisation der Zünfte sind Strukturierungen und regulatorische Maßnahmen erkennbar. Die obrigkeitliche Kontrolle auf dem Arbeitsmarkt erstreckte sich dabei auf die arbeitenden unteren sozialen Schichten wie Gesinde oder Tagelöhnerinnen und Tagelöhner und damit auf Personen- und Berufsgruppen, die nicht durch Zünfte oder andere Regulationsinstanzen kontrolliert wurden. Sicherlich kann hinter den Maßnahmen der Städte der Wunsch nach einer Professionalisierung der Arbeitsvermittlung im Hinblick auf Arbeiterinnen und Arbeiter aus unteren sozialen Schichten stehen, um einen reibungslosen Ablauf der Zuführung neuer Arbeitskräfte in die städtische Wirtschaft zu gewährleisten.

Die Einführung zentraler Plätze der Arbeitsvermittlung für Tagelöhnerinnen und Tagelöhner sind als Versuche zu bewerten, die Vermittlung dieser zu organisieren und zu kontrollieren. Im Gegensatz zum Gesinde, das für einen bestimmten Zeitraum gemietet wurde und sich zum Dienst verpflichtete, war die Vermittlung der Tagelöhnerinnen und Tagelöhner wesentlich fluider. Die Ansammlung an zentralen Plätzen, an denen die Anmietung zu bestimmten Zeiten und zu festgesetzten Löhnen auf Tagesbasis erfolgte, ermöglichte einen organisierten Ablauf. Gleichzeitig ist auch ein Austausch von Arbeitskräften zwischen Stadt und Umland zu beobachten, wie die Regeln in Wien für Personen belegen, die auf den städtischen Mietstätten Arbeiterinnen und Arbeiter für das Umland anwarben.

Inwieweit die normativen Rahmenbedingungen und Ordnungen in der Praxis Beachtung fanden, ist nur unzureichend zu ermitteln. Die Hinweise auf die Zubringerinnen jenseits normativer Texte oder Zulassungsbitten sind rar, selbst für Nürnberg, wo der Rat per Verordnung die Vermittlung von Gesinde durch Zubringerinnen oder Kanzleiboten vorschrieb. Die Praxis ist auch in anderen Städten nicht sehr ausführlich belegt. Durch Einzelfunde wie aus den Verhörprotokollen in Köln kann ein grober Einblick in die Praxis gewonnen werden, wie der Fall der Sophia Stoißer zeigt. Das gleiche gilt für die Mietstätten, über die meist normative Quellen Aufschluss geben. Die Schwankerzählung des *Pfaffen von Kahlenberg* ist eine Ausnahme.

Trotz der Bemühungen der Städte die Arbeitsvermittlung zu organisieren und zu kontrollieren, scheint ein großer Teil der Arbeitsverhältnisse durch Eigeninitiative, private Kontakte und Arbeitgeberinnen und Arbeitgeber zustande gekommen zu sein. Bewerbungsschreiben zeugen von den Bemühungen einzelner, einen Dienst zu erhalten.

168) Zu den Zünften im Mittelalter: VON HEUSINGER, Die Zunft (wie Anm. 35); Regulierte Märkte. Zünfte und Kartelle, hg. von Margrit MÜLLER/Heinrich Richard SCHMIDT/Laurent TISSOT (Schweizerische Gesellschaft für Wirtschafts- und Sozialgeschichte 26), Zürich 2011; Eberhard ISENMANN, Die deutsche Stadt im Mittelalter 1150 – 1550. Stadtgestalt, Recht, Verfassung, Stadtregiment, Kirche, Gesellschaft, Wirtschaft, Wien/Köln/Weimar 2012, bes. Kapitel 8 und 9, S. 776–1003.

Solche Anfragen von Bürgern und Auswärtigen sind wesentlich früher als die in diesem Beitrag besprochenen Beispiele aus dem 16. Jahrhundert in Ratsprotokollen zu finden. Die Bewerbungsschreiben im 16. Jahrhundert, die teilweise sehr ausführlich sind, könnten ein Indiz für eine zunehmende Konkurrenz und Professionalisierung auch aufseiten der Arbeitssuchenden sein, die sich nun, anstatt vorzusprechen, zunehmend schriftlich an die Obrigkeit wandten.

Eltern oder Bekannte vermittelten häufig Arbeitsstellen. Manchmal wurden bestimmte Tätigkeitsbereiche und Funktionen, beispielsweise bei städtischen Ämtern, an die Kinder weitergegeben beziehungsweise »vererbt«». Auch Arbeitgeberinnen und Arbeitgeber selbst suchten sich ihre Arbeitskräfte und warben um sie oder warben sie, so zumindest ein Vorwurf in den normativen Quellen, von anderen Arbeitgeberinnen oder Arbeitgebern ab. Handwerker konnten sich häufig ihre Gesellen nicht aussuchen, sie wurden ihnen von den Zuschickmeistern zugeteilt. In bestimmten Fällen konnten sie sich selbst potenziellen Arbeitskräften »beschreiben« und für eine Arbeitsaufnahme in ihrem Betrieb werben. Gleichzeitig vermittelten teilweise Arbeitgeberinnen und Arbeitgeber ihre ehemaligen Gesellen oder Gesinde an neue Arbeitsstellen, indem sie ihnen Empfehlungsschreiben ausstellten und um Aufnahme baten. Diese Form einer indirekten Vermittlung scheint gängig gewesen zu sein.

Neben diesen verschiedenen Formen der Arbeitsvermittlung, im professionellen und privaten Bereich, betätigten sich viele Städte selbst als Vermittlerinnen von Arbeit und Arbeitskräften. Aufgelegte Bauprogramme, die in Krisenzeiten die Zahl der arbeitslosen Tagelöhnerinnen und Tagelöhner verringern sollten, zählen genauso dazu wie das Anhalten von zum Empfang von Almosen berechtigten Personen zur Arbeit. Diese Maßnahmen müssen in einen Kontext mit den spätmittelalterlichen und frühneuzeitlichen Diskursen um Armut und das Fürsorgewesen gesetzt werden und bestätigen die zeitgenössische Vorstellung, dass zum einen Armut mit Arbeit bekämpft werden könne und zum anderen alle Arbeitsfähigen auch arbeiten sollten. Der Arbeitszwang, der in vielen Armenordnungen deutlich wird, war nicht nur ein Instrument zur sozialen Disziplinierung, sondern auch eine Möglichkeit der Städte, billige Arbeitskräfte zu rekrutieren.

Die in diesem Beitrag präsentierten Beispiele aus verschiedenen Branchen illustrieren die Diversität der Strukturen und Praktiken der Vermittlung von Arbeitskräften am städtischen Arbeitsmarkt und ihre obrigkeitlichen Regulationsmaßnahmen. Auf dem städtischen Arbeitsmarkt war die »Kunst des Verkaufens« gefragt. Arbeitskräfte mussten um Arbeit, Arbeitgeberinnen und Arbeitgeber um Arbeitskräfte werben. Individuelle Initiative und private Kontakte waren dabei genauso relevant für die Vermittlung wie die strukturelle Bereitstellung und Inanspruchnahme spezieller Orte und bestimmter Personengruppen. Die Obrigkeit nahm durch das Setzen der Rahmenbedingungen Einfluss auf die Konditionen der Arbeitsvermittlung und auf ihre Protagonistinnen und Protagonisten. Vermittlungen am städtischen Arbeitsmarkt waren ein bedeutsamer

Teil der Arbeits- und Lebensrealität insbesondere der unteren sozialen Schichten. Die Untersuchung dieser gewährt somit Einblicke in die sozialen und ökonomischen Verflechtungen arbeitender Menschen im Spätmittelalter und an der Wende zur Frühen Neuzeit.

Summary: Seeking, Finding and Providing Work in the Late Medieval and Early Modern City

The labour market in the cities of the 14th to the 16th century was highly dynamic. The varying need for labour was determined by supply and demand, as it is today, and set the rules of placement and the conditions of work. The high level of mobility of workers, especially among the lower social classes, reinforced this dynamic. Especially at times when labour was needed, many people flocked to the cities to offer their manpower. The placement of these and local individuals in jobs was essential for cities from an economic and social perspective. This article examines the various structures and practices of placing services in the cities of the Holy Roman Empire from the 14th to the 16th century. It focuses on the professional placing services conducted by specialist agents who offered their services in many cities and placed men, women and young people in jobs, as well as on recruitment or applications through private contacts and individual initiative. Furthermore, it examines the places where workers were recruited by employers and investigates the activities of cities and their authorities in the recruitment and placement of workers. Special attention is paid to the different degrees of professionalisation in various fields of activity, their effectiveness, and gender-specific aspects of the placements. The study will thus contribute to a better understanding of the different forms and degrees of organisation of the recruitment of workers in the urban labour market of the 14th to the 16th century and provide deeper insights into the working conditions and realities, especially of the lower social strata.

Wäre yemants, der gute Bucher kauffen wollte. Strategien zum Vertrieb und Bewerben von Inkunabeln

Paul Schweitzer-Martin (München)[1)]

Vole[n]tes sibi [com]parare infrascriptos libros mag[na] cu[m] dilige[n]tia correctos. ac in h[uius]mo[d]i l[itte]ra moguntie imp[re]ssos. b[e]n[e] [con]tinuatos. venia[n]t ad locu[m] habitationis infrascriptu[m][2)]. Mit diesen Worten wird eine der ältesten gedruckten Buchhändleranzeigen eingeleitet (siehe Abb. 1), die gleichzeitig eine der ältesten gedruckten Werbungen überhaupt ist[3)]. Der kurze lateinische Text beschränkt sich im mittelalterlichen Druckbild auf dreieinhalb Zeilen und wurde vom Mainzer Drucker Peter Schöffer[4)], einem unmittelbaren Nachfolger Johannes Gutenbergs, wahrschein-

1) Dieser Beitrag ist teilweise im Heidelberger Sonderforschungsbereich 933 »Materiale Textkulturen. Materialität und Präsenz des Geschriebenen in non-typographischen Gesellschaften« entstanden (Teilprojekt A06 »Die papierene Umwälzung«). Der SFB 933 (2011–2023) wurde durch die Deutsche Forschungsgemeinschaft finanziert. Die genannten Drucke werden durch sogenannte GW-Nummern identifiziert. Diese lassen sich über den Gesamtkatalog der Wiegendrucke, der von der Staatsbibliothek zu Berlin betreut wird, auflösen: Gesamtkatalog der Wiegendrucke, Bde. 1–7, hg. von der Kommission für den Gesamtkatalog der Wiegendrucke, Stuttgart ^{2}1968, ab Band 8 hg. von der Staatsbibliothek zu Berlin, Stuttgart 1978 ff., http://www.gesamtkatalogderwiegendrucke.de/ (24.6.2023).

2) Lateinischer Text und Auflösungen der Kürzungen übernommen aus Paul W. NASH, A note on Peter Schoeffer's book-list of '1470', in: Journal of the Printing Historical Society. New Series 31 (2019), S. 120–159, hier S. 126. Übersetzung PSM: *All jene, die sich nachfolgend genannte Bücher kaufen wollen, die mit großer Sorgfalt korrigiert und in Mainz mit Buchstaben dieser Art gedruckt sowie wohlfeil gebunden wurden, sollen zu dem unten eingetragenen Haus kommen.*

3) Die Anzeige wird heute in der BSB München verwahrt: BSB München, Einbl. VIII, 1 m, Peter Schöffer, Bücheranzeige, Mainz, um 1469 (GW M40875); Falk EISERMANN, Verzeichnis der typographischen Einblattdrucke des 15. Jahrhunderts im Heiligen Römischen Reich Deutscher Nation. VE 15, 2 Bde., Wiesbaden 2004, Nr. S-18. Faksimile in Bettina WAGNER (Hg.), Als die Lettern laufen lernten: Medienwandel im 15. Jahrhundert. Inkunabeln aus der Bayerischen Staatsbibliothek München, Wiesbaden 2009, S. 195, http://daten.digitale-sammlungen.de/bsb00101543/image_1 (30.8.2022). Ein Überblick über die Entwicklung des Phänomens bis in die Frühe Neuzeit bietet Der deutsche Buchhandel in Urkunden und Quellen (Bd. 2), hg. von Hans WIDMANN, Hamburg 1965, S. 104–117.

4) Zur Offizin Peter Schöffers vgl. Severin CORSTEN, Schöffer, Peter, d. Ä., in: Lexikon des Gesamten Buchwesens 6 (^{2}2003), S. 579–580.

lich um das Jahr 1469 hergestellt[5]. Zwar wird der Name des Druckers im Text nicht genannt, jedoch sind die verwendeten Lettern zweifelsfrei seiner Werkstatt zuzuordnen und die einführenden Worte verweisen zumindest mit Mainz auf den Druckort[6].

Die ersten Zeilen der Buchhändleranzeige heben trotz ihrer Kürze mehrere bemerkenswerte Aspekte hervor. Zunächst wird darauf hingewiesen, dass die angebotenen Texte *magna cum diligentia* korrigiert seien, was auf die Qualität der Textredaktion verweist, die im 15. Jahrhundert bei gedruckten Büchern durchaus zur Disposition stand[7]. Danach wird auf die Art der für den Druck genutzten Buchstaben, also die Typen, verwiesen. Für Werbung und Produkt wurden dieselben Lettern eingesetzt, sodass Kaufinteressierte unmittelbar in der Anzeige eine Kostprobe der Schrift zu sehen bekamen[8]. Auch der Herstellungsort, nämlich Mainz, wird genannt. Dies mag schon zu dieser Zeit als ein Qualitätsmerkmal gegolten haben. Die Drucker führten oftmals in den Kolophonen den Druckort an, auch wenn sie ihren Namen nicht nannten[9].

Zuletzt wird auf die Einbände verwiesen, die *bene* seien, was vergleichsweise unspezifisch ist, aber eine weitere Ebene über die reine Beschreibung hinaus bietet. Das Produkt Buch wird vom Text über dessen Gestaltung bis hin zur äußeren Form beworben. Abgeschlossen wird der Text durch den Verweis, wo man die Drucke konkret erstehen konnte. Darauf folgen 21 Buchtitel, die jeweils mit kurzen Informationen versehen wurden. Buchtitel dieser Zeit waren nicht normiert, sondern eher deskriptiv und korrespondierten nicht zwingend mit Angaben auf Titelblättern, sofern die Drucke überhaupt mit solchen versehen waren. Titellisten des ausgehenden Mittelalters lassen sich daher heute nicht immer zweifelsfrei einzelnen Druckauflagen zuordnen. Der folgende Aufsatz widmet sich Inkunabeln – Büchern, die bis 1500 mit beweglichen Lettern gedruckt wurden – sowie den Vertriebs- und Werbestrategien dieser Zeit unter besonderer Berücksichtigung der Druckerzeugnisse selbst. Eine besonders prominente Rolle nehmen dabei Werbezettel wie dieser ein.

5) Zu einer möglichen späteren Datierung der Anzeige vgl. NASH, Note (wie Anm. 2), S. 148–151, 157 f.

6) Zur Methodik der Typenbestimmung vgl. Peter AMELUNG, Methoden zur Bestimmung und Datierung unfirmierter Inkunabeln, in: Buch und Text im 15. Jahrhundert, hg. von Lotte HELLINGA/Helmar HÄRTEL (Wolfenbütteler Abhandlungen zur Renaissanceforschung 2), Hamburg 1981, S. 89–128; Wolfgang SCHMITZ, Grundriss der Inkunabelkunde. Das gedruckte Buch im Zeitalter des Medienwandels (Bibliothek des Buchwesens 27), Stuttgart 2018, S. 49–60.

7) Vgl. Hans WIDMANN, Vom Nutzen und Nachteil der Erfindung des Buchdrucks – aus der Sicht der Zeitgenossen des Erfinders (Kleiner Druck der Gutenberg-Gesellschaft 92), Mainz 1973, S. 30.

8) Vgl. NASH, Note (wie Anm. 2), S. 127. Ein Teil der gelisteten Werke wurde auch in anderen Typen gesetzt. Siehe dafür Wilhelm MEYER, Bücheranzeigen des 15. Jahrhunderts, in: Zentralblatt für Bibliothekswesen 2/11 (1885), S. 437–463, hier S. 442.

9) Zu den Kolophonen in Inkunabeln vgl. SCHMITZ, Grundriss (wie Anm. 6), S. 229–235.

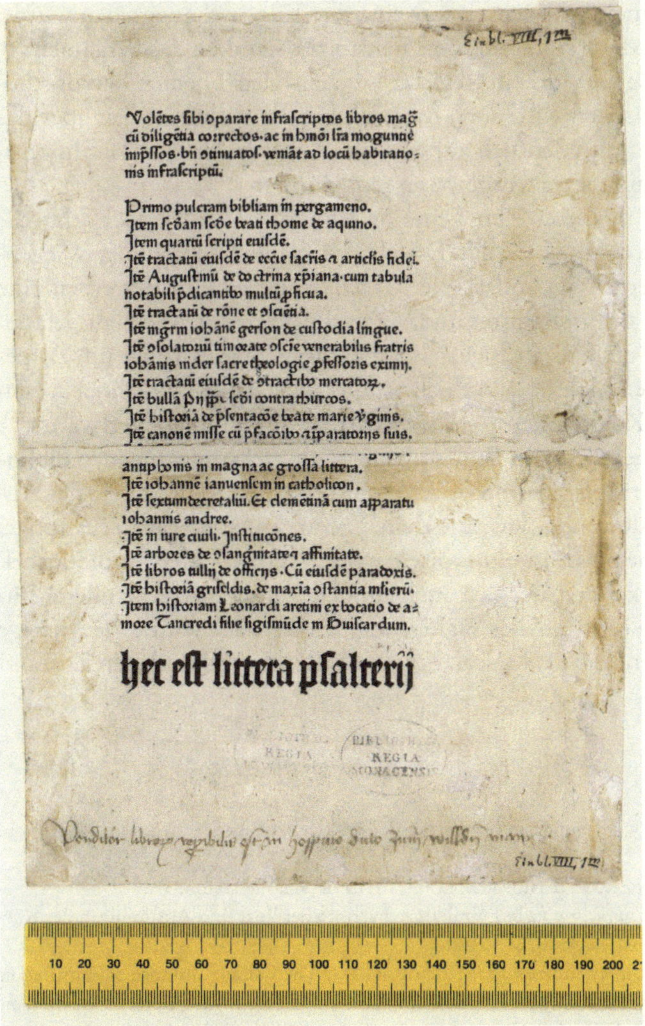

Abb. 1: Buchhändleranzeige, ca. 1469, gedruckt von Peter Schöffer, Mainz, BSB München, Einbl. VIII, 1 m (urn:nbn:de:bvb:12-bsb00101543-7) (GW M40875) (20,3 x 29,8 cm).

Die vorliegende Liste wird mit dem Angebot einer schönen Bibel auf Pergament eingeleitet, worauf ein zweiter Band eines Werks des Thomas von Aquin folgt. Die weiteren Titel, die jeweils mit *Item* eingeleitet werden, lassen sich verschiedenen Gattungen zuordnen: Neben Drucken aus dem religiös-theologischen Spektrum finden sich auch juristische Werke sowie gegen Ende der Liste auch »De Officiis« von Marcus Tullius Cicero und zwei Titel, die sich im weitesten Sinne der Unterhaltungsliteratur zuordnen lassen[10]. Während bei den meisten Büchern nur eine Art Kurztitel angegeben wurde, betont der erste Eintrag die Materialität des Bedruckstoffes, nämlich das Pergament[11], und bei einer Augustinusausgabe wird ein Register mit zentralen Themen hervorgehoben[12]. Wie in den Eingangszeilen wird auch hier sichtbar, dass die Anzeige über das reine Informieren hinausgeht und deutlich auf einzelne Aspekte der Drucke hinweist, die für Käuferinnen und Käufer attraktiv gewesen sein könnten.

Pergamentdrucke waren in dieser Zeit keine Seltenheit, stellten jedoch klar die Minderheit der produzierten Inkunabeln dar. Die überwiegende Mehrheit der Wiegendrucke wurde auf Papier hergestellt, sodass die Materialangabe beim Bewerben eine wichtige Zusatzinformation war[13]. Register und Verzeichnisse wurden teils aus Manuskripten übernommen, aber oftmals auch gezielt für Drucke angelegt oder um Foliierungen ergänzt. Diese wurden nicht nur in Buchhändleranzeigen hervorgehoben, sondern auch in Vorworten und Kolophonen (Schlussschriften) von Inkunabeln erwähnt[14].

Bedingt durch die Überlieferung im Einband eines Sammelbandes aus der Bibliothek des Nürnberger Humanisten Hartmann Schedel ist der Text in der Mitte der Anzeige zerschnitten und es fehlt mindestens eine Zeile[15]. Auf der Versoseite der Anzeige, die ursprünglich leer geblieben war, ist ein typischer Besitzvermerk aus der Bibliothek des Hartmann Schedel zu erkennen, der sich auch auf den Vorsatzblättern anderer Bücher aus seinem Besitz finden lässt[16]. Aller Wahrscheinlichkeit nach wurde die Anzeige vom Buchbinder zerschnitten und als Makulatur verwendet. Im gebundenen Zustand

10) Vgl. Buchhändleranzeigen des 15. Jahrhunderts, hg. von Konrad BURGER, Leipzig 1907, S. 3 f.; NASH, Note (wie Anm. 2), S. 145.

11) *Primo pulcram bibliam in pergameno.* BSB München, Einbl. VIII,1 m (vgl. auch Anm. 3).

12) *Cum tabula notabili p[rae]dicantib[us] multu[m] p[ro]ficua.* Lateinischer Text und Auflösungen der Kürzungen übernommen aus NASH, Note (wie Anm. 2), S. 126.

13) Zu den Pergamentdrucken vgl. unter anderem, Frederick R. GOFF, The Earliest Instance of Printing on Vellum in an Italian Book, in: Gutenberg-Jahrbuch 41 (1966), S. 80–85; Paul NEEDHAM, Book Production on Paper and Vellum in the Fourteenth and Fifteenth Centuries, in: Papier im mittelalterlichen Europa. Herstellung und Gebrauch, hg. von Carla MEYER/Sandra SCHULTZ/Bernd SCHNEIDMÜLLER (Materiale Textkulturen 7), Berlin/Boston 2015, S. 247–274.

14) Zu den Verzeichnissen und Registern vgl. Dennis DUNCAN, Indexes, in: Book Parts, hg. von Dennis DUNCAN/Adam SMYTH, Oxford 2019, S. 263–274; Hans H. WELLISCH, Incunabula Indexes, in: The Indexer 19/1 (1994), S. 3–12.

15) Vgl. MEYER, Bücheranzeigen (wie Anm. 8), S. 442; BURGER, Buchhändleranzeigen (wie Anm. 10), S. 3; WAGNER, Lettern (wie Anm. 3), S. 194.

16) Vgl. BSB München, Einbl. VIII, 4, Anton Koberger, Bücheranzeige, Nürnberg, um 1480 (GW M16361). Siehe zur Sammlung Schedels und den Besitzeinträgen Hartmut BEYER, Die Bibliothek Hartmann Schedels. Sammelleidenschaft und Statusbewusstsein im spätmittelalterlichen Nürnberg, in: Perspektive Bibliothek 1/2 (2012), S. 163–192, hier besonders S. 178.

des Buchs war die Anzeige nicht als solche zu erkennen. Nur durch Restaurierungsarbeiten am Einband kam sie wieder zum Vorschein[17].

Konkret wurde die vorliegende Anzeige 1885 von Wilhelm Meyer aus einem Einband eines Bandes in der BSB München (Clm 458) gelöst[18]. Da sie seit bald 140 Jahren bekannt ist, wurde vielfach über die mögliche verlorene Zeile spekuliert[19]. In einer Publikation aus dem Jahr 2019 hat der englische Bibliothekar und Druckhistoriker Paul W. Nash einen plausiblen Vorschlag für die Rekonstruktion der verlorenen Zeile gemacht, nämlich *Ite[m] psalteriu[m] pulcrum eccl[es]ijs cu[m] ymnis vigilijs [et]*[20]. Seiner Konjektur folgend würde hier ein schöner Psalter mit *magna ac grossa littera* (großer und kräftiger Schrift) beworben[21]. Unterhalb der Liste mit den Titeln findet sich in einer größeren Type die Zeile *hec est littera psalterii* – Dies sind die Buchstaben, sprich Typen, des Psalters –, was wiederum zu dem Vorschlag von Nash passen würde.

Die Anzeige spricht also ganz unterschiedliche Merkmale der Bücher an: Der Bedruckstoff wird genannt, die benutzten Typen werden gezeigt und verschiedene Aspekte der Ausstattung wie Indices werden hervorgehoben. Die Anzeige beschränkt sich nicht auf die reine Information, welche Produkte angeboten werden, sondern bewirbt sie gezielt mit ihren Eigenschaften, um so zum Kauf zu animieren. Am Fuß der Anzeige ist zuletzt noch ein handschriftlicher Vermerk zu finden: *Venditor libro[rum] rep[er]ibilis est in hospicio dicto Zum[m] willd[e]n mann*[22] – Der Verkäufer der Bücher ist im Gasthaus »Zum wilden Mann« zu finden. Der handschriftliche Vermerk korrespondiert mit den einleitenden Worten, in denen Kaufinteressierte darauf verwiesen wurden, dass sie diese Information unten auf der Anzeige finden können.

Aufgrund des Fundkontextes ist davon auszugehen, dass diese Anzeige in Nürnberg eingebunden wurde und auf das Nürnberger Gasthaus »Zum wilden Mann« am Weinmarkt unweit von St. Sebald verweist[23]. Diese These gewinnt weiter an Plausibilität, wenn man bedenkt, dass auch andere Inkunabeldrucker, wie beispielsweise der Speyerer Druckherr Peter Drach d. M., ihre Bücher im Gasthaus »Zum wilden Mann« in Nürn-

17) Wilhelm Meyer beschreibt seinen Fund in einem Aufsatz aus dem Jahr 1885 selbst. Vgl. MEYER, Bücheranzeigen (wie Anm. 8), S. 442–445.

18) Vgl. MEYER, Bücheranzeigen (wie Anm. 8); WAGNER, Lettern (wie Anm. 3), S. 194.

19) Vgl. exemplarisch MEYER, Bücheranzeigen (wie Anm. 8), S. 444; BURGER, Buchhändleranzeigen (wie Anm. 10), S. 4.

20) NASH, Note (wie Anm. 2), S. 135.

21) NASH, Note (wie Anm. 2), S. 126. Lotte Hellinga deutet die Leerstelle ähnlich. Vgl. Lotte HELLINGA, Incunabula in Transit. People and Trade (Library of the Written Word 62/The Handpress World 47), Leiden 2018, S. 28.

22) Text und Auflösungen der Kürzungen übernommen aus NASH, Note (wie Anm. 2), S. 126.

23) Vgl. MEYER, Bücheranzeigen (wie Anm. 8), S. 442; Hellmut LEHMANN-HAUPT, Peter Schoeffer of Gernsheim and Mainz. With a List of his Surviving Books and Broadsides, Rochester, NY 1950, S. 86.

berg anbieten ließen, wie aus seinem Rechnungsbuch hervorgeht[24]. Gleichzeitig verweist Nash darauf, dass es sich bei diesem Namen um eine sehr gängige Bezeichnung für Gasthäuser in dieser Zeit handelt[25]. Wenn sich der Vermerk also doch nicht auf Nürnberg beziehen sollte, kann trotzdem festgehalten werden, dass Gasthäuser in dieser Zeit Orte waren, an denen gedruckte Bücher zum Kauf angeboten wurden.

Wo und wie dieser Zettel zeitgenössisch präsentiert wurde, ist nicht genau zu rekonstruieren. Die Gestaltung lässt allerdings einige Rückschlüsse auf die intendierte Nutzung zu. Zunächst ist festzuhalten, dass die Anzeige nur einseitig bedruckt ist. Dies könnte daraufhindeuten, dass sie als Aushang konzipiert war. Dieses konkrete Exemplar wies zwar auch bei näherer Untersuchung am Original keine Löcher oder ähnliche Hinweise auf eine Aufhängung auf. Es ist jedoch zu bedenken, dass einerseits die Überlieferungschance eines Exemplars, das ausgehängt wurde, besonders niedrig ist und andererseits das vorliegende Exemplar beim Einbinden in den Buchdeckel wahrscheinlich nicht nur in der Mitte, wo eindeutiger Textverlust festzustellen ist, sondern auch an den Rändern beschnitten wurde. Zudem weist das Exemplar zahlreiche Risse, Verfärbungen und Verschmutzungen auf, die eine definitive Aussage zu einer möglichen Nutzung oder Aufhängung erschweren.

Der Verweis im gedruckten Text, dass nachstehend ein Hinweis gefunden werden kann, wo die Bücher zu kaufen sind, macht deutlich, dass die handschriftliche Ergänzung keine Besonderheit darstellt, sondern schon in der Anlage des Drucks intendiert war[26]. Dies deutet ferner darauf hin, dass die Bücheranzeige nicht nur für einen bestimmten Ort gedacht war, sondern flexibel, beispielsweise von einem reisenden Buchhändler, eingesetzt werden konnte[27]. Auffällig ist nicht zuletzt, dass die Titel über keinerlei Preisangaben verfügen[28]. Auch dies könnte ein Weg gewesen sein, um die Anzeige an verschiedenen Orten und situativ angepasst einsetzen zu können.

24) Vgl. Ferdinand GELDNER, Das Rechnungsbuch des Speyrer Druckherrn, Verlegers und Großbuchhändlers Peter Drach, in: Archiv für Geschichte des Buchwesens 5 (1964), Sp. 1–196, hier Sp. 136, Bl. [4] r α. Vgl. Paul SCHWEITZER-MARTIN, Kooperation und Innovation im Speyerer Buchdruck des ausgehenden Mittelalters (Materiale Textkulturen 37), Berlin/Boston 2022, besonders S. 204. Hendrik MÄKELER, Das Rechnungsbuch des Speyerer Druckherren Peter Drach d. M. (um 1450–1504) (Sachüberlieferung und Geschichte 38), St. Katharinen 2005; Hartmut HARTHAUSEN, Peter Drach der Mittlere (um 1450–1504), in: Pfälzer Lebensbilder, Bd. 3, hg. von Kurt BAUMANN, Speyer 1977, S. 7–29.

25) Vgl. NASH, Note (wie Anm. 2), S. 122 f.

26) Inkunabeldrucke mit Freifeldern und anderen eingeplanten handschriftlichen Ergänzungen waren durchaus üblich. Vgl. Paul SCHWEITZER-MARTIN, Handschriftliche Elemente im Inkunabeldruck, in: Handschrift im Druck. Annotieren, Korrigieren, Weiterschreiben (1500 bis 1800), hg. von Sylvia BROCKSTIEGER/Rebecca HIRT (Materiale Textkulturen 39), Berlin/Boston 2023, S. 23, S. 23–42.

27) Vgl. WAGNER, Lettern (wie Anm. 3), S. 194.

28) Vgl. Ursula RAUTENBERG, Buchhändlerische Organisationsformen in der Inkunabel- und Frühdruckzeit, in: Die Buchkultur im 15. und 16. Jahrhundert, Zweiter Halbband, hg. von Barbara TIEMANN, Hamburg 1999,

Diese Bücheranzeige aus der Mainzer Offizin Peter Schöffers ist im ausgehenden 15. Jahrhundert alles andere als ein Einzelfall. Fast 50 solcher Anzeigen, die teils sogar in mehreren Exemplaren überliefert sind, sind heute bekannt[29)]. Ausgehend von den skizzierten Befunden untersucht dieser Beitrag eingehend die Strategien zum Vertrieb und Bewerben von Inkunabeln in vier Schritten. Dafür wird zunächst die Forschung zum frühen Buchdruck und dem Buchhandel des 15. Jahrhunderts skizziert. Darauf aufbauend werden zweitens die überlieferten Buchhändleranzeigen exemplarisch vorgestellt, forschungsgeschichtlich aufgearbeitet und systematisch analysiert. Drittens werden diese in weitere Quellen des frühen Buchdrucks eingebettet, die vergleichend diskutiert werden. Zuletzt untersucht der Beitrag die Gestaltung und Ausstattung einzelner Inkunabeldrucke exemplarisch auf werbende Eigenschaften. Während es sich bei den Buchhändleranzeigen recht offensichtlich um Werbung im klassischen Sinn handelt und diese auch in der bisherigen Forschung als solche klassifiziert wurden[30)], soll bei der Ausstattung der einzelnen Ausgaben die Frage erörtert werden, ab welcher Ausgestaltung der Produkte von Werbung gesprochen werden kann.

1. Forschungsstand zum frühen Buchdruck und -handel

Johannes Gutenberg stellte wohl um 1454 seine berühmte Bibel her, die das erste umfangreiche gedruckte Buch in Europa darstellte. Diese wurde in ca. 180 Exemplaren, teils auf Pergament und teils auf Papier gedruckt[31)]. In der Folge verbreitete sich ab den 1460er Jahren die neue Technik, die sich vor allem durch den Einsatz beweglicher Lettern auszeichnete, zunächst entlang des Rheins. Die Buchwissenschaftlerin Ursula Rautenberg hat die Gründungen der Werkstätten quantitativ untersucht. Unter anderem auf dieser Grundlage geht sie davon aus, dass das Gewerbe ab 1480 gut etabliert war und bis zum Jahr 1500 in ungefähr 250 Städten Offizinen aktiv oder zwischenzeitlich betrieben worden waren[32)]. Die gleichzeitig aktiven Druckerpressen sind schwer zu quan-

S. 339–376, hier S. 353. Rautenberg weist darauf hin, dass in keiner der bekannten Anzeigen Preise angegeben wurden.

29) Vgl. Lotte Hellinga, Sale Advertisements for Books Printed in the Fifteenth Century, in: Books for Sale. The Advertising and Promotion of Print since the Fifteenth Century, hg. von Robin Myers/Michael Harris/Giles Mandelbrote (Publishing pathways), New Castle/London 2009, S. 1–25, hier besonders S. 3.

30) Vgl. Rautenberg, Buchhändlerische Organisationsformen (wie Anm. 28), hier besonders S. 351–353; Hellinga, Sale Advertisements (wie Anm. 29).

31) Vgl. Stephan Füssel, Gutenberg und seine Wirkung, Darmstadt ²2004. Zu den Exemplaren der Gutenberg-Bibel vgl. Eric Marshall White, Editio princeps. A History of the Gutenberg Bible (Studies in Medieval and Early Renaissance Art History), London/Turnhout 2017.

32) Vgl. Ursula Rautenberg, Von Mainz in die Welt. Buchdruck und Buchhandel in der Inkunabelzeit, in: Gutenberg. Aventur und Kunst. Vom Geheimunternehmen zur ersten Medienrevolution, hg. von der Stadt Mainz, Mainz 2000, S. 236–247.

tifizieren, denn nicht alle Werkstätten hatten unmittelbar Erfolg und einige mussten nach wenigen produzierten Ausgaben die Produktion wieder einstellen[33].

Inkunabeln und ihre Produktion finden schon lange in der Forschung Aufmerksamkeit. Ihre Erforschung zeichnet sich als durch und durch interdisziplinäres Forschungsfeld aus, an das ganz unterschiedliche Fragestellungen von der bibliothekarischen Erschließung über philologische und kulturhistorische Untersuchungen bis hin zu Materialstudien wie zum Papier, der Druckerschwärze oder den verwendeten Typen angelegt werden[34]. Die erste umfassender angelegte Abhandlung über die Entwicklung des Buchhandels im Mittelalter und der Frühen Neuzeit geht auf Friedrich Kapp im Jahr 1886 zurück[35]. Aus heutiger Sicht ist diese sehr allgemein und lückenhaft, insbesondere im Hinblick auf das Mittelalter und die Frühe Neuzeit. Forschungsgeschichtlich wird aber deutlich, dass in den 1880er Jahren das Interesse am spätmittelalterlichen Buchhandel seinen Ausgang nahm und beispielsweise mit der einleitend vorgestellten Anzeige Peter Schöffers zusammenfiel. Seit dem Ende des 19. Jahrhunderts wurden unter anderem aus Bucheinbänden zahlreiche neue Quellen aufgetan und die Geschichte des Handels differenzierter erforscht[36]. Die erste größere Sammlung von Buchhändleranzeigen, die auch Reproduktionen enthielt, veröffentlichte Konrad Burger 1907[37].

Für den deutschsprachigen Raum ist für den frühen Handel mit gedruckten Büchern zunächst auf die Arbeit von Heinrich Grimm aus dem Jahr 1965 zu verweisen, der ein Verzeichnis der »Buchführer des deutschen Kulturbereichs« zwischen 1490 und 1550 erstellte[38]. In den letzten drei Jahrzehnten haben sich dann vor allem die niederländische Buchhistorikerin und Bibliothekarin Lotte Hellinga[39], die lange Zeit an der British Library tätig war, und die schon erwähnte Erlanger Buchwissenschaftlerin Ursula Rautenberg um die Erforschung des Inkunabelhandels im deutschsprachigen Raum

33) Vgl. James RAVEN/Goran PROOT, Renaissance and Reformation, in: The Oxford Illustrated History of the Book, hg. von James RAVEN, Oxford 2020, S. 137–168, hier S. 150.

34) Vgl. zur Geschichte und der Ausrichtung des Faches: SCHMITZ, Grundriss (wie Anm. 6), S. 42–70. Exemplarisch zudem Christoph RESKE/Wolfgang SCHMITZ (Hg.), Materielle Aspekte in der Inkunabelforschung (Wolfenbütteler Schriften zur Geschichte des Buchwesens 49), Wiesbaden 2017.

35) Vgl. Friedrich KAPP, Die Geschichte des deutschen Buchhandels bis in das siebzehnte Jahrhundert, Leipzig 1886, ND 1970. Siehe für einen Überblick auch RAUTENBERG, Buchhändlerische Organisationsformen (wie Anm. 28), S. 345–347.

36) Einen guten Überblick bieten die Publikationen von Oliver Duntze und Julia Bangert. Vgl. Oliver DUNTZE, Verlagsbuchhandel und verbreitender Buchhandel von der Erfindung des Buchdrucks bis 1700, in: Buchwissenschaft in Deutschland. Ein Handbuch, Bd. 1, hg. von Ursula RAUTENBERG, Berlin 2013, 203–256; Julia BANGERT, Buchhandelssystem und Wissensraum in der Frühen Neuzeit (Schriftmedien/Written Media 7), Berlin/Boston 2019, hier besonders S. 62–146.

37) Vgl. BURGER, Buchhändleranzeigen (wie Anm. 10).

38) Vgl. Heinrich GRIMM, Die Buchführer des deutschen Kulturbereichs und ihre Niederlassungsorte in der Zeitspanne 1490 bis um 1550, in: Börsenblatt für den deutschen Buchhandel 35 (1966), Sp. 1153–1772.

39) Vgl. exemplarisch die Zusammenstellung ihrer wichtigsten Aufsätze: HELLINGA, Incunabula (wie Anm. 21).

verdient gemacht[40]. Aufgrund ihrer Arbeiten und vieler anderer Studien[41] ist gut belegt, dass im 15. Jahrhundert gedruckte Bücher über weite Strecke gehandelt wurden, beispielsweise vom Kontinent nach England, von Italien in die Niederlande oder aus der Oberrheinregion nach Böhmen. Dies lässt sich unter anderem an der zeitgenössisch greifbaren Verbreitung einzelner Exemplare gut nachvollziehen[42]. Diese werden derzeit auch von der Oxforder Buchwissenschaftlerin Cristina Dondi quantitativ mithilfe der Datenbank »Material Evidence in Incunabula« (MEI) sichtbar gemacht. Dafür werden Besitzvermerke, Nutzungsspuren und auch Einbände der Drucke sehr erfolgreich systematisch ausgewertet[43].

Die Grundlage der vielen Einzeluntersuchungen bilden großangelegte Katalogisierungsprojekte wie beispielsweise der Gesamtkatalog der Wiegendrucke, der an der Staatsbibliothek zu Berlin angesiedelt ist[44]. Auch wenn diese Projekte bei Weitem noch nicht abgeschlossen sind, lassen sie vermuten, dass in der Inkunabelzeit über 28.000 unterschiedliche Titel gedruckt wurden und gut eine halbe Million Exemplare über die Welt verstreut überliefert sind[45]. In der Regel wurden in dieser Zeit einzelne Ausgaben mit einer Auflagenhöhe von 150 bis 1000 Exemplaren gedruckt – zu Beginn des Druckzeitalters tendenziell eher in kleineren und gegen Ende des 15. Jahrhunderts dann in etwas höheren Auflagen[46].

40) Vgl. RAUTENBERG, Buchhändlerische Organisationsformen (wie Anm. 28); Ursula RAUTENBERG, Verbreitender Buchhandel im deutschen Sprachraum von circa 1480 bis zum Ende des 16. Jahrhunderts, in: Mobilità dei mestieri del libro tra quattrocento e seicento (Biblioteca di »Paratesto« 8), Pisa/Rom 2013, S. 77–88.

41) Vgl. exemplarisch Malcolm WALSBY, Booksellers and Printers in Provincial France 1470–1600 (Library of the Written Word 87/The Handpress World 68), Leiden/Boston 2021; Shanti GRAHELI (Hg.), Buying and Selling. The Business of Books in Early Modern Europe (Library of the Written Word 72/The Handpress World 55), Leiden/Boston 2019; Angela NUOVO, The Book Trade in the Italian Renaissance (Library of the Written Word 26/The Handpress World 20), Leiden/Boston 2013.

42) Vgl. exemplarisch HELLINGA, Incunabula (wie Anm. 21), S. 89–125. SCHWEITZER-MARTIN, Kooperation (wie Anm. 24), S. 199–252.

43) Vgl. Cristina DONDI/Alessandro LEDDA, Material Evidence in Incunabula, in: La Bibliofilìa 113 (2011), S. 375–381, https://data.cerl.org/mei/_search?lang=de (10.9.2022).

44) Vgl. dazu Falk EISERMANN, ‚The Greatest of All Such Lists' oder: Was Sie schon immer über den GW wissen wollten, in: Kontext Buch. Festschrift für Stephan Füssel, hg. von Christoph RESKE, Wiesbaden 2020, S. 65–81.

45) Vgl. Klaus GANTERT, Handschriften, Inkunabeln, Alte Drucke. Informationsressourcen zu historischen Bibliotheksbeständen (Bibliotheks- und Informationspraxis 60), Berlin/Boston 2019, S. 134.

46) Vgl. Falk EISERMANN, Auflagenhöhen von Einblattdrucken im 15. und frühen 16. Jahrhundert, in: Einblattdrucke des 15. und frühen 16. Jahrhunderts. Probleme, Perspektiven, Fallstudien, hg. von Volker HONEMANN/Sabine GRIESE/Falk EISERMANN/Marcus OSTERMANN, Tübingen 2000, S. 143–177, hier besonders 145; Jonathan GREEN/Frank MCINTYRE, Lost Incunable Editions: Closing in on an Estimate, in: Lost Books. Reconstructing the Print World of Pre-Industrial Europe, hg. von Flavia BRUNI/Andrew PETTEGREE (Library of the Written Word 46/The Handpress World 34), Leiden 2016, S. 55–72, hier S. 58; Elisabeth L. EISENSTEIN, The Printing Revolution in Early Modern Europe, New York 1993, S. 9; Uwe NEDDERMEYER, Von der Hand-

Da die Inkunabeldrucker von Beginn an mehr Bücher produzierten als sie in ihrem unmittelbaren Umfeld absetzen konnten[47)], waren sie folglich darauf angewiesen, ihre Drucke nicht nur am Herstellungsort, sondern auch bei Messen und mithilfe von Händlern, sogenannten Buchführern, überregional zu vertreiben[48)]. Zwar gab es auch schon in der Antike Buchhändler und im Mittelalter sind beispielsweise im Umfeld der Universitäten die *Stationarii* bekannt[49)], jedoch lassen sich im Zusammenhang mit der Einführung des Buchdrucks mit beweglichen Lettern einige Veränderungen beobachten, die dafür sprechen, dass sich in der zweiten Hälfte des 15. Jahrhunderts ein überregionaler Buchhandel neuer Natur etablierte. So lassen sich spätestens 1490 niedergelassene Sortimenter nachweisen, die Bücher verschiedener Buchdruckereien verkauften[50)]. Konkrete Beispiele hierfür sind feste Ladengeschäfte in Leipzig und Tübingen[51)]. Der bis heute geläufige Begriff »Buchhändler« ist im deutschsprachigen Raum erstmals im 16. Jahrhundert belegt. In den vorhergehenden Jahrzehnten war hingegen die Bezeichnung »Buchführer« geläufig[52)]. Für das Jahr 1476 lässt sich der Begriff das erste Mal fassen und ab den 1480er Jahren ist er unter anderem auch in Steuerlisten dichter be-

schrift zum gedruckten Buch (Buchwissenschaftliche Beiträge aus dem Deutschen Bucharchiv München 61/1), Wiesbaden 1998.

47) Vgl. Severin CORSTEN, Buchproduktion und Buchhandel in Köln und Trier zur Inkunabelzeit, in: Kurtrierisches Jahrbuch 29 (1989), S. 87–103, hier S. 89 f.

48) Vgl. Severin CORSTEN, Der frühe Buchdruck und die Stadt, in: Studien zum städtischen Bildungswesen des späten Mittelalters und der frühen Neuzeit, hg. von Bernd MOELLER/Hans PATZE/Karl STACKMANN (Abhandlungen der Akademie der Wissenschaften in Göttingen. Philologisch-Historische Klasse 3/137), Göttingen 1983, S. 9–32, hier S. 25.

49) Vgl. Guglielmo CAVALLO/Friedrich HILD, Buch, in: Der Neue Pauly, Bd. 2 (2016), Sp. 809–816, hier besonders Sp. 813 f.; Severin CORSTEN, Stationarius, in: Lex.MA 8 (1997), Sp. 66 f. Einen Überblick über die Anfänge der Buchwerbung und des Buchhandels vor 1500 bietet Marie Kristin HAUKE, »In allen guten Buchhandlungen ist zu haben ...«. Buchwerbung in Deutschland im 17. und 18. Jahrhundert, Erlangen-Nürnberg 1999 (Diss. masch.), S. 19–25.

50) Vgl. RAUTENBERG, Mainz (wie Anm. 32), S. 243–245. Auch Henri-Jean Martin und Lucien Febvre sehen in ihrem einflussreichen Klassiker ›L'Apparition du livre‹ den Buchhandel ab 1490 gut organisiert, vgl. Henri-Jean MARTIN/Lucien FEBVRE, The Coming of the Book. The Impact of Printing, 1450–1800, London 2010, S. 226.

51) Vgl. Thomas Thibault DÖRING, Buchdruck und Buchhandel, in: Geschichte der Stadt Leipzig, Bd. 1, hg. von Enno BÜNZ, Leipzig 2015, S. 341–351, hier S. 347; Gerd BRINKHUS, Zwischen Privilegien und Zensur. Das Verhältnis von Buchgewerbe und Universität, in: Eine Stadt des Buches. Tübingen 1498–1998, hg. von Gerd BRINKHUS/Wilfried LAGLER/Claudine PACHNICKE, Tübingen 1998, S. 11–20.

52) Vgl. Stephan Füssel, Geschichte des Buchhandels, in: Medienwissenschaft. Ein Handbuch zur Entwicklung der Medien und Kommunikationsformen, Bd. 1, hg. von Joachim-Felix LEONHARD/Hans-Werner LUDWIG/Dietrich SCHWARZE/Erich STRASSNER (Handbücher zur Sprach- und Kommunikationswissenschaft 15), Berlin/New York 1999, S. 468–473, hier S. 468. Exemplarisch zudem GELDNER, Rechnungsbuch (wie Anm. 24), Sp. 65, Bl. CCxxiiii vα, Sp. 73, Bl. [CCxxvii?] r, Sp. 101, Bl. CCxLviiJ r.

legt[53]. Dieser zeitliche Zusammenhang legt eine Verbindung mit der Ausbreitung des Inkunabeldrucks nahe.

Über die Praktiken des Verkaufens und Bewerbens lässt sich aus der Forschung und den Quellen einiges zusammentragen. Jedoch sind diese Befunde kaum systematisch und oftmals nicht aus geschichtswissenschaftlicher Perspektive formuliert[54]. Es ist bekannt, dass Bücher, wie viele andere Waren der Zeit, in Fässern, teils aber auch in Kisten oder Päckchen transportiert wurden[55]. Aus dem 16. Jahrhundert ist aus einem Nürnberger Hausbuch eine Illustration bekannt, die einen Buchführer mit einem solchen Transportfass und einigen Büchern zeigt[56]. Auffällig an dieser Abbildung ist der Umstand, dass die Bücher schon gebunden sind, so wie sie auch in der eingangs vorgestellten Anzeige beworben wurden. Häufiger belegt ist jedoch, dass Bücher ungebunden verkauft wurden und erst die Endkunden die Bindung erstellen ließen[57]. Aus Abrechnungsquellen lässt sich nachvollziehen, dass Buchdrucker die Fässer mit Marken und Zeichen versahen, um den Überblick über die Ladung der Fässer zu behalten, die sie dann zu Messen oder an Buchführer schickten[58]. Wie die Verkaufsorte oder gar Läden für Bücher in dieser Zeit genau aussahen, ist aufgrund mangelnder Quellen schwer zu sagen[59].

53) Vgl. Rautenberg, Buchhändlerische Organisationsformen (wie Anm. 28), S. 358; Döring, Buchdruck (wie Anm. 51), S. 346; Grimm, Buchführer (wie Anm. 38), Sp. 1162–1169.

54) Zuletzt wurde vor allem im Rahmen des ERC-Projekts »EmoBookTrade« unter der Leitung von Angela Nuovo (Mailand) zum Buchhandel in der Frühen Neuzeit geforscht. Vgl. Competition in the European Book Market. Prices and Privileges (15th–17th centuries). Special issue of The Golden Compasses, hg. von Angela Nuovo/Joran Proot/Diane Booton (Journal for Book History 100/2), 2022.

55) Vgl. Rautenberg, Buchhändlerische Organisationsformen (wie Anm. 28), S. 371–374. Dies lässt sich konkret am Rechnungsbuch Peter Drachs nachweisen. Vgl. Geldner, Rechnungsbuch (wie Anm. 24), Sp. 28, Bl. LXXVr β; Sp. 39, Bl. XCij v; Sp. 50, Bl. Ciij r α; Sp. 79, Bl. CCxxxj r β; Sp. 63, Bl. CCxxiii r; Sp. 81, Bl. CCxxxij v α; Sp. 86, Bl. CCxxxviij v; Sp. 88, Bl. CCxxxix r; Sp. 91, Bl. CCxLij v; Sp. 95, Bl. CCxLiiij r; Sp. 98, Bl. CCxLv v; Sp. 106, Bl. CCLi r; Sp. 146, Bl. [9] v β.

56) Historisch-Wissenschaftliche Stadtbibliothek Nürnberg, Amb. 279.2°, fol. 31 v. Vgl. auch Thomas Ertl, Bauern und Banker. Wirtschaft im Mittelalter, Darmstadt 2021, S. 147.

57) Vgl. Rautenberg, Buchhändlerische Organisationsformen (wie Anm. 28), S. 371 f.

58) Vgl. Geldner, Rechnungsbuch (wie Anm. 24), Sp. 104 f., Bl. CCL.

59) Aus der Zeit vor 1500 ist lediglich ein Holzschnitt bekannt, der neben einer Offizin mit Setzkasten und Druckerpresse auch eine Verkaufstheke zeigt. Vgl. Christoph Roth, Ein »Meister der Druckkunst« in Heidelberg. Das Heidelberger Publikationsprogramm des Inkunabeldruckers Heinrich Knoblochtzer 1485–1495/1500, Heidelberg 2021, S. 9–11.

2. Die Auswertung der gedruckten Buchhändleranzeigen des 15. Jahrhunderts

Ab ca. 1470 sind zahlreiche gedruckte Buchhändleranzeigen belegt. Diese gelten als die ersten gedruckten Werbemaßnahmen und unterstreichen die frühzeitige Entwicklung einer Buchproduktion, die auf Initiative der Hersteller und nicht nur auf Bestellung produzierte[60]. In der Zeit vor der Einführung des Buchdrucks waren solche Anzeigen jedoch nicht gänzlich unbekannt. Aus der Hagenauer Schreiberwerkstatt Diebold Laubers ist beispielsweise aus der Zeit um 1450 ein solcher Werbezettel überliefert[61]. Gerade den Straßburger Druckern könnte diese Praxis also geläufig gewesen sein. Lauber leitet seine deutschsprachige Anzeige folgendermaßen ein: *Item welcher Hande Bücher man gerne hat, grôß oder klein, geistlich oder weltlich, hübsch gemolt, die findet man alle by dem Schreiber Diebold Lauber, in der Burgw zu Hagenau*[62]. Schon in den ersten Zeilen werden die Kunden direkt angesprochen und die Vielseitigkeit des Angebots aufgezeigt. Zudem werden die Illustrationen hervorgehoben, für die Lauber bis heute berühmt ist. Hier lassen sich also deutliche Ähnlichkeiten mit den gedruckten Anzeigen beobachten.

Gegenüber vereinzelter handschriftlicher Werbung für Bücher sind insgesamt um die 50 gedruckte Anzeigen bekannt, die oftmals singulär, teils jedoch auch in mehreren Exemplaren überliefert sind[63]. Eine der größten Sammlungen findet sich heute in der Bayerischen Staatsbibliothek München. Daneben sind einige Anzeigen in der Bodleian

60) Vgl. RAUTENBERG, Buchhändlerische Organisationsformen (wie Anm. 28), S. 351; CORSTEN, Der frühe Buchdruck (wie Anm. 48), S. 25.

61) Vgl. SCHMITZ, Grundriss (wie Anm. 6), S. 15. Zu Diebold Lauber und seiner Werbepraxis: Lieselotte E. SAURMA-JELTSCH, Diebold Lauber, in: Lexikon des gesamten Buchwesens 4 (1995), S. 415 f.; Hans-Jörg KÜNAST, Buchdruck und Buchhandel von Gutenberg bis zur Mitte des 16. Jahrhunderts, in: Geschichte in die Hand genommen (Münchner Kontaktstudium Geschichte 8), München 2005, S. 71–99, hier S. 75; John L. FLOOD, 'Volentes sibi comparare infrascriptos libros impressos ...' Printed Books as a Commercial Commodity in the Fifteenth Century, in: Incunabula and Their Readers. Printing, Selling and Using Books in the Fifteenth Century, hg. von Kristian JENSEN, London 2003, S. 139–151, hier S. 141. Christoph FASBENDER, Werkstattschreiber. Aus Anlass der jüngeren Forschung zur Handschriftenproduktion Diebold Laubers, in: Das Mittelalter 7/2 (2002), S. 110–124.

62) Transkription in Anlehnung an Hans WIDMANN (Hg.), Der deutsche Buchhandel in Urkunden und Quellen (Bd. 1), Hamburg 1965, S. 16. Lauber versah weiterhin den Rückdeckel eines Psalms mit Werbung für weitere Bücher aus seiner Werkstatt. Vgl. Wilhelm EULE, Kaufmännische und betriebswirtschaftliche Entfaltung des Buchgewerbes im 15. Jahrhundert, in: Archiv für Buchgewerbe und Gebrauchsgraphik 72 (1935), S. 341–356, hier S. 342. Aus Paris ist um 1250 ein ähnlicher Vermerk bekannt, der auf einen früheren Ursprung dieser Praxis verweist. Vgl. Martin STEINMANN, Handschriften im Mittelalter. Eine Quellensammlung, Basel 2013, S. 367; Jürgen VORDERSTEMANN, Augsburger Bücheranzeigen des 15. Jahrhunderts, in: Augsburger Buchdruck und Verlagswesen. Von den Anfängen bis zur Gegenwart, hg. von Helmut GIER/Johannes JANOTA, Wiesbaden 1997, S. 55–71, hier S. 57 f.

63) Vgl. HELLINGA, Sale Advertisements (wie Anm. 29), S. 3.

Library in Oxford und zahlreichen anderen Forschungsbibliotheken verstreut[64]. Da sie größtenteils aus Bucheinbänden gelöst wurden, weisen viele dieser Einblattdrucke Beschädigungen auf[65]. Zudem ist die Verteilung über die Bibliotheken zu einem gewissen Grad zufällig und es ist damit zu rechnen, dass noch weitere solcher Anzeigen in den nächsten Jahren zu Tage gefördert werden, insbesondere da kontinuierlich neue technische Möglichkeiten und Methoden zur Untersuchung von Einbänden entwickelt werden, die teilweise sogar zerstörungsfrei arbeiten[66].

Der Überlieferungsbefund verteilt sich so, dass gut die Hälfte der bekannten Anzeigen in den Jahren 1470 bis 1480 produziert wurde. Die Zahl der überlieferten Exemplare nahm in den beiden folgenden Dekaden ab[67]. Diese Beobachtung ist zwar eine deutliche Auffälligkeit, aus der jedoch nicht zwingend abgeleitet werden sollte, dass Buchwerbung nach 1480 abnahm. Es könnte sich zum einen um einen Überlieferungszufall handeln, zum anderen sind weitere Werbepraktiken in den späteren Jahren ergänzend zu beobachten, weshalb diese spezifische Form gegebenenfalls abnahm[68]. Zudem sind gerade bei Einblattdrucken massive Verluste nicht ungewöhnlich. Es gibt immer wieder

64) Vgl. als Überblick zu den Anzeigen und ihren Aufbewahrungsorten die verschiedenen Zusammenstellungen, die teils auch Reproduktionen enthalten: BURGER, Buchhändleranzeigen (wie Anm. 10); Nachträge zu den Buchhändleranzeigen des XV. Jahrhunderts in getreuen Nachbildungen, hg. von Ernst VOULLIÉME, in: Wiegendrucke und Handschriften. Festgabe Konrad Haebler zum 60. Geburtstag, hg. von Isak COLLIJN u. a., Leipzig 1919, S. 18–44; Graham POLLARD/Albert EHRMAN: The Distribution of Books by Catalogue. From the Invention of Printing to A.D. 1800 Based on Material in the Broxbourne Library, Cambridge 1965, S. 31–40; VORDERSTEMANN, Augsburger Bücheranzeigen (wie Anm. 62), S. 55–71; Sylvia KOHUSHÖLTER, Lateinisch-deutsche Bücheranzeigen der Inkunabelzeit, in: Einblattdrucke des 15. und frühen 16. Jahrhunderts. Probleme, Perspektiven, Fallstudien, hg. von Sabine GRIESE/Falk EISERMANN/Marcus OSTERMANN, Tübingen 2000, S. 445–465; EISERMANN, Verzeichnis (wie Anm. 3), S. 341–344; HELLINGA, Sale Advertisements (wie Anm. 29); HELLINGA, Incunabula (wie Anm. 21), S. 393–404.

65) Vgl. einige Berichte zum Fund der Anzeigen August Wilhelm KAZMEIER, Eine bisher unbekannte Buchhändleranzeige und andere frühe Drucke des Lukas Brandis aus einer alten Schlossbibliothek, in: Zentralblatt für Bibliothekswesen 57 (1940), 292–299; Gedeon BORSA, Eine gedruckte Venediger Buchführeranzeige um das Jahr 1476, in: Gutenberg-Jahrbuch (1961), S. 43–48; Jürgen VORDERSTEMANN, Eine neue Augsburger Bücheranzeige aus der Mitte der achtziger Jahre des 15. Jahrhunderts, in: Gutenberg-Jahrbuch 55 (1980), S. 44–50; Bernd BREITENBRUCH, Ein Fragment einer bisher unbekannten Buchhändleranzeige, in: Gutenberg-Jahrbuch 62 (1987), S. 138–145.

66) Vgl. exemplarisch zu neuen technischen Möglichkeiten der Einbanduntersuchung Erik KWAKKEL, Books Before Print (Medieval Media Cultures), Leeds 2018, S. 243–248.

67) Vgl. DUNTZE, Verlagsbuchhandel (wie Anm. 36), S. 211.

68) Hans Winteroll vermutet beispielsweise, dass die Werbeelemente, die sich in den Einblattdrucken für einzelne Ausgaben fanden, ab den 1480er Jahren stärker in Paratexten der Drucke selbst fanden. Vgl. Hans M. WINTEROLL, Summae innumerae. Die Buchanzeigen der Inkunabelzeit und der Wandel lateinischer Gebrauchstexte im frühen Buchdruck (Stuttgarter Arbeiten zur Germanistik 193), Stuttgart 1987, S. 409–415; DUNTZE, Verlagsbuchhandel (wie Anm. 36), S. 212 f.; Werner KIENITZ, Formen literarischer Ankündigung im 15. und 16. Jahrhundert, Köslin 1930, S. 34 wiederum zieht Verbindungen zu Konjunkturen des Wanderbuchhandels.

Druckwerke mit nur wenigen Seiten wie Ablassbriefe, die nachweislich in hohen Auflagen produziert wurden, von denen aber heute kein Exemplar mehr vorliegt[69].

Derzeit sind Anzeigen aus insgesamt 28 unterschiedlichen Druckereien bekannt, die an 14 Orten produzierten. Solche Werbezettel waren folglich keine Strategie eines einzelnen Druckers oder Buchführers, sondern eine Vielzahl an Offizinen griff darauf zurück. Besonders häufig wurden sie in Straßburg, Augsburg, Nürnberg und Venedig hergestellt[70]. Bei allen vier Orten handelt es sich um wichtige Zentren des frühen Buchdrucks, in denen jeweils mehrere Druckereien tätig waren[71]. In den ersten Jahren kamen die Anzeigen aus Mainz, Straßburg und Augsburg[72], später dann auch aus anderen Regionen. Besonders häufig wurden sie jedoch von deutschsprachigen Druckern hergestellt. Zwischen den Werkstätten, die auf diese Art der Werbung zurückgriffen, lassen sich auch klare personelle Verbindungen ziehen, über die sich diese neue Werbestrategie wohl verbreitete. Zwei Beispiele aus den frühen 1470er Jahren machen dies deutlich: Johann Mentelin druckte um 1470 drei der Straßburger Anzeigen[73]. Günther Zainer, der bei ihm in Straßburg das Drucken gelernt hatte, produzierte im folgenden Jahr in Augsburg eine ähnliche Anzeige[74]. Ähnliches lässt sich für Nürnberg beobachten. Dort druckte Johannes Sensenschmidt, der wiederum wohl sein Handwerk in Mainz gelernt hatte, im Jahr 1473 die erste Werbung für eine Inkunabel[75].

69) Vgl. Falk EISERMANN, The Gutenberg Galaxy's Dark Matter: Lost Incunabula, and Ways to Retrieve Them, in: Lost Books. Reconstructing the Print World of Pre-Industrial Europe (Library of the Written Word 46/The Handpress World 34), hg. von Flavia BRUNI/Andrew PETTEGREE, Leiden/Boston 2016, S. 31–54; Falk EISERMANN, Fifty Thousand Veronicas. Print Runs of Broadsheets in the Fifteenth and Early Sixteenth Centuries, in: Broadsheets. Single-Sheet Publishing in the First Age of Print, hg. von Andrew PETTEGREE (Library of the Written Word 60/The Handpress World 45), Leiden/Boston 2017, S. 76–113.

70) Augsburg: GW 3161, GW 3162, GW 5673, GW M42860, GW M42861, GW M4286110, GW M52025, GW M52026, GW M52027, GW M52028, Nürnberg: GW 5675, GW M16360, GW M16361, GW M37443, GW M41554, GW M41555, Straßburg: GW 567320N, GW 5674, GW 9245, GW M22833, GW M22834, GW M22835, GW M22836, GW M2283610, und Venedig: GW 441820N, GW 567420N, GW 567610N, GW 5676, GW 5677, GW M20725, GW M37127.

71) Zu den Druckorten im Überblick vgl. Ferdinand GELDNER, Die deutschen Inkunabeldrucker. Ein Handbuch der Deutschen Buchdrucker des XV. Jahrhunderts, Bd. 1: Das deutsche Sprachgebiet, Stuttgart 1968; Ferdinand GELDNER, Die deutschen Inkunabeldrucker. Ein Handbuch der Deutschen Buchdrucker des XV. Jahrhunderts, Bd. 2: Die fremdsprachigen Gebiete, Stuttgart 1970.

72) Vgl. Anm. 70, für Mainz: GW M40875, GW M40876, GW M40877.

73) Vgl. GW M22836; GW M22835; GW M2283610.

74) Vgl. VORDERSTEMANN, Augsburger Bücheranzeigen (wie Anm. 62), S. 56–57.

75) GW M41554; Zu Johannes Sensenschmidt vgl. Paul SCHWEITZER-MARTIN, Material und Format liturgischer Inkunabeldrucke. Eine Fallstudie zur Offizin Johannes Sensenschmidt, in: Wissen und Buchgestalt, hg. von Philipp HEGEL/Michael KREWET (Episteme 26), Wiesbaden 2022, S. 301–321.

Nicht nur personell, sondern auch textuell lassen sich Verbindungen ziehen, wenn man die einleitende Passage der Anzeige des Straßburger Druckers C. W.[76] aus dem Jahr 1474 mit dem der Einleitung Schöffers vergleicht. Die Straßburger Anzeige wird mit folgenden Worten eröffnet:

> *Volentes sibi comparare libros infrascriptos: magna cum diligentia correctos: ac h[uius]mo[d]i littera impressos: bene continuatos veniant ad locum habitationis infrascriptum*[77].

Die schon eingangs zitierte Mainzer Anzeige Schöffers wird mit folgenden Worten eingeleitet:

> *Vole[n]tes sibi [com]parare infrascriptos libros mag[na] cu[m] dilige[n]tia correctos. ac in h[uius]mo[d]i l[itte]ra moguntie imp[re]ssos. b[e]n[e] [con]tinuatos. venia[n]t ad locu[m] habitationis infrascriptu[m]*[78].

Die beiden Werbeanzeige weisen verblüffende Ähnlichkeiten auf. Auch wenn sich das Layout unterscheidet, sind die einleitenden Texte fast identisch. Kleiner, aber markanter Unterschied im Text ist die Streichung des Druckortes Mainz, die sich auf den abweichenden Druckort zurückführen lässt. Darüber hinaus weichen die Kürzungen der einzelnen Worte voneinander ab und in der ersten Zeile ist die Wortstellung von *libri infrascripti* verändert. Alles in allem liegt also eine ganz klare Übernahme des Textes und der beworbenen Eigenschaften der Inkunabeln vor. Besonders auffällig ist dies, wenn man bedenkt, dass die Straßburger Anzeige nur einen einzigen Titel, nämlich ein moralisches Werk des Petrus Berchorius, bewirbt und damit die Ankündigung im Plural nicht ganz stimmig ist. Die aufgezeigten personellen und textuellen Verbindungen verdeutlichen, dass sich diese Werbeanzeigen zwar an verschiedenen Orten, aber in Bezugnahme aufeinander entwickelten[79].

Die bekannten Anzeigen wurden seit dem Ende des 19. Jahrhunderts immer wieder in Aufsätzen oder Faksimilesammlungen verzeichnet[80]. Dabei wurde beispielsweise im Gesamtkatalog der Wiegendrucke zunächst zwischen »Druckeranzeigen« und »Buchführeranzeigen« unterschieden[81]. Differenziert wurde also zwischen zwei unterschiedlichen Verkaufsinstanzen, nämlich einmal Druckern, die ihre Bücher anboten, und Buchführern, die nicht selbst produzierten, sondern nur Inkunabeln verkauften. Diese

76) Vgl. Severin CORSTEN, C. W.-Drucker, in: Lexikon des Gesamten Buchwesens 2 (^{2}1989), S. 206.

77) Transkription auf Grundlage von UB Tübingen, Gb 565.2 8 (GW 5674).

78) Vgl. Anm. 3.

79) Diese Ähnlichkeiten finden sich in zahlreichen weiteren Anzeigen. Vgl. KIENITZ, Formen (wie Anm. 68), S. 36. Besonders Anzeigen, auf die Listen folgen, weisen sehr ähnliche Einleitungstexte auf. Vgl. KOHUSHÖLTER, Lateinisch-deutsche Bücheranzeigen (wie Anm. 64), S. 445; Lucia LICHNEROVÁ, To Publish, Make Known and Sell or Promoting Printed Books in the Incunabula Period, in: The Studies into the History of the Book and Book Collections 15/3 (2021), S. 331–356, hier S. 335.

80) Siehe Anm. 64 für die einschlägigen Zusammenstellungen.

81) Vgl. GW (wie Anm. 1), Bd. 5, Sp. 622–624.

Einteilung erwies sich jedoch als wenig zielführend, da im 15. Jahrhundert kaum zwischen Buchdruckern und -händlern unterschieden werden kann[82]. Die meisten Buchdrucker kauften oder tauschten Ware aus anderen Offizinen, um ihr Sortiment zu erweitern. Im Spätmittelalter traten Drucker in der Regel sowohl als Buchhändler im Sinne des Großhandels als auch in der Funktion der Verkäufer für Endkunden auf[83]. Bei den Buchführern hingegen handelte es sich meist um reine Verkäufer, während die Ausnahmen auch hier die Regel bestätigen.

Die ältere Forschung, die vor allem durch bibliothekarische Fragestellungen geprägt war, versuchte anhand der Anzeigen zu rekonstruieren, welche Titel von einzelnen Werkstätten verlegt wurden, Überlieferungsverluste zu identifizieren oder auch bekannte Ausgaben zu datieren[84]. Dadurch, dass die Druckereien aber ihre Ware untereinander tauschten und viele der angegebenen Kurztitel sehr knapp sind, war dieses Unterfangen nur selten von Erfolg gekrönt. Die größte und umfassendste Studie zu den Buchhändleranzeigen, die 1987 von Hans Winteroll veröffentlicht wurde, beleuchtete aus germanistischer Perspektive die Literatur- und Rezeptionsgeschichte der beworbenen Werke[85]. Das Verkaufen und Bewerben der Inkunabeln spielten dabei in der Studie kaum eine Rolle.

Zuletzt hat vor allem Lotte Hellinga zwei deskriptiv-pragmatische Möglichkeiten der Einteilung etabliert. Zum einen gliedert sie danach, ob ein spezifisches Buch alleine beworben wurde oder eine ganze Liste an Titeln[86]. Das einleitende Beispiel ließe sich klar der zweiten Kategorie zuordnen. Die Straßburger Anzeige des Druckers C. W. hingegen bewarb gezielt *eine* Neuerscheinung. Ein weiteres Beispiel für einen Druck, der gezielt *einen* Titel bewarb, ist eine Vorschau für ein Werk des Euklid aus dem Jahr 1482 und stammte aus der Offizin des Erhard Ratdolt, der zu dieser Zeit in Venedig tätig war[87]. Das Besondere an dieser Ankündigung ist, dass sie auch eine exemplarische Umsetzung der geometrischen Formen erhält (siehe Abb. 2)[88]. Diese Formen waren drucktechnisch sehr schwierig darzustellen. Eine gelungene Umsetzung war für Kundinnen

82) Vertiefend und mit Beispielen zu diesem Problem vgl. Vorderstemann, Augsburger Bücheranzeigen (wie Anm. 62), S. 62.

83) Vgl. Bangert, Buchhandelssystem (wie Anm. 36), S. 93; Mäkeler, Rechnungsbuch (wie Anm. 24), S. 59; Grimm, Buchführer (wie Anm. 38), Sp. 1157–1174. Corsten, Der frühe Buchdruck (wie Anm. 48), S. 25.

84) Vgl. exemplarisch Meyer, Bücheranzeigen (wie Anm. 8); Burger, Buchhändleranzeigen (wie Anm. 10); Borsa, Eine gedruckte Venediger Buchführeranzeige (wie Anm. 65).

85) Vgl. Winteroll, Summae innumerae (wie Anm. 68). Weiterhin ist auf zwei breiter angelegte Studien zum Thema zu verweisen: Kienitz, Formen (wie Anm. 68); Lichnerová, To Publish (wie Anm. 79).

86) Vgl. Hellinga, Sale Advertisements (wie Anm. 29), S. 20–25; Hellinga, Incunabula (wie Anm. 21), S. 393–404; Kohushölter, Lateinisch-deutsche Bücheranzeigen (wie Anm. 64), S. 445.

87) Vgl. Irmgard Bezzel, Ratdolt (Ratdold), Erhard, in: Lexikon des gesamten Buchwesens 6 (^{2}2003), S. 181.

88) BSB München, Einbl. VIII,5 b, Erhard Ratdolt, Bücheranzeige zu Euklid, Venedig, vor 25.V.1482 (GW M37127).

und Kunden jedoch sicherlich entscheidend[89]. Auffällig ist zudem, dass diese Anzeige auch das Druckbild einer Doppelseite imitiert und so schon einen sehr konkreten Eindruck des Endprodukts gibt. Weitere Vorankündigungen für Druckausgaben sind bekannt, in denen besondere Eigenschaften der spezifischen Ausgaben hervorgehoben werden[90].

Prima propositio.

Impressum Venetijs per magistrum Erhardum ratdolt de Augusta

Abb. 2: Erhard Ratdolt, Bücheranzeige zu Euklid. Venedig, [vor 25.V.1482], BSB München, Einbl. VIII,5 b (urn:nbn:de:bvb:12-bsb00101551-2) (GW M37127) (27,5 x 40 cm).

Während die Anzeigen für einzelne Druckwerke auf die verschiedenen Aspekte der Inkunabeln zugeschnitten waren, enthielt der Typus der Liste oftmals zahlreiche Titel. Eine Augsburger Anzeige aus der Offizin Anton Sorgs aus dem Jahr 1485 führt so etwa nach einer kurzen Einleitung insgesamt 35 Titel in zwei Spalten an (vgl. Abb. 3)[91]. Die Gesamtzahl der genannten Drucke ließ sich anhand anderer Exemplare der Anzeige

89) Vgl. HELLINGA, Incunabula (wie Anm. 21), S. 27; LICHNEROVÁ, To Publish (wie Anm. 79), S. 339–340; WAGNER, Lettern (wie Anm. 3), S. 200–201; VORDERSTEMANN, Augsburger Bücheranzeigen (wie Anm. 62), S. 69.

90) Vgl. HELLINGA, Incunabula (wie Anm. 21), S. 26–29.

91) ULB Darmstadt, Inc V 158, Anton Sorg, Augsburg, 1485 (GW M42861). Dieses Blatt wurde im Juni 1929 aus Inc IV 490, GW 9838 gelöst. Für diesen Hinweis und die Maße sei Birgit Reeg-Lumma herzlich gedankt.

erschließen[92]. Die Mehrzahl der Werbezettel weist jedoch eine etwas überschaubarere Anzahl an Titeln auf.

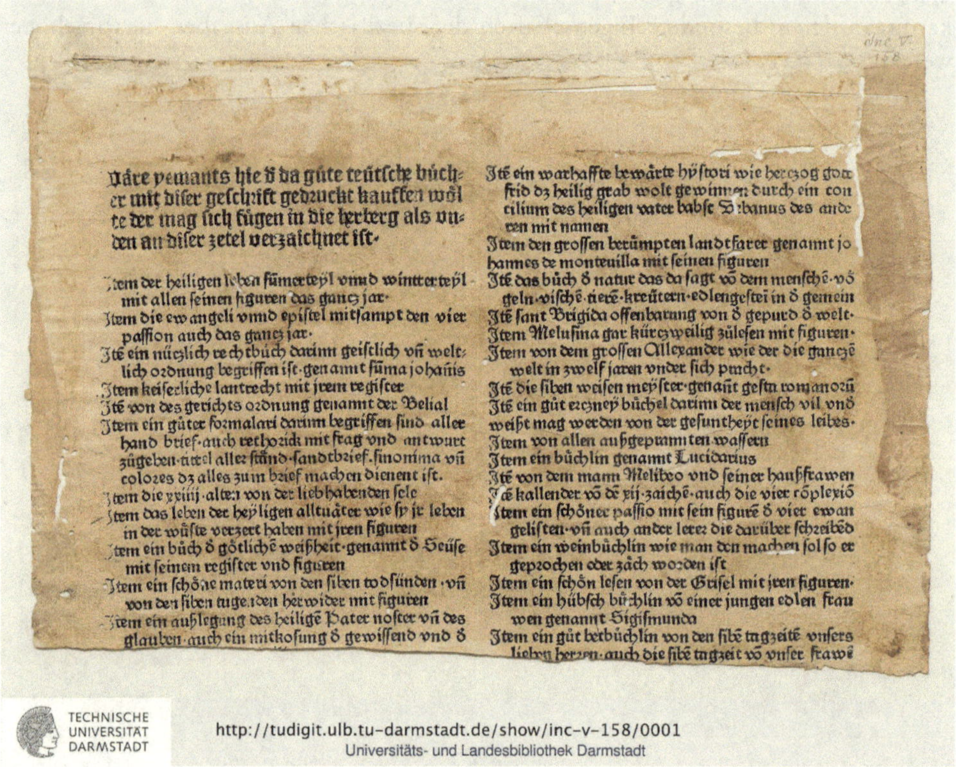

Wäre yemants hie d' da gûte teütsche bûcher mit diser geschrift gedruckt kauffen wölte der mag sich fügen in die herberg als unden an diser zetel verzaichnet ist·

Item der heiligen leben sümerteÿl vnnd wintterteÿl mit allen seinen figuren das gancz jar·
Item die ewangeli vnnd epistel mitsampt den vier passion auch das gancz jar·
Itẽ ein nüczlich rechtbûch darinn geistlich vñ weltlich ordnung begriffen ist·genannt sūma johañis
Item keiserliche lantrecht mit jrem register
Itẽ von des gerichts ordnung genannt der Belial
Item ein gûter formalari darinn begriffen sind aller hand brief·auch rethorick mit frag vnd antwurt zûgeben·titel aller stând·sandtbrief·sinonima vñ colores dz alles zum brief machen dienent ist.
Item die xxiiij·alten von der liebhabenden sele
Item das leben der heÿligen alltuäter wie sy jr leben in der wüste verzert haben mit jren figuren
Item ein bûch d' götlichẽ weißheit·genannt d' Seüse mit seinem register vnd figuren
Item ein schöne materi von den siben todsünden·vñ von den siben tugenden herwider mit figuren
Item ein außlegung des heiligẽ Pater noster vñ des glauben·auch ein mitkosung d' gewissend vnd d'

Itẽ ein warhaffte bewârte hÿstori wie herczog gotfrid dz heilig grab wolt gewinnen durch ein concilium des heiligen vater babst Vrbanus des anderen mit namen
Item den grossen berümpten landtfarer genannt johannes de monteuilla mit seinen figuren
Itẽ das bûch d' natur das da sagt võ dem menschẽ·võ geln·vischẽ·tierẽ·kreütern·edlengestei in d' gemein
Itẽ sant Brigida offenbarung von d' gepurd d' welt·
Item Melusina gar kürczweilig zûlesen mit figuren·
Item von dem grossen Allexander wie der die gancze welt in zwelf jaren vnder sich pracht·
Itẽ die siben weisen meÿster·genañt gesta romanorũ
Itẽ ein gût erczneÿ bûchel darinn der mensch vil vnd weißt mag werden von der gesuntheÿt seines leibes·
Item von allen außgeprannten wassern
Item ein bûchlin genannt Lucidarius
Itẽ von dem mann Melibeo vnd seiner haußfrawen
Itẽ kallender võ dẽ xij·zaichẽ·auch die vier cõplexiõ
Item ein schöner passio mit sein figurẽ d' vier ewangelisten·vñ auch ander lerer die darüber schreibẽd
Item ein weinbûchlin wie man den machen sol so er geprochen oder zäch worden ist
Item ein schön lesen von der Grisel mit jren figuren·
Item ein hübsch bûchlin võ einer jungen edlen frawen genannt Sigismunda
Item ein gût betbûchlin von den sibẽ tagzeitẽ vnsers lieben herren·auch die sibẽ tagzeit võ vnser frawẽ

Abb. 3: Fragment einer deutschsprachige Bücheranzeige Anton Sorgs, Augsburg, 1485, ULB Darmstadt, Inc V 158 (urn:nbn:de:tuda-tudigit-35145) (GW M42861) (20,7–21,6 x 29,6–30,1 cm).

Die zweite pragmatische Kategorisierung erfolgt anhand der genutzten Sprache. Die meisten Anzeigen sind auf Latein verfasst, was insofern einleuchtet, als sie oftmals auch lateinische Bücher bewarben, die in dieser Zeit auch den größten Anteil in der Produktion ausmachten[93]. Jedoch gab es durchaus auch volkssprachige Anzeigen. So ist das insgesamt 35 Titel umfassende Augsburger Beispiel auf Deutsch verfasst. Der einleitende Text lautet: *Wäre yemants hie, der da gute teutsche Bucher mit diser geschrift gedruckt kauffen wollte, der mag sich fugen in die herberg, als unden an diser Zetel verzaich-*

92) Vgl zu den überlieferten Exemplaren VORDERSTEMANN, Augsburger Bücheranzeigen (wie Anm. 62), S. 61–63.

93) Vgl. KOHUSHÖLTER, Lateinisch-deutsche Bücheranzeigen (wie Anm. 64), S. 447.

net ist (siehe Abb. 3)[94]. Ein Teil der werbenden Zuschreibungen bleibt auch in der sprachlichen Übertragung gleich. So werden die verwendeten Lettern hervorgehoben und unten auf dem Zettel kann der konkrete handschriftlich vermerkte Kaufort entnommen werden. Allerdings werden nun gute deutsche Bücher angepriesen.

Aus England ist aus der Presse William Caxtons eine englischsprachige Anzeige bekannt, die für liturgische Werke aus seiner Produktion wirbt. Bemerkenswerterweise trägt sie am Ende den lateinischen Hinweis: *Supplico stet cedula*[95] – Es wird darum gebeten, dass das Zettelchen hängen bleiben soll. Ein Exemplar der Anzeige, das in Manchester verwahrt wird, wurde sogar handschriftlich um eine englische Übersetzung ergänzt[96]. Dies ist ein weiterer Hinweis auf die Praxis, dass solche Werbung tatsächlich ausgehängt wurde. Auch hier wissen wir wie bei den übrigen diskutierten Beispielen nicht, wie die Anzeige tatsächlich verwendet wurde, jedoch deuten die Hinweise in Summe darauf hin, dass die Praxis des Aushangs zumindest als eine mögliche Nutzung intendiert war.

Regelmäßig finden sich auf den Anzeigen handschriftliche ergänzte Verkaufsorte wie das Gasthaus »Zum wilden Mann«[97]. Dies deutet wohl auf eine gewisse Mobilität und Flexibilität der Verkäufer hin. Gleichzeitig gibt es jedoch auch einige Anzeigen, die im gedruckten Text auf einen Verkaufsort hinweisen, was sich wiederum mit dem Befund deckt, dass sich im ausgehenden 15. Jahrhundert auch erste feste Ladengeschäfte für Bücher etablierten. Ein Beispiel für eine Anzeige mit gedrucktem Verweis auf einen Verkaufsort stammt aus der Augsburger Offizin Günther Zainers. Dies ist besonders interessant, da Zainer den Text auf einem Blatt sowohl auf Latein als auch Deutsch publizierte und jeweils im einleitenden Text eine Lagebeschreibung hinzufügte, die auf Latein *in hac urbe Augusta per Gintherum Zainer ex Reutlingen natum veniant ad hospicium seu domum ipsius schmidlin prope plateam crucis et habebunt largum venditorem* und auf Deutsch *der kom in des schmidlins huß uff dem crutz zu dem Ginthero genant zainer von Reutlingen, da findet er die und werdent im geben* lautet[98].

94) Vgl. Anm. 91, Zeichensetzung in der Transkription zur besseren Lesbarkeit. Anton Sorg druckte um 1486 eine weitere Anzeige mit einem sehr ähnlichen Text vgl. SStB Augsburg, Einblattdrucke vor 1500, Nr. 16b (GW M42860); siehe dazu auch Karl-Georg Pfändtner/Wolfgang Mayer (Hg.), Sole Survivors & Rare Editions – Unikale, Seltene und Illuminierte Inkunabeln der Staats- und Stadtbibliothek Augsburg, Weißenhorn 2021, S. 54f.

95) Bodleian Oxford, Arch. G e.37, William Caxton, Westminster, 1477 (GW 6440).

96) Vgl. Manchester, John Rylands Library, JRL 1409136. Siehe dazu Erik Kwakkel, The Oldest Surviving Printed Advertisement in English (London, 1477), in: medievalbooks, 24.1.2019, https://medievalbooks.nl/2019/01/24/the-oldest-surviving-printed-advertisement-in-english-london-1477 (19.09.2022).

97) Vgl. Lichnerová, To Publish (wie Anm. 79), S. 336.

98) Vgl. New York Morgan Library, CL 272, Günther Zainer, Bücheranzeige, Augsburg, um 1471 (GW M52025); Zeichensetzung in der Transkription zur besseren Lesbarkeit. Reproduziert in Voulliéme, Nachträge (wie Anm. 64), S. 18–20. Siehe dazu auch Kohushölter, Lateinisch-deutsche Bücheranzeigen (wie Anm. 64), S. 450–451.

Um 1480 sortierte Anton Koberger[99], der später die bekannte Schedelsche Weltchronik drucken sollte, in einer weiteren Anzeige sein Angebot nach inhaltlichen Kategorien in theologische Werke, Predigten und medizinische Abhandlungen[100]. Auch dieser Werbezettel wurde aus einem Einband aus der Bibliothek Hartmann Schedels gelöst, wie am Besitzvermerk auf der Versoseite deutlich wird[101]. Solche inhaltlichen Einteilungen des Angebots fanden sich auch in anderen Anzeigen und wurden teils sogar durch rote Schrift hervorgehoben[102]. Der längere Text auf der Anzeige Kobergers, der den Titeln vorgeschaltet ist, gibt einen kurzen Abriss der Geistesgeschichte, der in der Technik des Buchdrucks und der Verfügbarkeit der Drucke sowie deren Inhalten gipfelt. Beendet wird der Text, wie er eröffnet wurde, mit dem Verweis, dass der Kaufort unten zu finden sei. Dieser Hinweis begegnet also mit einer großen Regelmäßigkeit.

Die werbenden Drucke beschränkten sich nicht nur auf Text, wie auch schon an der Vorschau für die Euklid-Ausgabe sichtbar wurde, sondern es wurden auch Abbildungen eingesetzt, um Kunden zu locken. So bewarb Gerard Leeu 1491 seine illustrierte Übersetzung der Melusine aus dem Französischen. Die volkssprachige Anzeige hebt hervor, dass die Ausgabe *met schönen Personagen ende Figuren* versehen wurde. Diese und weitere neue Bücher könnten am unten genannten Ort erstanden werden[103]. Die Anzeige verknüpft also eine bekannte Strategie mit einer neuartigen Kostprobe des Produkts, nämlich einem Bild und sogar einem, das auch auf Reize der abgebildeten Figuren setzte[104]. Zudem wurden wohl neben eigens produzierten Anzeigen auch illustrierte Titelbilder, die vor allem in den 1490er Jahren aufkamen[105], als Werbung für einzelne Werke als Plakate ausgehängt[106].

Die Buchhändleranzeigen zeichnen sich durch große Ähnlichkeiten in Sprache und Form aus. So wiederholen sich bestimmte Textbausteine in Anzeigen unterschiedlicher Offizinen. Trotz dieser Uniformität sind diese gedruckten Werbezettel individuell auf das zu bewerbende Buch angepasst, wie besonders die Ankündigung Ratdolts für die

99) Vgl. Severin CORSTEN, Koberger, Anton, in: Lexikon des gesamten Buchwesens 4 (²1995), S. 256.

100) BSB München, Einbl. VIII, 4r, Anton Koberger, Bücheranzeige, Nürnberg, um 1480 (GW M16361).

101) BSB München, Einbl. VIII, 4v, Anton Koberger, Bücheranzeige, Nürnberg, um 1480 (GW M16361).

102) BSB München, Einbl. VIII, 5, Erhard Ratdolt, Bücheranzeige, Venedig, um 1484 (GW 5677).

103) Leipzig Buch Museum, Bö-Ink 134, Gerard Leeu, Bücheranzeige zu Melusine, Antwerpen, um 1491 (GW M17425). Zur Anzeige vgl. HELLINGA, Sale Advertisements (wie Anm. 29), S. 9 f. zu Leeu vgl. Severin CORSTEN, Leeu, Gheraert, in: Lexikon des gesamten Buchwesens 4 (²1995), S. 430 f.

104) Zur Spezifikation *cum figuris* siehe auch Wolfgang AUGUSTYN, Buchillustration in Augsburger Inkunabeln, in: Augsburg macht Druck. Die Anfänge des Buchdrucks in einer Metropole des 15. Jahrhunderts, hg. von Günter HÄGELE/Melanie THIERBACH, Augsburg 2017, S. 62–73, hier S. 72.

105) Vgl. zur Entwicklung der Titelblätter unten besonders Anm. 133.

106) Vgl. mit Schwerpunkt auf die Entwicklungen im 16. Jh. Günter RICHTER, Die Sammlung von Drucker-, Verleger- und Buchführerkatalogen in den Akten der Kaiserlichen Bücherkommission, in: Festschrift für Josef Benzing zum sechzigsten Geburtstag, hg. von Elisabeth GECK u. a., Wiesbaden 1964, S. 317–372, hier besonders S. 324 f.

Euklid-Ausgabe oder Leeus für die bebilderte Melusine-Ausgabe deutlich machen. Auf ähnliche Weise werden einzelne spezifische Eigenschaften wie das Material oder bestimmte Paratexte – den Haupttext rahmende Texte oder Beigaben – von Druckausgaben auf den Bücherlisten hervorgehoben. Es ist jedoch auch davon auszugehen, dass die Anzeigen auf Kundengruppen zugeschnitten wurden. Hierfür sprechen zum einen die sprachliche Differenzierung in volkssprachige und lateinische Werbung und zum anderen auch Anzeigen mit speziellem inhaltlichem Fokus. In Venedig druckte Aldus Manutius beispielsweise eine gesonderte Anzeige für griechische Werke[107)], was auf eine gesonderte Zielgruppenansprache hindeutet. Solche Drucke konnten beispielsweise für Humanisten von besonderem Interesse sein, die in der Regel gut vernetzt waren und Titel von weit entlegenen Offizinen beschafften[108)].

3. Quellen für den Verkauf von Inkunabeln jenseits der Buchhändleranzeigen

Üblicherweise werden Typenproben bzw. Schriftproben nicht als Buchhändleranzeigen klassifiziert, jedoch haben sie eindeutig eine ähnliche Funktion. Sie werben nicht für einzelne Ausgaben oder ein Sortiment, sondern zeigen vielmehr das technische Repertoire einer Werkstatt. Ein Beispiel hierfür ist der sogenannte *Index characterum* Erhard Ratdolts[109)] (Abb. 4), den er erstellte, als er seine Offizin von Venedig nach Augsburg verlegte[110)]. Zum einen wird die Spannbreite der lateinischen Schriften deutlich, die er im Angebot hatte, aber auch ein Satz griechischer Lettern stand zur Verfügung. Diese Zusammenstellung könnte der Ansprache von Kunden in zweierlei Weise gedient haben. Zum einen wurden die technischen Fähigkeiten des Druckers für das bestehende Angebot aufgezeigt. Zum anderen könnte diese Schriftprobe ein Hilfsmittel bei Bestellungen von Auftragswerken gewesen sein, damit Kunden das Druckbild verschiedener Schriften vorab vergleichen konnten. Ganz ähnliche Schriftproben sind auch von mittelalterlichen Berufsschreibern bekannt[111)]. Auch hier werden also klare Kontinuitäten

107) Vgl. Paris BN, ms. Grec 3064, Bl. 84, Aldus Manutius, Anzeige seiner griechischen Drucke, Venedig, nicht vor 1.X.1498 (GW M20725).

108) Vgl. zuletzt das eindrückliche Beispiel der Basler Bibliothek Heynlins von Stein Beat von Scarpatetti, Bücherliebe und Weltverachtung. Die Bibliothek des Volkspredigers Heynlin von Stein und ihr Geheimnis, Basel 2022.

109) Vgl. ausführlich zum *Index characterum* und auch Fragen der Datierung Riccardo Olocco, Ratdolt's *Index characterum*. The Earliest Known Type Specimen, Frankfurt am Main 2020. Weiterhin Eule, Kaufmännische Entfaltung (wie Anm. 62), S. 346.

110) Vgl. Bezzel, Ratdolt (wie Anm. 87).

111) Vgl. für Beispiele Kwakkel, Books (wie Anm. 66), S. 196; Stephen J. P. Van Dijk, An Advertisement sheet of an early fourteenth-century writing master at Oxford, in: Scriptorium 10/1 (1956), S. 47–64. Siehe auch das Reklameblatt des Schreibmeisters Johann von Hagen (Abb. 3) in der Einleitung dieses Bandes. Zudem werden

zwischen den Werbestrategien der Schreiber und Buchdrucker sichtbar. Auch die Anordnung und der Einsatz von Schmuckinitialen auf den überlieferten Blättern mutet sehr ähnlich an.

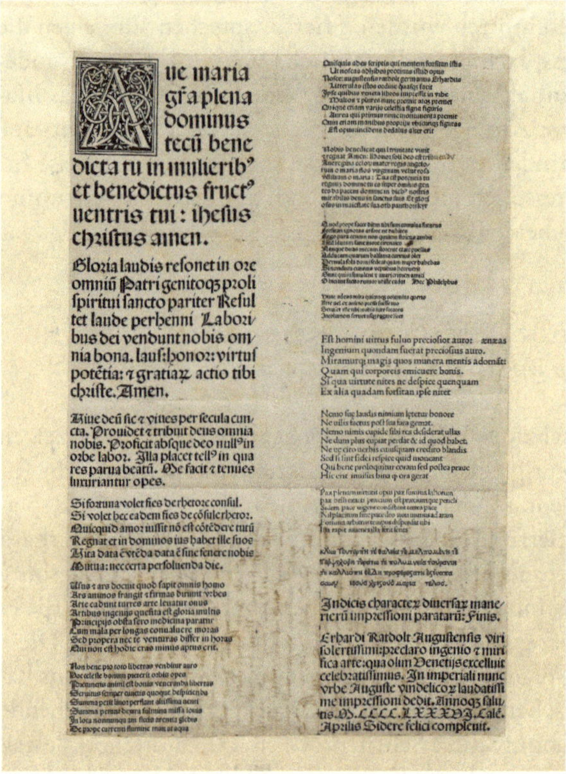
Aue maria gr͞a plena dominus tecū benedicta tu in mulierib⁹ et benedictus fruct⁹ uentris tui: ihesus christus amen.

Gloria laudis resonet in ore omniū Patri genitoq3 proli spiritui sancto pariter Resultet laude perhenni Laboribus dei vendunt nobis omnia bona. laus: honor: virtus potētia: et gratiarum actio tibi christe. Amen.

Viue deū sic et vives per secula cuncta. Prouidet et tribuit deus omnia nobis. Proficit absque deo null⁹ in orbe labor. Illa placet tell⁹ in qua res parua beatū. Me facit et tenues luxuriantur opes.

Si fortuna volet fies de rhetore consul.
Si volet hec eadem fies de cōsule rhetor.
Quicquid amor iussit nō est cōtēdere tutū
Regnat et in dominos ius habet ille suos
Vita data ē vtēda data ē sine fenere nobis
Mutua: nec certa persoluenda die.

Est homini uirtus fuluo preciosior auro: aeneas
Ingenium quondam fuerat preciosius auro.
Miramurq; magis quos munera mentis adornāt:
Quam qui corporeis emicuere bonis.
Si qua uirtute nites ne despice quenquam
Ex alia quadam forsitan ipse nitet

Nemo sue laudis nimium letetur honore
Ne uilis factus post sua fata gemat.
Nemo nimis cupide sibi res desiderat ullas
Ne dum plus cupiat perdat & id quod habet.
Ne ue cito uerbis cuiusquam credito blandis
Sed si sint fidei respice quid moneant
Qui bene proloquitur coram sed postea praue
Hic erit inuisus bina q ora gerat

Indicis characterum diuersarum manerierū impressioni paratarū: Finis.

Erhardi Ratdolt Augustensis viri solertissimi: preclaro ingenio et mirifica arte: qua olim Venetijs excelluit celebratissimus. In imperiali nunc vrbe Auguste vindelicorum laudatissime impressioni dedit. Annoq3 salutis. M.CCCC.LXXXVI. Calē. Aprilis Sidere felici compleuit.

Abb. 4: Typenprobe (*Index characterum*) Erhard Ratdolts, Augsburg 1486, BSB München Einbl. VIII,6 (urn:nbn:de:bvb:12-bsb00095388-4) (GW M37128) (22,5 x 34,5 cm).

Über die ganze Inkunabelzeit hinweg spielten Einblattkalender beispielsweise mit Informationen zum Aderlass oder auch zu liturgischen Daten eine nicht unerhebliche Rolle[112]. Oftmals wurden sie auch mit Holzschnitten, Spruchbändern oder Verzierun-

auch immer wieder bestimmte Arten zu schreiben beworben, vgl. exemplarisch STEINMANN, Handschriften (wie Anm. 62), S. 668 f.

112) Zu den verschiedenen Kalendern der Inkunabelzeit vgl. Catarina ZIMMERMANN-HOMEYER, Illustrated Almanacs. Imaging Strategies on Bloodletting Calenders of the Incunabula Period, in: Gutenberg-Jahrbuch 97 (2022), S. 118–145, hier S. 118–120; Holger NICKEL, Almanache und Prognostika als Quelle für den Buchhandel der Frühdruckzeit, in: Das Buch als Quelle historischer Forschung. Dr. Fritz Juntke anläßlich seines 90. Geburtstages gewidmet, hg. von Joachim Dietze (Arbeiten aus der Universitäts- und Landesbibliothek Sachsen-

gen versehen. Exemplarisch sei hier ein Beispiel aus der Produktion des schon erwähnten Augsburger Druckers Günther Zainer genannt. Dieser Almanach mit medizinisch-astrologischen Hinweisen für die einzelnen Monate enthält nämlich einen bemerkenswerten Kolophon: *Ex urbe Augusta hec quoque in medium (ne italo cedere videamur) feliciter data sunt per Ginterum Zainer ex Reutlingen natum. SIT.LAUS.DEO*[113]. Dieser nennt zunächst typische Merkmale, nämlich den Druckort, den Hersteller und dessen Herkunft sowie ein Lob Gottes. Weiterhin verweist er darauf, dass der Drucker nicht gezögert habe, eine Antiqua als Schrift zu nutzen, die hier als *italo* bezeichnet wird, was zu diesem Zeitpunkt im Druck eine Neuerung war[114]. Auf Grundlage solcher Almanache plädiert Falk Eisermann dafür, diese Art der Drucke auch als Werbung für Neuerungen in der Drucktechnik oder auch für neue Offizinen zu verstehen[115]. Denn oftmals sind die ersten Drucke, die aus Werkstätten bekannt sind, genau solche Almanache, die möglicherweise dann auch an potenzielle Käuferinnen und Käufer verschenkt wurden.

Während für die Inkunabelzeit nur die vorgestellte Typenprobe aus der Offizin Ratdolt bekannt ist[116], sind Almanache zahlreich belegt und wurden mit Sicherheit massenhaft gedruckt und zirkuliert. Auch wenn nicht jeder Kalender zwingend werbend war, so zeigen die erhaltenen Exemplare jedoch das große Potenzial für gedruckte Werbung in der zweiten Hälfte des 15. Jahrhunderts auf. Zudem war diese Praxis eindeutig nicht auf die Buchhändleranzeigen und Ankündigungen beschränkt. Dies zeigt auch eine weitere Gattung. Als eine spezielle Form der Werbung für gedruckte Bücher, die große Ähnlichkeiten mit den Buchhändleranzeigen aufweisen, sind die Vorlesungsankündigungen der mittelalterlichen Universitäten zu nennen. Denn diese bewarben in Leipzig nicht nur die Vorlesungen selbst, sondern enthielten auch Hinweise auf Bücher für die Lehrveranstaltungen und wo sie erworben werden konnten[117].

Vereinzelt gibt es auch Quellen, die die Praktiken des spätmittelalterlichen Buchhandels schriftlich dokumentieren. Für herausragende Quellen im deutschsprachigen Raum

Anhalt in Halle an der Saale 18), München 1978, S. 120–130; Falk Eisermann, Almanach, in: VL 11 (^{2}2004), Sp. 65–72.

113) BSB München, Einbl.Kal. 1472, Günther Zainer, Augsburg, 1472 (GW 1293).

114) Vgl. Eisermann, Almanach (wie Anm. 112), Sp. 70.

115) Vgl. Eisermann, Almanach (wie Anm. 112), Sp. 65–72; Auch Konrad Haebler, einer der Begründer des Gesamtkatalogs der Wiegendrucke, vermutete dies schon. Vgl. Konrad Haebler, Aus den Anfängen des Buchhandels, in: Katalog 3, hg. von Rudolf Haupt, Halle a. S. 1904, S. 1–11, hier S. 4.

116) Für die folgenden Jahrhunderte der Handpressenzeit sind noch zahlreiche weitere Typenproben bekannt. Vgl. Nikolaus Weichselbaumer, Deutsche Schriftproben der Handpressenzeit – eine vorläufige Liste. Zenodo. Juli 2020. DOI: 10.5281/zenodo.3955176 (20.09.2022).

117) Vgl. Kienitz, Formen (wie Anm. 68), S. 40–45; Enno Bünz/Alexander Sembdner, Studentischer Konsum in Universitätsstädten des späten Mittelalters. Das Beispiel Leipzig, in: Die Konsumentenstadt – Konsumenten in der Stadt des Mittelalters, hg. von Stephan Selzer (Städteforschung 98), Köln/Weimar/Wien 2018, S. 179–226, 218; Kohushölter, Lateinisch-deutsche Bücheranzeigen (wie Anm. 64), S. 445 f. Siehe auch die Einleitung dieses Bandes.

ist auf die Korrespondenz des Basler Druckers Johann Amerbach[118] und das Rechnungsbuch des Speyerer Druckherrn und Buchhändlers Peter Drach zu verweisen[119]. Aus den Briefen und Abrechnungen lässt sich nachvollziehen, dass die großen Druckereien Lager an verschiedenen Orten einrichteten. Dazu gehörten Messestädte wie Frankfurt oder Leipzig, aber auch Städte wie Köln oder Würzburg[120]. Zudem wurden Lager in Gasthäusern wie dem »Wilden Mann« in Nürnberg eingerichtet[121]. Dort konnten Inkunabeln verkauft, aber auch an mobile Buchführer in den einzelnen Regionen verteilt werden. Teilweise wurden die Bände auch gezielt an diesen Knotenpunkten mit Einbänden versehen, bevor sie dann den Endkunden angeboten wurden[122]. Die Drucker, die zu dieser Zeit meist gleichzeitig auch Verleger und Großhändler waren, arbeiteten mit einer Vielzahl an Buchführern zusammen. In Speyer beispielsweise waren es über eine Zeit von 20 Jahren mindestens 50 Personen[123]. Exemplarisch soll die Arbeitsweise zwei dieser Buchführer vorgestellt werden.

Friedrich Meinberger[124] betrieb in Tübingen ein Ladengeschäft und bekam mindestens zehn Jahre lang Inkunabeln von der Druckerei Drach aus Speyer geliefert. Diese verkaufte er auf Provisionsbasis und erhielt als Lohn aus zwölf Gulden Umsatz jeweils einen Gulden, also gut acht Prozent des Umsatzes. Inkunabeln, die sich nicht verkauften, wurden nach Speyer zurückgeschickt. Das Risiko lag also alleinig bei der Offizin und nicht beim Verkäufer. Der Waren- und Geldaustausch lief in der Regel über Mittelsmänner, unter anderem auch Drachs Ulmer Papierhändler Hans Harscher. Größere Lieferungen besorgte ein Fuhrmann mit seinem Karren[125].

Der Leipziger Buchführer Johannes Schmidhofer[126] arbeitete nach einem anderen Modell viele Jahre für Drach. Er erhielt einen festen Lohn von 30 Gulden im Jahr. Da

118) Vgl. Die Amerbachkorrespondenz, Bd. 1: Die Briefe aus der Zeit Johann Amerbachs 1481–1513, hg. von Alfred HARTMANN, Basel 1942; The Correspondence of Johann Amerbach. Early Printing in its Social Context, hg. von Barbara C. HALPORN (Recentiores. Later Latin Texts and Contexts), Ann Arbor 2000.

119) Vgl. Anm. 24.

120) Vgl. GELDNER, Rechnungsbuch (wie Anm. 24), Sp. 17.

121) Vgl. GELDNER, Rechnungsbuch (wie Anm. 24), Sp. 136, Bl. [4] r α.

122) Vgl. SCHWEITZER-MARTIN, Kooperation (wie Anm. 24), S. 227–250. Zum Wanderbuchhandel siehe DUNTZE, Verlagsbuchhandel (wie Anm. 36), S. 211–227.

123) Vgl. GELDNER, Rechnungsbuch (wie Anm. 24), Sp. 18.

124) Siehe zu Meinberger vor allem Vera SACK, Der Vertrag eines Freiburger Zwischenbuchhändlers mit der Universität. Zur Geschichte buchhändlerischer Vertriebsformen und Usancen im ausgehenden 15. Jahrhundert, in: Archiv für Geschichte des Buchwesens 27 (1986), S. 163–170. Sie zeigt auf, dass er zu diversen Druckern und Buchführern Kontakt hatte.

125) Vgl. GELDNER, Rechnungsbuch (wie Anm. 24), Sp. 59–66; SCHWEITZER-MARTIN, Kooperation (wie Anm. 24), S. 249f.

126) Siehe zur Biographie Schmidhofers Mark LEHMSTEDT, Buchstadt Leipzig. Biographisches Lexikon des Leipziger Buchgewerbes, Bd. 1 (1420–1538), Leipzig 2019, S. 144–147. Schmidhofer (gest. 1509) war ab 1475 in Leipzig immatrikuliert, heiratete 1488 die Tochter eines wohlhabenden Tuchhändlers und konnte sich wohl durch die Mitgift als Buchhändler selbstständig machen.

er regelmäßig durch Böhmen, Mähren und Franken reiste, erhielt er für diese Reisen zusätzlich ein Pferd, einen Diener sowie Spesen und weiteres Geld, um Lagerplätze auf seiner Route anzumieten. Möglicherweise belieferte er von den Lagern aus wiederum weitere Buchführer. Das Fragment des Rechnungsbuchs dokumentiert, dass er rund 8000 Inkunabeln für Drach verkaufte. Anhand der Spesenrechnungen lässt sich nachvollziehen, dass er die Bücher regelmäßig in Gasthäusern feilbot. Auch hier lag das Risiko größtenteils bei der Offizin. Schmidhofer verselbstständigte sich jedoch nach einigen Jahren und kaufte Drach eine größere Menge Inkunabeln ab, die er dann auf eigenes Risiko verkaufte[127)].

Am Beispiel der Buchführer Meinberger und Schmidhofer wird deutlich, dass sehr unterschiedliche Vertriebspraktiken am Ende des 15. Jahrhunderts sogar innerhalb einer Offizin praktiziert wurden und sich auch über die Zeit verändern konnten. Buchführer konnten auf Kommission oder angestellt arbeiten, andere wiederum agierten als selbstständige Buchhändler. Es ist zudem anzunehmen, dass die Händler nicht zwingend auf die Ware Buch beschränkt waren.

Aus Korrespondenzen wird deutlich, dass die schon erwähnten Fässer ein nicht unerhebliches Thema waren. In einem Brief des Nürnberger Druckers Anton Koberger an seinen Basler Geschäftspartner Johann Amerbach schreibt er:

> *Das ir machen liest gutte starcke faß Bitt ich euch. ir wollt das also thon wan solt jeczund naß wetter geweset sein es wer warlich grosser schad geschehen wan die faß sind zu dün von holcz*[128)].

Koberger bittet darum, dass dickere Holzfässer für den Transport zum Einsatz kommen sollen, da bei zu dünnen Fässern die Gefahr groß sei, dass die Inkunabeln bei Nässe Schaden nähmen. Eine Befürchtung, die durchaus plausibel erscheint und die Buchhändler ihrer Ware berauben würde.

Gerade in diesem Zusammenhang ist daran zu erinnern, dass die Bücher teils über weite Strecken transportiert werden mussten, um von den Offizinen zu den Kunden zu gelangen. Da Bücher aber in Bezug auf ihr Volumen und ihren Wert relativ geringe Transportkosten verursachten, war es möglich, sie dennoch auch an weiter entfernten Orten gewinnbringend zu veräußern, sofern sie unbeschadet dorthin gebracht werden konnten. Unterstrichen wird dies durch einen an Johann Amerbach gerichteten Brief

127) Vgl. GELDNER, Rechnungsbuch (wie Anm. 24), Sp. 109–127, besonders Sp. 120 f.; SCHWEITZER-MARTIN, Kooperation (wie Anm. 24), S. 244–248; Hendrik MÄKELER, Der Speyerer Druckherr Peter Drach († 1504) in Leipzig, in: Bücher, Drucker, Bibliotheken in Mitteldeutschland. Neue Forschung zur Kommunikations- und Mediengeschichte um 1500, hg. von Enno BÜNZ (Schriften zur Sächsischen Geschichte und Volkskunde 15), Leipzig 2006, S. 461–480.

128) Oscar HASE, Die Koberger. Eine Darstellung des Buchhändlerischen Geschäftsbetriebes in der Zeit des Überganges vom Mittelalter zur Neuzeit, Leipzig ²1885, S. XVI. Siehe auch RAUTENBERG, Buchhändlerische Organisationsformen (wie Anm. 28), S. 362 f.

von einem gewissen Andreas Ruwe, der sich selbst als *librarius Almanus*[129] bezeichnet. Beim Begriff *librarius* handelt es sich um eine weitere mittelalterliche Bezeichnung für Buchhändler[130]. Ruwe bestellte in dem Brief aus London bei Amerbach, der sich für eine Messe in Frankfurt befand, zahlreiche Bücher, die über einen Händler (*mercator*) gekauft werden sollten[131]. Hier wird also neben der Entfernung, die beim Transport überbrückt werden musste, auch die gezielte Bestellung einzelner Werke über diese Entfernungen hinweg deutlich.

Ähnlich wie bei den Buchhändleranzeigen und Vorankündigungen für gedruckte Bücher geht aus der Untersuchung der Quellen aus dem Umfeld der Buchdrucker hervor, dass der Verkauf auf einzelne Händler und Regionen zugeschnitten wurde. Obwohl die Quellen zu den Praktiken des Verkaufens relativ dünn überliefert sind[132], vermitteln selbst die wenigen dokumentierten Beispiele ein Bild eines ausdifferenzierten Handels.

4. Gestaltung und Ausstattung einzelner Inkunabelausgaben

Inkunabeln weisen oftmals gedruckte Paratexte auf, die den Haupttext ergänzen. Dazu gehören beispielsweise Indices oder Inhaltsverzeichnisse und Titelblätter. Hinzu kommen zudem kurze Beigaben wie Widmungsbriefe oder auch Schlussschriften, die sowohl auf die Inhalte der Bücher als auch die Ausfertigungen der Inkunabeln eingehen. Diese sind oftmals selbstreflexive bzw. selbstreferentielle Texte[133].

Wenn man die Bücher so betrachtet, wie ein ungebundenes Werk einem Kaufinteressierten entgegentrat, muss die Analyse mit den Titelblättern eingeleitet werden. Aus der Inkunabelzeit sind unterschiedliche Formen bekannt. Besonders ansprechend wa-

129) Hartmann, Die Amerbachkorrespondenz (wie Anm. 118), S. 48–50.

130) Vgl. Grimm, Buchführer (wie Anm. 38), Sp. 1162.

131) *Andreas Ruwe librarius Almanus tibi in omnibus deditissimus. Item si reuerentia vestra habuerit libros sequentes, mercator meus eos emet; sed volo omnino, quod promittatis ei vendere, sicut venditis aliis librorum mercatoribus, et si quid amplius acciperetis ab eodem, erit restituendum. Item Augustinum super Johannem, item Augustinum De ciuitate cum commento et cum De trinitate, Quinquagenam eiusdem, item Holkot; item si habueritis alia opera Augustini [que] nouiter impressa, aut Ambrosii aut Gregorii aut Bernhardi, volo, quod mercator partem habeat, et presertim Epistolare Augustini aut Epistolare Jheronimi. Item si impressistis aliquit nouiter in artibus, mittite partem, presertim super philosophia morali aut in iure, vt puta textus cum casibus summariis et longis (et presertim, si vos impressistis), item sex codex, item sex ff. vetus, sex Decretales et XII Instituta; sed nolo habere aliquem textum, nisi fuerit cum summariis. Et si vos predictos libros non habueritis, saltem ostendatis mercatori locum, vbi possit habere.* Hartmann, Die Amerbachkorrespondenz (wie Anm. 118), S. 49.

132) Vgl. Hellinga, Sale Advertisements (wie Anm. 29), S. 1.

133) Bettina Wagner, An der Wiege des Paratextes. Formen der Kommunikation zwischen Druckern, Herausgebern und Lesern im 15. Jahrhundert, in: Die Pluralisierung des Paratextes in der Frühen Neuzeit. Theorie, Formen, Funktionen, hg. von Frieder von Ammon/Herfried Vögel (Pluralisierung & Autorität 15), Münster/Berlin 2008, S. 133–156.

ren wohl bebilderte Titelblätter. Auf didaktischen Werken fanden sich oftmals Szenen mit einem Lehrmeister, der von Schülern umringt war[134]. Solche Motive wurden zunächst in den Niederlanden eingesetzt. Werkstätten in anderen Regionen ahmten diese Art der Holzschnitte jedoch innerhalb kürzester Zeit nach und setzten sie für verschiedene didaktische Schriften ein[135]. Oftmals wurde die Illustration um einen kurzen Titel ergänzt. Das Motiv mag zwar nicht besonders auffällig sein, ein Kunde konnte aber auf diese Weise entsprechende Inhalte unmittelbar identifizieren. Neben solchen Reihentiteln gab es auch Werke, die auf der Vorderseite mit einem inhaltlich zugeschnittenen Holzschnitt versehen wurden.

Zu bedenken ist außerdem, dass diese Form der Titelblätter in den 1480er Jahren verstärkt zum Einsatz kam und ab den 1490er Jahren dann auch regelmäßig mit Illustrationen versehen wurde[136]. Der Zusammenhang mit einem zunehmenden Angebot an gedruckten Büchern liegt also nahe. Die Titelblätter halfen den Verkäufern, den Überblick über ihre Ware zu behalten; sie sprachen aber auch Kundinnen und Kunden unmittelbar an, wenn sie sich verschiedene Drucke anschauten[137].

Jenseits des Titelblatts finden sich in einigen Drucken verschiedenste Beigaben wie Widmungen, Schreiben der Herausgeber der Ausgabe oder auch kurze Inhaltsangaben[138]. In einem 1471 gedruckten Werk über Beichte und Sakramente findet sich so unmittelbar zu Beginn die Auskunft, dass dieses Buch Priester und Leutpriester sowie deren Helfer bei der Beichte und bei der Durchführung der anderen Sakramente anleitet[139]. Es gibt in den ersten Zeilen selbst über seine Zielgruppe und seinen Inhalt Auskunft. Damit spricht es Käufer an und gibt gleichzeitig den Inhalt des Werks wieder. Solche Informationen auf den ersten Seiten einer Inkunabel sind relativ häufig zu finden.

134) Vgl. Wilhelm Ludwig SCHREIBER/Paul HEITZ, Die Deutschen »Accipies« und Magister cum Discipulis-Holzschnitte als Hilfsmittel zur Inkunabelbestimmung (Studien zur Deutschen Kunstgeschichte 100), Straßburg 1908.

135) Vgl. Ursula RAUTENBERG, Die Entstehung und Entwicklung des Buchtitelblatts in der Inkunabelzeit in Deutschland, den Niederlanden und Venedig. Quantitative und qualitative Studien, in: Archiv für Geschichte des Buchwesens 62 (2008), S. 1–105, hier S. 73–76.

136) Vgl. grundlegend zur Thematik: Margaret M. SMITH, The Title-page. Its Early Development, 1460–1510, London/New Castle 2000; RAUTENBERG, Die Entstehung des Buchtitelblatts (wie Anm. 135); Ursula RAUTENBERG, »Last Words on the History of the Title Page«. Research on the Origin and Development of the Title Page from Alfred W. Pollard to Today, in: IMAGO LIBRORUM. Mille anni di forme del libro in Europa. Atti del convegno di Rovereto-Trento 24–26 maggio 2017, hg. von Edoardo BARBIERI (Biblioteca di Bibliografia. Documents and Studies in Book and Library History CCXV), Florenz 2021, S. 207–224.

137) Vgl. SMITH, The Title-page (wie Anm. 136), S. 59–74; RAUTENBERG, Die Entstehung des Buchtitelblatts (wie Anm. 135), S. 48.

138) Vgl. für mögliche Bestandteile von Büchern Dennis DUNCAN/Adam SMYTH (Hg.), Book Parts, Oxford 2019. Für werbende Vorworte vgl. KIENITZ, Formen (wie Anm. 68), S. 102 f.

139) BSB München, 4 Inc.s.a. 269, Johannes Auerbach, Summa de auditione confessionis et de sacramentis, Drucker der Postilla scholastica, Speyer, 1471 (GW 2853).

Etwas offensiver wirkt ein Widmungsbrief an den Drucker wenige Jahre später. Nach einer Inhaltsangabe der Predigtsammlung auf Folio 1v endet der Brief mit zwei Zeilen, die zentriert und damit klar hervorgehoben gesetzt wurden. *Vos lege sermones moneo curate sacerdos. Si christi populu(m) rite docere velis*[140]. Hier mahnt der anonyme Autor des Briefs, bei dem es sich vermutlich um Jakob Wimpfeling handelt[141], die Geistlichen, diese Predigtsammlung eifrig zu lesen, wenn sie das Volk Christi auf rechte Weise bilden wollten. Natürlich kann man dies als reine Leseaufforderung verstehen. Jedoch ist dieser Appell prominent an den Beginn des Werkes gesetzt und tritt im Kontext des Widmungsbriefes auf, der an den Drucker adressiert ist. Diese Verzahnung legt nahe, dass auch hier der werbende Kontext in einer Verkaufssituation ausschlaggebend gewesen sein wird. Im Vergleich zu den Buchhändleranzeigen werden ein anderes Vokabular genutzt und auch andere Punkte referenziert, allerdings befindet sich der Kunde auch in einem anderen Stadium des Kaufprozesses, wenn er ein Buch unmittelbar in Händen hält, als wenn er eine Buchhändleranzeige betrachtet.

Am Ende vieler gedruckter Werke finden sich Kolophone[142]. Teils enthalten diese nur die wichtigsten produktionsrelevanten Informationen der Bücher. In vielen anderen Fällen weisen sie jedoch auch auf besondere Eigenschaften der Drucke hin oder preisen sie gar zum Kauf an[143]. Zwar lagen Kolophone anders als Titelblätter nicht unmittelbar für den Käufer offen, jedoch waren sie leicht zu finden, da sie sich meist auf der letzten bedruckten Seite des Werks befanden. Zudem ergänzten einige Offizinen sie um ihre Druckermarke, die schon rein optisch auffällt und meist einen Wiedererkennungswert hat[144].

Exemplarisch sei hier auf einen Druck aus der Offizin Drach verwiesen (siehe Abb. 5). Dort wurde unter dem Kolophon das kleine Signet der Familie Drach platziert. Der Kolophon enthält die üblichen produktionsrelevanten Informationen sowie Angaben zum Titel des Werkes. Zusätzlich wird aber auch hervorgehoben, dass der Text vom Doktor beider Rechte Thomas Dorniberg hervorragend korrigiert worden sei und von Drach *impressa exactissime*, also aufs genauste gedruckt worden sei[145]. Der Kolophon hebt explizit die hervorragende Text- als auch Druckqualität hervor. Die Werbung ist subtil, geht aber mit der Angabe des Korrektors deutlich über das Informieren hinaus.

140) USB Köln, GBIV7770, Henricus de Herp, Sermones de tempore, de sanctis, fol 1v, Peter Drach, Speyer, 1484 (GW 12225).

141) Vgl. zur Autorenschaft des Briefes SCHWEITZER-MARTIN, Kooperation (wie Anm. 24), S. 131.

142) Zu den Kolophonen in Inkunabeln vgl. SCHMITZ, Grundriss (wie Anm. 6), S. 229–235; WAGNER, An der Wiege (wie Anm. 133), S. 135–140.

143) Vgl. exemplarisch SCHWEITZER-MARTIN, Kooperation (wie Anm. 24), S. 118–127.

144) Vgl. für einen Überblick SCHMITZ, Grundriss (wie Anm. 6), S. 236–242; für eine Zusammenstellung der Druckermarken siehe Ernst WEIL, Die deutschen Druckerzeichen des XV. Jahrhunderts, München 1924.

145) BSB München, 2 Inc.c.a. 1042 n, Johannes Calderinus, Concordantia sive Ambidexterium, hg. von Thomas DORNIBERG, fol. 76v, Speyer, Peter Drach, 1481 (GW 5896).

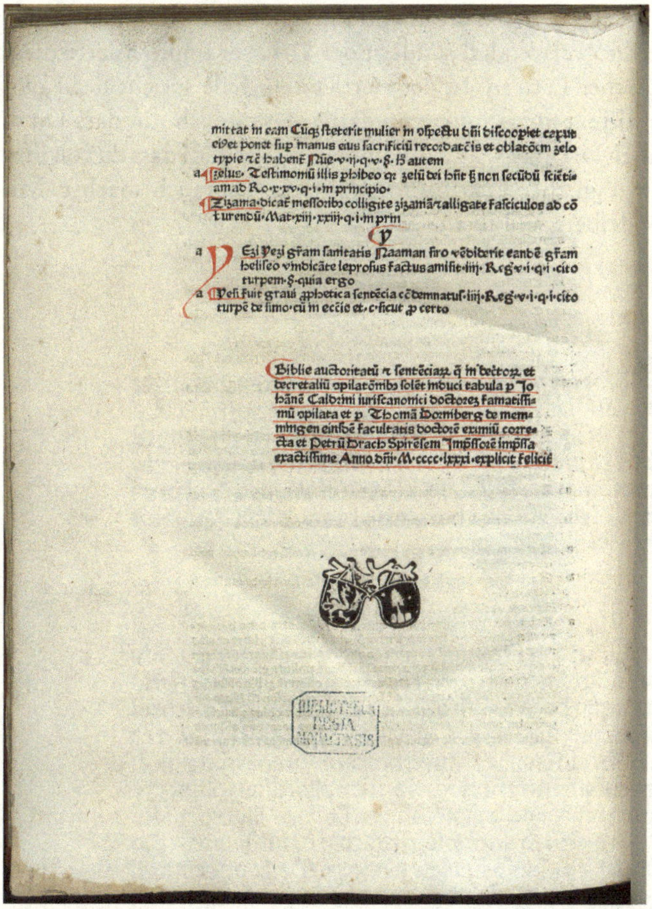

mittat in eam Cumq; steterit mulier in conspectu dñi discooperiet caput eius et ponet sup manus eius sacrificiũ recordatõis et oblatõem zelotypie rẽ habent Nũe·v·ij·q·v·§·his autem
a Zelus· Testimoniũ illis phibeo q: zelũ dei hñt ꝫ non secũdũ scientiam ad Ro·x·xv·q·i·in principio·
Zizania·dicat messorib; colligite zizaniã ⁊ alligate fasciculos ad cõburendũ·Mat·xiij·xxiij·q·i·in prin

V

a Ezi Vezi grãm sanitatis Naaman siro vẽdiderit eandẽ grãm heliseo vindicãte leprosus factus amisit·iiij·Reg·v·i·q·i·cito turpem·§·quia ergo
a Vesi fuit grauis ꝓphetica sentẽcia cõdemnatus·iiij·Reg·v·i·q·i·cito turpẽ de simo·cũ in ecc̃ia et·c·sicut ꝓ certo

Biblie auctoritatũ ⁊ sentẽciarꝫ q̃ in doctorꝫ et decretaliũ ꝯpilatõnib; solẽt induci tabula p Johãnẽ Caldrini iuriscanonici doctorez famatissimũ ꝯpilata et p Thomã Dorniberg de memmingen einsdẽ facultatis doctorẽ eximiũ correcta et Petrũ Drach Spirẽsem Impssorẽ impssa exactissime Anno dñi·M·cccc·lxxxi·explicit feliciẽ

Abb. 5: Kolophon mit Druckermarke aus der Offizin Drach, Johannes Calderinus, *Concordantia sive Ambidexterium*, Speyer 1481, BSB München, 2 Inc.c.a. 1042 n, 76v (urn:nbn:de:bvb:12-bsb00041733-7) (GW 5896) (28,6 x 20,9 cm).

Nicht alle Schlussschriften waren jedoch so zurückhaltend. Ein Heidelberger Druck des Werkes *Nosce te ipsum* aus dem Jahr 1489 tritt dem Leser deutlich offensiver entgegen (siehe Abb. 6). In deutscher Übersetzung beginnt er: »So nimm entgegen, eifrigster Leser, dieses kleine Werk von tiefster Frömmigkeit und größter Nützlichkeit, mit Sorgfalt korrigiert.«[146] Im Mittelteil wird auf Griechisch (*γνῶθι σεαυτόν*) der Titel genannt,

146) ULB Darmstadt, Inc II 678, Johannes de Deo Cartusianus, Nosce te ipsum, fol. 99v, Heinrich Knoblochtzer, Heidelberg, 1489 (GW M13471), Übersetzung nach Christoph Roth, Variatio prodest. Heinrich Knoblochtzers Wiederaufnahme von Titeln seiner Straßburger Zeit in Heidelberg, Heidelberg 2022, S. 1. Zum Druck

auf den der lateinische Titel *Nosce te ipsum* Bezug nimmt. Interessanterweise wurden dafür keine griechischen Lettern verwendet, sondern der Drucker improvisierte diese mithilfe kombinierter lateinischer Lettern. In der viertletzten Zeile spricht der Kolophon den Leser dann wieder direkt an. »Sorge nun dafür, das rate ich dir, dass Du es nicht nur kaufst (*emas*), was dem Drucker sehr willkommen ist, sondern dass du von ihm wie von einem Handbuch in täglicher Lektüre fortwährend Gebrauch machst. Mit freundlichstem Gruß aus Heidelberg, 6. Juli 1489.«[147]

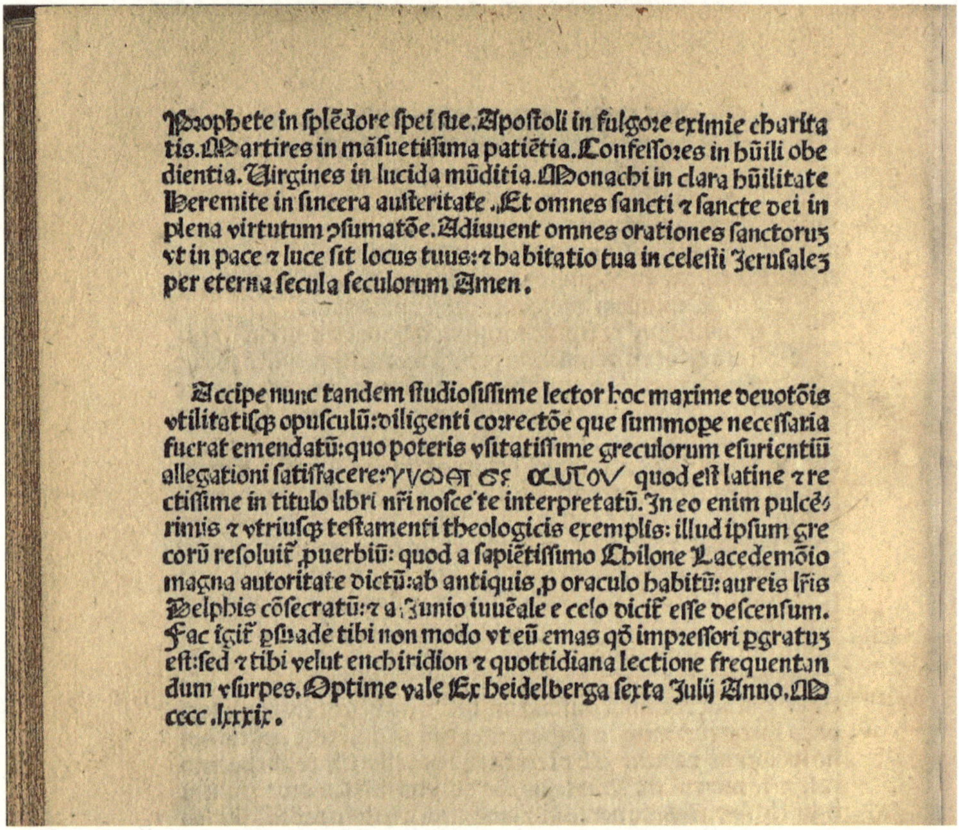
Prophete in splēdore spei sue. Apostoli in fulgore eximie charita
tis. Martires in māsuetissima patiētia. Confessores in hūili obe
dientia. Virgines in lucida mūditia. Monachi in clara hūilitate
Heremite in sincera austeritate. Et omnes sancti ⁊ sancte dei in
plena virtutum ꝯsumatōe. Adiuuent omnes orationes sanctorum
vt in pace ⁊ luce sit locus tuus: ⁊ habitatio tua in celesti Jerusalem
per eterna secula seculorum Amen.

Accipe nunc tandem studiosissime lector hoc maxime deuotōis
vtilitatisqꝫ opusculū: diligenti correctōe que summope necessaria
fuerat emendatū: quo poteris vsitatissime greculorum esurientiū
allegationi satisfacere: γνωθι σε αυτον quod est latine ⁊ re
ctissime in titulo libri nr̄i nosce te interpretatū. In eo enim pulcer
rimis ⁊ vtriusqꝫ testamenti theologicis exemplis: illud ipsum gre
corū resoluit ꝓuerbiū: quod a sapiētissimo Chilone Lacedemōio
magna autoritate dictū: ab antiquis ꝓ oraculo habitū: aureis lr̄is
Delphis cōsecratū: ⁊ a Junio iuuēale e celo dicit esse descensum.
Fac igit ꝑsuade tibi non modo vt eū emas qđ impressori ꝑgratum
est: sed ⁊ tibi velut enchiridion ⁊ quottidiana lectione frequentan
dum vsurpes. Optime vale Ex heidelberga sexta Julij Anno. M
cccc. lxxxix.

Abb. 6: Ausschnitt aus Johannes ›de Deo Cartusianus‹: *Nosce te ipsum*, Heinrich Knoblochtzer, Heidelberg 1489, fol. 99v, ULB Darmstadt, Inc II 678 (urn:nbn:de:tuda-tudigit-6143) (GW M13471). (Ausschnitt einer Seite. Maße der ganzen Seite 19,4 x 12,5 cm).

siehe auch Roth, Ein »Meister der Druckkunst« (wie Anm. 59), S. 66 f. Für die Auskunft zu den Maßen sei Birgit Reeg-Lumma herzlich gedankt.

147) ULB Darmstadt, Inc II 678, Johannes de Deo Cartusianus, Nosce te ipsum, fol. 99v, Heinrich Knoblochtzer, Heidelberg, 1489 (GW M13471), übers. nach Roth, Variatio (wie Anm. 146), S. 1.

Derart offensive Kaufaufforderungen in den Kolophonen sind selten, unterstreichen aber, dass sie von den Druckern bewusst zur Käuferansprache genutzt werden. Die Argumentationsmuster überschneiden sich oftmals mit denen der übrigen Beigaben. Die Inkunabeln und Texte werden als nützlich bezeichnet, die Text- und Druckqualität betont und auf nützliche Zusätze wie Indices verwiesen[148]. Diese Argumente konnten eine Kaufentscheidung jedoch nur beeinflussen, wenn Kunden die Inkunabeln in Händen hielten. In diesem Moment sind Titelblätter, Beigaben und Schlussschriften inklusive der Druckermarken als Qualitätszeichen und werbende Ausstattung der Drucke zu verstehen.

5. Schlussbemerkungen

Eingeleitet wurde dieser Beitrag mit der ausführlichen Untersuchung einer Buchhändleranzeige Peter Schöffers. Anhand dieser Anzeige konnten zahlreiche Aspekte des frühen Buchdrucks und -handels herausgearbeitet werden. Teilweise ließen sich dabei klare Kontinuitäten zwischen den Werbepraktiken für handschriftlich reproduzierte Bücher und Inkunabeln beobachten. Jedoch ist eine Verdichtung der Werbemaßnahmen mit dem Aufkommen des Buchdrucks mit beweglichen Lettern zu konstatieren. Einher gingen damit auch spätestens ab dem Ende des Jahrhunderts feste Ladengeschäfte und Buchhändler, wobei diese erst im 16. Jahrhundert als solche bezeichnet wurden.

Inkunabeln waren keine Produkte des alltäglichen Bedarfs und Kunden kauften Titel in der Regel wohl nur einmal. Buchdrucker mussten daher überregional Absatzmärkte erschließen und immer wieder neue Kunden ansprechen bzw. neue Titel, auch durch Kooperation mit anderen Druckereien, anbieten können. Diese können vor allem durch Briefe und Abrechnungen nachgewiesen werden, aber auch durch die Rekonstruktion von zeitgenössischen Sammlungen. Die Buchdrucker arbeiteten dabei eng mit stationären und mobilen Buchführern zusammen. Bei Messen oder in Gasthäusern wurden regelmäßig Inkunabeln jenseits der Offizinen angeboten. Sowohl der mobile als auch stationäre Verkauf wurde durch Anzeigen unterstützt, die ausgehängt werden konnten oder als Handzettel fungierten und oftmals handschriftlich um Verkaufsorte ergänzt wurden. Eine ähnliche Funktion nahmen wohl auch als Aushänge genutzte Titelblätter ein. Almanache und Typenproben lockten zudem potenzielle Auftraggeber zu den Druckern.

Wenn sich Kunden dann bei den Buchdruckern oder Buchführern einfanden, traten ihnen Bücher mit einer Vielzahl kleiner werbender Aspekte entgegen. So konnten Titelblätter mit Illustrationen eine kleine Vorschau auf das Werk sein. Kolophone am Ende der Inkunabeln hoben die Textqualität, den Druckort und teils auch Ausstattungsmerkmale wie Indices hervor. Zudem wurden sie oftmals durch Druckermarken er-

148) Vgl. Schweitzer-Martin, Kooperation (wie Anm. 24), 109–142.

gänzt, die als Markenzeichen einen hohen Wiedererkennungswert hatten. Zuletzt wurden einige Drucke auch mit Widmungsbriefen oder Vorworten ausgestattet, die – wie die Werbeanzeigen – die Leserinnen und Leser direkt ansprachen. Diese hoben oftmals den Nutzen der Drucke hervor oder den konkreten Nutzungskontext. Nicht zuletzt erinnern sie auch an die Klappentexte moderner Bücher. Inkunabeln wurden so gestaltet, dass sie potenzielle Kundinnen und Kunden ansprachen sowie zum Kauf animierten. Sie können folglich als sich selbstbewerbende Artefakte verstanden werden.

Summary: Advertising and Selling Incunabula

Even in the early days of book production with movable type, incunabula printers produced more books than they could sell locally. As a result, they were dependent on selling their titles not only at the place of production but also at trade fairs and with the help of merchants, so-called *Buchführer*. On the one hand, they were able to rely on established trade routes and commercial centres. On the other, innovation in book production also led to further innovations and a new trade was established: the book trade. The renowned book historian Lotte Hellinga aptly notes that the contemporary distribution of incunabula is well documented in scholarship but the distribution strategies and sales practices have hardly been researched. She attributes this, on the one hand, to the sources. On the other hand, however, this can probably also be explained by the research interests of the disciplines studying the early printed book. This article pursues several approaches in order to examine the distribution and especially the practice of advertising incunabula more closely from a historiographical perspective. The focus of the considerations lies on the approximately 50 printed booksellers' advertisements that have survived from the period between 1469 and 1500. Some of these advertised individual titles, others offered lists of books for sale. Contextualizing the booksellers' advertisements with the help of other sources, it is shown how they were used and how the book market for which they were intended developed. Finally, the products themselves, the incunabula, are examined. How were they designed? And which advertising techniques and, if applicable, which elements of sales promotion were used? While the booksellers' advertisements are undoubtedly advertising in the common sense of the word, the question of to what extent we can speak of advertising in the design of the individual editions is addressed.

Zusammenfassung: Institutionalisierung und Semiotik kommerzieller Transaktionen im Mittelalter

Colin Arnaud (Münster)

Ein Blick in die Liste der vergangenen Reichenau-Tagungen zeigt, dass wirtschaftliche Themen nicht zu den traditionellen Schwerpunkten des Konstanzer Arbeitskreises – und der deutschsprachigen Mediävistik im Allgemeinen – gehören. Gerade in den 2010er-Jahren wurde die Wirtschaftsgeschichte in der Reichenau-Konferenzreihe kaum behandelt. Dies scheint sich in der jüngsten Vergangenheit zu ändern: Mit der Frühjahrstagung 2021 zu den fürstlichen Finanzen, der Tagung zur »Ars Vendendi« ein Jahr später sowie der Frühjahrstagung 2024 zu Gleichheit und Ungleichheit rücken wirtschaftshistorische Fragestellungen wieder vermehrt in den Mittelpunkt. Die große Zahl an jungen Vortragenden und Teilnehmenden der Konferenz zur »Ars Vendendi« könnte ein Indiz dafür sein, dass die mittelalterliche Wirtschaftsgeschichte im deutschsprachigen Raum in den nächsten Jahren eine Konjunktur erleben wird. Allerdings handelt es sich bei der »Kunst des Verkaufens« nicht um eine im klassischen Sinne an den Wirtschaftswissenschaften ausgerichtete Wirtschaftsgeschichte, sondern vielmehr um eine Kulturgeschichte der Wirtschaft: Die Studien und Diskussionen der Tagung nahmen sogar einige Anleihen an der Symbol- und Ritualforschung der 2000er-Jahre. Die Näherung an das Thema erfolgte also eher in Form einer historischen Anthropologie der Verkaufspraktiken, welche nicht nur als wirtschaftliche, sondern auch und vor allem als soziale und kulturelle Praktiken gedacht wurden. Dieser Ansatz hat das Potential, den Blick auf unsere heutigen wirtschaftlichen Praktiken – die ja auch sozial und kulturell geprägt sind – zu verändern.

Der erste Perspektivenwechsel bot sich gleich im ersten Vortrag und betraf die Dichotomie von Information und Beeinflussung in der Werbung. Ich selbst hatte es für klug gehalten, vor der Tagung den Teilnehmenden zu empfehlen, analytisch zwischen Information als bloße Botschaft und Werbung als Manipulation zu unterscheiden. Dass dieser Ansatz naiv und zu kurz gefasst war, verdeutlichte bereits der erste Beitrag von Christina Brauner. Tatsächlich ist der Gegensatz Manipulation-Information, der in der Forschung durchaus Tradition hat, analytisch kaum brauchbar: In der Betrachtung von Werbung verschwimmen die Grenzen zwischen Manipulation und Information zwangsläufig; Werbung enthält heute wie damals immer beide Aspekte. Christina Brauner spricht deswegen anstelle von Werbung von »Praktiken des Vermarktens« und von »Entgrenzung von Markträumen«.

Ausgehend von diesen Grundprämissen erfolgt die Zusammenfassung der Beiträge mit zwei konzeptionellen Ansätzen. Wie die eben zitierten Begriffe von Christina Brauner zeigen, thematisieren viele Beiträge einerseits das Zustandekommen von Transaktionen sowie die Genese von Märkten. Der erste Leitbegriff der Zusammenfassung, »Institutionalisierungsprozess«, trägt diesen Umständen Rechnung. Andererseits hängt jede kommerzielle Transaktion von der Kommunikation zwischen den Akteuren ab und deren Fähigkeit, diese Kommunikation verständlich und vertrauenswürdig zu gestalten und anzunehmen. Daraus ergibt sich mit »Semiotik der Transaktion« der zweite Leitbegriff. Gerade bezüglich der Kommunikation sollte die Vielfalt der Akteure nicht außer Acht gelassen werden: Die Formulierung »Ars Vendendi« suggeriert, dass der Verkäufer – indem er für seine Waren wirbt – der einzige aktive Teilnehmer des Kommunikationsprozesses sei. Dass dem aber nicht so ist, wurde im Laufe der Tagung deutlich. Denn auch der Käufer besitzt im Transaktions- und Kommunikationsprozess Gestaltungsmöglichkeiten – ebenso wie Makler, Kontrolleure, Zünfte, Unterhändler, Konkurrenten und öffentliche Instanzen.

I. Institutionen

Der Begriff der Institution erweist sich beim Zusammendenken der Beiträge als äußerst hilfreich. Nach der Institutionenökonomik (und in den Sozialwissenschaften im Allgemeinen) werden Institutionen als »Spielregeln menschlichen Handelns« definiert, welche geregelte Interaktionen überhaupt möglich machen[1)].

Ulla Kypta kritisierte in einer Fragerunde zurecht, dass die neue Institutionenökonomik – wie viele andere wirtschaftswissenschaftlichen Methoden – gerne in theoretischen Modellen verfangen bleibt; etwa in der Annahme, dass klare Institutionen die Transaktionskosten senken. In dieser Zusammenfassung sollen die Begriffe der Institution und der Institutionalisierung so genutzt werden, wie Historikerinnen oder historische Anthropologen sie verwenden würden: als offenes Analysetool, befreit von wirtschaftswissenschaftlichem Ballast. Für uns Historikerinnen und Historiker ist der Begriff hilfreich, weil er auf eine Ebene führt, in der Norm und Praxis, Fakt und Diskurs zusammengedacht werden. Ein Beispiel: Die Dialoge in den Sprachhandbüchern, die Tanja Skambraks analysiert, mögen normiert, künstlich oder konstruiert wirken; sie mögen nur eine Illusion von Realität vermitteln; sie mögen keine gelebte Praxis verraten. Wenn wir jedoch die dahinterstehenden Institutionen in den Blick nehmen, spielt dies

1) Roger Häussling, Institution, in: Grundbegriffe der Soziologie, hg. von Johannes Kopp/Anja Steinbach, Wiesbaden 2018, S. 191–193; Stefan Voigt, Institutionenökonomik, 2. Aufl., München 2009, S. 26.

keine Rolle, denn diese Quellen verweisen auf akzeptierte Handlungsmuster und Handlungsanweisungen, kurzum auf Spielregeln des Handelns und Feilschens.

I.1. Räumliches Setting

Die räumlichen Gegebenheiten sind keine Institution im engeren Sinne; als bewusst arrangierte und ausgehandelte Anordnung kann das räumliche Setting jedoch durchaus als ein Teil des institutionellen Arrangements gezählt werden.

Ulrich Müller präsentiert in seinem Beitrag unterschiedliche architektonische Arrangements anhand archäologischer Befunde: von dem Wagen und dem mobilen Marktstand über feste Verkaufsbuden an den Häusern im Erdgeschoss hin zu festen, spezialisierten Budenreihen und Markthallen sowie Anbauten an der Straße. Der offene Marktplatz als Ganzes folgte aber auch einer Eigenlogik. Der Florentiner Fall bestätigt die Erkenntnisse aus der Archäologie und aus den Schriftquellen: Die Holzschnitte, die Christian Jaser in seinem Beitrag thematisiert, sind zwar stilisiert, sie versinnbildlichen jedoch die übliche Praxis einer auf die Straße ausgerichteten Verkaufsausstattung[2]. Nach Ulrich Müller gehörten aber nicht nur Verkaufsräume zum Marktraum, sondern auch Verkehrsanlagen (Straßen, Pflasterungen, Verkehrssperrungen) sowie die Infrastruktur zur Aufrechterhaltung des Marktes, etwa die Reinigung oder die rechtliche Sicherung und deren räumliche Kennzeichnung (Marktkreuz, Rathaus, Pranger, Kirche). Markträume stellten zudem nur einen Schauplatz unter vielen dar, in dem Geschäfte vorbereitet oder abgewickelt wurden. Häuser und Schiffe konnten weitere Orte dafür sein, ebenso Herbergen (wie in den Beiträgen von Paul Schweitzer-Martin und Gregor Rohmann) und Zunfthäuser (wie im Beitrag von Sabine von Heusinger). Auch private Hauskeller wurden als kommerzielle Räumlichkeiten genutzt. Dass dies nicht nur eine Hypothese anhand von archäologischen Grabungen – etwa in Lübeck – ist, beweisen die Gewandkeller in der Tuchlaube in Wien, welche für das 15. Jahrhundert nachgewiesen werden können. Sie sind nur eines von mehreren schriftlich dokumentierten Beispielen für Verkaufskeller[3]. Ulrich Müller warnte allerdings auch vor der Schwierigkeit, eine klare Funktion der räumlichen Arrangements anhand der archäologischen Funde festzumachen: Der Fund eines einzelnen Würfels macht noch keine Spielbude.

2) Colin Arnaud, Topographien des Alltags. Bologna und Straßburg um 1400 (Europa im Mittelalter 28), Berlin/Boston 2018, S. 30–70; Donatella Calabi, The Market and the City. Square, Street and Architecture in Early Modern Europe, Aldershot 2004, S. 40–126; Anna Modigliani, Mercati, botteghe e spazi di commercio a Roma tra Medioevo ed età moderna, Roma 1998, S. 125–130; Derek Keene, Shops and Shopping in Medieval London, in: Medieval Art, Architecture, and Archaeology in London, hg. von Lindy Grant, Oxford 1990, S. 29–46.

3) Thomas Ertl, Wien 1448. Steuerwesen und Wohnverhältnisse in einer spätmittelalterlichen Stadt, Wien/Köln/Weimar 2020, S. 98 f.

Das räumliche Setting verweist aber gleichzeitig auf eine Vielfalt von Praktiken auf dem Markt jenseits der eigentlichen Transaktionen. Auf dem Florentiner Mercato Vecchio wurden nicht nur Fleisch und Gemüse verkauft, sondern dort war auch das städtische Bordell zu finden; es wurde Alkohol getrunken und in den Trinkhäusern dem Glücksspiel gefrönt. Der Markt wurde auch wegen des Überflusses der ausgestellten Waren und Leckereien zu einem Ort des Vergnügens, wie das Gedicht von Antonio Pucci verdeutlicht (Christian Jaser). Der Fondaco dei Tedeschi in Venedig (Tanja Skambraks) war zwar ebenfalls ein Ort, an dem eine Fülle von interessanten Waren gelagert und ausgestellt wurde. Allerdings waren diese Waren verpackt oder wurden derart unordentlich und dicht ausgestellt, dass man sie lieber in einer *bottega* am Rialto bewunderte als auf dem Fondaco (Thomas Ertl). Die Lager der Kaufhäuser, die vorwiegend dem Großhandel dienten, waren anscheinend kein Fest für die Augen, kein Vergnügungsort; zumindest, solange sie nicht zu Ballhäusern umgebaut wurden.

Topografisch und institutionell waren Groß- und Kleinhandel jedenfalls meist voneinander getrennt[4]. In Florenz war der Mercato Vecchio eher für Kleinhandel und vergängliche Güter zuständig (Christian Jaser). Der Mercato Nuovo war auf Groß-, Fern- und Geldhandel ausgerichtet; auf Orsanmichele war der Getreidemarkt ansässig, der jedoch auch keinem Vergnügungsort gleichkam[5]. In Zeiten von Getreidemangel musste die städtische Garde starke Präsenz zeigen, um Plünderungen und Gedränge zu verhindern, wie ein berühmtes Bild im ›Libro del Biadaiolo‹ aus dem 14. Jahrhundert illustriert[6]. Die Settings an den drei Plätzen waren wahrscheinlich völlig unterschiedlich – und trotzdem bildete das Stadtzentrum ein einziges kommerzielles Viertel: Die gut erforschte Topografie von Florenz zeigt, dass die Hauptstraßen und die zentralen Gassen rund um diese Marktplätze voll von *botteghe* waren[7]. Dies bestätigt Christian Jaser am Beispiel der Via Calimala mit ihrer ununterbrochenen Aneinanderreihung von Läden im Erdgeschoss.

Auch die oberdeutschen Kaufhäuser in Städten wie Mainz, Konstanz oder Straßburg zeichneten sich durch ihre zentrale Lage und gute Erreichbarkeit aus. Zusätzlich befanden sie sich in Hafennähe, um an den Wasserweg angebunden zu sein. In Straßburg waren die wichtigen Marktplätze für Obst, Gemüse, Brot und Fisch hingegen eher um

4) ARNAUD, Topographien (wie Anm. 2), S. 39–51.

5) Für einen Überblick der Marktlandschaft in Florenz siehe Dennis ROMANO, Markets and Marketplaces in Medieval Italy. c. 1100 to c. 1440, New Haven/London 2015, S. 85–151; Gianluca BELLI, I luoghi di mercato a Firenze tra Medioevo e Rinascimento, in: Il mercante patrizio. Palazzi e botteghe nell'Europa del Rinascimento, hg. von Donatella CALABI/Silvia BELTRAMO, Milano 2008, S. 79–97.

6) Véronique ROUCHON MOUILLERON, Miracle et charité. Autour d'une image du Livre du Biadaiolo (Florence, Bibliothèque Laurentienne, Ms Tempi 3), in: Revue Mabillon 19 (2008), S. 157–189.

7) Maria Luisa BIANCHI/Maria Letizia GROSSI, Botteghe, economia e spazio urbano, in: La grande storia dell'artigianato, Bd. 2: Il Quattrocento, hg. von Franco CARDINI, Firenze 1999, S. 27–63; Gianluca BELLI, Le botteghe di Firenze nel 1561, in: Il mercante patrizio (wie Anm. 5), S. 99–102.

das Münster herum verteilt – ein anderes Areal[8]. Diese Trennung kann topographisch zumindest kleinräumlich innerhalb des Stadtzentrums festgestellt werden. Trennungen konnten aber auch noch kleinräumlicher innerhalb des Platzes vorhanden sein, wie der Fall des Stendaler Marktplatzes offenbart (Ulrich Müller): Eine in diesem Fall rechtlich gemeinte Trennung wurde durch einen Graben gekennzeichnet und wahrscheinlich architektonisch markiert.

I.2. Institutionen der Kontrolle und Vermittlung

Den Beiträgen ist zu entnehmen, dass die Vermittler im Groß- oder Kleinhandel jeweils unterschiedliche Rollen spielten. Während der *sensale* für den Tuchhandel zwischen zwei Kaufleuten in Venedig obligatorisch war, konnte der Tuchvermesser im Detailhandel nach William Caxtons *Dialogus* fakultativ hinzugezogen werden (Tanja Skambraks). Die Unterkäufer in den oberrheinischen Kaufhäusern waren ihrerseits nur für den Großhandel zuständig (Sabine von Heusinger).

Betrachtet wurden diverse Arten von Vermittlern mit unterschiedlichen Funktionen. Der Unterkäufer im Kaufhaus diente nicht nur der Kontrolle der Ware, sondern auch der Zolleintreibung und – im Sinne der »Ars Vendendi« noch wichtiger – der Vermittlung zwischen Käufer und Verkäufer. Der Händler konnte ihn sogar mit dem Verkauf seiner Waren betrauen. Transaktion per Procura ist ein Punkt, der nur wenig thematisiert wurde und der die Forschung in der Zukunft noch beschäftigen sollte.

Die zünftigen Unterkäufer vermittelten Verkäufe von Rohstoffen und Fertigprodukten, die Zunftmitglieder betrafen (Sabine von Heusinger) und demonstrieren die Bemühungen der Zünfte, die Grundlage für stabile und vertrauenswürdige Vermarktungspraktiken zu schaffen. Die Rolle von Maklern ist jedenfalls vielfältig, kompliziert und noch ungenügend erforscht. Das gilt insbesondere für die Zentren in Oberitalien: Auch dort sehen zahlreiche Zunftstatuten zunfteigene *sensali* vor, deren *modus operandi* allerdings ungenügend geklärt ist[9].

Noch weniger erforscht sind die Arbeitsvermittler, mit denen sich Julia Exarchos in ihrem Beitrag befasst. Vor allem die Zubringerinnen, Vermittlerinnen von weiblichem

8) ARNAUD, Topographien (wie Anm. 2), S. 68.

9) Siehe für Bologna Colin ARNAUD, Dallo zendado al velo. L'arte della seta a Bologna nel Medioevo, in: Nella città operosa. Artigiani e credito a Bologna fra Duecento e Quattrocento, hg. von Rossella RINALDI (Storia dell'economia e del credito 18), Bologna 2016, S. 221–250, hier S. 244. Die Zünfte werden eher für die Institutionalisierung von Produktion als für die von Vermarktungspraktiken untersucht. Nur wenige Studien zu den zünftigen *sensali* sind bisher erschienen: Antonella ASTORRI, Il ›Libro delle senserie‹ di Girolamo di Agostino Maringhi (1483–1485), in: Archivio Storico Italiano 537 (1988), S. 389–408; Adrienne ATWELL, Ritual Trading at the Florentine Wool-Cloth Botteghe, in: Renaissance Florence. A Social History, hg. von Roger J. CRUM/ John T. PAOLETTI, Cambridge 2006, S. 182–215.

Gesinde, erfuhren in der historischen Forschung bisher kaum Beachtung. Der Markt für Gesinde stand abseits der Groß- und Kleinhandelskategorien und war zudem ein höchst diffuser und unregelmäßiger Markt, der sicherlich einer geförderten Zusammenkunft von Angebot und Nachfrage bedurfte. Eine externe Kontrollinstanz, um zu überprüfen, ob das potentielle Personal den Ansprüchen der Arbeitgeber gerecht werden konnte, stellte also eine logische Konsequenz dar. Allerdings sollte die Wirkung der offiziellen Vermittler nicht überbewertet werden. Selbst wo sie verpflichtend waren, wurden sie oft nur für die Abfertigung der Transaktionen gerufen, ohne im Voraus vermittelt zu haben – wenn sie nicht direkt umgangen wurden (Julia Exarchos). Auch Sabine von Heusinger vermutet, dass das Umgehen von Unterkäufern eine gängige Praxis war. Selbst im Sprachlehrbuch des Georg von Nürnberg wird das Problem thematisiert (Tanja Skambraks). Im Großhandel verließ man sich jedoch zunehmend auf Kontrollinstanzen, da die dort gehandelten Waren von höherem Wert waren als im Kleinhandel. Hier lohnten sich die Mehrkosten für Unterkäufer und Prüfer, denn dadurch stieg das Vertrauen zwischen den Transaktionspartnern.

Gleichzeitig ist anzumerken, dass mit einer guten Kontrolle des Großhandels die Ware im Detailhandel nicht mehr so ausführlich überprüft werden musste. Angela Huang hat das System der Warenkennzeichnung bei den Wolltuchen – sei es durch Faltung, Tuchkanten, Stempel oder Tuchsiegel – als eine Institution der Kontrolle der Wareneigenschaften dargestellt. Diese Kontrolle und Zertifizierung erfolgte am Produktionsort, sodass die Überprüfung beim Export und beim Kleinhandel (Schnitthandel) nicht wiederholt werden musste. Produktionsstätten, die keine oder eine irreführende Markierung anwandten, wurden von den Hansekaufleuten meist abgelehnt. Eine Stadt wie Leiden musste erst einmal eine standardisierte Produktion und eine eindeutige Kennzeichnung vorweisen, um überhaupt Tuche exportieren zu können. Angela Huang betont, dass die Siegel an sich keine messbare Wertsteigerung mit sich brachten; sie waren aber die Grundbedingung für die Aufnahme in das hansische Handelsnetzwerk.

Ähnliches gilt für die Unterkäufer und für die Etablierung von Kaufhäusern in Oberdeutschland. Ob dadurch Transaktionskosten eingespart werden konnten, lässt sich nicht exakt ermitteln; fest steht jedoch, dass sich die jeweiligen Akteure des Regional- und Fernhandels ab einem bestimmten Zeitpunkt keine Handelsstadt mehr ohne Kaufhaus vorstellen konnten. Dies verlagert den Schwerpunkt von der Theorie zur Senkung der Transaktionskosten hin zu der Wirkung der Pfadabhängigkeit, welcher einen anderen wichtigen Begriff der Institutionenökonomik darstellt[10]. Sobald sich Institu-

10) James MAHONEY/Daniel SCHENSUL, Historical Context and Path Dependence, in: The Oxford Handbook of Contextual Political Analysis, hg. von Robert GOODIN/Charles TILLY, Oxford 2006, S. 454–471; Rolf ACKERMANN, Pfadabhängigkeit, Institutionen und Regelreform (Die Einheit der Gesellschaftswissenschaften 120), Tübingen 2001; siehe die Anwendung des Begriffs in der Mediävistik in: Ulf Christian EWERT, Pfadabhängigkeit und ›Lock-in‹ – Fernhandelspraxis im Hanseraum jenseits italienischer Vertragsstandards, in: Italien als Vorbild? Ökonomische und kulturelle Verflechtungen europäischer Metropolen am Vorabend der ›ersten

tionen wie zum Beispiel Tuchsiegel oder Kaufhäuser etabliert hatten, waren sie aus der Handelsstruktur nicht mehr wegzudenken. Wenn man sich umgekehrt – wie in Österreich oder Oberitalien – an Fernhandel innerhalb eines institutionellen Arrangements ohne städtisches Kaufhaus gewöhnt hatte, blieb es auch dabei. Kaufhäuser funktionierten jedoch nur dann, wenn einerseits das Fernhandelsvolumen groß genug war, um die Errichtung einer Kontrollinstanz nötig zu machen, und andererseits gleichzeitig so begrenzt war, dass alle Waren an einem Ort gelagert werden konnten; kein zentrales Kaufhaus war groß genug für Florenz, Venedig oder Mailand. Umgekehrt war ein Kaufhaus für österreichische Kleinstädte vielleicht entbehrlich.

I.3. Variationen der Marktförmigkeit

In manchen Beiträgen finden wir unerwartete Parallelen. So berichtet Paul Schweitzer-Martin beispielsweise von den Werbezetteln der reisenden Buchverkäufer. Auf diesen meist gedruckten Blättern wurden die angebotenen Bücher aufgelistet und angepriesen. Die Angabe der Herberge, in welcher sich der Verkäufer mit seinen Waren aufhielt, wurde handschriftlich hinzugefügt. Gregor Rohmann konnte ähnliche Handzettel für den Verkauf von Pharmazeutika oder für die Ankündigung von wandernden Ärzten ausmachen – inklusive Produktliste und Adresse der Herberge. Unter Berücksichtigung dieser Parallelen und mit Einbezug der Drucke, die wandernde Ablasshändler ankündigten sowie der Reklameblätter der umherziehenden Schreibmeister (Thomas Ertl), kann guten Gewissens von einem im 15. Jahrhundert bereits gängigen Phänomen gesprochen werden. Man kann diese Praktiken für Vorläufer der modernen Werbung halten. Meiner Meinung nach ist es jedoch fruchtbarer, sie als Vermarktungsstrategie für ein ganz spezielles institutionelles Arrangement anzusehen. Was hatten der Buchführer, der Heilmittelverkäufer und der umherziehende Arzt (oder Schreibmeister) gemeinsam? Sie waren hochspezialisierte reisende Händler, die ihre Waren und Dienstleistungen an verschiedenen Orten jeweils für eine kurze Zeit anboten. Da sie auf eine höchst verstreute und spezialisierte Kundschaft abzielten, waren die Verkäufer gezwungen, nach den Kunden zu jagen. Hier spürt man den Prozess des Vermarktens: Ein Markt wird buchstäblich geschaffen.

Die institutionellen Arrangements werden noch eigentümlicher, wenn keine Marktförmigkeit vorhanden ist oder selbige negiert wird; wenn also die Durchführung von Transaktionen zwar angenommen werden, aber anhand der Quellen nicht gefasst werden kann. Im Gesundheitswesen hielten die akademischen Ärzte an dem Mythos fest, dass für Behandlungen keine Gegenleistung, sondern nur eine freiwillige Spende je nach

Globalisierung‹ (1300–1600), hg. von Jörg OBERSTE/Susanne EHRICH (Forum Mittelalter 16), Regensburg 2019, S. 151–166.

Zahlkraft des Patienten erwartetet werden sollte. Gemäß diesem Konzept von Gabe und Gegengabe war es jedoch für betuchte Patienten eine moralische Pflicht, den Arzt ordentlich zu entlohnen, damit dieser von seinem Beruf leben und für die Armen seine Dienste weiterhin kostenlos anbieten konnte. So wurde bei etablierten akademischen Ärzten die Marktförmigkeit des Gesundheitswesens verneint. Dementsprechend wurden die Quacksalber und Wanderärzte als nicht vertrauenswürdig angesehen, weil sie eben auf dem Markt ihre Produkte und Dienstleistungen gegen Bezahlung anboten. Auch wenn die fachliche Kompetenz bei diesen reisenden Ärzten vorhanden sein konnte, stimmte der Habitus nicht (Gregor Rohmann).

Eine ähnliche Form der Verneinung der Marktförmigkeit findet man bei Pilgerorten (Thomas Frank): Auch dort wird der Tausch (Geld gegen Heilsgüter) konzeptionell verschleiert. Es ist die Pilgerfahrt, die das Heil bringt, nicht die Tatsache, dass die Pilger Geld ausgeben. Die Pilger leisten nur eine freiwillige Opfergabe, keine kommerzielle Transaktion. Die Marktförmigkeit wird zwar von der Forschung – und von den Kritikern des Ablasswesens – angenommen, aber sie ist keineswegs explizit.

Selbst bei den städtischen Mietstätten des Arbeitsmarkts, von denen Julia Exarchos berichtet, ist zwar eine Marktförmigkeit vorhanden, eine Preisbildung nach Marktmechanismen wird durch feste Tarife jedoch verhindert. Die Berücksichtigung der Institutionen, die eben nicht nur der marktwirtschaftlichen Logik, sondern auch kulturellen Werten folgen, trägt also zum Verständnis der vermeintlichen Diskrepanzen zwischen einer Marktähnlichkeit und der Ablehnung von Marktmechanismen bei. In diesem Fall spielt eine gewisse Vorstellung von Reziprozität eine Rolle.

Tatsächlich wurden Wechselbeziehungen und die schwache Ausprägung von Konkurrenzgeist in vielen Beiträgen betont. Tanja Skambraks spricht von Reziprozität, wenn sie die rituell verformte Vertrauensbeziehung zwischen beiden verhandelnden Personen im fiktiven Dialog von Georg von Nürnberg analysiert. Auch der theologische Diskurs, der sich um das Gemeinwohl dreht, betont die Reziprozität (Thomas Ertl). Christan Jaser hebt hervor, dass der heute gängige agonale Konkurrenzduktus der freien Marktwirtschaft im spätmittelalterlichen Florenz nicht zu fassen sei, wohl aber soziale Kooperationen und interpersönliche Bindungen zwischen Akteuren des Marktes. Christina Brauner empfiehlt, Konkurrenz als soziale Praxis anzusehen und nicht nur als wirtschaftliche Eigenschaft eines Marktes. Aus den Beispielen mehrerer Beiträge geht tatsächlich hervor, dass nicht die Händler, sondern oftmals Städte (Rebecca Müller, Angela Huang) und Zünfte (Sabine von Heusinger) Konkurrenz- oder gar Konfliktverhältnisse zueinander pflegten. Schließlich muss angemerkt werden, dass Reziprozität nicht immer der Gegensatz von Konkurrenz sein muss. Es war das faire Miteinander auf dem Markt, das eine faire Konkurrenz erst ermöglichte.

II. Semiotik der Transaktion

Im Folgenden soll der Blick auf die Fragen der Deutungshoheit, der Kommunikation im Handel und der Semiotik der Transaktion gerichtet werden. Christina Brauner hat auf die fließende Grenze zwischen Persuasion und Information hingewiesen, Thomas Frank auf das Spiel zwischen Lüge und Wahrheitsanspruch; andere Beiträge thematisieren in besonderem Maße Symbole wie Meisterzeichen (Christina Brauer), Tuchstempel (Angela Huang) oder Künstlersignaturen (Rebecca Müller). Ein semiotischer Ansatz könnte sich hier also als aufschlussreich erweisen. Dem Muster von Ferdinand de Saussure zufolge hat jedes sprachliche oder symbolische Zeichen sowohl ein *signifié* (Zeicheninhalt) als auch ein *signifiant* (Zeichenausdruck) – dies gilt auch für Tuchsiegel und Handwerkerzeichen. Wie Umberto Eco und andere gezeigt haben, gibt es einerseits einen gewissen Rahmen an Spielregeln, der die Bedeutung der Codes einschränkt und somit die Interaktion und Kommunikation überhaupt erst möglich macht, andererseits sind die Zeichen jedoch nicht starr, sondern können je nach Kontext anders oder neu gedeutet werden[11)]. Wie die Information zu einem Produkt verstanden – also nicht nur vermittelt, sondern aktiv aufgenommen – wird, hängt folglich von der Perspektive des Emittenten und des Rezipienten ab: Auch wenn beide von derselben Sache sprechen, meinen sie nicht unbedingt dasselbe.

II.1. Konstruktion von Evidenzen

Käufer und Verkäufer haben fundamental divergierende Interessen. Damit eine Transaktion überhaupt zustande kommen kann, müssen diese jedoch übereinstimmen. Dafür suchen die Akteure auf der Kommunikationsebene nach einem gemeinsamen Nenner, nach einer gemeinsamen Sprache. Beim Handel lernen sie tatsächlich Fremdsprachen, aber auch einen gemeinsamen Sprachmodus; sie tauschen Höflichkeiten aus, trinken zusammen, teilen dieselbe Praxis des Feilschens oder sie versuchen zu übermitteln, dass sie in sozialer und kultureller Hinsicht dieselben Werte vertreten. Dieser Annäherungsprozess wird in den Dialogen der Sprachlehrbücher suggeriert, die Tanja Skambraks vorgestellt hat.

Das Bedürfnis zu vermitteln, dass die eigenen Argumente korrekt und richtig sind, wurde in mehreren Fallbeispielen festgestellt. Die Überzeugungsstrategien waren dabei vielfältig. Die etablierten akademischen Mediziner strahlten durch ihren Habitus Vertrauen aus (Gregor Rohmann). In mehreren anderen Fällen wurde die Wahrhaftigkeit der Aussagen einfach behauptet, beispielsweise indem der fiktive venezianische Barchenthändler des Sprachhandbuchs postulierte: »Ich sage die Wahrheit« (Tanja Skambraks).

11) Umberto Eco, Semiotik. Entwurf einer Theorie der Zeichen, 2. Aufl., München 1991.

Ein Druck von 1512 über die Trierer *tunica Christi* verspricht in seinem Titel, die *Wahrhafftige Sag oder red von dem Rock Jesu Christi* zu erzählen (Thomas Frank)[12]. Bloße Behauptungen jedoch reichen selten aus.

Vertrauen kann dann aufgebaut werden, wenn Evidenzen durch externe Verfahren mit klar definierten und allgemein akzeptierten Plausibilitätskriterien konstruiert werden. Da die reisenden Mediziner und Heilmittelverkäufer nicht durch ihren Habitus brillieren konnten, blieb ihnen nichts Anderes übrig, als Belege ihres Könnens vorzuweisen: Sie präsentierten an ihrem Tisch gezogene Zähne oder Urkunden, welche die Heilungserfolge dokumentierten (Gregor Rohmann). Der Verkäufer von Arznei gegen Verbrennungen musste selbst seine Hand in den Ofen stecken, um dem Florentiner Publikum zu beweisen, dass sein Wundermittel wirkte (Christian Jaser). Und die Schreibmeister wiesen in ihren Reklameblättern Auszüge ihres Könnens in unterschiedlichen Schreibweisen vor (Thomas Ertl).

Es war aber auch die Aufgabe der Unterkäufer, der Vermesser und der Kontrolleure an der öffentlichen Waage oder an der Warenschau, die Evidenzen über die Beschaffenheit von Waren zu sammeln und zertifizieren. Diese Personen waren externe Experten im Sinne der Expertenkultur. Experten waren mehr als erfahrene Fachkundige: Sie sollten erst im Rahmen eines externen, allgemein akzeptierten Prozesses zertifiziert werden, um als Experten zu gelten. Sabine von Heusinger beschreibt anschaulich das Zusammenspiel zwischen den Organisationen (Stadt, Zunft), die die Unterkäufer ernannten, und den Unterkäufern selbst, die von den besagten Organisationen legitimiert wurden. Nicht nur aufgrund ihres Fachwissens, sondern vor allem durch ihren Eid und ihre Berufung durch die Stadt waren die Unterkäufer berechtigt, Transaktionen und Kaufgüter zu zertifizieren. Die Konstruktion von Evidenzen durch zertifizierte Überprüfung baute also auf mehreren Ebenen auf.

Die Tuchsiegelung fügte dieser Konstruktion eine weitere Dimension hinzu (Angela Huang): Die Ware wurde nicht mehr am Ort der Transaktion, sondern bereits zuvor in der Produktionsstadt zertifiziert – das Zeichen allein war der Beleg der Zertifizierung. Umso wichtiger war es, von dem immer fragileren Wahrheitsregime keinesfalls abzuweichen. Die hansischen Kaufleute und deren Partner in Nowgorod versuchten deshalb, jede Art von Ambivalenz von diesem Zeichensystem fernzuhalten; notfalls drohten sie bei Abweichungen mit Importverbot.

12) Johannes Adelphus, Warhafftige Sag oder red von dem Rock Jesu Christi, neulich in der heiligen Stat Trier erfunden, mit andern viel köstbarn Heyltumb, München, Bayerische Staatsbibliothek -- Rar. 4078, https://mdz-nbn-resolving.de/details:bsb00005401 (27.11.2023).

II.2. Gefährliche Grenzspiele mit dem Wahrheitsregime

Die Markierungen eines Produktes als institutionalisierte Evidenz für seine Güte – wie das Warenzeichen, die Signatur oder Nennung des Ursprungsortes – wurden jedoch gerade aufgrund ihrer hohen Symbol- und Vermarktungswirkung mit einer gewissen Flexibilität behandelt. Die Warenzeichen auf Solinger Klingen, die laut der Schmiede der Stadt im Jahr 1700 für die intrinsische Qualität der Produkte stehen sollten, waren nicht so eindeutig, wie es proklamiert wurde, da man die Zeichen übertragen oder vererben konnte und da Handwerker mehrere Zeichen nutzten (Christina Brauner). Die Behauptung der Schmiede, die Zeichen der Härter und Schleifer ruinierten den Ruf des Solinger Zeichensystems als kohärentes Wahrheitsregime, war nur eine Diffamationsstrategie unter vielen. Die Unterscheidung von Information und Manipulation gestaltet sich mitunter als schwierig; entpuppt sich etwa die Behauptung, Opfer einer Manipulation zu sein, als ebendiese. Ähnliche Phänomene können auch bei Thomas Franks Schilderungen von Lügen- und Betrugszuschreibungen für Wunder bei Wallfahrtsorten beobachtet werden: Die Denunzianten, die Wilsnack als Wallfahrtsort infrage stellten und die dortigen Hostienwunder als Betrug diffamierten, sparten keine rhetorischen – manipulativen? – Mittel, um ihre These zu stützen.

Wie zuvor bereits angedeutet, war das Solinger Label-System keineswegs so kohärent wie angenommen. Die Übertragung der Solinger Zeichen von einem Meister auf einen anderen konnte sich zwar für Kunden als potentiell irreführend erweisen, brachte das gesamte System jedoch nicht automatisch ins Wanken. Eine große Abweichung von der Qualität wäre langfristig ohnehin nicht unbemerkt geblieben. Der Ruf und die tatsächliche Qualität einer Markenproduktion, *signifié* und *signifiant,* bedingten sich gegenseitig. Zudem hatten die Hersteller auch ein großes Interesse daran, qualitative Abweichungen zu verhindern. Die Marke bestimmte also durch ihren Ruf selbst die Qualität, weil den neuen Besitzern eines Zeichens in großem Maße daran gelegen war, den Ruf seiner Marke beizubehalten. Es war somit wahrscheinlich, dass der neue Inhaber für Kontinuität sorgen würde.

Eine ähnliche Übertragbarkeit eines individuellen Zeichens auf einen größeren Kreis von Nutznießern stellt Rebecca Müller in ihrer Analyse der Künstlersignaturen als Werbemittel vor. Die römischen *marmorarii* um 1200 hinterließen an prominenten Stellen ihrer architektonischen Kreationen Inschriften mit sowohl ihren eigenen als auch mit den Namen ihrer Söhne, um die familiäre Kontinuität ihrer eigenen Position zu gewährleisten. Dies tat auch der venezianische Maler Paulo Veneziano aus dem 14. Jahrhundert: An einer sehr prominenten Stelle des Gemäldes signierte er und vergaß dabei nicht zu erwähnen, dass seine Söhne mitgearbeitet hatten. Dies war dann Werbung für die Söhne und für eine Art Firmenkontinuität zugleich. Spannend ist an den venezianischen Künstlersignaturen zudem, dass sie häufig den Entstehungsort selbst erwähnten. Das war besonders wichtig für Gemälde, die außerhalb der Lagunenstadt verkauft wurden;

die Erwähnung von Venedig als Ortsmarke war dementsprechend vor allem für den Export von Bedeutung.

Auch außerhalb des Kunstmarkts scheint die Angabe des Produktionsortes von hoher Relevanz zu sein. Die Erwähnung von Mainz als qualitativem Druckort war vor allem außerhalb dieser Stadt wichtig (Paul Schweitzer-Martin). Bei den Wolltuchen tritt die Labelisierung der Tuchsorten nach Stadt noch viel deutlicher zutage (Angela Huang). Semiotisch gesehen erfolgte eine Markenbildung bereits durch diese Stadtnamen – unabhängig von der Benutzung von Warenzeichen. Auch für die Verbraucher war diese Namensgebung relevant, erleichterte sie doch die Kommunikation über Stoffe. Noch heute werden Firmen oder Firmenmarken verwendet, um über Mode zu sprechen. Dies gestaltete sich damals wahrscheinlich ähnlich für die Tuchsorten und die Labelisierung nach Städtenamen. Es ist eben einfacher, von »Londoner Tuch« oder »Göttinger Laken« zu sprechen als von »grauem Tuch mit mittlerer Wollqualität und 12 Kettfäden pro cm«. Auch in den Testamenten und in den Preisen für Scharlachrennen wurden solche Labels benutzt[13].

Es muss jedoch berücksichtigt werden, dass das Label-System der Tuche nicht eindeutig war und dass die Produktionsorte teilweise von diesen Ambiguitäten profitierten. Die Amsterdamer hatten einerseits eine etablierte Marke, andererseits aber auch drei Tuchsorten mit unterschiedlicher Wollqualität. Diese Tuchsorten mögen unterschiedliche Stempel gehabt haben; »Amsterdamer Laken« hießen sie jedoch alle. So freute sich etwa ein Verbraucher in Riga, der sich die höchste Qualität des Amsterdamer Lakens nicht leisten konnte oder wollte, über ein paar Unzen Amsterdamer Laken von dritter Qualität, mag man sich vorstellen. Er konnte trotzdem behaupten, Amsterdamer Laken anzuhaben, und diese Bezeichnung wurde wahrscheinlich eher mit der höchsten Qualität in Zusammenhang gebracht. Die Amsterdamer Tuchzunft spielte teilweise mit den Grenzen der Flexibilität dieses semiotischen Systems – oder, im Marketing-Jargon formuliert, mit dem Ruf ihrer Marke.

Auch die zahlreichen Imitationen spielten mit diesen Labels. Machte es für Kunden in Riga einen Unterschied, ob sie von Tuchproduzenten aus Comines in Yperner Qualität hergestelltes und als solches vermarktetes Tuch oder echtes Yperner Tuch erwarben? Die Yperner selbst fanden das bestimmt skandalös. Kunden und Händler konnten sich jedoch wahrscheinlich gut damit arrangieren, solange die Qualität ungefähr gleich blieb. Sonst wäre Imitation kein derartiges weitverbreitetes Phänomen gewesen. Auch manche Solinger Klingen wurden mit dem Namen fremder Städte markiert, um deren

13) Nach Aussage von Christian Jaser in der Diskussion während der Konferenz. Siehe zum Beispiel die Herkunftsangaben der Tuche für die Hauptpreise in Wien in Ferdinand Opll, Das Wiener Scharlachrennen. Ein Pferderennen als Event in der mittelalterlichen Stadt, in: Studien zur Wiener Geschichte 72/73 (2016), S. 109–154, hier S. 135–137; Beispiele in Testamenten in Maria Giuseppina Muzzarelli, Guardaroba medievale. Vesti e società dal XIII al XVI secolo, Bologna 1999, S. 41, 56, 61.

Produktion zu imitieren (Christina Brauner). Imitationen und andere Ambiguitäten von Labels waren also häufig toleriert und beweisen die Flexibilität eines scheinbar starren semiotischen Systems.

II.3. Multiperspektivität

Die Kommunikation über die Produkte wurde nicht ausschließlich von den Herstellern oder Verkäufern gelenkt, sondern auch von den Kunden, welche wiederum das Verhalten der Verkäufer beeinflussten. Um Manipulationsversuche durchschauen zu können, war ein gewisser Argwohn der Kunden gegenüber den Verkäufern unabdingbar, da diese sich jederzeit als Betrüger entpuppen konnten. So waren beispielsweise reisende Ärzte, die mit hohen Versprechungen prahlten, beliebte Figuren in spätmittelalterlichen Theaterstücken (Gregor Rohmann). Auch Schwankromane wie ›Der Pfaffe Amis‹ (Thomas Frank) deuten an, dass die Kunden derartigen Figuren misstrauten. Die Verkäufer waren sich der Tatsache bewusst, dass potentielle Kunden ihnen zunächst mit Skepsis begegneten. Deshalb mussten sie stets antizipieren, was das Gegenüber wohl denken möge, und ihre Kommunikation daraufhin anpassen. Wenn die Solinger Schmiede etwa behaupteten, dass das Vertrauen in die Messerzeichen ruiniert würde, nahmen sie die Reaktion der Käufer vorweg (Christina Brauner).

Die Verkäufer mussten also Evidenzen produzieren und sich Rechtfertigungen ausdenken. Doch selbst so war es schwierig, das Misstrauen der Kunden zu überwinden. Thomas Ertl betrachtet in seiner Einleitung den ›Dit de l'Herberie‹ von Rutebeuf als ein Beispiel für die Werbungsstrategien von Quacksalbern. Der inszenierte Quacksalber behauptet, einzigartige Waren zu verkaufen und erregt somit Aufmerksamkeit und Misstrauen zugleich, nicht zuletzt, weil eine Preisbildung durch den Markt aufgrund der Einzigartigkeit des Produktes nicht erfolgen kann. Er versucht, an den Habitus der etablierten Ärzte anzuknüpfen, indem er auf die karitativen Absichten seiner Meisterin verweist, welche ihm befohlen habe, nur einen Pfennig für seine Kräuter zu nehmen, um auch den Armen Zugang zu seinen Waren zu ermöglichen. Gregor Rohmann weist darauf hin, dass der ›Dit de l'Herberie‹ weniger die Werbestrategie des Quacksalbers zeigt als die Fähigkeit der Zuhörer, seine Finessen zu durchschauen. Beim Feilschen (Tanja Skambraks) wird deutlich, dass diese unterschiedlichen Perspektiven auf Augenhöhe kommuniziert werden konnten.

In manchen Fällen verschwimmen die Grenzen zwischen Gegenstand und Emittent der Werbung. Es entsteht eine Art gegenseitige Werbung, wie es zum Beispiel bei Pilgerorten und Pilgerführern der Fall ist (Thomas Frank). Pilgerführer und Pilgerzeichen machten den Pilgerort einerseits bekannter, andererseits waren sie aber auch selbst Produkte im Angebot, deren beste Werbung die Bekanntheit der Pilgerorte war. Der Fußballstar und die Sportmarke machen auf eine vergleichbare Weise gegenseitig Werbung füreinander.

Abschließend ist anzumerken, dass die Beschäftigung mit Werbung und Vermarktung im Mittelalter teilweise zu einer neuen Bewertung des Werbungsbegriffes geführt hat. Zusätzlich zu der Fixierung dieser fruchtbaren Gedanken in Form dieses Bandes wäre es lohnens- und wünschenswert, wenn die Diskussion zur »Ars Vendendi« auch in Zukunft weitergeführt werden würde.

Summary: Conclusion: Institutionalisation and Semiotics of Commercial Transactions During the Middle Ages

In this recapitulation, the contributions of the conference are re-read in an institutionalist perspective on the one hand and from a semiotic point of view on the other. The first part of the text initially focuses on the spatial institutions, then on the institutions of control and mediation during transactions, and finally on the presence or absence of market institutions. The second part of the recapitulation deals – in terms of the semiotics of transactions – with the processes of evidence construction during the exchange of information, then with the flexibility of the semiotic systems accompanying transactions, and lastly with the role of the multiple perspectives involved, particularly the active role of the purchaser in their reaction to promotional information. In general, the contributions question the validity of the dichotomy between information and manipulation in advertising practices. Furthermore, they challenge the teleological narrative of the emergence of modern advertising – not by seeking to identify aspects of modern promotion in the Middle Ages but by analysing the actual logics behind medieval marketing practices.

Orts- und Personenregister